AF532158

Die SS
Hitlers Instrument der Macht

Zur Mahnung

Ach Erde, bedecke mein Blut nicht,
und mein Schreien finde keine Ruhestatt!
Hiob 16, 18

Inschrift in der Holocaustgedenkstätte Riga Bikernieki, errichtet mit Unterstützung des Volksbundes Deutsche Kriegsgräberfürsorge und des Riga-Komitees unter Schirmherrschaft des Bundespräsidenten. Im Wald von Bikernieki wurden in den Jahren 1941–1944 durch das NS-Regime und dessen freiwillige Helfer tausende Juden aus Lettland, Deutschland, Österreich und Tschechien sowie politisch Verfolgte und sowjetische Kriegsgefangene ermordet.

NSDAP
DEUTSCHLAND
ERWACHE

Gordon Williamson

Die SS

Hitlers Instrument der Macht

Die Geschichte der SS von der Schutzstaffel bis zur Waffen-SS

NEUER
KAISER
VERLAG

Danksagung des Autors zur Erstausgabe

Bei einem Buch wie diesem ist man unweigerlich auf die Hilfe und den Rat von Personen angewiesen, die an diesem Thema interessiert sind. Obwohl offizielle Archive, wie jenes des »Imperial War Museum« oder das Bundesarchiv, ausgezeichnete Bezugsquellen darstellen, vor allem für Fotografien, befindet sich noch immer eine erstaunliche Menge von unveröffentlichtem Material in Händen privater Sammler und in Fotoalben ehemaliger Soldaten. Ich möchte hiermit die Gelegenheit ergreifen, um folgenden Personen für ihre wertvolle Mithilfe an diesem Buch zu danken. Josef Charita, der uns stets mit neuen Aufnahmen überraschte und dessen Hilfe bei der Beschaffung von Fotomaterial von vielen Autoren geschätzt wird. Holger Thor Nielsen, dessen enthusiastische Bereitschaft zu helfen von großem Wert war. Meinen Freunden John White, Erwin Bartmann, Ernst Barkmann und Hein Springer, die wie immer hilfsbereit waren und mich unterstützt haben. David Littlejohn, ein anerkannter und angesehener Fachmann auf dem Gebiet der Militärgeschichte des Dritten Reiches, der einen Großteil des Textes Korrektur gelesen hat und mir mit Rat und konstruktiven Anmerkungen zur Seite gestanden ist. Jim Skeldon, der die zeitraubende Aufgabe übernommen hat, für mich Fakten und Personen aus den verschiedensten Nachschlagewerken herauszusuchen, und damit sichergestellt hat, dass diese Arbeit in der vorgesehenen Zeit fertiggestellt werden konnte.

Danksagung des Verlages

Fast zwanzig Jahre liegen zwischen dem Erscheinen der englischen Originalausgabe und der Veröffentlichung der erweiterten deutschen Neuausgabe. Mit der Erweiterung des Buches um über 150 Lebensläufe von SS-Verantwortlichen erfüllen wir den Wunsch unserer Leser, mehr über die Personen hinter der berüchtigten Organisation zu erfahren. In zwei Jahrzehnten ist aber auch eine Vielzahl von neuen wissenschaftlichen Erkenntnissen zur SS-Geschichte, gerade aus Deutschland, hinzugekommen. Auch sie konnten in dieser aktualisierten Ausgabe berücksichtigt werden. Wir bedanken uns beim englischen Originalverlag Amber Books Ltd. für die Unterstützung.

Titel des englischen Originals - Gordon Williamson
»The SS: Hitler's Instrument of Terror«

Der Zusatzteil »Wer war wer in der SS?« entstammt dem Buch
»SS: Roll of Infamy« von Christopher Ailsby.
Überarbeitete und erweiterte deutsche Erstausgabe

Herausgeber der Originalausgabe: Peter Darman
Redaktion und Design der Originalausgabe: Brown Packaging Limited

Genehmigte Lizenzausgabe
Neuer Kaiser Verlag GmbH
Fränkisch-Crumbach 2013
www.neuer-kaiser-verlag.de

Die deutsche Übersetzung der vorliegenden Ausgabe von
»The SS: Hitler's Instrument of Terror« erschien erstmals
1998 und wurde 2013 aufgrund einer Vereinbarung mit
Amber Books Ltd. in erweiterter und überarbeiteter Fassung
neu herausgebracht.

Übersetzung des Hauptteils: Walter Wurzer
Übersetzung der Biographien: Maria Graßhoff
Gesamtüberarbeitung: Alex Klubertanz
Cover: design cat GmbH
Satz und Layout: Alex Klubertanz

ISBN (13) 978-3-8468-2003-2
ISBN (10) 3-8468-2003-2

Inhalt

Die Entstehung der SS

Das politische Chaos, das nach dem 1. Weltkrieg in Deutschland herrschte, bot politischen Agitatoren ein günstiges Umfeld. Einer der radikalen Vertreter der Rechten war Adolf Hitler. Ursprüngliche Aufgabe der SS, der »Schutzstaffel«, war, ihn bei seinen Redeauftritten zu schützen. Aus dem Schlägertrupp für Saalschlachten wurde eine der schrecklichsten Organisationen der Geschichte.

Gegen Ende des 2. Weltkrieges hatte sich die SS zu einem riesigen Militär-, Polizei- und Wirtschaftsapparat ausgewachsen, der nahezu jeden gesellschaftlichen Bereich in Deutschland durchdrang. Ihre Kampfverbände galten als eine der kampfkräftigsten – und brutalsten – Einheiten, die die Welt je gesehen hatte. Der Beginn ihres Aufstiegs war jedoch alles andere als eindrucksvoll. Zunächst unterstand die spätere Elitetruppe der Sturmabteilung (SA), wo sie nicht allzu ernst genommen wurde. Um die Entstehung der gefürchteten Schutzstaffel und ihren Konflikt mit der SA zu verstehen, muss man in die Zeit vor dem 1. Weltkrieg zurückkehren und die damalige politische Situation betrachten.

1914 war die Sozialdemokratische Partei Deutschlands eine der größten politischen Parteien in Europa. Deutschland verfügte zwar über ein Parlament aus gewählten Vertretern, war aber in Wirklichkeit weit von einer parlamentarischen Demokratie entfernt. Der Deutsche Reichstag, in dem die Sozialdemokraten mit 110 Abgeordneten die größte Fraktion stellten, hatte weder die Macht noch den Einfluss, die Wünsche Kaiser Wilhelms II. und seiner militärischen Entourage zu überstimmen. Der Kaiser wiederum fügte sich größtenteils den Empfehlungen seiner Berater.

Als sich im August 1914 der bewaffnete Konflikt anbahnte, ließ sich der größte Teil der Sozialdemokraten durch die als »Burgfrieden« bezeichnete Duldung der kaiserlichen Politik auf Linie bringen. Die Sozialdemokraten versprachen sich

Deutsche Truppen im Kampf im 1. Weltkrieg. Viele ehemalige Soldaten traten nach dem Krieg den Freikorps und später dann der SA bei.

Die Armee kehrt von der Front zurück: desillusionierte deutsche Soldaten nach dem Ende des Krieges im November 1918 in Berlin. Die Überzeugung vieler Soldaten, dass die Armee nicht auf dem Schlachtfeld besiegt worden war, führte zur Entstehung der »Dolchstoßlegende«. Ihr zufolge war die Armee an der Heimatfront von den Juden, Sozialdemokraten und Kriegsgewinnlern betrogen worden. Die Nazis hatten diesen Begriff zwar nicht geprägt, aber sie verstanden es meisterhaft, davon Gebrauch zu machen und die Weimarer Republik und deren Anhänger zu diskreditieren.

dadurch eine Anerkennung durch die politischen Eliten und damit eine verbesserte Ausgangssituation in späteren sozialen Auseinandersetzungen. Für Kaiser und Militär war damit die Linke kurzfristig ruhig gestellt, längerfristig hoffte man, einen Keil zwischen radikale und gemäßigte Sozialisten zu treiben.

So konnten sich Kaiser Wilhelm II. und seine Streitkräfte auf eine breite Unterstützung in der Bevölkerung verlassen. Als 1914 der Krieg ausbrach, war in ganz Deutschland eine Kriegsbegeisterung zu beobachten, die heute, in Kenntnis der Ereignisse der folgenden Jahre, kaum verständlich ist. Die deutschen Sozialdemokraten unterstützten die Kriegsvorbereitungen durch die Bewilligung von Kriegskrediten, aber auch in anderen Ländern vergaßen die Sozialisten die »internationale Solidarität« und ließen sich zu den Fahnen rufen.

Solange die deutsche Armee bei ihren militärischen Unternehmungen erfolgreich war und die Versorgung an der Heimatfront einigermaßen funktionierte, änderte sich auch nichts an dieser Situation. Doch schon bald sollten viele ihrer Illusionen beraubt werden. Der Krieg geriet in eine Pattsituation, an der Westfront gerann er zu einem verlustreichen Stellungskampf in den Schützengräben. Die Blockaden der Alliierten machten sich durch immer akutere Versorgungsengpässe in Deutschland bemerkbar. Allmählich erfuhr auch die Bevölkerung, unter welch schrecklichen Bedingungen die Truppen an der Front kämpfen mussten, und welche enormen Verluste dabei zu ertragen waren. Unzählige Menschenleben gingen auf beiden Seiten im Kampf um wenige Quadratmeter strategisch meist völlig wertlosen Terrains verloren.

Zur gleichen Zeit entwickelte sich in der Heimat ein ständig wachsender Schwarzmarkt, den die Behörden nicht unter Kontrolle bekommen konnten. Die Unruhe wurde immer deutlicher und die Menschen beschwerten sich lautstark über Ungerechtigkeit und Korruption. Schwarzhändler wurden reich, während die deutschen Soldaten scharenweise an der Front verbluteten. Linke radikale Gruppen wie der Spartakusbund, angeführt von Karl Liebknecht und Rosa Luxemburg, waren zu diesem Zeitpunkt viel zu schwach, um einen ernst zu nehmenden Widerstand gegen den Krieg zu organisieren. Der Burgfrieden trug seine Früchte – für Kaiser und Militär.

Doch auch diese Lage änderte sich rasch. 1917 musste Zar Nikolaus II. in Russland aufgrund der Februarrevolution abdanken. Nach einer provisorischen Übergangsregierung unter Alexander Kerenski übernahmen mit der Oktoberrevolution die Bolschewisten die Macht im Land und schlossen im März 1918 mit den Deutschen den Separatfrieden von Brest-Litowsk. Russland, das früher eine erzkonservative Monarchie gewesen war, war nun ein revolutionärer Staat.

Dies führte in Deutschland zu zwei völlig konträren Reaktionen. Zuerst durchlief eine Welle von linker Begeisterung die arbeitenden Klassen. Das russische Volk hatte sich eines autoritären Regimes entledigt, um einen neuen Staat zu bilden und den Krieg zu beenden. Viele fühlten, dass die deutsche Arbeiterklasse über dasselbe Potenzial verfügte. Die Mitgliederzahlen der linken radikalen Gruppen stiegen in den letzten Kriegsjahren stark an. Auf der anderen Seite hingegen erhöhte die Freisetzung von so vielen Soldaten an der Ostfront die Hoffnung auf eine erfolgreiche Offensive im Westen. Dadurch ließ auch der Druck auf Kaiser Wilhelm II. und seine Generäle nach.

Eine drohende Meuterei durch die Hochseeflotte konnte 1917 unterdrückt werden. Dadurch war aber die radikale Opposition innerhalb der Kaiserlichen Marine nicht beseitigt, sondern nur in den Untergrund gedrängt worden. Zusätzlich verweigerte der Kaiser die Durchführung einiger kleinerer sozialer und politischer Reformen. Diese waren dem von den Sozialdemokraten dominierten Reichstag dafür versprochen worden, dass sie Wilhelm bei seinen Kriegsbestrebungen unterstützen.

Der angedrohte Streik der Munitionsarbeiter, der verheerende Folgen gehabt hätte, konnte dann auch nur mit Mühe abgewendet werden. Die beträchtlichen Verstärkungen der deutschen Kräfte im Westen durch die Truppen der Ostfront ermöglichte es den Generälen 1918, eine neue Offensive vorzubereiten. Die Hoffnung auf den wie es hieß »Siegfrieden« führte auch zu einer gewissen Stabilisierung an der Heimatfront.

Die deutsche Frühjahrsoffensive vom März und weitere Vorstöße in Flandern, an der Aisne und bei Reims (April bis Juli 1918) liefen sich jedoch fest, und die Alliierten gingen im August zum Gegenangriff über. Am 14. August gab Ludendorff gegenüber dem Kaiser zu, dass die Kaiserliche Armee am Ende sei. Die Truppen waren völlig erschöpft und die Reserven aufgebraucht. Am schlimmsten war jedoch, dass der Generalstab dem Kaiser gegenüber zugeben musste, dass die Armee sich nicht mehr in der Lage sah, die bevorstehende Gegenoffensive der Alliierten vor den Grenzen Deutschlands zum Stillstand zu bringen. Die Lage war mehr als kritisch. Im Oktober 1918 beschloss der Kommandierende der Hochseeflotte, Admiral Franz von Hipper, mit der Flotte in See zu stechen und die Royal Navy zur Entscheidungsschlacht zu zwingen. Hipper wusste, dass die deutsche Marine der britischen hoffnungslos unterlegen war, aber er zog den »ehrenvollen Untergang« einer Kapitulation vor. Die Matrosen an Bord der Schiffe waren sich jedoch ebenfalls der militärischen Lage bewusst und hatten keine Lust, ihr Leben für eine sinnlose Geste zu opfern.

Angehörige der Freikorps auf den Straßen Berlins während des Spartakusaufstandes im Januar 1919. Der Aufstand wurde gemeinsam von Einheiten der Armee und der Freikorps niedergeschlagen. Ein Mitglied der Freikorps und späterer Nazi, Ernst von Salomon, schwärmte im Jahre 1930 von ihrem »unbarmherzigen Einsatz gegen die bewaffneten und unbewaffneten Massen des Feindes ... und ihre absolute Abneigung dagegen, Gefangene zu machen«. Es ist nicht verwunderlich, dass viele ehemalige Mitglieder der Freikorps später in die SA oder SS eintraten.

Maßgeblich beeinflusst durch die russische Flotte während der Revolution, weigerten sich die Matrosen, in See zu stechen. Jetzt, nachdem das Feuer der Revolution einmal entfacht war, breitete es sich nicht nur auf die wichtigsten Häfen, sondern auch größeren Städte aus. Überall wurden Matrosen-, Soldaten- und Arbeiterräte gebildet, die von den zivilen und militärischen Behörden die Macht übernahmen.

Rückkehr von der Front

Spätestens ab Ende September war der militärischen Führung klar, dass die Front im Westen nicht mehr zu halten war. Ein Waffenstillstandsgesuch aber wollten, um ihr Gesicht zu wahren, weder die Generäle noch der Kaiser stellen. So übergab Wilhelm II. die Reichsregierung am 3. Oktober an den liberalen Politiker Max von Baden, der ein Kabinett unter Beteiligung der Sozialdemokraten bildete und am 4. Oktober ein Waffenstillstandsgesuch an den amerikanischen Präsidenten Wilson richtete. Dieser antwortete mit drei diplomatischen Noten, in denen er den Rückzug der deutschen Truppen aus den besetzten Gebieten und – zwischen den Zeilen – die Abdankung des Kaisers verlangte. Wie schon die Bitte um Waffenstillstand überließ die OHL (Oberste Heeresleitung) die Erfüllung dieser Forderungen den Zivilisten. Ludendorff, als Erster Generalquartiermeister federführend in der OHL, setzte sich nach Schweden ab, Philipp Scheidemann, sozialdemokratischer Staatssekretär ohne Geschäftsbereich, durfte den Thronverzicht des Kaisers einfordern – die Grundlagen für die »Dolchstoßlegende« waren gelegt.

Noch weigerte sich Wilhelm II. aber zurückzutreten. Selbst als in Berlin für den 9. November der Generalstreik ausgerufen wurde und die dagegen aufgebotenen Soldaten sich weigerten, auf Landsleute zu schießen, und es auch an der Front zu zahlreichen Befehlsverweigerungen und Desertionen kam, zögerte er noch. Schließlich verkündete Max von Baden auf eigene Faust die Abdankung des Kaisers, und Scheidemann rief die Republik aus.

Friedrich Ebert, der Führer der Sozialdemokraten, wurde zum Reichskanzler ernannt und es wurde in der Folge ein Waffenstillstand mit den Alliierten vereinbart. Mit dem Versprechen, dass die revolutionären Reformen nun durchgeführt werden würden, versuchte die Regierung der revolutionären Bewegung die Spitze zu nehmen und forderte die streikenden Arbeiter auf, zur Arbeit zurückzukehren. Es folgte eine Periode relativer Ruhe.

Die im Gefolge des 9. November konstituierten Arbeiterräte bemerkten jedoch rasch, dass viele der von der Reichsregierung versprochenen Änderungen rein kosmetischer Natur waren. Zwar war die Monarchie abgeschafft und eine parlamentarische Regierung an der Macht, aber viele der wichtigen Reformen, beispielsweise die Verstaatlichung der Schwerindustrie, wurden unter den Teppich gekehrt. Die Lage in Deutschland spitzte sich immer mehr zu: Zahlreiche links- und rechtsextreme Gruppen entstanden, die gemäßigte Mitte verlor an Boden. Der Einfluss der mächtigen Industriellen und Militaristen auf die Regierung war ungebrochen, während die Arbeiter- und Soldatenräte über keine tatsächliche Macht verfügten. In dieser heiklen Lage kam Ende 1918 ein neuer Faktor zum Tragen: die zurückkehrenden deutschen Armeen.

Die deutsche Armee wurde durch die Bestimmungen des Waffenstillstandes auf einen Stand von 100 000 Mann verringert. Massen von teils traumatisierten und häufig voll bewaffneten Soldaten strömten nach Deutschland zurück, um dort demobilisiert zu werden. Sie waren zum Teil revolutionär gestimmt, ein großer Teil sah sich aber durch die schwer akzeptierbare Niederlage ungerecht behandelt. Dieser Teil griff das Theorem vom »Dolchstoß«, dem die »im Felde unbesiegten« Truppen zum Opfer gefallen waren, willig auf. Vonseiten der politischen Rechten wurde die Regierung schon bald als »Novemberverbrecher« bezeichnet.

Die Wirtschaft lag durch den Krieg am Boden, und die von den Alliierten verlangten Reparationszahlungen verhießen in dieser Hinsicht nichts Gutes. Für die zurückkehrenden Soldaten gab es nur wenig Arbeit, daneben arbeiteten hochrangige Militärs eine Reihe von Putschplänen gegen die Regierung aus. Diese wurden jedoch durch Soldaten, die mit der Linken sympathisierten, verraten und waren so zum Scheitern verurteilt.

Die Entstehung der Freikorps

In dieser instabilen politischen Situation unterstützten hochrangige Offiziere der Reichswehr verschiedene kleine Gruppen von rechtsgerichteten Reservisten. Sie betrachteten diese als ausreichend verlässlich, um sich, falls die Umstände es erfordern sollten, auf sie verlassen zu können. Zu diesem Zweck versorgten sie sie auch heimlich mit Waffen. Diese Soldatengruppen, im Allgemeinen als »Freikorps« bezeichnet, sammelten sich üblicherweise um einen früheren Offizier, den sie vom Krieg her kannten und dem sie vertrauten. Hier konnten

Bewaffnete linke Arbeiter. Anfang 1919 hatte es den Anschein, als ob Deutschland am Rande einer kommunistischen Revolution stünde. Zahlreiche Arbeiter- und Soldatenräte entstanden, in München kam für einige Wochen eine Räteregierung an die Macht. Die Niederschlagung der linken Aufstände von 1919 durch die Armee und die Freikorps erfreute die Rechte, diskreditierte aber die Regierung, da sie antidemokratische Elemente eingesetzt hatte, um die Demokratie wiederherzustellen. Die Armee beobachtete die politische Szene aufmerksam. Im September 1919 beauftragte die Reichswehr Adolf Hitler, als V-Mann über ein Treffen einer kleinen bayrischen Organisation zu berichten: der Deutschen Arbeiterpartei mit Sitz in München, der der ehemalige Gefreite als Mitglied Nummer 555 beitrat (die Partei begann die Zählung aus Imagegründen mit 501).

kriegsbegeisterte Frontsoldaten jenes Gefühl der Kameradschaft und Hoffnung erneut erleben, das sie seit ihrer Entlassung aus dem Heer und der darauf folgenden Arbeitslosigkeit so schmerzlich vermissten. Generell waren die Soldaten der Weltkriegs- und Nachkriegsära alles andere als »Staatsbürger in Uniform« nach heutigem Verständnis. Im Sinn der monarchistischen Tradition waren sie unpolitische Befehlsempfänger – sie durften gemäß Reichswehrgesetz von 1921 an keinen politischen Versammlungen teilnehmen und hatten weder aktives noch passives Wahlrecht. Kurzfristig mochte das die Neutralität der Soldaten gegenüber der republikanischen Regierung fördern, andererseits standen die Soldaten, ob bei Reichswehr oder den Freikorps, damit nicht innerhalb der bürgerlichen Gesellschaft. Das machte sie empfänglich für blinden Kadavergehorsam und antirepublikanischen Dünkel.

Überall in Deutschland entstanden Freikorpsverbände. Obwohl sie offiziell vom Rat der Volksbeauftragten in Absprache mit der Obersten Heeresleitung aufgestellt wurden, fühlten sich ihre Mitglieder zuerst und vor allem ihrem jeweiligen Kommandeur verbunden. Viele Verbände erreichten die Größe einer Brigade und waren schwer bewaffnet. Neben Handfeuerwaffen verfügten sie in vielen Fällen auch über schwere Maschinengewehre, Mörser, Artillerie, gepanzerte Fahrzeuge und auch einige Panzer. Mehr als 200 Freikorpsverbände sollen so in dieser Zeit entstanden sein, wobei sie an Stärke und vor allem Organisation und Ausrüstung rasch der durch den Versailler Vertrag dezimierten Reichswehr gleichkamen – oft wurden die Freikorpsformationen in ihrer Gesamtheit als »Schwarze Reichswehr« bezeichnet.

Welchen offiziellen oder halboffiziellen Namen sie auch immer trugen, die Einheiten waren meist unter dem Namen ihres kommandierenden Offiziers bekannt. Schon bald tauchten Begriffe wie »Brigade Ehrhardt«, »Freikorps Ritter von Epp«, »Freikorps Roßbach« und andere auf, wenn über die politische Situation in Deutschland gesprochen wurde.

Die meisten Mitglieder der Freikorps trugen ihre ursprüngliche Heeresuniform, in der sie abgemustert hatten. Darauf hatten sie ihr Freikorpsabzeichen geheftet – häufig wurden Hakenkreuz- und Totenkopfabzeichen verwendet, die später von den Nazis bzw. der SS zu ihren Standardabzeichen gemacht werden sollten. Das Totenkopfabzeichen hat in der deutschen, auch der österreichisch-ungarischen militärischen Heraldik eine besondere Bedeutung. Es war das traditionelle Abzeichen der Eliteeinheiten der Husaren in der kaiserlichen Armee und der Flammenwerfer-Sturmtruppen im 1. Weltkrieg gewesen. Jene, die keine Uniformen hatten, trugen eine Art mehr oder weniger militärische Windjacke. Vielen Deutschen vermittelten diese Freikorpsverbände zumindest eine Ahnung von Ordnung und staatlich-exekutiver Gewalt in dem Chaos, das in Deutschland während der Jahre unmittelbar nach dem Kriegsende herrschte.

Die Seestreitkräfte schienen im Allgemeinen vom Linksruck mehr beeinflusst gewesen zu sein. Der Grund dafür dürfte darin liegen, dass sich ihre Heimathäfen in Deutschland und nicht an der Front befunden hatten. So wurden sie auch stark durch die Ereignisse daheim beeinflusst. Andererseits gehörten gerade Matrosenfreikorps, wie die berüchtigte Brigade Ehrhardt, zu den rechten Gruppierungen mit der größten Neigung zur Gewalt.

Aus den Reihen der eher linken Matrosen ging die sogenannte Volksmarinedivision hervor, eine zunächst gemäßigte, später zunehmend radikalisierte, in Berlin stationierte Truppe. Sie war insofern untypisch, als kriegsunwillige, prorevolutionäre Soldaten sonst eher kampfunwillig auftraten, während die kampfwilligen Kameraden sich aufseiten der Rechten zusammenfanden.

Kein Wunder, dass der Berliner Stadtkommandant, nachdem anfänglich versucht worden war, die Volksmarinedivision an die Regierungskandare zu nehmen, nun auf ihre Auflösung hinarbeitete. Als spartakistisch denunziert und um ihren Weihnachtssold geprellt, besetzte sie am 23. Dezember 1918 Reichskanzlei und Stadtkommandantur. Nach Verhandlungen und Bezahlung rückte sie wieder ab; aber am Morgen des Heiligen Abends ließ Reichskanzler Friedrich Ebert zunächst ihr Quartier im Marstall durch Reichswehrtruppen beschießen, dann rückten beide Parteien unter Mitnahme ihrer Opfer ab. Wütend und gedemütigt, da um ihren endgültigen Sieg gebracht, musste die Armee den Rückzug antreten. Sie war jedoch fest entschlossen, es den Rebellen heimzuzahlen.

Eberts Einverständnis, Gewalt gegen die Rebellen anzuwenden, erzürnte zahlreiche Sozialisten im Parlament. Die USPD-Volksbeauftragten traten zurück – womit es mit der Einheit der parlamentarischen Linken vorbei war. Politisches Chaos und ein gefährliches Ausmaß an Instabilität, die sich hauptsächlich die Freikorps zunutze machen konnten, waren die Folge. Die Spartakisten und andere linke Gruppen konstituierten die Kommunistische Partei Deutschlands (KPD).

Den westlichen Alliierten war natürlich bewusst, dass Deutschland die Bedingungen des Friedensvertrages von Versailles durch die kaum verheimlichte Unterstützung der Freikorpsverbände seitens der Reichswehr gebrochen hatte. Sie waren aber auch durch den Aufstieg der Bolschewisten in Russland beunruhigt. Dementsprechend betrachteten sie die aggressive Entwicklung der Rechten in Deutschland, verglichen mit dem wachsenden Einfluss der Kommunisten, als das geringere von zwei Übeln. Deshalb waren sie auch nicht bereit, zu intervenieren.

Der »Spartakistenaufstand«

Am 5. Januar 1919 reagierten USPD und KPD mit einem Massenprotest auf den ziemlich ungeschickten Versuch der Regierung, den Berliner Polizeipräsidenten Emil Eichhorn abzusetzen. Die Organisatoren waren von der Teilnehmerzahl – wohl mehrere Hunderttausend – überrascht, und viele der Demonstranten waren bewaffnet und wollten endlich revolutionäre Taten sehen. Sie besetzten Redaktionsräume der sozialdemokratischen Parteizeitung »Vorwärts« und alle anderen großen Zeitungsverlage, später auch die Bahnhöfe. Anfänglich schien die

Adolf Hitler (rechts mit Oberlippenbart) als Gefreiter der deutschen Armee im 1. Weltkrieg. Während des Krieges wurde er mit dem Eisernen Kreuz I. Klasse ausgezeichnet und danach vom Heeresnachrichtendienst eingestellt. Zu diesem Zeitpunkt vertrat er bereits extreme Ansichten über Nation und Antisemitismus, die später zu den Kernpunkten der nationalsozialistischen Ideologie werden sollten. In der radikalen Deutschen Arbeiterpartei fand er schließlich sein politisches Betätigungsfeld.

Regierung Ebert nicht einzuschreiten und auf dem Verhandlungswege eine friedliche Beilegung des Protestes erreichen zu wollen. In den Außenbezirken Berlins wurde jedoch ein großer Freikorpsverband zusammengezogen, während am Montag das Wolffsche Telegraphenbüro und Reichsdruckerei, nicht aber das Regierungsgebäude besetzt wurden.

Als sich die Rebellen weigerten, die besetzten Gebäude zu verlassen, griffen die Regierungstruppen an. Der »Volksbeauftragte für Heer und Marine«, der Sozialdemokrat Gustav Noske, rechtfertigte den Angriff mit der berühmt gewordenen Sentenz »Einer muss der Bluthund werden«. Vom 9. bis zum 12. Januar 1919 kam es zu blutigen Straßenkämpfen, als Freikorps, aber auch Reichswehrtruppen mit exzessiver Brutalität gegen die Rebellen vorgingen. Viele Radikale wurden absichtlich erschossen, »als sie zu fliehen versuchten«, andere wiederum versteckten sich oder wurden ermordet. Kommunistische Führer wie Liebknecht und Luxemburg gehörten zu jenen, die während dieser turbulenten Tage entführt und ermordet wurden. Die Regierung war durch diese Ereignisse und durch die Brutalität der Freikorps entsetzt und schockiert. Nach vier Jahren im Krieg waren die Freikorpssoldaten die Gewaltausübung jedoch gewohnt. Die Regierung hatte dadurch, dass sie den Einsatz der Freikorps erlaubt hatte, diese Truppen politisch salonfähig gemacht. Einmal als halboffizielle Kraft etabliert, entwickelten die Freikorps eine Eigendynamik, die kaum zu kontrollieren war.

Aber nicht nur in Berlin kam es zu solchen Exzessen, überall in Deutschland kam es in den folgenden Monaten zu bürgerkriegsähnlichen Handlungen. Die Begründungen, mit denen Reichswehr und Freikorps gegen KPD oder Räte in Marsch gesetzt wurden, waren oft konstruiert und vorgeschoben. Ihr Zweck war klar: der Erhalt der politischen Macht der Reichsregierung. Die Freikorps hinterließen ihre blutige Spur in ganz Deutschland. In Bremen beispielsweise dauerten die erbitterten Kämpfe mehrere Tage. Hier wütete das Freikorps Gerstenberg, das sicherstellen wollte, dass die »Republik der Arbeiter« ausgeschaltet wurde, ehe sie die Macht übernehmen konnte. Jeder Linke, der den Freikorps in die Hände fiel, hatte brutalste Repressalien zu erwarten. Ganz Deutschland befand sich in Aufruhr.

Eine der vielen politischen Gruppen, die während dieser stürmischen Zeiten entstand, bezeichnete sich als »Freier Arbeiterausschuss für einen guten Frieden«. Dieser wurde im Herbst 1918 von Karl Harrer und Anton Drexler in München gegründet. Die Gruppe traf sich regelmäßig in örtlichen Brauhäusern, um über Politik zu diskutieren. Trotz der unverfänglichen Bezeichnung war es eine extrem rechte und antisemitische Vereinigung. Drexler wollte jedoch unbedingt eine politische Partei gründen und nicht nur diskutieren, und so entstand im Januar 1919 die Deutsche Arbeiterpartei (DAP) als politischer Arm des Arbeiterausschusses.

Während sich die noch junge DAP bemühte, Unterstützung in Bayern zu finden, hielten die Unruhen in ganz Deutschland an. Im Ruhrgebiet, Deutschlands industriellem Zentrum, folgten eine Reihe von Streiks durch Kohlebergleute. Eine der Forderungen der Streikenden war die Entwaffnung der verhassten Freikorps. Die Regierung verkündete darauf den Ausnahmezustand, dem ein gewohnt brutales Vorgehen der Freikorps folgte.

In Berlin ging man nun, im März 1919, daran, die im Januar nicht besetzten Arbeiterviertel unter die Kontrolle der Regierungstruppen zu bringen. Reichswehrminister Gustav Noske vereinte verschiedene Freikorpsverbände, unter ihnen die Brigade Ehrhardt, zu einer neuen Truppeneinheit, die den Namen »Gardekavallerie-Schützendivision« erhielt. Die Brigade Ehrhardt war unter der Bezeichnung »2. Marineinfanteriebrigade« gebildet worden, um gegen die meuternden Matrosen in den norddeutschen Seehäfen vorzugehen. Ihr Kommandant war der frühere Korvettenkapitän zur See, Hermann Ehrhardt, einer der brutalsten Freikorpsführer. Dieser Ehrhardt sollte zu einem der populärsten deutschen Nationalisten werden, der bis zu Hitlers Machtübernahme im Jahre 1933 sogar bekannter als dieser war.

Nun wüteten die Freikorpsverbände erneut in Berlin, und in Straßenkämpfen, die sich als reines Massaker herausstellten, wurden über 1200 Arbeiter getötet. Einige von diesen mussten als Vergeltung für die angebliche Ermordung

Freikorpssoldaten in Berlin während des Kapp-Lüttwitz-Putsches. Im Februar 1920 verlangten die Alliierten die Auslieferung von 895 Deutschen als Kriegsverbrecher. Mit stillschweigender Duldung des Obersten Heeres- und Marinekommandos putschte daraufhin die Brigade Ehrhardt. Die Soldaten marschierten auf Berlin, und in den frühen Morgenstunden des 13. März übernahmen sie die Kontrolle. Die nach Stuttgart geflohene Regierung rief jedoch einen Generalstreik aus, und die Arbeit in den Fabriken wurde niedergelegt. Kapp gab vier Tage nach Übernahme der Macht auf. Ironischerweise sah sich die Regierung dann gezwungen, sich an die Armee und die Freikorps zu wenden, um die Ordnung im Ruhrgebiet wiederherstellen zu können.

Ernst Röhm, Anführer der SA und enger Mitstreiter Hitlers. Er war einer derjenigen, die die Karriere des Führers als Redner maßgeblich beeinflussten. Seine Aufgabe war es, in München und Umgebung Waffen- und Munitionslager für rechtsextreme Gruppen anzulegen und nachrichtendienstliche Tätigkeiten für die Armee auszuführen. Röhm sah seine SA als eine Volksarmee, die die Reichswehr ersetzen sollte, und stellte damit eine Gefahr für Hitlers legalistischen Kurs dar. Dieser wollte die Unterstützung der Armee, der Industrie und der Landbesitzer behalten und Wahlen gewinnen, während Röhm für eine »zweite Revolution« eintrat. Obwohl er über einige Talente verfügte – nicht zuletzt schuf er mit der SA eine Massenorganisation –, war Röhm nach der Machtübernahme der Nazis nicht mehr tragbar. Außerdem war er homosexuell veranlagt. Hitler sollte das später ausnutzen, um gegen seinen einstigen Duzfreund propagandistisch Stimmung zu machen.

von 60 Berliner Polizeibeamten durch die Aufständischen sterben. In Wirklichkeit wurden bis auf zwei alle übrigen Polizisten gesund und unversehrt aufgefunden. Einer war in den Straßenkämpfen getötet worden, der andere einfach verschwunden.

In Bayern hatte die DAP ab Mitte 1919 begonnen, Mitglieder anzuwerben. Zu diesem Zweck veranstaltete sie öffentliche Versammlungen, um ihre extremistischen Ansichten zu verbreiten. Diese Veranstaltungen waren keine Massenversammlungen, aber relativ gut besucht. Zahlreiche neue Mitglieder konnten so gewonnen werden.

Die Reichswehr, die offiziell auf eine Stärke von 100 000 Mann und 15 000 Mann der Reichsmarine reduziert war, überwachte diese kleinen rechtsradikalen Gruppen, um sie gegebenenfalls für ihre Zwecke einsetzen und die »Schwarze Reichswehr« vergrößern zu können. Zu diesem Zweck besuchten Spitzel der Reichswehr öffentliche Versammlungen solcher Gruppen und berichteten über deren politische Zuverlässigkeit. Einer dieser Spitzel war ein früherer Gefreite im Bayrischen Infanterieregiment List, ein gewisser Adolf Hitler. Er war erst vor kurzem aus dem Krankenhaus entlassen worden, nachdem er in den letzten Kriegstagen Opfer eines Giftgasangriffes gewesen war. Hitler galt den Militärs als zuverlässiger Mann – immerhin war er als Meldegänger des Regiments dekoriert worden. Er hatte das Eiserne Kreuz II. und I. Klasse erhalten und war auch mit dem Regimentsdiplom wegen Tapferkeit vor dem Feind ausgezeichnet worden. Allerdings sind die Umstände der Verleihung nicht ganz klar: Hitler hatte als Meldegänger nur selten Feindberührung.

Hitlers Vertrauensmann war der Hauptmann der Reichswehr Karl Mayr. Mayr hatte ihn bei politischen Versammlungen sprechen gesehen. Dabei erkannte er dessen verborgene Talente und rekrutierte ihn unverzüglich für seine Sache. Hitler seinerseits war begeistert, für das bezahlt zu werden, was er am liebsten tat: zu politischen Treffen zu gehen und bei diesen zu monologisieren.

Pflichtbewusst besuchte er die Treffen der DAP. Zwar hinterließ die Organisation dieser neuen Partei keinen besonderen Eindruck bei ihm, aber ihre rechtsradikale und antisemitische Haltung faszinierte ihn zutiefst. Im September 1919 trat er der Partei bei und wurde dank seiner nicht zu leugnenden Qualitäten als Redner vom Führungskomitee zum Propagandachef ernannt. Adolf Hitlers Ambitionen kannten keine Grenzen mehr. Schon bald ließ er den Namen in »Nationalsozialistische Deutsche Arbeiterpartei« (NSDAP) ändern und drängte auf rasches Wachstum. Das kalkulierte Hinzufügen der Begriffe »national« und »sozialistisch« zielte darauf ab, Mitglieder sowohl der Linken als auch der Rechten anzuziehen.

Der Kapp-Lüttwitz-Putsch

In der Zwischenzeit betrachtete auch der vom Volksbeauftragten für Heer und Marine zum Reichswehrminister avancierte Gustav Noske die Ausschreitungen der Freikorps in Berlin mit einer gewissen Unruhe. Im Januar 1920 hatten Freikorpseinheiten unter dem Kommando von Walther von Lüttwitz bei einer Protestversammlung von Arbeitern vor dem Reichstag in Berlin in die Menge geschossen und 147 Arbeiter getötet oder verwundet. Geschockt verlangte Noske die Entwaffnung der berüchtigten Brigade Ehrhardt. Lüttwitz weigerte sich und verlangte den Rücktritt der Regierung, da diese der alliierten Forderung, die Kriegsverbrecher auszuliefern, nachgekommen war. Als dies abgelehnt wurde, marschierte Lüttwitz mit seinen Truppen auf Berlin und besetzte am 13. März 1920 die Stadt. Lüttwitz setzte eine Marionettenfigur, den ostpreußischen Generallandschaftsdirektor Wolfgang Kapp, als Regierungschef ein. Die Reaktion der Arbeiter erfolgte jedoch postwendend: Ein Generalstreik wurde ausgerufen.

In Berlin brach der Kapp-Putsch rasch zusammen, da es gegen die Wucht des Generalstreiks keine Gegenwehr gab. Die neue Regierung war auf einen Schlag handlungsunfähig, Infrastruktur und Kommunikationsmittel waren völlig lahmgelegt. Bitten um Arbeitsaufnahme gelangten genauso wenig aus dem Regierungsviertel hinaus wie Androhungen der Todesstrafe für Streikführer. In Sachsen, Thüringen und im strategisch wichtigen industriellen Kernland Deutschlands, dem Ruhrgebiet, weitete sich der Streik zum Bürgerkrieg aus. Dort verhafteten Reichswehrkommandanten Streikposten und stießen auf erbitterten Widerstand bewaffneter Arbeiter. Die griffen zum ersten Mal eines der Freikorps an und besiegten es, wobei sämtliche Entsatzversuche abgewehrt werden konnten. Man schätzt, dass bis zu 100 000 Arbeiter die Waffen gegen ihre rechten Gegner ergriffen, und der westfälische Bereich des Ruhrgebietes konnte von Freikorpselementen gesäubert werden.

Am Ende des Putsches hatte die Linke bewiesen, dass sie sowohl zu gewaltfreiem als auch zu militärischem Widerstand in der Lage war. Kapp selbst floh ins Exil nach Schweden. Am 20. März 1920 kehrte die rechtmäßige Regierung nach Berlin zurück und rief dazu auf, die Streiks zu beenden und zu Recht und Ordnung zurückzukehren. Die Anführer der Streiks stimmten dem zu, verlangten aber erfolgreich den Rücktritt von Reichswehrminister Noske.

Deutschlands Probleme beschränkten sich jedoch keineswegs auf rein interne Streitigkeiten. Nach Kriegsende war der polnische Staat neu organisiert worden und hatte Teile des gemischtsprachlich besiedelten Schlesiens zugesprochen bekommen. Im geteilten Oberschlesien kam es zu Freikorpsscharmützeln mit polnischen Truppen.

Weiter nördlich hatten Einheiten der Roten Armee 1919 Lettland annektiert. Die Letten hatten zwar keine nennenswerte Armee, verfügten aber mit der Landwehr, die von den Deutschen aufgestellt worden war, über eine ernst zu nehmende Verteidigungsstreitkraft. Mithilfe der Freikorps vertrieb die Landwehr relativ rasch die Sowjets. Die Letten konnten sich jedoch nicht lange freuen. Sie hatten bloß die sowjetischen Eroberer durch eine Horde von Freikorps-Freibeutern ersetzt. Die westlichen Alliierten waren zwar einerseits erleichtert, dass die sowjetischen Eindringlinge vertrieben worden waren, mussten jedoch mit Beunruhigung feststellen, dass eine deutsche Invasionstruppe deren Platz eingenommen hatte. Eine alliierte Prüfungskommission wurde rechtzeitig nach Lettland geschickt, um eine »Lettlandisierung« der Landwehr durchzusetzen. Deutsche Offiziere und Unteroffiziere mussten gehen und die verstärkten lettischen Kader erhielten von den Alliierten Unterstützung und Ausrüstung. Hilfe kam auch von einer britischen Marineeinheit. Die aus der Landwehr vertriebenen Deutschen schlossen sich mit den Freikorps einer antikommunistischen weißrussischen Truppe an und versuchten die Hauptstadt Lettlands, Riga, zu erobern. Dieser Angriff scheiterte jedoch unter schweren Verlusten, und der Rest der Truppe wurde von der aufgebrachten lettischen Bevölkerung attackiert und fast zur Gänze niedergemacht.

Nach dem Scheitern des Kapp-Putsches im Mai 1920 wurde die Brigade Ehrhardt offiziell

Mitglieder der Freikorps und SA in München. Die Braunhemden erfreuten sich eines riesigen Mitgliederzuwachses: von 2000 Mann im Jahre 1926 über 60 000 im Jahre 1930 und 400 000 1933, als Hitler Reichskanzler wurde, bis zu etwa 3,5 Millionen zum Zeitpunkt der Röhm-Affäre 1934. Der rasante Aufstieg der SA führte dort natürlich zu steigenden Erwartungen. Am 6. August 1933 sagte Röhm: »Jeder, der glaubt, dass die Aufgaben der SA erfüllt sind, muss sich mit dem Gedanken vertraut machen, dass wir hier sind und dass wir hier zu bleiben gedenken.«

aufgelöst. Ehrhardt selbst und seine loyalen Anhänger arbeiteten jedoch weiterhin aktiv in verschiedensten zwielichtigen rechtsextremen Gruppierungen. De facto bestand die Brigade unter Tarnnamen wie »Organisation Consul«, »Wikingbund« oder »Gefolgschaft e.V.« fort. Ihre Mitglieder waren auch für die Ermordung des Außenministers Walther Rathenau und des Finanzministers Matthias Erzberger verantwortlich – und daneben für etliche weitere Terrorakte. Später, im Sommer 1933, wurde die Brigade Ehrhardt komplett in die SS integriert.

Aufstieg von NSDAP und SA

Während rechte Gruppierungen mit politischer Gewalt versuchten, Deutschland zu destabilisieren, wuchs die NSDAP langsam, aber deutlich in ihrem bayrischen Machtzentrum. Bayern war schon lange eine Hochburg der politischen Rechten.

Im Dezember 1920 konnte mithilfe geheimer Reichswehrgelder eine unabhängige Zeitung, der »Völkische Beobachter«, erworben werden. Als offizieller Propagandachef der Partei hatte Hitler nun seine eigene Zeitung, mittels der er seine ganz besondere Version der Parteilinie verbreiten konnte. Er war nun fest entschlossen, die Macht in der Partei zu übernehmen und begann damit, die bestehende Führung zu destabilisieren. Die NSDAP war rasch gewachsen, und um 1921 konnte sie schon auf ein Dutzend Ortsgruppen außerhalb ihrer Machtbasis in München blicken. Im Februar desselben Jahres konnte die Partei beim ersten Parteikongress bereits 3000 Mitglieder vermelden, die ständig mehr wurden. Alle Versuche, in der Arbeiterschaft Gefolgsleute zu finden, waren bis jetzt jedoch fehlgeschlagen und so rekrutierten sich die meisten Anhänger aus dem Mittelstand und dem Kleinbürgertum.

An die Spitze der Partei gelangte Hitler durch einen verblüffend simplen Coup: Er trat aus Protest gegen die von Drexler und Harrer angestrebte Fusion mit der Deutschsozialistischen Partei (DSP) aus und wollte erst dann wieder beitreten, wenn man ihm die vollständige Kontrolle – die er in einer größeren Organisation natürlich erheblich schwerer erlangt hätte – über die Partei übergeben hätte. Das erpresserische Vorgehen war erfolgreich: Drexler konnte es sich nicht leisten, die Unterstützung von Hitlers persönlichen Förderern zu verlieren, von denen einige sehr wohlhabend und einflussreich waren. Ab Juli 1921 war Hitler wieder Mitglied (Nr. 3680) und jetzt auch Vorsitzender der NSDAP. Sofort betraute er seine engsten Vertrauten mit den wichtigsten Posten in der Partei. Als gewiefter Taktiker beließ er jedoch Drexler in der Parteiführung, um nicht dessen Anhänger außerhalb seiner eigenen Machtbasis in München zu verprellen.

In diesen Tagen endeten politische Versammlungen häufig in Saalschlachten – ob von gegnerischen Störenfrieden oder den eigenen Leuten provoziert. Viele dieser Kämpfe waren äußerst erbittert. Zum Schutz ihrer Redner hatte die NSDAP die sogenannte Box- und Sportabteilung gegründet, deren kräftigste Mitglieder als Leibwache für die Redner herangezogen wurden.

Mit dem Anwachsen der nationalsozialistischen Bewegung kam es parteiintern zu Auseinandersetzungen zwischen der revolutionär eingestellten SA und den Parteigenossen, die das System von innen zu Fall bringen wollten. Um von Fall zu Fall handeln zu können, schuf sich Hitler mit der SS eine Schutztruppe, die ihm persönlich bedingungslos untergeben war. Diese Truppe entstand aus dem »Stoßtrupp Adolf Hitler«, der anfangs von Hitlers Intimus und Chauffeur Julius Schreck angeführt wurde. Auf dem nebenstehenden Bild ist Schreck als der SS-Mann in der Bildmitte mit Oberlippenbart zu erkennen. Schreck trägt, wie die anderen Truppenmitglieder, schwarze Schirmmütze mit dem Totenkopfzeichen.

Unter Ernst Röhms Führung entwickelte sich daraus ab November 1921 die sogenannte Sturmabteilung (SA). Diese Bezeichnung richtete sich auch an die ehemaligen Soldaten, die damit an die Sturmabteilungen oder Sturmtrupps des 1. Weltkrieges erinnert wurden.

Ernst Röhm und seine SA eroberten mit skrupelloser Brutalität den öffentlichen Raum. Hauptmann Röhm war auch dafür zuständig, die rechtsgerichteten Gruppen und Freikorpsverbände innerhalb der Reichswehr zu bewaffnen. Er war an der Entwicklung der NSDAP stark interessiert und trat ihr auch selbst bei. Röhm sah in Hitler den geborenen Führer, einen, der die Massen mit seiner beinahe hypnotischen Redekunst fanatisieren konnte, hatte aber wenig Verständnis für dessen legalistischen Weg zur Macht. Statt sich um das Gewinnen von Wahlen zu kümmern, setzte Röhm auf Straßenkampf und paramilitärische Operationen – auf die »Zweite Revolution«, wie er es nannte.

Vorläufer der SS

Viele Angehörige der SA waren frühere Freikorpssoldaten, die es gewohnt waren, nur ihren Einheits- bzw. Regionalkommandeuren gegenüber loyal zu sein. Hitler wusste also, dass er zwar nominell der Führer der Partei und folglich der SA war, trotzdem aber keineswegs die bedingungslose Treue der SA-Mannschaften erwarten konnte.

Im Mai 1923 wurde deshalb eine spezielle Wache (»Saalschutz« genannt) zum persönlichen Schutz Hitlers aufgestellt. Sie bestand aus vertrauenswürdigen und zuverlässigen Mitgliedern der SA, die bereit waren, Hitler bedingungslos die Treue zu halten. Der neuen Einheit war aber nur ein kurzes Leben beschieden; sie wurde aufgelöst, nachdem Ehrhardt endgültig mit Hitler gebrochen und seine Männer von der SA abgezogen hatte. Ehrhardt, der noch fanatischer als Hitler war, wollte Frankreich den Krieg erklären, als die französischen Truppen im Januar 1923 im Ruhrgebiet einmarschierten. Hitler weigerte sich jedoch, Ehrhardt dabei zu unterstützen, und so zog ein wutentbrannter Ehrhardt alle seine Anhänger aus der SA zurück (Ehrhardts Einfluss war in diesen Tagen stärker als der Hitlers).

Um dem Einfluss von Ehrhardts Freund Röhm in der SA entgegenzuwirken, hatte Hitler Hermann Göring, einen vertrauten Kameraden, mit der Führung des »militärischen Flügels« der Partei beauftragt. Es war Hitler klar, dass Röhm die SA als eine Art Privatarmee sah, aber mit Göring an deren Spitze konnte er wenigstens ein gewisses Ausmaß an Kontrolle erwarten. Göring ging sofort daran, die SA nach militärischen Richtlinien zu organisieren und war für diese Aufgabe trotz seiner Faulheit die richtige Wahl. Er war ein hoch dekorierter ehemaliger Soldat, ein Kriegsheld, der den begehrten Orden »Pour le Mérite« verliehen bekommen hatte. Als letzter Kommandeur des berühmten Richthofen-Geschwaders konnte er den Respekt der ehemaligen Soldaten in der SA erwarten und ihr ein respektables Image in der Öffentlichkeit verleihen. Was jedoch am wichtigsten war, war seine absolute Loyalität Hitler gegenüber.

Göring baute eine Führungsstruktur auf, die der obersten SA-Führung mehr Kontrolle verlieh als vorher, als die regionalen Parteiorganisationen das Sagen hatten. Trotz seiner Bemühungen wurden jedoch die Beziehungen zwischen der Partei und der SA immer schlechter, da viele SA-Männer der Führung und auch Hitler kritisch gegenüberstanden. Röhm, der in der Führungshierarchie der SA an zweiter Stelle stand – in Wirklichkeit jedoch aufgrund Görings fehlenden Elans die wirkliche treibende Kraft war –, gehörte zu den Kritikern.

Ironischerweise erschien es Hitler nun notwendig, die Parteiführung und vor allem sich selbst vor den Machenschaften jener Vereinigung – der SA – zu schützen, die als Schutz für die Parteiredner aufgestellt worden war. Zu diesem Zweck wurde Mitte 1923 eine neue Leibwache gebildet, an deren Spitze zwei von Hitlers engsten Vertrauten standen – Julius Schreck und Joseph Berchtold. Sie wurde unter dem Namen »Stoßtrupp Adolf Hitler« bekannt. Zu ihr gehörten viele, die es später im Dritten Reich zu Rang und Namen bringen sollten, beispielsweise Josef »Sepp« Dietrich, Rudolf Hess oder Ulrich Graf.

Der Putsch von 1923

Die fortschreitende Demobilisierung der verschiedenen Freikorps führte dazu, dass viele ihrer Mitglieder zur SA gingen. Jene ehemaligen Freikorpsmitglieder, die ausbildungs- und disziplinmäßig über einen militärischen Hintergrund verfügten, verachteten häufig ihre oft rabaukenhaften SA-Kameraden. 1923 war Hitler zum Führer des »Kampfbunds« ernannt worden, eines Zusammenschlusses von bayerischen Freikorps und anderen nationalistischen Organisationen. Dadurch erhoffte er sich vor allem, die nationalistischen Bayern von ihrem Vorhaben abzubringen, Bayern vom Reich abzuspalten. Es braucht nicht extra erwähnt zu werden, dass ihm Erhardt dabei seine Hilfe verweigerte. Er grollte ihm noch immer wegen seiner Weigerung, sich seinem Aufruf zum Krieg gegen Frankreich nach dem Einmarsch ins Rheinland anzuschließen. Trotzdem genoss Hitler immer noch eine breite Unterstützung innerhalb der Rechten in Bayern und verfügte mit dem Kampfbund über eine gewisse militärische Schlagkraft.

Hitler stand mehr und mehr unter Druck seiner Entourage, vor allem der SA, endlich loszuschlagen und die Macht zumindest in Bayern zu übernehmen. Zudem hatte er als leuchtendes Beispiel eines erfolgreichen Staatsstreichs Mussolinis »Marsch auf Rom« vor Augen, mit dem sich der »Duce« ein Jahr zuvor an die Macht geputscht hatte. Es wurde Hitler aber in Verhandlungen vor allem mit der Reichswehrführung sehr schnell klar, dass es mit einem »Marsch auf Berlin« mangels Unterstützung nichts werden würde. Blieb also Bayern, aber auch hier war eine Machtübernahme gegen die bayerischen Polizei- und Reichswehreinheiten kaum möglich. Trotzdem beschloss man unter dem Druck von Kampfbund und SA, am 8. November 1923 loszuschlagen.

Der Chef der bayrischen Regierung, Gustav Ritter von Kahr, sollte bei einer Versammlung im Bürgerbräukeller an der Rosenheimer Straße in München am Abend des 8. November zum Jahrestag der Revolution sprechen. Nicht, dass Hitler gegen Kahrs rechtsgerichtetes, autoritäres Regime ideologisch viel einzuwenden gehabt hätte – er und der Kampfbund fürchteten vielmehr die Konkurrenz Kahrs, wenn es um Aktionen gegen die gewählte Regierung in Berlin gehen sollte. So stürmte Hitler mit bewaffneten SA- und Freikorpsmännern unter Mitnahme eines Maschinengewehrs den Versammlungssaal, schoss mit seiner Pistole in die Decke und verkündete den Ausbruch der nationalen Revolution sowie die Absetzung der bayerischen und, weil man gerade dabei war, der Reichsregierung. Mittels Drohungen, Schmeicheleien und Versprechen gelang es Hitler, Kahr und seinen Anhängern die Zustimmung zu dem überraschenden Putsch abzupressen. Die weitere Durchführung scheiterte aber an der mangelnden Vorbereitung des Putsches. Kahr, dem bayrischen Polizeipräsident Hans von Seißer und dem Reichswehrbefehlshaber von Bayern, Otto von Lossow, wurde von Ludendorff, der sich der Aktion bereitwillig angeschlossen hatte, erlaubt, den Saal zu verlassen. Die distanzierten sich umgehend von ihrer erpressten Beteiligung und mobilisierten Polizei und loyale Armeeeinheiten gegen Hitler.

Das Scheitern des Putsches

Nachdem sie die Nacht ratlos und untätig im Bürgerbräukeller verbracht hatten, brachen die Putschisten am 9. November gegen Mittag zu einem Demonstrationszug auf – in der vagen Hoffnung, die Bevölkerung möge sich ihnen anschließen. Recht mutlos bewegten sie sich über die Stadtmitte Richtung Kriegsministerium zum Odeonsplatz, wo sie auf eine Polizeiabsperrung trafen.

Bis heute ist nicht hinreichend geklärt, wer jetzt zu schießen anfing. Tatsache ist, dass es zu einem etwa 30 Sekunden andauernden Schusswechsel kam, an dessen Ende 14 tote Putschisten und vier tote Polizisten zu verzeichnen waren. Max Erwin von Scheubner-Richter, der Arm in Arm mit Hitler marschiert war, wurde tödlich getroffen – möglicherweise hat er Hitler zu Boden gerissen und ihm damit das Leben gerettet. Nach anderen Aussagen warf sich Hitler bei Beginn des Schusswechsels so vehement zu Boden, das er sich die Schulter ausrenkte – eine für den ehemaligen Weltkriegshelden und kommenden »Führer des Deutschen Reiches und Volkes« wenig schmeichelhafte Version. Ulrich Graf wurde von mehreren Kugeln getroffen, Göring erlitt einen Beinschuss, Joseph Berchtold wurde ebenfalls verwundet.

Der versuchte Putsch hatte sich zu einem grotesken Desaster ausgewachsen, aber die Partei hatte nun ihre erste Reliquie: die blutbefleckte Fahne, die an der Spitze der Kolonne getragen und von den Nazis später als mythologische Blutfahne verehrt wurde. Sie wurde später dazu verwendet, um die einzelnen Fahnen und Banner der neu formierten SA- und SS-Einheiten zu weihen. Auch hatte die »Bewegung« endlich ihre ersten Märtyrer.

Die SS entsteht

Hitler wurde am nächsten Tag verhaftet und später zu fünf Jahren Festungshaft wegen Hochverrats verurteilt. Verglichen mit den Urteilen, die man gegen linksgerichtete Aktivisten aussprach, war dies eine lächerlich geringe Strafe; vier tote Polizisten, der Raub von 14 605 Billionen Mark aus der Druckerei und die Geiselnahme einiger sozialdemokratischer Ratsherren blieben völlig unerwähnt. Zudem verbrachte Hitler nur einige Monate im Gefängnis in Landsberg, ehe er im Dezember 1924 freigelassen wurde.

Während Hitler im Gefängnis saß, bemühte sich Röhm, der nur fünf Monate abzusitzen hatte, die Bewegung am Leben zu erhalten. Göring war nämlich ins Exil geflohen und hatte

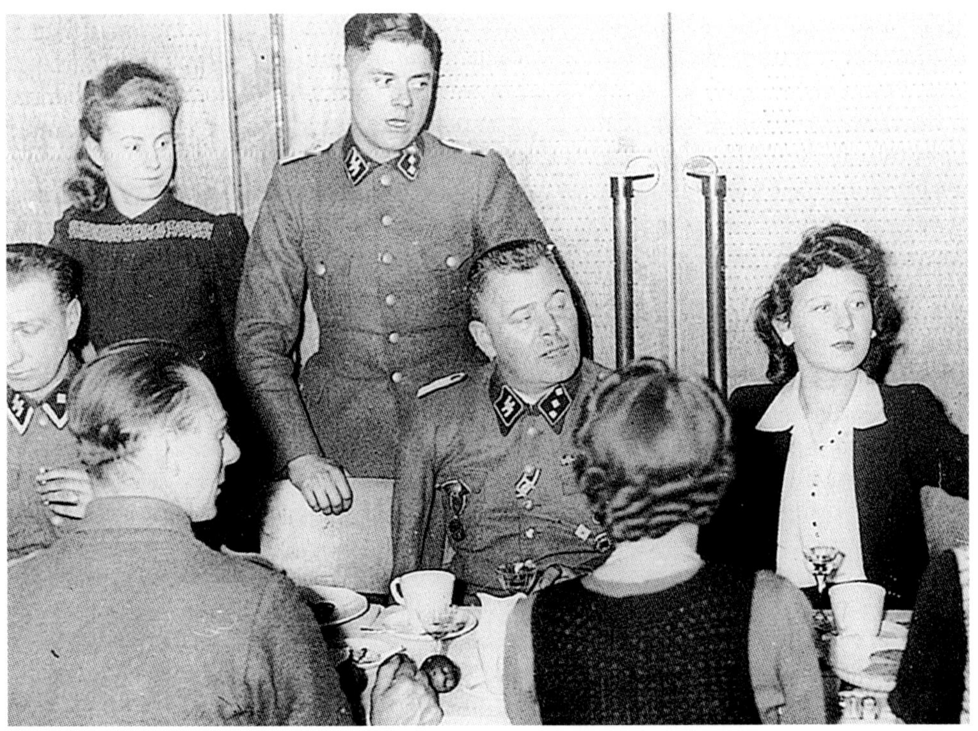

Der einarmige SS-Untersturmführer in der Mitte trägt den begehrten »Blutorden« als Beleg für seine Teilnahme am missglückten Putsch 1923 in München an seiner rechten Brusttasche. Hitlers unbesonnener Plan, die Macht in Bayern zu übernehmen, führte zu seiner Verhaftung und Verurteilung zu einer ausgesprochen milden Gefängnisstrafe in Landsberg sowie zum Tod einiger seiner Parteifreunde. Später jedoch wurde dieses Ereignis zu einem Tag des Märtyrertums und Heldentums der Nazis umgedeutet und jedes Jahr am 9. November gefeiert. Die »Blutfahne«, jene Fahne, die während des Putsches getragen wurde, wurde zum quasireligiösen Symbol bei den Parteizeremonien. Bei den Parteitagen in Nürnberg wurden neue Parteifahnen durch Hitler »geweiht«, indem er sie mit einer Hand berührte, während er in der anderen die Blutfahne hielt.

die SA ohne Führung zurückgelassen. Als Folge des missglückten Putsches wurden sowohl die NSDAP als auch die SA verboten. Hitler ernannte Röhm zum neuen Führer der SA, und um das Verbot zu umgehen, versammelte Röhm deren Mitglieder in einer neuen Bewegung: dem »Frontbann«.

Mehrere Ex-Freikorpsmitglieder gehörten ebenfalls zu dieser neuen paramilitärischen Organisation, der sie ihren Stempel erbarmungsloser Brutalität aufdrückten. Die Zahl der Mitglieder stieg rasch an; zum Zeitpunkt der Entlassung Hitlers aus dem Gefängnis – kurz darauf, im Februar 1925, wurden sowohl die Partei als auch die SA neu gegründet – betrug sie an die 30 000 Mann. Vor dem Putsch hatte die SA nur rund 2000 Mitglieder verzeichnet. Dieser rasante Machtanstieg Röhms machte Hitler jedoch misstrauisch, und schon bald kam es zu Meinungsverschiedenheiten, in deren Verlauf Röhm seines Postens enthoben wurde. Wenig später, Ende April 1925, verließ er die SA.

Hitler, den das Verhalten seiner Leibwächter während des Putschversuches beeindruckt hatte, war nun fest entschlossen, eine eigene, persönliche Leibwache zu schaffen. Er betraute seinen Fahrer und alten Kameraden Julius Schreck mit der Aufgabe, eine Elitetruppe von loyalen Kameraden zu formen. Anfänglich wurden nur acht Mann ausgewählt, um den Kern dieser Prätorianergarde zu bilden. Sie alle waren Mitglieder des »Stoßtrupps Adolf Hitler« gewesen. Göring, der aus seinem Exil zurückgekehrt war, gebührt die zweifelhafte Ehre, den Namen »Schutzstaffel« vorgeschlagen zu haben. Er war als Reverenz an jene Flugzeuge gedacht, die während seines Dienstes beim Elitegeschwader Richthofen als Geleitschutz flogen. Schreck erarbeitete die Richtlinien, die den Elitestatus dieser neuen Wachtruppe noch verstärken sollten. Pro Gau sollte die Schutzstaffel, oder SS, höchstens zehn Mann plus einem Offizier stark sein, eine Begrenzung, die auf die nach wie vor eifersüchtig ihr »Gewaltmonopol« verteidigende SA zurückzuführen war. Die einzige Ausnahme war die Hauptstadt Berlin, wo die SS-Einheit doppelt so stark sein sollte. Die Männer wurden in einem strengen Verfahren handverlesen. Was vor allem zählte, war ihre unbedingte Loyalität gegenüber der Person Adolf Hitler – und nicht etwa gegenüber der Partei oder der »Bewegung«, innerhalb deren es ja auch deutlich abweichende Strömungen gab.

Im April 1926 übernahm Joseph Berchtold, der sich von seiner Verwundung vollständig erholt hatte, vom als Organisator eher unfähigen Julius Schreck die Führung der SS. Hitler unterstrich den Status der SS, indem er ihr die Aufbewahrung der Blutfahne übertrug. Dies wurde von der SA jedoch mit starkem Missfallen betrachtet.

Hitler wandte seine Aufmerksamkeit nun der SA zu. Nach dem Abgang Röhms ernannte er im September 1926 Hauptmann Franz Pfeffer von Salomon zum Obersten SA-Führer (OSAF). Mit diesem einheitlichen Oberkommando sollte die SA der Kontrolle der verschiedenen Gauleitungen entzogen werden. Pfeffer hatte große Freiheiten, die SA nach seinen eigenen Vorstellungen zu entwickeln. Als ein deutliches Zeichen der Anerkennung unterstellte Hitler die SS der Obersten SA-Führung. Damit beabsichtigte er wahrscheinlich, die SA-Einheiten im Norden Deutschlands, die weit weg von der Machtbasis in München waren, zu beruhigen. Zweifelsohne steckte dahinter aber auch seine Neigung, oppositionelle Fraktionen gegeneinander auszuspielen.

Während die SA-Männer gegenüber der SS-Elite zuweilen starke Abneigung verspürten, beschwerte diese sich wiederum über die arrogante Behandlung durch die SA-Führung. Frustriert wegen des rasanten Wachstums der SA und nachdem ihm klar geworden war, dass die SS in den Plänen Pfeffers eine Nebenrolle spielte, trat Berchtold 1927 zurück. Nach wie vor firmierte die SS als eine Sonderformation der SA und war, was die Aufstellungen neuer Truppenteile und die Gesamtstärke anging, von der Zustimmung der OSAF abhängig. Kein Wunder, dass die Moral der SS nachließ, da die SA oft große Freude daran fand, die SS-Leute nach Kräften zu schikanieren.

Nach dem Rücktritt von Berchtold ging die Führung der SS an seinen Stellvertreter Erhardt Heiden über. Dessen Stellvertreter wiederum war ein Mitglied der »Reichskriegsflagge«, eines Verbunds von SA- und Freikorpseinheiten, der am Münchner Putsch beteiligt war: Heinrich Himmler. Heiden gelang es nicht besser als seinem Vorgänger, der SA Widerstand zu leisten. Als Heiden resignierte, kam sein Stellvertreter an die Macht. Die Gründe für Heidens Rücktritt liegen im Dunkeln; wahrscheinlich musste er gehen, nachdem sich Gerüchte verdichteten, er habe sich bei der Beschaffung von Uniformen und anderem Material für die SS bereichert. Die SA nahm den bisherigen Stellvertreter Heidens als neuen Amtsinhaber mit seinem unauffälligen Äußeren nicht sonderlich ernst. Sie sollte sich gewaltig täuschen.

Nachgetragen sei hier noch, dass die Episode Heiden im April 1933 ein Nachspiel hatte. Da ließ Himmler seinen Vorgänger in einer Münchner Gaststätte festnehmen – die Leiche Heidens wurde einige Tage später aus der Isar gefischt. Wahrscheinlich war er einem SS-internen Fememord zum Opfer gefallen.

Heinrich Himmler

Himmler wurde am 7. Oktober 1900 in München geboren. Seine Eltern waren angesehene Katholiken aus dem gehobenen Bürgertum – nicht reich, aber wohlhabend. Der Vater, Gebhard Himmler, war Gymnasiallehrer, später Rektor an verschiedenen Münchner Schulen, zwischenzeitlich lebte die Familie in Passau und Landshut, je nachdem, wo der Vater beschäftigt war. Als Privatlehrer hatte Gebhard Prinz Heinrich von Bayern unterrichtet; als glühender Monarchist hatte er diesen erfolgreich um Patenschaft für den jungen Himmlers gebeten – eine Verbindung in höchste Kreise, von der sich die karrierebewussten Eltern viel versprachen.

Heinrich hatte zwei Brüder: den zwei Jahre älteren Gebhard junior und den 1905 geborenen Ernst. Er wuchs in ausgesprochen geordneten Verhältnissen auf, war als Kind schwächlich und oft krank und die meiste Zeit ein sehr guter Schüler, dessen höfliches, respektvolles und fleißiges Auftreten von seinen Lehrern geschätzt wurde. Man hat viel darüber gerätselt, wie eine als relativ behütetes Kind aufgewachsene Person als Erwachsener eine solch menschenverachtende Haltung entwickeln konnte, wie dies bei Himmler der Fall war. Den wohl bekanntesten Versuch einer Erklärung unternahm einer von Himmlers Schulkameraden, der Schriftsteller Alfred Andersch, mit seiner autobiografischen Erzählung »Der Vater eines Mörders«. Er schildert den Vater als autoritären Pedanten und Himmlers Nazikarriere als das Ausleben eines tief sitzenden Vater-Sohn-Konflikts. Nach allem, was man heute weiß, greift diese Erklärung zu kurz. Gebhard war zwar eine pedantische, monarchistische, konservative Beamtenseele, er scheint aber seinen Söhnen ein hohes Maß an aufmerksamer, nach damaligen erzieherischen Maßstäben durchaus emotionaler Hinwendung geschenkt zu haben. Himmlers Briefe aus seiner Soldaten- und Studentenzeit zeigen ein enges, immer erneute Zuwendung einforderndes Verhältnis zu den Eltern. Seine enormen Schwierigkeiten als junger Mann, seine Mitmenschen auf emotionaler Ebene zu verstehen und mit ihnen zu interagieren, lassen eher auf eine in der frühen Kindheit ausgeprägte Bindungsschwäche schließen, aber eine solche Schlussfolgerung kann nur spekulativ sein. Wie dem auch sei: Himmler reagierte auf seine Schwierigkeiten im Umgang mit anderen Menschen zeit- und kulturgemäß: mit extremer Selbstkontrolle, die sich am besten im militärischen Umfeld ausleben ließ, und der Ausbildung eines naiv-plakativen Frauenbildes, das die Frau als dem Mann geistig unterlegene, gleichwohl anbetungswürdige, moralisch hochstehene Heilige oder als Hure sah.

Seinen Wunsch, Soldat zu werden, konnte Himmler nicht wirklich erfüllen. Zwar begann er 1917 im 11. (bayrischen) Infanterieregiment »Von der Tann« seine Offiziersausbildung, doch vorher hatte Himmlers Vater interveniert, um seinen Sohn dort unterzubringen. Nachdem Heinrich Himmler dort begonnen hatte, war der Krieg zu Ende, noch ehe er die nötigen Prüfungen ablegen und an die Front gehen konnte. Seine fehlende Fronterfahrung versuchte er später zu leugnen, die im Dritten Reich gleichgeschaltete Presse behauptete wiederholt, Himmler sei an der Front gewesen. Einen gewissen Ersatz fand er nach dem Krieg in seinem Beitritt zum Freikorps Landshut und zum Freikorps Oberland – Letzteres eine durch und durch rechtsradikale Organisation. In den folgenden Jahren suchte er immer wieder den Kontakt zu Reichswehroffizieren wie zu Aktivisten der »Schwarzen Reichswehr«. Sein wichtigster Kontakt und bewunderter Mentor dort: Ernst Röhm.

Von 1919 bis 1922 studierte er Landwirtschaft an der Technischen Hochschule in München und zeigte besonderes Interesse an Züchtung und Genetik. Himmler war Mitglied einer schlagenden Verbindung und versuchte, sich im Sport, speziell in der Leichtathletik zu profilieren. Allerdings war die Pflege seines Männlichkeitsideals hier genauso wenig erfolgreich wie bei seiner Militärepisode. Wenigstens trug er während einer Mensur mit einem gefälligen Kommilitonen eine impressive Narbe im Gesicht davon.

Himmler in der NSDAP

Auf Vorschlag Röhms trat Himmler der Reichskriegsflagge bei. Himmler war mit den nationalistischen und antisemitischen Ansichten dieser Gruppierung durchaus einverstanden, obwohl sein Antisemitismus zu diesem Zeitpunkt noch nicht besonders ausgeprägt war. Von Röhm weiter ermutigt, trat Himmler 1923 auch der NSDAP bei, nachdem er sein Studium beendet und bei einer Kunstdüngerfabrik, der Firma »Stickstoff-Land-GmbH« in Schleißheim, eine Anstellung gefunden hatte.

Als Mitglied der Reichskriegsflagge nahm Himmler im November 1923 am Putsch in München teil, wobei er die Fahne seiner Organisation trug. Am eigentlichen Marsch Hitlers war er nicht beteiligt; er gehörte zu den Truppen, mit denen Röhm das Wehrkreiskommando in der Ludwigstraße umstellt hatte. Er wurde weder verletzt noch verhaftet; die Reichskriegsflagge handelte bei den Reichswehreinheiten, die ihrerseits die Röhm-Truppen umstellt hatten, freien Abzug aus. Trotzdem verbreitete sich Himmler später gern voll Stolz über seine Teilnahme.

Nach dem Putsch engagierte sich der mittlerweile arbeitslose Himmler verstärkt bei der zunächst verbotenen, 1925 neu gegründeten NSDAP. Sein Eifer wurde rasch bemerkt und Gregor Strasser bot ihm eine Stelle als Sekretär an. Dieser war zu diesem Zeitpunkt Propagandachef für Niederbayern. Himmlers bisweilen irritierende und pedantische Liebe zum Detail versuchte er durch sein organisatorisches Talent, seinen Arbeitseifer und sein Bemühen, den Vorgesetzten zu gefallen, auszugleichen. Schon 1926 wurde er zum stellvertretender Gauleiter für Niederbayern bestellt, 1927 wurde er stellvertretender Chef der neuesten NSDAP-Organisation, der SS. Diese war zu diesem Zeitpunkt eine kleine Organisation und Heinrich Himmler wurde ihr Mitglied Nummer 168. Als Heiden 1929 sein Amt unter nicht geklärten Umständen aufgeben musste (siehe oben), wurde Himmler zum Reichsführer-SS ernannt.

Seine neue Aufgabe okkupierte ihn derart, dass sein Familienleben darunter litt. Er hatte im Juni 1928 geheiratet und ein Haus in Waldtrudering bei München bezogen. Seine Frau Margarete kümmerte sich dort um die Erträge eines Gartens und einer kleinen Tierzucht. Seine ständige Abwesenheit aufgrund seiner Arbeit bei SS und NSDAP führten zur Entfremdung von seiner Frau und zum Scheitern seines Geschäftes.

Die rassischen Richtlinien der SS

Mit dem Anwachsen der Mitgliederzahlen versuchte sich die SS zunehmend von dem Schlägertrupp-Image der SA abzugrenzen. Während in den Anfangsjahren häufig, um

Eine sehr seltene frühe Aufnahme der ersten SS-Männer im Jahre 1925. Die SS-Propaganda arbeitete später recht erfolgreich an der Legende, »gewohnheitsmäßige Trinker, Schwätzer und andere Übeltäter« seien – im Gegensatz zur SA – niemals rekrutiert worden. Die immer wieder erfolgten Rufe der SS-Spitze zur Disziplin und die überproportional häufige Verwicklung von SS-Männern in Strafprozesse belegen das Gegenteil: Die SS war von Anfang an mindestens so gewaltbereit wie die SA; Alkohol- und Machtmissbrauch, Selbstbereicherung und Kriminalität gehörten hier wie dort zum Alltag. Der elitäre Anspruch der SS war hauptsächlich propagandistischer Natur.

SS-Männer auf den Stufen der Münchner Kunstakademie. Obwohl sie noch braune Hemden tragen, sind sie schon mit schwarzen Stiefeln, Hosen, Krawatten und Mützen versehen und setzen sich so optisch von den SA-Leuten ab. Josef »Sepp« Dietrich ist der Dritte von rechts in der ersten Reihe. Diese frühen SS-Männer waren Leute wie Alois Rosenwink, der die Aufgaben der Einheit wie folgt beschreibt: »Wir tragen den Totenkopf auf unserer schwarzen Mütze als Warnung für den Feind und einen Hinweis an unseren Führer, dass wir für seine Idee unser Leben opfern.« Rosenwink war als Abteilungsleiter mit der Leitung der SS-Oberführung, der ersten Verwaltungszentrale der SS, beauftragt und galt als wichtigster Organisator der SS in ihrer Frühzeit.

überhaupt auf nennenswerte Mitgliederzahlen zu kommen, SA-Leute durch die SS abgeworben bzw. von dort delegiert wurden, konnte sich Himmler spätestens nach dem Wahlerfolg der NSDAP 1930 verstärkt um die SS und ihre Imagepflege kümmern. Da sie auf den gleichen Rekrutierungsbestand wie die SA zurückgriff, waren unter ihren Mitgliedern auch solche, die zu willkürlicher und undisziplinierter Gewaltausübung griffen. Dies geht aus einer Statistik hervor, die die oberste SA-Führung im Mai 1934 vorlegte.

Himmler war früh von germanischer Mythologie und Geschichte fasziniert, wie aus der Lektüreliste hervorgeht, die er seit seiner Kindheit mit pedantischer Genauigkeit führte. Sein Interesse an mittelalterlichen Sagen des deutschen Rittertums führte zu einer romantisierenden Ansicht der Geschichte der »germanischen Rasse«. Zahlreiche Symbole des deutschen Militarismus stammen aus dieser mittelalterlichen Vergangenheit. Die Form des Eisernen Kreuzes beispielsweise, ein schwarzes Kreuz, verziert mit Silber, ging auf das Kreuz des Deutschen Ritterordens zurück. Die Farben des Ordens – Schwarz und Weiß – wurden zu den Farben Preußens und später der SS. Die altnordische Runenschrift wurde ebenfalls nach Kräften vereinnahmt, berühmt-berüchtigt wurde vor allem die doppelte Sigrune (auch Siegrune) am Kragenspiegel der SS-Männer – allerdings gründete ihr Gebrauch nicht auf Erkenntnissen der altnordischen Philologie, sondern auf vagen esoterischen Vorstellungen des völkischen Autors Guido von List. Himmlers Wunsch war, mit seiner SS einen neuen Ritterorden zu schaffen,

um damit die germanische Kultur in ganz Europa, vor allem aber im germanisch zu besiedelnden Osten zu verbreiten.

Obwohl Hitler ein großer Bewunderer von Richard Wagner und den romantischen Helden seiner Opern war, war er von diesem Thema bei Weitem nicht so eingenommen wie Himmler. Am Anfang zumindest schien es, als ob er diese Visionen seines Gefolgsmannes, eine Rasse von nordischen Kriegshelden zu schaffen, mit distanzierter Toleranz betrachtete. Solange Himmler für eine völlig loyale Leibwache zum Schutz seiner Person vor machiavellistischen Plänen der SA und seiner Feinde außerhalb der Bewegung sorgte, konnte er ruhig seine rassischen Theorien verfolgen.

Um aus der SS eine Eliteorganisation nach seinen Vorstellungen zu machen, erließ Himmler nach und nach immer strengere Aufnahmebedingungen und Verhaltensmaßnahmen. Schon als Stellvertreter Heidens hatte er begonnen, den SS-Dienst mit einer Fülle von Vorschriften detailgenau zu regeln. In einem Grundsatzreferat im Juni 1931 auf einer SS-Führerbesprechung in München betonte Himmler die Notwendigkeit der rassischen Auslese seiner SS-Leute. Anfangs tat er dies noch selbst nach Augenschein, später, als die Truppe größer wurde, war die Vorlage eines Ariernachweises notwendig. Ende 1931 wurde den SS-Männern mit dem Verlobungs- und Heiratsbefehl sogar die Wahl rein arischer Ehefrauen vorgeschrieben.

Dabei waren die meisten Bestandteile seiner Ideologie nicht einmal von Himmler selbst zusammengetragen. Der war zwar für germanisierende Fantastereien hochgradig anfällig, aber ein visionärer Ideologe war er nicht – Goebbels, dem Himmler 1930 als stellvertretender Reichspropagandaleiter unterstellt war, fand ihn »nicht übermäßig klug, aber fleißig und brav«. Diese Aufgabe fiel dem Rassentheoretiker und Standartenführer Richard Walter Darré zu, der mit seinen Büchern »Bauerntum als Lebensquell der nordischen Rasse« und »Neuadel aus Blut und Boden« die diffuse Germanenschwärmerei und den esoterischen Rassismus Himmlers und vieler seiner Zeitgenossen in eine krude Theorie goss. Im Dezember 1931 wurde er Leiter des neu gegründeten SS-Rasseamtes (später Rasse- und Siedlungshauptamt, RuSHA).

Ressentiments der SA

Mittlerweile stießen viele Angehörige des Bürgertums und Freiberufler zur SS, die zwar die Ziele der NSDAP unterstützten, jedoch die SA als zu roh und grobschlächtig ansahen. Die Zahl der Mitglieder stieg ständig, aber langsam, da es sich Himmler bei steigender Bewerberzahl leisten konnte, seine Leute immer strenger auszusuchen. Ende 1929 hatte die SS 1000 Mitglieder, ein Jahr später hatte sich die Zahl fast verdreifacht. Innerhalb der SA gab es natürlich wachsende Ressentiments gegenüber der zunehmenden Macht und Bedeutung der SS sowie deren elitärer werdendem Gehabe. Nach wie vor aber waren Himmler und seine SS der Obersten SA-Führung unterstellt. Eine endgültige Loslösung sollte erst Mitte 1934 erfolgen.

Wie häufig versuchte Hitler, eine Seite gegen die andere auszuspielen, und verbot der SS, Männer der SA abzuwerben, wies aber gleichzeitig die SA an, der SS jeden Mann zuzuführen, der dies von sich aus tun wollte. In dieser Zeit war Hitlers Misstrauen gegenüber der SA gestiegen, und er hatte gute Gründe dafür. Die SA war zu groß geworden, um noch kontrolliert zu werden und fühlte sich der NSDAP oder Hitler gegenüber kaum noch verpflichtet.

Die ideologischen Meinungsverschiedenheiten und Machtkämpfe innerhalb der Partei waren gewaltig. Hitler war jedoch schlau genug, diese internen Streitigkeiten zu seinem Vorteil zu nutzen und keine Fraktion mächtig genug werden zu lassen, um seine Autorität in Frage stellen zu können. In der Zwischenzeit bildete er seine persönliche Prätorianergarde, die SS, heran.

Die Krise spitzte sich im 1930 zu, als die Reichstagswahlen näherrückten, die der NSDAP den endgültigen Durchbruch bringen sollten (am 14. September wurde sie mit 18,3 Prozent der Stimmen zweite Kraft hinter der SPD). Der Oberste SA-Führer in Ostdeutschland, Walter Stennes, und einige seiner Kameraden traten im Juli mit der Forderung nach aussichtsreichen Listenplätzen an Hitler heran, wo sie sich allerdings nicht durchsetzen konnten. Der Oberste SA-Führer, Franz von Pfeffer, drohte seinen Rücktritt an und vollzog ihn am 29. August. Stennes war daraufhin zwar wieder zum Einlenken bereit, eine Krisensitzung der Berliner SA-Führer in der Nacht vom 30. auf den 31. wurde aber vom Nebenzimmer aus von einem SS-Mann mitgehört. Als dies entdeckt wurde, war es mit der bisher geübten Zurückhaltung vorbei. Stennes schickte ein 25 Mann starkes SA-Kommando in die Berliner Gaugeschäftsstelle der NSDAP, um die dort stationierte SS-Wache abzulösen. Die weigerte sich, obwohl sie eigentlich SA-Befehlen Folge zu leisten hatte, und brach eine veritable Schlägerei mit ihren SA-Kameraden vom Zaun. Als zwei SS-Männer schwer verletzt wurden, rief man die Polizei, die die Streithähne trennte – ein blamables Ergebnis für Hitlers Elite, die durch die Staatsmacht vor ihren gern belächelten Kokurrenten geschützt werden musste.

Er beeindruckte Himmler schon bei seinem Vorstellungsgespräch: Reinhard Tristan Eugen Heydrich, einer der Architekten der sogenannten Endlösung der Judenfrage. Er trat der NSDAP und der SS 1931 bei, nachdem er von der Marine wegen unehrenhaften Verhaltens gegenüber einer jungen Frau entlassen worden war. Von da an glich sein Aufstieg dem eines Kometen: 1936 Chef der Sicherheitspolizei und des SD, 1939 Chef des Reichssicherheitshauptamtes (RSHA) und dann 1941 Stellvertretender Reichsprotektor von Böhmen und Mähren. Er organisierte die Einsatzgruppen in Osteuropa und spielte eine Schlüsselrolle in der Maschinerie des Genozids. Heydrich war zweifelsohne eine der dunkelsten Gestalten in Hitlers Drittem Reich.

Aufruhr der SA

Um die Krise beizulegen, reiste Hitler am folgenden Tag von Bayern nach Berlin. Er löste das Problem auf seine Art: indem er allen Beteiligten alles Erdenkliche versprach. Auf sein Charisma vertrauend, zog er durch die verschiedenen Sturmlokale und ließ sich am 1. September von 2000 SA-Leuten im Kriegervereinshaus huldigen. Er erklärte, in Zukunft die Führung von SA und SS höchstselbst zu übernehmen – Pfeffer war ja als OSAF zurückgetreten – und ließ sich ein »Treuegelöbnis« darbringen. Zuvor war er jedoch bei der SS gewesen und hatte ihr für ihre Standhaftigkeit und Loyalität gedankt. Die SS hatte sich als vertrauenswürdig erwiesen, während die SA – genauer: Teile der SA-Führung – seiner Meinung nach Verrat geübt hatte.

Ähnliche Revolten spielten sich um die gleiche Zeit in Augsburg, im Oktober in Dachau und im Februar 1931 in Hanau ab. Jedes Mal wurden Einrichtungen der Partei durch die SS geschützt. Kein Wunder, dass sich Hitlers Elite in dieser Phase den Ruf als disziplinierte Ordnungsmacht innerhalb der Partei erwarb. Wie die offizielle Nazi-Geschichtsschreibung später verbreitete, habe Hitler unter dem Eindruck dieser Ereignisse den Spruch »SS-Mann, Deine Ehre heißt Treue!« geprägt. Himmler war davon so angetan, dass er im Jahr darauf die SS-Gürtelschnalle mit der Prägung »Meine Ehre heißt Treue« einführte.

Ende November berief Hitler Ernst Röhm erneut an die Spitze der SA. Diese Entscheidung erschließt sich nicht ohne Weiteres. Röhm war zwar in der Frühzeit der Bewegung eine der treibenden Kräfte beim Aufbau der SA gewesen; er sah sie aber immer eher als paramilitärische Truppe denn als Teil einer legalistischen Parteiorganisation. Dieser Gegensatz zwischen Hitler und Röhm war schon 1924, als Hitler aus der Landsberger Festungshaft entlassen wurde, zum Ausbruch gekommen. Nach dem Putschversuch von 1923 war Hitler von seinen Ambitionen, die Macht mit militärischen Mitteln an sich zu reißen, vorerst geheilt. Röhm hatte sich

daraufhin zurückgezogen und war als Militärberater nach Bolivien gegangen. Möglicherweise wollte Hitler mit dieser Personalentscheidung aufsässige SA-Männer ruhig stellen und ihren revolutionären Ambitionen den Wind aus den Segeln nehmen.

Am 1. April 1931 erhielt Röhm eine Nachricht von Daluege, dem Chef der SS in Berlin, dass laut Informantenberichten sich die SA-Kommandanten in Berlin heimlich getroffen hätten. Dabei sollte beschlossen worden sein, dass jeder weitere Befehl von Hitler zu verweigern sei. Stennes' SA-Männer besetzten erneut die Büros der Berliner Gauleitung und bemächtigten sich auch der Redaktionsräume der Nazizeitung »Der Angriff«. Obwohl Stennes einige SA-Truppenteile auf seine Seite bringen konnte, kam es nicht zu einer allgemeinen Rebellion. Die Berliner Parteileitung hatte die Situation in der Hauptstadt schnell unter Kontrolle und ging in den folgenden Wochen daran, die SA-Führung vor allem in Nord- und Ostdeutschland von Gefolgsleuten Stennes' zu säubern. An die 500 Personen wurden aus Partei und SA ausgeschlossen.

In der Stennes-Affäre hatte sich die SS gegenüber Hitler als loyal erwiesen – als Dank wurde ihre Stellung als oberstes Sicherheitsorgan der NSDAP gefestigt. Die SS hatte bereits 1925 damit begonnen, Informationen über verdächtige Parteimitglieder zu sammeln, stürzte sich aber jetzt voller Eifer in diese Aufgabe. Zwischen 1931 und 1932 war sie von 2000 auf rund 30 000 Mitglieder angewachsen.

Unter den Rekruten befand sich auch eine der gefährlichsten und dunkelsten Gestalten, die je die Uniform der SS tragen sollten: der frühere Marineoffizier Reinhard Heydrich. Während seines Vorstellungsgesprächs bei der SS sollte Heydrich in Anwesenheit Himmlers einen Plan für einen Staatssicherheitsdienst darlegen. Himmler war von Heydrichs Ausführungen so beeindruckt, dass er ihn auf der Stelle aufnahm und ihn mit der Schaffung eines Sicherheits- und Nachrichtendienstes für die SS – des Sicherheitsdiensts (SD) – beauftragte. Heydrich war, nebenbei bermerkt, bei der Marine Nachrichtenoffizier, also Funker; Himmler allerdings hielt ihn fälschlicherweise für einen Geheimdienstmann. Schon bald überzog ein Netz von SS-Spionen ganz Deutschland, und die Tentakel von Himmlers Geheimpolizei drangen in jeden Bereich des Lebens in Deutschland vor.

In sieben kurzen Jahren hatte sich die SS von einer Handvoll Schlägern des Stoßtrupps Adolf Hitler zu einer elitären Sicherheitsorganisation, die mehrere Tausend Mann stark war, entwickelt. Dies war jedoch erst der Anfang. Für viele stellte die SS eine Vision der Ehrbarkeit und Ordnung dar, die in der SA gefehlt hatte. Nur wenige konnten sich vorstellen, dass sie eine der brutalsten und gefürchtetsten Organisationen, die die Welt je gesehen hat, werden sollte.

Seit Januar 1929 war Heinrich Himmler (ganz rechts) Reichsführer-SS. Nachdem er als Geschäftsmann gescheitert war, erlaubte es ihm seine Position als SS-Führer, seine menschenverachtenden Rassentheorien zu entwickeln und in die Tat umzusetzen. Den Anfang machte er bei seiner eigenen Organisation, indem er sein Konzept der rassischen Reinheit als Voraussetzung für eine Mitgliedschaft einbrachte. »Gelingt es uns noch einmal, um Deutschland herum diese nordische Rasse anzusiedeln ... Dann gehört die Erde uns. Siegt der Bolschewismus, so bedeutet dies das Austilgen der nordischen Rasse ... bedeutet dies Verwüstung, das Ende der Erde.« (Himmler auf der SS-Führerbesprechung, München 1931)

Truppen des NS-Staats

Zwischen 1933 und 1939 nahm die Machtfülle der SS ständig zu. Ernst Röhm und die SA wurden ausgeschaltet, die Waffen-SS ausgeweitet, und die Gestapo und der SD begannen damit, die Feinde des Reiches zusammenzutreiben. Heinrich Himmlers SS-Imperium wurde rasch größer.

Der Aufstieg der SS erfolgte parallel zu dem der NSDAP in den späten 1920er- und frühen 1930er-Jahren. Anfänglich konnte die Partei nur langsam ihren Bekanntheitsgrad vergrößern und die meisten Anhänger vorwiegend im Kleinbürgertum rekrutieren. Doch die Weltwirtschaftskrise führte unter anderem dazu, dass sich nun vor allem Landarbeiter für die Partei interessierten. Dies galt auch für die SS, während die Reichswehr vor allem in städtischen Gebieten erfolgreich war; die Folgen dieser »Trennung« sollten sich auch auf die Kampfqualität der Elitedivisionen der Waffen-SS auswirken, wie wir später noch sehen werden.

Die Schlüsselbegriffe im Parteinamen waren jedoch weder »sozialistisch« und »Arbeiter«, sondern »national« und »deutsch«. Mit diesen emotionalen Begriffen zielte die NSDAP auf ein Land, das sich als im 1. Weltkrieg betrogen und durch die Bestimmungen des Vertrages von Versailles gedemütigt betrachtete. So betonten die ersten beiden Punkte des 25-Punkte-Parteiprogramms die Notwendigkeit, alle deutschen Völker in einem »Großdeutschland« zu vereinen und den Vertrag von Versailles zu revidieren.

Des Weiteren sollte die Hauptverantwortung des Staates darin bestehen, den Lebensunterhalt seiner Bürger sicherzustellen, wobei alle Bürger über die gleichen Rechte und Pflichten innerhalb des Staates verfügen sollten. Außerdem durfte eine Arbeitsstelle rein durch Leistung und nicht durch Protektion und Beziehungen erworben werden. Große Betriebe sollten verstaatlicht und die Arbeiter am Gewinn beteiligt werden. Der Staat müsste das Wachstum der kleinen Betriebe fördern und unterstützen; außerdem wurde eine Landreform gefordert

Männer der Leibstandarte Adolf Hitler in Paradeuniform am 24. März 1934 am Flughafen Tempelhof. Weißes Koppelzeug wurde später zu einem weiteren Uniformbestandteil.

Hitler und Göring mit Präsident Hindenburg im Jahre 1933. Dieser war ein Veteran der preußischen Kriege gegen Österreich und Frankreich und wurde 1925 sowie 1931 zum Präsidenten gewählt. Hindenburg zeigte während seiner letzten Lebensjahre zunehmende Anzeichen von Senilität. Er verachtete Hitler, den er als »böhmischen Gefreiten« bezeichnete. Trotzdem ließ er sich von Politikern der konservativen Rechten, die davon überzeugt war, die Nationalsozialisten kontrollieren zu können, dazu bringen, Hitler im Januar 1933 zum Reichskanzler zu ernennen. Hindenburgs Abneigung gegen Hitler wich bald einer in mehreren Solidaritätsadressen bekundeten Bewunderung für den »Führer«.

(daher der Zuspruch in den eher ländlichen Gebieten), Verbesserungen im Schulwesen und Mutterschaftshilfe sowie härtere Strafen für Kriminelle. So weit die Theorie. Wie neuere Forschungen zeigten, basierte Hitlers Machterhalt einerseits auf sozialen Wohltaten, die in einer normalen Volkswirtschaft nicht zu finanzieren waren – er setzte von Anfang an auf Krieg und Beute in großem Umfang. Zum anderen zeigte sich bald, dass die NS-Größen mitnichten so volksnah waren, wie sie sich in ihren Parteitagsreden gaben. Wer es in der Hierarchie entsprechend weit gebracht hatte, bereicherte sich nach Kräften, allen voran Hermann Göring, aber auch der sein spartanisches Image pflegende Hitler, den die Tantiemen für »Mein Kampf« bald zum Millionär gemacht hatten.

Im Chaos der 1920er-Jahre war ein großer Teil der Bevölkerung für Wahlslogans wie »Deutschland den Deutschen« oder der Ruf nach »Gesetz und Ordnung« besonders anfällig. Die meisten Menschen wollten nämlich nichts anderes als zur Normalität zurückkehren und ihr eigenes Leben in Frieden leben. Viele Deutsche, und Europäer im Allgemeinen, standen den Juden feindselig gegenüber. Hitler und seine Anhänger konnten sich auf zahlreiche alte Vorurteile stützen, und so hatten sie es nicht allzu schwer, für ihre Ideologie, die Juden seien für alles Unheil, das die Deutschen traf, verantwortlich, dankbare Abnehmer zu finden.

1923, während seines Gefängnisaufenthaltes, war für Hitler und seine Anhänger der Traum von Macht in weite Ferne gerückt. Die NSDAP hatte nur an die 10000 Mitglieder, eine unbedeutende Zahl. 1926 jedoch, zwei Jahre nach seiner Entlassung, hatte sich die Zahl verdoppelt, und 1929, als Himmler Reichsführer-SS wurde, waren es mehr als 100000. Im Reichstag verfügte die Partei damals über zwölf Sitze. Zur gleichen Zeit hatte die SA an die 60000 Mitglieder – ein wichtiger Machtfaktor also, mit dem zu rechnen war. Die SS hingegen bestand aus 280 Mann – aber die SS war unbedingt loyal, während sich die SA als die wahre Volksbefreiungsarmee sah. Sie strebte nach Unabhängigkeit von der Partei und forderte immer wieder gewaltsames Vorgehen zur Machtergreifung. Solcherart war die Lage, die jedoch nicht lange so bleiben konnte.

Hitler beschwichtigt die Armee

Das Jahr 1930 stellt einen Wendepunkt in der Entwicklung der NSDAP dar. Im März war der letzte sozialdemokratische Reichskanzler, Hermann Müller, zurückgetreten, und die NSDAP ging voller Zuversicht in die Reichstagswahlen im September. Mit beinahe einer viertel Million zahlender Mitglieder konnte die NSDAP 107 Sitze gewinnen und so zur zweitstärksten Partei in Deutschland aufsteigen. Die Sozialdemokraten lagen mit 143 Sitzen immer noch vorn, die Kommunisten mit 77 Abgeordneten an dritter Stelle.

Dazu kam, dass sich die 100000 Mann starke Reichswehr durch das Wachstum der SA bedroht fühlte. Noch 1927 hatte die Reichswehr verfügt, dass kein NSDAP-Mitglied in die Reichswehr aufgenommen werden dürfe. Trotzdem gab es in der Reichswehr viele Sympathien für die Nationalsozialisten. Aber auch viele ehemalige Soldaten schlossen sich der SA an, in der Hoffnung, dass diese später in der Reichswehr aufgehen würde. Als dann 1930 drei Offiziere der Reichswehr wegen der Verbreitung von nationalsozialistischem Gedankengut vor Gericht standen, gab Hitler den Generälen die Versicherung, dass die SA keine Gefahr für die Reichswehr darstelle.

1931 empfing der alternde Präsident Hindenburg Hitler zum ersten Mal, und Ernst Röhm ließ sich überreden, aus seinem Exil zurückzukehren und die SA erneut zu übernehmen. Dies jedoch sollte für Hitler bald zum Problem werden, da Röhms frühere Ambitionen nicht geringer geworden waren. Im Frühjahr 1932 verfügte die SA über 220 000 Mann, und als Reaktion auf eine Terrorwelle dieser Monate verbot Reichskanzler Heinrich Brüning die SA – das Verbot sollte nur wenige Monate Bestand haben.

Die SA Sturmtruppen waren in der Bevölkerung aus gutem Grund gefürchtet. Sie taten sich besonders hervor, indem sie Juden und Menschen, die sich weigerten, der Partei Geld zu spenden, zusammenschlugen. Daneben störten sie regelmäßig politische Versammlungen von gegnerischen Parteien, vor allem solche der Kommunisten. Es gab unzählige Straßenkämpfe, die im Laufe der Jahre zu einer ansehnlichen Anzahl von Toten führten: 1932 verlor allein die SS bei Zusammenstößen mit den Kommunisten zehn Mann und hatte zahlreiche Schwerverletzte zu beklagen.

Im Januar 1932 wurde der Reichsführer-SS, Heinrich Himmler, zum Sicherheitschef des Hauptquartiers der NSDAP im Münchner Braunen Haus ernannt. Dies war mit noch mehr Macht verbunden, da er nun in Wirklichkeit der Leiter der Parteipolizei war. Kurz danach, im Juli, konnte die NSDAP bei erneuten Wahlen mit 239 Abgeordneten in den Reichstag einziehen. Durch das deutsche Verhältniswahlrecht war sie zur stärksten Partei geworden, obwohl sie nur 37 Prozent der Stimmen erzielt hatte. Das Mitglied der Katholischen Zentrumspartei, Franz von Papen, folgte Brüning als Reichskanzler nach. Als moderater Politiker hoffte er, die Nationalsozialisten zu kontrollieren – eine seiner ersten Amtshandlungen war, das Verbot der SA wieder aufzuheben.

In der Zwischenzeit war Hermann Göring zum Innenminister Preußens ernannt worden und stand so an der Spitze der preußischen Polizei. Er formierte in der Folge die Gestapo, Deutschlands gefürchtete Geheimpolizei. Ungefähr zur selben Zeit gelang es der SA, sich mit dem »Stahlhelm« zu vereinen (dessen Präsident Hindenburg war).

Der Reichstagsbrand

Von Papen war erst fünf Monate Reichskanzler, als im November 1932 Verteidigungsminister General Kurt von Schleicher Hindenburg davon überzeugte, dass die Reichswehr kein Vertrauen in von Papen habe. Schleicher versuchte eine Koalition mit Gregor Strasser, einem radikalen Mitglied der NSDAP, zu bilden – nicht ohne den Hintergedanken, die NSDAP dadurch zu spalten. Hitler und Strasser zerstritten sich jedoch darüber und Strasser musste zurücktreten. Nach Neuwahlen im November, bei denen die NSDAP nur noch 33 Prozent der Stimmen errang, kam Schleichers Koalitionsregierung am 3. Dezember 1932 ins Amt und hielt nur 57 Tage – es gelang ihm nicht, eine stabile Unterstützung im Reichstag zusammenzubekommen. Hindenburg drängte ihn am 28. Januar 1933 zum Rücktritt und beauftragte von Papen, der eifrig gegen von Schleicher intrigiert hatte, mit einer erneuten Regierungsbildung.

Damit war Hitler endlich am Ziel. Mit von Papen als Vizekanzler sollte er in einer Koalition der Zentrumsparteien mit der NSDAP die Regierung bilden. Er hatte erreicht, was er bei seiner Entlassung aus Landsberg versprochen hatte: die Macht durch konstitutionelle Mittel zu erreichen. Seine Macht war aber bei Weitem noch nicht absolut. Folglich war es die Verfassung, die als Erste unter der Herrschaft der Nationalsozialisten zu leiden hatte.

Schon bald zeigte sich, dass die Koalition nicht funktionierte, und Hitler verkündete Neuwahlen für den März. Vorher brannte jedoch in der Nacht vom 27. auf den 28. Februar der Reichstag. Hitler machte die Kommunisten dafür verantwortlich und erreichte im Schnellverfahren von Reichspräsident von Hindenburg die »Reichtagsbrandverordnung«, eine Notverordnung, die einerseits etliche Grundrechte aufhob, andererseits dem Reich weitgehende Eingriffe in die Hoheitsbefugnisse der Länder ermöglichte. Görings preußische Polizei, unterstützt durch 25 000 eilig bewaffnete SA-Männer und die Berliner SS unter der Führung des früheren Freikorpsmitgliedes Kurt Daluege, trat umgehend in Aktion. Sie trieben alle bekannten

Hermann Göring, eine der schillerndsten Figuren des Dritten Reiches. Sein wahrer Charakter lässt sich vielleicht am besten durch eine Bemerkung im Februar 1933 darstellen: »Hier habe ich keine Gerechtigkeit zu üben, hier habe ich nur zu vernichten und auszurotten, weiter nichts.« Er war für die Planung der Lufteinsätze bei den Invasionen in Polen, Norwegen, Frankreich und der Sowjetunion verantwortlich, aber sein Einfluss ließ nach 1941 nach, da die Luftwaffe nicht in der Lage war, ihre Aufgabe zu erfüllen. In Nürnberg wurde er in allen Anklagepunkten schuldig gesprochen und vergiftete sich am 15. Oktober 1946, einen Tag vor seiner Hinrichtung.

Eine Parade der SA in Berlin im Januar 1930. Obwohl sie Hitler in den Jahren bis zu seiner Ernennung zum Reichskanzler sehr hilfreich war, wurde die SA um 1933 herum zu einer Bedrohung für die Hierarchie der Partei. Die SA wollte ihren Anteil an der Beute, vor allem aber eine »zweite Revolution«. Etliche Mitglieder waren in den Kämpfen mit den Gegnern des Nationalsozialismus umgekommen, viel mehr noch in diesen Kämpfen zu Mördern geworden. Ein Vermächtnis jener turbulenten Zeiten war das Horst-Wessel-Lied. Dieses war von einem SA-Mann selben Namens geschrieben worden, der durch ein Kommando unter dem Rotfrontkämpfer Albrecht Höhler angeschossen wurde und an seinen Verletzungen starb, weil Wessels Kameraden die Erste Hilfe durch einen jüdischen Arzt abgelehnt hatten. Es sollte zum Marschlied der Nationalsozialisten und zur inoffiziellen Nationalhymne Deutschlands im Dritten Reich werden.

Kommunisten und deren Sympathisanten zusammen und brachten sie in ad hoc errichtete Konzentrationslager, da die Gefängniskapazitäten nicht ausreichten.

Die NSDAP erhielt bei den Märzwahlen 44 Prozent der Stimmen. Mit der Unterstützung der Deutschnationalen Partei des Industriellen Alfred Hugenberg hatten die Nationalsozialisten im Reichstag erstmals die Mehrheit. Als Nächstes ließ Hitler die Kommunistische Partei als illegal erklären. Während der nächsten drei Monate ergaben sich verschiedenste Gründe, um auch die anderen politischen Parteien zu verbieten. Die Deutschnationalen waren die Letzten, als Hugenberg am 14. Juli zurücktrat. Während der nächsten zwölf Jahre sollte Deutschland ein Einparteienstaat sein und Himmlers SS zu einem Staat im Staate werden.

Um dies zu unterstreichen, wurde die traditionelle Heereswache beim Reichskanzleramt durch eine Kompanie von SS-Männern ersetzt, die sich aus dem früheren Stoßtrupp und der Stabswache zusammensetzten. Sie standen unter dem Kommando des alten Straßenkämpfers Josef »Sepp« Dietrich. Im September wurde dann dieses Sonderkommando Zossen mit einer weiteren Truppe, dem Sonderkommando Jüterbog, zu einer neuen Einheit zusammengelegt, die den Namen »Leibstandarte Adolf Hitler« erhielt. Am 9. November 1933 – dem zehnten Jahrestag des Bürgerbräuputsches – schworen die Männer der Leibstandarte vor der Münchner Feldherrnhalle ihren Treueid auf Hitler.

Im Laufe des Jahres stieg die SS auf eine Stärke von 50 000 Mann an, während die SA, die am Beginn des Jahres ungefähr 500 000 Mitglieder hatte, am Jahresende beinahe drei Millionen Mann zählte. Viele Unentschlossene hatten sich nämlich entschieden, auf den fahrenden Zug aufzuspringen. Diese »Märzgefallenen«, wie sie auch genannt wurden, wurden im Allgemeinen von den alten Kameraden des Jahres 1923 verachtet. Denn nur diese hatten das Recht, den Blutorden, eine der höchsten politischen Auszeichnungen der Partei, zu tragen. Tatsächlich wurde Blut, gemeinsam mit der Vorstellung des heldenhaften Opfers, zu einem der wesentlichen Bestandteile der Ideologie der NSDAP. Nirgendwo war dies stärker ausgeprägt als bei jener Organisation, die 1939 die Bezeichnung »Waffen-SS« erhalten sollte.

Abgesehen von diesen Begriffen war der Begriff »Rasse« der erste und wichtigste Bestandteil der nationalsozialistischen und SS-Mythologie. Hitler, Himmler, Alfred Rosenberg, Darré und andere waren aufgrund verschiedenster persönlicher Vorurteile und der Lektüre entsprechender Werke davon überzeugt, dass sie alle einer höheren Rasse – der Herrenrasse – angehörten. Dazu gehörten Arthur de Gobineau mit seinem »Versuch über die Ungleichheit der Menschenrassen«, Houston Stewart Chamberlain mit »Die Grundlagen des 19. Jahrhunderts« und Friedrich Nietzsche mit seinem »Mensch und Übermensch«.

Rosenberg selbst fasste zahlreiche seiner früheren Ideen und Vorurteile in seinem fast unverständlichen Werk »Der Mythos des Zwanzigsten Jahrhunderts«, zusammen. Es wurde 1930 herausgegeben und sollte – nach Hitlers »Mein Kampf« – rasch zur zweiten Bibel der Nationalsozialisten werden.

Die nationalsozialistische »Intelligenz«, die Mythen und Fakten nach Belieben miteinander vermengte, sah in den Ariern im Wesentlichen das deutsche Volk. Daneben akzeptierte sie noch die deutschen Volksgemeinschaften in der Tschechoslowakei und auf dem Balkan sowie die Briten, Holländer und Skandinavier als Teil der arischen Rasse – was erforderlichenfalls durch einen Stammbaum nachzuweisen war, der von jüdischem Blut nicht »verunreinigt« war. Obwohl in den Anfangsjahren der SS jeder Kandidat verpflichtet war, einen Ahnennachweis zu erbringen, der mindestens drei Generationen zurückreichte, machte Himmler Ausnahmen. Dasselbe tat auch Darrés RuSHA (Rasse- und Siedlungshauptamt). Diese Ausnahmen wurden nach Kriegsbeginn 1939 immer mehr die Regel, und schon bald wurden die früheren strengen Maßstäbe wegen des dringenden Bedarfs an Nachwuchs hinweggefegt.

Diese Entwicklung beschleunigte sich noch 1941 nach der Invasion in Russland, und die Reihen der SS füllten sich mit zahlreichen anderen Nationalitäten. Dazu zählten Inder, Moslems vom Balkan, Freiwillige aus Italien und Frankreich, Belgier und sogar als rassisch minderwertig angesehene Ukrainer, Kosaken und Aserbaidschaner. Auch zu Hause erhielten so viele reiche und einflussreiche Persönlichkeiten, unabhängig von ihrer politischen Einstellung und rassischen Qualifikation (solange sie natürlich keine Juden waren), hohe Positionen in der Allgemeinen SS.

Mystik der SS

Himmler, der im Lauf seiner Studentenjahre von einem autoritären Christentum zu einer Art völkischem Spiritismus »konvertierte«, war, wie nicht wenige seiner Zeitgenossen, von einer weltgeschichtlichen Sendung der »arischen Herrenrasse« überzeugt. Als Reichsführer-SS konnte er sich in diesem Zusammenhang auch die Erfüllung privater Wunschträume und Machtfantasien gönnen, beispielsweise die Restaurierung der Ruine Wewelsburg in der Nähe von Paderborn. Dort befand sich eine runde Tafel, die er nach dem Vorbild König Artus' hatte machen lassen, um mit seinen ausgewählten »Rittern« zusammensitzen zu können. Himmlers Faszination für die nordische und deutsche Geschichte war so groß, dass er ein spezielles Forschungsinstitut gründete. Dort beschäftigte man sich unter anderem mit der Bedeutung der heidnischen Runen – jener Runen, die als Grundlage zahlreicher SS-Insignien verwendet wurden.

Zu Himmlers Mystizismus gesellte sich sein fester Glaube in die Wirkung homöopathischer Medikamente, außerdem war er wie Hitler Vegetarier. Neben Astrologie und den Geheimwissenschaften wurden diese beiden Bereiche schon bald an seinem Institut gelehrt – der »Forschunggemeinschaft Deutsches Ahnenerbe«. Aber Himmlers Interessen waren nicht nur theoretischer Natur, sie waren auch pragmatisch. Er konzentrierte beispielsweise das gesamte deutsche Mineralwasser-Abfüllungs- und Vertriebssystem im hoch profitablen WVHA,

Der Reichstag, nachdem er durch ein Feuer Ende Februar 1933 teilweise zerstört worden war. Die Tat wird nach heutigem Forschungsstand dem Einzeltäter van der Lubbe zugeschrieben, sie kam der NSDAP aber äußerst gelegen. Der folgende Prozess, in dem Göring den Brand als eine Tat der Kommunisten und den Beginn eines gerade noch verhinderten Aufstands hinzustellen versuchte, war eine Farce, wurde aber von den Nationalsozialisten propagandistisch geschickt ausgeschlachtet.

Hitler grüßt den Leiter des SS-Rasse- und Siedlungshauptamtes, Gruppenführer Darré. Darré formulierte in seinem Buch »Neuadel aus Blut und Boden« eine Art Zuchtprogramm, mit dem nach »rassischer Qualität« ausgesuchte Paare auf »Hegehöfen« für den Fortbestand einer hochwertigen »nordischen Rasse« sorgen sollten. Worin genau dieses »Nordische« bestand, blieb aber in der nationalsoialistischen Theorie genauso vage und unbestimmt wie seine negativen Gegenstücke, das »Jüdische« oder das »Slawische«.

dem SS-Wirtschaftsverwaltungshauptamt. Auch in seinen Beziehungen zum Vatikan war er Realpolitiker, was unter anderem dazu führte, dass nach dem Krieg zahlreiche führende Nationalsozialisten über die sogenannte Rattenlinie mithilfe von der Kirche vermittelter neuer Ausweispapiere nach Südamerika entkommen konnten: Dies obwohl er durchaus Vorbehalte gegen die christlichen Religionen hegte. Von seinen SS-Leuten forderte er irgendeine, am besten natürlich germanisch verbrämte »Gottgläubigkeit«; Atheisten lehnte er ab.

Loyalität, Disziplin und persönliche Ehre sowie die Bereitschaft, das eigene Leben zu opfern, wurden zu den ideologischen Leitlinien der SS. Dass sich ihre Loyalität ausschließlich auf eine einzelne Person – auf Adolf Hitler – und nicht auf ein abstraktes Gebilde wie den Staat oder die Verfassung bezog, ergibt sich aus ihrer Entstehungsgeschichte. Natürlich wurden die Mitglieder der Waffen-SS nach der Grundausbildung auf Hitler persönlich vereidigt, aber nicht nur diese: Direkt nach Hindenburgs Tod am 2. August 1934 ließ sich Hitler als »Führer und Reichskanzler« titulieren und auch die Wehrmachtssoldaten auf sich persönlich vereidigen.

Der Sturz von Röhm und der SA

Nach wie vor bestand in der SA eine große, kaum zu disziplinierende paramilitärische Truppe, deren Mitglieder jetzt, nach der Machtübernahme, ihr Stück vom großen Kuchen haben wollten. Hitler aber setzte auf den Machtfaktor Wehrmacht, und für die war die SA in erster Linie eine unliebsame Konkurrenz. Die Lösung des Problems schien einfach zu sein: die Führung der SA zu vernichten und ihre Mitglieder zu disziplinieren, während man gleichzeitig die Schuld für alle früheren Exzesse den Röhmschen Braunhemden zuschreiben konnte.

Obwohl die Marschrichtung nun klar war, zögerte Hitler noch. Trotz aller Meinungsverschiedenheiten war Röhm einer seiner ältesten Parteigänger. Es war Viktor Lutze, der Führer der SA in Berlin, der ihn endlich zur Entscheidung trieb. Lutze, der ein gutes Gespür für den richtigen Moment hatte, berichtete Hitler nach einer Rede, die dieser am 28. Februar 1934 im Reichswehrministerium gehalten hatte, von aufrührerischen Äußerungen Röhms. Dieser sollte gefordert haben, dass die SA die wahre Armee des Nationalsozialismus sei, dass die reguläre Armee zu einer Ausbildungsorganisation umgewandelt werde, und dass das Verteidigungsministerium umorganisiert werden müsste. Obwohl er dies nicht ausdrücklich betonte, war es klar, dass sich Röhm selbst an der Spitze dieses neuen Ministeriums sah – er konnte ja auf die Unterstützung von mehr als drei Millionen Anhängern zählen. Sowohl die Partei als auch die Reichswehr sahen dies als einen glatten Verrat an.

Hitler schickte daraufhin zunächst einmal die gesamte SA für den Monat Juni in Urlaub und versetzte die Reichswehr heimlich in Alarmbereitschaft. Was er zu diesem Zeitpunkt genau vorhatte, ist nicht bekannt; Heydrichs SD und die Gestapo lancierten aber eifrig Meldungen über einen bevorstehenden Putsch Röhms. Ein solcher war zwar nie geplant, aber die Stimmung war derart aufgeheizt, dass Hitler sowie SS- und Reichswehrführung diesen Gerüchten bereitwillig Glauben schenkten.

Hitler beorderte Röhm und sämtliche SA-Führer für den 30 Juni nach Bad Wiessee – Röhm residierte dort im Hotel »Hanselbauer«. Dann flog er nach München – es war die Nacht auf den 30. –, verhaftete zwei örtliche SA-Führer im Innenministerium und schickte sie mit einer SS-Eskorte ins Gefängnis Stadelheim. Danach fuhr er mit Goebbels, Lutze und einigen anderen, ohne auf Sepp Dietrich und seinen Geleitschutz zu warten, nach Bad Wiessee. Dort angekommen, verhafteten sie die SA-Führer, die sich hier eingefunden hatten, einschließlich Ernst Röhm. Die Festgenommenen wurden am Morgen in einem angemieteten Bus nach Stadelheim gebracht; sechs von ihnen wurden von Sepp Dietrichs Männern dort auf Befehl Hitlers umgehend erschossen – noch nicht jedoch Röhm. Zur selben Zeit führte die Berliner Garnison der Leibstandarte Verhaftungen in der Hauptstadt durch und sperrte die Festgenommenen in Lichterfelde ein.

Die Leibstandarte wurde bei ihrer Aufgabe von Männern der SS-Wachtruppen aus dem vor Kurzem errichteten Konzentrationslager Dachau unterstützt. Ihr Anführer war der Lagerkommandant Theodor Eicke, der später die SS-Totenkopfverbände führen sollte. Dieser Eicke erhielt dann auch am Nachmittag des 1. Juli den Auftrag, Röhm zu beseitigen.

Hitler, mittlerweile wieder in Berlin, hatte angeordnet, dass man Röhm den »ehrenvollen Ausweg« ermöglichen sollte. So ließ Eicke seine Pistole in der Zelle. Nach zehn Minuten, die vergangen waren, ohne dass ein Schuss gefallen war, ging Eicke zurück in die Zelle und schoss Röhm durch den Kopf. Eickes Dienste wurden großzügig vergolten, er wurde zum SS-Gruppenführer und Inspektor der Konzentrationslager befördert. Er wurde außerdem zum Führer der SS-Wachformationen ernannt.

Die SS festigt ihre Macht

Lutze erhielt für seinen Verrat an Röhm das Kommando der SA – einer SA, die ihrer Macht beraubt war. Wie viele Menschen in der »Nacht der Langen Messer« ihr Leben lassen mussten, konnte niemals mit Sicherheit festgestellt werden. Am 2. Juli verkündete Hitler das Ende der »Säuberungsaktion« und Göring wies die Polizei an, sämtliche Akten über den Vorgang zu vernichten. Die übrig gebliebenen Schriftstücke geben Aufschluss über 85 Tote, Schätzungen gehen bis zu 200 Personen. Sicher ist, dass bei dieser Gelegenheit einige alte Rechnungen, nicht nur mit der SA, beglichen wurden. So beseitigte man Personen wie Schleicher, Kahr und Strasser. Papen, der immer noch Vizekanzler war, hätte man ebenfalls gern beseitigt; da man diplomatische Verwicklungen fürchtete, wurde er nur unter Hausarrest gestellt.

Ein SS-Ehrenring, der mit dem Totenkopfabzeichen und zahlreichen Runensymbolen verziert ist. Wie alle Diktaturen war auch die nationalsozialistische sehr erfinderisch, was Orden, Ehrenzeichen, Symbole und Dienstgrade anging. Der Ring war keine militärische Auszeichnung, sondern wurde von Himmler persönlich als Belohnung für besondere Dienste verliehen. Nach dem Tod des Trägers sollte er gemeinsam mit ihm begraben werden.

Die Belohnung für die Komplizenschaft bei dieser als »Staatsnotwehr« verbrämten Mordaktion kam prompt: Mit Befehl vom 20. Juli 1934 wurde die SS endlich von der SA unabhängig und eine eigenständige, direkt Hitler und Himmler unterstellte Organisation. Auf diesen Status hatte Himmler seit Jahren hingearbeitet. Nun hatte die SS ihre Treue und ihren unbedingten Gehorsam mit Blut, dem in der NS-Ideologie höchstrangigen Symbol, bewiesen (auch wenn es das Blut der Gegner war, das geflossen war). Die an der »Blutsäuberung«, wie sie später auch bisweilen genannt wurde, teilgenommen hatten, erklommen in der nationalsozialistischen Mythologie ähnliche Positionen wie die Teilnehmer am Münchner Putsch 1923.

In der Folgezeit ging Himmler – nach der Röhm-Affäre mit neuem Hauptquartier in der Berliner Prinz-Albrecht-Straße – an die Reorganisation der SS. Vier operative Teilbereiche bildeten sich heraus:

- die Wachtruppen, die als »Sonderverbände« bzw. »politische Bereitschaften« für die Organisation der Konzentrationslager zuständig waren (seit 1936 führten sie den Namen »Totenkopfverbände«);
- die »Verfügungstruppe« in einer Stärke von zunächst drei Regimentern als Vorläufer der Waffen-SS (gegen solche militärischen Verbände hatte sich die Reichswehrführung vor der Röhm-Affäre noch entschieden gesträubt);
- der SD, der seit 1931 als innerparteilicher Geheim- bzw. Polizeidienst unter Heydrichs Leitung aufgebaut worden war, und der ab 1933 die politischen Polizeien der Länder in der reichsweit organisierten Gestapo unter seine Kontrolle brachte; sowie
- die »Allgemeine SS«, die die Einheiten umfasste, die keiner der drei erstgenannten Organisationen unterstellt waren.

Die Totenkopfverbände

Die hastig errichteten Konzentrationslager hatten sich 1933 rasch gefüllt. Obwohl sie sich auf Druck einiger noch nicht gleichgeschalteter Länderjustiz- und Innenministerien zum Teil

Hitler, Himmler und Lutze entbieten 1934 bei einer Massenveranstaltung in Nürnberg den Nazigruß. Zu dieser Zeit war Röhm bereits tot und die SA entmachtet, wodurch Himmler und seine SS zur heimlichen Macht in Deutschland wurden.

wieder leerten war klar, dass sie für das Dritte Reich zu einer wichtigen Dauereinrichtung werden sollten. Die ersten Insassen waren meist politische Gegner (hauptsächlich Kommunisten), aber es sollten sehr rasch Juden, dann Sinti und Roma, Homosexuelle, Gewerkschafter, »Gewohnheitsverbrecher« und Dissidenten aller Art folgen. Der steigende Platzbedarf führte rasch zur Entstehung von weiteren Lagern in Buchenwald und Sachsenhausen, dann Bergen-Belsen, Mauthausen und Theresienstadt.

Im Juni 1933 übernahm Theodor Eicke die Leitung des KZ Dachau, das er schnell zu einer im Sinne der Nationalsozialisten mustergültigen Anstalt ausbaute. Eicke, ein vorbestrafter Bombenbauer und politischer Extremist, hatte sich 1933 mit seinem pfälzischen Gauleiter Sauckel dermaßen überworfen, dass dieser ihn in die Psychiatrie einweisen ließ. Himmler holte ihn von dort nach Dachau und machte ihn, nachdem er Röhm erschossen hatte, zum »Inspekteur der Konzentrationslager« und »Führer der SS-Wachverbände«, aus denen die Totenkopfverbände hervorgehen sollten.

Die SS-Verfügungstruppe

Nachdem die Reichswehr 1934 der Aufstellung erster bewaffneter kasernierter SS-Truppen zugestimmte hatte, richtete Hitler am 1. Oktober 1936 das SS-VT-Inspektorat ein und ernannte Paul Hausser zum Kommandeur. Hausser, einer der wichtigsten Männer bei der Schaffung der Waffen-SS, war 1932 aus dem Generalstab der Reichswehr ausgeschieden. Rasch machte er sich einen Namen beim »Stahlhelm« und wurde nach dessen Vereinigung mit der SA in den Rang eines Standartenführers erhoben. Danach ging er zur SS, wo er Leiter der Ausbildungsschule für Offizierskadetten in Braunschweig wurde. Er stand nun im Range eines SS-Brigadeführers und sollte die Verfügungstruppe in einen Kampfverband umwandeln.

Zu diesem Zeitpunkt bestand die SS-Verfügungstruppe aus den 2600 Mann der Leibstandarte, den 5040 Mann der beiden Standarten »Deutschland« und »Germania« (zu denen 1938 nach dem Anschluss Österreichs die Standarte »Der Führer« hinzukommen sollte) sowie den 759 Ausbildern in den SS-Junkerschulen Braunschweig und Bad Tölz.

Aus diesen bescheidenen Anfängen sollte sich schließlich die Waffen-SS mit nahezu einer Million Mitglieder entwickeln. Hitlers Hintergedanke bei der Schaffung der SS-Verfügungstruppe wird in einem Gespräch mit Himmler im Jahre 1934 deutlich: »In unserem Reich der Zukunft werden die SS und die Polizei die notwendige Autorität gegenüber den anderen Staatsbürgern nur dann besitzen, wenn sie über einen soldatischen Charakter verfügen. Durch seine vergangene Erfahrung in glorreichen militärischen Unternehmen und seine gegenwärtige Schulung durch die NSDAP hat das deutsche Volk solch eine kriegerische Mentalität entwickelt, dass eine fette, joviale, untätige Polizei, wie wir sie während der Weimarer Ära hatten, keine Autorität ausüben könnte. Aus diesem Grund wird es für unsere SS und Polizei notwendig sein, sich in ihren eigenen abgeschlossenen Einheiten an der Front ebenso zu beweisen wie die Wehrmacht und dieselben Blutopfer wie jeder andere Teil der Streitkräfte zu erbringen.«

In der Öffentlichkeit jedoch sprach Hitler weniger offen über die beabsichtigte Rolle der SS-Verfügungstruppe. Offiziell war ihre »ursprüngliche und wichtigste Aufgabe« jene, »den

Führer zu beschützen«. 1935 erweiterte er ihren Aufgabenbereich, indem er erklärte, dass »in Kriegszeiten die SS-VT in die Wehrmacht eingegliedert werden würde«. Himmler war damit nicht glücklich, da die Rolle der SS für ihn darin bestand, die »Sicherheit in Deutschland von innen her zu garantieren, so wie die Wehrmacht die Wahrung der Ehre, der Größe und des Friedens im Reich von außen her sicherstellt«. Diesen Widerspruch klärte Hitler 1938 auf eine für ihn typische Weise: indem er ihn bestehen ließ und allen Interessengruppen nach dem Mund redete. Er schrieb, dass in »Zeiten nationalen Notstandes« die SS-VT zwei Zwecken dienen sollte: »Durch die Oberste Heeresführung im Rahmen der Wehrmacht. Sie untersteht dann ausschließlich dem Militärgesetz und dessen Vorschriften; politisch jedoch bleibt sie ein Teil der NSDAP«; dem fügte er noch hinzu, dass »sie zu Hause entsprechend meinen Anweisungen den Befehlen des Reichsführers-SS untersteht«.

SS-Rekruten

Es gab viele Gründe für einen jungen Mann, zur Waffen-SS und nicht zu einem anderen Teil der Streitkräfte zu gehen. Um nur ein Beispiel zu nennen: Der Kommandotruppführer Otto Skorzeny wollte ursprünglich zur Luftwaffe, war jedoch für einen Einsatz beim Luftpersonal zu groß. Sehr häufig lag der Beweggrund auch im Ehrgeiz und Wunsch, einer Eliteorganisation anzugehören. Nachdem die allgemeine Wehrpflicht wieder eingeführt worden war, fielen die Standards der Wehrmacht, da 36 Divisionen aufgestellt werden mussten. Es war jetzt nicht mehr möglich, wie früher in Entsprechung des Vertrags von Versailles auszuwählen und zu selektieren.

Da man sich dessen bewusst war und die etwas strengeren Aufnahmestandards der Waffen-SS kannte, erlaubte die Wehrmacht nur einer geringen Zahl von Männern, die der Wehrpflicht unterlagen, zur SS zu gehen. Die Situation erfuhr nur eine teilweise Änderung, als Hitler die SS dem Polizeietat unterstellte und so der Wehrmacht mehr Geld verblieb, um damit zu arbeiten. Mitglieder anderer SS-Organisationen waren von der Wehrpflicht ebenfalls ausgenommen und konnten so als Freiwillige den Kampfverbänden beitreten. Die Situation konnte jedoch nie zur beiderseitigen Zufriedenheit gelöst werden.

Es gab zwei wesentliche Unterschiede zwischen den Freiwilligen der Waffen-SS und denen der Wehrmacht. Während bei der SS höchster Wert auf die körperlichen Voraussetzungen gelegt wurde, war man hinsichtlich der Bildung weniger streng. Nahezu die Hälfte der SS-Rekruten verfügte nur über eine minimale Schulbildung, und die akademischen Qualifikationen bei den Offiziersanwärtern waren weniger streng als bei der Wehrmacht. Die meisten Soldaten der Waffen-SS waren offener für eiserne Disziplin und ideologische Indoktrination. Außerhalb der kämpfenden Truppen zog die Eliteorganisation auch Akademiker an, viele Beamte, Anwälte oder Adlige traten der SS bei.

Aufnahmekriterien

Der zweite Unterschied, wie schon vorher angeführt, lag darin, dass die meisten Freiwilligen der SS-Verfügungstruppe aus ländlichen Gebieten kamen, während die Mannschaften der Armee hauptsächlich aus den Städten stammten. Dies mag vielleicht unwichtig erscheinen, aber in Deutschland waren die Lebensbedingungen auf dem Land während der ersten Hälfte des 20. Jahrhunderts weitaus primitiver als sie es heute sind. So zeigte es sich bald, dass die meisten Männer der Waffen-SS sich vor allem in Russland mit dem Leben im Feld sehr gut zurechtfanden. Sie konnten sich vom Land ernähren, da sie in der Feldarbeit erfahren waren.

Die Rekruten der SS-Verfügungstruppe mussten in der Frühzeit der Truppe strengen körperlichen und moralischen (weniger intellektuellen) Anforderungen entsprechen. Erst später wurden diese Standards durch die Kriegsumstände aufgeweicht, da die SS-Divisionen dringend Nachschub an Rekruten benötigten. Auch konnten die Anforderungen von Einheit zu Einheit differieren. Sepp Dietrich, bis 1943 Kommandeur der Leibstandarte, nahm nur Männer auf, die mindestens 180 Zentimeter groß waren und sich in

Eine Gruppe von Offizieren und Unteroffizieren der Leibstandarte Adolf Hitler in feldgrauen und schwarzen Dienstuniformen. Der Adolf-Hitler-Ärmelstreifen des SS-Untersturmführers ist deutlich zu sehen. Viele von denen, die in der »Nacht der Langen Messer« hingerichtet wurden, starben in der SS-Kaserne der Leibstandarte in Berlin-Lichterfelde.

ausgezeichneter körperlicher Verfassung befanden. Wer eine kriminelle Vergangenheit hatte, wurde ebenso abgelehnt wie diejenigen, die ihre arische Herkunft nicht nachweisen konnten.

So akzeptierte Dietrich zu Beginn niemanden in seiner Leibstandarte, der auch nur über eine Zahnplombe verfügte. Durch die Kriegsverluste war allerdings auch er dann gezwungen, seine Ansprüche zu reduzieren. Er war fest entschlossen, sein Regiment zur härtesten, bestausgebildeten und diszipliniertesten Einheit im Dienste des Führers zu machen. Gespräche mit Überlebenden zeigen, dass dieses Elitebewusstsein das Kriegsende lange Jahre überlebte.

Die Mitgliedschaft bei der Allgemeinen SS war eine andere Sache. Zwischen der Machtergreifung im Jauar 1933 und der »Blutsäuberung« der Röhm-Affäre 1934 waren zahlreiche Männer in die SS, SA und NSDAP eingetreten. Die zählten in den Augen der Altgedienten zu den »Märzgefallenen«, wie sie die Männer aus der Zeit vor 1933 in Anspielung auf Hitlers Wahlerfolg im März 1933 nannten. Deshalb konnte es sich Himmler in den Jahren 1934/35 leisten, eine rigorose Auslese durchzuführen – mehr als 1000 Mitglieder wurden wegen Alkoholismus, krimineller Vergangenheit, Homosexualität oder rassischer Unzulänglichkeit aus der SS ausgeschlossen.

In der Waffen-SS betrug die anfängliche Verpflichtungszeit vier Jahre für die Mannschaften, zwölf Jahre für die Unteroffiziere und 25 Jahre für die Offiziere. Diejenigen Anwärter, die eine Offiziersausbildung durchmachen wollten, mussten zumindest zwei Jahre lang bei den Mannschaften gedient haben (außer sie konnten eine frühere Laufbahn in der Wehrmacht nachweisen, wie dies beispielsweise bei Paul Hausser der Fall war). Trotz der langen Verpflichtungsdauer und der hohen Anforderungen gab es genügend Freiwillige. Von Anfang an herrschte jedoch ein Mangel an Offizieren mit Kampferfahrung im Feld, was einer der Gründe für die überdurchschnittlich hohen Verluste einzelner Einheiten der Waffen-SS war.

Militärische Ausbildung

Die anfängliche Ausbildung erfolgte in Lagern außerhalb der Standorte der Regimenter. Dies waren Dachau für die Standarte Totenkopf, München für »Deutschland« und Hamburg für »Germania«. Offiziersanwärter gingen entweder nach Bad Tölz oder Braunschweig, wo zwei sogenannte Junkerschulen errichtet worden waren. Bei seiner Tätigkeit als Ausbilder der SS-Männer standen Hausser zwei erfahrene Offiziere zur Seite: Felix Steiner und Cassius Freiherr von Montigny.

Steiner war Kommandant eines Stoßtrupps im 1. Weltkrieg gewesen. Diese Sturmtrupps, direkte Vorgänger der heutigen Spezialeinheiten, bestanden aus kleinen Gruppen von schwer bewaffneten Freiwilligen. Sie waren die wahre leichte Infanterie, so wie es die Grenadiere der Waffen-SS werden sollten. Sie trugen nur Waffen, Munition, Feldflaschen und den Feldanzug, aber kein schweres Gepäck. Dies, entschied Steiner, sollte der Stil der SS sein: Sie sollte aus echten, spezialisierten Frontkämpfern bestehen.

Montigny, ein U-Boot-Kapitän des 1. Weltkrieges, der später den Totenkopfverbänden beigetreten war, verfügte über ähnlich strenge Vorstellungen von Disziplin. So gingen er und Steiner daran, eine Truppe zu schaffen, die unerbittlich und diszipliniert sein sollte. Dies gelang ihnen in einem hohen Maß, obwohl Disziplin im Wesentlichen als absolute Rücksichtslosigkeit und völlige Geringschätzung menschlichen Lebens verstanden wurde und so Auslöser für zahlreiche Gräueltaten sein sollte.

Das Ausbildungsprogramm, das für die Standarten »Deutschland« und »Germania« entwickelt worden war, galt im Wesentlichen auch für die Leibstandarte Adolf Hitler. Da sie aber auch bei feierlichen Veranstaltungen und als Wache eingesetzt wurde, wurde in dieser Einheit dem »Polieren und Reinigen« weitaus mehr Bedeutung zugemessen. Dies führte zu deren Spitznamen »Asphaltsoldaten«. Dasselbe Programm verwendete im Wesentlichen auch Theodor Eicke, als er einen Teil seiner Totenkopfverbände zur Totenkopfdivision umformte.

Tägliche Routine

Der übliche Tagesablauf begann um sechs Uhr, als die Rekruten vor dem Frühstück eine Stunde lang Gymnastik im Trainingsanzug zu absolvieren hatten. Danach wurde je nach Tagesprogramm der Dienst- oder Arbeitsanzug angezogen. Von allen Ausbildungspunkten wurde dem Waffengebrauch die größte Bedeutung zugemessen.

Zuerst mussten die Männer lernen, wie man ein Gewehr zerlegt, reinigt und wieder zusammensetzt. Der Ausbilder verwendete dazu eine große Wandkarte, die das Gewehr in Einzelteile zerlegt zeigte, um die Funktionen jedes Teils zu erklären. Dann mussten die Männer das Erlernte am eigenen Gewehr erproben. Immer wieder wurde die Waffe zerlegt und zusammengebaut, bis man es mit verbunden Augen tun konnte. Die Rekruten lernten, wie man eine Ladehemmung behebt und einfache Feldreparaturen durchführt. Erst jetzt durften sie das Schießen üben, wobei die Entfernung zu den Zielscheiben immer größer wurde.

Diejenigen, die Angst vor der Waffe hatten oder zu ihrer Bedienung einfach nicht geeignet waren, wurden zu Büroarbeiten und anderen Diensten herangezogen. Die SS benötigte ja wie jede andere militärische Einheit Fernmelder, Schreiber, Fahrer und Köche.

Nach dem Waffendrill standen dann die Angriffstechniken der Infanterie auf dem Programm. Mit aufgesteckten Bajonetten wurde dabei an Sandsäcken geübt. Die Ausbilder legten großen Wert auf Aggressivität und forderten die Männer ständig auf, schneller und noch wilder zu attackieren. Dadurch sollten die eigenen Erfolgschancen verbessert und Verluste verringert werden. Zu diesem Zweck machten ausgebildete Nahkämpfer die Männer auch mit den Techniken des unbewaffneten Kampfes vertraut. Später, als sie über ausreichende Fertigkeiten verfügten, um gefahrlos zu üben, wurden Scheingefechte mit Gewehren und Bajonetten durchgeführt.

Ein wesentlicher Teil der Ausbildung der Waffen-SS war das Boxen. Dadurch sollte der Kampfgeist gestärkt und die instinktive Angst vor einer Verletzung genommen werden. Auf dem Ausbildungsprogramm standen daneben verschiedene andere Sportarten – weitaus mehr als bei der Wehrmacht. Alle Arten von Feldsport- und Laufdisziplinen wurden gefördert, um körperliche Fitness und Reflexe zu stärken. Selbstverständlich gab es auch als Training der Ausdauer und des Durchhaltevermögens endlose Geländemärsche und Querfeldeinläufe – mit und ohne Ausrüstung.

Ideologische Indoktrination

Nach der Morgenarbeit erhielten die Männer ein Mittagessen. Darauf folgte der »Innendienst«, bei dem die Kaserne gereinigt, Schuhe geputzt, Uniformen repariert und gebügelt sowie sonstige Hausaufgaben erledigt wurden. Dann ging es zu weiteren Übungen wieder ins Freie. Am Abend konnten die Männer lesen, Radio hören, Briefe schreiben und Karten oder Schach spielen (Letzteres wurde empfohlen, um logisches Denken und die geistige Flexibilität zu fördern). Jene Rekruten, die im Besitz eines Passierscheins waren, konnten in die Stadt gehen. Zuvor mussten sie sich einer strengen Kontrolle durch den diensthabenden Wachoffizier unterziehen.

Der Mann, der Ernst Röhm in seiner Zelle im Gefängnis Stadelheim erschoss: Theodor Eicke. Er wurde von Himmler im Juni 1933 zum Kommandanten des Konzentrationslagers Dachau ernannt und institutionalisierte das Straf- und Unterdrückungssystem der deutschen KZs. Aus den Wachen, den »Totenkopfverbänden«, stellte er im Oktober 1939 die SS-Division »Totenkopf« auf, die sich in Frankreich und vor allem in Russland einen üblen Ruf erwarb.

Was die militärischen, auf die Frontverwendbarkeit abzielenden Lerninhalte anging, gab es nur wenige Unterschiede zwischen der Ausbildung der SS und der der Wehrmacht. Daneben fand noch dreimal die Woche allgemeiner Unterricht statt. Dazu gehörte die Politik der NSDAP und eine intensive Auseinandersetzung mit der Philosophie der SS. Schwerpunkt war die Ideologie der rassischen Überlegenheit – der SS-Mann sollte sich zum Beherrscher der sogenannten Untermenschen, also der Slawen und Juden, Sinti und Roma, Freimaurer und Kommunisten berufen fühlen. In einem typischen Appell an die Truppe sagte Himmler zu Beginn der Operation »Barbarossa« (Codename für die Invasion in Russland im Juni 1941): »Wenn ihr, meine Männer, dort im Osten kämpft, dann ist dies derselbe Kampf gegen dieselben Untermenschen, dieselben unterlegenen Rassen, die einst als Hunnen, dann – vor tausend Jahren – zur Zeit König Heinrichs und Ottos I. als Magyaren, dann wiederum als Tartaren oder zu einer anderen Zeit als Dschingis-Khan und seine Mongolen aufgetreten sind. Heute sind dies die Russen unter dem politischen Banner des Bolschewismus.« Ironischerweise sollten schon bald tausende dieser »Untermenschen«, vor allem aus den baltischen Staaten und der Ukraine, in die SS aufgenommen werden.

Die Weltanschauung der SS

Durch diesen ideologischen Unterricht sollten Männer geschaffen werden, die fest an ihre eigene Berufung als Missionare des arischen Ordens und Herrscher der Welt glaubten.

Während die meisten SS-Leute diese Anschauungen teilten, gab es auch andere, die eher in der Hoffnung kämpften, ihrem Land wieder zu einer wie auch immer verstandenen alten Größe zu verhelfen. Beide Motivationen mögen sich in der Regel vermischt haben; dazu kam in unterschiedlichem Maße eine Anfälligkeit für die germanisch-esoterische Mythologie, wie sie von Himmler und anderen Parteichargen gepflegt wurde. Nimmt man dazu den persönlichen Treueid auf Hitler, der ab August 1934 zum Gehorsam »bis in den Tod« verpflichtete, kann man die mörderische, zuweilen selbstmörderische Entschlossenheit der Soldaten der Waffen-SS und ihre Todesverachtung nachvollziehen.

Österreichische Intrigen

Am Ende des 1. Weltkriegs war Österreich in einer ähnlichen Situation wie sein deutscher Nachbar. Die alte Doppelmonarchie war zerschlagen, große Teile ihrer Gebiete waren verloren und die Heimfront in Aufruhr. In beiden Ländern regierten schwache Regime, und auf beiden Seiten gab es deutliche Tendenzen, die Vorteile eines Anschlusses in Erwägung zu ziehen. Die Alliierten waren jedoch keineswegs geneigt, solch einer Vereinigung zuzustimmen – schließlich hatten die »Mittelmächte« vier Jahre lang Seite an Seite gegen sie gekämpft.

Wien galt den Rechten als Brutstätte politischer Intrigen und wies wie Berlin einen beträchtlichen Anteil an kommunistischen Sympathisanten auf. Dieser war so groß, dass die österreichische Hauptstadt allgemein als das »rote Wien« bekannt war. Der Aufstieg der Linken in Österreich wurde von der stark konservativen, christdemokratischen Regierung mit großer Besorgnis beobachtet. Um den wachsenden Einfluss der Linken zu unterbinden, begann die Regierung die Verwaltung, den öffentlichen Dienst und das Heer von »unzuverlässigen Elementen« zu säubern. Daraufhin gründete die Linke ihre eigene paramilitärische Streitkraft, den Schutzbund.

Als die Spannungen in Österreich zunahmen, bildeten sich zahlreiche rechtsgerichtete nationalistische Gruppen, die den Aufstieg der Linken unterbinden wollten. In den späten 1920er-Jahren erhielten viele von ihnen Unterstützung aus Deutschland; speziell die österreichische nationalsozialistische Partei wurde immer größer. Die Weltwirtschaftskrise hatte in Österreich dieselben Auswirkungen wie in Deutschland: eine Schwächung der Regierung und Entstehung extremistischer Gruppen sowohl bei der Linken als auch Rechten.

Viktor Lutze wurde nach der »Nacht der Langen Messer« Stabschef der SA. Er hatte Röhm bei Hitler denunziert und begleitete diesen auch nach München bzw. Bad Wiessee, um Röhm zu verhaften.

Österreichische Nationalsozialisten

1933, zur Zeit von Hitlers Machtübernahme in Deutschland, hatte Österreich eine auf den ersten Blick gesehen stabile Regierung. Ihr Kanzler war der klerikal-autoritäre Engelbert Dollfuß. Ihm zur Seite standen ein harter Justizminister, Kurt von Schuschnigg, und der Chef der Heimwehr, von Starkenberg, der Vizekanzler war. Dollfuß war fest entschlossen, den politischen Extremisten der Linken und Rechten keinesfalls einen Sturz der Regierung zu ermöglichen. Im März 1933 verbot er daher die österreichische nationalsozialistische Partei. Dabei hatte er die volle Unterstützung Italiens, obwohl Mussolini darauf bestand, dass er gegen die Linke ebenfalls vorgehe.

Im Februar 1934 wurde ein sozialistischer Aufstand von der Polizei und von regulären Armee-Einheiten brutal niedergeschlagen. Dollfuß hatte zwar auf den ersten Blick betrachtet entschieden reagiert, um die Ordnung wiederherzustellen; gleichzeitig hatte er aber auch den Nationalsozialisten in die Hände gespielt, indem er ihre sozialistischen Gegner ausgeschaltet hatte. Nun konnte sich die Rechte in Österreich stärker etablieren.

Die österreichischen Nationalsozialisten waren jedoch keineswegs so gut organisiert wie ihre Kameraden in Deutschland. Sie wussten, dass es nur eine geringe Chance zur legalen Machtübernahme gab. Sie entwickelten folglich einen Plan, wie sie mithilfe von Waffengewalt und der der Wiener SS Dollfuß und sein Kabinett beseitigen könnten. Für den Plan hatte man sich am 22. Juli Hitlers Genehmigung eingeholt, wenn man auch in Deutschland, wie aus Goebbels' Tagebucheinträgen hervorgeht, die Erfolgsaussichten skeptisch beurteilte.

Am 25. Juli 1934 besetzte die SS-Standarte 89 während einer Kabinettssitzung das Bundeskanzleramt. Einer der Verschwörer, ein Polizeioffizier, hatte jedoch die Nerven verloren und Details des Planes verraten – die meisten Regierungsmitglieder hatten sich in Sicherheit bringen können. Dollfuß jedoch geriet in die Gewalt der Putschisten; er wurde von einer Gruppe SS-Männer unter dem Kommando von Otto Planetta abgefangen. Dieser schoss mit seiner Pistole auf ihn und verwundete ihn schwer. (Das Wiener Allgemeine SS-Regiment, SS-Fuß-Standarte 11, wurde später zu seinen Ehren nach Planetta benannt). Die Angreifer legten Dollfuß auf eine Couch, verweigerten ihm aber jede Hilfe. So erlag er einige Stunden später seinen Verletzungen, nachdem ihn seine Mörder misshandelt hatten, da er Hitler nicht als seinen Führer anerkennen wollte.

Die Ermordung war als Signal eines Aufstandes und der Machtübernahme durch die Nationalsozialisten gedacht. Aber wie in Deutschland misstrauten die Mannschaften der SA der elitären SS. Nachdem die Attentäter mit ihrem Plan, das gesamte Kabinett auszuschalten, gescheitert waren, kam ihnen die SA nicht zu Hilfe. Die Kabinettsmitglieder, denen die Flucht gelungen war, hatten eine bewaffnete Streitmacht aufgestellt – Polizei und Militär waren nicht, wie erhofft, mit fliegenden Fahnen zu den Putschisten übergelaufen. So wurde das Kanzleramt umstellt, die Attentäter ergaben sich am Abend, nachdem ihnen freier Abzug nach Deutschland zugesichert worden war. Diese Zusage war aber ohne das Wissen von der Ermordung Dollfuß' gegeben worden und wurde deshalb wieder zurückgenommen. Sieben Putschisten wurden zum Tod verurteilt und hingerichtet, etliche Nationalsozialisten eingesperrt.

Kurt Schuschnigg wurde als neuer Kanzler vereidigt, und eine Zeitlang schien es, als ob die Krise vorbei wäre. Der neue Kanzler erkannte jedoch, dass Hitler seine einmal gefassten Pläne nicht so einfach aufgeben würde. Als die Beziehungen zwischen Deutschland und Italien besser wurden, wusste er, dass er in Zukunft auf die Unterstützung Mussolinis nicht mehr würde zählen können. Er war also gezwungen, mit den Deutschen in Verhandlungen zu treten, die den konservativen Franz von Papen als Botschafter für Österreich bestellt hatten. Man war nämlich der Meinung, dass dieser eher als ein fanatischer Nazipolitiker gute Beziehungen zu Österreich herstellen könnte.

Schuschnigg gelang es dann auch, mit von Papen eine Vereinbarung zu treffen, in der die Deutschen Österreichs Souveränität anerkannten. Gleichzeitig erklärte Deutschland auch, dass der Konflikt zwischen den österreichischen Nationalsozialisten und der Regierung eine rein innerösterreichische Angelegenheit sei, in die sich Deutschland nicht einmischen sollte. Österreich stimmte andererseits zu, keinerlei Bündnisse, die gegen Deutschland gerichtet seien, einzugehen und die nationalsozialistischen Gefangenen zu amnestieren.

SS-Gruppenführer Paul Hausser. Geboren 1880, war er 1932 aus der Reichswehr ausgetreten. Am 1. Oktober 1936 wurde er Leiter des Verfügungstruppen-Inspektorats, das mit der Verwaltung und militärischen Ausbildung der SS-Feldeinheiten befasst war. 1943 wurde ihm das Kommando des I. SS-Panzerkorps und 1944 das der Heeresgruppe B im Westen übertragen. Ende des Krieges floh er nach Österreich und stellte sich den Amerikanern. Er wurde nicht angeklagt und war bis zu seinem Lebensende in der HIAG aktiv.

Fechtunterricht in der Junkerschule in Bad Tölz. Die körperliche Fitness spielte bei der Ausbildung der Waffen-SS eine große Rolle. Erwünscht waren Soldaten mit einem aggressiven Kampfgeist.

Schuschnigg hielt seine Zugeständnisse ein und an die 17 000 österreichische Nationalsozialisten wurden aus dem Gefängnis entlassen. Sie nahmen unverzüglich wieder ihre subversiven Tätigkeiten auf.

Hitler war jedoch nicht im Geringsten bereit, die Vereinbarung einzuhalten, und im November 1937 erklärte er seinen Beratern offen, dass er den Anschluss Österreichs an das Reich beabsichtige. Er hatte sich Mussolinis Einwilligung dadurch geholt, dass er ihm die Kontrolle über das deutschsprachige Südtirol versprochen hatte.

Schuschnigg am Berghof

Als sich Schuschnigg für sein schicksalhaftes Treffen mit Hitler am Berghof im Februar 1938 vorbereitete, hatte er eine Liste von Zugeständnissen an Hitler vorbereitet. Dazu hatte er sich naiverweise der Hilfe des Anwalts Arthur Seyß-Inquart bedient. Dieser war einer der wenigen Deutschösterreicher, denen Schuschnigg traute. In diesem Fall war sein Vertrauen jedoch fehl am Platz, da Seyß-Inquart sein Wissen umgehend an die Deutschen weitergab. Hitlers Verhandlungsposition wurde dadurch erheblich gestärkt.

Wie zu erwarten war, eröffnete Hitler die Gespräche mit einer Flut von Beschimpfungen und Drohungen gegen Österreich, ehe er Schuschnigg »einlud«, seinen Plänen für Österreich zuzustimmen. Schuschnigg weigerte sich jedoch, und das Treffen wurde für das Mittagessen unterbrochen. Danach wurde dem Kanzler eine Liste mit Hitlers Forderungen vorgelegt, die auch Seyß-Inquarts Belohnung enthielt: seine Ernennung zum Innenminister. Schuschnigg verweigerte jedoch seine Zustimmung ohne vorherige Beratung mit Präsident Miklas. Hitler gewährte nach weiteren Wutanfällen dann Schuschnigg gerade drei Tage, um sich seine Bedingungen zu überlegen.

Nach seiner Rückkehr nach Österreich blieb Schuschnigg wenig anderes übrig, als Hitlers Forderungen zuzustimmen, und Seyß-Inquart wurde zum Innenminister bestellt. Dieser begann sofort, mit Hitler und Himmler zu konspirieren, um Schuschniggs Position zu unterminieren. Die österreichischen Nationalsozialisten stifteten immer mehr Unruhe und Aufruhr. Natürlich hielt Hitler sein Versprechen, die Souveränität Österreichs erneut zu bestätigen, nicht ein.

Am 24. Februar verkündete Schuschnigg vor dem österreichischen Parlament, dass Österreich seine Unabhängigkeit niemals aufgeben werde. Er setzte eine Volksabstimmung an, in der das Volk über sein eigenes Schicksal abstimmen konnte. Hitler war wütend und befahl am 10. März, dass Vorbereitungen für den Einmarsch in Österreich zu treffen seien. Am 11. März wurde die Grenze zwischen beiden Ländern geschlossen.

Der Anschluss

Von dieser Entwicklung alarmiert, versuchte Schuschnigg erneut mit Hitler zu verhandeln, wurde aber nur mit neuen Forderungen konfrontiert. So sollte er zurücktreten und Seyß-Inquart zu seinem Nachfolger bestellen. Widerwillig stimmte Schuschnigg zu, aber Präsident Miklas weigerte sich, Seyß-Inquart als Kanzler zu vereidigen. Überall im Land gab es Gerüchte, dass deutsche Truppen bereits die Grenze überschritten hätten. Schuschnigg verkündete, dass das österreichische Heer der deutschen Wehrmacht keinen bewaffneten Widerstand entgegensetzen werde. Am 12. März überschritten deutsche Truppen die Grenze; schon am Abend trafen sich Hitler und Seyß-Inquart in Linz und beschlossen die »Wiedervereinigung«. Da Bundespräsident Miklas dem Gesetz nicht zustimmen wollte, trat er zurück, und Seyß-Inquart, jetzt für einige Minuten Präsident der aufzulösenden Republik Österreich, unterschrieb den Akt.

In einer Volksabstimmung, die am 10. April abgehalten wurde, stimmten über 99 Prozent für die Vereinigung Österreichs mit Deutschland – in Österreich wie im »Altreich«, also in Deutschland. Juden und »Mischlinge« waren bereits von der Wahl ausgeschlossen. Österreichs Schicksal war besiegelt.

Mit dem Anschluss kamen die unausweichlichen Repressalien gegen all jene, deren Loyalität angezweifelt wurde. Massenverhaftungen waren die Folge, als SS und Gestapo an die Arbeit gingen. Innerhalb von wenigen Wochen waren über 160 frühere Regierungsbeamte nach Dachau geschickt worden. Die Österreicher bekamen jedoch schon bald ihr eigenes Konzentrationslager in Mauthausen, wo um die 100 000 Menschen umkamen.

Die Invasion in Österreich war jedoch nicht nur ein wichtiger Schritt in der Entwicklung der Sicherheits- und Polizeiorgane der SS. Die unerfahrenen SS-Verfügungstruppen, aus denen sich die Waffen-SS entwickeln sollte, konnten so erstmals militärische Erfahrungen logistischer und organisatorischer Art sammeln. Die Leibstandarte bildete gemeinsam mit den Regimentern »Deutschland« und »Germania« einen Teil der Invasionsmacht. Unmittelbar nach dem Anschluss wurde in Wien ein neues Regiment der SS-Verfügungstruppen mit dem Namen »Der Führer« aufgestellt.

Griff nach der Tschechoslowakei

Die Tschechoslowakei war Ende des 1. Weltkrieges aus Gebieten der früheren österreichisch-ungarischen Monarchie hervorgegangen. Dazu gehörte auch das deutschsprachige Sudetenland nördlich von Böhmen. Seit über 700 Jahren lebte eine beträchtliche Anzahl von Volksdeutschen in Böhmen und Mähren. Es war also nicht überraschend, dass dieser Teil der Bevölkerung den Aufstieg Hitlers mit großem Interesse verfolgte. Aber auch die Tschechen beobachteten diesen möglichen Gefahrenherd sehr genau. Sie wollten natürlich den deutschen Nationalisten in ihrem Land keine Möglichkeit geben, die Stabilität des Staates zu gefährden. Ab 1935 begannen jedoch die Deutschen offen, die Sudetendeutsche Partei unter Konrad Henlein, einem rechtsextremen Anhänger des Nationalsozialismus, zu unterstützen und zu finanzieren. Der tschechische Präsident Eduard Benes wusste sehr wohl, welche potenzielle Gefahr dies für sein Land darstellte. Deshalb versuchte er, mit Frankreich, Russland, Rumänien und Jugoslawien Verträge zu schließen, um eine gewisse Sicherheit zu schaffen.

Sofort nach erfolgreichem Ende des österreichischen Anschlusses übte Hitler Druck auf Henlein aus. Er wollte die Tschechen zu Provokationen gegen die Sudetendeutschen verleiten. Dies wollte Hitler dann als Vorwand verwenden, um ihnen zu Hilfe zu kommen. Gleichzeitig startete er einen Propagandafeldzug gegen die Tschechen, indem er ihnen Gräueltaten gegen die sudetendeutsche Bevölkerung vorwarf. Einige dieser Anschuldigungen beruhten auf tatsächlichen Vorkommnissen, die meisten von ihnen waren aber weit übertrieben. Henlein forderte von den Tschechen unter anderem die beinahe vollständige Autonomie des Sudetenlandes und Kompensationen für angebliche Gräueltaten.

Rekruten der Totenkopfdivision bei der Ausbildung. Hitler sagte, dass seine SS-Truppen von einem »heftigen Willen inspiriert seien, Truppen mit einer unschlagbaren Wirkung – die Personifikation der Überlegenheit«. Solche Attribute waren für einen Kommandanten im Kampf von unschätzbarem Wert, aber sie führten auch dazu, dass Soldaten der Waffen-SS ohne Gewissensbisse töteten und menschlichem Leben nur einen geringen Wert beimaßen.

Rekruten der Waffen-SS simulieren einen Angriff auf einen Schützengraben. In jeder SS-Kaserne hing ein Schild, auf dem ein Ausspruch von Nietzsche zu lesen war: »Gelobt sei, was hart macht!«

Zur selben Zeit wies Hitler das Oberkommando der Wehrmacht an, Pläne für eine endgültige Invasion in die Tschechoslowakei zu erarbeiten. Großbritannien und Frankreich wollten jedoch Hitler besänftigen und drängten Benes, den Deutschen Zugeständnisse zu machen. Trotzdem mobilisierten die Tschechen über 170 000 Reservisten und verstärkten die Grenztruppen. Der britische und französische Druck wurde schließlich zu groß, und am 5. September 1938 gab Benes den Forderungen Henleins nach.

Ein weiterer leichter deutscher Sieg

Dies war jedoch das Letzte, was Hitler wirklich gewollt hatte. Seine Befehle an Henlein lauteten, dass die Tschechen zu Übergriffen zu verleiten und nicht Abkommen mit ihnen zu schließen seien. Henlein reagierte, indem er am 7. September eine Konfrontation zwischen sudetendeutschen Nationalisten und der tschechischen Polizei provozierte. Diese konnte Hitler dann als Vorwand zum Abbruch sämtlicher Verhandlungen verwenden. Benes musste den Ausnahmezustand verhängen und Truppen ins Sudetenland schicken, um die Ordnung wiederherzustellen.

Am 12. September hielt Hitler eine Rede bei einer Veranstaltung in Nürnberg, in der er des Langen und Breiten über die angeblichen Gräueltaten seitens der Tschechen gegen die sudetendeutsche Bevölkerung berichtete. Diese flammende Rede konnte von der sudetendeutschen Bevölkerung im Radio verfolgt werden und löste gewalttätige antitschechische Unruhen in den Städten des Sudetenlandes aus.

Die Deutschen begannen nun mit den Vorbereitungen für eine militärische Intervention. Verzweifelt versuchten die Engländer und Franzosen einen Krieg in Europa zu vermeiden und Hitler zu beruhigen. Der britische Premierminister, Neville Chamberlain, traf sich am 15. September auf dem Berghof mit Hitler, wo ihm dieser kategorisch mitteilte, dass er bereit sei, die Sudetenkrise durch einen Krieg zu lösen. Die Regierungen Frankreichs und Englands knickten ein, und am 21. September stimmte die Tschechoslowakei einem Plan der beiden Westmächte zu, nachdem Gebiete mit über 50 Prozent deutscher Bevölkerung an Deutschland abzutreten seien. Die Tschechoslowakei verlor damit einen Großteil ihrer Industrie und der überwiegende Teil ihrer Grenzverteidigung zu Deutschland wurde neutralisiert.

Hitler war jedoch mit der politischen und wirtschaftlichen Kontrolle über das Sudetenland nicht zufrieden. Er verlangte zusätzlich, dass alle tschechischen Streitkräfte sich aus diesem Gebiet zurückziehen und durch deutsche Invasionstruppen ersetzt werden. Die Tschechen wiesen seine Forderung zurück und erneut schien Europa am Rande des Krieges zu stehen, als die Tschechen ihre Reserven gegen die 30 deutschen Divisionen mobilisierten. Die Franzosen zogen ihre Truppen entlang der Maginotlinie zusammen, und die Royal Navy wurde in Alarmzustand versetzt.

Die Amerikaner und Briten drängten nun Mussolini, bei Hitler zu intervenieren und ihm begreiflich zu machen, dass die Briten und Franzosen nun zum Krieg bereit seien und erneute Verhandlungen über die Sudetenfrage verlangten. Hitler versprach, nachzugeben. Chamberlain wurde für den 29. und 30. September gemeinsam mit Mussolini und Daladier zu einer Konferenz nach München eingeladen. Die Tschechen wurden jedoch nicht als Delegierte eingeladen, sondern hatten lediglich Beobachterstatus bei den Briten. Sie durften auch nicht ihre Hotelzimmer verlassen, die von der Gestapo bewacht wurden. Die Konferenz selbst brachte im Wesentlichen nichts anderes als eine Anerkennung der Forderungen Hitlers.

Die SS in der Tschechoslowakei

Die tschechische Armee war bestens gerüstet, um es mit Hitlers Wehrmacht aufzunehmen. Benes wollte aber seinem Land einen Krieg ersparen, den er ohne die Unterstützung durch die Briten und Franzosen nicht zu gewinnen glaubte. Am 1. Oktober 1938 marschierten deutsche Truppen im Sudetenland ein. Einmal mehr befanden sich darunter Teile der SS-Verfügungstruppe, einschließlich der Leibstandarte und der Standarten »Deutschland«, »Germania« und »Der Führer«.

Die durch das Münchner Abkommen gewonnene Friedensperiode war jedoch nur von sehr kurzer Dauer. Unmittelbar nach der Besetzung des Sudetenlandes begann Hitler bereits, die Regierung Benes zu destabilisieren. Schon bald darauf trat dieser zurück, es folgte ihm der schwache und unerfahrene Emil Hacha. Am 14. März 1939 verkündete Hitler, dass sich die deutsche Wehrmacht aufgrund der aufrührerischen, chaotischen Lage in der Tschechoslowakei gezwungen sehen könnte, das gesamte Land zu besetzen, um die Ordnung wiederherzustellen. Falls die Tschechen dem Einmarsch der Deutschen keine Gegenwehr entgegensetzten, würden sie wohlwollend behandelt werden. Sollte man jedoch auf Widerstand stoßen, so würde man diesen rasch brechen und die Tschechen als besiegte Feinde betrachten.

Hacha stellte für Hitler keinen ebenbürtigen Gegner dar und gab klein bei. In einem von Hacha unterzeichneten Dokument legt er das Schicksal seines Landes und seiner Landsleute bereitwillig in die Hände Adolf Hitlers. Die Slowakei erklärte sich zu einem unabhängigen Staat »unter deutschem Schutz«, die sogenannte Rest-Tschechei wurde als Protektorat Böhmen und Mähren ins Reich eingegliedert.

Nachdem die Deutschen das gesamte Land besetzt hatten, verloren die SS und ihre Sicherheitseinheiten keine Zeit, ihre Präsenz deutlich klar zu machen. Der früher als Vizekonsul in London tätige Konstantin von Neurath wurde zum nominellen Oberhaupt des Protektorats Böhmen und Mähren – wahrscheinlich eine diplomatische Geste gegenüber den Engländern. Obwohl er alles tat, um die politischen Strukturen in der Tschechei zu zerschlagen und vor allem die Nürnberger Rassegesetze in seinem Machtbereich durchzusetzen, war er Hitler wohl zu wenig brutal für die Aufgabe als Reichsprotektor. Die wahre Macht lag von Anfang an bei der SS in der Person des SS-Gruppenführers Karl Hermann Frank, eines brutalen und skrupellosen Verbrechers. Schon bald waren Heydrichs SD und die Gestapo damit beschäftigt, jene Elemente der tschechischen Bevölkerung zusammenzutreiben, die sie als unerwünscht betrachteten. Ganz oben auf Heydrichs Liste standen die Juden.

Reichspogromnacht

1938 setzte die Verfolgung der jüdischen Gemeinschaft in voller Härte ein. Zuvor hatte sie noch einen gewissen Schutz erfahren, da die Nationalsozialisten wegen der Olympischen Spiele 1936 negative internationale Reaktionen vermeiden wollten. In der Folgezeit aber wurden die Maßnahmen des Regimes gegen die Juden immer härter, und 1938 wurden 8000 Juden polnischer Herkunft ausgewiesen. Viele dieser Menschen hatten mehr als 25 Jahre in Deutschland gelebt und wurden jetzt fast ohne Vorwarnung aus ihrer Umgebung herausgerissen und mit nicht mehr als den bloßen Kleidern am Leib deportiert. Ihr Besitz und Erspartes verfiel dem Staat. Dies führte zu einem Aufschrei in der ausländischen Presse, aber Hitler kümmerte sich nicht länger um die Meinung seiner Gegner im Ausland.

Die unglücklichen Deportierten wurden in Eisenbahnwagons gepfercht und dann einige Kilometer von der polnischen Grenze entfernt ausgesetzt. Von dort aus mussten sie die restliche Strecke zu Fuß zurücklegen und waren dabei ständigen körperlichen und verbalen Misshandlungen durch die SS-Wachen ausgesetzt. Doch nachdem sie polnischen Boden erreicht hatten, verbesserte sich ihr Schicksal auch nicht wesentlich. Tausende mussten im Niemandsland zwischen Deutschland und Polen verharren, da sich die polnischen Behörden nicht gerade großzügig bezüglich der Einreiseformalitäten verhielten. Nur die wenigsten

Ein taktisches Kriegsspiel in der SS-Junkerschule in Bad Tölz. Neben praktischen Übungen erhielten alle Rekruten der Waffen-SS auch ideologischen Unterricht über die Lehre des Nationalsozialismus. Ein Dokument der NSDAP gibt darüber Aufschluss: »Gehorsam muss unbedingt sein. Das bedeutet, dass die nationalsozialistische Ideologie oberstes Gebot ist ... Jeder SS-Mann muss jeden Befehl des Führers oder seiner Vorgesetzten unabhängig von den damit verbundenen Opfern blind befolgen.«

Deutsche Truppen marschieren im Zuge des »Anschlusses« im März 1938 in Österreich ein. Himmler war bei der Machtübernahme in Österreich eng eingebunden, da er die österreichische SS im Untergrund kontrollierte. Ihr Anführer war der berüchtigte Ernst Kaltenbrunner. Nach der Machtübernahme wurden die »Staatsfeinde« verhaftet und in Konzentrationslager gebracht.

Verschleppten konnten einigermaßen ausreichend versorgt werden.

Einer dieser Deportieren hieß Zindel Grynszpan und hatte viele Jahre in Hannover gelebt und dort einen Sohn namens Herschel großgezogen. Der studierte in Paris und erhielt einen Brief von seinem Vater, in dem ihm dieser die Umstände der Deportierten schilderte. Der Sohn war außer sich über das Unglück des Vaters und beschloss, sich an den Nationalsozialisten zu rächen. Am 7. November 1938 ging er mit einer Pistole bewaffnet in die deutsche Botschaft in Paris und schoss auf den ersten Beamten, der ihm begegnete. Ironischerweise war sein Opfer Ernst vom Rath, der selbst von der Gestapo wegen seiner kritischen Einstellung zu die Nationalsozialisten beobachtet wurde. Er wurde schwer verletzt ins Krankenhaus gebracht, wo er am 9. November starb.

Damit hatten Himmler und Heydrich die perfekte Ausrede, um eine »Aktion« gegen die deutschen Juden zu starten. Am 9. November schickte Heinrich Müller, der Chef der Gestapo, ein geheimes Telegramm an seine Gestapodienststellen. Diese sollten sich mit der Ordnungspolizei in Verbindung setzen, um sicherzustellen, dass nur jüdische Bürger und ihr Eigentum Ziel der Ausschreitungen würden. Später telegrafierte Heydrich selbst an alle Gestapo- und SD-Stellen und befahl ihnen, ihre Aktionen mit den politischen Naziführern zu koordinieren. Männer der SA und SS wurden mit der Aufgabe betraut, jüdische Geschäfte, Wohnungen und besonders Synagogen zu zerstören.

Das Ganze sollte wie ein spontaner Ausbruch des deutschen Volkszorns gegen die verräterischen Juden ausschauen. In Wirklichkeit war die Durchführung perfekt organisiert und bis ins kleinste Detail geplant. Es gab Listen, auf denen genau stand, was zu zerstören war. Dadurch sollte das Ausmaß der Schäden kontrolliert und gleichzeitig sichergestellt werden, dass nur jüdischer Besitz betroffen war.

So durfte beispielsweise frei stehendes jüdisches Eigentum zur Gänze zerstört werden, ohne Folgen befürchten zu müssen. Bei der Verwüstung jüdischer Geschäfte, die unmittelbar neben deutschen Einrichtungen lagen, war darauf zu achten, dass das deutsche Eigentum nicht in Mitleidenschaft gezogen wurde; so durfte in solchen Fällen kein Feuer gelegt werden. Das Plündern von jüdischem Besitz sollte offiziell ebenfalls unterbleiben, allerdings wurde das Verbot selten beachtet. Man wollte die ganze Aktion als das Werk erboster Deutscher darstellen, die sich an den Juden für die Ermordung vom Raths rächen wollten. Plünderungen hätten es aber der ausländischen Presse ermöglicht, den Mob als räuberischen Pöbel darzustellen. Deshalb waren Plünderungen zu bestrafen, wie auch Übergriffe auf Ausländer, auch wenn diese jüdischer Abstammung waren.

Nachdem Himmler und Heydrich nun ihren Vorwand hatten, ließ man dem Terror gegen die deutsche jüdische Gemeinde freien Lauf. Mobs von SA- und SS-Männern zogen eine Spur der Verwüstung. Dabei wurden sie von der Gestapo überwacht, damit sie ja die »Richtlinien« nicht allzu großzügig ausdehnten. Hemmungslos wüteten sie in den Synagogen, die ihr Hauptziel darstellten. 24 Stunden lang wurden Geschäfte, Büros, Häuser und sogar Friedhöfe verwüstet, nachdem Hitler den Tod vom Raths als Ergebnis einer jüdischen Verschwörung verkündet hatte.

Über 30 000 Juden wurden zusammengetrieben und in Konzentrationslager transportiert. Obwohl die meisten nach drei Monaten entlassen wurden, starben mehr als 1000 von ihnen an den Misshandlungen in den Lagern (91 Tote waren in der Nacht vom 9./10. November zu beklagen). An die 7500 jüdische Geschäfte wurden zerstört und über 260 Synagogen beschädigt oder zerstört. Die Straßen der jüdischen Viertel waren übersät vom zerbrochenen Glas der Fensterscheiben, weshalb diese Aktion dann später mit einem sicheren Gespür für Zynismus als »Kristallnacht« bezeichnet wurde.

Die Nationalsozialisten hatten jedoch bei der Verwüstung der jüdischen Geschäfte einen wesentlichen Fehler gemacht. Die meisten jüdischen Ladeninhaber hatten ihr Eigentum bei deutschen Versicherungsgesellschaften versichert, die nun die Rechnung zu bezahlen hatten. Die massiven Schäden drohten nun viele deutsche Versicherungen zu ruinieren.

Doch die Nationalsozialisten behaupteten nun, dass die Zerstörungen in der Kristallnacht einzig und allein die Schuld der Juden waren. Folglich hätten auch sie die Rechnung zu bezahlen. Hermann Göring schlug vor, die Juden mit einer Strafe von einer Milliarde Reichsmark zu belegen. All jene, deren Ersparnisse mehr als 5000 Reichsmark ausmachten, mussten 20 Prozent davon abgeben, um diesen Betrag aufzubringen. Dieser Vorschlag wurde in einer Regierungsverordnung vom 12. November offiziell gemacht.

So war es dem Naziregime gelungen, die jüdische Bevölkerung des Reiches mit einem beispiellosen Pogrom zu überziehen. Ein Großteil der deutschen Synagogen und jüdischen Geschäfte war zerstört, Tote, Verwundete und Gefangene zu beklagen. Die Rechnung dafür mussten die Juden nun auch noch bezahlen.

Die Reichspogromnacht stellte einen Wendepunkt bei der Behandlung der Juden durch die Nationalsozialisten dar. Nur drei Tage nach der Verordnung vom 11. November wurden weitere Maßnahmen gegen die Juden verkündet, einschließlich dem Verbot für jüdische Kinder, deutsche Schulen zu besuchen. Schon bald machten die Nationalsozialisten deutlich, dass es für Juden in Deutschland keinen Platz mehr gab. Die Gestapo und der Sicherheitsarm der SS, Heydrichs SD, waren dafür verantwortlich.

Zerstörte jüdische Geschäfte nach der »Kristallnacht«. Ein geheimer Bericht des SD nach den Vorfällen fasste die Ziele der Übung, wie von Heydrich festgelegt, zusammen: »Die Aktion führte zur Zerstörung oder Brandschatzung der Synagogen und der Verwüstung nahezu aller jüdischen Geschäfte, die dadurch zum Zwangsverkauf gezwungen wurden. Teilweise waren auch die Wohnungen der Juden von den Ereignissen betroffen ... Eine Anzahl von Juden, die Widerstand leisteten, wurden umgebracht oder verwundet.« Der Bericht endet mit der Bemerkung, dass »die Juden – so weit deutsche Staatsangehörige und Staatenlose betroffen sind – von allen Bereichen der deutschen Gemeinschaft endgültig ausgeschlossen sind, sodass ihnen nur die Emigration bleibt, um ihre Existenz zu wahren«.

Erste Kampfeinsätze

Im September 1939 waren die militärischen Einheiten von Himmlers SS noch unerfahren im Kampf. Die Feldzüge in Polen und im Westen sollten jedoch der Wehrmacht und der Welt zeigen, dass die Waffen-SS aus fähigen Offizieren und mittlerweile gut ausgebildeten Soldaten bestand.

Der deutsche Angriff auf Polen am 1. September 1939 gab den unerfahrenen Einheiten von Hitlers SS-Verfügungstruppe die Gelegenheit, ihren Gegnern zu zeigen, wozu sie fähig waren. Dennoch gelang es ihnen nicht, den Respekt der meisten höheren Armeebefehlshaber zu erringen, unabhängig von ihren rein militärischen Leistungen. Schließlich waren die Kampfverbände der SS aus einer politisch indoktrinierten Polizei- und Terrortruppe hervorgegangen, und dieser Herkunft machten sie bereits im Polenfeldzug mit Übergriffen gegen die Zivilbevölkerung alle zweifelhafte Ehre.

Die SS versuchte dieses Image zu korrigieren, indem sie sich durch die Bekanntgabe hoher Verlustzahlen – dem Reichsführer-SS arbeitete ein »Inspekteur für Statistik« zu – als aufopferungsvolle, draufgängerische Truppe darzustellen versuchte. Diese hohen Verlustzahlen wurden zwar unterschiedlich interpretiert – die Offiziere der Wehrmacht betrachteten die SS-Männer häufig eher als unbesonnen und rücksichtslos denn als überlegt handelnde Soldaten –, die Tatsache an sich blieb aber bis lange nach dem Krieg unwidersprochen. Erst 1972 veröffentlichte die »Wehrmachtsauskunftsstelle« ein Zahlenwerk, aus dem hervorging, dass die Kriegstotenzahl bei Wehrmacht und Waffen-SS prozentual gleich hoch war.

Unterschiede in den Opferzahlen ergaben sich allerdings im Verlauf des Russlandfeldzugs, als, vor allem nach 1942, in aller Eile immer neue, unzureichend geschulte SS-Divisionen aufgestellt wurden. Vor allem der Mangel an gut ausgebildeten Offizieren, der von Anfang an ein Problem der Waffen-SS war, wuchs sich ab 1942 zu einem »ungeheuren, geradezu tödlichen Mangel« (Himmler) aus. Das Ausbildungsdefizit führte

SS-Truppen beobachten eine Formation deutscher Stukas, die ihre Stellungen während des Frankreichfeldzugs im Mai 1940 überfliegen. Diese Männer gehörten zur SS-Verfügungsdivision (SS-Pioniersturmbann).

Deutsche Truppen demontieren einen Schlagbaum am 1. September 1939 (gestelltes Propagandafoto). Für die SS und die deutsche Wehrmacht insgesamt war der Feldzug ein überwältigender Erfolg.

Gegenüber: Eine deutsche 3,7-cm-Pak 35/36 Panzerabwehrkanone im Kampf gegen polnische Panzer am Stadtrand von Warschau im September 1939.

in Verbindung mit dem Fanatismus, der in der Truppe vorherrschte, zu den bei verschiedenen Einheiten zu beobachtenden überproportional hohen Verlustzahlen.

Einzelne SS-Einheiten mussten die Erfahrung machen, dass Polen nicht der erwartete leichte Gegner war. Ihre Verluste waren aber auch ein Stück weit ihrer Aggressivität und waghalsigen Taktik zuzuschreiben, die sie während der Ausbildung als Rekruten eingeimpft bekommen hatten, und waren nicht primär ihrer Unerfahrenheit und einer schlechten Führung zuzuschreiben, wie ihre Konkurrenten in der Wehrmacht behaupteten.

Bei Kriegsausbruch bestanden die bewaffneten Einheiten der SS-Verfügungstruppe aus folgenden Teilen:

- Leibstandarte SS Adolf Hitler, damals die Elitetruppe der SS, die als vollmotorisierte Einheit in Regimentsstärke unter der Führung von SS-Gruppenführer Josef »Sepp« Dietrich stand.
- SS-Standarte Deutschland: ein motorisiertes Infanterieregiment, das in München stationiert war und von SS-Standartenführer Felix Steiner geführt wurde. Dieser war wahrscheinlich der fähigste Soldat in der SS und wurde schließlich zum SS-Obergruppenführer befördert.
- SS-Standarte Germania: ein motorisiertes Infanterieregiment aus Hamburg unter dem Kommando des SS-Standartenführers Carl-Maria Demelhuber.
- SS-Standarte Der Führer: Kurz nach dem Anschluss in Wien aufgestellt, bestand sie größtenteils aus österreichischen Freiwilligen und stand unter dem Kommando von SS-Oberführer Georg Keppler.
- SS-Nachrichtensturmbann: ein Fernmeldebataillon, das im März 1935 gegründet wurde und ursprünglich in Berlin stationiert war. Im Frühjahr 1939 war es eine hoch effektive und gut ausgebildete Einheit unter dem Kommando von SS-Sturmbannführer Adolf Weiß.
- SS-Artillerieregiment: Dieses Regiment, das im Sommer 1939 in Munsterlager aufgestellt wurde, machte mit der Unterstützung der Wehrmacht rasche Fortschritte. Nach nur acht Wochen wurde es als kampftauglich erklärt. Die Einheit stand unter dem Kommando von SS-Obersturmbannführer Peter Hansen.
- SS-Aufklärungsabteilung: Das Aufklärungsbataillon bestand aus zwei Kradschützenkompanien, einem Panzerabwehrzug, einem Zug gepanzerter Fahrzeuge und einem Fernmeldezug. Es stand unter der Führung von SS-Sturmbannführer Günther Brandt.
- SS-Pioniersturmbann: Das 1935 in Dresden aufgestellte SS-Pionierbataillon war mit modernstem Material ausgestattet, z. B. mit Brückenlegegerät. Sein Kommandeur war SS-Sturmbannführer Karl Blumberg.

Sehr zum Ärger der SS-Kommandeure operierten die SS-Einheiten während des Polenfeldzuges nicht als eine zusammenhängende Einheit, sondern wurden auf verschiedene Wehrmachtseinheiten aufgeteilt. Der Generalinspektor der SS-Verfügungstruppe, SS-Gruppenführer Paul Hausser, gehörte beispielsweise zum Stab der Panzerdivision Kempf.

Das SS-Regiment Deutschland, das neu formierte Artillerieregiment, das Aufklärungsbataillon und Fernmeldebataillon sowie ein Panzerregiment der Wehrmacht waren Teil einer vollmotorisierten Division unter dem Kommando von Generalmajor Werner Kempf. Diese Einheit wiederum gehörte dann zum I. Korps der Heeresgruppe Nord unter Generaloberst Fedor von Bock.

Die SS-Standarte Germania war anfänglich Teil der Reserve von Generaloberst Wilhelm Lists 14. Armee in Ostpreußen. Die SS-Standarte Der Führer nahm am Polenfeldzug nicht teil, da sie in Deutschland in Reserve gehalten wurde. Die Leibstandarte diente gemeinsam mit Teilen des SS-Pioniersturmbannes bei der 10. Armee unter General Walther von Reichenau. Als vollmotorisierte Einheit war sie beim Vormarsch äußerst wertvoll und wurde hauptsächlich zu Aufklärungszwecken und zur Verteidigung der Flanken langsamerer Wehrmachtseinheiten eingesetzt.

Erfolge der SS in Polen

Bei Kriegsausbruch am 1. September 1939 befanden sich die deutschen Einheiten in einer hervorragenden Position. Vom Nordosten sollte General Georg von Küchlers 3. Armee in

Eine Kolonne deutscher Panzer in bewaldetem Terrain während des Polenfeldzugs. Die weißen Kreuze auf den Panzern wurden rasch entfernt – sie stellten ausgezeichnete Zielpunkte für Panzerabwehrkanonen dar.

Rechts: Ein Unterscharführer des Regiments Deutschland. Unter dem Kommando von SS-Standartenführer Felix Steiner pflegte das Regiment eine aggressive Vorgangsweise im Polenfeldzug. Die »1« auf dem Kragenspiegel des Mannes weist auf seine Zugehörigkeit zum Regiment Deutschland hin.

Ostpreußen in Richtung Süden vorstoßen und dann von Osten her auf Warschau vorrücken. Hier würde sie sich mit General von Kluges 4. Armee vereinen, die von Polens Nordwestgrenze her angreifen sollte. An der Südwestgrenze wollte die 14. Armee unter General List zur Weichsel vorstoßen, um einen polnischen Rückzug abzuschneiden. Vom Westen sollte General von Reichenaus 10. Armee in Richtung Osten in einer Zangenbewegung vorrücken, um das Gros der polnischen Kräfte westlich von Warschau zu binden. Die 8. Armee unter General Johannes Blaskowitz war als Flankenschutz der 10. Armee gedacht.

Als Kempfs Divisionen ihren Angriff von Niedenburg in Ostpreußen aus gegen die polnischen Verteidigungslinien bei Mlawa starteten, sollte die SS-Standarte Deutschland die gegnerische Verteidigungslinie durchbrechen. Unter der Führung von SS-Standartenführer Steiner führte das Regiment einen entschlossenen Frontalangriff mit Panzerunterstützung durch. Die SS-Männer hatten jedoch das Ausmaß der polnischen Panzerabwehr unterschätzt – der Angriff der Deutschen blieb bald stecken. In dieser Lage stellten sie für die schwere Artillerie des Gegners ein leichtes Ziel dar. Außerdem traf die versprochene Unterstützung durch Sturzkampfbomber der Luftwaffe nicht ein. Trotzdem brachen die SS-Soldaten ohne Unterstützung durch und kämpften sich bis auf 100 Meter an die polnischen Bunker heran, ehe sie zurückbefohlen wurden.

Am nächsten Tag wurden die SS-Truppen nach Chorzele verlegt, wo die Deutschen die polnischen Linien durchbrochen hatten. Sie schlossen sich dem raschen Vorstoß auf Rozan über den Narew an, ehe sie auf heftigen Widerstand und Gegenangriffe der polnischen Artillerie stießen. Ohne nennenswerte Luftwaffe und zahlenmäßig unterlegen, konnten die Polen das Unabwendbare nur verzögern; die SS konnte schon bald wieder weiter vordringen. Sie überschritt den Bug und erhielt dann den Befehl, polnische Einheiten, die sich in Richtung Warschau zurückzogen, abzufangen. Diese waren zwar schlecht ausgerüstet, aber zum Äußersten entschlossen. Es folgten heftige Kämpfe, ehe sie aufgerieben und Warschau eingeschlossen wurde.

Kampfgruppen der Standarte Deutschland nahmen dann am Angriff auf die wichtigsten polnischen Befestigungen bei Modlin und Zacrozym, nordwestlich von Warschau, teil. Steiner führte den Angriff seiner Männer an und nahm Zacrozym innerhalb von 90 Minuten ein. Am späteren Nachmittag fiel dann

Die deutsche Invasion in Polen begann am 1. September 1939. Neun gepanzerte Divisionen – einschließlich der 4. Panzerdivision – stürmten in nur 18 Tagen durch Polen. Zum ersten Mal wurden hier gepanzerte Fahrzeuge und jene Taktik, die als »Blitzkrieg« bekannt werden sollte, getestet.

auch die Festung. In der Zwischenzeit sah sich die Leibstandarte beträchtlichen Kampfaktivitäten ausgesetzt. Sie hatte den Auftrag, für die 17. Infanteriedivision, die in das Gebiet westlich von Warschau vorstieß, als Aufklärer und Flankenschutz tätig zu sein. Später wurde sie der 4. Panzerdivision zugeteilt, um am Vorstoß gegen Lodz teilzunehmen, ehe sie endlich die westlichen Randbezirke der polnischen Hauptstadt erreichte.

Als die 4. Armee vom Norden her bedrohlich näher rückte und die 10. Armee vom Zentrum her vorstieß, saß eine große Zahl polnischer Truppen in der Gegend von Posen in der Falle. Anstatt einen Rückzug nach Osten zu versuchen, um der Zangenbewegung zu entgehen, griffen die Polen im Süden an und stießen auf Teile der deutschen 8. Armee, die die nördlichen Flanken der 10. Armee schützten. Dies brachte die Deutschen zwar kurzfristig in Schwierigkeiten, die sie jedoch rasch überwanden. Es gelang ihnen sogar, die Polen einzukesseln. Die Leibstandarte selbst wurde dann in Richtung Westen abgezogen und war an der Einkesselung der polnischen Kräfte an der Bzura beteiligt.

Die SS-Standarte Germania wurde im Gegensatz zur Leibstandarte und zur Standarte Deutschland nicht als geschlossene Einheit eingesetzt. Zunächst war sie am Durchmarsch durch die Industriegebiete Oberschlesiens beteiligt, dann verlor sie ihren gepanzerten Aufklärungszug an die 5. Panzerdivision. Nur vier Tage später musste dann auch noch eine verstärkte Kradschützeneinheit an jedes Korps abgegeben werden. Die Reste des Regiments wurden anschließend dem XXII. Armeekorps zugeteilt. Hier hatten sie die Aufgabe, die Flanken der 2. Panzerdivision und der 4. Leichten Division zu sichern.

Am 13. September griff die 15. Kompanie unter dem SS-Hauptsturmführer Johannes Mühlenkamp ein sich zurückziehendes polnisches Bataillon an und machte über 500 Gefangene. Sie wurden jedoch danach von stärkeren polnischen Kräften angegriffen, die Warschau zu erreichen versuchten, und zum Rückzug gezwungen. Vier Tage später kam das Regiment als Flankenschutz zum XVII. Korps. Diese Aufgabe erfüllte es dann während des restlichen Feldzuges. Nach Polens Kapitulation kamen sämtliche Truppenteile wieder zurück und das Regiment wurde dann nach Beraun, in die Nähe Prags, verlegt.

Die SS spielte im Polenfeldzug nur eine militärisch untergeordnete Rolle. Vor allem die Leibstandarte bewies aber die Wirkung einer vollmotorisierten Infanterieeinheit, die schnell von einem Sektor der Front zum anderen verlegt werden konnte. Später im Krieg wurden vor allem an der Ostfront ganze SS-Divisionen solcherart als »Feuerwehr« eingesetzt.

Deutsche Truppen marschieren im Oktober 1939 durch Warschau. Der rasche Feldzug hatte der Welt ein neues Wort beschert: »Blitzkrieg«. Hitler war von den Leistungen der SS beeindruckt und gab seine Zustimmung zur Bildung von drei SS-Divisionen.

Symbole einer Elite: der SS-Zeremoniendolch, SS-Kragenspiegel, das Ritterkreuz mit Eichenlaub und Schwertern, Ärmelstreifen der Leibstandarte und deren Standarte.

Obwohl sich einzelne SS-Einheiten während des Polenfeldzugs bewährt hatten, war das Oberkommando der Wehrmacht von der Leistung der SS unbeeindruckt geblieben und betonte lieber die negativen Aspekte, wie die hohen Verluste der SS-Einheiten. Die Wehrmacht versuchte dies, wie bereits erwähnt, auf die schlechte Führung im Bereich der niederen Offiziersränge und die rücksichtslose Kampfweise zurückzuführen. Himmler geriet darüber in Rage und gab den Schwarzen Peter an die Wehrmacht zurück, der er vorhielt, die SS regelmäßig mit den gefährlichsten Aufgaben beauftragt zu haben. Darüber hinaus kritisierte er auch, dass die Aufteilung der SS-Einheiten auf verschiedene Heeresverbände seinen Männern stark geschadet habe. Bereits in Polen kam es – ein Vorgeschmack auf zukünftige Ereignisse – zu tödlichen Übergriffen der SS gegen Zivilisten, vor allem Juden. Himmler verweigerte den Militärgerichten die Einleitung eines Verfahrens gegen die Beteiligten; seiner Meinung nach sei dafür ausschließlich ein SS-Gericht zuständig. Es braucht nicht extra erwähnt zu werden, dass die von diesem Gericht verhängten Urteile äußerst mild waren. Im Gegenzug dazu konnte die Wehrmacht – zumindest für eine gewisse Zeit – darauf bestehen, dass Angehörige der Wehrmacht weder durch die Sicherheitspolizei noch den SD verfolgt werden durften – dies war ausschließlich Sache der Militärgerichte.

Soldaten der SS-Verfügungsdivision am Vorabend des Feldzugs im Westen. Diese Männer gehören zum Regiment Germania, wie am Ärmelstreifen des rechten Mannes zu sehen ist. Das Hoheitsabzeichen am linken Oberärmel unterschied Wehrmacht und Waffen-SS. Der stehende Mann trägt die Tarnuniform der SS.

Die völkerrechtswidrigen Übergriffe erfolgten in den ersten Kriegswochen noch relativ unsystematisch, aber sie waren keinesfalls Einzelfälle – die Einrichtung von Ghettos und die Deportation von Juden aus dem Reichsgebiet wurde spätestens seit 1938 von deutschen Stellen erörtert. »Je mehr sterben, desto besser«, sagte Hans Frank, Generalgouverneur des besetzten Polen, in Radom am 25. November 1939. Ausgeführt wurde das Mordhandwerk hauptsächlich von SS und ihr unterstellten volksdeutschen Milizen, aber bereits jetzt waren auch einzelne Wehrmachtseinheiten beteiligt. Nach Ende der Kampfhandlungen weiteten sich die Hinrichtungsaktionen erheblich aus; zum Opfer fielen ihnen vor allem Juden und die polnische Intelligenz (bis Jahresende etwa 65000 Menschen). Plünderungen, Vergewaltigungen und willkürliche Misshandlungen waren an der Tagesordnung. Wie nach der Reichspogromnacht im Reich mussten jüdische Gemeinden mancherorts in Polen »Entschädigungs«zahlungen für ihre abgebrannten Synagogen leisten.

Der Aufstieg der Waffen-SS

Hitler war sich der Animositäten zwischen der SS und der Wehrmacht wohl bewusst, versuchte aber wie üblich, diese gegeneinander auszuspielen. Deshalb stimmte er Himmlers Bitte zu, in Zukunft die SS-Einheiten in geschlossenen Verbänden einzusetzen. Gleichzeitig beruhigte er jedoch die Wehrmacht, indem die SS-Einheiten im Feld deren Oberkommando unterstellt blieben. Hitler stimmte auch der Bildung von drei neuen SS-Divisionen zu, was die Wehrmacht nicht guthieß, da sie befürchtete, dass ihre Rekruten zur SS umgeleitet werden würden. Himmler umging jedoch die üblichen Rekrutierungskanäle, indem er unter anderem Volksdeutsche in den eroberten Gebieten anwarb. Diese Männer unterlagen nicht der deutschen Wehrpflicht, weshalb die Wehrmacht nichts dagegen tun konnte. So verfügte die SS für den bevorstehenden Feldzug im Westen über eine größere und besser organisierte Streitkraft als je zuvor.

Die aufgestockte SS-Verfügungstruppe, die ab Januar 1940 offiziell als Waffen-SS bezeichnet wurde, bestand aus der verstärkten Leibstandarte, die nun auf Regimentsstärke gebracht war, der neu formierten SS-Verfügungsdivision, der SS-Totenkopfdivision und der SS-Polizeidivision. Die SS-Verfügungsdivision war gegen Ende des Polenfeldzuges aus den drei Standarten der SS-Verfügungstruppe – Deutschland, Germania und Der Führer – gebildet worden. Dazu kamen noch Divisionstruppen wie Artillerie, Fernmelder und Pioniere.

Die Totenkopfdivision ging im Oktober 1939 aus den SS-Totenkopfverbänden hervor, die in den ersten Konzentrationslagern Dachau, Sachsenhausen, Buchenwald und Mauthausen stationiert gewesen waren. Ihr Kommandant, SS-Gruppenführer Theodor Eicke, vor dem Krieg Kommandant des KZ Dachau und Inspekteur der Konzentrationslager. Der Nazi-Führung hatte er sich spätestens 1934 unentbehrlich gemacht, als er den gefangengenommenen Ernst Röhm exekutierte. Die SS-Polizeidivision rekrutierte sich aus Angehörigen der Ordnungspolizei. Verglichen mit den anderen Einheiten der Waffen-SS war sie nur zweitklassig und verfügte als nur zum Teil motorisierte Einheit hauptsächlich über alte und erbeutete Waffen und Gerät.

Trotz dieser Reorganisation und Vergrößerung war die Waffen-SS im Vergleich zu den deutschen Streitkräften, die sich jetzt zum Angriff an der Westfront bereit machten, noch immer winzig. Sie bestand nur aus drei Divisionen sowie der Leibstandarte in Regimentsstärke; die Wehrmacht verfügte dagegen über 136 Divisionen.

Für den Feldzug im Westen wurden die Leibstandarte und das Regiment Der Führer der SS-Verfügungsdivision der 28. Armee angeschlossen. Ihre Aufgabe war es, Straßen- und Eisenbahnbrücken an der niederländischen Grenze zu besetzen. Die SS-Totenkopfdivision wurde anfänglich, sehr zum Missfallen Eickes, hinter der Oberrheinfront der Heeresgruppe C in Reserve gehalten. Dies betraf auch die SS-Polizeidivision. Der Rest der SS-Verfügungsdivision bildete den Teil einer zweiten Welle der 28. Armee für den Angriff auf die Niederlande.

Sowohl die Leibstandarte als auch die SS-Verfügungsdivision hatten in Polen Kampferfahrung sammeln können. Deshalb musste die Wehrmacht, wenn auch widerwillig, ihren Einsatz an der Front akzeptieren. Die Totenkopf- und die Polizeidivision verfügten noch über keine Kampferfahrung, und ihre Vergangenheit als ehemalige KZ-Wachen und Polizisten war nicht dazu angetan, in der Wehrmacht Respekt zu gewinnen.

Der Westfeldzug

Der Plan der Deutschen Heeresleitung für den »Fall Gelb« genannten Westfeldzug umfasste drei Heeresgruppen: A, B und C. Teile der Heeresgruppe B waren mit der Eroberung der Niederlande beauftragt, um eine Basis für weitere Angriffe in Richtung Süden nach Frankreich und Belgien zu schaffen. Dadurch sollte der Großteil der alliierten Streitkräfte nach Norden gelockt werden, wo dann die Deutschen den Kampfverlauf bestimmen wollten. Die Leibstandarte und SS-Verfügungsdivision waren Teil dieser Kräfte. Die Reste der Heeresgruppe B sowie die Heeresgruppe A sollten durch das südliche Belgien und Luxemburg nach Nordfrankreich vorstoßen. Die Totenkopfdivision formte einen Teil der Reserven für die Heeresgruppe A. Die Polizeidivision war der Heeresgruppe C zugeteilt, die gegenüber der französischen Maginotlinie in Stellung lag, und spielte in den ersten 45 Tagen des Feldzugs kaum eine Rolle. Nachdem die Niederlande und Belgien überrannt worden waren, sollten sich die Heeresgruppen A und B vereinen und ins Zentrum Frankreichs vorstoßen.

Ein leichtes 7,5-cm-Infanteriegeschütz 18 der SS-Verfügungsdivision beschießt niederländische Ziele im Mai 1940. Obwohl die SS-Einheiten im Allgemeinen den Feldzug im Westen mit üblicher Siegesgewissheit angingen, mussten sie einige böse Überraschungen erleben. So konnten beispielsweise ihre Pak 35/36 die schwer gepanzerten britischen und französischen Panzer nicht ausschalten.

Die Leibstandarte hatte als erste SS-Einheit Feindkontakt. Am 9. Mai 1940, um 5.30 Uhr, überschritt sie die niederländische Grenze und rückte mit hoher Geschwindigkeit vor. Gegen Mittag waren bereits 100 Kilometer zurückgelegt und Zarolle und die nahen Brücken über die Yssel besetzt. Zwei der Brücken waren von der niederländischen Armee gesprengt worden, aber die Leibstandarte erzwang einen Übergang und eroberte Hoven im Süden. Die Leibstandarte rückte dann nach Süden vor, um sich mit der 9. Panzerdivision und der SS-Verfügungsdivision auf ihrem Vormarsch nach Rotterdam zu vereinen.

Am 10. Mai 1940 überquerte das Regiment Der Führer die Yssel in der Nähe von Arnheim. Am nächsten Morgen überschritten dann die 9. Panzerdivision und der Großteil der SS-Verfügungsdivision die Maas, wobei sie auf nur leichten Widerstand stießen. Die Franzosen schickten sofort Truppen in den Norden, um dieser Bedrohung zu begegnen. Ihr Plan war es, Truppen nach Breda zu verlegen und die Deutschen von den Brücken über die Moerdyk zu vertreiben. Sie wurden jedoch von der 9. Panzerdivision und

Die Ruinen von Rotterdam nach dem Bombenangriff der Luftwaffe. Die Leibstandarte rückte als eine der ersten deutschen Einheiten in die Stadt ein. Durch diese Machtdemonstration aus der Luft schockiert, kapitulierten die Niederländer am 15. Mai 1940.

der SS-Verfügungsdivision abgefangen. Eine französische Kolonne marschierte geradewegs in eine deutsche Panzereinheit und deren motorisierte SS-Infanterieunterstützung. Eine zweite wurde von Ju-87-Sturzkampfbombern beschossen. Die Franzosen zogen sich überstürzt nach Breda zurück.

Am 12. Mai hatte die Luftwaffe den Befehl, Rotterdam zu bombardieren, um die Kapitulation der Niederlande zu erzwingen und damit deutsche Truppen für den Angriff auf Frankreich freizusetzen. In der Zwischenzeit war aber die Übergabe Rotterdams bereits verhandelt worden. Aufgrund von Störungen im Kommunikationssystem konnte der Angriff jedoch nicht mehr gestoppt werden. Unmittelbar danach marschierte die Leibstandarte in Rotterdam ein, wiederum als Unterstützung der 9. Panzerdivision. Mehrere niederländische Soldaten standen untätig herum und warteten auf die Ergebnisse der Übergabegespräche zwischen ihren Offizieren und den Generälen Student und von Cholitz. Beim Anblick der niederländischen Soldaten eröffnete die Leibstandarte sofort das Feuer, da sie von den Verhandlungen nichts wusste. Eine verirrte Kugel traf Student in den Kopf und verwundete ihn schwer. Die rasch vorrückende Leibstandarte bahnte sich einen Weg durch die Stadt und griff Delft an. Jeder Widerstand wurde dabei gebrochen und an die 4000 Gefangene gemacht. Am nächsten Tag erreichte sie gerade rechtzeitig zur niederländischen Kapitulation Den Haag. In der Zwischenzeit führte SS-Gruppenführer Paul Hausser die SS-Verfügungsdivision und einige Wehrmachtseinheiten gegen die Reste der Franzosen in Zeeland. Er erzwang rasch den Durchbruch zur Küste, während die Franzosen ihre Truppen über See in Sicherheit brachten.

Alliierter Gegenangriff bei Cambrai

Nachdem die Niederlande besiegt und die belgische Verteidigung von den Deutschen überrannt worden war, wurden die französischen und britischen Kräfte im Norden zusammengezogen. Hier wollten sie den Angriff der Heeresgruppe B zum Stillstand bringen. In der Zwischenzeit stieß die Heeresgruppe A im Westen nach Frankreich vor, und am 16. Mai wurde die Totenkopfdivision aus der Reserve geholt und General Hoths XV. Panzerkorps zugeteilt. Über Straßen, die von Militärfahrzeugen und Flüchtlingen verstopft waren, drängten Eickes Männer an die Front. Dort angelangt, wurden sie in mehrere Kämpfe mit französischen Panzereinheiten und Kolonialtruppen aus Marokko

Luftwaffengeneral Kurt Student. Er war maßgeblich am Aufbau der deutschen Fallschirmjägertruppe beteiligt und verhandelte die Kapitulation Rotterdams im Mai 1940. Dabei eröffneten Teile der Leibstandarte, die von den Vorgängen nichts wussten, das Feuer auf untätig herumstehende niederländische Soldaten. Student selbst wurde durch eine Kugel der SS verwundet, erholte sich aber.

verwickelt, die den deutschen Angriff aufzuhalten versuchten.

Beim Versuch, den Gebietsgewinn um Cambrai zu halten, gerieten die Flanken der Totenkopf- und 7. Panzerdivision am 21. Mai unter schweren Beschuss durch alliierte Panzer. Über 130 französische und britische Panzer nahmen daran teil. Die SS-Truppen mussten feststellen, dass ihre kleinen 3,7-cm-Panzerabwehrkanonen gegen die schwer gepanzerten alliierten Panzer nur wenig ausrichten konnten. So waren die Männer Eickes gezwungen, ihre schwere Artillerie zu verwenden, wobei sie mit offenem Visier schossen. Auf diese Art und Weise wurden die Alliierten bis zum Eintreffen der Ju 87 in Schach gehalten, obwohl einige Soldaten der Totenkopfdivision in Panik geflohen waren.

Am 22. Mai versuchten französische Kräfte, die im Osten in eine Umfassung geraten waren, aus dieser Falle auszubrechen. Die Leibstandarte befand sich zu diesem Zeitpunkt südlich der Niederlande und wurde sofort in Stellung gebracht, um mehrere französische Angriffe abzuwehren. Innerhalb von zwei Tagen waren die regulären Truppen der Alliierten in Flandern auf einem ungefähr dreieckigen Gebiet zusammengedrängt worden. Im Süden davon befanden sich eine Reihe von Kanälen, die als Verteidigungslinien verwendet wurden. Die Totenkopfdivision, die Leibstandarte und die SS-Verfügungsdivision standen entlang dieser Linie in Stellung, bereit, jederzeit überzusetzen.

Patrouillen der SS-Verfügungsdivision hatten herausgefunden, dass sich einige französische Einheiten bereits vor dem Eintreffen der britischen Ersatztruppen von der Linie

Soldaten der neu formierten Totenkopfdivision überqueren einen Fluss in Frankreich beim Vormarsch in Richtung Ärmelkanal.

zurückgezogen hatten. Diesen Vorteil nützend, gelang es den SS-Soldaten, einen Brückenkopf über den Kanal zu errichten. Teile von ihnen hatten den Kanal bereits überquert, als Hitlers berühmter »Anhaltebefehl« am Nachmittag des 24. Mai erfolgte. Die Leibstandarte, die sich noch in ihren Stellungen befand, geriet unter heftiges feindliches Artilleriefeuer.

Daraufhin entschloss sich ihr Kommandant, Sepp Dietrich, den Befehl Hitlers zu ignorieren und seine Männer über den Kanal zu führen. Während der nächsten beiden Tage mussten die SS-Einheiten eine Reihe von Angriffen der Briten abwehren, die entschlossen waren, die Linie zu halten. Einige dieser Angriffe waren sehr heftig, die SS wurde zurückgedrängt und verlorenes Terrain wiedergewonnen – wenn auch nur für kurze Zeit. Der Hauptteil der alliierten Truppen zog sich in der Zwischenzeit nach Dünkirchen zurück.

In der Nacht vom 26. Mai wurde der »Anhaltebefehl« des Führers aufgehoben. Die Regimenter Germania und Der Führer der SS-Verfügungsdivision griffen durch die dichten Waldlandschaften des De-Nieppe-Waldes an, wo sie auf heftigen Widerstand trafen. Sie erlitten beträchtliche Verluste, vor allem unter den Offizieren. Das restliche Infanterieregiment Deutschland wurde zeitweise der 3. Panzerdivision zugeteilt und nahm an einem Angriff auf englische Truppen am Lyskanal in der Nähe von Merville teil. Die SS-Infanterie erzwang einen Brückenkopf über den Kanal, wurde jedoch von einer Abteilung britischer Panzer selbst angegriffen. Ohne schwere Waffen konnten sie sich nur mit ihren leichten Waffen verteidigen. Nur das rechtzeitige Eintreffen von Truppen der Panzerabwehrkompanie der Totenkopfdivision rettete sie. Die britischen Panzer beschossen jedoch aus sicherer Entfernung die Deutschen weiter. Diese konnten dadurch den Kanal nicht überqueren, und der Großteil der britischen Kräfte konnte sich zurückziehen.

Währenddessen hatte das Gros der Totenkopfdivision den Lyskanal bei Bethune überquert. Einmal mehr fügte britischer Widerstand den Deutschen schwere Verluste bei ihrem Vormarsch zu. Bei Le Paradis hielten rund 100 Mann des Royal-Norfolk-Regiments mehrere Angriffe der 4. Kompanie des Infanterieregiments 2 der Totenkopfdivision auf. Nur unter schweren Verlusten konnten sie dann zur Aufgabe gezwungen werden. Die SS verzeichnete dabei 17 Gefallene und 52 Verwundete. Als »Vergeltungsmaßnahme« ließ der Kompaniechef, SS-Obersturmführer Fritz Knöchlein, seine britischen Gefangenen, 99 Mann, kurzerhand erschießen.

Dieser Vorfall sorgte für beträchtliches Aufsehen innerhalb der Einheiten der Waffen-SS. Einige von Knöchleins Offizierskollegen stellten sich offen gegen ihn, manche wollten aus Protest aus der SS austreten. Mehrere Reservisten, die nach dem Frankreichfeldzug aus dem Heer ausschieden, wollten nur dann wieder in die Waffen-SS eintreten, wenn sie nicht zur Totenkopfdivision gehen mussten. Himmler stellte sich jedoch hinter Knöchlein, der für sein Vergehen nicht bestraft wurde. Er erreichte schließlich sogar den Rang eines Obersturmbannführers und wurde mit dem Ritterkreuz des Eisernen Kreuzes für Tapferkeit ausgezeichnet. 1948 wurde Knöchlein von einem britischen Gericht zum Tode verurteilt und 1949 im Zuchthaus Hameln, damals Hinrichtungsstätte der britischen Besatzungsmacht, gehängt.

Am 28. Mai geriet der Kommandeur der Leibstandarte, Sepp Dietrich, beim Vormarsch gegen Dünkirchen unter Feuer. Unwissentlich hatte er sich mit seinem Stabsauto in der Nähe von Wormhoudt den britischen Stellungen bis auf 50 Meter genähert. Dietrich und sein Fahrer sprangen aus dem Fahrzeug, als es in Flammen aufging, und suchten im Straßengraben Schutz. Da das auslaufende brennende Benzin des Wagens sie einzuschließen drohte, bedeckten sie sich mit dem feuchten Schlamm, um die starke Hitze abzuwehren. Fünf Stunden lang mussten sie so ausharren.

Das Massaker von Wormhoudt

In der Zwischenzeit griff die Leibstandarte, außer sich über den vermeintlichen Verlust ihres Kommandeurs, blindwütig die britische Verteidigung an. Eine Kompanie des II. Bataillons

Eine s.MG 34-Maschinengewehrstellung der Polizeidivision in Frankreich Ende Mai 1940. Die Division wurde im Frankreichfeldzug hart gefordert, indem sie französische Einheiten erst nach heftigen Kämpfen Mann gegen Mann besiegen konnte.

Links: Soldaten der Totenkopfdivision greifen alliierte Einheiten in der Nähe von Dünkirchen an. Bei einem Angriff französischer und britischer Panzer nahe Cambrai liefen einige von Eickes Männern um ihr Leben, da die 3,7-cm-Panzerabwehrgeschosse von den alliierten Panzern abprallten.

nahm an die 80 Gefangene. Sie sperrten diese in eine Scheune und warfen dann Handgranaten hinein. Jeder, der zu fliehen versuchte, wurde gnadenlos niedergemacht. 80, nach anderen Quellen 97 Engländer wurden getötet. Die 15 Überlebenden konnten SS-Hauptsturmführer Wilhelm Mohnke als Verantwortlichen identifizieren – zur Verantwortung gezogen wurde er allerdings nie.

Wenig später wurde die Leibstandarte zurückgezogen, um sich zu regenerieren und für die nächste Phase des Feldzugs vorzubereiten: den Vormarsch nach Süden, um die Reste der französischen Armee zu vernichten. Am 5. Juni stießen insgesamt 140 deutsche Divisionen in Richtung Süden. Sie waren damit doppelt so stark wie die französischen Kräfte. Die Leibstandarte und die SS-Verfügungsdivision

bildeten einen Teil der Panzergruppe Kleist, die auf Paris marschierte. Zu Eickes Ärger wurde die Totenkopfdivision erneut als Reserve eingeteilt.

Am folgenden Tag hatte die SS-Verfügungsdivision bereits die Somme überschritten. Der erste Widerstand war nur leicht, aber am 7. Juni wurde die Angriffsspitze der Division von der französischen Artillerie an der Aire zum Stillstand gebracht. Die Division erzwang letztendlich den Übergang über den Fluss, aber der französische Widerstand wurde immer heftiger. Kleists Einheit verlor an die 30 Prozent ihrer Panzer.

Die dezimierte Panzergruppe wurde von diesem Sektor zurückgezogen und weiter nach Osten verlegt, wo die deutschen Kräfte bereits die französische Verteidigung bis zur Aisne durchbrochen hatten. Am 9. Juni wurde die SS-Verfügungsdivision bereits wieder über die Somme zurückgezogen. Die Leibstandarte erhielt jedoch keine Zeit zum Verschnaufen und verfolgte die sich nach Süden zurückziehenden Franzosen. Am 12. Juni überschritt sie dabei die Marne. Jetzt wurde die Totenkopfdivision aus der Reserve geholt; sie schloss sich sofort dem Vormarsch an.

Die Panzergruppe Kleist, zu der nun die Leibstandarte, die Totenkopf- und die SS-Verfügungsdivision gehörten, ging in Richtung Dijon vor. Sie wollte die französischen Kräfte im Elsass davon abhalten, sich nach Südwesten zurückzuziehen. Vom 16. auf den 17. Juni

Angehörige der Leibstandarte in Frankreich, Mai/Juni 1940 auf dem Marsch nach Süden.

Rechts: Soldaten der Leibstandarte in Frankreich beim Waffenreinigen.

Sepp Dietrich, Kommandeur der Leibstandarte, zeichnet seine Männer aus. Auf das Konto der Leibstandarte gehen zahlreiche Kriegsverbrechen in Polen, Frankreich, Russland und Italien.

Links: Vorbereitungen für einen Feldzug, der niemals stattfand. Soldaten der SS-Division Das Reich verladen eine leichte 10,5-cm-Feldhaubitze 18 auf ein Landungsboot für die Operation »Seelöwe« – die Invasion in England.

Nach der Eroberung Westeuropas erging in den besetzten Ländern der Aufruf an »rassisch geeignete« junge Männer, in die Waffen-SS einzutreten. Der Appell war erfolgreich: Letztlich gingen über 125 000 Westeuropäer zur SS.

versuchten französische Truppen der feindlichen Umklammerung zu entfliehen und die Linien der SS-Verfügungsdivision zu durchbrechen. Das Unterfangen scheiterte und Haussers Männer machten mehr als 30 000 Kriegsgefangene.

Die Leibstandarte konnte zur gleichen Zeit ebenfalls Erfolge verbuchen. In Clermont-Ferrand wurde ein Flugplatz eingenommen, wobei 200 Flugzeuge und 4000 Soldaten in ihre Hände fielen. Auch die Totenkopfdivision machte zahlreiche Kriegsgefangene, allein 6000 in Tarare. Die langsamere Polizeidivision war weniger erfolgreich. In der Nähe von Voncq traf sie auf erbitterten Widerstand französischer Truppen, und im Wald bei Argonne konnte eine französische Nachhut nur nach heftigem Kampf Mann gegen Mann überwältigt werden.

Am Tag des Waffenstillstands, am 22. Juni, befanden sich die Totenkopf- und SS-Verfügungsdivision in Bordeaux und bereiteten sich auf die Besetzung vor. Die Polizeidivision stand in Reserve, und die Leibstandarte machte sich für die geplante große Siegesparade in Paris bereit.

Einmal mehr hatten die Leistungen der SS im Kampf gemischte Gefühle hervorgerufen. Die SS ihrerseits war mit ihren Erfolgen angesichts eines so tapferen, entschlossenen Feindes zufrieden. Auch Himmler freute sich über die

Der »Kampf gegen den Bolschewismus« war das Hauptargument der SS-Propaganda. Die Beitritte zur Waffen-SS erfolgten aber, wie die Forschung zeigt, meist aus weniger weltanschaulichen Gründen: Opportunismus, Abenteuerlust, Aufstiegschancen oder schlicht aus der Angst, anderenfalls zum Arbeitsdienst eingezogen zu werden.

Fortschritte seiner Truppe – wie auch der Führer selbst. So verlieh Hitler das Ritterkreuz des Eisernen Kreuzes, damals der höchste deutsche Kriegsorden, an sechs Soldaten der Waffen-SS. Sepp Dietrich erhielt die Auszeichnung für sein erfolgreiches Kommando der Leibstandarte während der Kämpfe am 5. Juli 1940. SS-Oberführer Georg Keppler wurde am 15. August 1940 als Kommandeur des SS-Regiments Der Führer ausgezeichnet, SS-Oberführer Felix Steiner für seine Führung des SS-Regiments Deutschland. Am 4. September 1940 trat SS-Sturmbannführer Fritz Witt in die Reihen der Ritterkreuzträger ein, als Anerkennung für die Führung des I. Bataillons des SS-Regiments Deutschland während des Feldzugs im Westen.

Aber nicht nur höhere Offiziere wurden damit ausgezeichnet. Am 4. September konnte SS-Obersturmführer Fritz Vogt das Ritterkreuz für die Führung der 2. Kompanie der SS-Aufklärungsabteilung in Empfang nehmen, und am selben Tag bekam SS-Hauptscharführer Ludwig Keppler, ein Zugführer der 11. Kompanie des SS-Regiments Der Führer, ebenfalls das Ritterkreuz verliehen.

Die Wehrmacht hatte immer noch beträchtliche Vorbehalte gegen die Waffen-SS, musste aber zugeben, dass einige ihrer Einheiten hervorragend gekämpft hatten. Die SS-Soldaten wurden immer noch als »politische« Soldaten angesehen, und die rachsüchtige Blindwütigkeit, die zu Gräueltaten wie in Le Paradis und Wormhoudt geführt hatten, verbesserte das Ansehen der SS in der Wehrmacht nicht gerade. Außerdem fehlten der Totenkopf- und der Polizeidivision die Kampferfahrung, sie mussten daher hohe Verluste hinnehmen. Nachdem Hitler mit der Leistung seiner Waffen-SS auf dem Schlachtfeld zufrieden sein konnte, gab es kein Zurück mehr. Er sorgte dafür, dass die SS die gleiche, wenn nicht sogar bessere Ausrüstung erhielt als die Wehrmacht. Der Feldzug im Osten führte dann schließlich zur Aufstellung von 38 Divisionen der Waffen-SS.

Aber schon jetzt hatten die Soldaten der SS ihre Schattenseiten gezeigt. War der Vorfall bei Wormhoudt noch die Tat einer einzigen Kompanie, kann dies von Eickes Division nicht behauptet werden. Die Grausamkeit bei Le Paradis war keineswegs eine Einzeltat, sondern ganz normal für eine Truppe, die für die brutalen Übergriffe in den Konzentrationslagern verantwortlich war. Die zahlreichen Fälle, in denen Soldaten der Totenkopfdivision »rassisch minderwertige« französische Soldaten aus den Kolonien erschossen, waren ein mahnendes Zeichen für das, was noch kommen sollte.

Der Feldzug im Osten

Im Frühling und Sommer 1941 konnte die SS auf ihrem Sturmmarsch durch den Balkan und in die Sowjetunion eine Reihe von Siegen verzeichnen. Diese Erfolge waren jedoch trügerisch. Der Krieg im Osten sollte schließlich lang und zuletzt verheerend sein.

Nach der Niederlage Frankreichs 1940 begann SS-Obergruppenführer Gottlob Berger geeignete Männer germanischer Abstammung in den eroberten Gebieten zu rekrutieren. Die Wehrmacht hingegen durfte dies nicht tun. Bis zu diesem Zeitpunkt konnte Berger nur Reichsdeutsche anwerben, wobei er die ihm zugewiesenen Quoten schamlos überschritten hatte. Der ständige Ruf der Waffen-SS nach neuen Soldaten führte bei der Wehrmacht zu wachsender Unruhe, da beide Organisationen aus demselben Rekrutenreservoir schöpften. Schließlich verlangte auch noch Hermann Görings Luftwaffe eine höhere Quote an Personal. Dies hatte zur Folge, dass die Rekrutierungsstellen der Wehrmacht sich weigerten, Männer für die Waffen-SS freizugeben.

Trotz der vielen Hindernisse war Berger bei seiner Kampagne äußerst erfolgreich. Im Sommer 1940 hatten alle Einheiten der Waffen-SS, einschließlich der Reserveeinheiten, ihre Sollstärke erreicht. Ende Juli konnte Reichsführer-SS Himmler sogar einige seiner Reservisten aus dem Dienst entlassen.

Im August 1940 wurde die Leibstandarte von Regiments- auf Brigadegröße aufgestockt. Hitler hatte in der Zwischenzeit der Wehrmacht versichert, dass er der SS keineswegs ein unbegrenztes Wachstum zugestehen würde. Nach dem erfolgreichen Krieg gedachte er die SS zu einer staatlichen Polizeikraft umzuwandeln. Ihre Opfer und Erfolge auf dem Schlachtfeld sollte jene moralische Autorität schaffen, die sie für die Aufgaben nach dem Krieg benötigen würde. Die Stärke der Waffen-SS durfte maximal zehn Prozent der Friedensstärke der Wehrmacht betragen. Dies waren 64 Divisionen, weshalb für

Soldaten der Division Das Reich bei der Kesselschlacht von Minsk im Juni 1941. Für die SS war die Invasion in Russland die Gelegenheit, ihren lang ersehnten Kreuzzug gegen den Bolschewismus aufzunehmen.

Himmler (rechts) und Sepp Dietrich (Hände an den Hüften) mit Offizieren des I. Bataillons der Leibstandarte, nachdem die Division im April 1941 den strategisch wichtigen Klidipass in Griechenland genommen hatte. Bis zum Angriff auf den Pass hatte die Leibstandarte nur fünf Tote im Griechenlandfeldzug verzeichnen müssen. Dort änderte sich jedoch alles. Zwei Tage lang wurde Mann gegen Mann gekämpft, ehe gegen heftigen Widerstand australischer und neuseeländischer Einheiten der Pass genommen werden konnte.

die Waffen-SS höchstens sechs Divisionen blieben. So erkaufte sich Hitler auch die Zustimmung der Wehrmacht zur Aufstellung einer neuen Waffen-SS-Division, die sich hauptsächlich aus nichtdeutschen, aber »germanischen« Freiwilligen rekrutieren sollte.

Im Dezember 1940 stand die neue Division. Das Regiment Germania der SS-Verfügungsdivision hatte die Kerntruppe gestellt. Dazu kamen die SS-Freiwilligen-Regimenter Nordland und Westland sowie das SS-Artillerieregiment 5. Die neue Division erhielt den Namen »Germania«. Nachdem es zu einiger Verwirrung kam, da es nach einem bestehenden Regiment benannt wurde, verlegte man sich auf den Namen »Wiking«. Auch die reorganisierte SS-Verfügungsdivision erhielt als SS-Division »Reich« (ab 1942 »Das Reich«) eine neue Bezeichnung.

Zur gleichen Zeit wurde aus Angehörigen der verschiedenen Totenkopfregimenter zusätzlich eine neue Kampfgruppe – Nord – gebildet. Diese war für einen Einsatz im hohen Norden vorgesehen, unterstand aber dem Kommando der Wehrmacht. Himmler behielt sich außerdem eine Anzahl von Waffen-SS-Einheiten zu seiner persönlichen Verfügung. Dazu gehörten die 1. und 2. SS-Infanteriebrigade, die SS-Totenkopf-Reiterstandarten 1 und 2 (später erst SS-Kavallerieregimenter) sowie das SS-Infanterieregiment 5.

Währenddessen befanden sich die Divisionen Leibstandarte, Reich, Totenkopf und Polizei in Frankreich, um für die beabsichtigte Invasion in Großbritannien zu üben. Hitler verlor jedoch rasch seine Begeisterung an diesem Unternehmen und wandte sich der Eroberung Russlands zu. Aber zuerst sollte noch der Krieg auf dem Balkan folgen.

Die SS auf dem Balkan

Im Oktober 1940 marschierten die Italiener zu Hitlers größter Verärgerung in Griechenland ein. Mussolini war auf Hitlers militärische Erfolge eifersüchtig und versuchte, sein Kriegsherren-Image aufzupolieren, indem er Griechenland überfiel. Er glaubte, leichtes Spiel zu haben, hatte sich dabei aber gründlich getäuscht. Schon bald befanden sich die Italiener in einer misslichen Lage. Hitler war über die unbeholfenen Versuche der Italiener, die tapferen Griechen zu unterwerfen, empört. Da er seine Flanken für den bevorstehenden Angriff auf Russland sichern musste, war er nach militärischer Logik gezwungen, den Italienern militärisch zu Hilfe zu kommen.

An der diplomatischen Front hatten die Deutschen einen Pakt mit Jugoslawien geschlossen, um die Griechen am Balkan zu isolieren. Serbische Offiziere hatten jedoch am 27. März 1941 einen Staatsstreich inszeniert, Ministerpräsident Cvetkovic und sein Außenminister Cincar-Markovic wurden, als sie von der Unterzeichnung des Paktes in Wien zurückkehrten, verhaftet. Rasend vor Wut befahl Hitler, dass vor der Invasion Griechenlands Jugoslawien »mit unerbittlicher Härte« zerschlagen werden sollte.

Anfang Februar 1941 war die Leibstandarte von Paris abgezogen und nach Bulgarien zur 12. Armee von General List verlegt worden. Gemeinsam mit der 9. Panzerdivision stellte die Leibstandarte einen Teil des XLI. Panzerkorps von General Stumme dar. Der Angriff auf Jugoslawien erfolgte am 6. April 1941, wobei das Korps in einer Zangenbewegung vorging. Im Norden sollten die 9. Panzerdivision und die Leibstandarte den Krivapass einnehmen und Skopje (rund 100 Kilometer innerhalb Jugoslawiens) erobern.

Nach nur einem Tag konnten beide Ziele erreicht werden. Die zweite Angriffsspitze, bestehend aus der 73. Infanteriedivision, nahm die Stadt Prilep ein und versuchte dann eine

Verbindung zu den Italienern im Westen herzustellen. Dieser rasche Vorstoß stellte für die griechischen Truppen in Albanien eine Bedrohung dar. Die Griechen, die den Vormarsch der Italiener gestoppt hatten, wollten jedoch keine Teile ihrer 1. Armee abziehen, um der deutschen Bedrohung zu begegnen.

Die Division Reich gehörte zu jenen Kräften, die direkt auf Belgrad vorstoßen sollten. Die Deutschen waren nämlich der Ansicht, dass der jugoslawische Widerstand rasch zusammenbrechen würde, wenn die Hauptstadt einmal eingenommen war. Die Division musste jedoch über sehr sumpfiges Gebiet vorrücken und blieb dabei öfters stecken. Die Kradschützen-Aufklärungseinheit unter dem Kommando von SS-Hauptsturmführer Fritz Klingenberg kam hingegen mit ihren leichten Fahrzeugen auf den Eisenbahnschienen und Bahndämmen gut voran. Sie preschte folglich in Richtung Belgrad vor, während sich der Rest der Division im Schlamm abmühte.

Aufgrund der Verzögerungen erhielt die Division Reich den Befehl, am Ufer der Donau anzuhalten, da ihre Ziele nicht erreicht werden konnten. Klingenberg und seine Männer standen aber schon unmittelbar vor Belgrad, weit vor den anderen deutschen Truppen. Mit einer Gruppe von zehn Freiwilligen überquerte er einen Fluss mithilfe eines kleinen Bootes und marschierte in die Stadt. Seine Gruppe traf zufällig auf einige Angehörige der Deutschen Botschaft, die ihn um Schutz für Gebäude und Personal baten. Klingenberg hatte jedoch bemerkt, dass die Stadt zu diesem Zeitpunkt nur sehr schwach verteidigt war.

So entschloss er sich zu einem Bluff. Über das Telefon der Botschaft befahl er dem Bürgermeister der Stadt herzukommen. Dann erklärte Klingenberg ihm, dass dies die Vorhut einer gewaltigen deutschen Angriffsmacht sei. Sollte die Stadt sich nicht sofort ergeben, so würde er über Funk einen massiven Luftangriff befehlen. Der verängstigte Bürgermeister ließ sich täuschen. Er wusste nicht, dass Klingenberg keinerlei Verbindung zur deutschen Hauptstreitkraft hatte und die Männer um ihn seine gesamte Streitkraft darstellten. Außerdem hatte er allen Grund zur Furcht: In mehrtägigen Angriffen hatte die Deutsche Luftwaffe Belgrad zuvor in Schutt und Asche gelegt. In der Stadt, die über keinerlei Luftabwehr verfügte, waren mehrere Tausend Einwohner ums Leben gekommen, fast die Hälfte der Häuser war zerstört.

Als Nächstes wollten die Deutschen Monastir einnehmen und tief nach Griechenland vordringen. Am 11. April überrollte die Leibstandarte die Stadt Veve und griff die Verteidigung am Klidipass an.

Am Morgen des 12. April hielt Artilleriesperrfeuer die australischen und neuseeländischen Truppen nieder, während sich deutsche Pioniere einen Weg durch die Minenfelder bahnten. Während die Panzer der 9. Panzerdivision vorwärts rollten, wurden die Infanteristen der Leibstandarte in heftige Nahkämpfe verwickelt. Die Deutschen verzeichneten 37 Gefallene und an die 100 Verwundete, konnten aber eine der Schlüsselpositionen bei der Verteidigung Nordgriechenlands einnehmen.

Die Eroberung des Klissurapasses

Der rasche deutsche Vormarsch richtete sich nun gegen den Klissurapass, der von starker griechischer Infanterie verteidigt wurde. Die engen Bergstraßen und -pfade stellten die Deutschen vor große Probleme. Immer wieder wurden sie von Straßensperren und Angriffen griechischer Truppen aufgehalten. Sturmtruppen versuchten über die Hügel in den Rücken der griechischen Stellungen durchzusickern. Die SS-Soldaten verirrten sich jedoch bei Einbruch der Dunkelheit. Der Angriff wurde auf den folgenden Morgen verlegt. Mit Feuerunterstützung durch eine Batterie der gefürchteten deutschen 8,8-cm-Kanonen stürzten sich die SS-Infanteristen auf die Verteidiger.

Dabei gerieten SS-Sturmbannführer Kurt Meyer und die Männer seiner Aufklärungseinheit unter heftigen griechischen Beschuss. Die Stärke des gegnerischen Feuers verwirrte sogar die abgebrühten SS-Truppen – der Angriff drohte zu stocken. Meyer zwang aber seine Männer

Soldaten der Division Reich, fotografiert während des Jugoslawienfeldzugs. Der Mann links (SS-Untersturmführer) ist ein Führer einer Kradschützeneinheit, während die beiden rechts SS-Obersturmführer sind. Zwischen vielen Angehörigen der Waffen-SS und der Wehrmacht gab es auch zu dieser Zeit noch böses Blut. Bei einem bezeichnenden Zwischenfall versuchte eine Wehrmachtskolonne Soldaten der Division Reich mit ihren Fahrzeugen auf einer schlammigen Straße in Jugoslawien zu überholen. Der kommandierende SS-Offizier hielt jedoch die Kolonne an und drohte, das Feuer zu eröffnen, falls diese nicht hinter ihnen bliebe. Dieser Vorfall zwischen der SS und der Wehrmacht führte zu einer formalen Beschwerde des Oberbefehlshabers des Heeres, Feldmarschall von Brauchitsch, bei Himmler.

Der Mann, der Belgrad im »Handstreich« eroberte. Die Legende besagt, dass Hauptsturmführer Fritz Klingenberg, Kompaniechef im Kradschützenbataillon der Division Reich, am 12. April 1941 die Stadt mit zehn Mann eroberte. Für seine Tat verlieh ihm Hitler das Ritterkreuz. Die Wirklichkeit war schlicht die, dass Klingenberg mit seinen Männern als Erster in das von der Luftwaffe in mehrtägigen Angriffen zerstörte Belgrad einrückte und sich vom Bürgermeister die Stadt übergeben ließ.

aus ihren geschützten Positionen heraus weiterzustürmen, indem er den Splint aus einer Handgranate zog und diese hinter die Männer rollte. Derart »motiviert« erkannten die Männer, dass das griechische Feuer das kleinere von zwei Übeln war, stürmten vorwärts und eroberten die feindlichen Stellungen. Am Nachmittag war der Pass gesichert und eine beträchtliche Anzahl von Gefangenen gemacht.

Am 15. April wurden die Höhen um Kastoria nach einem Angriff der Leibstandarte im strömenden Regen genommen. Die Stadt selbst fiel im Laufe des Nachmittags desselben Tages. Die Leibstandarte rückte dann rasch in Richtung Südwesten vor und besetzte den Messoverpass. Dadurch isolierte sie die griechischen Armeen westlich des Pindosgebirges.

Die siegreiche Leibstandarte

Die Griechen sahen nun, dass ihre Lage hoffnungslos war und ersuchten um Frieden. Dietrich persönlich nahm die Kapitulation der 16 griechischen Divisionen unter General Tsolakoglou entgegen, die mit allen Ehren, die ein tapferer Gegner verdient, behandelt wurden. Die Italiener waren jedoch wütend, dass die Griechen sich den Deutschen und nicht ihnen ergeben hatten. Mussolini beschwerte sich bei Hitler darüber und dieser tadelte Dietrich heftig für seine Eigenmächtigkeit. Insgeheim zollte der Führer jener Brigade, die seinen Namen trug, Respekt für ihre Leistung.

Durch die Niederlage der Griechen blieben nur noch die britischen und Commonwealth-Truppen übrig. Die Leibstandarte machte sich auf die Verfolgung der sich rasch zurückziehenden Truppen und durchquerte an die 350 Kilometer fast unpassierbaren Geländes, um den britischen Rückzug vor Korinth abzuschneiden. Sie kam jedoch zu spät.

Hier konfiszierte Meyer örtliche Fischerboote, um seine Männer über den Golf von Patras nach Nafpaktos überzusetzen. Am 27. April rückte die Leibstandarte die Westküste des Peleponnes entlang nach Pirgos vor und nahm dort Teile des Königlichen Panzerregiments gefangen. In der Zwischenzeit waren Truppen der Aufklärungsabteilung unter SS-Hauptsturmführer Hugo Krass die Küste vorgerückt. Hier trafen sie schließlich auf die deutschen Fallschirmspringer, die am Kanal von Korinth abgesprungen waren. Damit war die Aufgabe der Leibstandarte in diesem Feldzug beendet. Die Brigade nahm noch an einer großen Siegesparade in Athen teil. Dann wurde sie in eine Kaserne in der Tschechoslowakei verlegt, wo sie sich auf den Angriff auf die Sowjetunion vorbereitete.

Der Griechenlandfeldzug war ein Triumph für die Leibstandarte gewesen. Ihre Truppen hatten dabei große militärische Fähigkeiten, Elan und Kühnheit sowie ein hohes Maß an persönlicher Einsatzfreude bewiesen. Auf diesem Kriegsschauplatz scheint sie auch ihre Gegner nach den Regeln der Haager Landkriegsordnung behandelt zu haben – britische Gefangene haben Entsprechendes bestätigt. Die Zivilbevölkerung hatte eine solch gute Behandlung weder von der Wehrmacht noch von der SS zu erwarten. Wo die Soldaten im Einzelnen plünderten, taten dies die Versorgungsoffiziere im großen Stil. Bis 1943 starben nach Schätzungen des Roten Kreuzes etwa 250 000 Griechen an Hunger und hungerbedingten Folgekrankheiten.

Vorbereitungen für »Barbarossa«

Während der nächsten Wochen wurden alle Waffen-SS-Divisionen im Osten konzentriert. Am Vorabend des Angriffs auf die Sowjetunion wurden die deutschen Streitkräfte in drei Heeresgruppen aufgeteilt: Heeresgruppe Nord unter Feldmarschall von Leeb, zu der die SS-Totenkopfdivision und die SS-Polizeidivision gehörten; Heeresgruppe Mitte unter Feldmarschall von Bock mit der Division Reich; und die Heeresgruppe Süd unter der Führung von Feldmarschall von Rundstedt, der die Divisionen Leibstandarte und Wiking angeschlossen waren. Die Kampfgruppe Nord befand sich an der finnischen Front unter dem

Nach dem Ausbruch des 2. Weltkriegs blieb der Balkan zunächst friedlich. Die Länder in diesem Gebiet hatten sich durch die Okkupation der Tschechoslowakei und die Unterzeichnung des deutsch-russischen Paktes von 1939 einschüchtern lassen. Als Griechenland jedoch 1940 die italienische Invasion zurückschlug, änderte sich die Situation. Am 27. März 1941 wurde die jugoslawische Regierung gestürzt, und die Putschisten zeigten den Deutschen gegenüber wenig Sympathien. Angesichts der Gefahr eines griechisch-jugoslawischen Blocks plante Hitler die Invasion. Am Angriff nahmen Männer der SS-Division Reich teil, die sich von Denta in Rumänien aus an der jugoslawischen Grenze entlangbewegten. Als Teil des XLI. Korps hatte die Division den Auftrag, die jugoslawische Hauptstadt Belgrad zu erobern.

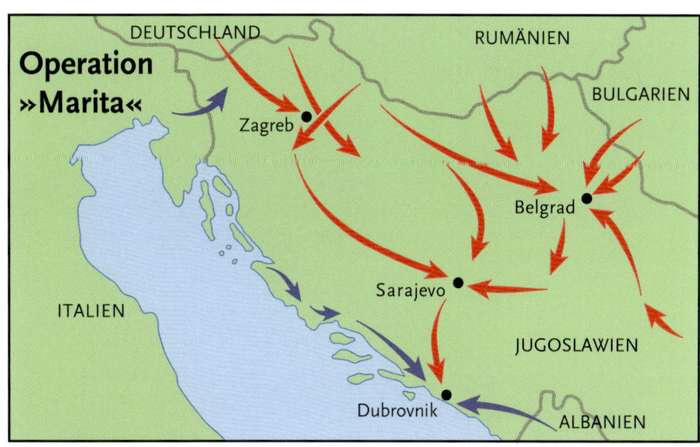

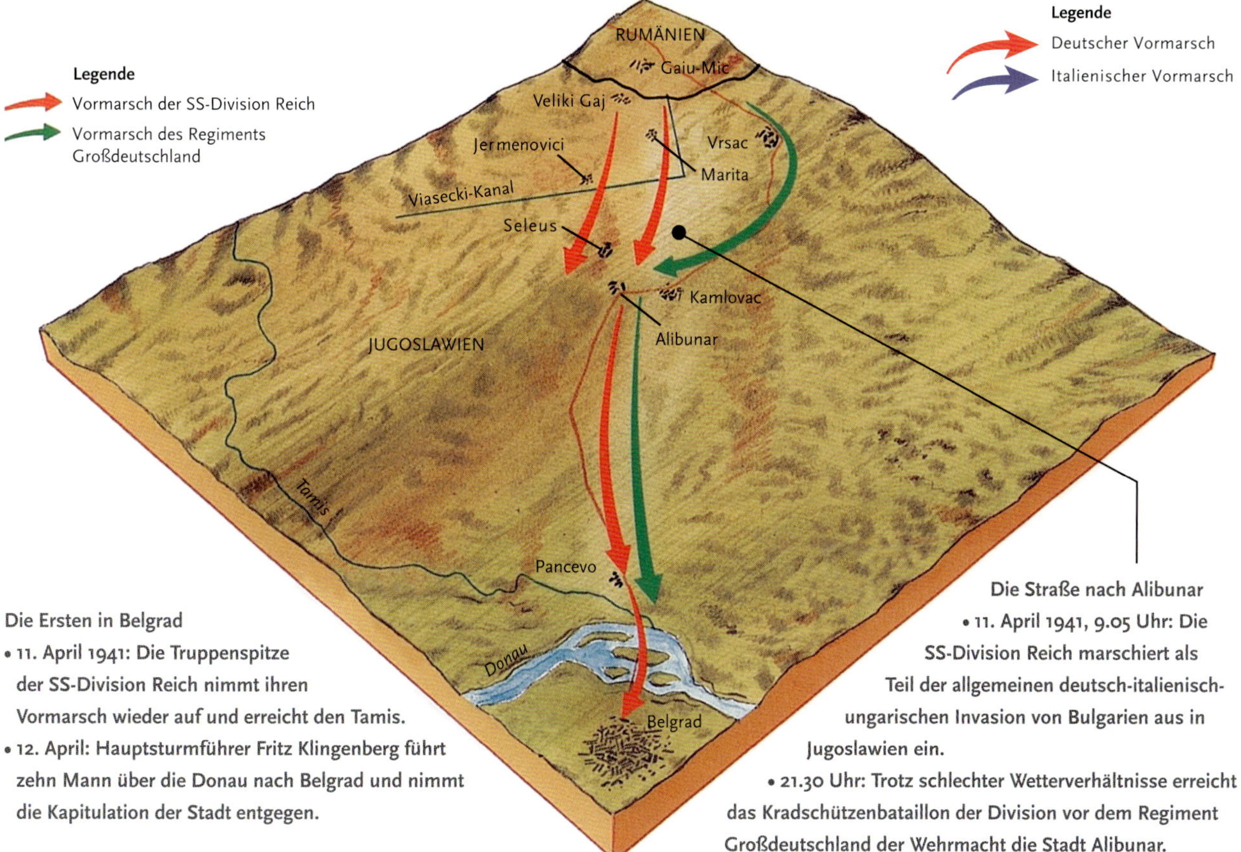

Die Ersten in Belgrad

- 11. April 1941: Die Truppenspitze der SS-Division Reich nimmt ihren Vormarsch wieder auf und erreicht den Tamis.
- 12. April: Hauptsturmführer Fritz Klingenberg führt zehn Mann über die Donau nach Belgrad und nimmt die Kapitulation der Stadt entgegen.

Die Straße nach Alibunar

- 11. April 1941, 9.05 Uhr: Die SS-Division Reich marschiert als Teil der allgemeinen deutsch-italienisch-ungarischen Invasion von Bulgarien aus in Jugoslawien ein.
- 21.30 Uhr: Trotz schlechter Wetterverhältnisse erreicht das Kradschützenbataillon der Division vor dem Regiment Großdeutschland der Wehrmacht die Stadt Alibunar.

Kommando von General von Falkenhorst. Die Totenkopfdivision wurde anfangs, als General Erich Hoepners Panzergruppe 4 am 22. Juni 1941 losschlug, nicht eingesetzt. Die Gruppe stieß in einer Zangenbewegung vor. Die linke Schere bestand aus dem XX. und XXI. Panzerkorps von General Max Reinhardt: die 1. und 6. Infanteriedivision und die 36. (motorisierte) Infanteriedivision. Die rechte Schere bildeten die 8. Panzerdivision, die 3. (motorisierte) Division und die 290. Infanteriedivision, die alle zum LVI. Panzerkorps unter General von Manstein gehörten. Die Totenkopf- und die 269. Infanteriedivision wurden ursprünglich in Reserve gehalten und sollten dann demjenigen Panzerkorps zugeteilt werden, das am weitesten vorgerückt war.

In der Nacht vom 24. Juni erhielt dann die Totenkopfdivision den Auftrag, die rechte Flanke General von Mansteins zu decken. Dessen Panzergruppe war mit hoher Geschwindigkeit vorgestoßen und hatte innerhalb von zwei Tagen Wilkomiercz, 160 Kilometer vom Ausgangspunkt entfernt, erreicht. Die Totenkopfdivision stand am 30. Juni vor Dvinsk. Zuvor hatte sie die versprengten Reste der Sowjeteinheiten, die vom ersten Angriff übriggeblieben waren, aufgerieben. Ihre Angriffslinie führte

Die Sicht eines Fahrers eines PzKpfw (Panzerkampfwagens) III während der ersten Tage der Operation »Barbarossa«, der deutschen Invasion in Russland. Die erste Linie der sowjetischen Verteidigung wurde überrannt und die Panzer konnten frei über die Steppe rollen. Am Himmel hatte die Luftwaffe die völlige Luftherrschaft inne, und die Rote Armee wankte. Ende 1941 standen die deutsche Wehrmacht und die Waffen-SS vor Moskau.

durch Lettland, wo sie am 2. Juli auf die 42. Schützendivision der Roten Armee stieß. Das Angriffsbataillon der Totenkopfdivision unter dem Kommando von SS-Oberführer Max Simon wurde gestoppt, wobei zehn Soldaten getötet und 100 verwundet wurden. Der Feind ließ der Totenkopfdivision keine Zeit, sich vom Schock zu erholen. Die Deutschen mussten vor dem Druck der Russen weichen. Nur mithilfe intensiver Stuka-Einsätze konnte die Stadt schließlich eingenommen werden. Weitere heftige Kämpfe folgten, ehe die Totenkopfdivision am 8. Juli 1941 die Stadt Opochka eroberte. Mit zunehmendem russischem Widerstand wurde der Vormarsch der Division jedoch immer langsamer, wobei hohe Verluste zu verzeichnen waren: 82 Offiziere und 1620 Unteroffiziere und Mannschaften wurden getötet oder verwundet, fast 10 Prozent der gesamten Division.

Von Mitte Juli bis zum späten August war die Totenkopfdivision in heftige Kämpfe gegen sowjetische Truppen vor Leningrad in einem mit Bäumen dicht bewachsenen und sumpfigen Gebiet verwickelt. Später im September startete die Rote Armee eine Reihe von Gegenangriffen südlich des Ilmensees, die mithilfe der Totenkopfdivision zurückgeschlagen werden konnten. Gegen Ende des Monats waren ihre Verluste jedoch auf unglaubliche 6500 Mann gestiegen. Gegen Jahresende grub sich die Totenkopfdivision dann zwischen dem Ilmen- und Seligersee ein, wo sie die russische Winteroffensive erwartete.

Im mittleren Sektor der Front bildete die SS-Division Reich (ab Oktober 1942 Das Reich) zusammen mit der 10. Panzerdivision der Wehrmacht und dem Eliteregiment Großdeutschland das XLVI. Panzerkorps unter dem Kommando von General Freiherr von Vietinghoff. Dieses Korps stellte die Reserve für die Panzergruppe 2 dar, die von einem der bedeutendsten Militärbefehlshaber Deutschlands geführt wurde: General Heinz Guderian. Die Panzergruppe hatte den Bug auf beiden Seiten der Befestigungen von Brest-Litowsk überquert und war innerhalb von einer Woche mit General Hoths Panzergruppe 3 auf einer 200 Kilometer breiten Front 400 Kilometer tief nach Weißrussland vorgestoßen. Am 27. Juni schnitten in einer der größten Kesselschlachten des Krieges Guderian und Hoth die Stadt Minsk und ihre 500 000 Verteidiger von der Umwelt ab.

Am 26. Juni wurde das XLVI. Panzerkorps eingesetzt, um die linke Flanke der Panzergruppe 2 zu schützen und war an der erfolgreichen Kesselschlacht von Bialystock beteiligt. Am 2. Juli hatte die Division Reich die Beresina erreicht, wo die Aufklärungsabteilung einen Brückenkopf am gegenüberliegenden Ufer errichten konnte. Guderian befahl dann den Vormarsch zum Dnjepr, wobei Reich wiederum für den Flankenschutz verantwortlich war. Nach der geglückten Überquerung rückten die 10. Panzerdivision und Reich, unter Flankenschutz des Regiments Großdeutschland, auf Gorki vor. Nach harten Kämpfen und schweren Verlusten erreichten sie schließlich die Stadt am 14. Juli. Am folgenden Tag stieß Reich südlich von Smolensk – erneut mit der 10. Panzerdivision – weiter vor. Sie erreichten den Fluss Yelnya, wo sie sich dann mehrere Tage lang trotz heftiger gegnerischer Angriffe festsetzten.

Division Reich in der Ukraine

Gegen Ende Juli wurde die 10. Panzerdivision abgezogen und ihre Stelle von der 268. Infanteriedivision eingenommen. Hitler traf nun seine unheilvolle Entscheidung, den Hauptstoß des Angriffs von Moskau in Richtung Süden zu verlagern. Guderians Panzergruppe 2 bekam den Befehl, sich in Richtung Süden nach Gomel in Marsch zu setzen, während die Division Reich in ihren Verteidigungsstellungen an der linken Flanke der Yelnya blieb. Gewaltige russische Gegenangriffe mit bis zu elf Divisionen brachten sie an den Rand des Untergangs. Am 8. August wurde sie endlich von der vordersten Front zurückgenommen, um sich im Gebiet nordöstlich von Smolensk zu regenerieren.

Anfang September traten beim Vorstoß in den Süden Schwierigkeiten auf, und die Division Reich musste erneut in den Kampf ziehen. Guderian persönlich besuchte sie und gab

SS-Obergruppenführer Hausser den Befehl, den Angriff auf Sosnitza am 4. September vorzubereiten. Das russische Wetter begann aber nun die Operationen zu beeinträchtigen, und die schweren Regenfälle verwandelten die Straßen in Morast. Trotz dieser Probleme erreichte die Division Reich ihr Ziel und nahm Sosnitza nach nur einem Tag Kampf ein.

Während der folgenden Wochen hatte die Division Reich schwer mit dem unwegsamen Gelände und dem hartnäckigen sowjetischen Widerstand zu kämpfen. Der Feind startete Gegenangriffe mit Luft- und Panzerunterstützung, da die Rote Armee verzweifelt versuchte, die Einkreisung und Eroberung von Kiew durch die Deutschen zu verhindern. Am 26. September war die Schlacht jedoch zu Ende, und an die 665000 russische Soldaten gerieten in Gefangenschaft. Gleichzeitig fielen riesige Mengen an Panzern und militärischem Gerät in die Hände der Deutschen.

Operation »Taifun«

Vier Tage später begann die Operation »Taifun«, der Angriff auf Moskau. Die Division Reich bildete gemeinsam mit drei Panzerdivisionen der Wehrmacht, einer motorisierten Division und dem Regiment Großdeutschland einen Teil von Guderians Angriffsspitze. Sie konnte ihre Aufgabe, die Hauptverbindungsstraße zwischen Smolensk und Moskau abzuschneiden, erfolgreich durchführen. Nach heftigen Kämpfen in den umliegenden Wäldern gelang es auch, die strategisch wichtige Stadt Gzatsk einzunehmen.

Die Russen gaben jedoch nicht so leicht auf und die Kämpfe im Gebiet rund um Gzatsk dauerten noch mehrere Tage an. Die Rote Armee versuchte nämlich, Kräfte für eine Wiedereroberung der Stadt aufzustellen. Aber die Anstrengungen der Russen wurden durch die entschlossenen Angriffe des Regiments Der Führer vereitelt.

Gegen stetig anwachsenden Widerstand marschierte die Division Reich weiter auf Moskau. Mitte Oktober hatte das Wetter drastisch umgeschlagen und die Division musste sich durch Schneestürme vorwärts kämpfen. Die vorrückenden Soldaten waren der Erschöpfung nahe, während der russische Widerstand an Heftigkeit zunahm. In der Nähe der Hauptverbindungsstraße nach Moskau, etwa 100 Kilometer westlich der Stadt, befand sich das Schlachtfeld Borodino, wo Napoleon vor 129 Jahren geschlagen worden war.

Stalin hatte beschlossen, dass den deutschen Eindringlingen dasselbe Schicksal beschert

Ein Scharfschütze der Totenkopfdivision mit seinem Karabiner 98K während der Anfangsphase von »Barbarossa«. Die 18754 Mann starke Division wurde für den Angriff auf die Sowjetunion im Juni 1941 der Heeresgruppe Nord zugeteilt.

Links: Soldaten des Heeres auf dem Zug nach Osten. Die Wehrmacht ließ am Ziel des Feldzugs genauso wenig Zweifel aufkommen wie die SS: »Die Truppe muss sich darüber im Klaren sein, dass der Kampf von Rasse zu Rasse geführt wird, und mit nötiger Schärfe vorgehen.« (Generalfeldmarschall von Brauchitsch)

Deutsche Truppen erobern eine russische Stadt im Juli 1941. Die Deutschen erzielten während der ersten Wochen des Russlandfeldzugs große Gebietsgewinne. Die Eroberung von Minsk Ende Juni brachte zum Beispiel 280000 Gefangene. Nichts schien sie zu stoppen. Ihre ideologische Vorhut bildete die Waffen-SS, die mit einem geradezu religiösen Eifer ihren Feldzug gegen die »Untermenschen« führte.

Rechts: Deutsche Kradfahrer rasten bei ihrem Vormarsch auf Moskau.

werden sollte. So warf er einige seiner kampferprobtesten Truppen in die Schlacht, um die Deutschen aufzuhalten: die 32. Sibirische Schützendivision aus Wladiwostok, unterstützt durch einige Infanteriebrigaden und zwei Panzerbrigaden, die mit den neuen T-34-Panzern ausgerüstet waren.

Die deutschen Panzerabwehrkanonen erwiesen sich als beinahe nutzlos gegen die Panzerung der T-34-Panzer. Als einziger Ausweg blieben folglich Sprengladungen, die entweder am Panzer selbst oder auf dessen Ketten angebracht werden mussten. Am 15. Oktober 1941 fiel Borodino schließlich an das Regiment Der Führer. Die Division Reich wurde beauftragt, die wichtige Straßenkreuzung bei Mozhaisk zu erobern, was auch am 18. Oktober nach harten Kämpfen gelang.

Während des weiteren Vormarsches der Division stieß das Regiment Deutschland in der Nähe des Dorfes Otyakova auf zwei Bataillone mongolischer Infanterie. Gut ausgerüstet und durch die frostigen Temperaturen nicht im Geringsten beeinträchtigt, leisteten die Mongolen den SS-Infanteristen erbitterten Widerstand. Immer wieder setzten sie zum Angriff an, ohne auf die eigenen hohen Verluste zu achten, die die deutschen Maschinengewehre in ihre Reihen schlugen. Schließlich konnten sie zurückgeschlagen werden. Die SS-Truppen hatten die Stellung gehalten, aber um welchen Preis: Zu diesem Zeitpunkt des Feldzugs hatte die Division Reich an die 7000 Soldaten als gefallen, verwundet oder vermisst gemeldet (ihre Stärke zu Beginn der Operation »Barbarossa« betrug 19000 Mann).

Stillstand vor Moskau

Das kalte Wetter hatte jedoch einen Vorteil: Der Schlamm war gefroren und erleichterte nun das Vorrücken. Trotzdem war der Vormarsch der Division 20 Kilometer vor dem westlichen Stadtrand Moskaus beinahe zum Stillstand gekommen. Die deutschen Streitkräfte hatten die eigenen Versorgungslinien zu weit ausgedehnt, und die Munition begann knapp zu werden.

Die Soldaten selbst, die nun am Rande der russischen Hauptstadt festsaßen, waren nur mehr Schatten ihrer selbst. Noch immer in ihren Sommeruniformen, froren viele von ihnen buchstäblich zu Tode. Sie waren erschöpft, verdreckt und hungrig, nur ihr Korpsgeist war noch immer intakt. Viele von ihnen glaubten, dass der Fall Moskaus unmittelbar bevorstünde. Marschall Schukow hatte jedoch 18 frische Divisionen herangebracht, die für einen massiven

Gegenschlag gegen die Wehrmacht vor den Toren Moskaus bereitstanden.

Die Heeresgruppe Süd, unter von Rundstedt, war für die Invasionstruppen im südlichen Sektor der Front verantwortlich. Der nördliche Teil der Kräfte bestand aus der 6. und 17. Armee sowie Kleists Panzergruppe 1. Deren Aufgabe bestand darin, am Südrand der Pripjetsümpfe nach Osten und in die unendlichen Ebenen der Ukraine vorzustoßen. Im Süden operierte die 11. Armee gemeinsam mit zwei rumänischen Armeen.

Die Leibstandarte war dem XIV. Korps der Panzergruppe 1 in der Gegend um Lublin in Polen zugeteilt. Sie nahm an den Kämpfen erst am 27. Juni teil, als sie gemeinsam mit der Division Wiking die Reserve der Panzergruppe bildete. Am 1. Juli 1941 überquerte die Leibstandarte die Weichsel und stand wenig später an der früheren sowjetischen Grenze. Kurz danach sahen sie sich erstmals gepanzerten sowjetischen Einheiten gegenüber, welche die Hauptverbindungsstraße zwischen Dubno und Olyka zu zerstören versuchten. Diese Kämpfe dauerten mehrere Tage und endeten mit der Einnahme Moszkovs durch die Leibstandarte. Darauf folgte der Befehl, die Rovno-Luck-Linie zu halten und die sowjetischen Angriffe abzuwehren.

Kleists Panzer stießen mit einer solchen Geschwindigkeit vor, dass die begleitende Infanterie nur schwer Schritt halten konnte. Im Extremfall lag sie bis zu 80 Kilometer hinter den vorstürmenden Panzern zurück. In eine solche Situation geriet die 11. Panzerdivision, deren Infanterieunterstützung durch das schnelle Vorstoßen zurückgeblieben war. Nur durch das rasche Eintreffen der Leibstandarte konnte Schlimmeres verhindert werden. Erneut bestätigte sich hier der Vorteil einer vollmotorisierten Einheit, die rasch die Lücken zwischen den vorstürmenden Panzern und der hart bedrängten Infanterie zu schließen vermochte.

Die Leibstandarte nimmt Rostow ein

Bei Miropol durchbrach die Leibstandarte die sowjetische Verteidigung und setzte ihren raschen Vormarsch auf Shitomir fort. Nördlich der Landstraße bei Romanovka liefen die Angriffsspitzen der Division in den dichten Wäldern rund um die Stadt geradewegs in starke Feindkräfte. Trotz großer zahlenmäßiger Unterlegenheit gelang es, die Sowjets so lange in Schach zu halten, bis der Großteil der Division herangekommen war. Meyers Aufklärungsabteilung stürmte dann voran und eroberte am 8. Juli die lebenswichtige Kreuzung bei Kudnow. Zur selben Zeit starteten die Sowjets eine verzweifelte Gegenoffensive an der gesamten Südwestfront. Massierte russische Angriffe führten oft zu brutalen Kämpfen Mann gegen Mann, wobei einige deutsche Einheiten in zwei Tagen mehr Verluste zu erleiden hatten als während des gesamten vorangegangenen Feldzugs.

Die Wucht des deutschen Angriffs war jedoch zu groß, als dass er aufgehalten hätte werden können. Nach ungeheuren Verlusten ließen die sowjetischen Angriffe nach. Die Leibstandarte ging wieder in die Offensive über und eroberte in einem Nachtangriff Shepovka. Jetzt ging es nach Nordwesten in Richtung Shitomir, das bald danach fallen sollte. An diesem Punkt griff Hitler ein und dirigierte entgegen der Pläne Rundstedts, der Kiew erobern wollte, die 6. Armee südöstlich nach Uman. Damit wollte man den sowjetischen Kräften, die gegen die 11. und 17. Armee kämpften, in den Rücken fallen.

Zwei Ansichten der Division Reich in Russland. Ein Kradtrupp fährt nach der Zerstörung eines russischen Dorfes weiter (oben). Eine Kolonne erschöpfter, aber vergnügter Soldaten durchquert bewaldetes Terrain auf ihrem Weg nach Osten (unten). Die Division war Teil der Heeresgruppe Mitte unter Feldmarschall Fedor von Bock.

Die Invasion in Russland führte zu einem rapiden Ansteigen der SS-Felddivisionen. Eine davon war die 8. SS-Kavalleriedivision Florian Geyer, die in Russland kämpfte und bei den Kämpfen um Budapest im Februar 1945 vernichtet wurde.

Einmal mehr wurde die Leibstandarte beauftragt, die Flanken der nach Süden vorrückenden Hauptangriffskräfte zu schützen. Sie geriet dabei unter starken Druck, als mehrere Divisionen der sowjetischen 5. Armee einen Weg durch die deutschen Flanken zu schlagen versuchten. Danach spielte die Leibstandarte eine wesentliche Rolle bei der Befreiung der belagerten 16. Panzerdivision, die von drei sowjetischen Panzerdivisionen angegriffen wurde.

Als von Rundstedts Streitkräfte schließlich Ende Juli Uman einnahmen, gerieten an die 100 000 sowjetische Soldaten der 6. und 12. Armee in Gefangenschaft.

Die Leibstandarte rückte weiter vor und nahm am 9. August Bubry und dann die Straßenkreuzung bei Sasselje ein. Hier hatten die gepanzerten SS-Aufklärungs- und Feldartillerieeinheiten anschließend mehrere massiert vorgetragene sowjetische Gegenangriffe zurückzuschlagen. Von dort aus wandte sich die Leibstandarte nach Süden auf die große Industriestadt Cherson zu. Drei Tage intensiven Häuserkampfes waren notwendig, ehe die Verteidiger schließlich am 20. August vertrieben werden konnten. Der Division wurde dann etwas Erholung zugestanden und sie kam für kurze Zeit in die Reserve.

Anfang September 1941 nahm die Leibstandarte dann am Vormarsch auf das Schwarze Meer teil. Die Rote Armee leistete jedoch bei ihrem Rückzug auf die Halbinsel Krim heftigen Widerstand. Dietrichs Männer drehten hierauf nach Osten und rückten auf Rostow am Don vor. In erbitterten Kämpfen fielen dabei Romanovka, Berdjansk und Mariupol. Taganrog geriet am 17. Oktober, Stalino drei Tage später in die Hände der Deutschen. Dann aber verschlechterte sich das Wetter und die Fahrzeuge der Leibstandarte kamen nur mehr schwer vorwärts. Der Vormarsch geriet ins Stocken; erst Mitte November konnte Rostow erreicht werden.

Am 17. November begann die Leibstandarte bei schlechtesten Wetterverhältnissen als Teil des III. Panzerkorps den Angriff auf die Stadt. Es schneite stark und die Temperaturen fielen extrem. Zu Beginn konnte durch eine waghalsige Aktion die Eisenbahnbrücke über den Don von SS-Hauptsturmführer Heinrich Springer und seinen Männern besetzt werden. Mit einer kleinen Einheit der 3. Kompanie und einigen Pionieren hielt Springer dann die Brücke gegen entschlossene Angriffe der Sowjets, die sie zurückerobern wollten. Mit diesem wichtigen Übergang in ihren Händen, nahmen die Deutschen die Stadt am 20. November ein.

Die deutschen Versorgungslinien waren nun aber gefährlich in die Breite gezogen und standen unter Druck des Feindes. Insgesamt 15 Sowjetdivisionen versuchten die deutschen Angriffseinheiten abzuschneiden. Als die Munition knapp zu werden begann, musste die Leibstandarte Rostow aufgeben und ihre Position auf einer verkürzten Front stabilisieren. Es stand ein überaus harter Winter bevor, der die militärischen Operationen einzuschränken begann.

SS-Brigadeführer Felix Steiner und seine Division Wiking starteten am 29. Juni den Feldzug im selben Frontsektor wie die Leibstandarte. Über Lemberg gelangte sie nach Tarnopol und Shitomir. Neben dem Kaderpersonal aus Deutschland verfügte die Division über Freiwillige aus Dänemark, den Niederlanden, Belgien, Norwegen und Finnland. Ende Juli wurde Byela Tscherkovusin erreicht, und am 3. August nahm die Division an der Kesselschlacht bei Uman teil. Daraufhin eilte sie ostwärts in Richtung Dnjepr und konnte Ende des Monats den heftigen Widerstand des Feindes bei Dnjepropetrowsk brechen. Die Division Wiking marschierte anschließend auf Stalino und Rostow, nahm aber an den Kämpfen auf der Krim nicht teil. Das Jahr beendete die Division in ihren Stellungen eingegraben, wo sie die erwartete Winteroffensive der Sowjets nach dem Rückzug aus Rostow abwartete.

SS-Hauptsturmführer Heinrich Springer der Division Leibstandarte. Für die Eroberung einer Brücke über den Don im November 1941 bekam er das Ritterkreuz verliehen. Zu diesem Zeitpunkt hatte die Division in nur vier Monaten bereits 1600 Kilometer zurückgelegt. Rostow wurde zwar erobert, aber die deutschen Versorgungslinien waren überdehnt, sodass die Stadt gegen den anhaltenden russischen Widerstand nicht gehalten werden konnte.

Der Kessel von Demjansk

Im nördlichen Frontsektor startete die Rote Armee ihre Offensive in der Nacht auf den 7. Januar 1942. Die 1., 11. und 34. Stoßarmee durchbrachen im Bereich zwischen dem Ilmensee und dem Seligersee die deutschen Linien. Zur selben Zeit wurden die deutschen Stellungen südlich des Seligersees überrannt. Der gesamten deutschen 16. Armee droht die Gefahr, eingekesselt zu werden.

Zwei Infanteriebataillone, das Aufklärungsbataillon, das Pionierbataillon und Teile des Artillerieregiments der Totenkopfdivision wurden am 9. Januar 1942 schnellstens nach Staraya Russa beordert. Ihr Auftrag lautete, die lebenswichtige Straßen- und Eisenbahnkreuzung um jeden Preis zu halten. Zwei weitere Bataillone wurden einige Tage später nach Demjansk geschickt, um die verwundbare deutsche Südfront zu stützen.

Innerhalb weniger Tage hatte sich die Lage dramatisch zugespitzt. Aus Furcht vor einer Einkesselung durch den Feind hatte Feldmarschall von Leeb Hitler ersucht, einem taktischen Rückzug hinter den Fluss Lowat zuzustimmen. Wie erwartet, verweigerte Hitler seine Zustimmung und bestand darauf, dass die 16. Armee aushalten müsse. Hitler nahm den daraufhin angebotenen Rücktritt von Leebs an und ersetzte ihn durch General von Küchler. Die Lage wurde jedoch immer schlimmer, das II. und das X. Armeekorps wurden bei Demjansk eingekesselt. Am 20. Januar gingen die letzten Landverbindungen zu den Resten der 16. Armee verloren und die Einkesselung der belagerten Deutschen war beinahe komplett. Die Luftwaffe musste die Versorgung der eingeschlossenen Truppen übernehmen, wobei nur das Allernotwendigste herangeschafft werden konnte.

Einheiten der Totenkopfdivision halfen bei Staraya Russa, die Angriffe der russischen 11. Armee abzuwehren und sie nach Süden abzudrängen. Trotzdem schlossen am 8. Februar 1942 die russische 1. Stoßarmee und die 11. Armee die letzte offene Lücke und hatten damit die Totenkopfdivision und fünf weitere Armeedivisionen in der Falle.

Die deutsche Hauptstreitkraft ging nun daran, Verteidigungsstellungen westlich des Lowat zu errichten, um von dort einen Angriff zur Befreiung der eingeschlossenen Einheiten zu starten. Im Kessel hielten in der Zwischenzeit die Deutschen stand, vor allem aber die Totenkopfdivision. Einheiten der Totenkopfdivision verteidigten in Kampfgruppen von Regimentsstärke die am heftigsten bedrängten Bereiche des Kessels. Am 27. April, nach 73 Tagen, war die Belagerung zu Ende, und die übel zugerichtete Totenkopfdivision konnte aus dem Kessel von Demjansk entkommen. Sie blieb jedoch bis Ende Oktober als Defensivkraft an der Front, bis sie endlich abgelöst wurde.

Zu diesem Zeitpunkt war sie wegen der verheerenden Verluste nur mehr ein Schatten ihrer selbst. Die Reste kamen zuerst nach Sennelager in Deutschland und dann zur Erholung und Instandsetzung nach Frankreich. Von den ursprünglich 17 000 Mann zu Beginn der Operation »Barbarossa« waren an die 12 600 gefallen oder verwundet worden, die Hälfte davon allein im Kessel von Demjansk.

Marschall Schukows Gegenoffensive vor Moskau hatte Anfang Dezember 1941 eingesetzt. Bereits Ende des Monats waren fast alle Geländegewinne, die die Deutschen in der Operation »Taifun« gemacht hatten, verloren. Von Januar bis März 1942 verlor die Division Reich auf ihrem Rückzug an die 4000 Mann. Im März durfte sich die Division schließlich zur Erholung und Auffrischung nach Frankreich zurückziehen. Die Heeresgruppe Mitte konnte sich aber den Verlust einer ganzen Division nicht leisten. Zwei gemischte Bataillone aus den Regimentern Deutschland und Der Führer blieben unter dem Kommando von

Nachdem der Boden durch die sinkenden Temperaturen härter wurde, konnten die Panzer in Richtung Moskau vorstoßen. Es fehlte jedoch an Nachschub und an Winterbekleidung.

Rechts: Ein Unterscharführer des Regiments Der Führer der Division Reich zu Beginn der Operation »Taifun«. Die Wintertarnung über Helm und Uniformjacke ist aus Leinentüchern improvisiert; überall im deutschen Heer fehlte adäquate Winterausrüstung.

SS-Obersturmbannführer Werner Ostendorff als Kampfgruppe im Osten, bis auch sie Mitte Juni von der Front zurückgezogen wurden.

Am 1. Juni 1942 stieß ein neues Regiment zur Division: das SS-Infanterieregiment 4, wobei sein II. Bataillon und der Stab überwiegend von der 4. SS-Infanteriestandarte stammten. Das I. Bataillon war hingegen rund um das Kradschützenbataillon der Division gebildet worden. Im November 1942 versuchte das neue Regiment während seines Aufenthalts in Frankreich die Selbstversenkung der (Vichy-) französischen Flotte in Toulon (27. November) zu verhindern. Zur selben Zeit erhielt die seit Oktober als »Das Reich« bezeichnete Division den Status einer Panzergrenadierdivision und blieb bis Januar 1943, ehe sie an die Ostfront geholt wurde, in Frankreich.

Im Süden Russlands hatte die Rote Armee im Januar 1942 in einer großen Offensive versucht, die deutschen Linien zu durchbrechen. Die Leibstandarte war, als Teil des III. Panzerkorps, daran beteiligt, einen sowjetischen Angriff auf die deutschen Stellungen in der Nähe von Dnjepropetrowsk abzuwehren. Mitte Mai war ein sowjetischer Angriff den deutschen Versuchen einer Sommeroffensive zuvorgekommen. Es dauerte jedoch nur eine Woche, bis der sowjetische Vorstoß bei Charkow abgewehrt werden konnte. Die Leibstandarte kam dann zur Auffrischung nach Stalino. Mittlerweile lagen aber dem deutschen Nachrichtendienst Informationen über eine mögliche alliierte Landung im Westen vor, und so wurde die Division eilig nach Frankreich verlegt, wo sie den Rest des Jahres blieb.

Was hatte also Himmlers Waffen-SS im Russlandfeldzug in den Jahren 1941/42 erreicht? Die wichtigsten Divisionen der Waffen-SS – Leibstandarte, (Das) Reich, Totenkopf und Wiking – konnten sich militärisch auf dem Schlachtfeld beweisen. Auf den russischen Winter war sie 1941 genauso wenig vorbereitet wie die Wehrmacht, und im Frühjahr 1942 verfügte sie über nur noch zwei Drittel ihrer ursprünglichen Kampfstärke. Vor allem ihre Verluste an Führungskadern konnte sie nie ersetzen.

Vernichtungskrieg

Das Dritte Reich hatte den Überfall auf die Sowjetunion von Anfang an als Vernichtungskrieg geplant. Schon im Januar 1941 sprach Himmler vor SS-Offizieren auf der Wewelsburg davon, dass das Endziel des Krieges darin bestünde, »die slawische Bevölkerung um 30 Millionen zu dezimieren«. Spätestens im dritten Kriegsjahr sollten die in Russland stehenden Truppen zudem von dem leben können, was die eroberten

Gebiete an landwirtschaftlichen Produkten hergaben; der einheimischen Bevölkerung war völlig überlegt der Hungertod zugedacht.

Festgeschrieben wurden diese Überlegungen im vom Rasse- und Siedlungshauptamt (RuSHA) aufgestellten »Generalplan Ost«. Dieser sah vor, 85 Prozent der polnischen, 64 Prozent der ukrainischen und 75 Prozent der weißrussischen Bevölkerung zu »entfernen« – durch Ausweisung, Umsiedlung, Krankheit und Hunger. In Ostmitteleuropa sollte innerhalb von 20 Jahren nur noch Deutsch gesprochen werden.

Am 30. März 1941 legte Hitler seinen Generälen diese Eroberungspolitik im Einzelnen dar. General Franz Halder (der einerseits maßgeblich für den berüchtigten »Kommissarbefehl« mitverantwortlich war, andererseits später zum Verschwörerkreis um Stauffenberg gehörte) notierte in seinem Kriegstagebuch:

»Kampf zweier Weltanschauungen gegeneinander. ... Bolschewismus ist gleich asoziales Verbrechertum. ... Wir müssen von dem Standpunkt des soldatischen Kameradentums abrücken. Der Kommunist ist vorher kein Kamerad und nachher kein Kamerad. Es handelt sich um einen Vernichtungskampf. ... Künftiges Staatenbild: Nordrussland gehört zu Finnland. Protektorate Ostseeländer, Ukraine, Weißrussland. Kampf gegen Russland: Vernichtung der bolschewistischen Kommissare und der kommunistischen Intelligenz. ... Der Kampf muss geführt werden gegen das Gift der Zersetzung. Das ist keine Frage der Kriegsgerichte. Die Führer der Truppe müssen wissen, worum es geht. Sie müssen in dem Kampf führen. ... Kommissare und GPU-Leute sind Verbrecher und müssen als solche behandelt werden.«

Im Mai 1941 wurden diese Überlegungen in den »Richtlinien für das Verhalten der Truppe in Russland« formuliert. Von den Soldaten wurde »rücksichtsloses und energisches Durchgreifen gegen bolschewistische Hetzer, Freischärler, Saboteure, Juden und restlose Beseitigung jeden aktiven und passiven Widerstandes« gefordert. Der »Kommissarbefehl« vom 6. Juni 1941 schrieb explizit vor, gefangen genommene Funktionäre der KPdSU sofort zu erschießen. Nur wenige Wehrmachtsgeneräle hatten den Mut, diesen Befehl nicht oder nur verwässert an ihre Truppen weiterzugeben.

Den Vernichtungskrieg in Russland führten alle deutschen Truppenteile mit großer Härte. Hinrichtungen, Gefangenenerschießungen, Pogrome, Plünderungen und Vergewaltigungen fanden in großem Umfang statt. Dabei ließ die SS erwartungsgemäß noch größere Härte walten als die Wehrmacht – ihre Soldaten waren in der Regel ideologisch stärker indoktriniert. Besonders berüchtigt waren in diesem Zusammenhang die »Einsatzgruppen« von Sicherheitspolizei und SD, die dem Heer folgten und im Rückraum der Front »Säuberungen« vornahmen. In den noch weiter zurückliegenden Gebieten, die wieder unter zivile Verwaltung gestellt waren, übernahmen Soldaten der Allgemeinen SS die »Sicherheitsaufgaben«.

Ein SS-Sturmmann der Totenkopfdivision im Kessel von Demjansk im Februar 1942. Auf dem linken Kragenspiegel trägt er das Dienstgradabzeichen, während rechts das Totenkopfabzeichen zu sehen ist. Er ist mit einem Maschinengewehr MG34 mit Trommelmagazin, Stielhandgranaten und einer Pistole bewaffnet.

Links: Eine Patrouille der Totenkopfdivision wirft sich im Kessel von Demjansk zu Boden, als über ihnen eine russische Leuchtrakete explodiert.

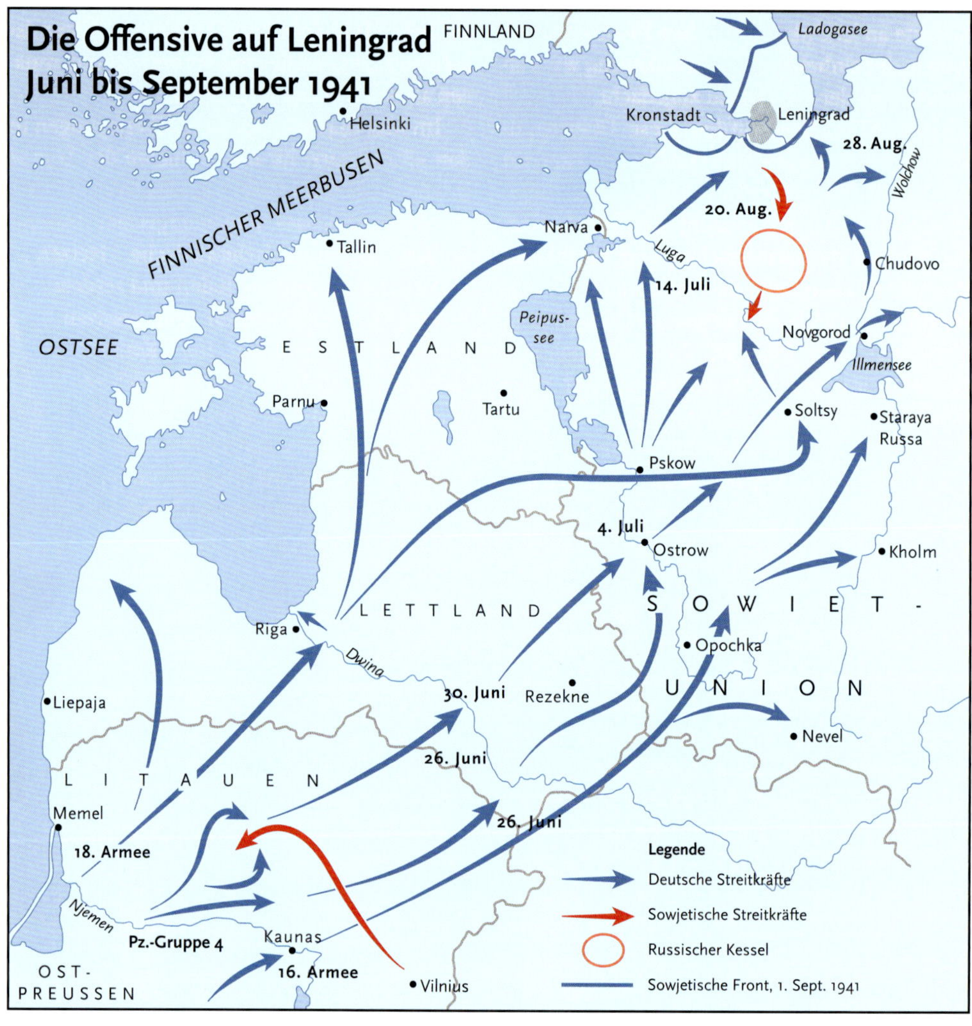

Das Ansehen der Waffen-SS

Die Verluste der Waffen-SS stiegen im Lauf der Kriegsjahre überproportional an, da die Ausbildungsqualität der neu aufgestellten Einheiten abnahm. Bis August 1941 waren fast 8000 Mann gefallen, verwundet oder vermisst. Diese Zahl stieg bis Dezember auf knapp 38000, Ende 1943 gar auf über 150000. Ihre militärischen Erfolge brachten aber viele ihrer Gegner zum Schweigen. Zwar gab es in der Wehrmacht noch immer viele, die die Methoden der Waffen-SS als verachtenswert ansahen, aber nur wenige stellten ihre militärische Fähigkeiten noch in Frage. Die meisten Einheiten der Waffen-SS hatten Himmlers kühnste Träume übertroffen. Dies betraf nicht nur ihre Angriffslust, sondern auch ihre fanatische Entschlossenheit und kompromisslose, blindwütige Tapferkeit in Unterzahl oder in Situationen, wo andere Einheiten längst aufgegeben hätten.

Neben diesen Eliteeinheiten der Waffen-SS gab es auch andere SS-Einheiten, deren Kampfleistung alles andere als beeindruckend war. Im hohen Norden hatte die neu formierte SS-Kampfgruppe Nord gemeinsam mit Einheiten der Wehrmacht und einigen finnischen Truppen einen russischen Stützpunkt bei Salla angegriffen. Die beiden ersten Angriffe der SS-Soldaten wurden zurückgeschlagen, und auch ein dritter Versuch scheiterte. Dann starteten die sowjetischen Verteidiger einen Gegenangriff und trieben die SS-Männer vor sich her. 73 Soldaten der Kampfgruppe wurden getötet, 230 verwundet und an die 150 im Kampf vermisst. Zum Glück für die Kampfgruppe schlugen Wehrmacht und die finnischen Truppen den russischen Angriff zurück. Die Wehrmacht war über das Verhalten der SS empört, und nur wenig später wurde die Kampfgruppe zur erneuten Ausbildung und Umwandlung in eine Gebirgstruppe von der Front abgezogen. Sie erhielt dann den Status einer Division und die Bezeichnung 6. SS-Gebirgsdivision. Schließlich kehrte sie an denselben Frontsektor zurück, wo die dunklen Wälder und mückenverseuchten Sümpfe nur wenig dazu beitrugen, die angeknackste Moral der Truppe zu heben.

Links: Eine ukrainische Bäuerin bietet einem Soldaten der Division Wiking eine Erfrischung an. Dieses Bild der Freundlichkeit zwischen Soldaten der SS und ukrainischen Zivilisten ist mit Vorsicht zu genießen. Es war schwer für die Soldaten, die von der nationalsozialistischen Ideologie durchdrungen waren, die Osteuropäer als etwas anderes als Untermenschen anzusehen.

Die Polizeidivision, die zur Heeresgruppe Nord gehörte, konnte ebenfalls keine militärischen Erfolge für sich verbuchen. Sie nahm an den meisten Kämpfen um Leningrad teil, wurde aber nie als »richtige« Waffen-SS-Division angesehen. Die Einheit hatte nämlich erst 1942 das »SS« zur Divisionsbezeichnung erhalten. Bis zu diesem Zeitpunkt trugen die Soldaten anstelle der SS-Runen polizeiartige Kragenspiegel und Wappenschilder auf dem Helm. Die Division wurde im Juni 1943 in den Rang einer Panzergrenadierdivision erhoben; sie war wohl auch für ihre Brutalität beim Kampf gegen die Partisanen berüchtigt. Zusätzlich zu diesen Einheiten gab es noch die berüchtigten Einsatzgruppen, die unmittelbar hinter den Kampfeinheiten nach Russland strömten. Sie begannen sofort mit ihrem Terror gegen die Zivilbevölkerung, wobei die unglückliche jüdische Gemeinschaft zu den ersten Opfern gehörte. Aber auch viele andere unschuldige Opfer der einheimischen Bevölkerung fielen in die Hände dieser Todeseinheiten.

Es wurde oft geschrieben, dass die russische Bevölkerung in den besetzten Gebieten durch die Aktivitäten der SS gegen die Deutschen aufgebracht worden wäre. Dies stimmt jedoch nur zum Teil. In einigen Gebieten wurden deutsche Truppen, auch Kampfeinheiten der Waffen-SS, als Befreier von den kommunistischen Machthabern willkommen geheißen. Es gibt zahlreiche fotografische Beweise, auf denen junge Männer der Waffen-SS zu sehen sind, die von der Bevölkerung begeistert empfangen werden. Dies galt vor allem für Gebiete wie die Ukraine, wo man die Deutschen mit Blumen, Essen und Getränken empfing. Diese Soldaten hatten selbst Grund dazu, die Aktivitäten der Einsatzkommandos zu verfluchen, die so viele freundliche Einheimische zu hasserfüllten Feinden machten.

Die Tatsache, dass zahlreiche Angehörige der Einsatzgruppen ähnliche Uniformen wie die jungen SS-Infanteristen trugen, machte es ebenfalls nicht einfacher. Russische Zivilisten konnten großteils nicht wissen, dass die Einsatzkommandos im Gegensatz zur Waffen-SS keine Ärmelbänder der SS-Namensdivision trugen.

Die jungen Soldaten der Waffen-SS-Elite sollten den Feldzug 1941/42 jedoch als einen der blitzschnellen Vorstöße und großen Geländegewinne in Erinnerung behalten – trotz der hohen Verluste sowie Härte und Leiden des mörderischen russischen Winters. In den nächsten Jahren sollten die Entbehrungen jedoch zunehmen, während die Siege immer weniger werden würden. Für den Moment war die Moral jedoch hoch, als Hitler den Offizieren und Soldaten der Waffen-SS die höchsten Orden des Landes verlieh.

Das erste Ritterkreuz des Feldzuges ging an SS-Gruppenführer Paul Hausser, den Kommandeur der Division Reich. Wie die meisten seiner Kameraden in der SS war Hausser von der Führung an der Spitze überzeugt. Diese Tatsache kostete jedoch zahlreichen höheren Offizieren der Waffen-SS das Leben, und Hausser selbst verlor während der Kämpfe um Yelnya im

Unten: Hermann Fegelein, Kommandeur der Division Florian Geyer. Obwohl er der Schwager von Eva Braun war, wurde er im April 1945 erschossen, nachdem er versucht hatte, sich aus dem belagerten Berlin abzusetzen.

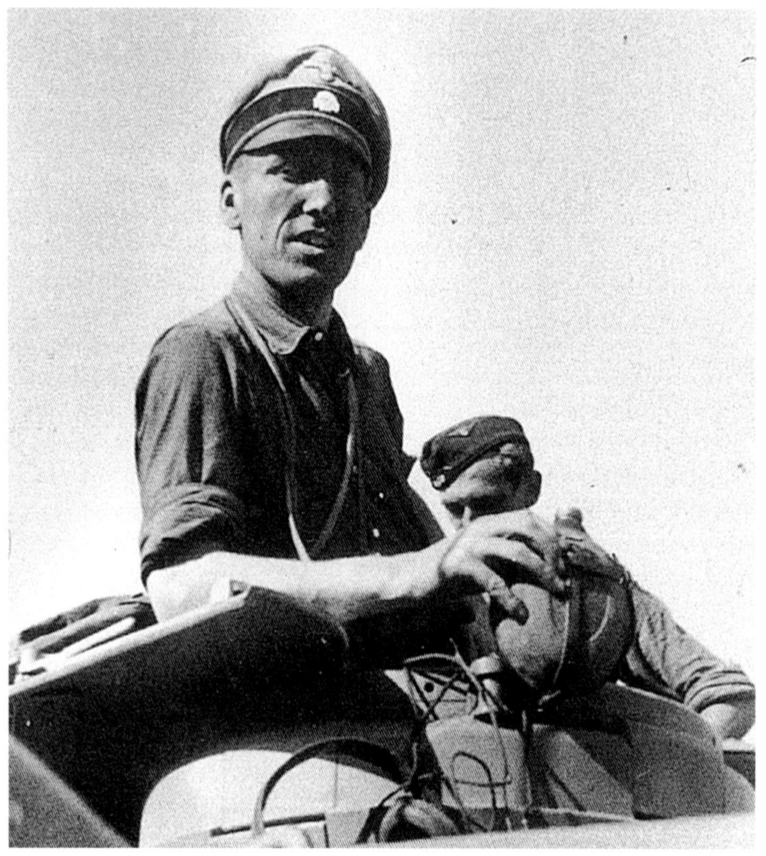

Ein Panzerkommandant der Division Wiking. Diese Einheit kämpfte mit beständigem Erfolg in Russland – und machte sich zahlreicher Kriegsverbrechen schuldig, unter anderem, als sie am 11. Juli 1941 in Zborow 600 Juden ermordete. Sie gehörte ursprünglich zur Heeresgruppe Süd von Feldmarschall von Rundstedt und wurde 1942 hauptsächlich im Kaukasus und in der Ukraine eingesetzt.

Oktober 1941 ein Auge. Die Augenklappe, die er danach trug, wurde dann zu seinem Kennzeichen.

Das zweite Ritterkreuz des Feldzuges erhielt der SS-Unterscharführer Erich Rossner der SS-Panzerjägerabteilung 2, der eigenhändig 13 russische Panzer ausschaltete, ehe er schwer verwundet wurde. Er starb am 30. Juli 1941 und bekam am 25. August das Ritterkreuz posthum verliehen. Insgesamt gingen zwischen Juni 1941 und Dezember 1942 drei Ritterkreuze an die Leibstandarte, acht an Das Reich, neun an die Polizei, acht an die Wiking und zwei an die SS-Kavalleriebrigade.

Insgesamt wurden etwa 7300 Ritterkreuze verliehen (nach anderen Quellen 8300), davon 410 an Angehörige der Waffen-SS. Gemessen an der Gesamtzahl der Soldaten kam man in der SS also eher an den begehrten Orden: Während in der Wehrmacht einer von 2575 Soldaten ein Ritterkreuz bekam, war es in der Waffen-SS einer von 1485.

Das Eiserne Kreuz 1. Klasse wurde im Verlauf des Krieges ca. 300 000 Mal verliehen, das 2. Klasse etwa zehnmal so häufig. Von Anfang an wurden mit diesen Auszeichnungen auch solche Truppenteile bedacht, die nicht im unmittelbaren Kampfeinsatz standen, also z. B. Soldaten der Einsatzgruppen, die sich bei der Judenverfolgung hervorgetan hatten. Trotzdem musste ein wie weit auch immer hergeholter »Kampfeinsatz« belegt werden – für reine Mordaktionen, etwa der KZ-Wachmannschaften, war das Kriegsverdienstkreuz vorgesehen, das in der 1. Klasse 140 000 Mal, in der 2. Klasse 2 700 000 Mal vergeben wurde. Das Ende vom Lied war, dass viele engagierte SS-Männer sowohl das Kriegsverdienstkreuz als auch das EK bekamen.

Während Hitler und Himmler über die Kampfleistung der Divisionen der Waffen-SS an der Ostfront erfreut waren, wies die Hartnäckigkeit der sowjetischen Verteidigung darauf hin, dass es ein langer und harter Feldzug werden würde. Die deutschen Erfolge waren in der Tat spektakulär gewesen, aber der russische Bär war keineswegs erledigt oder tödlich verwundet. Die Deutschen hatten hohe Verluste hinnehmen müssen und die Invasionskräfte waren nun erschöpft. Es war klar, dass nur durch ausreichende Verstärkung der Feldzug zu einem erfolgreichen Ende gebracht werden würde. So gab Hitler für das kommende Jahr die Zustimmung, die Reihen der Waffen-SS massiv zu verstärken.

Neue Waffen-SS-Divisionen

Im Verlauf des Jahres 1942 stellten die zahlreichen sowjetischen Truppen, die die deutschen Armeen in einer großen Zangenbewegung abgeschnitten hatten, für die Invasoren ernste Probleme dar. Die eingeschlossenen Truppen der Roten Armee hatten sich keineswegs zur Gänze den Deutschen ergeben. Viele von ihnen verbargen sich in den weitläufigen Wäldern, von wo aus sie deren Versorgungsrouten in Partisanenmanier angriffen. Die Situation spitzte sich immer mehr zu. Große Kontingente deutscher Soldaten, die an der Front dringend gebraucht wurden, mussten zum Schutz und zur Überwachung dieser Gebiete abgezogen werden. Diese Aufgaben waren in der Wehrmacht unpopulär und nicht gewünscht. Folglich wurden ständig neue Polizeiregimenter in Russland stationiert, um die Kampftruppen an der Front zu entlasten.

Da Himmler sowohl Chef der Deutschen Polizei als auch Reichsführer-SS war, standen diese Polizeitruppen unter dem Kommando der SS. Später konnte nachgewiesen werden, dass die Angehörigen dieser Polizeieinheiten nicht nur für Aktionen gegen Partisanen und die Sicherheit zuständig waren. Sie waren daneben auch am Zusammentreiben und an der Ermordung der jüdischen Bevölkerung in den besetzten Gebieten beteiligt. Dabei fanden sie willige Komplizen in den freiwilligen Hilfspolizeieinheiten, die

Soldaten eines Infanterieregiments der Division Wiking im Sommer 1942. Die Division wurde im November 1942 in den Rang einer Panzergrenadierdivision und im Oktober 1943 einer Panzerdivision erhoben. Ihre Führung unterstand SS-Gruppenführer Felix Steiner, der später das Kommando des III. SS-Panzerkorps übernahm.

Unten: Ein der Kälte trotzender Soldat der Polizeidivision SS 1940 in Lappland im Winter 1941/42.

aus dem nichtjüdischen Teil der einheimischen Bevölkerung rekrutiert wurden.

Was die Waffen-SS betrifft, wurden 1942 zwei neue Divisionen aufgestellt. Die erste war die 7. SS-Freiwilligen-Gebirgsdivision Prinz Eugen, die im Frühjahr 1942 in Nordserbien gebildet wurde. Die Division war in den folgenden Jahren an zahlreichen Verbrechen beteiligt, bei denen Frauen, Männer und Kinder ermordet wurden. Die zweite war die 8. SS-Kavalleriedivision Florian Geyer. 1941 war eine SS-Kavalleriebrigade aus zwei SS-Kavallerieregimentern der SS-Totenkopfdivision gebildet worden. Diese Brigade kam vor allem gegen die Partisanen zum Einsatz – was bedeutete, dass sie hauptsächlich gegen die Zivilbevölkerung, speziell die jüdische, vorging – und stand unter dem Kommando des SS-Standartenführers Hermann Fegelein. In den ersten sechs Monaten des Russlandfeldzugs ermordete diese Einheit etwa 40 000 Menschen. Im Herbst 1942 wurde sie dann in den Rang einer Division erhoben. 1942/43 lag das Kommando in den Händen von SS-Gruppenführer Wilhelm Bittrich, einem äußerst fähigen Soldaten. Danach übernahm erneut Fegelein das Kommando, der es schließlich bis zum SS-Gruppenführer brachte.

Anfang 1942 konnte sich die Waffen-SS jedoch im Ruhm ihrer Kampferfolge sonnen. Das Ansehen, welches sie dabei gewonnen hatte, führte dazu, dass ihre Männer mit Fortdauer des Krieges an allen Fronten immer häufiger gebraucht wurden.

Wirtschaftsimperium und Zwangsarbeit

Himmlers SS verwaltete ein riesiges Imperium innerhalb des Dritten Reiches. Ihr unterstanden nicht nur die Gestapo, die uniformierte Polizei und die berüchtigten Einsatzgruppen, sondern auch verschiedene Wirtschaftsunternehmen, in denen sich Tausende von KZ-Insassen zu Tode arbeiteten.

Im Deutschland der Kriegszeit unterstanden eine Anzahl von Hauptämtern, die die verschiedenen Aufgaben der SS wahrnahmen, der direkten Kontrolle des Reichsführers-SS. Nachstehend werden jene Ämter näher behandelt, die den größten Einfluss auf das Leben in Deutschland und den besetzten Gebieten hatten.

Hauptamt SS-Gericht

Die Rechtsabteilung der SS befand sich in München, dem Geburtsort des Nationalsozialismus. Sie war für die Verwaltung und Durchführung der SS-Disziplinarvorschriften verantwortlich und überwachte die SS- und Polizeigerichte in Deutschland und den besetzten Gebieten. Das Hauptamt SS-Gericht stand bis Juli 1942 unter der Leitung von SS-Obergruppenführer Paul Scharfe; nach dessen Tod unter der von SS-Obergruppenführer Franz Breithaupt. Dem Hauptamt unterstanden auch die SS- und Polizeigefängnisse. Zu seinem Aufgabenbereich gehörte in Kriegszeiten auch die Verfolgung von Straftätern der Allgemeinen SS. Es wurden aber nur einige KZ-Wachen wegen Korruption belangt (üblicherweise wegen Diebstahl von Wertgegenständen, die den Insassen der Lager bei ihrer Ankunft abgenommen wurden). Die Auswirkungen auf den gewöhnlichen Bürger können aber als unbedeutend angesehen werden.

SS-Hauptamt

Wie schon der Name sagt, war dieses Amt ursprünglich das Hauptamt der gesamten SS. Als die Organisation immer

Eine Gruppe von Gestapooffizieren und -unterführern vor der Kamera. An ihrem Höhepunkt 1943 umfasste die Gestapo an die 45 000 Mann. Dazu kamen 60 000 Agenten und bis zu 100 000 Informanten.

Himmler (Mitte) und Heydrich (Zweiter von links) inspizieren eine SS-Ehrenwache in Prag im Oktober 1941. Heydrich wurde im September anstelle von Freiherr Neurath zum Stellvertretenden Protektor von Böhmen und Mähren bestellt. Am 27. Mai 1942 wurde von tschechischen Widerstandskämpfern auf ihn ein Sprengstoffattentat verübt, dessen Folgen Heydrich am 4. Juni erlag. Die darauf folgenden Repressalien – in deren Verlauf die Dörfer Lidice und Ležáky dem Erdboden gleichgemacht wurden – waren äußerst brutal und machten die Tschechen zu unversöhnlichen Feinden.

größer wurde, konnte es den Arbeitsaufwand nicht mehr bewältigen. Neue Hauptämter wurden geschaffen, um Funktionen auszugliedern. Mit der Zeit mussten 70 Prozent der ursprünglichen Aufgaben abgegeben werden, weshalb auch sein Einfluss und seine Macht bei Kriegsausbruch deutlich geringer waren als vorher.

Chefs des Hauptamts waren Curt Wittje (1934–1935), August Heißmeyer (1935–1939) und Gottlob Berger (ab 1939). Unter Berger war es für die Betreuung und Instandhaltung der Personalakten der Unteroffiziere und niederen Dienstgrade der SS zuständig sowie ab 1941 für die Rekrutierung von Nachschub für die Waffen-SS. Berger war in alle Arten von Komplotten involviert, um der Wehrmacht Rekruten abspenstig zu machen. So organisierte er auch die Rekrutierung von ausländischen Freiwilligeneinheiten.

SS-Führungshauptamt

Dieses Amt unterstand bis 1942 Himmler, ab 1943 SS-Obergruppenführer Hans Jüttner und war die Stabsstelle der bewaffneten SS. Zu seinen Aufgaben gehörten die Bereiche »Organisation, Nachschub, Ausbildung, Stationierung und Mobilisierung«. Gegen Ende des Krieges verfügte es über 450 Angestellte.

Persönlicher Stab Reichsführer-SS

Der Persönliche Stab des Reichsführers-SS befand sich in Berlin und war für alle Angelegenheiten zuständig, die nicht in den Bereich der anderen SS-Hauptämter fielen. In Deutschland lag vor allem der Lebensborn e. V. in seinem Verantwortungsbereich. Dieser war 1936 gegründet worden, um den reinrassigen arischen Nachwuchs (gesund, blond, blauäugig) von ebensolchen Erzeugern und Müttern zu fördern. Dabei spielte es keine Rolle, ob sie verheiratet waren oder nicht.

Im November 1939, unmittelbar nach Kriegsausbruch, erließ Himmler folgenden Befehl: »Jeder Krieg bedeutet, dass bestes Blut vergossen wird. Viele Siege führen zu einem Verlust von Lebenskraft und Blut. Der Tod der Besten ist nicht das schlimmste Schicksal. Viel schlimmer ist das Fehlen von Kindern, die die Lebenden während des Krieges nicht zeugen konnten und so auch später nicht mehr gezeugt werden können. Abgesehen vom Zivilrecht und den üblichen Sitten muss es jetzt die Aufgabe jeder deutschen Frau und jedem Mädchens guter Abstammung sein, die Mütter von Kindern von SS-Soldaten zu werden, die an der Front dienen, nicht frivol, sondern in aller moralischen Ernsthaftigkeit.«

Außerdem wurde die Zukunft dieser Kinder gesichert. »Offizielle Vormunde übernehmen die Pflege im Namen des Reichsführers-SS von allen illegitimen Kindern guter Abstammung, deren Väter im Kampf gefallen sind ... Der Leiter des Rasse- und Siedlungshauptamtes und sein Personal werden die Unterlagen bezüglich der Abstammung dieser Kinder diskret verwahren ... Den Männern der SS muss klar werden, dass sie durch die Befolgung dieses Befehls einen Akt größter Bedeutung durchführen. Spott, Verachtung und Verständnislosigkeit werden uns nicht treffen, da die Zukunft uns gehört.«

So wurde den unverheirateten Müttern und illegitimen Kindern offizielle Unterstützung versichert, solange sie von arischer Abstammung waren. Himmler gab sich dabei große Mühe, um den Fortbestand seines »Herrenvolkes« zu schützen. Im August 1942 befahl er, dass bei SS-Familien mit nur mehr einem Sohn im wehrpflichtigen Alter dieser von der Front abzuziehen und nach Hause zu schicken sei, damit der Fortbestand der Familie gesichert werde. Diese Praxis wurde bis in die späten Kriegstage hinein ausgeübt.

Himmlers Faszination hinsichtlich eines »guten germanischen« Erbguts beschränkte sich nicht nur auf das Reich selbst. Als die deutschen Armeen die eroberten Gebiete in Europa überfluteten, suchte man nach geeigneten »nordischen« Kriegswaisen im Kindesalter. Diese wurden eingesammelt und nach Deutschland geschickt. Teilweise kam es sogar zu regelrechten Kindesentführungen. Dies betraf sogar einige polnische Kinder, die als Slawen für Himmlers Pläne eigentlich unbrauchbar waren. Sie wurden dennoch alle nach Deutschland gebracht und geeigneten Familien, die von der SS ausgesucht worden waren, übergeben.

Nach den Plänen des Reichsführers sollten diese Kinder als Erwachsene wieder in ihre Heimat zurückkehren und in den eroberten Gebieten die Grundlage für eine loyale nordische Rasse bilden, die die »niederen« Rassen unter Kontrolle hielt.

Rasse- und Siedlungshauptamt

1940 hatte das Rasse- und Siedlungshauptamt (RuSHA) einige seiner ursprünglichen Funktionen verloren, umfasste aber immer noch vier Aufgabenbereiche: Rasse, Familie, Umsiedlung und Organisation, Verwaltung. Jeder SS-Oberabschnitt in Kriegsdeutschland hatte einen RuSHA-Offizier und jede Stadt einen SS-Familienfürsorgebeamten. Trotz der Anforderungen, die der Krieg an die SS und die Verwaltung stellte, überprüfte das RuHSA weiterhin die rassischen Aspekte eines jedes künftigen SS-Angehörigen. Während die Überprüfungen vor dem Krieg relativ genau waren, ließ der rapide Aufstieg der SS solch eingehende Nachforschungen in vielen Fällen nicht mehr zu. Nur Offiziere und deren zukünftige Frauen mussten eine genaue Überprüfung ihrer Vergangenheit und Abstammung über sich ergehen lassen.

Bei den Unteroffiziersrängen genügte eine schriftliche Erklärung, dass sie arischer Abstammung waren. Ausführlichere Untersuchungen sollten nach dem Krieg folgen. »Germanische« Freiwillige wurden ebenfalls auf Grundlage einer schriftlichen Erklärung eingestellt.

Die weitere wichtige Aufgabe dieser Abteilung war die Umsiedlung von Deutschen in eroberte Gebiete im Osten. Dabei wurde die einheimische Bevölkerung vielfach von ihren Ländereien und Höfen vertrieben und durch deutsche Familien ersetzt.

Hauptamt Dienststelle Heißmeyer

Dieses Hauptamt kontrollierte die Nationalpolitischen Erziehungsanstalten (NPEA) und hatte daher vor allem Einfluss auf die Ausbildung in Deutschland. Die NPEA waren 1933 gegründet worden, um den besten geistigen Nachwuchs Deutschlands in einer Art Anwärterpool für die höchsten Positionen in SS und NSDAP zu vereinen. Himmler konnte sich der Kontrolle über die NPEA bemächtigen, indem er sie zuerst mit Kleidung und Geräten und dann mit Stipendien und Geldmitteln versorgte. 1936 wurden seine Bemühungen belohnt, als SS-Obergruppenführer August Heißmeyer zum Generalinspektor der NPEA ernannt wurde. Himmler forderte dann, dass sämtliches Personal der SS beitrete.

Um 1940 hatte die SS die gesamte Kontrolle über die NPEA-Schulen übernommen. Deren Belegschaft musste SS-artige Uniformen und Dienstgrade tragen, wobei die Bezeichnung »SS« durch die Abkürzung »NPEA« ersetzt wurde. Ein SS-Oberführer wurde folglich zu einem NPEA-Oberführer usw. NPEA-Schulen wurden auch außerhalb Deutschlands eröffnet, um entsprechende Rekruten der Volksdeutschen Gemeinschaften aufzunehmen.

Trotz der Bedeutung, die Himmler den NPEA beimaß, ging nur ein geringer Prozentsatz von Deutschlands Jugend durch diese Schulen.

Reichssicherheitshauptamt

Das Reichssicherheitshauptamt unter dem Kommando von SS-Obergruppenführer Reinhard Heydrich hatte wahrscheinlich mehr Einfluss auf das Leben im Dritten Reich als irgendeine andere SS-Organisation.

Innerhalb des RSHA gab es sieben Hauptabteilungen. Dazu gehörte auch die Weltanschauliche Forschung unter SS-Obersturmführer Dittel. Dieses Amt beschäftigte sich mit der Überprüfung von Personen, die als »ideologisch gefährlich« für die nationalsozialistische Sache angesehen wurden – Kommunisten, Juden, Pazifisten, Freimaurer und andere. Das Amt Verwaltung stand unter der Leitung von SS-Standartenführer Spacil und das Amt Personal unter SS-Oberführer Ehrlinger. Dazu kamen noch die Ämter Geheime Staatspolizei (Gestapo) unter SS-Gruppenführer Heinrich Müller, Reichskriminalpolizei (Kripo) unter SS-Gruppenführer Arthur Nebe, der Auslandsnachrichtendienst unter SS-Brigadeführer Walter Schellenberg sowie der Inlandsnachrichtendienst unter SS-Brigadeführer Dr. Otto

Die Reste von dem, was einmal das Dorf Lidice war, nach der Zerstörung durch die Deutschen. Es gab nur eine dürftige Verbindung zur Szene um die Attentäter Heydrichs – zwei Familien, die dort lebten, hatten Söhne, die bei den tschechischen Streitkräften in Großbritannien dienten. Hitler ließ alle männlichen Einwohner erschießen, die weiblichen in Konzentrationslager schicken, die Kinder entweder »germanisieren« oder »anderen Arten der Erziehung« zuführen. Von den 95 Kindern wurden neun als für die »Eindeutschung« geeignet angesehen und SS-Familien übergeben. Der Rest ging einfach verloren (nur 16 konnten nach dem Krieg ausfindig gemacht werden).

Ohlendorf. Von den vorgenannten Ämtern hatten der Inland-SD, die Kripo und die Gestapo die meisten Auswirkungen auf das Leben der Bürger in Deutschland. Die Gestapo wurde auch aus der politischen Polizei gebildet. Viele Bewerber der Ordnungspolizei, die von der Kripo nicht übernommen werden konnten, kamen nach einer Beschulung zur Stapo. Weil die Stapo bessere Beförderungsaussichten bot, sind auch Kriminalbeamte übergewechselt.

Rivalität zwischen Gestapo und SD

Im Gegensatz zur Gestapo kam der typische SD-Mitarbeiter aus einer gebildeten Mittelklasseschicht, war sprachgewandt und ein loyales NSDAP- und SS-Mitglied. Der SD war für die Gegenspionage und das Ausschalten von Staatsfeinden verantwortlich, durfte aber keine Verhaftungen durchführen. So fühlte man sich häufig gegenüber der Gestapo zurückgesetzt. Die Beziehungen zwischen den beiden Organisationen waren oft alles andere als herzlich.

Die Gestapo, die sich größtenteils aus früheren Kriminalbeamten zusammensetzte, konnte auf eine große Anzahl an Informanten vor Ort zurückgreifen. Diese wurden ständig mehr und waren stets bereit, die geringste Indiskretion zu melden. Vor allem Regierungsangestellte wurden aufgefordert, ihre Kollegen zu bespitzeln und auszuhorchen. So konnte das kleinste Problem aufgebauscht und als Entschuldigung dafür verwendet werden, sich der Dienste eines dem Regime gegenüber weniger loyalen Mitarbeiters zu entledigen. Sogar Kinder wurden ermutigt, ihre eigenen Eltern auszuspionieren und zu denunzieren.

Bei Ausbruch des Krieges 1939 war die Gestapo auf eine Stärke von rund 20 000 Funktionäre angewachsen, während der SD an die 3000 Mitarbeiter aufwies. Daneben standen an die 50 000 Informanten auf seiner Lohnliste. Die Gestapo konnte 1934 hingegen schon auf 100 000 Spitzel zurückgreifen. Die Rivalität zwischen den beiden Sicherheitsorganen wurde noch dadurch verschärft, dass die Gestapo über schier unerschöpfliche Geldmittel verfügte; außerdem hatten die Mitglieder der Gestapo bessere Pensionsrechte als ihre Kollegen vom SD.

Die Dinge begannen sich aber zu ändern, als die Polizeiorganisation des Dritten Reichs reorganisiert wurde und Heydrich das Kommando über SD, Gestapo und Kripo im Rahmen des RSHA übernahm. Die restlichen Polizeiaufgaben gingen an die Ordnungspolizei unter der Führung von SS-Obergruppenführer Kurt Daluege.

Heydrich setzte sofort seine eigenen Männer ein: den früheren Polizeioffizier Heinrich Müller als Leiter der Gestapo und Walter Schellenberg als Leiter des SD. Müller hatte als Kriminalbeamter in Bayern eng mit den Nazis zusammengearbeitet, um den Tod von Hitlers Nichte, Geli Raubal, zu vertuschen.

Als der Krieg 1939 ausbrach, stieg die Paranoia der Nazis ins Unermessliche. So überwachten der SD und die Gestapo alle möglichen feindlichen Elemente in Deutschland, beispielsweise die Kirche und Pfarrer, deren Predigten sorgfältig auf verdeckte Kritik am Regime beobachtet wurden. Dazu kamen auch noch die Massen an ausländischen Diplomaten, Geschäftsleuten, Mitglieder der Presse und sonstige ausländische Staatsangehörige, die sorgfältig zu überwachen waren.

Frühe Erfolge der Gestapo

Zu Beginn des Krieges konnten die Sicherheitsdienste wichtige Propagandaerfolge erzielen. Am 8. November 1939 hatte ein schwäbischer Kunsttischler namens Georg Elser eine Bombe im Bürgerbräukeller in München deponiert. Hinter der Holzverkleidung verborgen, hätte sie explodieren und Hitler töten sollen, während dieser bei einem Treffen seiner Parteikameraden sprach. Leider verließ Hitler das Gebäude vor dem vorgesehenen Zeitpunkt, sodass die Bombe zu spät explodierte.

Die Gestapo fand rasch heraus, wer dafür verantwortlich war und eine landesweite Menschenjagd begann. Beim Versuch, die Grenze zur Schweiz zu überqueren, wurde Elser gefasst. Dem deutschen Volk präsentierte man den Anschlag auf das Leben Hitlers jedoch als ein Komplott der Briten und sein Scheitern als Beweis dafür, dass das Schicksal auf Hitlers Seite sei. Elser wurde in sogenannter Schutzhaft gehalten, aber es kam nie zu einem Verfahren. Er wurde am 9. April 1945 im Konzentrationslager Dachau hingerichtet.

1940 konnte der SD einen weiteren Erfolg landen. Unter dem Vorwand, Mitglieder einer Widerstandsgruppe gegen die Nazis zu sein, gelang es SD-Agenten, Kontakt zu den Briten aufzunehmen. Sie gaben vor, Bedingungen für einen Frieden nach einem Sturz Hitlers auszuverhandeln. Die britischen Agenten, Captain Best und Major Stevens, wurden zu einem Treffpunkt bei Venlo auf der niederländischen Seite der deutsch-niederländischen Grenze gelockt. Daraufhin überquerten SD-Agenten, angeführt von Alfred Naujocks, die Grenze, stürmten den Treffpunkt und entführten die britischen

Agenten. Erneut konnte dem deutschen Volk der Beweis eines britischen Komplotts zum Sturz Hitlers präsentiert werden. Darüber hinaus lieferte dieser Vorfall Hitler den Vorwand, den er dann als Ausrede für seinen Angriff auf die Niederlande verwenden konnte.

Hitlers Feinde in Deutschland waren durch die Erfolge der Sicherheitsdienste etwas eingeschüchtert. Zudem gab es während der ersten zwei oder drei Kriegsjahre kaum materielle Gründe für eine Unzufriedenheit breiter Bevölkerungsschichten. Siege waren an der Tagesordnung und noch machten sich keine kriegsbedingten Mangelerscheinungen bemerkbar. So hatte eine Opposition gegen Hitler wenig Möglichkeiten, sich zu entwickeln.

Mit Fortdauer des Krieges litt die Bevölkerung jedoch immer mehr unter Ressourcenknappheit. Die Unzufriedenheit der Bürger und ihre Ablehnung des Regimes wuchsen. Die Sicherheitsdienste wussten über diese sinkende Moral zwar Bescheid, konnten aber nur wenig dagegen tun. Es blieb ihnen nur die sorgfältige Beobachtung jeglicher Anzeichen von Defätismus und Entfremdung. Auf jeden Fall, so seltsam dies auch klingen mag, galt nur ein geringer Prozentsatz dieser negativen Stimmung Hitler persönlich – der Großteil der Bevölkerung vertraute ihrem Führer noch immer und war oft geneigt, Missstände auf das Konto anonymer Parteibonzen zu schreiben (»Wenn das der Führer wüsste ...«).

Reinhard Heydrich

Als Leiter des RSHA wurde Heydrich von Hitler äußerst geschätzt. Im Osten verwaltete Constantin von Neurath, ein Diplomat der alten Schule, das sogenannte Protektorat von Böhmen und Mähren. Hitler betrachtete ihn als zu human für die unterworfenen Tschechen. Sein Stellvertreter, SS-Gruppenführer Karl Frank, liebäugelte selbst mit dem Posten und nahm jede Gelegenheit wahr, um die Position von Neuraths zu untergraben. Als Hitler ihn jedoch absetzte, wurde im September 1941 Heydrich zum neuen Reichsprotektor ernannt, der weiterhin auch Chef des RSHA blieb.

Heydrich griff sofort nach Amtsantritt in einer Weise durch, die ihm bei der tschechischen Bevölkerung den Spitznamen »Henker von Prag« einbrachte – bis Ende November hatte er über 400 Todesurteile vollstrecken und 6000 Menschen deportieren lassen. Gleichzeitig ließ er für die in der tschechischen Industrie – die für die deutsche Kriegswirtschaft von hoher Bedeutung war – beschäftigten Arbeiter die Essenszuteilungen erhöhen, um entsprechende Arbeitsleistungen sicherzustellen.

Die tschechische Exilregierung fasste Ende 1941 den Plan, Heydrich zu töten. Zu diesem Zweck wurden zwei tschechische Exilsoldaten im Dezember per Fallschirm in der Nähe von Pilsen abgesetzt. Am 27. Mai des Folgejahres griffen sie Heydrich, der sich in seinem offenen Dienstauto auf dem Weg ins Büro befand, an. Heydrich wurde durch eine Handgranate schwer verletzt und starb am 4. Juni im Krankenhaus. Hitler reagierte wie zu erwarten war und ließ Tausende von Tschechen verhaften. Das Dorf Lidice, das fälschlicherweise mit dem Anschlag in Verbindung gebracht wurde, wurde laut Befehl genauso zerstört wie später das Dorf Lezaky. Einheiten der Sicherheitspolizei machten das Dorf dem Erdboden gleich und ermordeten die meisten Einwohner. Nur eine Handvoll entkam. Die Attentäter wurden verraten und ihr Versteck in der Kirche Karel Boromejsky in Prag umstellt. Nach einem kurzen Kampf begingen die tschechischen Fallschirmspringer Selbstmord, als ihnen die Ausweglosigkeit der Lage bewusst wurde; ein Bischof, ein Pater und zwei orthodoxe Priester wurden hingerichtet. Bis zum Sommer 1942 gab es in der Sache Heydrich noch mehr als 3000 Hinrichtungen.

Heydrich erhielt ein Staatsbegräbnis und ein Regiment der Waffen-SS wurde ihm zu Ehren benannt. Seine Stelle als Leiter des RSHA ging an den österreichischen Juristen Ernst Kaltenbrunner, einen SS-Obergruppenführer und Polizeigeneral, über.

In Deutschland wurde mittlerweile immer mehr Kritik am Regime geäußert. Nachdem die Kommunisten und Sozialdemokraten politisch und oft genug auch physisch zum Schweigen gebracht worden waren, kamen Ansätze zum

Admiral Wilhelm Franz Canaris, Leiter des deutschen militärischen Nachrichtendienstes, der Abwehr. Als komplexer Charakter war Canaris irgendwann vom Nationalsozialismus desillusioniert. In seiner Position konnte er Personen, die aktiv gegen Hitler vorgingen, Schutz gewähren. Obwohl nicht klar ist, ob und inwieweit er in die Vorbereitungen zum Bombenattentat vom 20. Juli 1944 involviert war, wurde er verhaftet und schließlich im Konzentrationslager Flossenbürg gehängt.

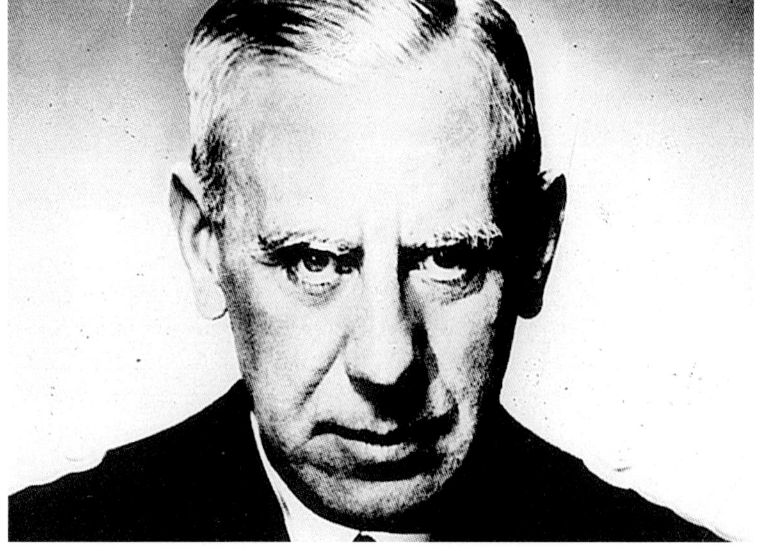

Nach dem Bombenattentat gegen Hitler im Juli 1944. Trotz der Tatsache, dass der SD und die Gestapo den Großteil der Opposition gegen Hitler in Deutschland zerschlagen hatte, war der Anschlag auf das Leben des Führers beinahe von Erfolg gekrönt. Die geplante Machtübernahme durch die Verschwörer scheiterte nicht nur an der raschen Reaktion der Nazis, sondern möglicherweise auch an der Halbherzigkeit der Beteiligten. Vor allem Generaloberst Fromm, Befehlshaber des Ersatzheeres, knickte ein, als die Gerüchte vom Überleben Hitlers sich verdichteten.

Widerstand jetzt aus kirchlichen und konservativen Kreisen, die in den Jahren zuvor ihren Frieden mit dem Regime gemacht hatten.

Das Attentat vom 20. Juli 1944

Bereits Ende 1943 machte das RSHA in Wehrmachtskreisen eine wachsende Stimmung gegen Hitler und seine Kriegspolitik aus, konnte aber gegen die meisten Verdächtigen keine fundierten Beweise vorbringen. Jene, die identifiziert werden konnten, blieben oft unbehelligt. Wahrscheinlich hoffte man im SD und in der Gestapo, mittels einer genauen Überwachung an die Rädelsführer heranzukommen. Die Sicherheitskräfte mussten vorsichtig vorgehen, da die SS-Gerichte für Angehörige der Wehrmacht nicht zuständig waren. Außerdem waren Geständnisse eher nicht zu erwarten, da die Militärgerichte wohl kaum Gestapo-Methoden bei der Befragung der verdächtigen Soldaten anwenden würden. Der SD und die Gestapo mussten den passenden Zeitpunkt abwarten.

Als sich die militärische Niederlage immer mehr abzeichnete, wurde die Loyalität der hohen Wehrmachtsoffiziere hart auf die Probe gestellt. Mehrere von ihnen hatten bereits mit Plänen zum Sturz Hitlers geliebäugelt, doch angesichts der militärischen Erfolge war in der Vergangenheit die Unterstützung einer breiten Öffentlichkeit nicht zu erwarten gewesen. Um die Mitte des Jahres 1944 jedoch glaubte man die Zeit reif zum Handeln.

Eine Heeresübung mit dem Codenamen »Walküre« war vorbereitet worden, bei der das Heer Berlin besetzen sollte. Das Übungsziel stellte die Verteidigung der Stadt vor einem Aufstand von Deutschlands riesigem Heer an Zwangsarbeitern, geflohenen Häftlingen und anderen Staatsfeinden dar. Falls Hitler beseitigt werden konnte, waren die Verschwörer zuversichtlich, dass dann ihre Streitkräfte unter dem Vorwand dieser Übung Berlin erfolgreich erobern und die Naziregierung absetzen könnten.

Ob der vormalige Chef der Auslandsabwehr der Wehrmacht, Admiral Wilhelm Canaris, den Plan kannte und guthieß, ist nicht bekannt. Im Februar war er seines Amtes enthoben, seine Dienststelle im Juli aufgelöst und die Abwehr Himmler unterstellt worden. Canaris war zwar überzeugter Nationalsozialist, stand jedoch unter dem Eindruck der immer prekärer werdenden militärischen Lage dem Regime mehr und mehr kritisch gegenüber.

Die Hauptverschwörer

Das Hauptproblem der Verschwörer bestand darin, Hitlers Personenschutz zu überwinden. Am leichtesten schien dies möglich, indem man durch einen Stabsoffizier der Wehrmacht eine Bombe in Hitlers Hauptquartier in Rastenburg anbringen und dadurch den Führer töten ließ. Als Freiwilliger bot sich Oberst Claus Schenk Graf von Stauffenberg an, ein Aristokrat und Kriegsheld, der sein linkes Auge, seinen rechten Arm und zwei Finger der linken Hand bei den Kämpfen in Nordafrika verloren hatte. Trotzdem weigerte er sich, als Invalide aus der Wehrmacht auszuscheiden. Er galt als völlig loyaler und engagierter Soldat, der unmöglich Verdacht erregen würde.

Hochrangige Mitglieder des Generalstabs in Berlin, einschließlich Generalmajor Hans Oster, Generaloberst Ludwig Beck und General Friedrich Olbricht, stimmten dem Plan zu. Unterstützung kam auch von anderen hochrangigen Feldkommandanten im besetzten Europa, die gegen die SS- und Sicherheitseinheiten in ihrem Bereich vorgehen würden. Generaloberst Fromm in Berlin kannte den Plan und versprach seine Unterstützung. In Wirklichkeit hatte er aber zu viel Angst, um sich hundertprozentig zu engagieren.

An dem Plan waren darüber hinaus einige von Deutschlands höchstrangigen Soldaten beteiligt. So auch zwei Feldmarschälle – von Witzleben und von Kluge – und eine Reihe höherer Generäle. Feldmarschall Rommel kannte den Plan zwar auch, nahm aber nicht aktiv daran teil (er wurde am 17. Juli bei einem Angriff eines alliierten Flugzeugs auf sein Auto schwer verletzt).

Sein bloßes Wissen sollte jedoch für ihn später fatale Auswirkungen haben.

Am 20. Juli 1944 erreichte Graf Stauffenberg ordnungsgemäß Rastenburg, um bei einer militärischen Einsatzbesprechung mit Hitler teilzunehmen. Er postierte die Bombe, die in seiner Aktentasche verborgen war, unter dem Konferenztisch. Dann verließ er den Raum, angeblich, um einen wichtigen Telefonanruf zu tätigen. Leider stolperte einer der anwesenden Offiziere über die Tasche und stellte sie hinter den massiven Eichensockel des Tisches. Die Bombe explodierte wie geplant und Stauffenberg machte sich eiligst davon – in der Annahme, dass Hitler tot sei. Er wusste nicht, dass der Führer nur verletzt war.

Es lag jedoch an der Unfähigkeit der Verschwörer in Berlin, die jegliche Hoffnung auf einen Machtwechsel in Deutschland zerstörten. Nachdem sie von Stauffenberg die Nachricht erhalten hatten, dass Hitler tot sei, verabsäumten sie es, sämtliche Kommunikationsstellen, einschließlich der Radiostationen, in ihre Gewalt zu bekommen. Das Berliner Wachregiment, das im Rahmen von »Walküre« bereits mobilisiert war, glaubte an eine Revolte und rückte aus, um die Regierungsgebäude zu sichern. Dazu gehörte auch das Propagandaministerium von Joseph Goebbels. Da die Verschwörer nicht sämtliche Kommunikationsverbindungen gekappt hatten, gelang es Goebbels, direkten telefonischen Kontakt mit Hitler selbst aufzunehmen. So konnte Goebbels Major Remer bereits direkt mit Hitler am Telefon sprechen lassen, als das Wachbataillon der Heeresdivision Großdeutschland zum Schutz des Gebäudes eintraf. Hitler beförderte Remer auf der Stelle zum Oberst und befahl ihm, die Rebellion niederzuschlagen.

In dieser heiklen Situation ging nun Generaloberst Fromm daran, seine eigene Haut zu retten. Er ließ die anderen Verschwörer verhaften und auf der Stelle standrechtlich hinrichten. So wurden Olbricht, Stauffenberg und andere füsiliert. Fromm gedachte so, alle Mitwisser am Attentat ausschalten zu können. Himmler glaubte jedoch die wahren Motive Fromms zu kennen und entsandte eine Gruppe von Offizieren des RSHA, um weitere Exekutionen zu verhindern.

Anderswo hatten die Verschwörer mehr Erfolg. In Paris wurden 1200 Angehörige von der Sicherheitspolizei und der SS festgenommen und in das Militärgefängnis von Fresnes gebracht. Aber auch hier machten die Verschwörer einen Fehler und übersahen eine wichtige Fernschreiberverbindung nach Berlin. Daher wusste das RSHA schon rasch vom Schicksal seiner Pariser Abteilung Bescheid.

Nachdem von Kluge vom Scheitern des Attentats erfahren hatte, wechselte er sofort die Seiten und lieferte seine Mitverschwörer aus. Dies half ihm jedoch nichts, da Himmler von seiner Komplizenschaft wusste. Es gab aber keine einschlägigen Beweise und Hitler wollte es vermeiden, einen von Deutschlands höchstrangigen Soldaten wegen Verrat anzuklagen. Nach einem Abschiedsbrief an Hitler verübte er am 19. August 1944 bei Metz durch Gifteinnahme Selbstmord.

In der Zwischenzeit war General von Stülpnagel in Paris der Drohung militärischer Gewalt gewichen und hatte die eingesperrten SS- und Gestapo-Mitglieder freigelassen. Überraschenderweise sah man ihn dann gemeinsam mit dem Chef der Pariser Gestapo Champagner trinken, als ob nichts geschehen wäre. Beide wollten die ganze Geschichte möglichst unter den Teppich kehren: Stülpnagel wegen seiner Beteiligung an der Verschwörung und der Chef der Gestapo aus Verlegenheit, da er die verräterischen Ereignisse rund um ihn in Paris nicht bemerkt hatte.

Rache nach dem Bombenattentat

Himmler ließ nun eine Welle des Terrors auf die Verdächtigen los, wie es sie noch nie zuvor gegeben hatte. Ein für alle Mal sollten jene Elemente ausgerottet werden, die nicht völlig loyal zu Hitler standen. Der folgenden Menschenjagd fielen 16 Generäle und zwei Feldmarschälle zum Opfer. Eine Welle von Verhaftungen ging durch Deutschland, und jeder, der auch nur einen der Verdächtigen kannte, war selbst verdächtig. Sogar die geringsten Zusammenhänge genügten für den SD und die Gestapo, eine Schuld zu vermuten.

Mehrere Schauprozesse unter dem Vorsitz von Richter Roland Freisler begannen. Diese

Hitler zeigt Mussolini die Schäden, die der Anschlag auf sein Leben verursacht hatte. Für Himmler stellte das Scheitern den Beweis dar, dass Hitler Gott auf seiner Seite hatte. »Durch die Rettung des Führers hat die Vorsehung uns ein Zeichen gegeben. Der Führer lebt, unverwundbar – die Vorsehung hat ihn für uns verschont, sodass wir den Krieg unter seiner Führung zu einem triumphalen Ende bringen können.« Die darauffolgende Säuberung war gekennzeichnet von brutalen Rachemaßnahmen.

kannten nur ein Ergebnis: Demütigungen, Beschimpfungen, Schuldspruch und Tod. Und dann durfte es auch nicht der Tod des Soldaten vor dem Exekutionskommando sein: Die Opfer wurden vielmehr in der Strafanstalt Plötzensee mit dünnen Hanfseilen an Fleischerhaken aufgehängt, damit sie eines langsamen und qualvollen Todes stürben. Das Ganze wurde auch noch zur Genugtuung Hitlers gefilmt.

Eine Sonderkommission von 400 Gestapo-Beamten sollte sicherstellen, dass keiner der Verschwörer entkommen konnte. Das gesamte Reich wurde durchkämmt. Das RSHA nutzte diese Gelegenheit, um zahlreiche alte Rechnungen zu begleichen. Denunziationen waren an der Tagesordnung, da viele Verdächtigte eine Schuld dadurch zu verbergen suchten, dass sie andere denunzierten und Mitverschwörer ans Messer lieferten.

SD-Chef Walter Schellenberg sah nun seine Chance gekommen, um gegen Admiral Canaris und die Abwehr vorzugehen. Es gab zwar keine Beweise, dass der Admiral vom Attentat wusste, er wurde aber trotzdem verhaftet und zuerst einmal unter Hausarrest gestellt. Dies änderte sich jedoch rasch und er kam in eine Zelle des gefürchteten Gestapo-Hauptquartiers in der Prinz-Albrecht-Straße. Canaris sah sich beträchtlichen psychischen und physischen Torturen ausgesetzt. Danach überstellte man ihn ins Konzentrationslager Flossenbürg, wo er auf Befehl Himmlers wenige Tage vor der Befreiung des Lagers hingerichtet wurde.

Viele alte Rechnungen wurden während dieser Zeit so beglichen. Einer der Rechtsexperten der Abwehr, Hans von Dohnanyi, war 1938 daran beteiligt gewesen, eine Intrige der Gestapo gegen Generalfeldmarschall Werner von Blomberg an die Öffentlichkeit zu bringen. Nun sah die Gestapo die Gelegeheit zur Rache gekommen. Es wurden nämlich Beweise ans Licht gebracht, die Dohnanyis enge Beziehungen zu einigen der Verschwörer zeigten. Er wurde verhaftet und der brutalen Gestapo-Befragung unterzogen. Da er wusste, dass er in weiteren Verhören nicht lange widerstehen würde, ließ er sich von seiner Frau während einer ihrer Besuche Diphtheriebazillen ins Gefängnis schmuggeln. Er hoffte, dass er durch die schwere Erkrankung weiteren Befragungen entgehen könnte.

Die Gestapo überstellte ihn jedoch in das Konzentrationslager Sachsenhausen, wo er bis April 1945 interniert blieb. Gegen Kriegsende kam es dann zu einem Schauprozess, der mit dem unvermeidlichen Schuldspruch »Tod durch Erhängen« endete. Er war zu diesem Zeitpunkt bereits so krank, dass er aufgestützt in seiner Krankentrage gehängt wurde.

Ende 1944 übten die Gestapo und der SD praktisch unbegrenzte Macht in Deutschland aus, da Hitlers Paranoia ins Unermessliche gestiegen war. Die Zivilbevölkerung lebte ständig in der Angst vor dem gefürchteten Klopfen an der Tür mitten in der Nacht. Es genügte bereits eine unbedachte Bemerkung, um ins Visier der Gestapo zu geraten.

Die Einsatzgruppen

Die berüchtigten Einsatzgruppen des RSHA waren das gefürchtetste Sicherheitsorgan der Nazis. Wenige andere Einheiten in der Geschichte können sich in ihrer Grausamkeit mit den Einsatzgruppen messen.

Die Mitglieder der Einsatzgruppen waren Freiwillige, häufig Beamte und Angestellte von Sicherheitspolizei und SD, aber auch Mitglieder der Waffen-SS oder der SA, die einer intensiven Schulung durch die SS unterzogen wurden, in der hauptsächlich der Antisemitismus der Bewerber gefestigt werden sollte.

Die Einsatzgruppen in Polen

Einsatzgruppen unter Federführung des SD waren schon beim »Anschluss« Österreichs und bei der Annexion des Sudetenlands (hier erstmals unter dem Namen »Einsatzgruppe«) im Einsatz, um politische Gegner zu bekämpfen. Als Hitler im September 1939 in Polen einmarschierte, wurde jeder der fünf deutschen Armeen der Invasionsstreitkräfte eine spezielle, im Juli aufgestellte Einsatzgruppe zugeteilt. Einsatzgruppe I gehörte zur 14. Armee, Einsatzgruppe II zur 10. Armee, Einsatzgruppe III zur 8. Armee, Einsatzgruppe IV zur 4. Armee, Einsatzgruppe V zur 3. Armee. Dazu kamen nach Kriegsbeginn eine Einsatzgruppe VI im Raum Posen, die Einsatzgruppe z.b.V. (»zur besonderen Verwendung«) in Oberschlesien sowie das keiner Einsatzgruppe zugeordnete Einsatzkommando 16 in Danzig. Jede Einsatzgruppe war in zwei bis vier Einsatzkommandos zu je 120 bis 150 Mann unterteilt; insgesamt waren es etwa 3000 Mann.

Im gesamten Kampfbereich und auch unmittelbar hinter der Front unterstanden die Einsatzkommandos der Wehrmacht. Im Hinterland jedoch hatte diese keine Befugnisse, um in die Aktivitäten der Einsatzkommandos einzugreifen. Soweit dies den Militärs bekannt war, sollten diese antideutsche Elemente im Hinterland bekämpfen, unerwünschte Personen

Himmler und seine Gefolgsleute in der SS, vor allem Oswald Pohl, Leiter des SS-Hauptamtes Verwaltung und Wirtschaft, erkannten rasch, wie sich KZ-Häftlinge als Zwangsarbeiter wirtschaftlich ausbeuten ließen. Tausende von Menschen in den Lagern wurden in Fabriken eingesetzt, um die Kriegswirtschaft am Laufen zu halten. Nebeneffekt war, dass die SS auf diese Weise – der Arbeitseinsatz der Häftlinge wurde mit den Personalabteilungen der nutznießenden Betriebe penibel abgerechnet – zu einer immens reichen Organisation wurde.

verhaften und Sabotageakte verhindern. In Wirklichkeit bestand die Aufgabe dieser Kommandos in der physischen Vernichtung der polnischen Intelligenz und der Juden.

Himmler glaubte, dass das polnische Volk zu einer unterwürfigen Sklavenrasse unter Nazidominanz verkommen würde, wenn einmal die Führungsschicht ausgeschaltet sei. In den Gebieten, die von der Wehrmacht kontrolliert wurden, mussten die Einsatzkommandos zurückhaltend vorgehen. Im Hinterland gab es jedoch keine solchen Beschränkungen und sie konnten ihrer Politik der Massenvernichtung offen nachkommen. Hier richtete sich ihre ganze Raserei gegen die polnischen Juden. Die Folgen sollten schrecklich sein.

Nach dem Sieg über Polen wurden die besetzten Gebiete in Militärbezirke unter der Kontrolle der Wehrmacht aufgeteilt. Die hohen Offiziere der Wehrmacht lehnten das Verhalten von Himmlers Mördereinheiten vereinzelt ab. Die übelste Verbrechereinheit war die Einsatzgruppe z.b.V. unter dem Kommando des SS-Obergruppenführers Udo von Woyrsch. Dieser hatte schon an den Terroraktionen gegen die jüdische Bevölkerung in Oberschlesien teilgenommen. Ende September 1939 war die Wehrmacht über das brutale Vorgehen von Woyrschs Männer so irritiert, dass sie auf eine Einstellung der antijüdischen Maßnahmen drang. Hitler hob daraufhin das Kriegsrecht auf und setzte eine Reihe von Gauleitern ein, um das besetzte Polen direkt unter die Herrschaft der Nazis zu bringen. Gauleiter Forster wurde in Westpreußen, Gauleiter Greiser in Posen (das in Warthegau umbenannt wurde) und Gauleiter Wagner in dem vor Kurzem vereinten Schlesien und Oberschlesien eingesetzt. Das restliche Polen, Generalgouvernement genannt, wurde von Hans Frank verwaltet.

Nachdem nun die Gauleiter die Kontrolle übernommen hatten, konnten die Einsatzkommandos eigenmächtig handeln, ohne Konflikte mit der Wehrmacht befürchten zu müssen. Die örtlichen SD-Kommandanten unterstanden, wie auch die Dienststellen der Ordnungspolizei, dem RSHA. Alle SS- und Polizeifunktionen unterstanden der Kontrolle eines Höheren SS- und Polizeiführers (HSSPF). Nachdem diese Umstrukturierungen erfolgt waren, stiegen die Opferzahlen, die die Einsatzgruppen zu verantworten hatten, sprunghaft an. Die Wehrmacht, die während des Feldzugs in Polen an zahlreichen Ermordungen von Zivilisten beteiligt war, hatte im Prinzip in eine Arbeitsteilung mit den Einsatzgruppen eingewilligt, denen das systematische Vernichtungsgeschäft überlassen wurde, es kam jedoch, vor allem nach Ende der Kampfhandlungen, immer wieder zu Protesten. Einzelne Wehrmachtsoffiziere sollen sich sogar in Hitlers Hauptquartier geweigert haben, SS-Anführern die Hand zu schütteln.

Im Bereich der polnischen Einsatzgruppen wurden 1941 erstmalig Delinquenten durch Gas umgebracht – zunächst durch Kohlenmonoxid aus Gasflaschen, dann, weil Beschaffungsprobleme auftraten, durch Motorabgase in speziell umgebauten Lkw, den »Vergasungswagen«.

Die Invasion in die Sowjetunion

Obwohl die Aktionen der Einsatzkommandos in Polen schrecklich waren, sollte dies erst der Anfang sein. Mitte 1941 ließ Hitler seine

Militärmacht im Osten erneut los, diesmal jedoch gegen seinen einstigen Verbündeten, die Sowjetunion. An dieser Aktion waren ursprünglich vier Einsatzgruppen beteiligt: die Einsatzgruppe A in dem Gebiet, das die Heeresgruppe Nord abdeckte; die Einsatzgruppe B bei der Heeresgruppe Mitte; und die Einsatzgruppen C und D im Bereich der Heeresgruppe Süd. Mit Fortdauer des Krieges wurden noch vier weitere Gruppen gebildet: E, G und H sowie die Einsatzgruppe Kroatien.

Während die deutschen Armeen tief nach Russland vorstießen, folgten ihnen die Einsatzgruppen mit dem Befehl, jede der unglücklichen Kategorien auf ihren Listen auszurotten. Diese umfassten Politkommissare, NKWD-Agenten, nazikritische Volksdeutsche, Partisanen und alle, die sie unterstützten, Juden, Aufständische und sonstige »unerwünschte Elemente«. Letztere Kategorie stellte ihnen praktisch einen Freibrief aus, um jede Hinrichtung zu rechtfertigen. In vielen Fällen konnten sich die Einsatzgruppen auf antisemitische Elemente in der örtlichen Bevölkerung stützen, die ihnen bei der Verfolgung und Ermordung der Juden halfen. In den Gebieten, die von den Deutschen erobert wurden, ging man sofort daran, eine feste Sicherheitspolizei und Ordnungspolizei mit Kommandostrukturen wie in Polen einzurichten.

Vor der Invasion der Sowjetunion war entschieden worden, dass die Einsatzgruppen nur in Bezug auf Truppenbewegungen, Unterbringung und Verpflegung der Rechtsprechung der Wehrmacht unterliegen. Ansonsten durfte die Wehrmacht Aktionen der Einsatzgruppen nur dann verbieten, wenn diese sich mit militärischen Operationen tatsächlich überschnitten. Mit anderen Worten, die Einsatzgruppen hatten praktisch freie Hand.

Heydrichs Instruktionen

Der Leiter des RSHA, SS-Obergruppenführer Heydrich, schickte seine Männer mit der Aufforderung in den Kampf, »kommunistische Funktionäre und Aktivisten, Juden, Zigeuner, Saboteure und Agenten als Personen zu betrachten, die allein durch ihre bloße Existenz die Sicherheit der Truppen gefährden und deshalb ohne weitere Umstände vernichtet werden müssen«. Einige dieser Sonderkommandos arbeiteten derart knapp hinter der Frontlinie, dass sie manchmal eroberte Städte und Dörfer des Feindes gleichzeitig mit den Einheiten der Wehrmacht betraten und ihre schreckliche Arbeit sofort begannen.

Viele Juden schätzten die wahre Natur der Politik der Nationalsozialisten ihnen gegenüber immer noch falsch ein. Vor allem in Städten mit einem hohen jüdischen Bevölkerungsanteil und entsprechend gut funktionierenden Gemeinden hatten die Juden buchstäblich keine Ahnung von dem, was da auf sie zurollte. Die Einsatzkommandos zerstörten jedoch bald ihre Illusionen, wobei sie sowohl Täuschung als auch brutale Gewalt einsetzten, um die Juden zu vernichten. Einsatzgruppe C brachte beispielsweise nach der Eroberung von Minsk Anschläge an, die die jüdische Bevölkerung aufrief, sich für eine Umsiedlung in neue Gebiete zu melden. An die 30 000 ahnungslose Zivilisten erschienen und wurden prompt weggeführt und hingerichtet. Vor allem in den

Hunderttausende von Zwangsarbeitern arbeiteten sich buchstäblich zu Tode. In den meisten Konzentrationslagern begann der Tag zwischen 4 und 5 Uhr im Sommer und 6 und 7 Uhr im Winter. Nach einem Haferschleim-Frühstück und dem Morgenappell marschierten die Arbeitstrupps durch das Haupttor hinaus, wobei jeder Gefangene seine Mütze als Ehrenbezeugung gegenüber dem Motto über ihm abnahm. Sie mussten dann in hohem Tempo bis in den späten Nachmittag hinein arbeiten, wo ihnen ein weiterer Teller Haferschleim verabreicht wurde. Der Arbeitstag endete um 20 Uhr im Sommer und 17 Uhr im Winter. Der Abendappell war ein besonders brutaler Vorgang, bei dem die Lagerinsassen oft stundenlang in der Kälte standen, während die Wachen die Namenslisten abstimmten.

ersten Kriegswochen, als sich das Vorgehen der Deutschen noch nicht herumgesprochen hatte, waren solche Täuschungsaktionen an der Tagesordnung.

Während des ersten Kriegswinters in der Sowjetunion wurde fast eine halbe Million Juden durch die Einsatzgruppen ermordet. Einsatzgruppe A war allein für eine Viertel Million Tote verantwortlich, B für 45 500, C für 95 000 und D für 92 000. Hinter den Einsatzkommandos kamen dann die Polizei und freiwillige Helfer aus den besetzten Gebieten, um den Rest der Arbeit zu erledigen. Die Folge war ein grausames Rennen zwischen den einzelnen Einheiten um die höchste Zahl an Hinrichtungen.

Kampfeinheiten der Wehrmacht und Waffen-SS mussten bald feststellen, dass selbst diejenigen Einheimischen, die den deutschen Einmarsch anfangs begrüßt hatten, sich häufig zu willigen Helfern der Partisanen gewandelt hatten.

Die Arbeit der Erschießungskommandos war dermaßen brutal, dass die Mörder selbst häufig moralische oder nervliche Probleme bekamen. Oft wurden an die beteiligten Mannschaften hohe Dosen Alkohol ausgegeben. Himmler zeigte durchaus Verständnis für die auftretenden Skrupel und Bedenken; seine Schlussfolgerung bestand aber darin, seine Männer zu ermahnen, hart zu sein und sich selbst zu stählen, um ihre schwere Aufgabe zu erfüllen. In mehreren Reden wies er seine Offiziere einerseits darauf hin, dass ihr Tötungswerk schwer, aber notwendig sei, andererseits, dass man bei all dem noch »anständig« bleiben könne. Worin dieser »Anstand« bestehen könnte, wenn man Dutzende oder Hunderte Unschuldiger auf dem Gewissen hatte, hat er nicht definiert.

Die Einsatzgruppen wurden im Lauf des Krieges auch gegen die Partisanen eingesetzt. Damit hatte Himmler einen offiziellen, propagandistisch eher unverfänglichen Einsatzzweck zur Hand. Himmlers Männer wüteten aber derart, dass es hier und da sogar zu Zusammenstößen mit der politischen Elite kam.

Als man deutsche Juden aus dem Reich nach Weißrussland zur Hinrichtung bringen wollte, protestierte der dortige bekannt antisemitische Gauleiter Wilhelm Kube. Die Massenvernichtung von russischen Juden machte ihm nicht viel aus, die Vorstellung jedoch, deutsche Juden in seinem Gebiet hinzurichten, behagte ihm, aus welchen Gründen auch immer, nicht. Möglicherweise lag es daran, dass einige der Opfer im 1. Weltkrieg in der deutschen Armee gedient hatten und hoch dekoriert nach Hause zurückgekehrt waren. So entdeckte Kube den deutschen Kulturmenschen in sich und nahm zumindest die deutschen Juden unter seinen Schutz. Er ließ sogar Informationen über geplante SD-Razzien gegen Juden durchsickern, damit die beabsichtigten Opfer fliehen konnten.

Weniger Bedenken hatte er, sich an jüdischem Besitz zu bereichern oder arbeitsunfähige Juden umbringen zu lassen. Kube war durch seine selbst in Nazikreisen auffällige Korruption und sein Intrigantentum bekannt; 1936 wurde er gar aller seiner Parteiämter enthoben, 1941 aber wieder reaktiviert. Am 22. September 1943 wurde er in Minsk durch eine Bombe russischer Partisanen getötet.

Nach 1943 gingen die Aktivitäten der mobilen Einsatzgruppen immer mehr zurück, da die deutsche Führung erkannt hatte, dass die »Endlösung der Judenfrage«, also die Ermordung sämtlicher Juden, derer man habhaft werden konnte, durch Erschießungskommandos schlicht nicht zu bewältigen war. Sie sollte nun in fixen Todesfabriken, den Vernichtungslagern, durch die Vergasung mit Zyklon B erfolgen.

Interessanterweise waren nur drei Prozent der Männer tatsächlich Angehörige des SD, obwohl Himmlers Todeskommandos als Einsatzgruppen der Sicherheitspolizei und des SD bezeichnet wurden. Die Einsatzkommandos bestanden zu 35 Prozent aus Waffen-SS-, zu 20 Prozent aus Polizei-, zu 10 Prozent aus Gestapo- und zu fünf Prozent aus Kripoangehörigen (die Zahlen variierten natürlich von Gruppe zu Gruppe und sind grob gerundet). Sogar Angehörige der Wehrmacht waren dabei, die wahrscheinlich in der Verwaltung arbeiteten. Um die Mitglieder der Einsatzkommandos anderer Militär- und Polizeieinheiten zu unterscheiden, mussten sie die feldgraue Uniform des SD tragen.

Weitere Abteilungen des RSHA

Doch Heydrichs RSHA war auch noch für andere Aufgaben zuständig. Während der ersten Kriegsmonate war es sogar für die Einstellung von Gestapo-Mitarbeitern verantwortlich. Daneben versorgte es auch den Zollgrenzdienst mit Personal. Diese Gestapo-Männer trugen feldgraue Uniformen und einen Ärmelstreifen mit der Aufschrift »Grenzpolizei«. Seine Aufgabe bestand in der Sicherung von Deutschlands Ostgrenze, bis er Ende 1941 aufgelöst wurde.

Eine weitere der kleinen Verbände Heydrichs war der Reichssicherheitsdienst (RSD). Diese Einheit, die der Sicherheitspolizei unterstand, stellte für hochrangige Nazipersönlichkeiten, einschließlich Hitler, die Leibwächter. Da Hitlers Leibwache, die Leibstandarte SS Adolf Hitler, zu einer Fronteinheit geworden war, lag die tägliche Sicherheit Hitlers und seines Stabes im zivilen Bereich nun in den Händen des RSHA. Es gab aber noch einige Leibwächter der Leibstandarte, die vom Frontdienst freigestellt worden waren. SS-Brigadeführer Hans Rattenhuber war für Hitlers persönliche Sicherheit verantwortlich. Er blieb auch bis zu Hitlers Tod in dessen Bunker; seine Männer waren es, die vergeblich versuchten, Hitlers Leichnam zu verbrennen.

Auf den Reisen zu den verschiedenen Hauptquartieren, bei öffentlichen Auftritten und bei Ereignissen, bei denen eine potenzielle Gefährdung angenommen wurde, war das Führer-Begleitbataillon für dessen Sicherheit zuständig. Dazu gehörten auch einige Mitglieder der Leibstandarte, die zu diesem Zweck abkommandiert worden waren.

Obwohl Hitler bis zum Schluss eine Gefolgschaft von loyalen SS-Wachen um sich hatte, ging die Verantwortung für die tägliche Bewachung des Hauptquartiers und der Geleitschutz bei seinen Reisen schließlich an die Führer-Begleitbrigade über. Dies war eine Eliteeinheit der Wehrmacht, die sich ebenso wie die Leibstandarte zu einer richtigen Kampfdivision an der Front entwickeln sollte.

Die Gestapo

Die Geheime Staatspolizei (Gestapo) war eine der berüchtigtsten Polizeiorganisationen in den 1930er- und 1940er-Jahren. Die in Ledermäntel gehüllten Gestalten, die so gerne in Satiren und Fernsehkomödien der Nachkriegszeit vorkommen, waren zur Zeit des Dritten Reiches in Deutschland und den besetzten Gebieten alles andere als Witzfiguren.

Ursprünglich repräsentierte die Gestapo nur die Geheime Staatspolizei in Preußen. Ihr Gründer war Hermann Göring, und ihr Hauptquartier befand sich in Berlin. Anfänglich stand sie der SS sehr kritisch gegenüber. Einer ihrer ersten Leiter, Kriminalrat Arthur Nebe, ließ mehrmals SS-Männer verhaften, die ihre Befugnisse überschritten hatten. Doch ein Mann, dessen Name zu einem Synonym für die Gestapo werden sollte, schaltete die Organisation schließlich gleich. Es war dies SS-Gruppenführer Heinrich Müller, der als »Gestapo-Müller« bekannt werden sollte. Jeder, der als Feind des Dritten Reiches galt, wurde von ihm unbarmherzig verfolgt.

Die Aufgabe der Gestapo bestand in der Ausforschung von subversiven Elementen und hatte nur wenig oder gar nichts mit dem Kampf gegen die »gewöhnliche« Kriminalität zu tun. Dies oblag der Kripo oder Orpo.

Zu Beginn standen sich auch die beiden wichtigsten Sicherheitsorgane des Staates, Gestapo und SD, konkurrierend gegenüber, doch dann arbeiteten sie sehr eng miteinander. Der SD war hauptsächlich damit beschäftigt, Informationen über subversive Elemente zu sammeln, während die Gestapo die tatsächliche Verhaftung durchführte. Schon rangniedere Gestapo-Beamte durften Verdächtigte bis zu sieben Tage einsperren, während das Geheime Staatspolizeiamt (Gestapa) die zeitlich unbegrenzte Einlieferung der Opfer in ein Konzentrationslager anordnen konnte.

Wie bei den meisten Sicherheitsorganen war auch bei der Gestapo vom Akademiker bis zum brutalen Schläger alles vorhanden. Während Erstere sich ihre Geständnisse lieber mittels psychologischer Techniken sowie List und Überredung holten, setzten Letztere beinahe mittelalterliche Methoden der Folter ein. Die eher prominenteren Mitglieder der deutschen Gesellschaft, die in die Fänge der Gestapo fielen, wurden zu ihrem Glück von ersterer Gruppe befragt, während die meisten anderen den Schlägern überlassen wurden.

Die Gestapo war auch in den besetzten Gebieten stark vertreten. In Frankreich etwa gab es ein großes Hauptquartier in Paris und 17 regionale Dienststellen, die mit der Ausforschung von Mitgliedern der Résistance und der jüdischen Gemeinschaft beschäftigt waren. Ein Gestapo-Vertreter befand sich auch in jedem Konzentrationslager.

Die Kriminalpolizei

Noch bis 1932 hatten SPD-geführte Regierungen versucht, die rechtsradikale Unterwanderung des Polizeiapparates zu stoppen, die Polizei (»Dein Freund und Helfer«) zu modernisieren und mit der Gründung von Polizeischulen republiktreue Beamte heranzubilden. Das war ab dem 20. Juli 1932 vorbei. Polizei, SA und Gestapo wurden zusammengelegt, militarisiert und politisch radikalisiert. Auch die Kriminalpolizei war Teil dieses Systems. So verschleppte die Hamburger Kripo 1938 bei einer reichsweiten Razzia gegen »Gemeingefährliche und Asoziale« mindestens 700 Menschen in das KZ Sachsenhausen. Gesteuert wurden solche Aktionen über eingerichtete Reichszentralen. Nebenbei herrschte ein reger Austausch zwischen Kripo und Gestapo, wobei Beamte der Kripo zur Gestapo versetzt oder dienstzugeteilt wurden oder auch nur bei Untersuchungen halfen. Die Härte solcher Aktionen nahm im Krieg deutlich zu, als scharenweise Zwangsarbeiter an die »Heimatfront« kamen und auch kleinste Ordnungsverstöße von sogenannten Volksschädlingen verfolgt wurden. Als 1944 für alle Sparten der Polizei, auch Kripo und einfache Ordnungspolizei, das SS-Soldbuch eingeführt wurde, hielt jeder Beamte in Händen, welcher Organisation er diente.

Wirtschafts- und Verwaltungs-HA

Das Wirtschafts- und Verwaltungshauptamt (WVHA) wurde im März 1942 unter der Leitung von SS-Obergruppenführer Oswald Pohl durch Zusammenführung des SS-Hauptamts Verwaltung und Wirtschaft und des Hauptamts Haushalt und Bauten des Reichsinnenministeriums gegründet. Es beschäftigte zeitweise 1500 Personen und bestand aus fünf Amtsgruppen:

Amt A: Truppenverwaltung, unter SS-Brigadeführer Fanslau
Amt B: Truppenwirtschaft, unter SS-Gruppenführer Lörner
Amt C: Bauwesen, unter SS-Gruppenführer Kammler
Amt D: Konzentrationslager, unter SS-Gruppenführer Glücks
Amt W: Wirtschaftliche Unternehmungen

Das WVHA war für die Kontrolle der Allgemeinen SS hinsichtlich der vorgenannten fünf Bereiche zuständig. In Wirklichkeit war bei Kriegsausbruch die Bedeutung der Allgemeinen SS, verglichen mit dem meteorhaften Aufstieg der SS-Verfügungstruppe und der Waffen-SS, im Abnehmen begriffen. Allein die Verwaltung der Divisionen der Waffen-SS stellte schon ein riesiges Unterfangen dar. Außerdem wurden alle SS-Totenkopfverbände, einschließlich der der Konzentrationslager, vom WVHA verwaltet. Die SS-Totenkopfverbände kamen aber erst 1941 zur Waffen-SS, um die Verwaltung und Versorgung zu vereinfachen. Als Anfang 1944 die Verwaltungszentrale der Ordnungspolizei durch alliierte Bomben zerstört wurde, übernahm das WVHA auch die Verantwortung für deren Verwaltung.

Da die Waffen-SS mit ihren bis zu 590 000 Angehörigen (1944) als ein Organ des Staates angesehen wurde, erhielt sie ihr Geld vom Reichsfinanzministerium und unterlag somit einer relativ strengen Budgetkontrolle. Die Allgemeine SS hingegen war ein Organ der NSDAP und erhielt ihr Geld vom Schatzmeister der Partei, Franz Xaver Schwarz, der mit seinen Mitteln deutlich großzügiger war. So entstand die ungewöhnliche Situation, dass das Budget der Divisionen der Waffen-SS, die an der Front kämpften, strikt kontrolliert wurde, während Allgemeine SS und SD mit ihrem deutlich kleineren Personalbestand frei schalten und walten konnten.

Das WVHA verfügte über eine eigene SS-Verwaltungsschule, an der sein Verwaltungspersonal ausgebildet wurde. Gemeinsam mit dem SS-Führungshauptamt musste es sein eigenes Versorgungssystem unterhalten. Das FHA hatte für die Waffen und Munition zu sorgen, während dem WVHA die Verteilung von Verpflegung, Uniformen und persönlicher Ausrüstung oblagen.

Schon vor Ausbruch des Krieges hatte sich die SS an wirtschaftlichen Unternehmungen beteiligt. Dies geschah ursprünglich auf einer relativ kleinen Basis, zum Beispiel bei der Porzellanmanufaktur Allach oder der Apollinaris-Mineralwasserfabrik. Als die Armeen des Dritten Reiches jedoch ihren Eroberungsfeldzug in Europa begannen, sah sich Himmler plötzlich in einer ganz neuen Situation: Zahlreiche wirtschaftliche Unternehmen warteten nur darauf, ausgeplündert zu werden, und in den besetzten Gebieten fand sich ein nahezu unerschöpfliches Heer an Zwangsarbeitern.

Die SS hatte es dabei keineswegs nur auf Unternehmen abgesehen, die mit der Herstellung von kriegswichtigen Gütern beschäftigt waren. Unterschiedlichste Betriebe auf dem Gebiet der Landwirtschaft, Forstwirtschaft oder Fischzucht fielen in die Hände der SS. Dies bedeutete jedoch nicht, dass der durchschnittliche Deutsche vom stetig wachsenden Einfluss der SS auf das

Angehörige eines Polizeiregiments in Russland. Diese Regimenter wurden meistens zur Partisanenbekämpfung und Ermordung von Juden und politischen Gefangenen ausgebildet und bestanden aus Männern über 45 Jahren, Jugendlichen, die noch nicht zur Musterung zugelassen waren, oder verwundeten Kriegsveteranen, die nicht mehr länger an der Front eingesetzt werden konnten. Himmler rekrutierte auch eine Reihe von Hilfspolizeitruppen aus Litauern, Letten, Estländern und Polen.

wirtschaftliche Leben wusste. Oft versuchte die SS peinlichst, bei bestimmten Unternehmen die Besitzverhältnisse zu verschleiern. Die Parteihierarchie betrachtete nämlich die steigende Macht und den Einfluss der SS, die über das WVHA die besetzten Gebiete ausplünderte, durchaus kritisch.

In Deutschland selbst übernahm die SS immer mehr Produktionsbetriebe. 1945 befanden sich über 500 verschiedene Unternehmen in der Hand der SS, einschließlich des Großteils der deutschen Limonadeindustrie.

Die SS-Porzellanmanufaktur Allach

Der Erwerb der Porzellanmanufaktur in Allach in der Nähe von München stellt eines der interessantesten Beispiele dar, wie die SS die Welt des Handels und der Künste ausgebeutet hat. Das Werk wurde als kleiner Privatbetrieb 1935 gegründet und ging 1939 in den Besitz der SS über. Himmlers Stab wollte mit dem Erwerb des Porzellanwerks einen Beitrag zur germanischen Kultur, wie er sie verstand, leisten. An einen kommerzialisierten Verkauf war nicht gedacht, vielmehr sollten staatstragende Kunstgegenstände wie Führerbüsten und »Julleuchter« (das »Julfest« sollte im germanischen Kult anstelle des Weihnachtsfests gefeiert werden) sowie hochwertiges Kunsthandwerk geschaffen und über von der SS kontrollierte Vertriebswege günstig an linientreue Abnehmer gebracht werden.

Angesichts dessen, was die Nationalsozialisten üblicherweise unter »Kunst« verstanden, waren die in Allach hergestellten Stücke tatsächlich von außergewöhnlicher Qualität. Porzellan aus Allach galt als sorgfältig verarbeitet und bis ins kleinste Detail ausgeführt. Mit seiner erstklassigen Glasur konnte es vor den weltbesten Unternehmen bestehen.

Insassen von Dachau in der Fabrik

Danach suchte die SS in ganz Deutschland nach hochkarätigen Künstlern, die in Allach arbeiten sollten. Nur wenige lehnten die »Einladung«, für den Reichsführer-SS zu arbeiten, ab. Schon bald stellten führende Künstler, wie Professor Theodor Kärner oder Professor Fichte von den Staatlichen Porzellanwerken in Dresden, ihre Fähigkeiten in die Dienste der Allacher Manufaktur.

Mit steigender Produktion verlegte man die Fertigung in eine neue Anlage in Dachau, in der Nähe des Konzentrationslagers. Etwa 50 Lagerinsassen wurden, neben 25 bis 30 angestellten Arbeitern, in den Folgejahren in der neuen Fabrik eingesetzt. Es gibt keine Aufzeichnungen über die Umstände, unter denen sie arbeiten mussten. Auch wenn diese sehr hart gewesen sein dürften, waren sie sicherlich besser dran als ihre Kameraden im Lager.

Sowohl Hitler als auch Himmler waren persönlich stark an den Allach-Werken interessiert, wobei ein großer Prozentsatz der Produktion für den Stab-RFSS reserviert war. Der Reichsführer-SS verwendete die Gegenstände als persönliche Geschenke für führende Würdenträger und als Belohnung für verdiente SS-Offiziere

Ein Rekrutierungsplakat für die 12. SS-Panzerdivision Hitlerjugend. Hitler und die SS sahen in der Indoktrination der Jugend ein lohnendes Betätigungsfeld – in ihrem Sinne durchaus mit Erfolg. Die Angehörigen dieser Generation waren von Kindheit an der NS-Propaganda ausgesetzt und häufig extrem fanatisiert. Anstatt als künftige Herren Europas endeten sie oft genug als Kanonenfutter in den letzten Kriegswochen.

und -Männer. So erhielt SS-Sturmbannführer Willi Kment den seltenen und – im Sinne der Nazi-Ästhetik – herrlich gearbeiteten »Schwertmann« als Anerkennung für seine Arbeit als Offizier in Himmlers persönlichem Stab.

Von all den Memorabilien aus Hitlers Drittem Reich zählt Porzellan aus Allach zu den begehrtesten; unbeschädigte Originalstücke erzielen heute extrem hohe Preise. Obwohl einige Allach-Stücke, wie etwa der berittene SS-Offizier oder der SS-Standartenträger, offensichtlich einen Bezug zu den Nationalsozialisten hatten, gilt dies für den Großteil der Produktion nicht. Neben Figuren in Nationaltracht, wie etwa bayrischen Bauern, gab es auch historisierende Fabrikate wie die Reiterstatuette von Friedrich dem Großen. Aber auch Tierfiguren, von Scotchterriern bis zu jungen Rehen, zählten zum Sortiment. Alle diese Figuren tragen als Beweis für ihre Herkunft das Allach-Markenzeichen auf ihrem Sockel: Die sich überlappenden Sigrunen stellen einen unübersehbaren Hinweis auf ihre unheilvolle Vergangenheit dar.

Tote Zwangsarbeiter

Himmler wusste sehr wohl über den Wert der Arbeit der KZ-Insassen für sein Wirtschaftsimperium Bescheid. Deshalb befahl er auch, jene Insassen auszusondern, deren Fähigkeiten für das WVHA von Nutzen sein konnten. Sie sollten sogar eine etwas bessere Behandlung und Verpflegung erhalten. Das hatte mit Humanität wenig zu tun; statt an Hunger gingen die Arbeiter in der Zwangsarbeit eben an Erschöpfung zugrunde – schätzungsweise sind an die 500 000 Zwangsarbeiter aufgrund der schlechten Behandlung gestorben.

In den Konzentrationslagern gab es Menschen mit den verschiedensten Fähigkeiten. So konnte die SS in manchen Fällen den gesamten Produktionszyklus, vom Rohmaterial über die Herstellung bis zum Vertrieb und zum Endverbrauch, kontrollieren. Einzelne Versuche hoch stehender Parteifunktionäre, der SS den weiteren unkontrollierten Erwerb von Wirtschaftsunternehmen zu erschweren, konterte Pohl, indem er zur Tarnung ein schwer durchschaubares Geflecht von Holdinggesellschaften gründete.

Bei Kriegsausbruch im September 1939 gab es vier wichtige Wirtschaftskonzerne, die von der SS kontrolliert wurden: die Deutsche Erd- und Steinwerke GmbH, die 14 Steinbetriebe und Steinbrüche besaß; die Deutschen Ausrüstungswerke, in deren Besitz sich sämtliche Anlagen und Maschinen in den Konzentrationslagern befanden; die Deutsche Versuchsanstalt für Ernährung und Verpflegung, mit deren Studien auf dem Lebensmittelsektor der Agronom Himmler einer persönlichen Leidenschaft frönte; sowie die Gesellschaft für Textil- und Lederverwertung, für die Zwangsarbeiter gebrauchte Uniformen und Ausrüstung für die Wehrmacht ausbesserten.

Im WVHA machten die unterschiedlichsten Menschen Karriere und Geschäfte. Ein Beispiel ist der Betriebswirt Dr. Hans Hohberg, der Februar 1942 bis August 1943 die Amtsgruppe W leitete, aber weder der SS noch der NSDAP angehörte. Er nutzte bewusst die Gunst der Stunde und die Möglichkeiten, die sich ihm durch die Anstellung bei der SS boten – seit Mai 1940 war er Mitarbeiter im WVHA –, zu seinem eigenen Vorteil. In den Nürnberger Prozessen wurde Hohberg 1947 wegen der Verbrechen an Häftlingen in den ihm unterstellten SS-Betrieben zu einer zehnjährigen Haftstrafe verurteilt, aus der er 1951 entlassen wurde.

Innerhalb der Amtsgruppe W gab es die folgenden Unterabteilungen:

Amt I – Ausgrabungen und Steinbrüche

Deutsche Erd- und Steinwerke GmbH, unter SS-Obersturmbannführer Mummenthey. Diese Abteilung war für die folgenden Bereiche zuständig:

Amt I(i): Ziegelwerke. Die Konzentrationslager in Buchenwald, Neuengamme, Sachsenhausen und Stutthof stellten Ziegel her.

Amt I(ii): Steinbrüche. Granit wurde in den Lagern bei Groß-Rosen, Mauthausen und Natzweiler gewonnen, wo später auch eine Schieferöldestillerie betrieben wurde. Steine wurden bei Rotau und Linz abgebaut.

Amt I(iii): Porzellan und Töpferei. Das bekannteste Werk war jenes in Allach, obwohl es auch andere Betriebe im Protektorat Böhmen und Mähren gab.

Amt II – Baumaterialien

Baustoffwerke und Zementfabriken unter SS-Obersturmbannführer Bobermin.

Amt II(i): Baumaterialien: in Posen, Bielitz und Zichenau.

Amt II(ii): Zement. Das Konzentrationslager in Auschwitz stellte die meisten Arbeitskräfte für die Herstellung von Zement in der Golleschaufabrik.

Amt II(iii): Osten. Eine beträchtliche Anzahl von sowjetischen Unternehmen wurden von der SS nach der Invasion in die Sowjetunion übernommen und durch dieses Amt kontrolliert.

Amt III – Nahrungsmittelindustrie
Amt III(i): Mineralwasser. Die Mineralwasserfirmen Sudetenquell, Mattoni und Apollinaris gehörten gemeinsam mit einem Flaschenabfüllbetrieb, der Rheinglasfabrik, zu den Unternehmen, die von der SS kontrolliert wurden.
Amt III(ii): Fleisch. In den Konzentrationslagern Auschwitz, Dachau und Sachsenhausen wurde auch Fleisch verarbeitet.
Amt III(iv): Brot. Die Lager Auschwitz, Dachau, Herzogenbusch, Lublin, Plasnow und Sachsenhausen betrieben große Bäckereien.

Amt IV – Deutsche Ausrüstung
Amt IV(i): Militär. Die SS hatte bei der Herstellung von Militärgerät zwei Hauptfunktionen. Zuerst besaß sie eigene Fabriken, die Kleinfeuerwaffen herstellten, Waffen und Gerät reparierten und Schrott verarbeiteten. Die meisten dieser Unternehmen waren in Lagern wie Auschwitz, Neuengamme, Dachau und Sachsenhausen angesiedelt. Außerdem bot die SS Arbeiter auf Vertragsbasis an, die bei der Herstellung von Komponenten für Firmen wie Messerschmitt, Heinkel und Junkers mithalfen.
Amt IV(ii): Tischlerei. In den meisten Lagern wurden riesige Mengen an Holzmöbeln für den militärischen und zivilen Gebrauch (wenn auch in wesentlich geringerem Ausmaß) hergestellt.
Amt IV(iii): Bekleidung. In den Lagern gab es eine Reihe von Bekleidungswerken, die Uniformen für die SS und Polizei herstellten. Daneben wurden auch einige Abzeichen gefertigt. Das zentrale SS-Bekleidungs- und Abzeichendepot befand sich in Dachau. Eine geringere Menge von gewebten Ausrüstungsgegenständen, wie Gurtbänder, Gürtel und Riemen, wurden auf Vertragsbasis für die Wehrmacht gefertigt.

Amt V – Land- und Forstwirtschaft, Fischerei
Amt V(i): Lebensmittel und Nahrung. Neben seinen Rassentheorien hatte Himmler ein großes Interesse an der »alternativen Medizin«, zum Beispiel Heilkräuter. In mehreren Konzentrationslagern befahl er deshalb, Heilkräuter und Gewürze in speziellen Gartenanlagen anzupflanzen. Dieses Amt war auch mit der Züchtung von Tieren und Labortests beschäftigt.
Amt V(ii): Forstwirtschaft. Dieses Amt kontrollierte die Verwaltung der Wälder und Ländereien, die der SS gehörten.
Amt V(iii): Fischerei. Die SS besaß einen kleinen, als Privatfirma getarnten Fischereibetrieb.

Amt VI – Textil- und Lederverwertung
Dieser Zweig beschäftigte sich mit der Umarbeitung von Uniformen, Ledergürteln, Riemen und Schuhen durch Insassen der Lager Dachau und Ravensbrück.

Amt VII – Bücher und Bilder
Amt VII(i): Dieses Amt führte den SS-eigenen Nordland-Verlag, der insbesondere antisemitische und antichristliche Propaganda veröffentlichte.
Amt VII(ii): Ein Kunstrestaurierungsbetrieb der SS, der unter dem Namen »Bauer und Cie« für eine Reihe von europäischen Kunstsammlungen Arbeiten durchführte und auch Kunstwerke erwarb, mit denen Himmler seine Wewelsburg schmückte.

Amt VIII – Kulturbauten
Amt VIII(i): Dieses Amt war für die Erhaltung von historischen Denkmälern und Gebäuden zuständig. In seinen Zuständigkeitsbereich fiel auch jener Betrieb in Dachau, in dem der Handwerksmeister Paul Müller Damaszener Klingen fertigte.
Amt VIII(ii): Himmlers Faszination für König Heinrich I. (Heinrich der Vogler) spiegelte sich in diesem Sonderamt wider, das für den König-Heinrich-Gedächtnisfonds zuständig war.

Schwerter und Ehrendolche

Himmler war von der germanischen Mythologie so fasziniert, dass er praktisch alle SS-Abzeichen mit germanischen Symbolen verzieren ließ. Die Lieblingsimmobilie des Reichsführers, die Wewelsburg, war für ihn ein Schrein der nordischen Mythologie. Himmler ließ sie zu einer Art »Gralsburg« für die obersten SS-Chargen ausbauen. Es befand sich dort sogar eine runde Artustafel, an der seine vertrauten »Ritter« sitzen durften.

Selbstverständlich spielten Schwerter und Dolche eine wichtige Rolle bei dieser Symbolik. So war die SS eine der ersten Organisationen, die 1933 ihren eigenen Dolch erhielt: eine elegante Waffe mit schwarzem Griff und breiter, spitz zulaufender Klinge, auf der der Wahlspruch der SS »Meine Ehre heißt Treue« eingraviert war. Dazu gehörte eine schwarze Scheide. Als Vorlage wurde der sogenannte Holbein-Dolch verwendet, der über ganz ähnliche Form und Proportionen verfügte. Dieser alte und kunstvolle Dolch war so benannt worden, da sich auf seiner Scheide Holbeins berühmtes Gemälde »Der Totentanz« befand. Urheber dieses Kunstwerkes wiederum war der Hofmaler König Heinrichs VIII. von England gewesen. 1936 kam zum Dolch ein Ehrendegen hinzu, der sich an den Polizeischwertern orientierte. Dieser Ehrendegen mit gerader

Klinge war mit zahlreichen Runen auf dem schwarzen Holzgriff verziert.

Die Herstellung von scharfen Waffen spielte in der deutschen Wirtschaft eine große Rolle. Die im Dritten Reich geradezu explosionsartig gestiegene Produktion von Klingen trug daneben nicht unwesentlich dazu bei, der deutschen Essbesteckindustrie aus der Rezession zu helfen. In Deutschland gab es eine lange Tradition, scharfe Waffen (Schwerter, Dolche, Bajonette usw.) mit gravierten Klingen als Zeichen der Dankbarkeit oder Anerkennung zu schenken.

Die Führung der NSDAP, vor allem aber Himmler, griff diese Tradition begierig auf. Schon bald gab es spezielle Geschenkversionen von SS-Dolch und -Ehrendegen. Zu Beginn hatten diese nur eine zusätzliche Gravur auf der Rückseite der Klinge, die auf ein spezielles Ereignis hinwies. In bestimmten Fällen stand auch eine persönliche Widmung darauf, wie jene legendäre Inschrift »In herzlicher Kameradschaft H. Himmler«. Doch schon bald gab es auch herrliche handgefertigte Damaszener Klingen mit vergoldeten Inschriften.

Damaszener Klingen

Damaszener Klingen waren seit dem 18. Jahrhundert sehr beliebt und wegen ihrer außergewöhnlichen Schönheit und aufwändigen Herstellung sehr teuer. Sie kosteten 25 bis 30 Mal so viel wie eine normale Klinge, und so konnten sie sich nur wenige leisten. Die Herstellung von Damaszener Klingen stellte eine reine Liebhaberarbeit dar und war praktisch ein aussterbender Berufszweig. Mit Beginn der 1930er-Jahre waren nämlich moderne Techniken eingeführt worden, mit denen der bekannte Effekt industriell und damit kostengünstig hergestellt werden konnte. In ganz Deutschland gab es nur mehr ein halbes Dutzend Schwertschmiede, die eine richtige Damaszener Klinge herstellen konnten. Es waren dies alle hervorragende Handwerker, aber der Beste von ihnen war Paul Müller.

Himmler war fest entschlossen, diese große Kunst nicht aussterben zu lassen. So unterbreitete er Müller einen höchst lukrativen Vertrag, um eine Schule für die Fertigung von Damaszener Klingen in Dachau zu errichten. Ab 1939 stellte er dort mit zehn Lehrlingen eine spezielle Geschenkversion von Dolchen und Ehrendegen her, mit denen der Reichsführer-SS besondere Würdenträger oder verdiente SS-Soldaten bedachte.

Beim Damaszener Verfahren werden etliche dünne Lagen verschieden harten Stahls wie Blätterteig übereinandergelegt und verschmiedet. Die weißglühende Klinge, die am Ende Hunderte von Schichten enthält, wird dann in Öl getaucht, worauf sich auf ihr das typische organische Wellenmuster deutlich zeigt. Dieses Verfahren war sehr zeitaufwendig und erforderte höchste handwerkliche Fähigkeiten – ähnlich den großartigen japanischen Handwerkern, die die weltberühmten Katana-Schwerter für die Samurai-Krieger herstellten.

Die Offiziere der Leibstandarte SS Adolf Hitler bestellten für ihren Kommandeur Josef »Sepp« Dietrich ein spezielles Schwert, auf dessen Damaszener Klinge sämtliche Offiziersnamen eingraviert waren. Hitler ließ für jene SS-Offiziere, die 1936 als Ehrenwache beim Besuch des Herzogs von Windsor auf seinem Berghof in Berchtesgaden dabei waren, spezielle Erinnerungsschwerter anfertigen. Die Klinge trug die Inschrift »Obersalzberg 1936« und bewies, welch hohes Ansehen der Herzog

Die Jugend im Dritten Reich wurde von Kindheit an ideologisch beeinflusst. Jungen zwischen zehn und 14 Jahren gingen zum Jungvolk und Mädchen desselben Alters zu den Jungmädeln. Die nächste Stufe war die Hitlerjugend, die für Burschen zwischen 15 und 18 Jahren verpflichtend war. Ab 1936 war Jugendarbeit nur noch im Rahmen der HJ erlaubt.

bei Hitler hatte. Später sollte er einmal dazu bemerken: »Der Mann, mit dem ich meinen Freundschaftsvertrag mit England hätte schließen können.«

Müller und sein kleines Team arbeiteten rund um die Uhr, um alle Aufträge zu erfüllen. Durch den Krieg und den dadurch auftretenden Bedarf an Soldaten mussten jedoch immer mehr Lehrlinge den Betrieb verlassen. Am Schluss blieb nur mehr Müller übrig, er musste die letzten beiden Kriegsjahre ohne Gehilfen auskommen. Er überlebte den Krieg und stellte bis kurz vor seinem Tode 1971 Damaszener Klingen her. Zuvor gab er aber sein ganzes Wissen an den Meister Robert Kürten weiter.

Die Organisation der Zwangsarbeit

Wie bereits erwähnt, waren die von der SS kontrollierten Unternehmen meist auf eine Privatperson oder irgendeine Holdinggesellschaft eingetragen, um die wirklichen Besitzverhältnisse zu verschleiern. Die Öffentlichkeit, die Regierung und häufig sogar die Arbeitskräfte betrachteten diese denn auch als Privatunternehmen, die mit der SS nichts zu tun hatten. In Wirklichkeit steckte jedoch Himmlers Imperium dahinter, das auf diese Weise seinen Einfluss und finanziellen Gewinn vergrößerte. Wenn man die Amtsgruppe W (Wirtschaftliche Unternehmungen) des WVHA gemeinsam mit der Amtsgruppe D (Konzentrationslager) betrachtet, dann wird das gesamte Ausmaß des SS-Wirtschaftsimperiums ersichtlich. Ab Kriegsmitte waren in 60 Unternehmen etwa 55 000 Beschäftigte und Zwangsarbeiter tätig; zudem schufteten mehr als 500 000 KZ-Häftlinge hauptsächlich in Rüstungs- und Bauprojekten (z. B. in den Hans Kammler unterstehenden Rüstungsbetrieben wie »Mittelbau Dora«).

Das riesige Reservoir an Arbeitskräften in den 25 offiziellen Konzentrationslagern mit den zahlreichen Arbeits- und Außenlagern wurde äußerst brutal behandelt. So benötigte man, verglichen mit der riesigen Anzahl an Insassen, nur eine kleine Wachtruppe, um die Lager zu bewachen. Inhaftierte Gewohnheitsverbrecher, die vielfach ebenso brutal wie die Wächter waren, wurden als »Kapos« eingesetzt und unterdrückten die anderen Gefangenen oft mit eiserner Faust.

Jeder Neuankömmling musste eine anfängliche »Selektion« über sich ergehen lassen. Wenn er über ausreichende Fähigkeiten zu verfügen schien, eine gewisse Zeit der Zwangsarbeit zu überleben, dann war der durchschnittliche Insasse eines Konzentrationslagers gezwungen, tagtäglich bei jedem Wetter unter den entsetzlichsten Umständen zu arbeiten. Angesichts einer von Krankheiten geplagten Umgebung, der völlig unzureichenden Verpflegung und der Brutalität, der sie ausgesetzt waren, ist es nicht verwunderlich, dass die Sterblichkeitsrate extrem hoch war. Dies war für Oswald Pohl von keiner Relevanz, da es scheinbar unerschöpflichen Nachschub gab.

Pohl wurde am 27. Mai 1946 gefangengenommen und dem Kriegsverbrechertribunal in Nürnberg überstellt. Immer wieder beschwerte er sich über die vielen und strengen Verhöre; vom Holocaust habe er zwar gewusst, aber eigenhändig keinen einzigen Juden umgebracht. Den Richtern warf er vor, Handlanger eines rachsüchtigen Judentums zu sein. Während seiner Haft konvertierte er vom Glauben an den Endsieg zum Katholizismus; er schrieb sogar ein Buch über diese Konversion: »Credo. Mein Weg zu Gott. Von General der Waffen-SS a. D. Oswald Pohl«. Trotz Fürsprache der Kirche und deutscher Politiker wurde das gegen ihn verhängte Todesurteil 1951 im Gefängnis Landsberg vollstreckt.

Amtsgruppe C

Kammlers Amtsgruppe C nutzte ebenfalls an die 175 000 Lagerinsassen als Zwangsarbeiter für ihre Bauprojekte. In vielen Fällen verwendeten diese Arbeiter jene Rohstoffe, die ihre Kameraden in den Lagersteinbrüchen abbauten. Für die SS waren damit nur geringe oder gar keine Kosten verbunden, während zahlreiche KZ-Häftlinge ihr Leben lassen mussten. Kammler war kein SS-Berufsoffizier, sondern ein früherer Staatsbeamter, der diesen speziellen Zweig der SS-Wirtschaft leitete.

Kammler fand in seiner Position nahezu unbegrenzte Möglichkeiten, seine Macht und seinen Einfluss auszuweiten. Er war von hohem persönlichem Ehrgeiz, zu seinem umfangreichen Bauprogramm gehörten Fabriken und unterirdische Werkstätten.

Er war sogar in das V2-Raketenprogramm involviert. Kammler, der es bis 1944 zum SS-Gruppenführer gebracht hatte, kümmerte sich wenig darum, wie viel Leben auf dem Altar seines Ehrgeizes geopfert wurden. Bei Kriegsende hatte er sich zu einem hochrangigen SS-Offizier emporgearbeitet, der nur Hitler und Himmler gegenüber verantwortlich war – dies alles auf Kosten von unzähligen toten Zwangsarbeitern, die die Amtsgruppe D nur allzu bereitwillig gestellt hatte.

Hauptamt Ordnungspolizei

Die Geschichte der uniformierten Polizei, üblicherweise als Ordnungspolizei (Orpo) bezeichnet, war mit der SS untrennbar verbunden, nachdem sich Himmler erfolgreich seinen Weg an die Spitze der deutschen Polizei erobert hatte.

Der Großteil der deutschen Polizisten waren Berufspolizisten, die vor der Machtübernahme formal neutral waren, de facto aber – wie auch die Justizorgane – gegen Rechts sehr viel milder agierten als gegen Links. Trotzdem hatte die Polizei Himmler einige Kopfschmerzen bereitet, ehe er 1936 die Zügel in die Hand nahm. Himmler beauftragte den früheren SS-Chef von Berlin, Kurt Daluege, die Orpo als ein eigenes SS-Hauptamt zu führen, worauf dieser sofort alle in seinem Sinn unzuverlässigen Elemente aus der Polizei zu eliminieren versuchte.

Nachdem er die Polizei von unliebsamen Beamten gesäubert hatte, musste er feststellen, dass er auf diese Weise etliche seiner erfahrensten Polizisten verloren hatte. Das Hauptamt Orpo sah sich gezwungen, viele von den Entlassenen erneut einzustellen. Zuerst mussten diese aber eine Zeit der »Umerziehung« durchmachen. Es mag sein, dass ein nicht unbeträchtlicher Teil der Polizisten den Nationalsozialisten gegenüber ambivalent blieb; die Polizei als Institution war von den Nazis ohne Schwierigkeiten gleichzuschalten. Daluege versuchte die Polizei weiter zu politisieren, indem er Mitglieder der Allgemeinen SS zu einer Karriere in der Ordnungspolizei drängte. So gelang es ihm, jüngere, politisch beeinflusste Beamte zur Polizei zu bringen. Vielfach mussten nun ältere und erfahrenere Polizisten Seite an Seite mit jungen, ungestümen Nazifanatikern arbeiten. Nachdem diese den Auftrag hatten, auf jegliche Zeichen politischer Unzuverlässigkeit bei ihren älteren Kollegen zu achten, entstand so zwangsweise ein gegenseitiges Misstrauen.

Als mehr und mehr junge Nazisymphatisanten zur Polizei kamen, entwickelte sich eine immer größere Affinität zur nazistischen Ideologie. Bei Kriegsausbruch mussten jedoch viele dieser jungen Polizisten ihrer Einberufung Folge leisten. So lag die Hauptverantwortung an der Heimatfront erneut in den Händen der älteren Berufspolizisten, die Himmler oft nur bedingt genehm waren.

Die Polizeiregimenter

Zwischen 1940 und 1942 wurden an die 30 Polizeiregimenter geschaffen. Diese Regimenter, nach militärischen Richtlinien gebildet, wurden in Bataillone zu 500 Mann aufgeteilt und mit leichten Infanteriewaffen ausgerüstet. Sie kamen vor allem gegen Partisanen in den besetzten Gebieten zum Einsatz, obwohl Teile von ihnen auch mit gegnerischen Kampfeinheiten an der Front zusammenstießen. Dies war etwa bei der Schlacht um Cholm in Russland der Fall, als Polizeitruppen gemeinsam mit Wehrmachtseinheiten von einer sowjetischen Übermacht eingekesselt wurden. Als Erinnerung an die standhafte Verteidigung des Gebietes durch die Wehrmachts- und Polizeieinheiten zwischen Januar und Mai 1942 wurde ein spezieller Orden, der »Cholmschild«, am 1. Juli 1942 eingeführt.

Ein Teil der Soldaten in diesen Polizeiregimentern gehörten zur SS oder NSDAP und waren Himmler, dem offiziellen Chef der SS und Polizei, vollkommen loyal ergeben. Gelegentlich halfen sie den Einsatzgruppen, jüdische Bürger in den besetzten Gebieten zum Abtransport zusammenzutreiben. Dabei zeichneten sie sich vor allem durch ihre Brutalität aus.

1943 kontrollierte Dalueges Hauptamt Ordnungspolizei nicht nur die uniformierte Polizei, sondern auch alle untergeordneten Kräfte wie Bahnpolizei, Bahnschutz, Feuerschutzpolizei, Berufsfeuerwehr, Postschutz und technische Noteinheiten. Zusätzlich erlangte die SS die Kontrolle über alle örtlichen Polizeieinheiten in den besetzten Gebieten.

Im Februar 1943 wurden die Polizeieinheiten zu SS-Polizeiregimentern umbenannt, um zwischen den deutschen Polizeieinheiten und den in den besetzten Gebieten gebildeten ausländischen Hilfspolizeitruppen zu unterscheiden.

Fritz Witt (links), der Mann, der 1944 die Division Hitlerjugend in der Normandie kommandierte. Diese Division sowie die Hitlerjugend-Einheiten, die 1945 Berlin verteidigten, kämpften mit einem Durchhaltewillen, der ans Pathologische grenzte. Sie waren unter der Herrschaft der NSDAP aufgewachsen und praktisch ihr ganzes Leben lang indoktriniert worden. Die Division Hitlerjugend rekrutierte sich vor allem aus Minderjährigen; die Offiziere waren erfahrene Soldaten.

Die meisten dieser einheimischen »Hilfswilligen« waren stark antikommunistisch geprägt und nur allzu gern bereit, den Deutschen ihre Dienste beim Kampf gegen die Partisanen hinter den deutschen Linien anzubieten. Die Anzahl derjenigen, die sich meldeten, war erstaunlich. Allein die volksdeutschen Gemeinden in Polen stellten genügend Freiwillige für zwölf Polizeiregimenter. In Estland waren es 26 Regimenter, in Lettland und Litauen 64 Regimenter mit insgesamt 28 000 Mann und in der Ukraine erstaunliche 70 000 Freiwillige, die für 71 Bataillone ausreichten. Auf dem Balkan stellten die Kroaten 15 000, die Serben 10 000 Mann; sogar die Albaner brachten genügend Freiwillige für zwei Polizeibataillone auf.

Einige dieser Hilfspolizeitruppen gingen jedoch gegen ihre eigenen Landsleute mit einer Brutalität vor, die bisweilen sogar die schlimmsten Exzesse der Einsatzgruppen übertraf. Als beispielsweise die deutsche Wehrmacht in Polen vorrückte, bildete die volksdeutsche Bevölkerung eine eigene Selbstschutzmiliz. Die Klagen über Gräueltaten gegen die volksdeutsche Bevölkerung vor dem Krieg beruhten – zumindest zum Teil – auf realen Vorfällen. Die Nazipropaganda nahm diese Vorgänge dankbar zur Kenntnis und tat das Ihre, um Öl ins Feuer zu gießen. So waren am »Blutsonntag«, als Volksdeutsche am 3. September 1939 in der Stadt Bromberg (Bydgoszcz) in falscher Hoffnung auf den bereits gewonnenen Krieg einen Aufstand anzettelten, etwa 300 von ihnen umgekommen. Abgesehen davon, dass hier die Aggression auf Seiten der Deutschen lag, wurden die Opferzahlen durch Goebbels sofort auf 5800, im Februar 1940 gar auf 60 000 erhöht.

Anfangs übernahm die Wehrmacht die Ausbildung und Ausrüstung der Polizeieinheiten, aber Hitler befahl ihre Reorganisation unter der Leitung des Hauptamtes Orpo. Viele der hier dienenden Volksdeutschen waren fanatische Nationalsozialisten, die darauf brannten, alte Rechnungen mit den Polen zu begleichen. Nur allzu gerne halfen sie den Einsatzkommandos bei ihrer grausamen Arbeit. Ihr Verhalten war derart schlimm, dass zumindest ein Gauleiter ihre Auflösung verlangte, nachdem die zivile Verwaltung eingerichtet worden war.

Ähnliche Ereignisse gab es beim Einmarsch der Deutschen in Russland. Die Wehrmacht hatte freiwillige Hilfseinheiten aufgestellt, die jedoch den Einsatzgruppen im Hinterland in die Quere kamen. Im November 1941 befahl Himmler, dass alle Hilfseinheiten unter der Bezeichnung »Schutzmannschaft« zu Polizeieinheiten umzuwandeln seien. Die Reorganisation war jedoch teilweise Stückwerk: einige Einheiten blieben bei der Ordnungspolizei, während andere unter direkte SS-Kontrolle kamen. Die Leistungen dieser Einheiten waren verschieden. Es gelang ihnen zwar, der zivilen Bevölkerung Angst einzujagen, gegen die Partisaneneinheiten der Sowjets konnten sie aber weit weniger imposante Erfolge erzielen.

Die Hitlerjugend

Ab März 1939, sechs Monate vor Ausbruch des Krieges, war die Pflichtmitgliedschaft bei der Hitlerjugend (HJ) für alle männlichen Jugendlichen ab 10 Jahren (Jungvolk; ab 15 Jahren: HJ) eingeführt worden. Die SS hatte ein starkes Interesse an der HJ, da sie darin eine Gelegenheit sah, die Elite der deutschen Jugend für eine eventuelle Mitgliedschaft bei der SS vorzubereiten.

Tatsächlich gab es bei der Hitlerjugend eine eigene Eliteformation, den HJ-Streifendienst, der bei HJ-Treffen und Veranstaltungen für die Sicherheit verantwortlich war. Diese Jugendlichen trugen auch einen Ärmelstreifen, der jenem der SS stark ähnelte. Und bereits Ende 1938 befand sich die Ausbildung und Ausrüstung dieser Einheit in den Händen der SS. Diese Jungen waren durch die rechtsgerichtete, antisemitische und elitäre Ideologie des Nationalsozialismus stark indoktriniert und viele von ihnen mögen wohl auch schon eine zukünftige Mitgliedschaft bei der SS im Kopf gehabt haben.

Sowohl die Wehrmacht als auch die Waffen-SS beteiligten sich an der vorbereitenden militärischen Ausbildung der HJ. Dazu gehörten dreiwöchige Ausbildungskurse in speziellen Lagern, die über ganz Deutschland verstreut waren. Nach Beendigung des Kurses versuchten SS-Agenten häufig, die Jungen zu einem freiwilligen Eintritt in die Waffen-SS zu überreden. Auf diese Weise versuchten sie die fast zwangsweise Aufnahme in die Wehrmacht zu umgehen, nachdem diese das wehrfähige Alter erreicht hatten.

Die Division Hitlerjugend

Die SS war auch am HJ-Landdienst beteiligt, bei dem ausgewählte Jugendliche beim freiwilligen Ernteeinsatz im Osten mitmachten. Dadurch sollten sogenannte Wehrbauern herangebildet werden, die Himmlers Vorstellung zufolge die besetzten Gebiete im Osten überwachen und verteidigen sollten. Geeignete Freiwillige aus den besetzten »germanischen« Ländern waren ebenfalls willkommen. Mit Fortschreiten des Krieges und steigenden militärischen Verlusten wurde es notwendig, das Alter für den Kriegsdienst zu senken. So fanden immer mehr Jugendliche ihren Weg direkt von der HJ zum Militär. 1943 erlangte die Begeisterung dieser Jugendlichen für die SS ihren Höhepunkt, als Himmler und der Reichsjugendführer Artur Axmann beschlossen, Jugendliche schon mit 17 Jahren aufzunehmen. Zuvor hatte Hitler schon seine Zustimmung gegeben, Freiwillige ein Jahr früher als üblicherweise erlaubt in die Streitkräfte aufzunehmen. So fiel die Entscheidung, eine komplette Waffen-SS-Division aus Freiwilligen der Hitlerjugend zu bilden, weshalb ein Lager in Beverloo in Belgien errichtet wurde.

Nur die besten Kandidaten mit einem ausreichenden Maß an nationalsozialistischem Eifer und unbeirrbarer Loyalität zu Adolf Hitler wurden aufgenommen. Sie war vom ersten Tag an als eine Elitedivision gedacht. Deshalb griff man auf bewährtes Personal zurück, um den Kern der neuen Einheit zu bilden: An die 1000 Männer der Leibstandarte Adolf Hitler wurden an die »12. SS-Panzerdivision Hitlerjugend« überstellt. Andere SS-Divisionen stellten ebenfalls einige erfahrene Mannschaften zur neuen Formation ab. Dazu kamen noch mehrere Offiziere der Wehrmacht, wie etwa Major Gerhard Hein, ein Eichenlaubträger des Jägerregimentes 209. Hein hatte außerdem die Stellung eines HJ-Oberbannführers und des Kommandanten der HJ-Wehrertüchtigungslager inne.

Die Division wurde in den Kämpfen in der Normandie eingesetzt und war bald wegen ihres Fanatismus und ihres rücksichtslosen Vorgehens gefürchtet. So ermordeten sie mindestens 187 kanadische Kriegsgefangene. Als die Division im August 1944 durch die Lücke bei Falaise entfliehen konnte, waren nur mehr etwa 2000 Mann übrig. Danach kam sie noch in der Ardennenoffensive, in Ungarn und in Österreich zum Einsatz. Die jungen Grenadiere der Division Hitlerjugend zeigten der Gefahr gegenüber eine selbstmörderische Verachtung, aber es war nutzlos – die totale Luftüberlegenheit und die übermächtigen Landstreitkräfte der Alliierten machten die Bemühungen zunichte.

Die Ideologie der Hitlerjugend

In den letzten Kriegstagen waren nur noch die sehr jungen und sehr alten Männer zurückgeblieben, um im sogenannten Volkssturm in Deutschland ihren Dienst zu tun. Alle irgendwie noch kriegstauglichen Männer mussten an der Front kämpfen. Im Osten verloren die Jungen der HJ beim Versuch, den Vorstoß der Roten Armee vor den Toren Berlins zum Stehen zu bringen, ihr Leben scharenweise in nutzlosen Grabenkämpfen. Wie auch ihre nur unwesentlich älteren Kameraden in der Division Hitlerjugend zeigten die Jugendlichen in den Volkssturmeinheiten in diesen letzten Kriegstagen häufig eine – je nach Standpunkt – außergewöhnliche Tapferkeit oder ideologische Verblendung. Eine der letzten Handlungen Hitlers war am 20. März 1945, der Hitlerjugend zur Verteidigung der Reichshauptstadt zu gratulieren.

Die Hitlerjugend wurde 1926 als ein Zweig der Sturmabteilung gegründet. Bis 1934 war sie zu einer Bewegung mit 3500000 Mitgliedern angewachsen.

Die Totenkopfverbände

Bei Ausbruch des Krieges 1939 bestanden die Totenkopfverbände aus fünf Regimentern: Totenkopfstandarte I »Oberbayern«, stationiert im Konzentrationslager Dachau; Totenkopfstandarte II »Brandenburg« in Sachsenhausen; Totenkopfstandarte III »Thüringen« in Buchenwald; Totenkopfstandarte IV »Ostmark« in Mauthausen; sowie die neu formierte Totenkopfstandarte V »Dietrich Eckhardt«. Diese Einheiten unterstanden dem Führungsstab der SS-Totenkopfverbände und wurden durch Sanitäts-, Fernmelde- und Transporteinheiten ergänzt.

Im Oktober 1939 erfolgte im Konzentrationslager Dachau die Aufstellung der Totenkopfdivision unter ihrem Kommandeur Theodor Eicke – dem berüchtigten früheren Inspektor der Konzentrationslager und SS-Wacheinheiten. Zu diesem Zweck hatte man das Lager vorübergehend geräumt. Aus den ersten vier Totenkopfregimentern und einer beträchtlichen Zahl an Polizeiverstärkung entstanden die Totenkopfdivision und mehrere Einheiten Infanterie und Kavallerie.

Nachher bestand die Lagerwache nur mehr aus älteren Angehörigen und jungen Burschen, die noch nicht das wehrpflichte Alter erreicht hatten. Aus diesen Leuten wurden die Totenkopf-Wachsturmbanne gebildet.

An der Spitze eines Konzentrationslagers stand üblicherweise der Kommandant, der meist den Rang eines SS-Sturmbannführers oder SS-Standartenführers hatte. Dieser war für den effizienten Betrieb des Lagers zuständig. Die alltägliche Verantwortung lag jedoch üblicherweise bei seinem Adjutanten.

Danach kam der Schutzhaftlagerführer, der sein Büro häufig mit dem örtlichen Vertreter der Gestapo teilte. Ein höherer Unteroffizier, meist im Rang eines SS-Hauptscharführers, hatte den Posten eines Rapportführers inne, der für den dreimal täglich stattfindenden Appell zuständig war. Jeder Block im Lager unterstand der Verantwortung eines Blockführers, meist eines rangniederen Unteroffiziers. Innerhalb eines jeden Blocks wurde ein im Sinn der SS vertrauenswürdiger Häftling mit der Aufsicht beauftragt, der sogenannte Kapo. Diese Männer waren sehr häufig ehemalige Kriminelle – und selten politische Gefangene oder Juden. Außerdem waren viele Schreiber- und Verwaltungsstellen im Lager mit Häftlingen, die über die entsprechende Ausbildung verfügten, besetzt. Die Wachen selbst und der diensthabende Offizier hatten ihre Unterkunft meist außerhalb des Lagers.

Die Organisation der Lager

Im April 1941 erfolgte eine umfassende Reorganisation der SS-Einheiten zur Waffen-SS. Im Rahmen dieser Umstrukturierung kamen auch die SS-Wachverbände der Konzentrationslager dazu. Die Wächter erhielten die übliche feldgraue Uniform der Waffen-SS, deren Dienstgradabzeichen und Soldbuch. Als Teil der Waffen-SS wurden die Konzentrationslager dann auch der Führung des SS-Führungshauptamtes unterstellt. Diese Situation blieb bis zum Jahr 1942, als der gewaltige Zustrom von neuen Häftlingen aus den besetzten Gebieten im Osten die Kapazitäten und das Verwaltungssystem bis an die Grenzen belastete.

Da die Lager nun für eine Anzahl von privaten und SS-geführten Unternehmen regelmäßig Zwangsarbeiter lieferten, wurde die Verwaltung der Lager an das WVHA und dessen Amtsgruppe D übergeben, die in vier Hauptabteilungen untergliedert war: (i) Zentralamt, (ii) Arbeitseinsatz der Häftlinge, (iii) Sanitätswesen und Lagerhygiene, und (iv) KZ-Verwaltung. Obwohl die Lager nun unter der Kontrolle des WVHA standen, verblieb die Bewachung weiterhin in den Händen der Wachsturmbanne.

Der Leiter des WVHA, SS-Obergruppenführer Pohl, war über die Bedingungen und hohe Sterblichkeitsrate in den Lagern besorgt – jedoch nicht etwa aus humanitären Gründen. Er sah die Insassen als wertvolle Arbeitskraft und wusste, dass man aus ihnen mehr Leistung holen konnte, wenn die Lebensbedingungen und die Verpflegung besser wären. Sein Protest hatte jedoch keine Aussicht auf Erfolg. Für das RSHA waren nämlich die Lager eine Methode, die Feinde des Reiches zu beseitigen und sonst nichts anderes. Es hatte kein Interesse am Wohlergehen der Insassen, vor allem, was die Juden und die russischen Kriegsgefangenen betraf – hier setzte man auf »Vernichtung durch Arbeit« bzw. durch Hunger. Heydrich gab sich große Mühe, um Pohls Versuche zu unterbinden, die »Arbeitslebensdauer« der Lagerhäftlinge – vor allem der Juden – zu verlängern.

Ausbreitung der Lager

Die Anzahl der Konzentrationslager nahm zwischen 1941 und 1944 rapid zu, bis es mehr als 20 offizielle Lager und über 150 Zwangsarbeitslager gab. Das erste Konzentrationslager in Dachau wurde im März 1933 eingerichtet, das letzte, in Mittelbau, im Oktober 1944.

Von den ersten Tagen der Konzentrationslager an war die Behandlung der Lagerinsassen äußerst brutal. Der erste Kommandant in Dachau, SS-Oberführer Hilmar Wäckerle, wurde wegen Beihilfe zum Mord an mehreren Insassen vor Gericht gestellt, wobei die negative Publizität des Falles Himmler in Wut versetzte.

Obwohl das Ausmaß an Gewalt und Brutalität, das unter Wäckerle normal war, sich unter Eicke etwas legte, waren die Verbesserungen nur marginaler Natur. Offiziell wurden die Insassen nur dann bestraft, wenn sie sich eines Vergehens schuldig gemacht hatten. In Wirklichkeit waren diese Vergehen zum Teil reine Erfindung und die verhängte Strafe stand in keinem Verhältnis zum begangenen Vergehen.

In den ersten Tagen hegten einige Insassen zumindest eine geringe Hoffnung auf Freilassung. Hier und da kam es auch zu Entlassungen, wenn der Häftling als ausreichend »umerzogen« angesehen wurde. Auch konnte zu bestimmten Anlässen, wie dem Geburtstag Hitlers, eine Amnestie für geringe Vergehen ausgesprochen werden. Ehe sie jedoch entlassen wurden, mussten die Häftlinge eine Erklärung unterschreiben, dass sie gut behandelt worden waren und über die Bedingungen in den Lagern schweigen würden. Die meisten der ursprünglichen KZ-Häftlinge waren politische Gegner der

Nationalsozialisten, wie Kommunisten, Sozialdemokraten, Pazifisten und andere. Im Laufe der Zeit kamen jedoch immer mehr Opfer von Hitlers Rassenverfolgung dazu: Juden, Sinti und Roma, Slawen (vor allem russische Kriegsgefangene) und andere Unglückliche, die nicht »erwünscht« waren.

So durchkämmte das Gestapo-Amt IVB4 unter seinem »Judenexperten« Adolf Eichmann Europa systematisch nach Juden, um diese zur »Umsiedelung« in den Osten zu deportieren. Gleichzeitig durchstreiften die Einsatzkommandos die besetzten Gebiete in Osteuropa, wobei sie einander in der »Anzahl« liquidierter Juden zu übertreffen versuchten. Stolz wurde ihrem Herrn, Reinhard Heydrich, jedes Gebiet, in dem das Tötungswerk fürs Erste abgeschlossen war, als »judenfrei« gemeldet.

Mehr und mehr Menschen gerieten in die Fänge von Heydrichs Todesschwadronen. Trotz des schrecklichen Einfallsreichtums bei ihren Methoden und bei aller Entschlossenheit konnten sie nicht alle Opfer verfolgen. Um die Liquidationen effektiver zu machen, wurde im besetzten Polen eine ganze Anzahl von neuen Lagern eingerichtet, die nichts anderes als Todesfabriken waren. In den sogenannten Vernichtungslagern in Belzec, Sobibor, Majdanek und Treblinka versuchte die SS-Leitung erst gar nicht, irgendwelche Betriebe zu installieren, da die Lagerinsassen nicht lange genug lebten, um irgendwelche Produkte herzustellen.

In Lagern wie Auschwitz arbeiteten neben den Vernichtungsanlagen auch noch Industriebetriebe. Nachdem das letzte Quäntchen Kraft aus den Häftlingen herausgequetscht worden war, wurden sie gemeinsam mit den Alten und Kranken eliminiert. Nach vorsichtigen Schätzungen kamen allein in Auschwitz mindestens eine Million Häftlinge ums Leben. Am 27. Januar 1945 wurden von sowjetischen Truppen noch 8000 Überlebende befreit.

Sein Totenkopfabzeichen ist deutlich zu sehen: ein SS-Unterscharführer eines Totenkopfregiments, der zweifelsohne zuvor bei den KZ-Wachen gewesen war. Der Kommandant von Auschwitz, Rudolf Höss, erklärte, dass Theodor Eicke, der Leiter der KZ-Wachen, in seinen Mannschaften »einen Hass, eine Antipathie gegen die Häftlinge« weckte, die »für jemanden außerhalb der Lager nicht nachvollziehbar sind«.

Lagerwachen und Militärdienst

Nachdem die jüngeren Totenkopfwachen das wehrfähige Alter erreicht hatten, wurden sie zur Wehrmacht einberufen oder gingen freiwillig zur Waffen-SS. An ihrer Stelle kamen Reservisten oder Soldaten, die nicht länger für den Fronteinsatz tauglich waren. So gab es in den Lagern ein ständiges Kommen und Gehen. Im Mai 1944 befahl Himmler, dass 10 000 Reservisten den KZ-Wachen zugeteilt würden. Sogar Angehörige der Luftwaffe und der Kriegsmarine fanden sich in den Reihen der Lagerwachen, nachdem diese beiden Heeresteile stark an Bedeutung für das Kampfgeschehen verloren hatten.

In vielen Fällen waren weniger als 25 Prozent der Wächter tatsächlich Deutsche. Der Rest, vor allem der niederen Dienstgrade, setzte sich größtenteils aus Freiwilligen aus den besetzten Gebieten zusammen, häufig solche aus der Ukraine. Diese Hilfskräfte standen in ihrer Brutalität den SS-Männern um nichts nach. So gingen viele der schlimmsten Gräueltaten, von denen Überlebende der Lager berichteten, auf das Konto dieser ukrainischen Freiwilligen, die für ihren virulenten Antisemitismus bekannt waren. 1943 erhielt SS-Gruppenführer Odilo Globocnik die Zustimmung Himmlers, eine KZ-Wacheinheit aus russischen Freiwilligen aufzustellen. Diese Männer wurden in Trawniki, in der Nähe von Lublin, ausgebildet und waren wegen ihres äußerst barbarischen Verhaltens mehr als berüchtigt.

Neben ihrem Einsatz als Zwangsarbeiter in den Betrieben der Konzentrationslager oder als Leiharbeitskräfte in privaten Unternehmen wurden die arbeitsfähigen Häftlinge auch bei der äußerst gefährlichen Bombenräumung eingesetzt. Dabei mussten ausgebombte Gebäude geräumt oder die Bombenschäden an Eisenbahngleisen repariert werden. Die Lager in Sachsenhausen, Neuengamme, Buchenwald und Auschwitz besaßen bekannterweise eine solche Baubrigade.

Zu erwähnen sind auch die Aufseherinnen, die zur Bewachung der weiblichen Häftlinge in den Konzentrationslagern angeworben wurden. Damit wurde schon 1937 begonnen. Die Ausbildung erfolgte in einem Frauenlager in Ravensbrück und viele von ihnen machten sich einen Namen wegen ihrer Brutalität, in der sie ihren männlichen Kameraden um nichts nachstanden.

Hitlers Fremdenlegionen

Als das Dritte Reich einen Großteil Europas überrannte, stellte die Waffen-SS in den entsprechenden »nordischen« Ländern zahlreiche Freiwilligeneinheiten auf. Zuerst erfolgte die Rekrutierung noch sehr selektiv, aber nachdem immer mehr Soldaten benötigt wurden, musste auch die SS von ihrem elitären Anspruch abrücken.

Während der Anfangsjahre gab es einen ständigen Kampf zwischen der nach Expansion strebenden SS und der SA, die über die zunehmende Macht und den Einfluss von Hitlers Elitetruppe besorgt war. In der Folge nützte die SA jedes ihr zur Verfügung stehende Mittel, um die Expansion ihrer Rivalin zu verhindern.

Bei Kriegsausbruch 1939 stellte die SA kein Problem mehr dar, aber die SS hatte nun einen neuen Gegner. Dieser verfügte aber über mehr Macht und Einfluss als die SA. Der neue Konkurrent war bis dato die einzige legitime Organisation gewesen, die zur Verteidigung der Heimat mit Waffengewalt berechtigt war: die Wehrmacht. Obwohl die Wehrmacht über weitaus mehr Soldaten (bis zu 8,2 Mio.) als die SS (0,6 Mio.) verfügte, stand das Oberkommando der Wehrmacht (OKW) der Aufrüstung der SS als militärische Kraft äußerst misstrauisch gegenüber. Es bestand darauf, dass nur eine stark limitierte Anzahl an Rekruten der SS beitreten durften.

In Friedenszeiten war es SS-Männern jedoch erlaubt, anstelle der damals üblichen zwei Jahre Militärdienst bei der SS zu dienen. Im Krieg verlangte das OKW aber absolute Priorität in Bezug auf Rekruten – die SS sollte erst die zweite Wahl darstellen. Hitler akzeptierte anfänglich den Standpunkt der Wehrmacht, und die SS durfte nur einen geringen Prozentsatz der Friedensstärke der Wehrmacht erreichen. Von der gesamten Zahl an Rekruten, die für die Wehrmacht bestimmt war, verlangte das Heer zwei Drittel – der Rest war zwischen der Kriegsmarine und der Luftwaffe aufzuteilen. Die SS wiederum erhielt ihre Männer aus dem Kontingent des Heeres.

Im Dezember 1939 wurde ein spezielles SS-Rekrutierungsbüro in Berlin eingerichtet. Es stand unter der Leitung von

Männer der »Nederlandschen SS/Germaanschen SS in Nederland«. Diese Einheit war keine Kampftruppe, sondern eine politische SS-Formation, ähnlich der Allgemeinen SS in Deutschland.

Soldaten der Freiwilligenlegion Niederlande bei einer Inspektion durch den SS-Gruppenführer Hanns Albin Rauter, den Höheren SS- und Polizeiführer (HSSPF) in den Niederlanden. Die Legion kämpfte 1942 und 1943 in der Sowjetunion, ehe sie im Mai 1943 den Grundstock für die 4. SS-Freiwilligen-Panzergrenadierbrigade Nederland bildete.

SS-Obergruppenführer Gottlob Berger und nannte sich »Ergänzungsamt der Waffen-SS«. Die SS hatte es hinnehmen müssen, dass sie innerhalb Deutschlands nur eine stark eingeschränkte Zahl an deutschen Staatsbürgern – den Reichsdeutschen – anwerben durfte. Außerhalb der Reichsgrenzen aber, bei den sogenannten Volksdeutschen, gab es solche Beschränkungen nicht. Zu diesen Volksdeutschen gehörten beispielsweise die Sudetendeutschen in der Tschechoslowakei. Dasselbe galt auch für die Rekrutierung von Freiwilligen in den europäischen Ländern, deren Bevölkerung als ausreichend »germanisch« für den Dienst in der SS angesehen wurde. So gab es bereits im Mai 1940 eine kleine Anzahl von ausländischen Freiwilligen, vor allem Schweizern, die in der Waffen-SS dienten.

Mit Fortdauer des Feldzugs im Westen fielen immer mehr sogenannte germanische Länder in die Hände der Deutschen: Dänemark, die Niederlande, Norwegen und Flandern, die sich alle als fruchtbarer Boden bei Bergers Suche nach Rekruten erweisen sollten. Hitler zögerte noch immer, einer Expansion der Waffen-SS zuzustimmen, da er die Generäle der Wehrmacht nicht verärgern wollte. Er stimmte aber immerhin der Bildung einer Division »germanischer« Freiwilliger zu. So entstand die Elitedivision Wiking, die um das niederländisch/flämische Regiment Westland und das dänisch/norwegische Regiment Nordland herum gebildet wurde. Dazu kam noch das Regiment Germania, das von der SS-Verfügungsdivision abgezogen wurde.

Als Anreiz bei einer freiwilligen Meldung wurde geeigneten »germanischen« Rekruten die deutsche Staatsbürgerschaft nach Beendigung ihrer Dienstzeit angeboten. Himmler selbst förderte die Rekrutierung von »germanischen« Freiwilligen. »Wir müssen das gesamte nordische Blut dieser Welt anziehen und dieses so unseren Feinden entziehen, damit niemals mehr nordisches oder germanisches Blut gegen uns kämpft.«

1941 drang Himmler darauf, die Bemühungen um neue Rekruten zu intensivieren, um für den bevorstehenden Angriff auf Russland genügend Soldaten zur Verfügung zu haben. Trotzdem weigerte er sich, die Standards zu senken, die von potenziellen Rekruten verlangt wurden. Schließlich glaubte man ja, dass der Feldzug im Osten nur kurz dauern würde und der Feind rasch besiegt sein werde. Diese zu optimistische Sicht der Dinge führte zu einigen lächerlichen Situationen. In Belgien wurde beispielsweise die flämische Bevölkerung als germanisch angesehen und durfte folglich Dienst bei der Waffen-SS tun. Die Wallonen hingegen (die sich später als exzellente Soldaten in der Waffen-SS herausstellen sollten) galten zunächst als nicht ausreichend germanisch und wurden zur Wehrmacht abgeschoben. Den Luxus einer solch kritischen Auswahl konnte man sich jedoch nicht lange leisten.

Erste ausländische SS-Rekruten

In vielen besetzten Ländern gab es bereits faschistische oder neonazistische politische Organisationen. Die DNSAP in Dänemark, der VNV in Belgien, die NS in Norwegen und die NSB in den Niederlanden waren alle eng mit der Ideologie des Nationalsozialismus verbunden. Die meisten ihrer Mitglieder waren aber auch glühende Nationalisten und den Besatzern gegenüber nicht unbedingt freundlich gesinnt. Nur wenige waren bereit, der Waffen-SS beizutreten, und noch weniger ersehnten sich als Belohnung die deutsche Staatsbürgerschaft. Der Großteil der Freiwilligen zu diesem Zeitpunkt wurde daher auf Basis einer zweijährigen Dienstverpflichtung bei der SS aufgenommen. Sie galten nicht als richtige SS-Mitglieder, sondern als der Organisation nur angeschlossen.

Nach internationalem Recht mussten sie deutsche Uniformen tragen und waren üblicherweise durch ein Hoheitsabzeichen am Ärmel in den eigenen Landesfarben zu erkennen. Dazu kam noch ein Ärmelstreifen mit dem Namen der Einheit. Nach Beginn des Angriffs auf die Sowjetunion im Juni 1941 nahm die Zahl der Rekruten rasch zu. Der Grund dafür war vor allem Hitlers Aufruf, sich dem »Kreuzzug gegen den Bolschewismus« anzuschließen; dazu kam noch, dass anfänglich vieles auf einen raschen Zusammenbruch der Roten Armee hindeutete und viele sich als potenzielle Kriegsgewinnler sahen.

Allerdings gab es für viele dieser Glücksritter ein böses Erwachen, als sie sich zur Ausbildung in den verschiedenen Kasernen in Deutschland meldeten. Nur wenige waren die strenge Disziplin, die spartanischen Bedingungen und die harte Ausbildung der Waffen-SS gewöhnt. Die gnadenlosen Ausbildungsunteroffiziere der SS hatten nur wenig Verständnis für eventuell verletzte Gefühle ihrer Soldaten – es waren in der Regel Personen, die nie gelernt hatten, mit Angehörigen anderer Völker umzugehen. So wechselte sich das übliche Niederbrüllen und Einschüchtern der Rekruten mit Beschimpfungen gegen ihr Herkunftsland ab, was manche erheblich demotivierte.

Die Beschwerden über die Behandlung der Rekruten durch ihre deutschen Offiziere und Unteroffiziere gelangten bis zu Himmler. Dieser sah seine Idee, germanische Freiwillige zu rekrutieren, durch die Gedankenlosigkeit der Ausbilder gefährdet. Nachdem dann mehrheitlich geeignetere Offiziere und Unteroffiziere eingesetzt wurden, beruhigte sich die Lage etwas. Die freundlichere Behandlung der Rekruten durch Offiziere und Unteroffiziere der eigenen Nationalität ließen die angeknackste Moral wieder steigen.

Die Freiwilligenlegionen, die in den »germanischen« Ländern aufgestellt wurden, kämpften dann an der Ostfront mit großem Erfolg und

Rekruten der Freiwilligenlegion Niederlande bei einer Parade. Das Hoheitsabzeichen am Ärmel in den niederländischen Farben Rot-Weiß-Blau unterhalb des Reichsadlers und der Ärmelstreifen mit dem Namen der Einheit sind deutlich zu sehen.

Ein junger flämischer Soldat der 6. SS-Freiwilligen-Sturmbrigade Langemarck. Das Abzeichen am Kragenspiegel ersetzte die SS-Rune der SS-Kerntruppen.

machten sich einen guten Namen durch ihre Verlässlichkeit im Kampf. Leider wurde dieser Ruf vielfach, wie bei den meisten der besseren Einheiten der Waffen-SS, auf Kosten schwerer Verluste erworben und durch zahlreiche Kriegsverbrechen getrübt. Gegen Ende ihrer zweijährigen Verpflichtungszeit 1943 waren nur noch wenige bereit, sich für eine weitere Dienstzeit zu verpflichten oder der Waffen-SS überhaupt beizutreten. So wurden die meisten Legionen 1943 aufgelöst, und die verbliebenen Reste gingen in neu aufgestellten Freiwilligendivisonen der Waffen-SS auf.

Mit Fortdauer des Krieges und den damit verbundenen Verlusten wurde der Bedarf an neuen Rekruten in Deutschland immer größer. Himmler sah sich gezwungen, seine rassischen Standards zu senken und den Eintritt von »nichtgermanischen« Freiwilligen zu erlauben. Die bereits erwähnten Freiwilligen aus dem belgischen Wallonien kämpften beispielsweise anfänglich in der Wehrmacht. 1943 wurden jedoch die Standards für eine Aufnahme in die Waffen-SS so weit gesenkt, dass auch die »nicht nordischen« Wallonen sie erfüllten.

Schließlich wurde die Lage so ernst, dass Himmler alle rassischen Ansprüche an seine neuen Soldaten fallen ließ. Das einst »reine, nordische Menschenmaterial« seiner Legionen wurde nun durch Zugänge von slawischen, moslemischen, indischen und anderen asiatischen Freiwilligen verwässert. Die Qualität dieser SS-Einheiten konnte jedoch bei Weitem nicht mit den ursprünglichen reichsdeutschen oder frühen »germanischen« Freiwilligenformationen verglichen werden. Zwar behaupteten sich einige von ihnen auf dem Schlachtfeld, andere wiederum machten ausschließlich durch eigenmächtige Gräueltaten von sich reden und wurden aufgelöst.

Abzeichen der Ausländer

Schließlich kamen alle ausländischen Freiwilligen unter die direkte Kontrolle des Reichsführers-SS, ob sie nun tatsächlich SS-Uniformen und -Abzeichen trugen oder auch nicht. Gegen Ende des Krieges wurde fast jeder, der fähig war eine Waffe zu tragen, als geeigneter Soldat angesehen. Dabei versuchte die SS jedoch zwischen den »richtigen« SS-Männern und den ausländischen Freiwilligen zu unterscheiden. Nur die »richtigen« SS-Männer durften vor ihren Dienstgrad die Bezeichnung »SS« setzen. Einem SS-Sturmbannführer in einer reichsdeutschen Einheit entsprach so in einer Freiwilligeneinheit ein Waffen-Sturmbannführer oder ein Legions-Sturmbannführer. Damit wollte man hervorheben, dass Letztere keine richtigen SS-Männer waren und nur eine bestimmte Zeit in der SS dienten. Die »richtigen« SS-Männer legten großen Wert darauf, ihre SS-Runen exklusiv zu tragen. Dies hatte zur Folge, dass für die ausländischen Freiwilligeneinheiten zahlreiche verschiedene Kragenspiegel eingeführt wurden.

Die meisten dieser Einheiten der Waffen-SS erreichten nur Regimentsstärke, obwohl sie offiziell als Legion oder Division bezeichnet wurden. Deshalb fehlten ihnen auch ganz bestimmte Truppenteile, die zu einer richtigen Kampfdivision gehörten. So wurden sie auch häufig deutschen Divisionen zu administrativen Zwecken

Soldaten der 6. SS-Freiwilligen-Sturmbrigade Langemarck (Flandern) bei einer Inspektion durch SS-Sturmbannführer Conrad Schellong, ihrem Kommandeur. In Russland musste die Legion im März 1942 und zu Beginn des Jahres 1943 schwere Verluste hinnehmen.

zugeteilt. Die wichtigsten ausländischen Einheiten, die im 2. Weltkrieg in der Waffen-SS kämpften, sind nachstehend angeführt.

Freiwilligenlegion Niederlande

Die größte nationalsozialistische Bewegung der Niederlande war die »Nationaal-Socialistische Beweging« (NSB) von Anton Mussert, einem langjährigen Bewunderer von Adolf Hitler. Seine Aktivitäten wurden durch die Deutschen aktiv unterstützt, da die Niederländer als ein besonders wertvolles nordisches Volk auf der nationalsozialistischen Rasseskala galten. Kurz nach dem deutschen Einmarsch wurde in Den Haag ein SS-Ergänzungsamt eingerichtet und Rekruten für das Regiment Westland oder die Division Wiking angeworben. Im Juli 1941 entstand dann eine niederländische Freiwilligenlegion unter dem nominellen Kommando des Ex-Chefs des niederländischen Generalstabes, Generalleutnant Hendrik Seyffardt.

Mit einem solch prominenten und angesehenen Mitglied des niederländischen Militärs an der Spitze stieg das Ansehen der Freiwilligenlegion rasch. Die Zahl der Rekruten nahm ebenfalls zu, obwohl das Kommando Seyffardts nur pro forma bestand. Es meldeten sich derart viele Rekruten, dass man daran dachte, eine ganze Division aufzustellen. Die Deutschen wiesen jedoch eine Anzahl von niederländischen Offizieren und Unteroffizieren ab, da sie über keinerlei Kampferfahrung verfügten. An ihrer Stelle setzten sie deutsches Personal ein. Die damit verbundenen Reibereien und die grobe Behandlung der Rekruten durch die deutschen Ausbildner führten zu etlichen Austritten aus der Legion.

Die Freiwilligenlegion Niederlande kam im Januar 1942 an die Ostfront und wurde im Nordsektor in der Gegend um Wolchow, nördlich des Ilmensees, stationiert. Nach vielen Wochen harter Stellungskämpfe starteten die niederländischen Freiwilligen einen Angriff gegen die Rote Armee und erzielten einige Geländegewinne. Im März war jedoch nach schweren Verlusten der Frontverlauf wie zuvor. Nur 20 Prozent der Legionäre waren noch einsatzfähig, aber ihr Kampfgeist führte zu einer Belobigung durch das Oberkommando der Wehrmacht.

Im Frühjahr 1942 wurde die Einheit umformiert und als Teil der Heeresgruppe Nord erneut im nördlichen Sektor der Ostfront in der Nähe von Leningrad eingesetzt. Wiederum erlitt die Legion schwere Verluste. Die Ermordung Hendrik Seyffardts am 6. Februar 1943 durch niederländische Widerstandskämpfer wirkte sich ebenfalls nachteilig auf die Moral der Truppe aus.

Im Frühjahr 1943, nachdem die zweijährige Dienstzeit der ersten Freiwilligen zu Ende ging, waren nur wenige bereit, sich weiter zu

verpflichten. Kaum jemand glaubte noch an die deutschen Versprechungen eines raschen Sieges im Osten. Nachdem nur mehr wenige Soldaten bereit waren, erneut zu unterschreiben, wurde die Legion in die 4. SS-Freiwilligen-Panzergrenadierbrigade Nederland umgegliedert.

Die Mitglieder der Legion trugen einen speziellen Kragenspiegel mit der sogenannten Wolfsangel anstelle der SS-Runen. Ihr Hoheitsabzeichen am Ärmel war in den Nationalfarben Rot-Weiß-Blau gehalten und auf dem Ärmelstreifen stand der Name der Einheit. Während ihres kurzen Bestehens konnte sich die Freiwilligenlegion Niederlande einen hervorragenden Namen als verlässliche Kampfeinheit machen. Sie wurde bis Ende 1943 in Kroatien zur Partisanenbekämpfung eingesetzt, machte sich in dieser Zeit aber vieler Kriegsverbrechen wie Gefangenenermordungen und willkürlichen Hinrichtungen schuldig. Ende 1943 wurde sie wieder an die Ostfront bei Leningrad verlegt.

Freiwilligenlegion Flandern

Im flämischen Teil Belgiens gab es verschiedene nationalistische Parteien, von denen die wichtigste der »Vlaamsch Nationaal Verbond« (VNV) war. Der VNV befürwortete eine Teilung Belgiens, wobei die »germanischen« Flamen mit den Niederländern die »Größeren Niederlande« bilden wollten. Als das Land im Mai 1940 von den Deutschen besetzt wurde, mussten alle anderen kleineren nationalistischen Gruppen mit dem VNV zusammengehen. Die Deutschen waren den flämischen Nationalisten gegenüber sehr positiv eingestellt und befürworteten sogar die Aufstellung einer flämischen Allgemeinen SS. Da die Flamen als germanische Rasse galten, wurden sie als Rekruten gern bei der Waffen-SS aufgenommen. So kam es 1941 zur Gründung der Freiwilligenlegion Flandern.

Der Kern dieser Einheit bestand aus einer Gruppe von rund 400 Flamen, die bereits als Freiwillige in den SS-Freiwilligenverbänden Nordwest und Westland gedient hatten. Der erste Kommandant der flämischen Freiwilligen war SS-Sturmbannführer Lippert. Die Deutschen versuchten vor allem frühere Soldaten der belgischen Armee und insbesondere Offiziere und Unteroffiziere anzuwerben. Sie versprachen ihnen denselben Dienstgrad und Status wie in der belgischen Armee, falls sie bis zum Ende ihrer Dienstzeit unterschreiben würden.

Im November 1941 wurde die Freiwilligenlegion Flandern in den Norden der Ostfront in die Nähe von Leningrad abkommandiert. Anfang 1942 war sie daran beteiligt, den heftigen sowjetischen Angriff in der Nähe von Nowgorod zurückzuschlagen. Dabei wurde tapferes Verhalten lobend erwähnt. Im März 1942 gingen die Flamen kurz in die Offensive über, erlitten aber schwere Verluste und wurden schließlich zurückgetrieben. Den Rest des Jahres verbrachten sie im Bereich Wolchow, bis die Einheit Anfang 1943 zurück nach Leningrad versetzt wurde. Im Februar 1943 kam sie dann in die Reserve.

Nach einer kurzen Zeit der Erholung und Instandsetzung ging es wieder zurück in den Kampf in die Gegend von Krasny-Bor. Die Kämpfe in diesem Gebiet waren äußerst heftig. In einem relativ kurzen Zeitraum verlor die Einheit allein über 500 Mann. Die Überlebenden kamen im Mai 1943 von der Front nach Debica in Polen. Wie ihre niederländischen Kameraden waren die meisten Überlebenden nicht bereit, für eine weitere zweijährige Dienstzeit zu unterschreiben. Die Legion wurde daher zur neu formierten 6. SS-Freiwilligen-Sturmbrigade Langemarck umgegliedert. Die flämischen Freiwilligen hatten dieselben schweren Verluste wie die Niederländer erlitten, aber sich ebenfalls einen hervorragenden Namen als erstklassige Kämpfer gemacht.

Die Angehörigen der Einheit trugen einen speziellen Kragenspiegel, auf dem sich das dreibeinige Hakenkreuz befand, aber auch die SS-Runen scheinen häufig getragen worden zu sein. Über dem Ärmelstreifen mit dem Namen der Einheit befand sich ein Ärmelwappen aus gelbem Zwirn mit dem schwarzen aufgerichteten Löwen darauf.

Freikorps Danmark

Die Deutschen hatten Dänemark im April 1940 in einem nahezu unblutigen Coup erobert. Hitler wollte Dänemark unbedingt als ein »Modellprotektorat« vorzeigen, weshalb die Bevölkerung kaum belästigt wurde. Monarchie und Parlament blieben ebenfalls erhalten. Solange sich die Dänen den deutschen Vorstellungen entsprechend verhielten, mischten sich diese nur wenig in die Angelegenheiten Dänemarks ein. Aus diesem Grund bestand der dänische Widerstand – zu Beginn wenigstens – in passiver Nichtkooperation. Man versuchte so gut es ging, die Eindringlinge weitestmöglich zu ignorieren.

Auch die Dänen hatten ihre eigene nationalsozialistische Bewegung, die »Danmarks National Socialistiske Arbejder Parti" (DNSAP), die in den frühen 1930er-Jahren gegründet worden

Gegenüberliegende Seite: Ein hoch dekorierter belgischer Rekrut der 27. SS-Freiwilligen-Grenadierdivision Langemarck. Der Soldat links ist SS-Sturmmann Remy Schrijnen, der 1944 in der Schlacht bei Narwa sieben russische Panzer abschoss, und dafür mit dem Ritterkreuz ausgezeichnet wurde. Wegen seiner Kollaboration mit den Nazis verbüßte er nach dem Krieg zehn Jahre Haft in Belgien.

Der kommandierende Offizier des Freikorps Danmark, SS-Sturmbannführer Christian Frederich von Schalburg, der von seinen deutschen Vorgesetzten als »verlässlicher Nationalsozialist« beschrieben wurde. Am Ärmel sieht man das nationale Hoheitsabzeichen.

war. Es konnten jedoch nur wenige Dänen überredet werden, der Waffen-SS beizutreten (und noch weniger, nachdem die Dänen von den Beschimpfungen durch die SS-Ausbildner hörten). Im Herbst 1941 dienten nur an die 200 bis 300 Freiwillige, die meisten davon im Regiment Nordland der Division Wiking.

Darauf folgende Verhandlungen und vor allem Dänemarks Status als Protektorat – im Gegensatz zu den besetzten Ländern – führten zu Sonderbestimmungen, um mehr Freiwillige anzulocken. Jedes ehemalige Mitglied der dänischen Armee, das sich freiwillig zur Waffen-SS meldete, durfte beispielsweise seinen früheren Dienstgrad mitnehmen. Ebenso blieben sämtliche Pensionsrechte erhalten. Mit stillschweigender Zustimmung der dänischen Regierung nahm die Anzahl der Rekruten zu, und im September 1941 konnten an die 1000 Freiwillige gezählt werden. Insgesamt traten im Verlauf des Krieges 2000 Dänen der Waffen-SS, 4000 der Wehrmacht bei.

Im Mai 1942 wurde die dänische Einheit, das Freikorps Danmark, als Unterstützung der Totenkopfdivision an die Ostfront verlegt. Diese war in heftige Abwehrkämpfe um Demjansk verwickelt. Der kommandierende Offizier des Freikorps Danmark, SS-Sturmbannführer Christian Frederich von Schalburg, ein früherer Jugendführer der DNSAP, wurde beim Einsatz in diesen Kämpfen getötet.

Im Juni 1942 eroberte die Rote Armee die Stadt Wassiliewschtshina zurück, und das Freikorps Danmark erhielt den Befehl, sie wieder daraus zu vertreiben. Dies gelang auch trotz heftiger sowjetischer Angriffe mit Unterstützung von Panzern und Flugzeugen. Die Einheit wurde wegen ihrer Tapferkeit und Führung lobend erwähnt, aber einmal mehr konnten die »germanischen« Freiwilligeneinheiten ein solches Lob nur auf Kosten horrender Verluste erlangen. Im August 1942 waren nur mehr 22 Prozent der ursprünglichen Stärke vorhanden.

Das Freikorps kehrte für vier Wochen nach Dänemark zurück, um sich zu erholen und die Verluste zu ersetzen. Die ihr zu Ehren abgehaltene Willkommensparade war jedoch alles andere als ein Erfolg. Anstatt die Straßen zu säumen und die heimkehrenden Helden zu bejubeln, wurden die Freikorpsveteranen von einer feindseligen Menge verspottet.

Im Dezember 1942 kehrte das Freikorps Danmark an die Ostfront in die Region von Welikije Luki zurück. Dort war es schweren Angriffen seitens einer Division der NKWD-Truppen für innere Sicherheit ausgesetzt und wurde aus seinen Stellungen vertrieben. Obwohl diese am nächsten Tag wieder zurückerobert werden konnten, war dies wieder einmal mit schweren Verlusten verbunden.

Im Januar 1943 zogen sich die deutschen Truppen dann aus diesem Gebiet zurück, und die sowjetischen Truppen rückten nach. Das Freikorps Danmark wurde in Richtung Norden verlegt und vernichtete die sowjetischen Stellungen bei Taidy. Im März 1943 kam es dann nach Deutschland, wo im Mai desselben Jahres die Auflösung erfolgte.

Die dänischen Freiwilligen waren insofern auffällig, als sie eine Version ihrer Landesfahne, des »Dannebrog«, auf ihrem Kragenspiegel trugen. Teilweise benützten sie aber auch die SS-Runen. Ein Wappen in den Landesfarben Dänemarks (weißes Kreuz auf rotem Feld) wurde oberhalb des Ärmelstreifens mit dem Namen der Einheit getragen.

Freiwilligenlegion Norwegen

Schon im Mai 1933 erfolgte in Norwegen die Gründung einer nationalistischen Partei mit dem Namen »Nasjonal Sammling« (NS). Ihr Vorsitzender war der frühere Verteidigungsminister Vidkun Quisling (der auch den Ehrentitel eines »Commander of the Order of the Britisch Empire« trug), ein großer Verehrer von Adolf Hitler, der sich selbst zum Staatsoberhaupt ernannte, als die Deutschen Norwegen im Juni 1940 eroberten. Hitler war damit jedoch nicht einverstanden und ernannte seinen eigenen Vertreter, Reichskommissar Josef Terboven, zu Norwegens Staatschef. 1942 erhielt aber auch Quisling den Posten eines Ministerpräsidenten.

Unmittelbar nach dem Fall Norwegens eröffnete die SS ein Ergänzungsamt in Oslo, das sofort mit der Anwerbung geeigneter norwegischer Freiwilliger, meist Mitglieder von Quislings NS, begann. Jene Freiwilligen, die aufgenommen wurden, kamen zum Regiment Nordland. Die Rekrutierungszahlen – ungefähr 300 im ersten Jahr – waren aber nicht besonders aufregend. Quisling misstraute jedoch den deutschen Absichten und drängte seine eigenen Anhänger, der SS beizutreten. So wollte er einen gewissen Einfluss bei den SS-Freiwilligen erlangen.

Im August 1941 wurde eine neue Freiwilligeneinheit, die Freiwilligenlegion Norwegen, aufgestellt. Den zukünftigen Freiwilligen war aber nicht bewusst, dass die SS dahinterstand. Die ersten Freiwilligen, die beim Regiment Nordland dienten, waren ursprünglich für Polizeitätigkeiten im besetzten Norwegen vorgesehen. Jene hingegen, die sich für die neue Einheit gemeldet hatten, taten dies in der Überzeugung, dass sie gegen die Kommunisten in Russland kämpfen würden. Die Norweger sympathisierten nämlich stark mit den Finnen, die bereits eine russische Invasion zu erdulden

Ein Sturmmann des Freikorps Danmark. Am linken Unterarm sieht man den Ärmelstreifen mit dem Namen der Einheit, in der etwa 2000 Dänen kämpften.

Ein Unterscharführer der Freiwilligenlegion Norwegen. Die Freiwilligen wurden wie ihre flämischen, niederländischen und dänischen Kameraden im nördlichen Sektor der Ostfront in den Kampf geworfen.

gehabt hatten. Viele glaubten also, dass die neue Einheit eine norwegische nationale Einheit sein würde, die die Finnen in ihrem Kampf gegen die sowjetischen Ambitionen in Skandinavien unterstützten.

Anfänglich wurden zwei Bataillone aufgestellt – Viken und Viking – und im März 1942 waren an die 1200 Mann kampfbereit. Kommandant der norwegischen Freiwilligen war bis Dezember 1941 Finn Kjelstrup, dann für zwei Wochen Jorgen Bakke und ab Mitte Dezember Sturmbannführer Arthur Qvist, der die Einheit bis zu ihrer Auflösung kommandierte.

Die Norweger wurden ebenso wie ihre Kameraden aus Flandern, den Niederlanden und Dänemark im nördlichen Sektor der Ostfront in der Nähe Leningrads eingesetzt. Aber statt an großen Schlachten teilzunehmen, rieb sich die Freiwilligenlegion Norwegen in ständigen Patrouillengängen und Scharmützeln auf und war im Mai 1942 fast vollständig vernichtet.

Die Rekrutierung in Norwegen hatte nachgelassen und die Legion konnte nur langsam wieder auf ihre ursprüngliche Stärke herangebracht werden. Ende 1942 kamen dann die Reste der Einheit gemeinsam mit ihren dänischen Landsleuten des Freikorps Danmark zur 1. SS-Infanteriebrigade. Am Ende des Jahres wurde sie erneut in den Norden verlegt und kämpfte bei Konstantinovka und Krasny Bor gemeinsam mit der 2. SS-Infanteriebrigade. Anfangs 1943 war sie jedoch stark erschöpft und wurde dann im März von der Front zurückgezogen und kam in den Raum Mitau.

Im Mai 1943 rief Quisling die norwegischen Freiwilligen auf, sich für das neu formierte Regiment Norge zum I. Bataillon freiwillig zu melden. Diesem Aufruf Quislings kamen fast alle Männer nach.

Zusätzlich gab es noch ein norwegisches Freiwilligen-Skibataillon. Es zählte jedoch nur an die 200 Mann und kämpfte gemeinsam mit der 6. SS-Gebirgsdivision Nord in Skandinavien. Es wurde am 1. Dezember 1944 aufgelöst.

Soldaten der Freiwilligenlegion Norwegen trugen einen speziellen Kragenspiegel mit dem aufgerichteten Löwen, der eine Axt hält. Ein Hoheitsabzeichen am Ärmel in den Farben der norwegischen Fahne befand sich oberhalb des Ärmelstreifens mit dem Namen der Einheit.

Finnisches Freiwilligenbataillon

Im Juni 1941 erfolgte die Aufstellung des SS-Freiwilligenbataillons Nordost. Diese kleine Einheit finnischer Freiwilliger wurde im September desselben Jahres umbenannt und schließlich der Elitedivision Wiking als Teil des Regiments Nordland zugeteilt. Mitte 1943 kam es zur Auflösung, und die Soldaten kehrten in die finnische Armee zurück. Sie trugen weder einen besonderen Kragenspiegel noch einen Ärmelstreifen, aber ein Hoheitsabzeichen am Ärmel mit dem aufgerichteten Löwen, der ein gerades Schwert hält und sich über einem Säbel befindet. Dieses Abzeichen gab es sowohl in gelbem Zwirn auf blauem Grund als auch in weißem Zwirn auf schwarzem Grund.

Die Indische Legion

Diese Einheit war ursprünglich von der deutschen Wehrmacht im April 1943 als Indisches Infanterieregiment 950 aufgestellt worden und bestand aus indischen Kriegsgefangenen, die bei den Briten in Nordafrika gedient hatten. Im November 1944 übernahm die SS diese Einheit, wobei es zweifelhaft ist, ob sie je im

Kampf eingesetzt wurde. Ihr Wert war vielmehr ein rein propagandistischer. Es gab keine speziellen Insignien der Waffen-SS, obwohl ein Kragenspiegel mit einem stilisierten Tigerkopf hergestellt wurde. Die Mitglieder dieser Einheit trugen als Hoheitsabzeichen einen springenden Tiger über den indischen Nationalfarben Orange-Weiß-Grün und die Bezeichnung »Freies Indien« darüber am Ärmel.

Britisches Freikorps

Diese Einheit, die für die Deutschen einen reinen Propagandazweck erfüllte, wurde im Frühjahr 1944 aufgestellt. Sie dürfte jedoch höchstens 70 Mann umfasst haben, die sich aus britischen Kriegsgefangenen zusammensetzten. Einige waren Sympathisanten der »British Union of Fascists« und hatten sich freiwillig gemeldet, andere »überzeugte« man durch die Gewährung privilegierter Haftbedingungen von den Vorteilen der Kollaboration. Das Ergebnis war eine Truppe, die zum Teil nur an den ihr zugesprochenen Privilegien interessiert, zum Teil für die Briten nachrichtendienstlich tätig war. In den letzten Kriegstagen sollte die Einheit an den Abwehrkämpfen im Osten teilnehmen, de facto kam es jedoch nie zu einem Einsatz.

Die Überlebenden, die in Gefangenschaft gerieten, erhielten meist geringe Strafen. Einige mussten lediglich eine Geldstrafe bezahlen. Die einzige Ausnahme war John Amery, der Initiator der Truppe, der wegen Hochverrats angeklagt und gehängt wurde.

Trotz ihrer zahlenmäßigen Bedeutungslosigkeit war die Einheit für die Deutschen von einem gewissen propagandistischen Wert. Deshalb wurden zahlreiche spezielle Abzeichen hergestellt und von diesen Männern getragen, darunter ein Kragenspiegel, der drei liegende Löwen zeigt, ein Hoheitsabzeichen am Ärmel in den britischen Nationalfarben und ein Ärmelstreifen mit dem Namen der Einheit.

5. SS-Panzerdivision Wiking

Ursprünglich trug diese im Mai 1940 gebildete (motorisierte) SS-Division den Namen »Germania«, wurde jedoch schon nach wenigen Tagen in SS-Division (mot.) Wiking umbenannt. Ihr Kern bestand aus den reichsdeutschen Männern des Regiments Germania, das zur Gänze von der SS-Verfügungsdivision abgezogen worden war. Dazu kamen die beiden bestehenden germanischen Freiwilligenregimenter Nordland und Westland.

Die Wiking war die erste richtig internationale Division der Waffen-SS, in ihr dienten neben Volksdeutschen Deutsche aus dem Balkan, Niederländer, Dänen, Norweger und Flamen. Die Division hatte ihre erste Kampferfahrung

Freiwillige werden bei der Freiwilligenlegion Norwegen angelobt. Immer wieder kam es bei den »germanischen« Ausländern zu Beschwerden über die deutschen Vorgesetzten. Viele der ausländischen Freiwilligen durften beispielsweise nach Ende ihrer Dienstzeit nicht ausmustern – man hielt sie für so überzeugte Nationalsozialisten, dass man ihnen eine solche Behandlung zumuten zu können glaubte. Kein Wunder, dass es zu vielen Desertionen kam.

John Amery (links), der Anführer des britischen Freikorps, wird in Mailand verhaftet. Die Idee einer britischen SS-Einheit entstand 1943, nach dem Erfolg der Waffen-SS bei der Rekrutierung ehemaliger Soldaten des Gegners in Kriegsgefangenenlagern. Als Anreiz erlaubte Himmler den Angehörigen des britischen Freikorps, ihre englischen Uniformen mit deutschen Abzeichen zu tragen. Die Rekrutierungserfolge waren jedoch eher erbärmlich. Amery, der Sohn eines der Minister Churchills, wurde nach dem Krieg von den Briten wegen Verrats gehängt.

im südlichen Sektor der Ostfront, möglichst weit von ihren Landsleuten entfernt, die in den Freiwilligenlegionen um Leningrad kämpften. Sie nahm am Vorstoß durch den Kaukasus teil und machte sich aufgrund ihrer Effizienz und Verlässlichkeit unter feindlichem Feuer rasch einen Namen. Ende 1942 wurde sie zu einer Panzergrenadierdivision umformiert und spielte im Juli 1943 eine wichtige Rolle bei der deutschen Panzeroffensive bei Kursk.

Trotz großer Verluste konnte sie sich bald einen ausgezeichneten Ruf erwerben und sogar die Anerkennung der Sowjets aufgrund ihres aggressiven Kampfgeistes gewinnen. Dies kam in mehreren Kampfberichten der Sowjets zum Ausdruck (sowjetische Kommandeure zeigten einen großen Respekt, wenn sie Soldaten der Division Wiking gegenüberstanden).

Im Oktober 1943 wurde die Division erneut umstrukturiert, diesmal als richtige Panzerdivision. Die Bedeutung dieser Umstrukturierung sollte nicht unterschätzt werden. Üblicherweise betrachteten die deutschen Kommandeure die meisten ausländischen Freiwilligeneinheiten mit Verachtung. Die Tatsache, dass eine vorwiegend »ausländische« Division nun den Status einer Panzerdivision erhielt und mit den neuesten Panzern ausgerüstet wurde, war ein deutliches Zeichen der Anerkennung.

Die »Wikinger« erlangten sehr bald den Status einer Eliteeinheit, die an die besten Einheiten der ursprünglichen Waffen-SS heranreichte. Im Februar 1944 nahm die Wiking an den Kämpfen rund um Tscherkassy teil und musste schwere Verluste einstecken. Ihr Kampfwille und ihr Korpsgeist blieben jedoch davon unberührt. Sie wurde dann nach Polen zurückgezogen und nahm im Herbst 1944 an den Verteidigungskämpfen rund um Warschau teil. Danach ging es in Richtung Süden, um beim missglückten Versuch, Budapest zu entsetzen, teilzunehmen.

Nachdem dies gescheitert war, kam die Division nach Österreich, wo sie 1945 an den Kämpfen um Wien beteiligt war. Die Qualität der Division Wiking als Kampfeinheit lässt sich an der Zahl der Ritterkreuze ablesen, die an ihre Soldaten verliehen wurden. Insgesamt 54 Angehörige erhielten eine solche Auszeichnung für ihre Tapferkeit. Diese Zahl wurde bei der Division Das Reich mit 73 Verleihungen übertroffen.

Ihr erster Kommandeur war SS-Obergruppenführer Felix Steiner, einer der am höchsten dekorierten Soldaten der Waffen-SS, der dann das III. (germ.) SS-Panzerkorps und die 11. Panzerarmee kommandierte. Als Nachfolger Steiners kam SS-Obergruppenführer Herbert Otto Gille, der für seine und seiner Einheit Leistungen im Kampf zum Ritterkreuz Schwerter, Eichenlaub und Diamanten verliehen bekam. Ein weiterer Kommandeur, SS-Standartenführer Johannes Mühlenkamp, hatte das Ritterkreuz bereits als Kommandant des Panzerregiments der Division erhalten. Als Anerkennung für seine Führung der Division erhielt er dazu das Eichenlaub. Für die Division wurde sogar ein spezieller Kragenspiegel, der den Bug eines Wikinger-Langschiffes zeigte, entworfen. Es gibt aber keinerlei Beweise, dass dieser je verwendet wurde. Die Männer der Division Wiking trugen üblicherweise die SS-Runen. Jene Angehörigen, die zuerst bei den Freiwilligenlegionen gedient hatten, benützten weiterhin ihre nationalen Hoheitsabzeichen am Ärmel.

Mitglieder der Regimenter Nordland, Westland und Germania trugen Ärmelstreifen mit dem Namen ihres Regiments, während die übrigen Soldaten den Schriftzug »Wiking« auf dem Ärmelstreifen stehen hatten.

Eine spezielle Version des Wiking-Ärmelstreifens in gotischer Schrift statt in den lateinischen Buchstaben soll angeblich ausschließlich für Herbert Otto Gille angefertigt worden sein. Auch wenn Gille diese Ärmelstreifen trug, war er keineswegs der Einzige. Es gibt nämlich Fotos, auf denen auch rangniedere Unteroffiziere und Mannschaften der Division damit zu sehen sind.

Die Division Wiking galt als eine der kampfstärksten Einheiten in den deutschen Streitkräften. Dieser Ruf kann aber nicht darüber hinwegtäuschen, dass sich die Einheit zahlreicher Kriegsverbrechen schuldig gemacht hat – das größte war wohl das Massaker von Zborow am 11. Juli 1941, bei dem 600 jüdische Einwohner ermordet wurden. Noch in den letzten Kriegswochen, als die Division in Österreich stationiert war, ermordeten ihre Soldaten zahlreiche Häftlinge des KZ Mauthausen.

6. SS-Gebirgsdivision Nord

Diese Division wurde am 28. Februar 1941 in Norwegen aufgestellt und erhielt die Bezeichnung »SS-Kampfgruppe Nord«. Neben Volksdeutschen aus Ungarn und Rumänien gab es auch einige Norweger (vor allem das SS-Skibataillon), die zum deutschen Kader hinzukamen. Trotz der schlechten Ausbildung wurde die Kampfgruppe im Juni 1941 in den hohen Norden geschickt, um über Finnland nach Russland vorzustoßen. Ihr Ziel war die Einnahme des Hafens Murmansk. Im September 1941 erhielt sie den Status einer Division.

Anfangs war die Kampfkraft der Division nur gering. Dies war zum Teil den schwierigen Umständen geschuldet: Die feuchten, dunklen Wälder und der sumpfige Boden waren ein Paradies für Mücken. Die Moral war dementsprechend niedrig und die Krankenstände hoch. Trotzdem blieb die Division bis 1944 in dieser Region in ständigem Einsatz. Als die Rote Armee nach Westen vorrückte, wurde die Division zunächst nach Oslo zurückgenommen, dann nach Dänemark gebracht.

Im Dezember 1944 wurde sie an die Westfront verlegt und kämpfte im Saarland gegen die Alliierten. Die Einheit zeigte nun eine höhere Kampfkraft als in Russland, musste aber schrittweise zurückweichen. Im März 1945 wurde sie von den vorrückenden Alliierten am Westufer des Rheins abgeschnitten. Sie leistete heftigen Widerstand, ehe sie zur Kapitulation gezwungen wurde. Insgesamt sieben Soldaten der Division wurden ab Mitte 1944 mit dem Ritterkreuz des Eisernen Kreuzes dekoriert.

Die Division Nord stand anfänglich für kurze Zeit unter dem Kommando von SS-Obergruppenführer Georg Keppler (der auch die Division Das Reich kommandierte). Sein Nachfolger war SS-Obergruppenführer Matthias Kleinheisterkamp, ein früherer Kommandant der Division Das Reich und ein hoch dekorierter Soldat.

Der letzte Kommandant, SS-Obergruppenführer Friedrich Wilhelm Krüger, erhielt für die Führung der Division im Oktober 1944 das Ritterkreuz. Die meisten Soldaten der Division trugen die SS-Runen am Kragenspiegel. Einige Soldaten des SS-Gebirgsjägerregiments 11, das aus der SS-Totenkopfstandarte 6 hervorgegangen war, verwendeten jedoch weiterhin den Totenkopf als Abzeichen. Die Division verfügte auch über einen eigenen Ärmelstreifen, der den Namen »Nord« trug. Einige Angehörige verwendeten jedoch inoffiziell die Ärmelstreifen des SS-Oberabschnitts Nord der Allgemeinen SS.

Innerhalb der Division trugen die Männer des SS-Gebirgsjägerregiments 11 die Ärmelstreifen mit der Aufschrift »Reinhard Heydrich«, jene des SS-Gebirgsjägerregiments 12 die Ärmelstreifen »Michael Gaismair«. Das norwegische Skibataillon hatte noch die Ärmelstreifen mit der Aufschrift »Norge« und einige wenige Angehörige der norwegischen Freiwilligenlegion den Ärmelstreifen »Frw. Legion Norwegen«.

7. SS-Freiwilligen-Gebirgsdivision Prinz Eugen

Diese Division bestand hauptsächlich aus Mitgliedern der volksdeutschen Gemeinden in Kroatien und dem Banat. Sie wurde im März 1942 als »SS-Freiwilligen-Gebirgsdivision« gegründet und erhielt einen Monat später den Ehrentitel »Prinz Eugen«. Im Oktober 1942 stand dann ihre endgültige Bezeichnung als »7. SS-Freiwilligen-Gebirgsdivision Prinz Eugen«.

Sie war jedoch nur dem Namen nach eine Freiwilligeneinheit. Schon zu Beginn gab es neben der freiwilligen Rekrutierung umfangreiche

Zwei Angehörige der 5. Panzerdivision Wiking. Der Mann rechts ist SS-Hauptsturmführer Oeck von der Panzerjägerabteilung der Division. Einer Anzahl von Soldaten der Division gelang es, der Gefangennahme zu entgehen und bei der Französischen Fremdenlegion unterzukommen, wo sie dann in Indochina Dienst taten.

Zwangseinziehungen und Einberufungen. Daneben gehörten noch eine Anzahl Serben, Rumänen und Ungarn zur Division. Einige Mitglieder der kroatischen Ustascha, das Pendant zur deutschen SS, konnten ebenfalls dazu überredet werden, sich freiwillig zu melden.

Mittels verschiedenster Maßnahmen gelang es auch, die für eine Division notwendige Mannschaftsstärke zu erlangen. Die Versorgung mit Waffen und Gerät war jedoch problematischer. Die Prinz Eugen war nämlich nur für Aufgaben der inneren Sicherheit und Einsätze gegen Partisanen vorgesehen. Daher waren die Deutschen nicht bereit, größere Mengen an erstklassigen Waffen und Gerät auszugeben. So musste sich die Division mit riesigen Mengen an veraltetem Gerät begnügen, die französischer, belgischer, jugoslawischer, tschechischer und italienischer Herkunft waren. Auf diese Weise verfügte die Division Prinz Eugen über ausreichend Männer, die komplett – wenn auch nicht einheitlich – ausgerüstet waren. Sogar eine Panzerabteilung, die mit erbeuteten französischen Panzern ausgestattet war, gehörte dazu.

Die Prinz Eugen unterstand dem Kommando des SS-Obergruppenführers Artur Phleps, eines früheren Generals der rumänischen Armee. Ihr erster wichtiger Einsatz war die Schlacht an der Neretwa Anfang 1943, wo die deutschen Streitkräfte die Partisanen Titos zu umzingeln und endgültig zu vernichten versuchten. Obwohl die Partisanen dabei schwere Verluste erlitten, konnte Tito mit einem Großteil seiner Kräfte der Umkesselung entrinnen. Die in der Folge umgruppierten und reformierten Widerstandsgruppen blieben so weiterhin eine ständige Bedrohung für die deutschen Streitkräfte.

Da die Prinz Eugen immer auf dem Balkan stationiert war, bestand ihre Aufgabe – bis auf die letzten Kriegstage, als sie gegen die vorrückende Rote Armee kämpfte – in der Partisanenbekämpfung. Dabei zeichnete sie sich weniger durch Tapferkeit im Kampf als durch ein brutales und rücksichtsloses Vorgehen gegen die Zivilbevölkerung aus. Wer der Unterstützung der Partisanen verdächtig war, wurde genauso erschossen wie Zwangsarbeiter, für die man keine Einsatzmöglichkeit mehr hatte. Höhepunkt der Grausamkeiten war das Massaker am 28. März 1944, als die Division die Einwohner von insgesamt 22 Dörfern im Raum Knin im heutigen Kroatien umbrachte – in den Nürnberger Prozessen wurde die Anzahl der Opfer mit 2014 angegeben. Zum Teil wurden die Dorfbewohner in Häuser getrieben und dort verbrannt oder durch die Fenster mittels MG-Feuer getötet. Danach wurden die Ortschaften geplündert.

Im Oktober 1944 kam die Division dann in das Gebiet um Belgrad, um den Abzug der Deutschen aus Jugoslawien zu decken. Dabei kam es zum Verlust von Artur Phleps, der von einem Stoßtrupp der Roten Armee gefangen genommen und dann erschossen wurde. Er erhielt posthum am 24. November das Eichenlaub zu seinem Ritterkreuz verliehen. Als es in den letzten Kriegstagen zu Feindberührung mit der Roten Armee kam, wurde die Division aufgerieben. Der Großteil der Überlebenden geriet in russische Gefangenschaft. Erfolge in Kampfeinsätzen hatte die Division somit nicht aufzuweisen; ihr Name steht einzig für ihr grausames, völkerrechtswidriges Vorgehen gegen Zivilbevölkerung und Partisanen.

Nach dem Tod von Phleps ging das Kommando an den SS-Brigadeführer Karl von Oberkamp und dann an den SS-Brigadeführer Otto Kumm über. Letzterer hatte sich als Regimentskommandant in der Division Das Reich einen Namen gemacht. Für seine Führung der Division Prinz Eugen bekam er dann auch die Schwerter zu seinem Ritterkreuz verliehen. Kumm übergab das Kommando an SS-Brigadeführer August Schmidthuber, als er in den letzten Kriegstagen mit der Führung der Leibstandarte SS Adolf Hitler beauftragt wurde. Insgesamt sechs Soldaten der Division erhielten das Ritterkreuz des Eisernen Kreuzes – obwohl ihre Gegner bestenfalls schlecht ausgerüstete Partisanen, meist wehrlose Zivilisten waren. Die Mitglieder der Division trugen einen Ärmelstreifen mit der Bezeichnung »Prinz Eugen« in lateinischer Schrift und einen Kragenspiegel mit der sogenannten Odalrune darauf.

11. SS-Freiwilligen-Panzergrenadierdivision Nordland

Die 11. SS-Freiwilligen-Panzergrenadierdivision Nordland wurde im Februar 1943 aufgestellt und stellte den Versuch der Deutschen dar, eine rein internationale SS-Division von Freiwilligen zu formieren. Obwohl die Elitedivision Wiking eine beträchtliche Zahl an ausländischen Soldaten in ihren Reihen aufwies, waren die höheren Unteroffiziers- und Offiziersränge vorwiegend mit Deutschen besetzt. Bei der Division Nordland hofften die Deutschen, die meisten höheren Dienstgrade mit Freiwilligen besetzen zu können.

Der Großteil der Männer stammte von den verbliebenen oder aufgelösten Legionen; daneben rekrutierte man »germanische«, also nach rassischen Gesichtspunkten ausgesuchte Soldaten aus verschiedenen Nationen. Die Division Nordland war die national heterogenste Einheit der Waffen-SS. Gegen Ende des Krieges hatten Freiwillige aus Dänemark, den Niederlanden, Norwegen, Estland, Finnland, Frankreich, Schweden, der Schweiz und sogar Großbritannien in der Division entweder selbst gedient oder waren ihr zugeteilt gewesen.

Im Herbst 1943 erfolgte die Ausbildung der Division in Kroatien und im Januar 1944 wurde sie für kampfbereit erklärt. Es folgte die Verlegung zur Heeresgruppe Nord an der Ostfront, wo sie am erfolglosen Versuch beteiligt war, den Durchbruch der Roten Armee durch den Belagerungsring von Leningrad zu verhindern. Danach kam die Division bei der Schlacht von Narwa (Anfang 1944) zum Einsatz, wo sie hohe Verluste verzeichnete. An dieser Schlacht nahmen so viele Freiwilligeneinheiten teil, dass sie als »Schlacht der Europäischen SS« bezeichnet wurde.

Im September 1944 marschierte die Division in einem viertägigen Gewaltmarsch von

PzKpfw (Panzerkampfwagen) III der Division Wiking in der Sowjetunion. Wie alle SS-Einheiten wurde auch sie von der Propaganda als kampfstarke Elitetruppe gepriesen, die Realität war ein menschenverachtendes und brutales Vorgehen gegen die Zivilbevölkerung.

Zwei Soldaten der 7. Freiwilligen-Gebirgsdivision Prinz Eugen. Der Anstoß zur Aufstellung dieser Division stammte von Gottlob Berger, der eine SS-Division aus den Volksdeutschen Jugoslawiens schaffen wollte. Der ursprüngliche Aufruf nach Freiwilligen in Serbien und Kroatien wurde jedoch nicht allzu begeistert aufgenommen, weshalb es zu Zwangsrekrutierung und Einberufungen kam. Unter dem Deckmantel der Partisanenbekämpfung brannte die Division ganze Dörfer nieder, massakrierte Zivilisten und folterte gefangene Partisanen. Etliche Angehörige der Division wurden nach Kriegsende als Kriegsverbrecher verurteilt und hingerichtet.

Narwa nach Riga und konnte so rechtzeitig verhindern, dass die deutsche 18. Armee von den sowjetischen Streitkräften eingekesselt wurde. Der Vorstoß der Roten Armee zwang die Division Nordland, sich langsam in den Kessel von Kurland zurückzuziehen.

Anfang 1945 erfolgte dann die Evakuierung nach Deutschland. Dort war sie in heftige Kämpfe um Danzig, Stettin und Stargard verwickelt, ehe sie sich jenen Streitkräften anschloss, die Berlin verteidigten. Die Division wurde schließlich in der Schlacht um die Stadt im April/Mai 1945 vernichtet.

Die Division Nordland war eine komplette, gut ausgerüstete Einheit, zu der auch die SS-Panzerabteilung 11 Hermann von Salza gehörte. Insgesamt konnte sie sich im Kampf gut behaupten und zählte zu den besser angesehenen nichtdeutschen SS-Divisionen. An ihre Angehörigen wurden insgesamt 30 Ritterkreuze verliehen; damit steht die Division an der fünften Stelle aller Einheiten der Waffen-SS.

Die Division unterstand ursprünglich dem Kommando von SS-Obergruppenführer Fritz von Scholz, Träger der Schwerter und des Eichenlaubs. Dieser fiel jedoch am 28. Juli 1944 in der Nähe von Narwa, weshalb dann SS-Brigadeführer Joachim Ziegler, der am 2. Mai 1945 in Berlin im Kampf fiel, die Division übernahm. Die Soldaten der Division trugen einen speziellen Kragenspiegel, auf dem sich das sogenannte Sonnenrad befand. Die Männer des SS-Panzergrenadierregiments 23 führten die Bezeichnung »Norge«, die Männer des Panzergrenadierregiments 24 die Bezeichnung »Danmark« und die Männer der SS-Panzerabteilung 11 die Bezeichnung »Hermann von Salza«. Alle anderen Angehörigen der Division trugen die Bezeichnung »Nordland«. Die meisten der Soldaten in der Division hatten auch ihre eigenen nationalen Hoheitsabzeichen am Ärmel.

13. Waffen-Gebirgsdivision der SS Handschar (kroat. Nr. 1)

Im Februar 1943 befahl Himmler die Aufstellung einer neuen Einheit von bosnischen moslemischen Freiwilligen, die im Kampf gegen die Partisanen in Jugoslawien eingesetzt werden sollten. Diesem Befehl entsprang die kroatische SS-Freiwilligendivision. Himmler hoffte, auf Dauer eine germanisch-moslemische »Einheitsfront« gegen die verhassten Juden zu bilden und versuchte deshalb, Hitler der moslemischen Welt als von Allah gesandten Befreier zu verkaufen, der die Welt von den Juden erlösen würde.

Im September 1943 – mittlerweile hatte man mehr als 12 000 Freiwillige angeworben – kam die Division zur Ausbildung nach Frankreich, wo sofort Probleme auftraten. Die meisten deutschen Ausbildungsoffiziere und -unteroffiziere – viele von ihnen frühere SS-Rekruten, die Himmlers Vorstellungen der rassischen Reinheit bei ihrer Ausbildung eingetrichtert bekommen hatten – verachteten die moslemischen Truppen. Sie empfanden es als Zumutung, Moslemrekruten mit ihren komischen Kopfbedeckungen zu kommandieren. Dazu kamen noch die Imame in deren Gefolge, die die täglichen Gebete in Richtung Mekka leiteten.

Die moslemischen Freiwilligen dagegen hatten sich in der Annahme gemeldet, sie würden zum Schutz ihrer heimatlichen Dörfer eingesetzt – stattdessen fanden sie sich im Ausbildungslager im fernen Südfrankreich wieder. Es kam zu vermehrten Spannungen bis hin zur bewaffneten Meuterei.

Mit äußerstem Misstrauen von den Deutschen betrachtet, wurde die Division schließlich zurück nach Jugoslawien verlegt, um im Partisanenkampf eingesetzt zu werden. Dabei tat sie sich vor allem durch ihre Grausamkeit hervor. Ihre Angehörigen verübten zahlreiche Gräueltaten, vor allem gegen die serbische Bevölkerung.

Der SS-Obersturmbannführer Otto Kumm war der dritte Kommandeur der Division Prinz Eugen, nach Artur Phleps und Carl von Oberkamp. Kumm hatte sich bei der Division Das Reich in Russland einen Namen gemacht; seine Karriere endete als letzter Kommandeur der Division Leibstandarte. Nach dem Krieg war Kumm Vorsitzender der SS-Nachfolgeorganisation »Hilfsgemeinschaft auf Gegenseitigkeit der Angehörigen der ehemaligen Waffen-SS« (HIAG) und schrieb zwei Bücher, in denen er die Waffen-SS als unpolitische und vor allem völkerrechtskonforme Soldatentruppe darstellte.

Ende 1944 befanden sich die deutschen Truppen am Balkan auf dem Rückzug. Die Moslemeinheiten der Division, für den Frontkampf als nutzlos angesehen, wurden schließlich aufgelöst. Aus den deutschen und volksdeutschen Teilen entstand eine Kampfgruppe, die sich danach kämpfend über Ungarn nach Kärnten zurückzog. Hier musste sie sich schließlich den Briten ergeben.

Insgesamt fünf Ritterkreuze wurden an Soldaten der Division Handschar verliehen: an SS-Brigadeführer Desiderius Hampel, SS-Obersturmbannführer Karl Liecke, SS-Obersturmbannführer Hans Handke, SS-Sturmbannführer Albert Stenwedel und SS-Sturmbannführer Helmut Kinz. Es überrascht kaum, dass alle diese Soldaten zum deutschen Kaderpersonal gehörten. Außerdem erfolgten die Auszeichnungen erst im Mai 1945, nachdem die moslemischen Teile der Truppe aufgelöst worden waren.

Die Division trug einen speziellen Kragenspiegel, auf dem ein kurzes säbelartiges Schwert, der Handschar, zu sehen war.

Das Hoheitsabzeichen am Ärmel der Angehörigen in dieser Division war in den rot-weißen Schachbrettfarben Kroatiens gehalten.

14. Waffen-Grenadierdivision der SS (galizische Nr. 1)

Der westliche Teil der Ukraine hatte früher zu Österreich-Ungarn gehört. Obwohl im Hitler-Stalin-Pakt von 1939 festgelegt wurde, dass dieses Gebiet zum Einflussbereich der Sowjets gehört, stand ein Teil der Bevölkerung Stalin äußerst ablehnend gegenüber. Die Menschen in der westlichen Ukraine hatten während der frühen Jahre der Sowjetherrschaft hart zu leiden gehabt. Als nun im Sommer 1941 die Deutschen ihren Angriff auf die Sowjetunion starteten, wurden sie als Befreier der Ukrainer willkommen geheißen – was sich schnell änderte, als die Einsatzgruppen ihre Arbeit aufnahmen.

Im August 1941 wurde die westliche Ukraine, die Himmler unbedingt Galizien nennen wollte, Teil des Generalgouvernements. So hieß jenes von den Deutschen verwaltete Gebiet, das den Großteil Polens umfasste. Im März 1943 äußerte SS-Brigadeführer Wächter, seit Januar 1942 militärischer Kommandant der westlichen Ukraine, den Wunsch, ein »galizisches« Polizeiregiment aufstellen zu dürfen. Dies wurde ihm auch gestattet. Da durch die Kriegsverluste immer mehr Soldaten benötigt wurden, schlug Himmler vor, anstatt eines Regiments eine Division aufzustellen. Die antirussische Stimmung in diesem Gebiet war so stark, dass sich an die 80 000 Freiwillige meldeten. Dies reichte für die geplante Division aus, wobei genügend Freiwillige für fünf weitere Polizeiregimenter übrig blieben. Rund 600 Führer und 200 Unterführer wurden nach Deutschland geschickt, um dort ihre zusätzliche Ausbildung zu erhalten.

Die westliche Ukraine war vorwiegend katholisch, und so erlaubte es der Katholik Himmler den Ukrainern, ihren eigenen Kaplan mit sich zu führen. Dies war in der deutschen Wehrmacht üblich, bei der SS aber ungewöhnlich. Zwar verlangte Himmler von seinen SS-Männern »Gottgläubigkeit«, aber die Mitgliedschaft bei einer etablierten Religionsgemeinschaft wurde nicht gefördert.

Anfangs war die Division im Rückraum der Front zur »Partisanenbekämpfung« eingesetzt, was nichts anderes hieß, als dass sie sich am Vernichtungskrieg gegen die polnischen und vor allem jüdische Bevölkerungsteile in den ukrainischen Gebieten beteiligte. Traurige Berühmtheit erlangte sie vor allem durch Massaker in Huta-Pieniacka, Podkamien und Palikrowy.

Mitte Juni 1944 erlebte die Division ihren ersten Kampfeinsatz, als sie in der Nähe von Brody die sowjetische Sommeroffensive stoppen sollte. Die unerfahrene Einheit, die sich jetzt zum ersten Mal im Kampf bewähren musste, wurde im Kessel von Brody beinahe aufgerieben. Von den rund 14 000 Mann, die in den Kampf gezogen waren, konnten sich nur etwa 4000 zu den deutschen Linien durchschlagen.

Zum Glück für die Deutschen gab es genügend Nachschub an Freiwilligen, sodass die Verluste der Division rasch ausgeglichen werden konnten. Im Herbst 1944 wurde ein Regiment der Division in die Tschechoslowakei geschickt, wo eine slowakische Revolte ausgebrochen war. Im Januar 1945 kam die gesamte Division nach Jugoslawien, zum Kampf gegen die Partisanen Titos. Sie wurde aber nur selten eingesetzt. Zwei Monate später wurde die Division, zumindest auf dem Papier und zu spät, um noch von Nutzen zu sein, Teil der Ukrainischen Nationalarmee unter Pavlo Shandruck. Shandruck war ein früherer Generalstabsoffizier der polnischen Armee und die Division sollte Teil seiner Streitkraft sein.

Der Großteil der Division konnte sich gegen Ende des Krieges in Richtung Westen zurückziehen und sich den anglo-amerikanischen Truppen ergeben. Die alliierte Verwirrung über den Status der Angehörigen der Division, die sich als Galizier bezeichneten, kam vielen zugute. So gelang es den meisten, sich der Zwangsrepatriierung in die Sowjetunion zu entziehen; viele wanderten später in die USA, nach Kanada oder Australien aus.

Auch wenn sie in der Waffen-SS gedient hatten, erkannte der polnische General Wladyslaw Anders, der die Polnischen Streitkräfte in der Sowjetunion kommandiert hatte, pragmatisch ihren zukünftigen Nutzen als stramme Antikommunisten. So beglaubigte er ihre Behauptung, dass sie Polen und nicht Russen seien. Andere Freiwilligeneinheiten der Waffen-SS hatten weniger Glück beim Versuch, sich der Verantwortung für ihre Kriegsverbrechen zu entziehen.

Nur ein Mitglied der Division, ihr deutscher Kommandeur SS-Brigadeführer Fritz Freitag, erhielt das Ritterkreuz des Eisernen Kreuzes. Die Soldaten der Division trugen ein spezielles Hoheitsabzeichen am Ärmel in Blau mit einem aufgerichteten Löwen und drei Kronen. Ein spezieller Kragenspiegel, der ebenfalls einen aufgerichteten Löwen zeigte, wurde dazu getragen.

15. Waffen-Grenadierdivision der SS (lettische Nr. 1)

Nachdem sie die Sowjets aus Lettland vertrieben hatten, stellten die Deutschen mehrere lettische Polizeiregimenter unter deutscher Führung auf. Diese sollten wichtige Versorgungslinien vor möglichen Angriffen deutschfeindlicher Partisanen schützen. Anfang 1943 kamen einige dieser Polizeieinheiten sowie einige deutsche Offiziere und Unteroffiziere an die Ostfront zur Heeresgruppe Nord, um Kampferfahrung zu sammeln.

Als es bekannt wurde, dass eine lettische Legion gegen die Sowjets aufgestellt wird, meldeten sich an die 32 000 Freiwillige, aus denen die 22 000 Mann der Division ausgewählt wurden. Am 25. Februar 1943 wurde SS-Brigadeführer und Generalmajor der Waffen-SS Peter Hansen zum Kommandanten der Einheit ernannt; ihm folgte im Mai 1943 Carl Graf von Pückler-Burghauss, unter dessen Kommando die Einheit im Oktober erstmals einsatzfähig gemeldet wurde.

Im November 1943 hatten die lettischen Freiwilligen zum ersten Mal Feindberührung bei Novosokolniki. Es galt die sowjetische Winteroffensive abzuwehren. Die Letten konnten die Angriffe zeitweise erfolgreich stoppen, ihre Verluste waren jedoch hoch. Eine russische Angriffswelle folgte der anderen, und die Division sah sich ständig in verzweifelten Abwehraktionen. Aber es war umsonst – im Juli 1944 stand die Rote Armee wieder auf lettischem Boden. Um nicht in sowjetische Kriegsgefangenschaft zu geraten, setzten sich große Truppenteile im Frühjahr 1945 nach Westen ab – gegen entsprechende Befehle aus dem Führerhauptquartier. Im April 1945 ergaben sich die Reste der Division den britischen Truppen.

Fünf Soldaten der Division, SS-Brigadeführer Nikolaus Heilmann (ein Deutscher), Waffen-Standartenführer Karlis Aperats (ein Lette), SS-Oberführer Adolf Ax (in Flandern geboren), SS-Sturmbannführer Erich Wulff (ein Deutscher) und Waffen-Unterscharführer Karlis Sensbergs (ein Lette) erhielten das Ritterkreuz des Eisernen Kreuzes.

Die üblichen SS-Runen am Kragenspiegel waren in der Division weit verbreitet, auch wenn sie keine deutsche war. Eine Zeitlang wurde auch der Kragenspiegel mit dem Hakenkreuz verwendet. Schließlich erhielt die Einheit das endgültige Abzeichen – drei Sterne innerhalb eines Strahlenkranzes. Ärmelstreifen wurden nie genehmigt. Das Hoheitsabzeichen am Ärmel bestand aus den lettischen Farben Rostrot mit einem weißen diagonalen Streifen, wobei es mit und ohne den Schriftzug »Latvija« getragen wurde.

SS-Sturmbannführer Christian von Schalburg (links) schüttelt dem SS-Unterscharführer Soren Kam von der 11. SS-Freiwilligen-Panzergrenadierdivision Nordland die Hand. Die Division wurde aus den Resten der nationalen Legionen, Teilen der Division Wiking und neuen Rekruten aus den »germanischen« Ländern, die unter der Kontrolle der Nazis standen, aufgestellt.

18. SS-Freiwilligen-Panzergrenadierdivision Horst Wessel

Am Anfang galt Ungarn nicht als besetztes Land, sondern als souveräner Staat, der mit den Deutschen verbündet war. Es gab in Ungarn eine beträchtliche Anzahl von Volksdeutschen, die trotz ihrer deutschen Abstammung als ungarische Bürger galten und folglich der Wehrpflicht im ungarischen Heer unterworfen waren. Aber Himmlers gierige Augen richteten sich auf die volksdeutschen Ungarn als eine potenzielle Nachschubquelle für die Waffen-SS.

Nach zahlreichen Schmeicheleien, Überredungskünsten und kaum verhohlenen Drohungen konnte Himmler die ungarische Regierung schließlich dazu bewegen, der Waffen-SS die Rekrutierung von volksdeutschen Ungarn zu erlauben. Die Ungarn bestanden jedoch auf bestimmten Voraussetzungen: Die Rekruten

Ein Rekrutierungsplakat der Waffen-SS, das einen großen Erfolg hatte – der Aufruf an die Italiener, sich der Italienischen Legion der Waffen-SS anzuschließen. An die 20000 Italiener meldeten sich freiwillig.

mussten wirklich Freiwillige sein; jeder Freiwillige unter 18 musste die Zustimmung der Eltern vorweisen; und jeder, der sich als Freiwilliger zur Waffen-SS meldete, musste die ungarische Staatsbürgerschaft zurückgeben. Mitte Sommer 1942 waren an die 18000 Freiwillige in Dienst genommen worden, von denen die meisten zur 7. SS-Freiwilligen-Gebirgsdivision Prinz Eugen und zur 8. SS-Kavalleriedivision Florian Geyer kamen.

1943 wurde der Bedarf an Soldaten immer größer, weshalb Himmler sich gezwungen sah, die Altersgrenzen für Freiwillige herabzusetzen. Dies brachte weitere 30000 bis 40000 Freiwillige, von denen die meisten zur 11. SS-Freiwilligen-Panzergrenadierdivision Nordland und einige zur 16. SS-Panzergrenadierdivision Reichsführer-SS kamen.

1944 bestand Ungarns Souveränität nur mehr auf dem Papier und Himmlers Autorität genügte, um den Volksdeutschen keine andere Wahl zu lassen, als ihren Militärdienst bei der Waffen-SS abzuleisten. Damit kam er auch Hitler entgegen, der ständig nach einer neuen Division verlangte, die den Namen des größten Märtyrers der Partei – Horst Wessel – erhalten und sich vornehmlich aus ehemaligen SA-Männern rekrutieren sollte. Dies ärgerte Himmler wegen der schlechten Beziehungen zwischen der SS und SA. Trotzdem bestand Hitler darauf – die Wehrmacht und die Luftwaffe hatten bereits je eine solche Einheit, die vor allem aus ehemaligen SA-Mitglieder bestanden. Daneben gab es bei diesen Wehrmachtsteilen auch Einheiten mit der Ehrenbezeichnung »Feldherrnhalle«, die ebenfalls aus SA-Mitgliedern bestanden. Die Luftwaffe hatte darüber hinaus noch eine Bomberstaffel mit dem Namen »Horst Wessel«.

Nachdem sich SA-Leute nur in ungenügender Anzahl zu der geplanten neuen SS-Freiwilligendivision gemeldet hatten – die schlechten Beziehungen zwischen SA und SS waren durchaus gegenseitig, die Ereignisse der »Röhm-Affäre« nicht vergessen –, griff die SS-Führung auf ungarische Volksdeutsche zurück. Die Division selbst wurde 1943 rund um das Kaderpersonal der 1. SS-Infanteriebrigade (mot.) aufgestellt. Die Bezeichnung »Freiwillige« ist nur unter Vorbehalt zu lesen, da es in dieser Kriegsphase nur noch sehr wenige Kriegsbegeisterte gab. Im Winter 1943/44 erfolgte der Aufbau der Division, und im Juli 1944 kam eine Kampfgruppe der Division in die Ukraine, um an der zusammenbrechenden Front auszuhelfen. Im Dezember kehrte sie wieder zur Division zurück. Der Division wurden unter anderem die SS-Panzergrenadier-Regimenter 39 und 40 zugeteilt. Dieses Regiment 39 war seit Juni 1941 im rückwärtigen Heeresgebiet in Russland mit der Ermordung der jüdischen Bevölkerung befasst, Regiment 40 war ursprünglich als SS-Totenkopf-Standarte 10 im Konzentrationslager Buchenwald tätig.

Die Division nahm im Juli 1944 an der Besetzung des eigentlich verbündeten Ungarn teil (»Operation Margarethe«), wo man mit einem Kriegsaustritt und einem Separatfrieden mit den Alliierten zu liebäugeln begann.

Der erste Kommandant der Division Horst Wessel war SS-Brigadeführer August Wilhelm Trabandt, der als Kommandant der 1. SS-Infanteriebrigade (mot.) eingetreten war. Ihm folgten SS-Oberführer Georg Bochmann, ein hoch dekorierter Panzeroffizier der Totenkopfdivision, und schließlich SS-Standartenführer Heinrich Petersen, ein Veteran der Prinz Eugen, der die

Division während der letzten Kriegswochen kommandierte und lieber Selbstmord verübte, als in russische Gefangenschaft zu gehen.

19. Waffen-Grenadierdivision der SS (lettische Nr. 2)

Diese zweite lettische Freiwilligendivision wurde ab Januar 1944 aufgestellt, um die ausgezeichnete Reaktion auf die Rekrutierungskampagne der Waffen-SS in den baltischen Staaten auszunützen. Ihre Muttereinheit war die 2. lettische Freiwilligenbrigade, die seit 1942 an der Ostfront im Einsatz stand. Die Division erreichte eine Stärke von rund 10500 Mann.

Wie ihre lettische Schwesterdivision war auch sie an den heftigen Abwehrkämpfen während des Rückzugs von Leningrad und im Kessel von Kurland beteiligt.

Einer der erfolgreichsten Soldaten dieser Division, Waffen-Oberführer Voldemars Veiss, Kommandant des SS-Freiwilligen-Grenadierregiments 42, erhielt als erster Lette das Ritterkreuz des Eisernen Kreuzes für Tapferkeit im Kampf. Die 19. Waffengrenadierdivision konnte auf die beeindruckende Zahl von elf Ritterkreuzträgern blicken. Insgesamt ergibt dies 16 Ritterkreuze, wenn die 15. Waffen-Grenadierdivision dazugezählt wird – ein eindrucksvoller Beweis für die Kampfqualität der lettischen Soldaten.

Die Division wurde von der Roten Armee langsam in den Kessel von Kurland zurückgedrängt, wo sie bei Kriegsende eingekesselt war. Die lettischen Mitglieder der Division wurden als sowjetische Staatsbürger angesehen und nach ihrer Gefangennahme durch die Rote Armee wegen Verrats angeklagt und zu Todes- oder Freiheitsstrafen verurteilt.

Die Truppen der Division trugen einen Kragenspiegel mit Hakenkreuz, das für kurze Zeit auch von der 15. Division verwendet worden war. Dazu kam noch das lettische Hoheitsabzeichen am Ärmel.

20. Waffen-Grenadierdivision der SS (estnische Nr. 1)

Nachdem Estland von der Sowjetunion annektiert worden war, flüchteten viele estnische Soldaten in die Wälder und kämpften als Partisanen gegen die Sowjets. Diese Männer sahen die Deutschen 1941 natürlich als Befreier. Diese wiederum nützten die Gelegenheit, ausgebildete Soldaten, die glühende Antikommunisten waren, für ihre Zwecke zu verwenden. Deshalb bildeten die Deutschen mehrere »Selbstverteidigungseinheiten«. Die Reaktion der Esten war aber so gewaltig, dass drei komplette Armeebataillone, mehrere Polizeibataillone und noch sechs Grenzwachregimenter aufgestellt werden konnten.

Der Leiter der Naziverwaltung, Generalkommissar Litzmann, forderte 1942 die Aufstellung einer Estnischen Legion, die gemeinsam mit den Deutschen an der Ostfront kämpfen sollte. Die Reaktionen waren sehr ermutigend, es meldeten sich genügend Rekruten (meist ehemalige Soldaten der estnischen Armee), um drei Bataillone für das neu formierte estnische 1. SS-Freiwilligen-Grenadierregiment zu bilden. Ein Bataillon des Regiments hatte als Teil der Elitedivision Wiking Feindkontakt.

Im Mai 1943 wurden die Reste des Regiments zu einer Brigade ausgebaut und in 3. Estnische SS-Freiwilligenbrigade umbenannt. Die Brigade bestand aus den SS-Freiwilligen-Grenadierregimentern 45 und 46. Anfang 1944 beschloss

Mit diesem Rekrutierungsaufruf wollte man britische Kriegsgefangene auffordern, der Waffen-SS beizutreten. Nur wenige folgten dem Aufruf.

Himmler, aus dieser Brigade und bereits bestehenden estnischen Freiwilligen-Bataillonen der deutschen Wehrmacht und einigen Polizeibataillonen eine neue estnische Division zu formieren. Eine dieser Wehrmachtseinheiten war das Estnische Polizeibataillon 658 unter dem Kommando eines estnischen Offiziers, Major Alfons Rebane, Ritterkreuzträger seit Februar 1944.

Im April 1944 kehrte das der Division Wiking angegliederte Bataillon als SS-Füsilierbataillon 20 zur neuen Division zurück. Der Divisionskommandeur war SS-Brigadeführer Franz Augsberger, ein Österreicher, der seine neue Division ab Februar 1944 in die Schlacht von Narwa führte. Trotz ihrer Gegenwehr wurde die Division quer durch ihre Heimat in den Kessel von Kurland zurückgedrängt. Die meisten von ihnen konnten von dort erfolgreich nach Deutschland gebracht werden. Die Division kehrte im Dezember an die Ostfront zurück, um den sowjetischen Vorstoß nach Schlesien und dann in die Tschechoslowakei aufzuhalten. Franz Augsberger fiel am 19. März 1945 im Kampf, als die Division der sowjetischen Umklammerung bei Falkenberg zu entgehen versuchte. Sein Nachfolger als Divisionskommandant war SS-Brigadeführer Berthold Maack.

Im Mai 1945 geriet ein Teil der Division in sowjetische Kriegsgefangenschaft, ein anderer Teil kämpfte sich erfolgreich in Richtung Westen durch und ergab sich den anglo-amerikanischen Truppen.

Zwei Fotos von Männern der 13. Waffen-Gebirgsdivision der SS Handschar: Mittagsrast (rechts) und bei der Parade (unten). Die Rekruten waren islamischen Glaubens, da Himmler den Hass zwischen den Moslems und den christlich-orthodoxen Serben (die später den Großteil von Titos Partisanen ausmachten) nutzen wollte. Die Division erhielt viele Privilegien wie spezielle Verpflegung und die Erlaubnis, ihren religiösen Bräuchen nachzukommen. Die Division war in eine Reihe von Gefechten mit Partisanen verwickelt und verübte dabei zahlreiche Gräueltaten. Beim Anblick der Roten Armee desertierten jedoch viele von ihnen. Sie wurde schließlich als Division im Oktober 1944 aufgelöst.

Die Mitglieder dieser Division hatten einen speziellen Kragenspiegel in zwei Ausführungen. Die erste Version zeigte einen gepanzerten Arm mit hoch gehaltenem Schwert und dem Buchstaben »E« in der Armbeuge. Die zweite Version bestand bloß aus dem Buchstaben »E« mit einem Schwert darüber. Diese Variante war jedoch ziemlich unpopulär, weshalb die erste Spielart dann als offizielles Abzeichen eingeführt wurde.

Es gab auch zwei Versionen von estnischen Hoheitsabzeichen am Ärmel. Eines zeigte die estnischen Farben Blau-Schwarz-Weiß in horizontalen Balken, das andere hingegen in diagonalen Balken. Bei beiden waren darüber drei liegende Löwen zu sehen, die nach links schauten. Es gab jedoch keine Ärmelstreifen. Insgesamt sechs Mitglieder der Division erhielten das Ritterkreuz des Eisernen Kreuzes.

21. Waffen-Gebirgsdivision der SS Skanderbeg

Albanien war im März 1939 vor Ausbruch des Krieges von den Italienern erobert worden und blieb bis zur Kapitulation der Italiener 1943 unter deren Kontrolle. Dann übernahmen die Deutschen die Macht und verhielten sich, zumindest zu Beginn, den Albanern gegenüber recht zurückhaltend. Himmler sah in den albanischen Moslems ein Potenzial an Soldaten für den Krieg gegen die Partisanen, die meist serbischer Abstammung waren. So versuchte er, die traditionelle Feindschaft zwischen diesen beiden ethnischen Gruppen für seine Zwecke auszunützen.

Zum 1. Mai 1944 ließ Himmler eine neue albanische Freiwilligendivision aufstellen, die er nach dem großen albanischen Moslemheld Iskander Beg benannte. Unter dessen Führung hatten die Albaner im 15. Jahrhundert die türkischen Eindringlinge aus ihrem Land vertrieben. Die Division zog auch eine recht hohe Zahl von Rekruten aus dem ehemaligen jugoslawischen Kosovo an, der vom italienisch kontrollierten Albanien 1941 annektiert worden war. Die Qualität der Rekruten war jedoch schlecht, und nur an die 6000 von ihnen wurden schließlich zur Ausbildung aufgenommen. Der Rest wurde aus anderen Waffen-SS-Einheiten abgezogen. Die Offiziere und Unteroffiziere waren meist Deutsche oder Volksdeutsche.

Im August 1944 stand die Division bereit und wurde als kampftauglich erklärt. Offiziell sollte sie zur Partisanenbekämpfung eingesetzt werden, de facto operierte sie gegen Zivilisten. Die Vertreibung von laut eigenen, aber

ungesicherten Angaben 40 000 Serben aus dem Kosovo ging genauso auf ihr Konto wie die Gefangennahme der kosovarischen Juden, die ins Konzentrationslager Bergen-Belsen deportiert wurden. Diese Gräuel haben sich so tief ins kollektive Gedächtnis der ansässigen Bevölkerung eingegraben, dass sie noch in den 1990er-Jahren den Bürgerkrieg im zerfallenden Jugoslawien geprägt haben. Nachdem die Partisanen Mitte 1944 weite Teile des Kosovo und Serbiens kontrollierten, kam es zu mehr als 3500 Fällen von Desertion. Himmler befahl dann ihre Auflösung Anfang 1945. Das deutsche Kader wurde in eine Kampfgruppe umformiert, die dann für den Rest des Krieges der Division Prinz Eugen zugeteilt wurde.

Trotz ihrer im militärischen Sinn eher als dürftig einzuschätzenden Leistungen wurden für die Mitglieder der Division eine Reihe von speziellen Abzeichen entworfen. Ein Kragenspiegel, der einen Helm mit einem Ziegenkopf darauf darstellt, wurde zwar hergestellt, aber nur selten verwendet. Die Ärmelstreifen mit dem Schriftzug »Skanderbeg« fanden hingegen großen Anklang, ebenso das Hoheitsabzeichen mit dem albanischen schwarzen Doppeladler auf rotem Feld. Viele der Moslems in der Division sollen auch die traditionelle feldgraue Kopfbedeckung anstelle der üblichen SS-Feldkappe getragen haben.

22. SS-Freiwilligen-Kavalleriedivision

Ungarn, das zuerst ein unabhängiger Staat gewesen war, wurde schließlich von den Deutschen besetzt. Damit intensivierte auch Himmler seine Rekrutierungsversuche. Er plante insgesamt vier ungarische SS-Divisionen aufzustellen, von denen zwei aus Volksdeutschen und zwei aus Ungarn bestehen sollten.

Im April 1944 erfolgte die Aufstellung zweier, später dreier Kavallerieregimenter zur 22. SS-Freiwilligen-Kavalleriedivision; der häufig genannte Ehrenname »Maria Theresia« wurde wohl nur inoffiziell geführt.

Der erste Kampfeinsatz der Division erfolgte im Oktober 1944 in der Südukraine, danach befand sie sich wie die gesamte Wehrmacht permanent auf dem Rückzug. Als Teil des IX. Waffengebirgskorps der SS nahm sie an der Schlacht um Budapest teil (November 1944 bis Februar 1945) und wurde fast vollständig aufgerieben. Trotz heftiger Gegenwehr konnte sie der Wucht des sowjetischen Angriffs nichts entgegensetzen. Drei Angehörige der Division erhielten dennoch in dieser kurzen Zeit das Ritterkreuz des Eisernen Kreuzes: SS-Obersturmbannführer Anton Ameiser, Kommandant des SS-Freiwilligen-Kavallerieregimentes 2; sowie posthum SS-Oberscharführer Paul Reissmann und SS-Obersturmführer Werner Dallmann.

Letten im Einsatz gegen die Rote Armee Ende 1944. Viele Letten wollten unbedingt gegen die Sowjets kämpfen. Als die Waffen-SS daran ging, eine nationale Legion aufzustellen, meldeten sich so an die 32 000 Freiwillige. Zwei lettische Waffen-SS-Divisionen konnten schließlich formiert werden: die 15. und die 19. Waffen-Grenadierdivision.

Reste der Division, die nicht im Kessel von Budapest eingeschlossen waren, zogen sich in Richtung Westen zurück, wo sie sich in Salzburg der US-Armee ergaben. Die Division stand unter dem Kommando von SS-Brigadeführer August Zehender, der bei der Verteidigung Budapests mit den meisten Angehörigen seiner Division im Kampf fiel. Die Soldaten trugen eine Kornblume am Kragenspiegel.

23. Waffen-Gebirgsdivision der SS Kama (kroatische Nr. 2)

Diese im Juni 1944 aufgestellte Division sollte aus bosnischen Moslems und einem deutschen bzw. volksdeutschen Kader bestehen. Dazu kam noch ein Kontingent kroatischer Moslemoffiziere und Unteroffiziere, das von der 13. Waffengebirgsdivision Handschar abgezogen wurde.

Bereits im Oktober 1944, noch immer im Stadium der Formierung, waren die disziplinären Probleme unter dem Eindruck der rasch vorrückenden Roten Armee derart gravierend, dass Himmler die sofortige Auflösung anordnete. Zweifelsohne spielte dabei die peinliche Situation eine Rolle, in die er durch die Meuterei der Division Handschar in Frankreich geraten war. Das Motiv des Sonnenrades, das als Kragenspiegel gedacht war, wurde nie hergestellt.

23. SS-Freiwilligen-Panzergrenadierdivision Nederland

In den ersten Monaten des Jahres 1943 wurde die Freiwilligenlegion Niederlande vom Frontdienst abgezogen, nachdem sie in den Kämpfen um Leningrad stark gelitten hatte. Sie sollte sich in der Heimat erholen und die Verluste ausgleichen. Himmler hatte in der Zwischenzeit den Plan gefasst, seine vier »germanischen« Freiwilligeneinheiten in einer Division mit der Bezeichnung »Nordland« zusammenzufassen.

Anton Mussert, der niederländische Naziführer, wollte jedoch seine niederländischen Nationalisten nicht mit anderen Nationen vermischen. Er protestierte daher bei Hitler. Dieser gab ihm Recht und befahl Himmler, die niederländischen Freiwilligen von der geplanten Zusammenlegung auszunehmen.

Da es für eine eigene Division zu wenig Freiwillige gab, wurde eine Brigade in der Stärke von zwei Regimentern gebildet und als »SS-Freiwilligen-Panzergrenadierbrigade Nederland« bezeichnet. Die beiden Regimenter hießen »General Seyffardt« und »De Ruiter«. Der erste Einsatz der Brigade erfolgte gegen Partisanen in Kroatien – wie immer war die »Partisanenbekämpfung« oft nur Vorwand für Repressalien gegen die Zivilbevölkerung oder das Vorgehen gegen Juden. So hat sich auch die Brigade Nederland zahlreicher Kriegsverbrechen, vor allem Geisel- und Gefangenenerschießungen, schuldig gemacht. Später kam die Einheit dorthin, wo schon ihre Vorläuferin gedient hatte – an die Front bei Leningrad. 1944, bei der Schlacht an der Narwa, wurde die Brigade fast zur Gänze aufgerieben.

Im Dezember 1944 erfolgte eine größere Reorganisation und die Brigade erhielt die Bezeichnung »23. SS-Freiwilligen-Panzergrenadierdivision«. Als Teil des III. (germ.) SS-Panzerkorps ging es an die Front zurück. Anfang 1945 hatte sich die Nederland in den Kessel von Kurland zurückgezogen und war über das Meer nach Stettin evakuiert worden. Doch gleich darauf musste sie wieder in den Kampf an die rasch abbröckelnde Ostfront in Pommern geworfen werden. Vom Gegner gnadenlos in Richtung Westen getrieben, ergab sie sich schließlich den Amerikanern bei Fürstenwalde.

Der offizielle Kragenspiegel der Division zeigte das sogenannte Wolfsangel-Abzeichen sowohl in vertikaler als auch horizontaler Ausführung. Ein Hoheitsabzeichen in den niederländischen Farben Rot-Weiß-Blau wurde oberhalb der Ärmelstreifen getragen. Die Ärmelstreifen gab es sowohl mit der Aufschrift »General Seyffardt« als auch »De Ruiter«; es wurden auch solche mit der Aufschrift »Nederland« verwendet.

24. SS-Gebirgsdivision Karstjäger

Im Sommer 1942 erfolgte die Gründung einer Gebirgskompanie, um den anwachsenden Problemen mit den Partisanen in Norditalien zu begegnen. Im November dieses Jahres entschied man sich dann, die Einheit auf Bataillonsgröße aufzustocken. Bis zum Sommer 1943 stand das Bataillon dann bereit und wurde unmittelbar nach dem Sturz Mussolinis nach Norditalien verlegt.

Seine erste Mission bestand darin, die italienische Garnison in Tarvisio zu erobern und zu entwaffnen. Dieses Unternehmen gelang auch. Danach kam es zu weiteren Einsätzen gegen linksgerichtete Partisanen im Gebiet von Triest, Udine und Görz.

Erfreut über diesen Erfolg, stimmte Himmler der Aufstockung auf eine Division im Juli 1944 zu (ihre wirkliche Stärke überstieg aber nie 7000 Mann). Die meisten der Rekruten stammten aus Südtirol, Istrien und Slowenien. Dazu kamen noch einige wenige Kroaten, Serben und sogar Ukrainer. Die Truppe wurde vornehmlich zur Partisanenbekämpfung eingesetzt – was bedeutet, dass sie zahlreiche Kriegsverbrechen an der Zivilbevölkerung beging. Zweifelhaften Ruhm erlangte sie durch das Massaker am 2. Mai 1945, als sie im Angesicht des nahen Kriegsendes im Ort Avasinis noch 51 Einwohner als Vergeltung für einen Partisanenangriff ermordete.

Als der Krieg dem Ende zuging, stand die Division zum ersten Mal richtigen Kampfeinheiten gegenüber. Sie ergab sich erst am 10. Mai 1945, zwei Tage nach dem offiziellen Ende des Krieges in Europa.

25. Waffen-Grenadierdivision der SS Hunyadi

Diese im April 1944 aufgestellte rein ungarische Einheit war wahrscheinlich noch im Zustand der Formierung, als Ungarn von der Roten Armee überrannt wurde. Obwohl sie noch nicht kampfbereit war, gab es bereits spezielle Abzeichen in der Form eines Kragenspiegels, der ein großes »H« zeigte.

26. Waffen-Grenadierdivision der SS Hungaria

Diese Einheit wurde im September 1944 in Deutschland rund um einen bereits bestehenden Kern gebildet. Dazu gehörten die 49. SS-Panzergrenadierbrigade und die Panzerbrigade Gross. Außerdem wurden noch einige ungarische Soldaten, die vor der vorrückenden Roten Armee flohen, aufgenommen. Die Division war noch nicht völlig formiert, als Ungarn fiel und von den Sowjets rasch überrollt wurde. Sie kam daher nie zu einem Einsatz.

27. SS-Freiwilligen-Grenadierdivision Langemarck

Im Mai 1943 wurde die Freiwilligenlegion Flandern von der Front abgezogen, nachdem sie in der Nähe Leningrads übel zugerichtet worden war. Sie kam nach Böhmen, um sich dort zu erholen und die Verluste auszugleichen. Zu diesem Zweck langte eine frische Gruppe von Rekruten aus Belgien ein. Die meisten der ursprünglichen Freiwilligen standen jedoch am Ende ihrer zweijährigen Dienstzeit. Die Legion wurde nicht aufgelöst, sondern in die SS-Freiwilligen-Sturmbrigade Langemarck umgegliedert.

Die neuen Rekruten und jene, die sich weiterverpflichten wollten, genügten jedoch nicht, um eine neue Legion aufzustellen. So kam noch ein finnisches Bataillon hinzu, um die notwendige Stärke zu erreichen. Gemeinsam mit dem Kader des SS-Infanterieregiments Langemarck, das von der Division Das Reich abgezogen worden war, ergab dies nun die 6. SS-Freiwilligen-Sturmbrigade Langemarck.

Unter dem Kommando von SS-Obersturmbannführer Conrad Schellong, einem Ritterkreuzträger, kam die Einheit im Dezember 1943 in den südlichen Sektor der Ostfront. Im Sommer des folgenden Jahres stand sie dann im nördlichen Bereich, wo sie an der aufreibenden Schlacht von Narwa teilnahm. Am 18. Oktober 1944 wurde die Brigade in den Status einer

Division erhoben, obwohl ihre Stärke zu dieser Zeit wahrscheinlich 3000 Mann nicht überstieg. In den heftigen Kämpfen im Dezember 1944 fiel ein Großteil der Männer und der Rest der Division wurde nach Polen und Pommern zurückgedrängt. Einige der Veteranen, die überlebten, nahmen dann an der Verteidigung Berlins teil. Während ihres kurzen Lebens konnte sich diese flämische Einheit als kampfstarke Truppe einen Namen machen. Einer ihrer Unteroffiziere, SS-Sturmmann Remy Schrijnen, erhielt am 21. September 1944 das Ritterkreuz des Eisernen Kreuzes für außergewöhnliche Tapferkeit vor dem Feind. Als Panzerabwehrschütze hatte er weiterhin sein Geschütz bedient, obwohl alle seine Kameraden gefallen waren und er den Befehl zum Rückzug erhalten hatte. Nach dem Krieg wurde er als Kollaborateur in Diensten der SS zu zehn Jahren Gefängnis verurteilt. Nach seiner Entlassung 1955 verließ er Belgien und starb 2006 in Deutschland.

Obwohl viele Mitglieder der Division die üblichen SS-Runen am Kragenspiegel trugen, war auch das dreiarmige Hakenkreuz oder der »Dreifuß« sehr beliebt. Daneben fand auch das flämische Hoheitsabzeichen am Ärmel mit dem aufgerichteten schwarzen Löwen auf gelbem Grund häufig Anwendung. Das Regiment Langemarck hatte bereits in der Division Das Reich einen eigenen Ärmelstreifen besessen, den die meisten auch weiterhin trugen.

28. SS-Freiwilligen-Panzergrenadierdivision Wallonien

Wie bereits erwähnt, wurden nach der Eroberung Belgiens die Flamen als germanisch angesehen und waren folglich für den Dienst in der Waffen-SS berechtigt. Die Wallonen hingegen durften nur zur Wehrmacht gehen.

In Belgien gab es eine rechtsgerichtete, vorwiegend katholische, nationalistische politische Organisation, die »Rexisten«. Ihr Anführer war der charismatische Léon Degrelle. Er und seine Anhänger unterstützten natürlich 1941 den Angriff Deutschlands auf die »gottlose« Sowjetunion. Als daher die Deutschen nach Freiwilligen für ihren »Kreuzzug gegen den Bolschewismus« suchten, stießen sie bei den Rexisten auf ein positives Echo. Über 1000 Wallonen, darunter Degrelle, meldeten sich sofort als Freiwillige.

Im August 1941 kamen die Freiwilligen nach Polen, wo sie ihre militärische Ausbildung genossen. Die Einheit wurde als »Wallonisches Infanteriebataillon 373« der deutschen Wehrmacht zugeteilt und sollte zuerst im Kampf gegen Partisanen Erfahrung gewinnen. Im Februar 1942 ging es dann in den Kampf. Während dieser Zeit bekam Degrelle das Eiserne Kreuz I. und II. Klasse verliehen. Im Mai 1942 wurde er zum Leutnant befördert. Die wallonischen Freiwilligen kamen dann an die Ostfront und wurden in heftige Kämpfe am Don und im Kaukasus verwickelt, wobei sie schwere Verluste zu erleiden hatten. Um diese Ausfälle zu ersetzen und um das Bataillon zu vergrößern, wurden die Altersbestimmungen für Rekruten verändert. Im Mai 1943 hatte es eine Stärke von rund 1600 Mann.

Nun warf Himmler ein Auge auf die Wallonen – nachdem sie sich im Kampf bewährt hatten, betrachtete er sie als geeignetes Material für die Waffen-SS. Im Juni 1943 erfolgte daher die Aufnahme in die SS, und unter der Bezeichnung »SS-Sturmbrigade Wallonien« kam sie Ende 1943 zur Division Wiking in den südlichen Frontsektor.

Im Januar 1944 kämpfte die wallonische Brigade in der Kesselschlacht von Tscherkassy, wo an die 60 000 deutsche Soldaten eingeschlossen wurden. Der Ausbruch – gegen den ausdrücklichen Befehl Hitlers – war zwar erfolgreich, brachte aber zahlreiche Verluste. Die Sturmbrigade Wallonien bestand nur mehr aus 632 Mann, konnte jedoch ihr Ansehen beträchtlich steigern. Am 20. Februar 1944 erhielt Degrelle, der nun den Rang eines SS-Hauptsturmführers innehatte und die Brigade befehligte, das Ritterkreuz des Eisernen Kreuzes für Tapferkeit vor dem Feind.

Die Brigade wurde von der Front abgezogen, um sich neu zu formieren, musste aber schon bald wieder in den Kampf zurück, da sich die Lage an der Ostfront massiv verschlechtert hatte. Im Juli 1944 kämpften die Reste der Sturmbrigade Wallonien in der Schlacht von Narwa und mussten erneut schwere Verluste hinnehmen.

Erneut musste sie von der Front abgezogen werden, um sich auszuruhen und neu zu formieren. Im Herbst 1944 erhielt die Brigade den Rang einer Division, und Degrelle bekam von Hitler das Eichenlaub zu seinem Ritterkreuz verliehen. Außerdem wurde er mit der begehrten Nahkampfspange in Gold für 75 Tage Nahkampf ausgezeichnet.

Der Status einer Division bestand aber nur auf dem Papier. Sie kehrte im Januar 1945 an die Front zurück und wurde in Stettin eingesetzt. Nach wochenlangen harten Kämpfen blieben nur mehr 700 Mann übrig, die ständig weiter nach Westen zurückgedrängt wurden. In den letzten Kriegstagen kam der Rest der Division nach Dänemark, von wo aus Degrelle nach

Norwegen und dann mit dem Flugzeug nach Spanien fliehen konnte, wo er 1994 starb. Nach Kriegsende traf sich Degrelle mit SS-Veteranen, Neonazis und Vertretern des französischen Front National. Bedauern über seinen Verrat an Belgien und über die von den Nationalsozialisten begangenen Verbrechen scheint er nie empfunden zu haben – im Gegenteil. Er engagierte sich im rechtsextremen »Circulo Español de Amigos de Europa« (CEDADE) und trat dort als »Experte« für das Dritte Reich auf. Den Holocaust leugnete er zeitlebens.

Neben Degrelle erhielten zwei weitere Wallonen das Ritterkreuz: SS-Untersturmführer Leon Gillis und SS-Untersturmführer Jacques Leroy. Letzterer verlor seinen rechten Arm und sein rechtes Auge in der Schlacht bei Tscherkassy, weigerte sich aber, als Invalide aus der Truppe auszuscheiden. Im April 1945 übernahm er die 1. Kompanie des 69. SS-Freiwilligen-Panzergrenadierregiments. Drei Tage und Nächte lang war die 40 Mann starke Einheit in ständige Kämpfe Mann gegen Mann verwickelt und verlor 32 Mann.

Die Soldaten der Division trugen im Allgemeinen die Standard-SS-Runen auf dem Kragenspiegel. Dazu kamen noch Ärmelstreifen mit der Aufschrift »Wallonien« und das senkrecht gestreifte Hoheitsabzeichen am Ärmel in den Nationalfarben Schwarz-Gelb-Rot mit dem Schriftzug »Wallonien« darüber.

29. Waffen-Grenadierdivision der SS (russische Nr. 1)

Diese berüchtigte Einheit hat ihren Ursprung im Jahre 1942 in der Stadt Lokot in Zentralrussland. Einheiten der Roten Armee waren aus dem Gebiet vertrieben worden, aber viele von ihnen hatten sich in den benachbarten Wäldern versteckt, um von dort aus Partisanenangriffe auf die deutschen Versorgungslinien durchzuführen. Der Bürgermeister der Stadt ersuchte die Deutschen, eine Selbstverteidigungstruppe in der Stärke von 500 Mann aufzustellen, um die Gegend vor Angriffen zu schützen.

Dies wurde ihm gewährt. Die Einheit bewährte sich und die Partisanenaktivität in diesem Gebiet nahm deutlich ab. Die Freiwilligen waren glühende Antikommunisten und verfolgten ihren Feind mit großem Fanatismus.

Nachdem der Bürgermeister im Kampf mit den Partisanen gefallen war, wurde ein Ersatz gesucht. Die Deutschen hielten vor allem einen

Niederländische SS-Rekruten schwören ihren Treueid. Nach der Auflösung der niederländischen Legion kamen die Rekruten zu einer Waffen-SS-Panzergrenadierbrigade, aus der die 23. SS-Freiwilligen-Panzergrenadierdivision Nederland hervorging.

Eine Werbepostkarte der motorisierten Gruppe der Sturmbrigade Wallonie (wallonische Schreibweise). Anfänglich kämpfte sie noch in der Wehrmacht, wurde jedoch in die SS aufgenommen, nachdem sie erste Kampferfahrung gesammelt hatte.

Kandidaten als besonders geeignet für diesen Posten: Bronislaw Kaminski. Er war ein gebildeter Mann, der als Chemieingenieur arbeitete und fließend Deutsch sprach. Nachdem er in einem sowjetischen Arbeitslager eingesperrt gewesen war, hatte er einen fanatischen Hass gegen alles Kommunistische entwickelt. Er erhielt das Kommando über die Selbstverteidigungseinheit und bewährte sich als Organisator. Er galt jedoch als äußerst ehrgeizig und arrogant. Die Deutschen waren aber sehr zufrieden mit ihm, da er die Partisanen gnadenlos verfolgte. So erlaubten sie ihm auch, seine Einheit zu verstärken, die im Herbst 1943 schon eher einer Privatarmee glich. Sie bestand nun aus 10 000 Mann, die sogar über eine Anzahl erbeuteter Panzer verfügte.

Die Einheit selbst stand im ständigen Kampf gegen die Partisanen in den Wäldern in der Nähe von Brjansk, wobei Kaminski selbst das Eiserne Kreuz II. und I. Klasse erhielt. 1944 hatte die Einheit den ziemlich großspurigen Titel einer »Russischen Volksbefreiungsarmee« (russische Abkürzung RONA) angenommen. Diese Buchstaben standen am Hoheitsabzeichen am Ärmel, auf dunkelgrünem Grund über einem weißen Schild mit rotem Rand, indem sich ein schwarzes Malteserkreuz befand.

Die Einheit erlangte schließlich Himmlers Aufmerksamkeit wegen ihrer »Erfolge« – genauer: wegen ihrer zahlreichen Gräueltaten – gegen die Partisanen und kam schließlich unter die Kontrolle der Waffen-SS. Sie wurde als Sturmbrigade »RONA« in die SS aufgenommen und Kaminski erhielt den Rang eines Waffenbrigadeführers. Zum Schluss firmierte sie als »29. Waffengrenadierdivision«, obwohl sie niemals Divisionsstärke erreichte.

Die Division wurde im August 1944 bei der Bekämpfung des Aufstands im Warschauer Ghetto eingesetzt. In einer Orgie der Raserei durchstreiften die »RONA«-Truppen Warschau mordend, plündernd und vergewaltigend. Das Ausmaß ihrer Verbrechen war sogar den deutschen Besatzern zu viel, bei dem für Warschau verantwortlichen SS-Kommandanten, SS-Obergruppenführer Erich von dem Bach-Zelewski, häuften sich die Beschwerden.

Kaminski wurde nach einem kurzen Standgerichtsverfahren wegen Plünderungen, so die offizielle Begründung, erschossen. General Guderian berichtet in seinen Memoiren jedoch, man habe Kaminski in erster Linie als unliebsamen Zeugen beseitigt, der zu viel über die deutschen Verbrechen in Warschau gewusst habe. Den Männern seiner Einheit präsentierte man seinen Tod als die Folge eines Partisanenhinterhalts, um eine Meuterei zu verhindern. Die »RONA« verfiel nun endgültig zu einem gesetzlosen Haufen, deren Moral durch den Verlust ihres verehrten Anführers gänzlich vernichtet war. Die Reste kamen schließlich zur Russischen Befreiungsarmee von General Andreij Wlassow oder zur 30. Waffen-Grenadierdivision der SS.

29. Waffen-Grenadierdivision der SS (italienische Nr. 1)

Als sich die italienische Regierung 1943 den Alliierten ergab, existierte noch immer eine beträchtliche Anzahl von faschistischen italienischen Truppen, die bereit waren, den Kampf an der Seite der Deutschen fortzusetzen. So entstand im Oktober 1943 eine Freiwilligenlegion von 3000 Soldaten, die im Wesentlichen von deutschen Offizieren und Unteroffizieren geführt wurde. Ende des Jahres schlossen sich ihnen größere italienische Truppenverbände im noch nicht befreiten Norden an, die die Kapitulation ihres Landes nicht akzeptieren wollten. Dadurch stieg die Stärke der Einheit auf rund 15 000 Mann an.

Diese Freiwilligen bildeten eine SS-Sturmbrigade und erhielten ihre Ausbildung in Süddeutschland. Von dort kehrte sie als »Legione Italia« unter dem Kommando von SS-Brigadeführer Peter Hansen nach Italien zurück. Zuerst wurde sie im Kampf gegen Partisanen eingesetzt, doch im Februar 1944 erfolgte eine Reorganisation der Truppe. Als Freiwilligenbrigade sollte sie eventuell an der Front eingesetzt werden. Zu diesem Zweck wurde ein Großteil der Brigade nach Deutschland verlegt, um eine intensivere Ausbildung zu erhalten.

Auch zögerte Himmler, dieser Einheit den vollen Status eines SS-Verbandes zu verleihen, trotz der Tatsache, dass sie aus überzeugten Faschisten bestand, die bis vor Kurzem die Verbündeten Deutschlands gewesen waren. Daher waren ihre Abzeichen auch auf einem roten, statt wie bei der SS üblichen schwarzen Grund aufgestickt. Auf dem Kragenspiegel befand sich das italienische Faszesabzeichen anstelle der Runen (obwohl es auch Kragenspiegel mit den Runen auf rotem Grund gab). Der traditionelle SS-Hoheitsadler auf dem Ärmel hielt statt dem Hakenkreuz ebenfalls das Liktorenbündel mit dem Beil in seinen Krallen.

Im April 1944 standen diese italienischen Truppen erstmals den Alliierten gegenüber, die bei Anzio gelandet waren. Die Teile der Brigade, die hier gekämpft hatten – das Bataillon Vendetta und das SS-Füsilierbataillon 29 –, wurden nun zu »echten« SS-Einheiten befördert. Diese Soldaten durften somit die SS-Insignien auf schwarzem Grund und die Kragenspiegel mit den Runen tragen.

Im Februar 1945 erhielt die Brigade den offiziellen Status einer Division, obwohl sie nie die Sollstärke erreichte. Sie kämpfte weiterhin gegen kommunistische Partisanen im Hinterland und gegen Ende des Krieges gegen amerikanische Kampftruppen an der Front. Was von der Division übriggeblieben war, ergab sich am 30. April den Amerikanern in der Nähe von Gorgonzola.

30. Waffen-Grenadierdivision der SS (weißruthenische Nr. 1)

Die Weißrussen waren alles andere als überzeugte Stalinisten, und Teile der Bevölkerung empfingen die deutschen Truppen, die das Land 1941 eroberten, als Befreier. Dafür behandelten die Deutschen die Weißrussen auch etwas besser als die Bewohner anderer okkupierter Gebiete. Im Oktober 1941 genehmigte der Generalkommissar dieses Gebietes, Wilhelm Kube, die Aufstellung einer Freiwilligen-Selbstverteidigungseinheit, um russische Partisanen zu bekämpfen.

Nachdem sich die brutale Realität der deutschen Besatzung jedoch immer deutlicher zeigte, änderte sich auch die Einstellung der Weißrussen. Von der anfänglichen Unterstützung blieb nicht mehr viel übrig; trotzdem gab es noch genügend Freiwillige, die sich meldeten und ihre Dienste gegen die Russen anboten. Im Sommer 1944 kamen diese Freiwilligen zur Ausbildung nach Deutschland, wo sie in der 30. Waffen-Grenadierdivision der SS zusammengefasst wurden. Nachdem einige ihrer Angehörigen bereits über Kampferfahrung verfügten – im Rahmen von Polizeieinsätzen gegen Partisanen –, glaubten die Deutschen, dass diese Rolle auch weiterhin die beste sei. So kehrten sie im September 1944 nicht zur Verteidigung in ihre Heimat zurück, sondern kamen nach Frankreich, um gegen die französische Résistance zu kämpfen. Ihre Erfolge waren jedoch dürftig, und zahlreiche Soldaten der Einheit desertierten. Aus diesem Grund wurde die Einheit auch rasch wieder zu einer Brigade zurückgestuft. Es folgten dann noch einige Einsätze gegen die Alliierten am Rhein, wo sie jedoch zurückgeschlagen wurde.

Das deutsche Kaderpersonal in der Division trug die üblichen SS-Kragenspiegel, während die russischen Mannschaften einen eigenen Kragenspiegel getragen haben.

31. SS-Freiwilligen-Grenadierdivision

Diese nur kurzlebige Division entstand im Herbst 1944 aus einer Mischung von deutschen und volksdeutschen Mannschaften aus dem Banat, der Batschka und aus Siebenbürgen. Noch ehe sie richtig formiert oder ausgebildet war, erfolgte schon ihr Einsatz an der abbröckelnden Front im Osten, wo sie bis Mai 1945 völlig aufgerieben wurde. Das meiste Kaderpersonal war von der aufgelösten Division Kama gekommen. Es gab keine speziellen Insignien für diese Division.

Der Führer der Wallonen: Léon Degrelle, hier im Range eines SS-Sturmbannführers. Degrelle, der Gründer der faschistischen Rexistenpartei, wurde stark vom extremen französischen Nationalisten Charles Maurras, dem italienischen Faschismus und der deutschen NSDAP beeinflusst.

Léon Degrelle und die Überlebenden der SS-Sturmbrigade Wallonien nach den Kämpfen im Kessel von Tscherkassy. Degrelles Kommando erlangte erst im August 1944 den Status einer Division, als die Einheit zur 28. SS-Freiwilligen-Grenadierdivision Wallonien formiert wurde.

33. Waffen-Grenadierdivision der SS Charlemagne

Die »Légion des Volontaires Français«, eine französische Freiwilligeneinheit, war die erste bewaffnete französische Formation an deutscher Seite. Ihr erster Einsatz erfolgte unter ihrer ursprünglichen Bezeichnung als »638. Infanterieregiment« an der Ostfront, wo sie als Teil der 7. Infanteriedivision beim Vorstoß auf Moskau im Winter 1941/42 eingesetzt wurde. Sie musste schwere Verluste erleiden und kam folglich vom Frühjahr 1942 bis zum Herbst 1943 hauptsächlich im Hinterland gegen Partisanen zum Einsatz. Dies führte zu einer Reihe von Umgliederungen, da für diese Aufgabe nur einzelne Einheiten in Bataillonsgröße eingesetzt wurden. Im Januar 1944 erfolgte im Rahmen ihres Einsatzes gegen die Partisanen eine erneute Umgruppierung.

Im Juni 1944 kehrte die Legion in den Mittelsektor der Ostfront zurück und nahm erfolgreich am Abwehrkampf gegen die Rote Armee teil. Die Leistungen dieser französischen Truppen waren so beeindruckend, dass die Rote Armee überzeugt war, zwei französischen Divisionen gegenüberzustehen. In Wirklichkeit war die Stärke der Franzosen auf die eines halben Bataillons reduziert worden. Die französischen Soldaten hatten ihren Kampfwert bewiesen. Im September 1944 erfolgte die Eingliederung der französischen Freiwilligen in die Waffen-SS. 1943 hatte die SS in vollem Umfang begonnen, über ihre Ergänzungsbüros in Paris französische Rekruten anzuwerben.

Im August dieses Jahres wurden die ersten 800 Freiwilligen als französische SS-Freiwilligen-Sturmbrigade zur Ausbildung ins Elsass geschickt. Im November 1943 kamen an die 30 französische Offiziere in die SS-Junkerschule nach Bad Tölz in Bayern und an die 100 Unteroffiziere in verschiedene Unterführerschulen, um ihre Ausbildung gemäß den Standards der Waffen-SS zu erhalten. Zu dieser Waffen-SS-Division gehörten auch Soldaten aus den französischen Kolonien, einschließlich Indochinas, eine äußerst ungewöhnliche Erscheinung bei deutschen Truppen. Sogar ein einzelner Japaner war dabei.

Die Division wurde im Winter 1944/45 formiert und schon in den ersten Monaten des Jahres an der Front in Pommern eingesetzt. Die an Soldaten weit überlegene Rote Armee fügte der Einheit in heftigen Kämpfen hohe Verluste zu und zerschlug sie in drei Teile. Eine Einheit in Bataillonsgröße konnte sich ins Baltikum zurückziehen und über das Meer nach Dänemark entkommen. Von dort gelangte sie schließlich nach Neustrelitz, in die Nähe Berlins. Die zweite Gruppe wurde durch verheerendes Artilleriefeuer der Sowjets völlig dezimiert, während die dritte Gruppe bei ihrem Rückzug in Richtung Westen fast vollständig aufgerieben wurde. Ihre Männer kamen entweder um oder gerieten in Gefangenschaft.

Die Reste der Division in Neustrelitz sammelten sich unter Divisionskommandant SS-Brigadeführer Gustav Krukenberg, der jeden von seinem Treueid entband, der nicht mehr länger dienen wollte. An die 500 Mann meldeten sich jedoch freiwillig mit ihrem Kommandanten zur Verteidigung Berlins. An die 700 blieben in Neustrelitz. Die Freiwilligen, die bei der Schlacht um Berlin dabei waren, kämpften verbissen, obwohl sie wussten, dass alles verloren war. Krukenberg engagierte sich nach dem Krieg beim Heimkehrerverband VdH und setzte sich, ganz im Sinn der Adenauerschen Nachkriegspolitik, für einen »Schlussstrich« unter die Vergangenheit, die Aussöhnung mit den Westalliierten und den Kampf gegen den Sowjetkommunismus ein.

Jene Angehörigen der Division Charlemagne, die sich gegen den Kampf entschieden hatten, versuchten, sich in Zivilkleidung nach Frankreich durchzuschlagen, andere zogen sich in Richtung Süden und Westen in die freiwillige Gefangenschaft zurück. Zweifelsohne nahmen sie an, dass die westlichen Alliierten sie besser behandeln würden als die Russen. Einige von ihnen, die sich ihren Landsleuten bei den Freien Französischen Streitkräften ergeben hatten, wurden jedoch brutal ihrer Illusionen beraubt. Als sie die französischen Soldaten fragten, warum sie deutsche Uniformen anhätten, wollten die französischen SS-Soldaten bloß wissen, warum diese US-Uniformen anhätten. Erzürnt über diese Antwort, ließ der französische Kommandant zwölf Männer der Waffen-SS auf der Stelle ohne Verfahren erschießen. Was das Freie Frankreich betraf, so hatten sie sich des schlimmsten Verbrechens aus militärischer Sicht strafbar gemacht, »verräterische Zusammenarbeit mit dem Feind«. Die rechtswidrige Exekution der Gefangenen wird noch heute von Neonazis als willkommene Propaganda genutzt.

34. SS-Freiwilligen-Grenadierdivision Landstorm Nederland

Im März 1943 wurde eine niederländische Territorialverteidigung aufgestellt, die als »Landwacht Nederland« bekannt war. Diese Männer waren jedoch Wehrpflichtige und keine richtigen Freiwilligen. Im Oktober 1943 ging die Kontrolle über die Einheit an die SS über, und ihre Bezeichnung »Landwacht« wurde in »Landstorm« umgeändert. Ursprünglich war sie für rein interne Sicherheitsaufgaben vorgesehen, aber einige Teile kämpften auch im September 1944 bei Arnheim.

Die Division Landstorm Nederland kam im November 1944 zur Waffen-SS und wurde durch weitere Rekruten aus den Niederlanden und Mitgliedern der NSB-Jugendbewegung verstärkt. Diese war das niederländische Pendant zur Hitlerjugend. Dazu kamen noch weitere nichtkämpfende Teile des Landstorm.

Im März 1945 glaubte man genügend Männer für eine neue Waffen-SS-Division zu haben. Aufgrund ihres extrem kurzen Kampfeinsatzes von nur einigen Wochen in der letzten Phase des Krieges in Europa spielte sie keine große Rolle. Sie war nur an einigen unbedeutenden Abwehrgeplänkeln beteiligt, ehe die deutschen Streitkräfte im Mai 1945 kapitulierten.

Zumindest Teile der Division waren ein wichtiges Unterdrückungsinstrument der Nazis im besetzten Holland. Vor allem das Regiment 84 bzw. seine Vorläufereinheit, das SS-Wachbataillon 3 Nordwest, spielte eine unrühmliche Rolle bei der Unterdrückung und Deportation der jüdischen Bevölkerung. Die Truppe wurde auch bei der Bewachung von Konzentrationslagern eingesetzt.

Trotz ihrer späten Gründung wurden für diese Einheit sämtliche Insignien hergestellt. Ein Kragenspiegel, der eine leuchtende Granate zeigte, aber auch solche mit der »Wolfsangel«.

Ein Galadiner zu Ehren der Rückkehr der SS-Sturmbrigade Wallonien aus dem Kessel von Tscherkassy. In der belgischen Hauptstadt gab es am 1. April 1944 eine spezielle Feier, bei der Sepp Dietrich als ranghöchster deutscher Offizier anwesend war.

Daneben gab es maschinell gewebte Ärmelstreifen mit dem Schriftzug »Landstorm Nederland« sowie Hoheitsabzeichen in den niederländischen Farben Rot-Weiß-Blau in waagrechten oder senkrechten Streifen.

37. SS-Freiwilligen-Kavalleriedivision

Diese Einheit entstand im Februar 1945, als sich die Lage an der Ostfront rapid verschlechterte. Sie wurde rund um einen Kader aus den Resten der 8. und 22. SS-Kavalleriedivision aufgebaut. Theoretisch umfasste die Division zwei volle Regimenter, aber in Wirklichkeit erreichte sie nicht einmal die Stärke eines einzelnen Regiments. Sie bestand nur etwas mehr als drei Monate und wurde durch die Rote Armee überrannt. Ob ihr der Ehrenname »Lützow«, der häufig in diesem Zusammenhang genannt wird, tatsächlich verliehen wurde, ist historisch nicht belegbar.

Spanische Freiwillige

Einige Zeit lang kämpfte eine volle Division freiwilliger Truppen aus Spanien im Osten an der Seite der deutschen Wehrmacht als 250. Infanterie-Division. Als sich jedoch die Niederlage Nazideutschlands abzeichnete, musste Spaniens Diktator Franco schließlich auf außenpolitischen Druck seine berühmte »Blaue Division« zurückholen. Etwa 3000 der fanatischen Antikommunisten weigerten sich jedoch, zurückzukehren. Aus diesen Freiwilligen formierte die Waffen-SS eine kleine Legion, zu der nur zwei Kompanien gehörten: die 101. SS-Freiwilligenkompanie und die 102. SS-Freiwilligenkompanie.

Beide Einheiten nahmen aktiv an den Kämpfen um Krasny Bor teil. Ein Teil von ihnen war auch bei der Schlacht um Berlin dabei und geriet in russische Kriegsgefangenschaft. Aus dieser kehrten sie erst 1954 zurück, wobei

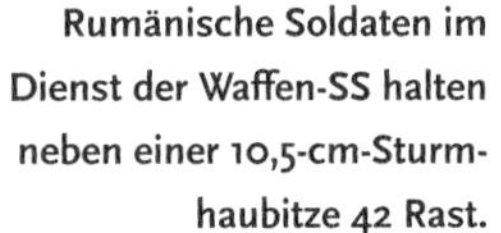

Rumänische Soldaten im Dienst der Waffen-SS halten neben einer 10,5-cm-Sturmhaubitze 42 Rast.

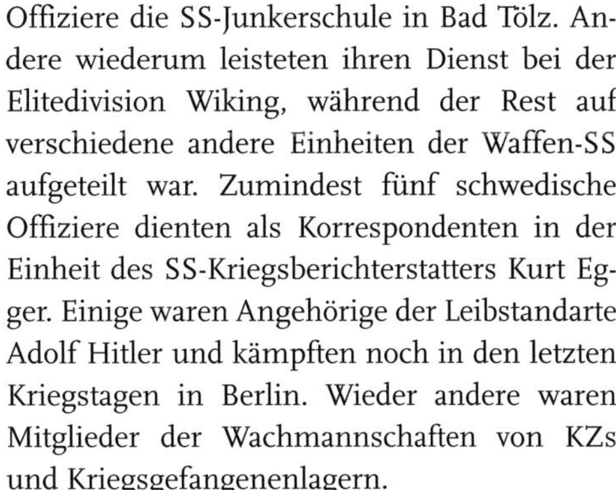

rund 30 Prozent von ihnen in den Lagern starben. Der Führer der Division, Agustín Muñoz Grandes, machte nach dem Krieg eine steile politische Karriere im faschistischen Spanien Francos. Der Caudillo hatte ihn sogar als seinen Nachfolger vorgesehen – eines seiner Nachfolgeszenarien neben der dann tatsächlich vollzogenen Rückkehr zur Monarchie.

Schwedische Freiwillige

Nur wenige Schweden (es sollen 400 bis 500 gewesen sein) dienten in der Allgemeinen oder der Waffen-SS. Es gab zwar keine spezielle schwedische Freiwilligeneinheit, doch müssen so viele von ihnen bei der 3. Kompanie, SS-Aufklärungsabteilung 11, gewesen sein, dass dieser Teil der Division Nordland, die aus zahlreichen Nationalitäten bestand, unter dem Namen »Schwedenkompanie« bekannt wurde. Daneben absolvierten zumindest 20 schwedische Offiziere die SS-Junkerschule in Bad Tölz. Andere wiederum leisteten ihren Dienst bei der Elitedivision Wiking, während der Rest auf verschiedene andere Einheiten der Waffen-SS aufgeteilt war. Zumindest fünf schwedische Offiziere dienten als Korrespondenten in der Einheit des SS-Kriegsberichterstatters Kurt Egger. Einige waren Angehörige der Leibstandarte Adolf Hitler und kämpften noch in den letzten Kriegstagen in Berlin. Wieder andere waren Mitglieder der Wachmannschaften von KZs und Kriegsgefangenenlagern.

Keiner der schwedischen Freiwilligen bekam das Ritterkreuz verliehen, aber einige von ihnen erhielten das Eiserne Kreuz I. oder II. Klasse. Einer erwarb sich die Ehrenspange der Wehrmacht, und ein schwedischer Oberscharführer, der bei der 10. SS-Panzerdivision Frundsberg diente, wurde mit dem Deutschen Kreuz in Gold ausgezeichnet. Im Gegensatz zu anderen Ländern verfolgte Schweden die SS-Leute nicht als Kollaborateure. Viele konnten in der Armee des Landes »untertauchen« und sich darauf verlassen, dass das Thema totgeschwiegen wurde. Erst in jüngster Zeit arbeitet man in Schweden diese unrühmliche Vergangenheit auf.

Die Kosaken

Als stark nationalistische und unabhängige Völkergemeinschaft brannten viele der Kosakenvölker darauf, an der Seite der Deutschen gegen das verhasste sowjetische Regime zu kämpfen (aber nicht alle – es gab auch Kosakenregimenter aufseiten der Roten Armee). 1944 diente bereits eine Reihe von unabhängigen Kavallerieeinheiten in der Wehrmacht, wie auch eine starke Kosakendivision, die unter dem Kommando eines engagierten deutschen Kavallerieoffiziers stand: General Helmuth von Pannwitz. Die Kosakeneinheiten wurden auf dem Balkan, und dort hauptsächlich zur Partisanenbekämpfung, eingesetzt. Im November 1944 übernahm die Waffen-SS die Kontrolle über sämtliche Kosakeneinheiten und ging daran, ein ganzes Korps – das XV. Kosakenkavalleriekorps – aus zwei vollständigen Kosakendivisionen zu bilden. In Wirklichkeit dürfte die SS eine rein administrative Kontrolle über die Kosaken ausgeübt haben; alle Angehörigen behielten die Soldbücher der Wehrmacht. Aus praktischen Gründen blieben die Kosakenformationen unter der Kontrolle der Wehrmacht. Nach dem Krieg wurden die in Österreich in britische Gefangenschaft geratenen Kosaken an die Sowjetunion ausgeliefert.

In der Defensive

An der Ostfront gerieten die Deutschen durch die sowjetischen Erfolge Ende 1942 und Anfang 1943 in die Defensive. Doch dann eroberte das I. SS-Panzerkorps Charkow wieder zurück und Hitler war überzeugt, dass seine Legionen unschlagbar seien. Die Waffen-SS musste jedoch hart kämpfen, um die Rote Armee in Schach zu halten, und bei Kursk und Narwa sollten ihre Elitedivisionen dann aufgerieben werden.

In der zweiten Jahreshälfte von 1942 befanden sich die Eliteformationen der Waffen-SS, die Divisionen Leibstandarte Adolf Hitler, Das Reich und Totenkopf, in Frankreich zur Ausbildung und Reorganisation. In der Zwischenzeit gerieten aber die deutschen Armeen in Russland unter enormen Druck der Roten Armee.

Im September war die deutsche Offensive im Süden bei Stalingrad zum Stillstand gekommen, und im Oktober scheiterte der erneute deutsche Vorstoß auf Leningrad. Im November 1942 schlug dann die Rote Armee bei Stalingrad zurück, und am 23. dieses Monats war die deutsche 6. Armee eingekesselt. Einen Monat später ging die Rote Armee auch im Zentralsektor der Front in die Offensive über. Die Lage verschlimmerte sich außerdem zusehends, als die italienische 8. Armee am Don überrannt wurde. Hitler musste folglich den Rückzug der Heeresgruppe A aus dem Kaukasus anordnen, um deren Vernichtung zu vermeiden.

Am 9. Januar 1943 wurde das neu formierte I. SS-Panzerkorps, das aus den Divisionen Leibstandarte, Das Reich und Totenkopf bestand, eiligst von Frankreich an die Ostfront verlegt. Leibstandarte und Das Reich bezogen dort unter dem Kommando von SS-Obergruppenführer Paul Hausser sofort ihre Stellungen rund um Charkow.

Die Leibstandarte erhielt den Befehl, einen defensiven Brückenkopf bei Chegewajew zu halten, der sich über 100 Kilometer entlang dem Ufer des Donez erstreckte. Das Reich hielt in der Zwischenzeit das Gebiet östlich des Flusses. Der Abzug

Tiger-Panzer der Division Das Reich stoßen während der Schlacht um Kursk im Juli 1943 vor. Trotz des hohen Einsatzes der Einheiten von SS und Wehrmacht war die Operation »Zitadelle« ein Misserfolg.

Fritz Witt (rechts) auf einem Foto im März 1943 als Kommandeur einer Kampfgruppe der Division Leibstandarte. Er war ein dekorierter Veteran des Russlandfeldzugs, der an der Eroberung von Charkow teilnahm und dann die 12. SS-Panzerdivision Hitlerjugend kommandierte. Er fiel im Kampf in der Normandie im Juni 1944.

des Panzergrenadierregimentes LSSAH von Fritz Witt bedeutete jedoch eine Schwächung für die Division Leibstandarte. Diese hatte nämlich den Auftrag, Verteidigungsstellungen bei Kupjansk am Fluss Oskol zu beziehen. Anfang Februar überrannte die Rote Armee die von der Leibstandarte bezogenen Vorposten. Die Hauptverteidigungslinie stand jedoch fest, wobei massive sowjetische Angriffe unter hohen Verlusten auf beiden Seiten zurückgeschlagen wurden.

Das Reich musste sich langsam an den Donez zurückziehen, wobei sie in heftige Abwehrkämpfe verwickelt war. Allerdings waren nur wenige andere Einheiten in diesem Sektor so zäh wie die Truppen der Waffen-SS, die sich durch den Vormarsch der Roten Armee plötzlich abgeschnitten sahen. Eine große Lücke von 65 Kilometer öffnete sich zwischen der Leibstandarte und ihrer Nachbareinheit, der 320. Infanteriedivision der Wehrmacht. Die Einheit der Wehrmacht geriet in das Trommelfeuer der Sowjets und wurde rasch hinter den Feindeslinien abgeschnitten.

Eine Kampfgruppe unter dem Kommando von SS-Sturmbannführer Joachim Peiper erhielt nun den Auftrag, sich etwa 40 Kilometer hinter den feindlichen Linien durchzuschlagen, mit der 320. Infanteriedivision Verbindung aufzunehmen und diese zurück zu den deutschen Linien zu führen. Dieses sehr gewagte Unternehmen konnte Peiper mit großem Erfolg und bemerkenswert wenigen Verlusten meistern. Er erhielt dafür das Ritterkreuz.

Eine größere Kampfgruppe unter dem Kommando von SS-Obergruppenführer Sepp Dietrich erhielt nun den Auftrag, den sowjetischen Frontbogen in den deutschen Linien zu durchqueren und mit den dort eingekesselten deutschen Einheiten Kontakt aufzunehmen. Zur Kampfgruppe gehörten die Aufklärungsabteilung der Leibstandarte, das Regiment Der Führer der Division Das Reich und das Panzergrenadierregiment LSSAH.

Dietrichs Truppe stieß bei Temperaturen von minus 20 Grad Celsius in den sowjetischen Frontbogen vor und drang 45 Kilometer tief ins Landesinnere ein. Dabei konnte er das sowjetische VII. Gardekavalleriekorps abschneiden. Die Kämpfe dauerten mehrere Tage lang, und Stellungen wurden erobert, verloren und erneut eingenommen. Schließlich ersuchte Hausser um die Erlaubnis eines taktischen Rückzuges, um seine Einheit zu reorganisieren – er befürchtete, dass seine Truppen abgeschnitten werden könnten. Er war wahrscheinlich keineswegs überrascht, als Hitler sein Ansuchen ablehnte. Hausser hatte jedoch nicht die Absicht, sich mit seinen Truppen einkesseln zu lassen und zog sich trotzdem zurück. Am 16. Februar eroberte die Rote Armee Charkow. Nun war es aber die Rote Armee, die erschöpft war.

Ihre Versorgungslinien waren überdehnt, die Männer entkräftet und die Einheiten durch hohe Verluste geschwächt.

Feldmarschall von Manstein bemerkte die prekäre Lage der Sowjets und entschloss sich zu einem sofortigen Gegenangriff. Die genaue Zeiteinteilung war alles. Ein erfolgreicher Angriff jetzt würde den Feind lähmen, ihm keine Zeit zum Reagieren lassen, ehe das Tauwetter des Frühlings die Front in ein unpassierbares Schlammbad verwandeln würde. Damit hätten die Deutschen jene Zeit gewonnen, die sie für ihre eigene Frühjahrsoffensive benötigten.

Manstein entschloss sich zu einem massiven Zangenangriff, bei dem Haussers I. SS-Panzerkorps, zu dem nun auch die Totenkopfdivision gehörte, die nördliche Angriffsspitze darstellte. Der Angriff begann am 19. Februar und brachte den gewünschten Erfolg. In nur einer Woche war die sowjetische 6. Armee zerschlagen. Sie verlor über 23 000 Mann, mehr als 600 Panzer und 1000 Kanonen. Der Großteil der Mannschaften konnte jedoch über den gefrorenen Donez entkommen.

Das I. SS-Panzerkorps in Charkow

Um einem Gegenangriff der 3. Gardepanzerarmee im Süden vorzubeugen, griff die Leibstandarte die Höhen oberhalb der strategisch wichtigen Straßenverbindung Berejka–Jefomewka an. Danach ging sie gegen Waluiki im Osten vor, wobei die Totenkopfdivision ihre Flanken deckte. In heftigen Kämpfen, die sich über drei Tage hinzogen, wurde die 15. Gardearmee eingekesselt. Am 6. März fiel Waluiki unter hohen sowjetischen Verlusten. Drei Tage später erreichte die Angriffsspitze der Leibstandarte Polewaja und warf die Sowjeteinheiten über den Donez zurück. Bei der Verfolgung der fliehenden Russen verloren die Einheiten der Waffen-SS ihren Kommandanten Theodor Eicke. Sein Aufklärungsflugzeug geriet in feindliches Feuer und wurde abgeschossen.

Hausser setzte nun sein I. SS-Panzerkorps für die Eroberung Charkows ein. Er griff gleichzeitig vom Norden und Westen her an, und die Waffen-SS überrannte die Verteidigungslinien der Stadt. Nach fünf Tagen heftigen Häuserkampfes fiel Charkow schließlich. Wiederum mussten die SS-Einheiten hohe Verluste hinnehmen. An die 11 500 Gefallene und Verwundete waren zu verzeichnen.

Für die Deutschen zählte jedoch nur der propagandaträchtige Sieg. Nach der folgenreichen Kapitulation in Stalingrad am 31. Januar und dem gescheiterten Angriff auf Leningrad kam dieser Erfolg für das OKW im richtigen Moment. Obwohl Haussers Rückzug aus Charkow befehlswidrig erfolgte, hatte die Waffen-SS erneut bewiesen, dass sie zu den besten Kampfeinheiten zählte.

In der Folge beschloss Hitler, der Aufstellung weiterer SS-Korps zuzustimmen. Das aufgerüstete I. Panzerkorps sollte aus der Leibstandarte und der neuen Division Hitlerjugend bestehen; die Divisionen Das Reich und Totenkopf würden das II. SS-Panzerkorps bilden; die Wiking und die neue Division Nordland sollten hingegen zum III. (germ.) SS-Panzerkorps zusammengefasst werden.

Anfang März 1943 befand sich die Division Hitlerjugend aber erst im Anfangsstadium ihrer Formierung. Die Division Nordland entstand im Frühjahr 1943, indem das Regiment Nordland von der Division Wiking abgezogen wurde. Zu diesem kamen dann noch die neuen Regimenter Norge (vor allem Angehörige der aufgelösten norwegischen Freiwilligenlegion) und Danmark (ebenfalls vorwiegend ehemalige Soldaten des dänischen Freiwilligenkorps). Das Regiment Nordland erhielt schließlich sogar seine eigene Panzerabteilung »Hermann von Salza«. Zur gleichen Zeit war man auch dabei, zwei neue reichsdeutsche Elitedivisionen aufzustellen: die 9. SS-Panzerdivision Hohenstaufen und die 10. SS-Panzerdivision Frundsberg. Diese Einheiten verbrachten jedoch den Großteil des Jahres mit organisatorischen Arbeiten und Ausbildung. So kamen sie erst 1944 zum Kampfeinsatz.

Im März 1943 entstand die Kroatische SS-Freiwilligendivision Handschar, um die

SS-Soldaten kämpfen im März 1943 in den Vororten von Charkow. Das Maschinengewehr auf dem Zweibein ist ein MG 42. Die Entscheidung von Paul Hausser, dem Kommandanten des I. SS-Panzerkorps, die Stadt einen Monat zuvor der Roten Armee zu überlassen, hatte bei Hitler einen Tobsuchtsanfall ausgelöst – er hatte ausdrücklich befohlen, die Stadt zu halten.

Straßenkampf in Charkow. Die Einnahme der Stadt durch die Rote Armee im Februar 1943 kommentierte Stalin mit den Worten: »Die Massenvertreibung des Feindes aus der Sowjetunion hat begonnen.« Das war etwas voreilig, da nach der Rückeroberung der Stadt die Deutschen einen Gegenangriff durchführten, der die sowjetischen Streitkräfte zwischen dem Donez und Dnjepr traf. Am Ende der Kämpfe am 2. März hatten die 1. und 4. Panzerarmee die Rote Armee zum Rückzug gezwungen. 23 000 russische Soldaten kamen dabei um und 9000 gerieten in Kriegsgefangenschaft.

Partisanenaktivitäten in den besetzten Ostgebieten in den Griff zu bekommen. Ihre mehr als erbärmliche Leistung wurde bereits ausführlich behandelt und verdient keine weitere Erwähnung, da sie in den Jahren 1943/44 keine wichtige Rolle spielte. Zu diesem Zeitpunkt des Krieges war jedoch jeglicher Versuch, den Elitestatus der SS – zumindest was die »rassischen Voraussetzungen« ihrer Mitglieder anging – hochzuhalten, aufgegeben worden. Bei der Aufstellung neuer Freiwilligeneinheiten war man nicht mehr sonderlich wählerisch.

Ende 1943 kamen zu den vorgenannten Einheiten die 14. SS-Waffengrenadierdivision, die 15. SS-Waffengrenadierdivision, die 16. SS-Panzergrenadierdivision Reichsführer-SS und die 17. SS-Panzergrenadierdivision Götz von Berlichingen hinzu. Die Waffen-SS war seit dem Beginn der Invasion in die Sowjetunion beträchtlich gewachsen. Die nächsten zwölf Monate sollte sie aber noch einmal eine drastische Steigerung erfahren, um die stotternde deutsche Kriegsmaschinerie wieder in Schwung zu bringen.

Nach der erneuten Einnahme von Charkow begannen die Deutschen ihre Stellungen auszubauen und sich von den Entbehrungen des Winters zu erholen. Die nächsten zwölf Wochen folgte dann eine Periode relativer Ruhe für beide Seiten, da die meisten Straßen durch das Frühjahrstauwetter unbenutzbar waren. Zwischen Charkow und Orel im Norden gab es jedoch um Kursk einen riesigen Frontbogen unter sowjetischer Kontrolle, der tief in das von den Deutschen gehaltene Territorium hineinragte. Dieser Keil verlängerte die Front um rund 400 Kilometer und band dadurch große Truppenteile der Deutschen. An seiner Basis maß er jedoch nur 120 Kilometer. Wenn dieser Teil erobert werden könnte, würde die Front verkürzt und eine beträchtliche Zahl deutscher Truppen freigesetzt werden. Diese stünden dann für die Abwehr der erwarteten Invasion der Alliierten in Südeuropa zur Verfügung.

Vorbereitungen für Kursk

Nach dem Debakel in Stalingrad mussten die Deutschen politisch und militärisch die Initiative im Osten wieder an sich reißen. Hitler hoffte, die Türkei zu einem Kriegseintritt auf deutscher Seite überreden zu können. Dafür benötigte er einen großen militärischen Erfolg, womit er auch gleichzeitig seine osteuropäischen Verbündeten beruhigen wollte. Außerdem gab es noch eine weitere Überlegung: bei einer erfolgreichen Offensive könnten die riesigen Mengen russischer Kriegsgefangener als Zwangsarbeiter für Kriegszwecke eingesetzt werden. Daneben wäre auch der sowjetische Nachschub an Soldaten für eine weitere Offensive an der Ostfront für die nächste Zeit unterbunden.

Bis Mitte März hatte Hitler gezögert, dem von Feldmarschall von Manstein ausgearbeiteten Plan, den Frontbogen in einer Zangenbewegung anzugreifen, zuzustimmen. Hitler war nach der Niederlage in Stalingrad deprimiert und auffällig entscheidungsschwach. Jetzt hatte sich von Manstein durchgesetzt: Die Heeresgruppe Mitte unter Feldmarschall von Kluge sollte den nördlichen Teil angreifen, von Manstein mit seiner Heeresgruppe Süd vom Süden her vorgehen. Selbstverständlich war es nicht möglich, solch einen Angriff geheim zu halten. Die riesigen Bewegungen an Menschen und Material mussten den Russen einfach auffallen. Das sowjetische Oberkommando STAWKA entschloss sich, statt eines Präventivschlages gegen die Deutschen, diese in einen wohl überlegten Verteidigungskampf zu verwickeln. So wollte man die angreifenden Armeen ausbluten lassen und dann als »Gnadenstoß« einen massiven Gegenangriff starten.

Die Sowjets setzten ihre Pläne in die Tat um. Riesige Mengen an Minen wurden verlegt, um den deutschen Angriff so zu lenken, dass er direkt der russischen Panzerabwehr und Artillerie in die Hände laufen würde. Die örtliche Zivilbevölkerung musste Panzergräben ausheben und Befestigungen errichten. Am Ende gab es acht Verteidigungslinien, auf einer Tiefe von 150 Kilometern gestaffelt.

Die sowjetischen Streitkräfte standen unter dem Kommando von Marschall Georgi Schukow, der seine Truppen in drei Teile aufgliederte. Im nördlichen Teil des Frontbogens befand sich General Rokossowski mit sieben Armeen, einschließlich einer Panzerarmee. Der südliche Teil wurde von General Watutin mit sechs Armeen verteidigt, einschließlich einer Panzerarmee und zwei Gardepanzerarmeen. General Konew bildete mit sechs frischen Armeen die Reserve, bereit für den endgültigen Schlag gegen die deutschen Angreifer. Die gesamte Streitkraft umfasste 1337000 Soldaten, 3306 Panzer, 20200 Geschütze und 2650 Flugzeuge.

Den deutschen Angreifern standen hingegen 900000 Soldaten, 2700 Panzer, 10000 Geschütze und 2000 Flugzeuge zur Verfügung. Die Sowjets hatten zudem den Vorteil, die deutschen Pläne bereits zu kennen und sich in gut ausgebauten Verteidigungsstellungen zu befinden.

Dieser große Angriff, der den Decknamen »Zitadelle« erhielt, wurde von beiden Seiten als Wendepunkt des Krieges angesehen. Deshalb hatten die Deutschen auch sämtliche verfügbaren Panzer konzentriert. Beim Angriff auf die Sowjetunion 1941 standen der Wehrmacht 3300 Panzer zur Verfügung. Für den Angriff auf einen Frontbogen von 120 Kilometern setzte sie nun 2700 Panzer und Sturmgeschütze ein.

Die Bedeutung der Operation »Zitadelle« war auf deutscher Seite derart groß, dass sogar einige neue und noch nicht getestete Waffen zum Einsatz kamen. Neben einer Anzahl von PzKpfw VI Tiger-Panzern, die sich bereits hervorragend bewährt hatten, wurde auch der neue PzKpfw V »Panther« eingesetzt. Dieser war mit einer 7,5-cm-Hochgeschwindigkeitskanone bestückt und sollte der beste Panzer des Krieges werden. Zu diesem Zeitpunkt aber gab es noch einige Kinderkrankheiten. Ebenfalls neu war der schwere Panzerjäger »Ferdinand« (erst nach erfolgter Generalinstandsetzung wurde er »Elefant« genannt) mit seiner aus der bewährten 8,8-cm-Flak entwickelten 8,8-cm-Kanone sowie der Sturmpanzer »Brummbär« mit einem modifizierten PzKpfw-IV-Chassis und einer 15-cm-Haubitze.

Im südlichen Sektor versammelte von Manstein zwei große Verbände: die Armeeabteilung Kempf, die aus dem XI. Korps, dem XLII. Korps und dem III. Panzerkorps sowie der 4. Panzerarmee bestand. Zu Letzterer wiederum gehörten das XLVIII. Panzerkorps, das LII. Korps und SS-Obergruppenführer Paul Haussers II. SS-Panzerkorps.

Haussers Einheit wiederum umfasste die Leibstandarte unter dem Kommando von SS-Brigadeführer Theodor »Teddi« Wisch, Das Reich unter SS-Gruppenführer Walter Krüger

Die Totenkopfdivision rollt in Charkow ein. Die Einheit hatte in der Kesselschlacht von Demjansk große Verluste erlitten.

Soldaten der Division Leibstandarte bei einer Rast während der Kämpfe um Charkow im März 1943. Die Division war am 11. März in die Stadt eingerückt, wobei die Division Das Reich ihre linke und die Totenkopfdivision die rechte Flanke deckte. Als die Schlacht um Charkow zu Ende war, hatte das I. SS-Panzerkorps insgesamt 11 500 Mann an Gefallenen, Verwundeten oder Vermissten zu verzeichnen.

und die Totenkopf unter SS-Brigadeführer Hermann Priess. Alle drei SS-Panzergrenadierdivisionen verfügten über eine schwere Kompanie mit bis zu 15 Tiger-Panzern in ihren Reihen.

Hoths 4. Panzerarmee hatte die Aufgabe, die sowjetischen Verteidigungslinien an der Woronesch-Front zu durchbrechen und dann nach Nordosten vorzustoßen sowie Prochorowka einzunehmen. Man nahm nämlich an, dass ein sowjetischer Gegenangriff von dort ausgehen würde. Nachdem die sowjetischen Streitkräfte in diesem Gebiet einmal vernichtet waren, sollte die 4. Panzerarmee auf Kursk im Nordwesten Kurs nehmen und sich dort mit Models 9. Armee, die von Norden her kam, vereinigen.

Die drei SS-Divisionen sollten entlang paralleler Vormarschlinien angreifen, wobei jede Division über einen Panzerkeil mit einer Tiger-Kompanie an der Spitze verfügte. Am 5. Juli startete das II. SS-Panzerkorps seinen Angriff und durchbrach die erste sowjetische Verteidigungslinie relativ problemlos. Dann stieß sie auf riesige Minenfelder und starke Panzerabwehr. Trotzdem gelang es den Divisionen der Waffen-SS, am ersten Tag 18 Kilometer tief vorzudringen. Dabei erhielt der Panzerkeil Unterstützung durch die Bodenangriffe der Luftwaffe.

Nicht zum ersten Mal an der Ostfront kamen die Divisionen der Waffen-SS schneller voran als ihr Flankenschutz. Am Morgen des 6. Juli bereiteten sie sich schon auf den Angriff auf die zweite sowjetische Verteidigungslinie vor. Der zweite Tag sollte jedoch größere Probleme bringen, als sich die Leibstandarte eine heftige Panzerschlacht mit der 1. Gardepanzerbrigade lieferte. Die russische Panzerabwehr konnte aber auf große Distanz die dicke Panzerung der deutschen Panzer, vor allem der Tiger, nicht durchdringen. Die Sowjets gerieten folglich unter Druck.

Schon bald öffnete sich eine große Lücke in jenem Sektor der russischen Linien, der von der 6. Gardearmee verteidigt wurde. Hausser nützte dies sofort aus und führte seine SS-Divisionen hindurch. Durch den raschen Vorstoß der SS blieben jedoch die Einheiten der Wehrmacht an den Flanken zurück und die Totenkopf musste den Flankenschutz des SS-Korps übernehmen. Zu diesem Zweck waren jedoch zahlreiche Panzer von der Angriffsspitze abzuziehen.

Die Sowjets begannen nun einige ihrer Reserveeinheiten in die Gegend von Prochorowka zu verlegen, um den deutschen Vormarsch aufzuhalten. Am dritten Tag der Offensive drängten die Leibstandarte und Das Reich nach

Infanteriekämpfe in Charkow: Drei Soldaten der Leibstandarte suchen nach Zielen. Sie sind mit einem Maschinengewehr MG 42 sowie mit Stielhandgranate und Maschinenpistole MP 40 bewaffnet. Die Rückeroberung Charkows sollte Hitlers letzter Triumph über die Rote Armee werden. Vier sowjetische Armeen wurden aufgerieben. Ihre Verluste betrugen rund 250 000 Mann. Aber um welchen Preis? Die Rote Armee behielt den Zugriff auf zentrale Versorgungseinrichtungen, wie das Kaukasusöl, das erzhaltige Donezbecken oder die Wolga als Verkehrsader. Viel schlimmer war jedoch das menschenverachtende Kalkül der deutschen Armeeführer: Fünf deutsche Armeen waren vor der Rückeroberung zerschlagen worden. Ihre Führer konnten den Krieg nicht mehr schwerpunktmäßig an einer Landkriegsfront halten. Sie ließen es zu, dass auch Tausende der eigenen Soldaten zerrieben wurden. Was nützten ihnen jetzt modernste Waffen?

Norden, wo sowjetische Panzereinheiten in der Nähe von Teterevino konzentriert waren.

Ein heftiger Kampf entbrannte gegen die starken sowjetischen Verteidigungsstellungen. Einmal mehr rettete die Stärke der Tiger in der Panzerangriffsspitze den Tag, indem sie eine Lücke in die Verteidigung rissen und die SS-Stoßtruppen den Ort einnehmen konnten. Dabei geriet ein kompletter sowjetischer Brigadestab in Gefangenschaft. Immer mehr russische Soldaten fielen in deutsche Hand, und die gesamte Front der 6. Gardearmee begann zu wanken.

Am 10. Juli war die Totenkopf von ihrer Aufgabe als Flankenschutz befreit worden und hatte sich der Leibstandarte und Das Reich für den Angriff auf Prochorowka angeschlossen. Am späten Nachmittag hatten die Truppen der Waffen-SS den Fluss Psël überquert und Krasni Oktabir erobert. So konnten sie sich hinter

Ein Tiger-Panzer und Infanterie der Division Das Reich beim Vorstoß während der Schlacht um Kursk. Die Division war am 3. Juli in ihre Ausgangsstellungen südlich der Eisenbahnlinie Belgorod–Tomarowka gegangen und hatte in den Morgenstunden des 5. Juli den Angriff gestartet.

die sowjetischen Streitkräfte bei Prochorowka setzen. Haussers SS-Korps stand nun mit 600 Panzern für einen Angriff auf ein nur zehn Kilometer langes Frontstück bereit. Die Sowjets, die ihre volle Stärke noch nicht erreicht hatten, führten nun einen Präventivschlag durch, um dem deutschen Angriff zuvorzukommen. Watutin warf die gesamte 5. Gardepanzerarmee in die Schlacht, eine Streitkraft von 850 Panzern und Sturmgeschützen. Am 12. Juli 1943 kam es zu einer der größten Panzerschlachten der Geschichte beim Dorf Prochorowka. Die Folgen sollten sehr weitreichend sein, da dadurch der deutsche Vormarsch gestoppt und somit die gesamte Operation »Zitadelle« zum Scheitern gebracht werden konnte.

Zusammenprall bei Prochorowka

Die Sowjets waren sich der überlegenen Panzerung der meisten deutschen Panzer bewusst, ganz zu schweigen von der massiven Panzerung der Tiger. Ihre einzige Chance bestand folglich darin, so nahe an die Deutschen heranzukommen, dass ihre Kanonen wirksam eingesetzt werden konnten. Die Russen stürzten sich also mit Höchstgeschwindigkeit auf die deutschen Panzer, und schon bald drängte sich eine lärmende Masse von Panzern auf dem nur wenige Quadratkilometer großen Schlachtfeld. Mehr als 1500 Panzer schossen aus kürzester Distanz aus allen Rohren aufeinander und die Schlacht wogte über acht Stunden dahin. Beim Angriff der Sowjets befand sich die Sonne in ihrem Rücken und blendete die deutschen Schützen.

Zahlreiche Tiger und Panther gingen in Flammen auf, als die T-34 aus nächster Entfernung auf die dünnere Seitenpanzerung feuerten. Einige sowjetische Panzerbesatzungen fuhren in selbstmörderischer Absicht mit ihren Fahrzeugen in die schwereren deutschen Panzer hinein, sodass beide explodierten. Am Ende des Tages lagen an die 700 Panzer ausgebrannt am Schlachtfeld. wenn man bedenkt, dass in jedem fünf Mann Besatzung saßen, von denen ein Großteil umgekommen war, kann man sich ein Bild vom Ausmaß des Leids machen.

Die Totenkopf musste sich zurückziehen, als das 31. Gardepanzerkorps und das 33. Gardeschützenkorps angriffen. Zwar schlugen sie den sowjetischen Angriff zurück, mussten dafür aber horrende Verluste an Mann und Gerät in Kauf nehmen. Die Division hatte bereits die Hälfte ihrer Männer verloren.

Die Offensive kommt ins Stocken

Ein kritischer Moment in der Offensive war nun erreicht. Jene Seite, die zuerst ihre Verstärkungen heranbringen würde, dürfte die Schlacht für sich entscheiden. Auf deutscher Seite beeilte sich das III. Panzerkorps, Prochorowka gegen entschlossene sowjetische Angriffe zu erreichen. Als es am 12. Juli die russische Verteidigung endlich durchbrach, war es jedoch zu spät. Rotmistrows 5. Gardepanzerarmee hatte die Deutschen geschlagen.

Die SS-Panzerregimenter hatten ihre Aufgabe – Angriffe auf einen zahlenmäßig überlegenen Feind, der den Angriffsplan bereits kannte und seine Verteidigungsstellungen dementsprechend ausgebaut hatte – mit der gewohnten Begeisterung und Verachtung jeglicher Gefahr ausgeführt. Mehrere junge Panzeroffiziere der Waffen-SS konnten sich dabei einen Namen machen. Der Bekannteste von allen war wahrscheinlich SS-Untersturmführer Michael Wittmann, der während der Kursk-Offensive 30 feindliche Panzer ausschaltete. Er war derjenige Soldat mit der höchsten Anzahl an abgeschossenen Panzern in der Kriegsgeschichte; er fiel in der Normandie im Juni 1944 im Kampf.

Es war nun aber klar, dass die Ziele der Operation »Zitadelle« nicht erreicht werden konnten. Der Angriff im Norden war kaum vorangekommen, da die Sowjets fälschlicherweise angenommen hatten, dass dies die Hauptangriffsrichtung der Deutschen sein würde. Dementsprechend stark waren auch ihre Verteidigungslinien befestigt. Die vergleichsweise größeren Fortschritte der Deutschen im Süden waren auf Kosten unverhältnismäßig hoher Verluste an Soldaten und Gerät erkauft worden. Am 13. Juli stoppte Hitler die Offensive. Die Lage im Mittelmeer, an dem die Alliierten die Südflanke der Deutschen bedrohten, band starke Kräfte.

Außerdem stand ein massiver sowjetischer Aufmarsch im Donezgebiet bevor. Manstein versuchte Hitler zu überzeugen, dass noch immer Aussicht auf Erfolg bestünde. Ein erneuter Angriff der Sowjets gegen Orel drohte jedoch Models 9. Armee abzuschneiden und so musste auch er schließlich einsehen, dass die Operation gescheitert war.

Die Operation »Zitadelle« war die letzte große Offensive der Deutschen im Osten und hatte schwere Verluste gebracht. Die Heeresgruppe Süd musste an die 20700 Gefallene und Verwundete verzeichnen, während die Heeresgruppe Mitte in nur zwei Tagen 10000 Mann verlor. Haussers Kommando, das zu Beginn der Offensive an die 700 Panzer verfügte, ging mit nur 280 intakten Panzern aus der Schlacht hervor. Die Rote Armee verlor über 2100 Panzer und 33000 Mann an Kriegsgefangenen. Die Zahl der sowjetischen Toten ist nicht bekannt, sie muss aber hoch gewesen sein.

Die Leibstandarte konnte sich nach der Operation »Zitadelle« kurz erholen, doch ein sowjetischer Angriff auf die Eisenbahnlinie Brjansk–Orel zwang sie wieder in den Kampf an den Verteidigungslinien am Fluss Mius zurück. Dort blieb sie jedoch nur kurze Zeit, da sie dann von der Ostfront abgezogen und zur Verstärkung der deutschen Streitkräfte nach Italien verlegt wurde. Denn Mussolinis Herrschaft war kurz zuvor zu Ende gegangen.

Die deutschen Streitkräfte befanden sich nun im südlichen Sektor der Ostfront völlig in der Defensive. Am Mius durchbrachen die Sowjets die Verteidigungslinien und stießen rasch an die Nordküste des Asowschen Meers auf Stalino und Taganrog vor. Feldmarschall von Kleist und seine Heeresgruppe A drohten an Mansteins Südflanke abgeschnitten zu werden. Manstein schickte nun seine Reserven zur Unterstützung Kleists. Dadurch schwächte er aber gleichzeitig seine eigenen Kräfte so stark, dass sie der Wucht von Watutins Angriff an der Woronesch-Front nichts entgegensetzen konnten.

Himmler mit dem Mann, der das II. SS-Panzerkorps bei Kursk kommandierte: Paul Hausser.

Kluges Heeresgruppe Mitte wurde nun schrittweise in Richtung Smolensk zurückgedrängt. Ihre eigenen Probleme waren so groß, dass sie Manstein keine Hilfe zukommen lassen konnte. Im Norden lief Models 2. Panzerarmee Gefahr, eingekesselt zu werden und musste sich durch den Frontbogen bei Orel zurückziehen.

Mitte August klaffte eine 55 Kilometer breite Lücke in den deutschen Verteidigungslinien westlich von Kursk, durch die die sowjetischen Streitkräfte hindurchstießen. Charkow befand sich erneut in Gefahr. Die Divisionen Wiking, Das Reich und Totenkopf wurden in die Schlacht geworfen, um die Stadt zu halten. Trotz der Schwächung durch die Operation »Zitadelle« war Das Reich noch immer eine starke Kampftruppe, da sie sämtliche Panzer der Leibstandarte erhalten hatte, ehe diese nach Italien verlegt worden war.

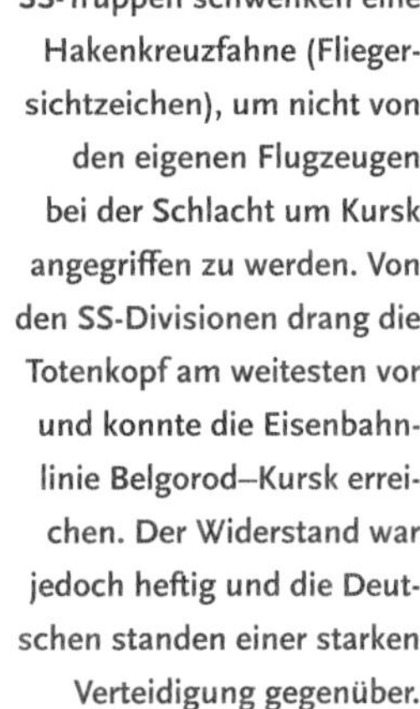

SS-Truppen schwenken eine Hakenkreuzfahne (Fliegersichtzeichen), um nicht von den eigenen Flugzeugen bei der Schlacht um Kursk angegriffen zu werden. Von den SS-Divisionen drang die Totenkopf am weitesten vor und konnte die Eisenbahnlinie Belgorod–Kursk erreichen. Der Widerstand war jedoch heftig und die Deutschen standen einer starken Verteidigung gegenüber.

Wie die Deutschen im März, versuchte nun die Rote Armee Charkow in einem massiven Zangenangriff einzunehmen. Die 53. Armee stieß dabei vom Norden und die 57. Armee vom Süden vor – die 5. Gardepanzerarmee sollte den »Gnadenstoß« ausführen. Der russische Angriff war aber nicht so effektiv wie zuvor der deutsche. Die Sowjets stießen auf starken Widerstand, und in nur einem Tag schaltete die deutsche Panzerabwehr 180 russische Panzer aus. Dies hielt die Rote Armee aber nur vorübergehend auf – Manstein, der eine Einkesselung fürchtete, befahl am 22. August den Rückzug aus der Stadt.

Kämpfender Rückzug

In den nächsten Wochen gelangen den Divisionen Wiking, Das Reich und Totenkopf einige Erfolge bei einzelnen Kämpfen mit Panzereinheiten der Roten Armee. Am 12. September zerstörte Das Reich bei einem Zusammenstoß 78 feindliche Panzer. Die Russen schienen jedoch die erlittenen Verluste ohne große Schwierigkeiten ersetzen zu können, während es für die hart bedrängten SS-Einheiten – wie für die Wehrmacht überhaupt – immer schwieriger wurde, ihre Stärke aufrechtzuerhalten.

Hitler erlaubte Mansteins Heeresgruppe Süd, sich auf die Linie Melitopol und Dnjepr zurückzuziehen, um die westliche Ukraine zu halten. Am 30. September war der Rückzug, der unter ständigem Druck der Russen durchgeführt werden musste, beendet. Insgesamt 68 deutsche Divisionen – 1250000 Mann und über 2000 Panzer der Heeresgruppe Süd – hatten jetzt den Auftrag, die Flusslinie um jeden Preis zu halten. Ihnen stand jedoch die Rote Armee mit fast doppelt so vielen Soldaten gegenüber.

Soldaten der Waffen-SS lassen sich während der Operation »Zitadelle« mitnehmen. Am 6. Juli hatten die Deutschen einige Geländeerfolge erzielt und waren im Norden bis zur Hochebene nördlich von Kashara vorgestoßen. Im Süden konnten sie die sowjetischen Linien an zwei Stellen durchbrechen. Doch die Deutschen mussten hohe Verluste an Soldaten, Flugzeugen, Panzern und Sturmgeschützen verzeichnen. Dazu kam noch, dass viele der neuen Panther-Panzer defekt liegenblieben, ehe sie die Kampfzone erreichten.

Ende August begannen die sowjetischen Streitkräfte ihren Vormarsch, der die Deutschen zum Rückzug in Richtung Dnjepr zwang. Nach zwei Tagen heftiger Kämpfe fiel Jelnia an die Sowjets, aber die Russen mussten sich jeden Meter Bodens hart erkämpfen. In rascher Folge fielen Brjansk, Smolensk und Roslawl. Am 2. Oktober waren die Deutschen bereits 240 Kilometer zurückgedrängt worden.

Im November 1943 war die Leibstandarte wieder aus Italien abgezogen und an die Ostfront verlegt worden. Sie kam zum XLVIII. Panzerkorps der 4. Panzerarmee, die sich südlich von Kiew in der Ukraine befand. Trotz größter Anstrengungen seitens der Division Das Reich, die in der Nähe Kiews stationiert war, fiel die Stadt am 7. November. Die Leibstandarte konnte zwar einige Einzelerfolge gegen die Rote Armee erzielen, die aber nur von kurzfristiger Bedeutung waren.

Zwischen Mitte November und Jahresende nahmen sowohl die Leibstandarte als auch Das Reich als Teil des XLVIII. Korps an mehreren Gegenangriffen teil, aber die Schwäche der deutschen Streitkräfte war zu offensichtlich. Bei Korosten versuchte beispielsweise die Leibstandarte gemeinsam mit der 1. und 7. Panzerdivision einige Einheiten der Roten Armee einzukreisen. Dies gelang auch, aber die deutschen Reihen waren so dünn, dass sie ihre Positionen nicht halten konnten. Schon bald mussten sie sich selbst verzweifelt gegen eine Einkreisung wehren. Bei Brusilow wurde das XXIV. Panzerkorps, dem die Division Das Reich zugeteilt war, in erbitterten Nahkämpfen überwältigt. Die Reste der Division zogen sich gemeinsam mit der Leibstandarte kämpfend nach Schitomir zurück.

Die Leibstandarte kam dann nach Berdichew zur 1. Panzerdivision und konnte erfolgreich den sowjetischen Angriff in diesem Sektor zurückschlagen – für kurze Zeit zumindest. Der anderen Division des II. SS-Panzerkorps, der Totenkopfdivision, kam nun immer mehr die Rolle einer Feuerwehr zu, indem sie von einem Brandherd an der Front zum nächsten eilen musste. Im November und Anfang Dezember versuchte sie gemeinsam mit Hubes 1. Panzerarmee die Stadt Kriwoi Rog und die Verteidigungsstellungen am Dnjepr zu halten. Am 12. Dezember wurde sie zum LVII. Korps verlegt und konnte gemeinsam mit der 11. und 13. Panzerdivision durch einen Gegenangriff den sowjetischen Vormarsch in diesem Sektor aufhalten.

Am Heiligen Abend 1943 stürmten die russischen Streitkräfte im Südsektor der Front aus ihren Stellungen rund um Kiew wieder in Richtung Westen vor. Schitomir fiel bald in ihre Hände, und nur ein entschlossener Einsatz von Mansteins Truppen konnte ihren Vormarsch

Infanterie der Waffen-SS bei Kursk.

Unten: Einheiten der Division Das Reich rücken auf Prochorowka vor.

verlangsamen. Zuvor waren jedoch einige deutsche Einheiten an die 160 Kilometer zurückgedrängt worden. Nun versuchten die Sowjets die deutschen Streitkräfte rund um Kirowograd zu vernichten. Sie eroberten die Stadt am 8. Januar 1944, trafen aber auf stärkeren Widerstand als erwartet. Insgesamt elf deutsche Divisionen waren in diesem Bereich im Einsatz, darunter die Wiking und die SS-Sturmbrigade Wallonie. Diese wallonische Freiwilligeneinheit war erst vor Kurzem von der Wehrmacht zur Waffen-SS gekommen.

Ein so starker deutscher Verband stellte natürlich für Konews Nord- und Watutins Südflanke eine große Bedrohung dar. Daher galt es diesen von den Deutschen gehaltenen Frontbogen zu erobern, um den Erfolg der sowjetischen Offensive zu gewährleisten. Konew griff am 25. Januar erneut an und am 29. Januar waren 60 000 Deutsche bei Tscherkassy eingekesselt.

Ungewöhnlich hohe Temperaturen führten zu plötzlichem Tauwetter, das das Gelände in einen sumpfigen Morast verwandelte und jegliche Truppenbewegungen verhinderte. Der Flugplatz innerhalb des Kessels, über den die eingeschlossenen Divisionen von der Luftwaffe versorgt wurden, war unbenutzbar. Ständiger Druck der Russen verkürzte den Frontbogen beständig, bis er am 9. Februar nur mehr 65 Quadratkilometer umfasste.

Wie üblich weigerte sich Hitler, auch nur den Gedanken an einen Ausbruch der belagerten Einheiten gutzuheißen. Er bestand darauf, dass nur eine Offensive von Manstein als Rettung in Frage komme. Die Sowjets hatten jedoch einen Ring von 35 Divisionen rund um den Frontbogen gezogen und so jede Chance auf einen erfolgreichen Ausbruch scheinbar ausgeschaltet. Schließlich konnte der Führer von der Notwendigkeit eines Ausbruchs überzeugt werden. Die einzige Panzereinheit im Kessel war die 5. SS-Panzerdivision Wiking unter dem Kommando von SS-Obergruppenführer Herbert Otto Gille.

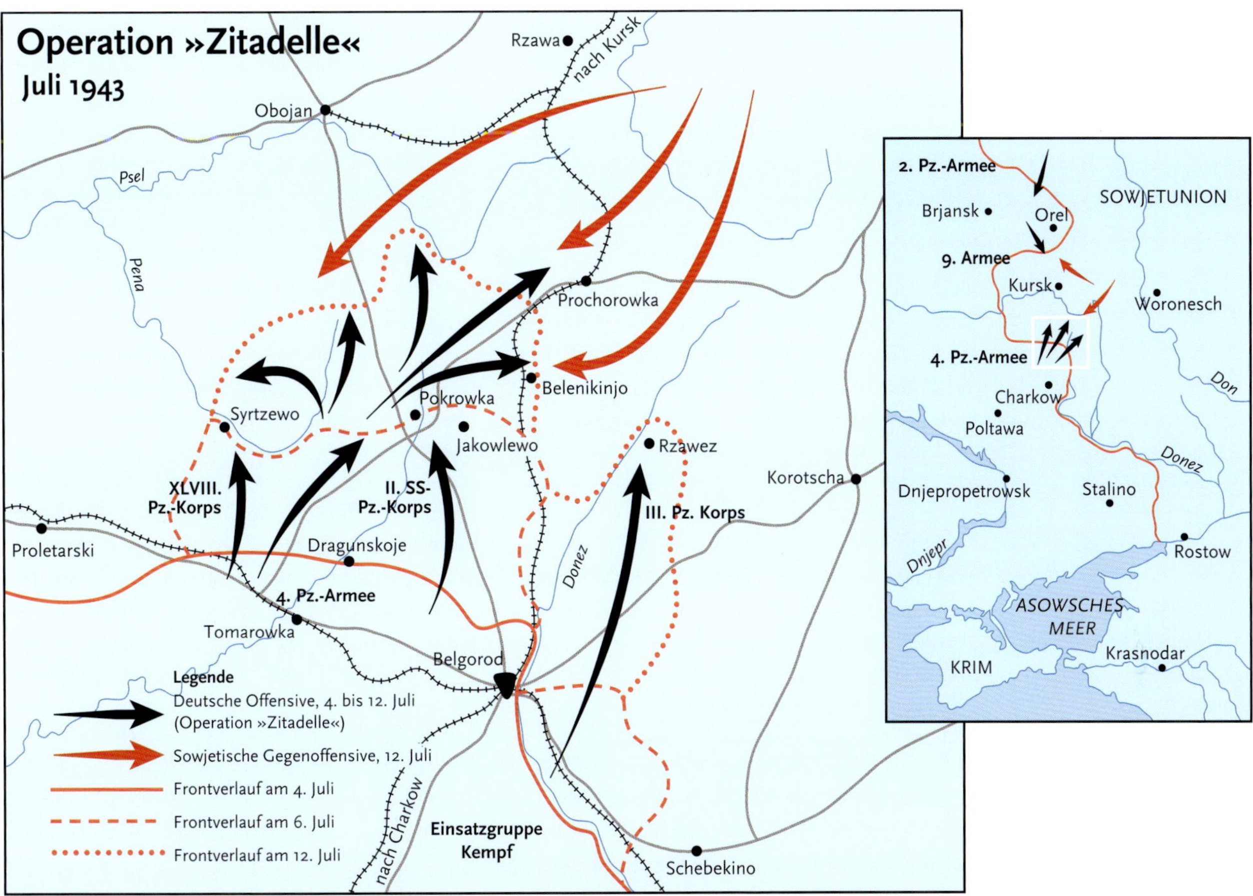

Diese sollte für den Flankenschutz sorgen, während die SS-Sturmbrigade Wallonie als Nachhut vorgesehen war.

Ausbruch aus dem Kessel von Tscherkassy

In der Nacht auf den 17. Februar begann der Ausbruch. Der sumpfige Boden erschwerte jede Bewegung, und als die Sowjets erkannten, was los war, ging ein mörderisches Artillerie- und Raketenfeuer auf die sich zurückziehenden Deutschen nieder. Diese hatten ihre Verwundeten zurückgelassen, wie auch die Artilleriegeschütze und das restliche schwere Gerät. Die SS-Sturmbrigade Wallonie musste als Nachhut hohe Verluste hinnehmen. 70 Prozent ihrer Männer fielen auf dem Schlachtfeld.

Als sich die Reste der Brigade den deutschen Linien näherten, waren ihnen die sowjetischen Verfolger schon bedrohlich nahe gekommen. Die wenigen Panzer der Wiking hielten den Gegner so lange auf, bis die letzten Teile der Brigade in Sicherheit waren.

An die 32 000 Deutsche entgingen so – vorläufig – der Gefangenschaft, wobei sie einen Großteil ihrer Waffen und Ausrüstung zurücklassen mussten. Dennoch war eine noch größere Niederlage – die Vernichtung der Truppen im Kessel – vermieden worden.

Sowohl Gille als auch SS-Hauptsturmführer Léon Degrelle, der Kommandant der Wallonen, wurden in Hitlers Hauptquartier in Preußen gebeten und für die hervorragende Leistung ihrer Truppen ausgezeichnet. Gille erhielt das Eichenlaub mit Schwertern und Degrelle das Ritterkreuz. Die nun völlig erschöpfte Division Das Reich durfte sich nun im Februar 1944 von der Front zurückziehen und kam zur Auffrischung nach Frankreich. Eine Kampfgruppe der Division unter dem Kommando von SS-Oberführer Heinz Lammerding blieb jedoch an der Ostfront.

Im März 1944 musste sich die Heeresgruppe Süd schrittweis an den Dnjestr an der rumänischen Grenze zurückziehen. Am 11. März 1944 wurden Teile der Totenkopf nach Balta geflogen, um den Kern einer neuen Verteidigungslinie zu bilden. Die Ereignisse änderten sich jedoch rasend schnell. Weder die 6. noch die 8. Armee konnten verhindern, dass die Rote Armee den Dnjestr auf breiter Front überquerte, ehe die neuen Stellungen fertig waren. Die Russen stießen nun tief in rumänisches Gebiet vor.

Die Totenkopfdivision, die zum XLVIII. Panzerkorps gehörte, kämpfte sich unter Verlusten

Unten: Sepp Dietrich, hier in seiner Dienstuniform als SS-Obergruppenführer.

in Richtung Westen durch, um nicht eingekesselt zu werden. Drei Wochen lang stemmten sich die erschöpften SS-Männer gegen die sowjetischen Angriffe, während sie sich über Balta nach Rumänien zurückzogen. Dort überquerten sie den Fluss Siret und sammelten sich in Targul Frumos und in den Karpaten.

Die sowjetische Offensive ließ dann aber nach, und der Monat Mai verlief relativ friedlich. Am 9. Juni durfte die Division die Front verlassen, um sich zu erholen und aufzufrischen. Sie erhielt auch die dringend benötigten Panzer und gepanzerten Fahrzeuge sowie 6000 Mann an Ersatztruppen. Viele von diesen waren Veteranen der Totenkopfdivision, die sich von ihren Verwundungen erholt hatten. Der Großteil aber bestand aus frischen Rekruten, die hastig von der erst vor Kurzem gebildeten 16. SS-Panzergrenadierdivision Reichsführer-SS abgezogen worden waren.

Im März 1944 versuchte die Heeresgruppe Süd, ihre linke Flanke neu zu organisieren. Da traf sie eine neue sowjetische Offensive, die sie arg in Mitleidenschaft zog. Zwischen der 1. und 4. Panzerarmee klaffte bei Proskurow eine riesige Lücke. Noch ehe sie geschlossen werden konnte, war die gesamte 1. Panzerarmee bereits bei Kamenez-Podolskij eingekesselt. Unter den eingeschlossenen Einheiten befand sich auch die Leibstandarte und Lammerdings Kampfgruppe Das Reich.

Jetzt ließ Hitler eiligst das neu formierte II. SS-Panzerkorps, das aus der 9. SS-Panzerdivision Hohenstaufen und der 10. SS-Panzerdivision Frundsberg bestand, an die Ostfront verlegen. Diese beiden waren größtenteils aus Reichsdeutschen zusammengesetzt, bestens ausgebildet und ausgerüstet. Außerdem verfügten sie über ein Kaderpersonal, das von so erfahrenen Einheiten wie Das Reich oder der Leibstandarte stammte.

Beide Einheiten sollten sich im Kampf bestens bewähren, wobei sie den Vergleich mit den besten Divisionen der Waffen-SS nicht zu scheuen brauchten. Hohenstaufen stand unter dem Kommando von SS-Brigadeführer Willi Bittrich und Frundsberg wurde von SS-Brigadeführer Karl von Treuenfeld kommandiert.

In der Zwischenzeit war so viel wie möglich Treibstoff und Munition in den Kessel von Kamenez-Podolskij geflogen worden, damit Mansteins Truppen nicht ihre Panzer und ihr schweres Gerät beim Ausbruch zurücklassen mussten. Am 27. März begann der Rückzug im Schutz eines Gewittersturmes. Hohenstaufen und Frundsberg nahmen als Teil der 4. Panzerarmee am Gegenangriff teil, um der sich zurückziehenden 1. Panzerarmee auf dem Weg nach Westen Luft zu verschaffen. Am 7. April kam es zur ersten Kontaktaufnahme, und während der nächsten neun Tage gelangte der Großteil von Mansteins Truppen sicher in ihre Auffangstellungen. Im Gegensatz zum Ausbruch bei Tscherkassy gab es dieses Mal keine großen Verluste. Es sollen sogar mehrere Hundert sowjetische gepanzerte Fahrzeuge dabei zerstört worden sein.

Im April wurde die Leibstandarte vom Osten abgezogen und nach Frankreich geschickt, um sich zu erholen und die Verluste auszugleichen. Zur selben Zeit stießen auch die Reste von Lammerdings Kampfgruppe in Frankreich zur Division Das Reich. Hohenstaufen und Frundsberg wurden als Reserve in Polen gehalten, aber als die Alliierten in der Normandie landeten, mussten beide zurück an die Westfront verlegt werden. Die Division Wiking, die dem Kessel von Tscherkassy arg dezimiert entkommen war, wurde ebenfalls zur Erholung abgezogen, wobei nur eine Kampfgruppe zurückblieb.

Rückzug von Leningrad

Im Norden Russlands hatte 1944 für die Deutschen schlecht begonnen. Die Rote Armee konnte endlich die Belagerung von Leningrad durchbrechen und in die Offensive gehen. Am 26. Januar 1944 endete offiziell die Belagerung der Stadt – nach 1000 Tagen, in denen eine Million ihrer Einwohner verhungert waren. Hitler hatte seinen Generälen zu Beginn zu verstehen gegeben, dass am »Erhalt der Zivilbevölkerung kein Interesse« bestünde. Der Plan, die gesamte Bevölkerung der riesigen Stadt dem Hungertod auszuliefern, ist eines der größten Kriegsverbrechen der Nationalsozialisten.

Nun mussten die deutschen Armeen schrittweise in Richtung Westen nach Estland und Lettland zurückweichen. In diesem Sektor der Front waren die meisten SS-Freiwilligeneinheiten aus West- und Osteuropa konzentriert. Das III. (germanische) SS-Panzerkorps unter dem Kommando von SS-Gruppenführer Felix Steiner stellte die Hauptstreitkraft der Waffen-SS. Dazu gehörte die 11. SS-Freiwilligendivision Nordland und die SS-Freiwilligenbrigade Nederland. Allein diese beiden Einheiten verfügten über Freiwillige aus Norwegen, Dänemark, den Niederlanden, Frankreich, Finnland, Schweden und der Schweiz. Zusätzlich befanden sich in diesem Frontsektor noch die 15. und 19. Waffen-Grenadierdivision aus Lettland und die 20. Waffen-Grenadierdivision aus Estland sowie die flämische Brigade Langemarck und die wallonische Sturmbrigade Wallonie.

Ende Januar hatte die Rote Armee die deutschen Verteidigungslinien bei Narwa erreicht. Diese verliefen ausgehend von der Stadt Narwa dem Südufer des Flusses Narwa entlang zu den Ufern des Peipus-Sees bis nach Polotsk, nordwestlich von Witebsk. Die Deutschen erwarteten einen konzentrierten Angriff der Roten Armee an der gesamten Frontlinie.

Er kam am 2. Februar. Jegliche Hoffnung auf einen raschen Fall der deutschen Linien schwand jedoch rasch. Narwa war jahrhundertelang eine strategisch wichtige Stadt gewesen und bildete das Eintrittstor zu Estland. An den Westufern der Narwa waren Verteidigungslinien errichtet worden, und so konnten die Männer Steiners und andere SS-Einheiten mehrere Monate lang jeden Angriff des Gegners abwehren. Die ausländischen Freiwilligeneinheiten in diesem Sektor waren von solcher Präsenz, dass die Verteidigung von Narwa als die »Schlacht der europäischen SS« propagandistisch ausgeschlachtet werden konnte.

Die Schlacht von Narwa

Die Deutschen hatten einen relativ großen und stark befestigten Brückenkopf direkt gegenüber der Stadt errichtet, um den größten Teil des Gebietes östlich von Narwa zu schützen. Hier gruben sich die Soldaten der Division Nordland und der Brigade Nederland ein und warteten auf den unausbleiblichen Angriff. Die deutschen Streitkräfte an der Narwa waren eine Mischung aus Wehrmacht, Waffen-SS, Luftwaffe, Kriegsmarine und Polizeieinheiten. Ihnen gegenüber standen die sowjetische 8. und 47. Armee sowie die 2. Stoßarmee.

Anfang Februar belegte die Rote Armee die deutschen Stellungen mit heftigem Granatfeuer. Einigen russischen Einheiten gelang es außerdem, den Fluss zwischen Hungerburg und Narwa zu überqueren und einen kleinen Brückenkopf zu errichten. Die Grenadiere der Waffen-SS warfen sie jedoch zurück, und am 3. Februar schlug das Panzerbataillon 11 »Hermann von Salza« der Division Nordland einen weiteren Versuch der Sowjets zurück, einen Brückenkopf zu errichten. Schließlich schafften es die Russen aber nordwestlich der Stadt bei Siwertski, einen kleinen Brückenkopf zu errichten. Der Versuch der Sowjets jedoch, von dort aus hinter die deutschen Linien zu gelangen, konnte von einer SS-Kampfgruppe rasch unterbunden werden. Ein konzentrierter Angriff von Teilen der Nordland und Nederland vernichtete schließlich auch diesen Brückenkopf.

Die Sowjets erzwangen dann mit heftiger Artillerieunterstützung einen weiteren Brückenkopf am Westufer bei Wopsküla. Auch dieser wurde von der 19. Waffen-Grenadierdivision im Kampf Mann gegen Mann zerstört. Frustriert über ihren geringen Erfolg entschieden sich die Russen, einen amphibischen Angriff an der Küste westlich von Narwa zu wagen. So wollte man die Verteidiger umgehen und tief ins

SS-Soldaten nach der Einnahme eines Dorfes während der Operation »Zitadelle«.

Ukraine und Weißrussland
Dezember 1943 bis April 1944

Am 24. Dezember 1943 startete die Rote Armee eine neue Offensive an der 1. Ukrainischen Front. Im Januar folgten dann Angriffe auf Frontabschnitte weiter im Süden. Die deutsche 1. Panzerarmee wurde in einem Kessel in der Nähe von Korsun-Schewtschenkowski eingeschlossen. Versorgt aus der Luft, kämpften die isolierten deutschen Divisionen verzweifelt und konnten schließlich am 16. Februar einen Ausbruch starten.

Legende
- Sowjetische Truppen
- Deutsche Truppen
- Deutsche Kessel
- Frontverlauf, 23. Dezember 1943
- Frontverlauf, 24. Januar 1944
- Frontverlauf, 4. März
- Frontverlauf, 21. März
- Frontverlauf, April
- Russisch-polnische Grenze, 1939
- Russisch-deutsche Grenze, 1940

Truppen der Waffen-SS im Kampf mit der Roten Armee im Süden Russlands nach der Schlacht von Kursk. Sowohl die Divisionen Totenkopf als auch Das Reich versuchten mit begrenztem Erfolg den Vormarsch der Russen zu stoppen. Am 6. November 1943 hatte die Rote Armee Kiew befreit, und Ende Dezember waren die meisten wichtigen Brückenköpfe über den Dnjepr in sowjetischer Hand.

Nebenbild: Sepp Dietrich, dessen Division Leibstandarte nach der Schlacht um Kursk eiligst nach Italien verlegt wurde.

Ein Bild, das die Bedingungen zeigt, denen die Männer der Division Wiking im Kessel von Tscherkassy ausgesetzt waren.

Unten: Ein Panzergrenadier der Wiking bei Tscherkassy. Seine Waffe ist eine Maschinenpistole MP 40. Er trägt eine mit Fell gefütterte SS-Winterkampfjacke 1942 und Winterhosen. Erst im dritten russischen Kriegswinter hatte es Deutschland geschafft, seine Truppen einigermaßen kältefest auszurüsten.

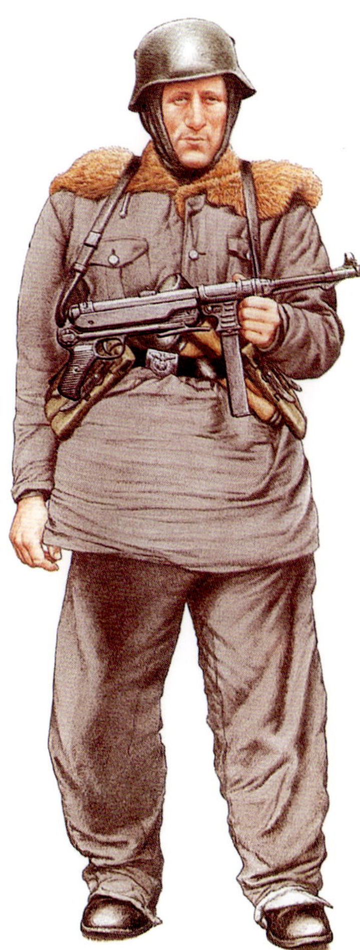

Hinterland vorstoßen. Dadurch würden gegnerische Einheiten von den Verteidigungsstellungen an der Narwa abgezogen werden. Ein erneuter sowjetischer Angriff müsste dann von Erfolg gekrönt sein.

Die Angriffstruppen wurden mit Fischerbooten und Dampfschiffen abgesetzt und konnten unbemerkt an Land gehen und die Verteidigung in der Nähe des Strandes von Merekula überrennen. Die Deutschen erfuhren sofort davon, und obwohl die Russen in die Stadt eindringen konnten, kamen sie nicht mehr weiter. Deutsche Verstärkung in Gestalt von SS-Grenadieren und Sturzkampfbombern stürmten heran und schlugen die eindringenden Gegner mit schweren Verlusten zurück.

Im Süden, in der Nähe von Kriwasso, errichtete die Rote Armee einen starken Brückenkopf, von dem aus sie das von den Deutschen kontrollierte Gebiet angriff. Dieser Sektor wurde von Soldaten der Wehrmacht verteidigt, zu denen auch die Elitedivision Feldherrnhalle gehörte. Am 24. Februar schien es, als ob die Sowjets ausbrechen und in den Rücken des III. (germanischen) SS-Panzerkorps gelangen könnten. Rasch wurden Truppen der Nordland herangebracht, die erfolgreich einen Gegenangriff starteten, ehe sie stecken blieben.

Die Sowjets griffen nun ihrerseits wieder an und der Kampf ging bald in wilde Nahkämpfe über. Nur dem Eingreifen einiger Tiger-Panzer der Wehrmacht war es zu verdanken, dass die Truppen der Waffen-SS heil entkommen konnten. Die heftigen Kämpfe hielten den ganzen März und April über an, wobei die Sowjets nur wenig gegen die hartnäckigen Verteidiger ausrichten konnten.

Die Sowjets verstärken ihre Angriffe

Anfang März intensivierten die Sowjets den Beschuss des Narwa-Gebietes durch Artillerie und Luftwaffe. Am 7. März bombardierten sie zwölf Stunden lang die deutschen Stellungen aus der Luft, worauf dann Artilleriebeschuss einsetzte. Die Zivilbevölkerung von Narwa war jedoch evakuiert worden und die Waffen-SS grub sich noch tiefer im Schutt der Stadt ein. Der Hauptangriff der Sowjets erfolgte dann in jenem Bereich, der vom niederländischen Freiwilligenregiment General Seyffardt gehalten wurde. Die Niederländer schlugen sämtliche sowjetischen Angriffe zurück und gingen sogar selbst in die Offensive über. Der Regimentskommandant, SS-Obersturmbannführer Wolfgang Joerchel, erhielt am 21. April 1944 das Ritterkreuz des Eisernen Kreuzes als Anerkennung für die Leistungen seines Regiments.

Der Hauptstoß des sowjetischen Angriffs richtete sich gegen die Stellungen bei Lilienbach, die von einem weiteren holländischen Freiwilligenregiment – De Ruiter – gehalten wurden. Nach heftigen Kämpfen durchbrach die Rote Armee die Linien der Waffen-SS, konnte aber durch die zur Verstärkung entsandten Regimenter Danmark und Norge der Division Nordland zurückgeschlagen werden.

Trotz des starken Widerstands der niederländischen SS-Truppen bei Lilienbach wurde es klar, dass die Stellung am Ostufer der Narwa nicht mehr lange gehalten werden konnte. Die Verluste der Waffen-SS an Soldaten und Gerät waren zu hoch und die Stärke der Sowjets nahm ständig zu. Im Juni 1944 hatte die Rote Armee jedoch Narwa noch immer nicht

Rekrutierungsplakat der Waffen-SS für Norwegen (links) und die Niederlande (rechts). Freiwillige dieser beiden Länder kämpften in den ersten Monaten 1944 bei Narwa. Es gab zahlreiche Norweger in der 11. SS-Freiwilligen-Panzergrenadierdivision Nordland, die an der Schlacht teilnahm. Die Niederländer waren durch die SS-Freiwilligenbrigade Nederland vertreten.

eingenommen, obwohl der deutsche Brückenkopf gegenüber der Stadt am Ostufer merklich kleiner geworden war. Die Deutschen, die von den katastrophalen Entwicklungen im mittleren und südlichen Sektor der Front wussten, erkannten, dass ihre Lage in Narwa mit jedem Tag brenzliger wurde. So entschloss man sich zum Rückzug in neue Verteidigungslinien weiter westlich, auf die sogenannte Tannenberglinie.

Am 24. Juli 1944 zwang die nördliche Zangenspitze eines massiven Umfassungsangriffs die 20. SS-Waffen-Grenadierdivision zurück über den Fluss Narwa. Die estnischen Freiwilligen mussten in Richtung Westen zurückweichen. Sie erlebten den russischen Vorstoß als zweite Besetzung ihrer Heimat und kämpften entsprechend verbissen. Am 24. Juli setzten jene Einheiten der Waffen-SS, die sich noch immer am Ostufer befanden, rasch über die Narwa in die Stadt über. Dabei brachen sie hinter sich alle Brücken ab. Am Ende des nächsten Tages war die Stadt selbst verlassen. Beim Rückzug zur Tannenberglinie wurde jedoch die niederländische Einheit General Seyffardt abgeschnitten und von den Sowjets vernichtet.

Am 26. Juli begann der russische Angriff auf Tannenberg. Anstatt subtiler taktischer Feinheiten wählten die Sowjets, die weit in der Überzahl waren, den Frontalangriff auf die Deutschen und europäischen Freiwilligen. Die Kämpfe wogten hin und her, wobei die Erfolge stets wechselten. Die Waffen-SS verzeichnete hohe Verluste, während der Gegner immer neue frische Truppen über die Narwa in die Schlacht warf. Die SS verblutete hier trotz ihrer Zähigkeit. Fast alle Panzer waren zerstört und ihre Artillerie stellte die einzigen schweren Waffen dar. Die russischen Angriffe ließen im August etwas nach, als die Rote Armee ihre Kräfte für ihren endgültigen Sturmlauf gegen die eingeschlossene Waffen-SS sammelte. Die schwer gezeichneten europäischen Freiwilligen konnten nur mehr auf den tödlichen Schlag warten.

Die europäischen Freiwilligen wussten bereits, dass die sowjetische Offensive die Front durchlöchert hatte. Schon am 22. Juni hatte die Sommeroffensive der Roten Armee an der gesamten Front begonnen. Unter dem Decknamen »Bagration« griff die Rote Armee am dritten Jahrestag des deutschen Überfalls auf Russland an. Eine mächtige Streitmacht von sechs Millionen Mann stand den zwei Millionen Soldaten der Wehrmacht gegenüber. Die Heeresgruppe Mitte, gegen die der Hauptstoß der Offensive gerichtet war, verfügte über rund

750 000 Mann, weniger als 1000 Panzer und 10 000 Artilleriegeschütze. Ihr gegenüber waren jedoch zwei Millionen Rotarmisten mit 4000 Panzern und an die 29 000 Geschütze aufmarschiert.

Zu diesem Zeitpunkt des Krieges war der durchschnittliche Rekrut der Roten Armee nicht mehr jener schlecht ausgebildete und ausgerüstete Bauer, der im Sommer 1941 dem Ansturm der Wehrmacht gegenübergestanden war. 1944 bestanden die Kampfeinheiten der Roten Armee an der Front aus erfahrenen Veteranen mit hervorragenden Waffen. Der neueste T-34-Panzer mit seiner verbesserten 8,5-cm-Hauptkanone und der neue schwere Panzer »Josef Stalin« mit seiner 12,2-cm-Kanone konnten es mit jedem anderen Panzer aufnehmen. Die sowjetische Luftwaffe war der deutschen Luftwaffe in technischer Hinsicht gleich und verfügte über ausgezeichnete Jagd- und Sturzkampfbomber. Daneben besaß sie wesentlich mehr Flugzeuge.

Obwohl 1943 und die erste Hälfte von 1944 für die Armeen des Dritten Reiches an der Ostfront eine Katastrophe gewesen waren, konnte Hitler mit der Leistung seiner Waffen-SS zu Recht zufrieden sein. Immer wieder hatten

Sylvester Stadler war SS-Sturmbannführer im Regiment »Der Führer« und kämpfte bei der Zurückschlagung eines Einbruchs der Roten Armee bei Charkow mit. Am 16. September 1943 wurde ihm dafür das Eichenlaub zum Ritterkreuz des Eisernen Kreuzes verliehen. Ein Jahr später brannten Angehörige dieses Regiments nach ihrer Verlegung nach Frankreich die Stadt Oradour-sur-Glane nieder und ermordeten 642 Männer, Frauen, Greise, Kinder und Babys.

SS-Einheiten entgegen allen Aussichten die Stellungen gehalten, während die Truppen der Wehrmacht sich zurückzogen. Doch langsam mussten sogar die fanatischsten Truppen der Waffen-SS jedoch bemerkt haben, dass ein Sieg im Osten nicht mehr möglich war.

Wenige andere Einheiten der Wehrmacht besaßen das Vertrauen Hitlers in dem Ausmaß wie die Waffen-SS. Sein Stolz auf ihre Erfolge sowie ihr Elitestatus stellten aber ein zweischneidiges Schwert dar. Mit steigender Regelmäßigkeit mussten SS-Divisionen an gefährdete Frontabschnitte kommandiert werden, um die Lage zu retten. Dies beweist aber auch, dass sie Elitetruppen waren. Sie waren jedoch keine Übermenschen – obwohl sie sich, ihrer Schulung zufolge, gern als »Herrenmenschen« sahen –, und es kam bald die Zeit, wo auch die Waffen-SS nichts mehr gegen sowjetische Übermacht und Kampfkraft auszurichten vermochte.

Die Waffen-SS besaß zu diesem Zeitpunkt des Krieges nur rund sieben Prozent der nominellen Kampfstärke der Wehrmacht, ihre Einheiten waren aber oft gut ausgerüstete Panzerdivisionen. Die SS stellte so über 25 Prozent aller Panzerdivisionen und rund 30 Prozent aller Panzergrenadierdivisionen der deutschen Streitkräfte. Im Lauf der Kriegsjahre sank die militärische Qualität dieser Einheiten immer mehr. Sie erreichten oft nicht die Sollstärke einer Division und waren unzureichend ausgerüstet, vor allem aber litten sie an einem nicht zu behebenden und im Lauf des Krieges immer prekärer werden Mangel an Führungspersonal, sprich gut ausgebildeten Offizieren und Unteroffizieren.

Trotz der Bemühungen der Waffen-SS konnte die Rote Armee im Sommer 1944 nicht gestoppt werden. Diese kämpfte nicht nur mit einer riesigen Überlegenheit an Ressourcen – seit die hinter den Ural verlagerten Fabriken ihre Produktion wieder aufgenommen hatten, stieg zum Beispiel die Produktion an Panzern auf bis zu 3000 Stück im Monat –, sondern auch mit dem unbedingten Willen, ihre Heimat von der deutschen Besatzung zu befreien.

Ein PzKpfw IV der Leibstandarte im Kessel von Kamenez-Podolskij. Die Division war im November 1943 von Italien an die Ostfront zurückverlegt, aber durch die massive Offensive der Roten Armee in Richtung Westen gedrängt worden. Im April 1944 dauerte diese Offensive schon vier Monate und hatte den gesamten Südflügel der deutschen Wehrmacht vernichtet. Zu diesem Zweck hatte die Rote Armee vier Millionen Soldaten, 4000 Panzer und Geschütze sowie 4000 Flugzeuge eingesetzt.

Ein Rekrutierungsplakat für die 27. SS-Freiwilligen-Grenadierdivision Langemarck. Die Einheit erlitt während der Schlacht um Narwa schwere Verluste.

Kämpfe im Westen

Mitte 1944 begann sich der bevorstehende Untergang für das Dritte Reich immer deutlicher abzuzeichnen. Die Sowjets starteten ihre große Offensive, und im Westen waren die Alliierten in der Normandie gelandet. Die Waffen-SS kämpfte verbissen, um den Gegner daran zu hindern, den Brückenkopf zu sichern.

Im Mai 1943 kapitulierten die Achsenmächte in Afrika; die deutschen Armeen in Nordafrika waren besiegt. Jene Einheiten, die sich vor der Gefangennahme in Tunesien nach Sizilien absetzen konnten, mussten sich bald auf das italienische Festland zurückziehen.

Nach der Invasion der Alliierten auf Sizilien (10. Juli) und auf dem italienischen Festland bei Salerno (9. September) mussten sich die Achsenmächte immer weiter in Richtung Norden zurückziehen. Die Deutschen konnten jedoch ihren Rückzug relativ erfolgreich und mit geringen Verlusten gestalten, sodass den Alliierten ein langer und teurer Feldzug bevorstand, um sie aus Italien zu vertreiben.

Die Briten und Amerikaner entschieden sich daher für ein erneutes Landungsmanöver, das am 22. Januar 1944 bei Anzio südlich von Rom stattfand. Auf dem Vormarsch ins Landesinnere könnten dann die Verbindungsstraßen 6 und 7 besetzt werden, auf denen der deutsche Nachschub für den westlichen Teil der Gustavlinie befördert wurde. Hier war nämlich der alliierte Vormarsch vor Monte Cassino zum Stillstand gekommen. Diese Bedrohung im Rücken würde die Deutschen zwingen, sich von der Linie zurückzuziehen, und den Alliierten den Weg nach Anzio frei machen. Dort war es auch, dass SS-Einheiten erstmals anglo-amerikanischen Streitkräften gegenüberstanden.

Im Sommer 1943 entstand eine neue SS-Panzergrenadierdivision mit dem Namen »Reichsführer-SS« (zwischen Herbst 1942 und Ende 1943 stieg die Zahl der Waffen-SS-Angehörigen von knapp 240 000 auf über 500 000. Dieser rapide Anstieg konnte nur unter Verzicht auf eine gründliche Ausbildung

Tiger-Panzer der schweren SS-Panzerabteilung 101 im Juni 1944 in Frankreich auf ihrem Weg in die Normandie.

erfolgen – die Kampfkraft der neu aufgestellten Einheiten war häufig unzureichend). Ihr Kader bestand aus Angehörigen der SS-Sturmbrigade Reichsführer-SS, die ihrerseits aus Soldaten von Himmlers persönlicher Leibwache gebildet worden war. Der Kommandant der neuen Division war ein früherer Regimentskommandant in Theodor Eickes Totenkopfdivision: SS-Brigadeführer Max Simon. Die Ausbildung fand auf Korsika statt. Als die Alliierten Sardinien und Korsika eroberten, kam sie dann im Oktober 1943 auf das italienische Festland.

Zum Zeitpunkt der Landung der Alliierten bei Anzio befand sich die Division noch im Ausbildungsstadium und so konnten nur Teile von ihr an die Front verlegt werden. Dies sollen mehrere Kompanien des SS-Panzergrenadierregiments 35 und 36 sowie die SS-Panzerjägerabteilung 16 gewesen sein. Sie kämpften dann bis zum 9. März 1944 am Brückenkopf bei Anzio-Nettuno.

Division Reichsführer-SS in Italien

Mittlerweile mehrten sich die Anzeichen, dass der ehemalige Bundesgenosse Ungarn aus der Achse aussteigen und zu den Russen überlaufen könnte. Um dem zuvorzukommen, startete Hitler die Operation »Margarethe« und ließ den Rest der Division nach Ungarn verlegen, um das Regime Admiral Horthys zu stürzen.

Der stete Vormarsch der Alliierten in Italien zwang diese Einheiten jedoch, rasch zurückzukehren und sich der Division wieder anzuschließen. Die britische 8. Armee trieb sie jedoch unbarmherzig über Siena und Pisa bis nach Carrara zurück. Das restliche Jahr 1944 bestand aus schweren Abwehrkämpfen und Aktionen gegen Partisanen. Dabei wurden auch zahlreiche Zivilisten umgebracht, wie etwa in Padule di Fuceccio und S. Anna di Stazzema. Außerdem war die Division auch beim Massaker an Zivilisten in Marzabotto im September beteiligt. Ein Großteil der von den Deutschen in Italien begangenen Kriegsverbrechen ging auf das Konto dieser Division. An die 2000 Zivilisten sollen durch sie ermordet, etwa 20 000 zur Zwangsarbeit nach Deutschland verschleppt worden sein. Max Simon wurde wegen seiner Verantwortung für die Massaker in Italien von einem britischen Militärgericht zum Tode verurteilt, später zu lebenslanger Haft begnadigt und 1954 entlassen. Noch kurz vor Kriegsende, am 7. April 1945, hatte er drei Bürger des Ortes Brettheim hinrichten lassen, die den sinnlosen Widerstand einiger Hitlerjungen gegen die anrückenden Alliierten verhindern wollten.

Das Kommando ging im Oktober 1944 an SS-Oberführer Otto Braun über, einen weiteren früheren Regimentskommandanten der Totenkopfdivision. Im Januar 1945 befand sich die Division Reichsführer-SS dann weit im Nordosten Italiens. Kurz danach teilte sie Hitler jenen Truppen zu, die für den Gegenangriff am Plattensee zusammengezogen wurden.

Als einzige andere bedeutende SS-Einheit kämpfte die Elitedivision Leibstandarte SS Adolf Hitler in Italien, nachdem sie im Juli

Gegenüberliegende Seite oben: Sturmgeschütze (StuG) III der 16. SS-Panzergrenadierdivision Reichsführer-SS Anfang 1944 in einer italienischen Stadt. Die Division kämpfte bei Anzio und war in Norditalien in Kämpfe gegen Partisanen verwickelt.

Gegenüberliegende Seite unten: SS-Obersturmführer Michael Wittmann, der in der Normandie 27 Panzer abgeschossen hat und dafür als »Panzerass« gefeiert wurde.

Unten: Panther-Panzer (A-Ausführung) der I. Abteilung des Panzerregiments 4 der 13. Panzerdivision in Italien.

1943 von der Ostfront abgezogen worden war. Dabei hatte sie ihre schwere Ausrüstung und Panzer in Russland lassen müssen. Sie nahm nach dem Sturz Mussolinis im September 1943 an der Entwaffnung der italienischen Armee teil und kam ebenfalls gegen Partisanen zum Einsatz. Im Herbst wurde sie aber wieder an die Ostfront zurückverlegt.

Neben den deutschen SS-Einheiten kämpften noch eine Reihe von italienischen Freiwilligen, die dem faschistischen Regime gegenüber loyal waren, in Formationen der Waffen-SS. Die italienische SS-Legion stand beispielsweise bei den Kämpfen um den Brückenkopf Anzio-Nettuno an der Seite der Division Reichsführer-SS. Sie konnte sich derart gut behaupten, dass sie in den offiziellen Kriegsberichten der Wehrmacht sogar lobend erwähnt wurde. Den Großteil ihrer Zeit stand die Legion, die später zur 29. Waffengrenadierdivision der SS (italienische Nr. 1) werden sollte, im aufreibenden Kampf gegen Partisanen in der Poebene. Italienische Freiwillige stellten auch einen beträchtlichen Teil der 24. SS-Gebirgsdivision Karstjäger, die vorwiegend im Norden Italiens, vor allem an der Adriaküste, gegen Partisanen vorging.

Während die Waffen-SS beim Feldzug in Italien militärisch keine wichtige Rolle spielte, hinterließ der Sicherheitsdienst der SS seine grausamen Spuren in der italienischen Bevölkerung. Partisanen töteten am 23. März 1944 in Rom bei einem Bombenattentat 32 Angehörige einer Polizeikompanie. Der Kommandeur der Sipo und des SD in Rom, SS-Obersturmbannführer Herbert Kappler, ließ daraufhin als Vergeltung 335 zivile Geiseln erschießen. In einer besonders brutalen und grausamen Aktion wurden die Geiseln aus Rom hinaus zu den antiken Ardeatinischen Höhlen gefahren und durch Genickschuss niedergemacht. Die Höhlen wurden dann mit Dynamit in die Luft gejagt, manche der Opfer starben wohl erst dadurch. Kappler wurde nach dem Krieg verhaftet und zu lebenslänglicher Haft verurteilt.

Insgesamt wurden zwischen September 1943 und Kriegsende jeden Tag durchschnittlich 165 italienische Zivilisten von deutschen Soldaten oder SS-Leuten getötet.

Ab Juni 1944 gab es für Hitler keinen Zweifel mehr, dass eine alliierte Invasion an der Küste Frankreichs unmittelbar bevorstand. Er kannte jedoch den genauen Ort nicht und konnte so seine Kräfte nicht konzentrieren. Als die alliierte Invasionsmacht am 6. Juni in der Normandie landete, glaubte Hitler an ein Ablenkungsmanöver vom tatsächlichen Invasionsort, den er in Pas de Calais vermutete.

Am Morgen des 6. Juni befand sich die Leibstandarte in der Nähe von Brügge in Belgien. Als Teil der strategischen Reserve des Oberkommandos der Wehrmacht musste sie nicht sofort eingreifen, sondern musste erst die ausdrückliche Erlaubnis Hitlers abwarten. So verließ sie ihre Stellungen elf Tage nach dem »D-Day«, der Landung der Alliierten, und wurde bei Caen in Kämpfe verwickelt. Die Schwestereinheit der Leibstandarte, die 12. Panzerdivision Hitlerjugend, befand sich bereits in der Gegend um Dreux, zwischen Paris und Caen. Sie war folglich die erste Einheit der

Waffen-SS, die in der Normandie Feindkontakt hatte. Eine weitere Einheit der Waffen-SS, die 17. SS-Panzergrenadierdivision Götz von Berlichingen, war im November 1943 aufgestellt worden. Ihre Ausbildung fand in der Gegend rund um Tours/Angers statt, und nur eine Woche nach der Landung kam sie bereits an die Front.

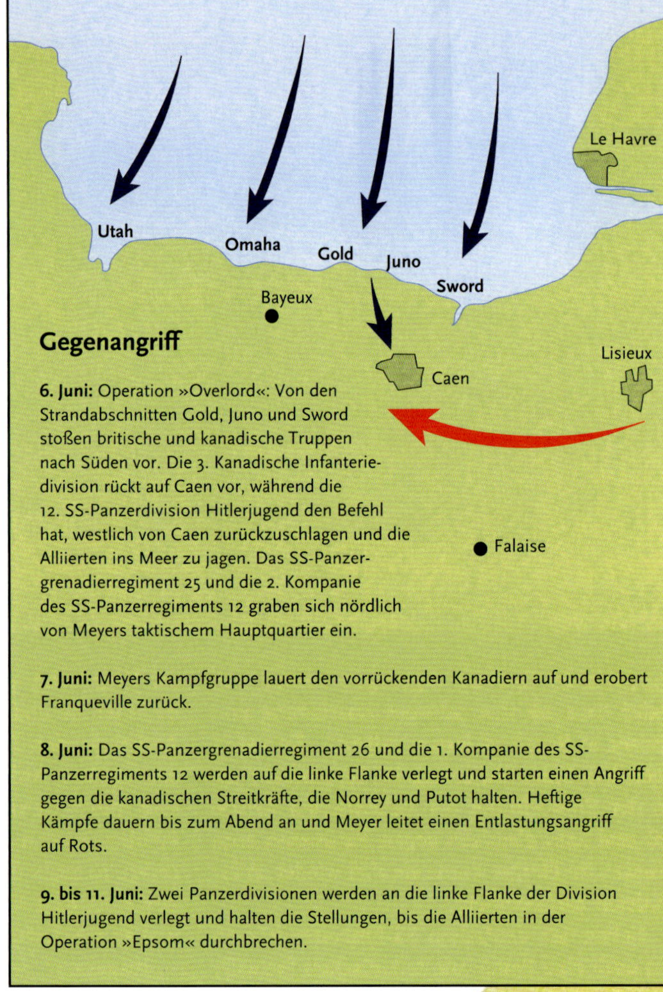

Kämpfe rund um Caen

Die Division Das Reich war ursprünglich im Süden Frankreichs in der Nähe von Toulouse stationiert, um einen möglichen alliierten Angriff gegen die Achillesferse des besetzten Frankreich abzuwehren. Sofort nach der Landung wurde sie in den Norden beordert, wobei sie auf ihrem Weg dorthin immer wieder gegen Einheiten der Résistance, der Maquis, wie sie auch genannt wurden, vorging. Dabei verübte sie eine Reihe von Exekutionen in Tulle und vor allem das Massaker bei Oradour-sur-Glane, bei dem der Ort komplett zerstört und 642 Einwohner ermordet wurden. Die Division erreichte die Normandie am 10. Juli und wurde in der Nähe von Périers eingesetzt.

Die alliierten Streitkräfte intensivierten ihren Druck zuerst am östlichen Ende des Brückenkopfes. Eines der Hauptziele der britischen 21. Armeegruppe unter dem Kommando von General Bernard Montgomery war die Stadt Caen. Zuerst versuchte sie am 6. und 7. Juni die Stadt durch einen direkten Angriff zu nehmen. Sie erhielt dabei Unterstützung durch britische und kanadische Flugzeuge. Die Division Hitlerjugend ging am 7. Juni in ihre Stellungen rund um Caen und stellte einen Stoßtrupp auf, um die vorrückenden britischen Einheiten abzufangen.

Unter dem Kommando von SS-Standartenführer Kurt »Panzer« Meyer griff eine Kampfgruppe aus drei Panzergrenadierbataillonen und einer beträchtlichen Anzahl von PzKpfw-IV-Panzern des Panzerregiments der Division gemeinsam mit der 21. Panzerdivision der Wehrmacht an. Der britische Vormarsch konnte bald aufgehalten und über 30 der alliierten Panzer zerstört werden. An eigenen Verlusten waren nur zwei Panzer zu verzeichnen. Dieser Erfolg war aber nur von kurzer Dauer, da die Deutschen nicht stark genug waren, um die

Britische Truppen erwarten einen deutschen Angriff in der Normandie im Juni 1944. Die alliierte Luftüberlegenheit war ein entscheidender Faktor für die Niederlage der Deutschen in Frankreich.

Die Schlacht von Caen
Normandie, Juli 1944

26. Juni: Operation »Epsom«, der alliierte Versuch, Caen vom Westen her einzukreisen, beginnt mit einem Angriff auf Cheux und St Manvieu. Die Division Hitlerjugend trifft der Hauptstoß des Angriffs, sie wird langsam nach Süden zurückgedrängt.

27. Juni: Die Hitlerjugend startet einen Gegenangriff bei Cheux, kann den Ort aber nicht erobern und wird auf die Hänge des Hügels 112 zurückgetrieben.

28.–30. Juni: Nach drei Tagen blutiger Kämpfe erzwingen die Hitlerjugend und andere Panzerdivisionen den alliierten Rückzug vom Hügel 112. Die Alliierten bleiben in ihren Stellungen südlich des Odons und greifen bis in den Juli hinein wiederholt den Hügel an.

3. Juli: Auf der rechten Flanke hält die Hitlerjugend weiterhin die Stellungen in Buron nördlich von Caen.

4. Juli: Operation »Charnwood« startet mit einem kanadischen Angriff auf Carpiquet. Am Abend befindet sich der nördliche Teil des Flugplatzes von Carpiquet in den Händen der Alliierten.

4.–9. Juli: Die Hitlerjugend wird aus Buron zurückgedrängt und erleidet schwere Verluste, als sie sich dem Vormarsch der Alliierten nach Caen in den Weg stellt.

11. Juli: Die Hitlerjugend zieht sich nach Potigny zurück, um sich neu zu gruppieren.

18.–20. Juli: Nachdem die Alliierten in der Operation »Goodwood« versuchen, die deutschen Linien vom Nordosten her zu durchbrechen, kehrt die Hitlerjugend in den Kampf südlich von Caen zurück.

7.–20. Juli. Operation »Totalize«: Beim Rückzug auf der Straße nach Falaise stoppen die Reste der Hitlerjugend den alliierten Vorstoß und halten die Lücke bei Falaise zwei Tage lang offen.

20. August: Standartenführer Meyer zieht sich mit den Überlebenden seiner Division Hitlerjugend über den Fluss Dives zurück.

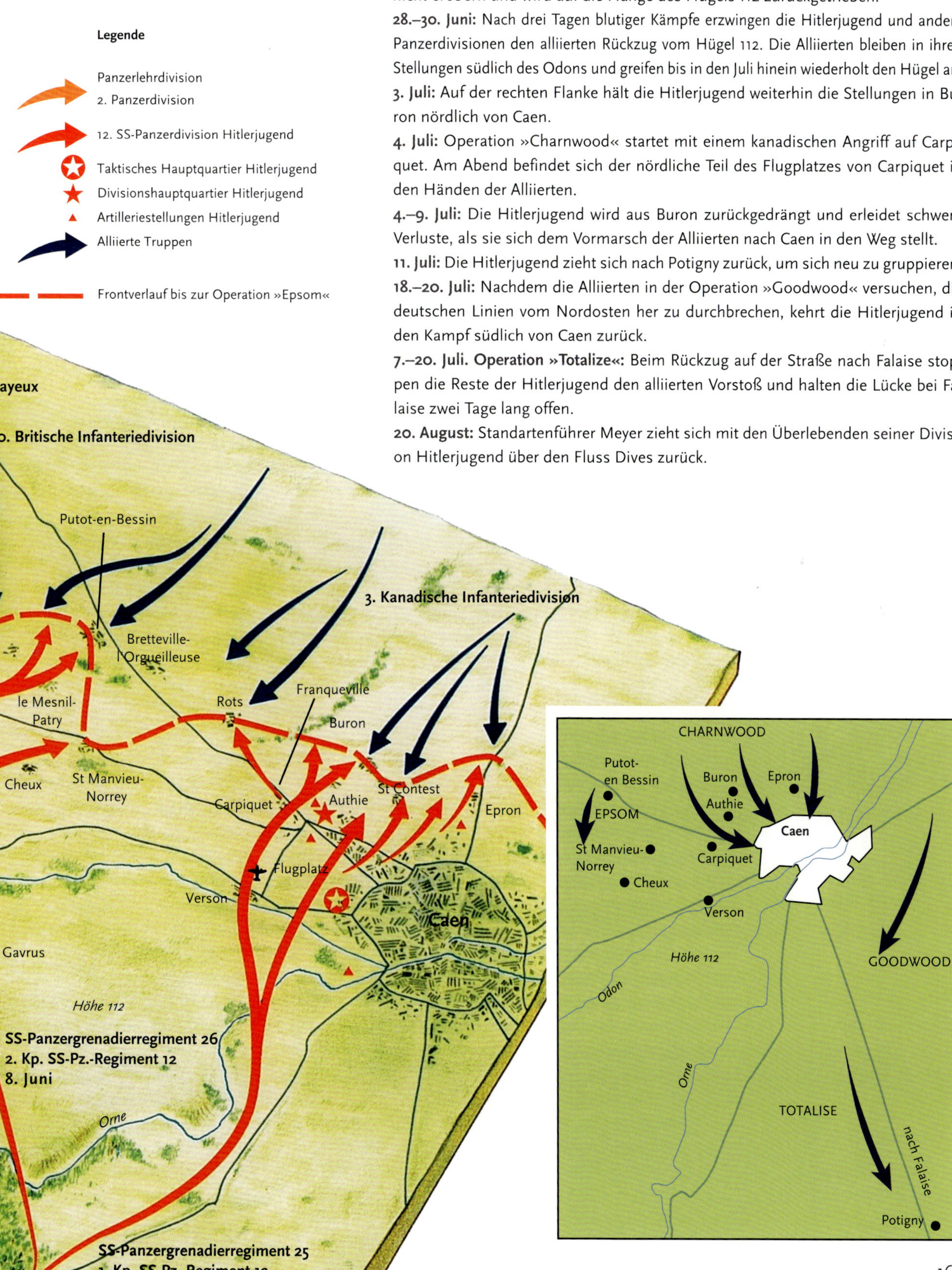

britische Infanterie dauerhaft zurückzuschlagen. Am 9. Juni erreichten dann Generalmajor Fritz Bayerlein und seine Panzerlehrdivision nach einem Marsch über 150 Kilometer ebenfalls ihre Stellungen rund um Caen. Die ganze Zeit über wurden sie von alliierten Jagdbombern angegriffen und verloren dabei an die 200 Fahrzeuge. Aber jetzt verteidigten drei starke Panzerdivisionen Caen und den wichtigen Flughafen Carpiquet.

Montgomery entschloss sich nun, zwei seiner erfahrensten Einheiten einzusetzen: die 51. (Hochlanddivision) und die 7. Panzerdivision, beides Veteranen der 8. Armee in Nordafrika. Die Schotten hatten den Auftrag, die Stellungen der 6. Luftlandedivision östlich der Orne zu umgehen, während die 7. Panzerdivision vom Nordosten gegen Caen vorrückte. In heftigen Kämpfen, die drei Tage dauerten, leisteten die Deutschen den Briten erfolgreich Widerstand.

Am 10. Juni versuchte die 7. Panzerdivision leicht westlich von Caen hinter der 50. Britischen Division durchzubrechen. Die Briten hatten eine Lücke in der deutschen Verteidigung zwischen Caumont und Villers-Bocage entdeckt und sofort die 7. Panzerdivision in Marsch gesetzt. Am Morgen des 13. Juni fuhren britische Panzer in Villers-Bocage ein. Zur gleichen Zeit befand sich aber auch SS-Obersturmführer Michael Wittmann, Kommandant der 2. Kompanie der schweren SS-Panzerabteilung 101, mit vier Tiger-Panzern und einem PzKpfw IV im Dorf. Wittmann selbst traf auf vier britische Cromwell-Panzer, die ins Dorf fuhren. In einem nur kurzen Gefecht zerstörte er sie, und später noch 23 weitere britische Panzer. Die Geschosse der Briten prallten sogar aus nächster Nähe von der massiven Panzerung der Tiger ab.

Als die vier Tiger und der PzKpfw IV durch das Dorf zurückfuhren, erwarteten sie dort aber britische Panzer und eine schwere Panzerabwehrkanone. Alle fünf Panzer wurden durch Schüsse aus nächster Distanz auf ihre dünnere Seitenpanzerung zerstört, die Besatzungen konnten entkommen.

Am 14. Juni war die Lücke in den deutschen Linien wieder geschlossen. Innerhalb weniger Tage nach Beginn der Invasion hatte das Oberkommando der Wehrmacht (OKW) erkannt, dass es diesmal ernst war. Sollten nicht rasch genug Verstärkungen an die Front gebracht werden, würden die Deutschen Gefahr laufen, die Kontrolle auf dem Schlachtfeld an die Alliierten zu verlieren. Deshalb verlegte man die 9. SS-Panzerdivision Hohenstaufen und die 10. SS-Panzerdivision Frundsberg von Polen in die Normandie. Es dauerte jedoch bis zum Ende des Monats, ehe sie dort ankamen.

In der Zwischenzeit sahen sich SS-Brigadeführer Werner Ostendorffs 17. SS-Panzergrenadierdivsion Götz von Berlichingen und das 6. Fallschirmjägerregiment südlich von Carentan amerikanischen Truppen gegenüber. Diesen war es geglückt, von den Strandabschnitten Omaha und Utah aus vorzudringen. Am 14. Juni versuchte die Götz von Berlichingen, die ihre volle Stärke noch nicht erreicht hatte und über keine schweren Waffen verfügte, gemeinsam mit den Fallschirmjägern, die nun reine Bodentruppen darstellten, vergebens den Gegner zu vertreiben. Dabei mussten sie hohe Verluste hinnehmen. Die Division blieb jedoch für den Rest des Monats Juni und den Großteil des Julis in diesem Sektor.

Während der Kämpfe um Caen kam es vonseiten der Division Hitlerjugend zu wiederholten Erschießungen kanadischer Kriegsgefangener – zum Beispiel starben in Abbaye d'Ardenne am 7. Juni 1944 und den folgenden Tagen insgesamt 156, nach anderen Quellen sogar 187 Kanadier, meist durch Kopfschüsse. SS-Standartenführer Kurt Meyer, Befehlshaber des 25. SS-Panzergrenadierregiments der Division Hitlerjugend, wurde deshalb im Dezember 1945 zum Tode verurteilt, aber zu lebenslanger Haft begnadigt, aus der er 1954 entlassen wurde. Meyer war danach in der HIAG aktiv – er behauptete zwar, von den Gräueln in den KZs nichts gewusst zu haben, setzte sich aber bis zu seinem Tod 1961 für eine Rehabilitierung der Waffen-SS ein.

Abwehr der Operation »Epsom«

Die Divisionen Hohenstaufen und Frundsberg wurden bei ihrer Ankunft in der Normandie am 25. Juni der Frontlinie zwischen Caen und Villers-Bocage zugewiesen. Sie kamen gerade rechtzeitig dort an, als Montgomery seine Operation »Epsom« startete (den Versuch, Caen einzunehmen). Das VIII. Britische Korps griff auf einer sechs Kilometer breiten Frontlinie zwischen Carpiquet und Rauray an. Einmal mehr setzte Montgomery seine besten und erfahrensten Truppen ein. Dazu gehörten auch die 15. (schottische) Division, die 11. Panzerdivision und die 43. Wessex-Division. Der Angriff begann mit massivem Artillerie- und Schiffsgeschützfeuer und brachte zu Beginn gute Fortschritte, ging aber bald in einen zähen Kampf um jeden Meter Boden über, da die Deutschen hartnäckigen Widerstand leisteten.

Am 27. Juni erfolgte ein erneuter Angriff, der jedoch von der 11. Panzerdivision gestoppt werden konnte. Diese wiederum überquerte am nächsten Tag den Fluss Odon und eroberte am 29. Juni den strategisch wichtigen Hügel 112. Daraufhin startete SS-Obergruppenführer Paul Hausser einen groß angelegten Gegenangriff mit den Divisionen Hohenstaufen und Frundsberg. Die Soldaten der Waffen-SS wurden jedoch zurückgeschlagen. Zum Glück für die Deutschen hatten die Alliierten jedoch eine noch größere Gegenoffensive erwartet und so die 11. Panzerdivision über den Fluss Odon zurückgezogen. So gelang es den Deutschen, den Hügel 112 rasch wieder zurückzuerobern.

In der Zwischenzeit hatten die amerikanischen Einheiten sämtliche Angriffe abgewehrt und von ihrem Brückenkopf aus den wichtigen Hafen Cherbourg erobert. Die deutschen Pioniere waren jedoch bei der Zerstörung der Hafenanlagen so erfolgreich gewesen, dass die Alliierten nur rund zehn Prozent des geplanten Nachschubs über Cherbourg heranschaffen konnten. Danach bereiteten die Amerikaner den Vormarsch in Richtung Süden auf Coutances, St. Lô und Caumont vor.

In Caen hielten die Grenadiere der 12. SS-Panzerdivision Hitlerjugend trotz des heftigen Beschusses durch Artillerie, Flugzeuge und Schiffe verzweifelt durch. Die SS-Einheiten mussten jedoch allmählich zurückweichen und

Gegenüberliegende Seite oben: US-Truppen im Kampf bei Bocage, Juni 1944.

Gegenüberliegende Seite unten: Ein Grenadier der 12. SS-Panzerdivision Hitlerjugend beim Feldzug in der Normandie. Aufgrund von Nachschubproblemen mit Uniformen in Deutschland trägt er eine italienische Tarnuniform.

Unten: Ein Tiger-Panzer der schweren SS-Panzerabteilung 101 rollt durch eine französische Stadt in Richtung Normandie.

die Briten erreichten schließlich die Orne, die durch das Zentrum von Caen fließt. Doch auch sie mussten schwere Verluste hinnehmen und der Rest der Stadt befand sich noch immer in den Händen der Division Hitlerjugend. Dann besetzte die Leibstandarte die Stellungen der Hitlerjugend bei Caen, die Hitlerjugend kam in die Reserve nördlich von Falaise.

Am 18. Juli starteten die Briten die Operation »Goodwood«. In einem massiven Panzerangriff wollte man jenen Korridor durchstoßen, den ein massierter alliierter Bombenangriff in die Reihen der Deutschen schlagen sollte. Einmal mehr kam ein anfänglich vielversprechender Vormarsch rasch zum Stehen, da sich die Deutschen schon bald von dem dreistündigen Bombardement erholt hatten. Ihre Panzer und Panzerabwehr schlugen immer größere Lücken in die angreifenden Panzerreihen. Zwar musste die Leibstandarte den Großteil Caens aufgeben, doch die Alliierten verloren über 400 Panzer, und die Hauptverteidigungslinie der Deutschen war immer noch intakt.

Die »Barkmann-Falle«

Bei ihrer Ankunft in der Normandie unterstützte die 2. SS-Panzerdivision Das Reich die Division Götz von Berlichingen bei der Abwehr der Angriffe der Amerikaner, die ins Landesinnere vorstoßen wollten. SS-Oberscharführer Ernst Barkmann hatte bereits an der Ostfront bewiesen, einer der besten Panzerkommandanten des 2. SS-Panzerregiments zu sein. Am 8. Juli schoss er einen ersten Panzer im Westen ab, als ein amerikanischer M4-Sherman-Panzer der 7,5-cm-Hochgeschwindigkeitskanone seines Panthers zum Opfer fiel.

Am 13. Juli kamen drei weitere M4 dazu und am 27. Juli konnte sich dann Barkmann endgültig als einer der besten Panzerkommandanten Deutschlands auszeichnen. An einer abgeschiedenen Kreuzung an der Straße von St-Lô nach Coutances, die dann als »Barkmann-Falle« bekannt werden sollte, stand sein Panther-Panzer im Schatten einer großen Eiche, als sich ihm eine Kolonne von 14 M4-Panzern näherte. Als sie in seinen Feuerbereich gelangten, eröffnete er das Feuer und die beiden ersten Sherman-Panzer gingen bald in Flammen auf. Dahinter kam ein Tankwagen, den Barkmann als Nächstes aufs Korn nahm.

Während die Wracks der beiden Shermans und des Tankwagens lichterloh brannten, versuchten zwei weitere Shermans das Hindernis zu passieren. Der erste war zwar rasch ausgeschaltet, aber der zweite feuerte einige Schüsse ab, die der dicken Panzerung des Panthers jedoch nichts anhaben konnten. Auch dieser Sherman ging rasch in Flammen auf, nachdem ihn Barkmanns Schütze ins Visier genommen hatte.

Der Panther wurde dann von alliierten Kampfbombern angegriffen und verlor dabei eine Kette. Auch sein Entlüftungssystem war beschädigt. Im Schutze des Luftangriffes griffen zwei weitere Shermans an. Sie mussten jedoch rasch feststellen, dass Barkmanns Panzer nicht ernsthaft beschädigt und dem Angriff mehr als gewappnet war. Die beiden Shermans waren bald nur mehr brennende Wracks. Barkmann konnte noch einen weiteren Sherman zerstören, ehe er sich zum Rückzug entschloss. Mit seinem arg beschädigten Panther war auch dies keine geringe Leistung.

Neun von den 14 Sherman-Panzern, die den einzelnen Panther-Panzer angegriffen hatten, waren zerstört. Außerdem gelang es Barkmann, trotz Jagdbomberangriffen seinen stark beschädigten Panzer und seine Mannschaft sicher zu den deutschen Linien zurückzubringen. Dafür erhielt er am 5. September das Ritterkreuz des Eisernen Kreuzes.

Alliierter Druck drängt SS zurück

Zuvor, am 25. Juli, hatten die Amerikaner die Operation »Cobra« gestartet, der massive Luftangriffe vorausgegangen waren. Die hartnäckige Verteidigung der Division Götz von Berlichingen brachte die US-Truppen bald in große Bedrängnis und so mussten sie zurückgezogen werden. Die Deutschen erlitten vor allem große Verluste durch die Raketen der alliierten Jagdbomber. Unter diesen Angriffen litten vor allem die deutschen Panzer auf den engen, von Hecken gesäumten Landstraßen der »Bocage«. Der Großteil der deutschen Bewegungen konnte nur noch bei Dunkelheit erfolgen, was zu zahlreichen Unfällen führte.

Am 26. Juli griffen die 1. US-Infanteriedivision und die 3. Panzerdivision in Richtung Marigny an, wobei sie auf heftigen Widerstand der stark geschwächten Division Das Reich und der 353. Infanteriedivision der Wehrmacht stießen. Nach zwei Tagen heftigster Kämpfe befand man sich immer noch zwei Kilometer von der Stadt entfernt.

An ihrer linken Flanke waren die Amerikaner erfolgreicher. Dort traf die 22. Infanteriedivision auf nur sporadischen Widerstand der Deutschen und konnte so während der nächsten zwei Tage den Gegner weit zurückdrängen. Während die Division Das Reich noch bei

PzKpfw VI »Tiger II« der Waffen-SS in den Wäldern in Nordfrankreich. Britische Kriegsgefangene verrichten dabei Hilfsdienste. Durch das Fehlen der deutschen Luftwaffe bei den Kämpfen in der Normandie konnten die alliierten Flugzeuge nach Belieben vorgehen. Die deutschen Panzer mussten deshalb ständig getarnt werden und konnten sich nur in der Nacht bewegen.

Marigny kämpfte, musste sie ihre Kräfte umgruppieren, um der drohenden Gefahr an ihren Flanken begegnen zu können. Doch die Wucht des amerikanischen Angriffes war zu groß, und Coutances fiel am 28. Juli.

Am 29. Juli durchbrachen kombinierte Kräfte der Divisionen Das Reich und Götz von Berlichingen in der Nähe von St-Denis le Gast die Reihen des 67. US-Panzerregiments und der 41. Panzerinfanterie. Angesichts der zahlenmäßig überwältigenden Übermacht der Alliierten kam dieser Angriff jedoch bald zum Stillstand und die Einheiten der Waffen-SS mussten sich nach Avranches zurückziehen, um nicht eingekesselt zu werden. Am 30. Juli fiel auch diese Stadt der 4. US-Panzerdivision in die Hände.

Am selben Tag startete das VIII. Britische Korps die Operation »Bluecoat«, einen Angriff auf Vire, das sich zwischen den amerikanischen und britischen Kräften befand. Obwohl die 11. Panzerdivision bald die Hochebene um Le Bény Bocage erobern konnte, wurde der Vormarsch auf Vire nicht rasch genug vorgetragen. Dies gab den Deutschen die Möglichkeit, ihre Stellungen zu verstärken. Eine Chance, die gesamte deutsche 7. Armee aufzurollen, war somit vertan worden, und Vire konnte sieben weitere Tage gehalten werden.

Der amerikanische Schlachtplan sah nun vor, hinter Mortain und Avranches vorzudringen, um auf die Linie Caumont–Fougères einzuschwenken. Danach wollte man in Richtung Süden auf Le Mans und Alençon vorrücken. Nachdem Avranches erobert war, bestand für die deutschen Einheiten auf der Halbinsel Cotentin größte Gefahr, abgeschnitten zu werden. Hitler befahl jetzt eine Offensive auf Avranches, um die amerikanischen Streitkräfte aufzuspalten. Daran nahmen die 2. Panzerdivision, die 116. Panzerdivision Windhund und Teile der Divisionen Leibstandarte und Das Reich teil. Der Angriff begann in der Nacht auf den 6. August, und Das Reich erreichte bald Mortain und die Hochebene um St-Hilaire.

Die 2. Panzerdivision kam ebenfalls gut voran und konnte beinahe Juvigny erreichen, ehe sie durch entschlossenen amerikanischen Widerstand gestoppt wurde. Die 116. Panzerdivision blieb jedoch schon zu Beginn stecken, was die gesamte Offensive ins Stocken brachte.

Zur gleichen Zeit, als die Deutschen auf Avranches vorgingen, startete das II. Kanadische Korps in der Operation »Totalize« entlang der Straße von Caen nach Falaise ihren Angriff. Sie versuchten sich im Norden mit dem XV. US-Korps, das rasch auf Argentan vorstieß, zu vereinen. Erneut drohte den Deutschen die Gefahr, eingekesselt zu werden. Hitler stimmte deshalb am 11. August einem Rückzug aus dem Gebiet von Mortain zu. Die Leibstandarte und die 116. Panzerdivision sammelten ihre arg zugerichteten Reste rund um Carrouges für einen Gegenangriff auf die vorrückenden Amerikaner.

Teile der 116. Panzerdivision konnten den amerikanischen Vormarsch bei Mortrée stoppen, wenn auch nur für kurze Zeit. Die Leibstandarte und die 2. Panzerdivision erreichten am 13. August Argentan, mussten jedoch bald einsehen, dass ein Gegenangriff nicht durchführbar war. In der Zwischenzeit versuchte die Frundsberg, die Amerikaner bei Domfort aufzuhalten. Es wurde immer klarer, dass nur ein sofortiger Rückzug durch die Lücke zwischen Falaise und Argentan die deutschen Streitkräfte in der Normandie retten würde.

Der Rückzug über die Orne begann am 16. August, und zu Beginn kamen die Deutschen gut voran. Am 17. August rückten jedoch die 4. Kanadische und 1. Polnische Panzerdivision entschlossen nach Süden vor, während Einheiten von General Pattons 3. US-Armee nach Norden vorstürmten. Die Division Hitlerjugend versuchte in heftigen Kämpfen, die Lücke offenzuhalten. Die Divisionen Das Reich und Hohenstaufen, die bereits durch die Lücke durch waren, kehrten um und griffen die Alliierten an, um Zeit für die im Kessel gefangenen Kameraden zu gewinnen. Die im Kessel eingeschlossenen deutschen Panzer stellten ein leichtes Ziel für die alliierten Jagdbomber dar und mussten horrende Verluste hinnehmen.

Ende der Kämpfe in der Normandie

Die britischen und amerikanischen Einheiten trafen sich schließlich in der Nacht auf den 19. August bei Chambois, und die Lücke war geschlossen. Da die Frontlinie nicht an allen Punkten gleich stark war, gelang es noch einigen deutschen Einheiten durchzubrechen. Dazu gehörte auch die Götz von Berlichingen, die nördlich des Mont Ormel die von den Kanadiern gehaltenen Stellungen durchbrach. Am Nachmittag des 21. August 1944 war der Kampf um den Kessel von Falaise jedoch beendet.

Die vergangenen Wochen des Feldzugs in Westeuropa waren für die Waffen-SS verlustreich gewesen, da viele ihrer besten Einheiten dezimiert wurden. Bei der vorherrschenden materiellen Überlegenheit, vor allem in der Luft, konnte der Feind allenfalls kurzfristig aufgehalten, aber nicht besiegt werden. Wie so oft boten die Einheiten der Waffen-SS ein widersprüchliches Bild: Mag man ihren fanatischen und rücksichtslosen Einsatz im Kampf noch als »soldatische Tugend« sehen, so muss ein historisches Urteil über sie in erster Linie ihre zahlreichen Kriegsverbrechen in den Blick fassen. Auch wenn in Frankreich kein Vernichtungskrieg wie in der Sowjetunion geführt wurde, waren doch Gewalttaten gegen Zivilisten unter dem Deckmantel der »Partisanenbekämpfung«

Ein SdKfz 234/2 Puma (schwerer Panzerspähwagen) der Division Hitlerjugend in der Normandie im Juli 1944. Die Hitlerjugend befand sich ursprünglich im Westen von Caen in Stellung, wo sie gegen die 3. Kanadische Division ihre ersten erfolgreichen Kampfkontakte hatte. Aber ein darauf folgender Gegenangriff ihrer Panther-Panzer blieb angesichts intensiver alliierter Luftangriffe stecken. Die Division hatte bis zum 9. Juli an die 60 Prozent ihrer ursprünglichen Stärke eingebüßt; nur mehr ein Drittel ihrer 150 Panzer war intakt. Von den ursprünglich 21300 Mann blieben Ende August bloß zehn Panzer und 300 Mann übrig. Der Rest der Division wurde von der Front abgezogen und nach Deutschland geschickt.

Zwei Angehörige der Division Hitlerjugend untersuchen den Rumpf eines kampfunfähigen Sherman-Panzers. Trotz ihrer schrecklichen Verluste in Nordfrankreich und der Tatsache, dass sie die Alliierten nicht zurück ins Meer hatten drängen können, hielt die Division das nördliche Ende des Korridors aus dem Kessel von Falaise so lange offen, bis die eingeschlossenen deutschen Einheiten daraus abziehen konnten.

und die Erschießung von in Gefangenschaft geratenen alliierten Soldaten zu häufig, um als Übergriffe Einzelner abgetan zu werden.

Ein Bericht der Heeresgruppe B am 22. August 1944 nennt die folgende Stärke der acht noch bestehenden Panzerdivisionen, die an der Schlacht in der Normandie teilnahmen: Die Leibstandarte bestand nur noch aus schwachen Infanterieteilen, sie hatte alle ihre Panzer sowie ihre gesamte Artillerie verloren; Das Reich zählte noch 450 Mann und 15 Panzer; die Hohenstaufen war mit ihren 460 Soldaten und 25 Panzern nicht besser dran; die Frundsberg verfügte über keine Panzer und keine Artillerie mehr und besaß nur noch vier Infanteriebataillone; und die Hitlerjugend war nur mehr ein kümmerlicher Rest von 300 Soldaten und zehn Panzern, ohne jegliche Artillerie.

Die Wehrmacht stand nicht viel besser da: Die 2. Panzerdivision hatte all ihre Panzer und Artillerie verloren, ihr war nur noch ein Infanteriebataillon übrig geblieben; die 21. Panzerdivision besaß noch zehn Panzer und vier Infanteriebataillone; und die 116. Panzerdivision Windhund verfügte noch über ein Infanteriebataillon, zwölf Panzer und zwei Artilleriebataillone. Die Panzerlehrdivision war komplett vernichtet, ebenso die 9. Panzerdivision, die bei Mortain aufgerieben worden war.

Insgesamt forderten die Kämpfe in Nordfrankreich vom D-Day bis zur Befreiung von Paris auf alliierter Seite 53 000 Tote, 18 000 Vermisste und 155 000 Verwundete. Auf deutscher Seite waren es 50 000 Tote, 150 000 Vermisste oder Verwundete sowie 200 000 Gefangene. Auch 20 000 französische Zivilisten bezahlten die Befreiung ihrer Heimat mit dem Leben.

Die Reste der Leibstandarte wurden nach Aachen verlegt, um sich zu erholen und neu ausgerüstet zu werden. Das Reich kam nach Deutschland in die Schnee-Eifel. Die Hitlerjugend zog sich östlich der Maas zurück, um sich dort von ihren Strapazen zu erholen. Die Götz von Berlichingen ging nach Metz. Für die beiden Schwester-Panzerdivisionen Hohenstaufen und Frundsberg wurde ein ruhiger Ort in Holland ausgewählt, damit sie sich dort von den Kämpfen in der Normandie ausruhen konnten. Man nahm an, dass sie weit hinter den deutschen Linien bei Arnheim relativ ungestört sein würden.

Nach der umfassenden Niederlage der Deutschen in der Normandie drängte Feldmarschall Montgomery (er war am 1. September befördert worden) auf einen Vorstoß durch die Niederlande. General Patton zog hingegen einen Angriff über Lothringen gegen die Siegfriedlinie vor. Nach zahlreichen Debatten überzeugte schließlich Montgomery Eisenhower, einem kombinierten Boden- und Luftangriff durch die Niederlande hindurch zuzustimmen. Diese Operation erhielt den Namen »Market Garden«.

SS-Obersturmbannführer Werner Ostendorff, Jahrgang 1903, diente in der Division Das Reich, ehe er das Kommando der 17. SS-Panzergrenadierdivision Götz von Berlichingen übernahm. Die Division wurde im Spätherbst 1943 in Frankreich aufgestellt und nahm an den Kämpfen in der Normandie teil, wo die Division von ursprünglich 16 000 durch Verluste und Gefangenschaft auf 1500 Mann dezimiert wurde, die sich aus dem Kessel von Falaise zu den eigenen Linien durchschlagen konnten.

Der Plan umfasste die Eroberung der Brücken bei Eindhoven und Nimwegen durch amerikanische Luftlandeeinheiten, während die Briten die entfernteste Brücke bei Arnheim besetzen sollten. In der Zwischenzeit würde das XXX. Britische Korps unter Generalleutnant Brian Horrocks von Belgien aus vorrücken und sich mit den Luftlandetruppen entlang der Angriffslinie vereinen.

Der waghalsige Angriff erfolgte am 17. September, und eine gewaltige alliierte Luftarmada lud über den Niederlanden ihre menschliche Nutzlast ab. Meldungen davon erreichten schon bald den Kommandanten der Heeresgruppe B, Feldmarschall Walter Model, und er versetzte seine Streitkräfte, einschließlich des II. SS-Panzerkorps unter SS-Obergruppenführer Wilhelm Bittrich, in Alarmbereitschaft. Dieses »Panzerkorps« bestand aus den zerschlagenen Resten der einstigen 9. und 10. SS-Panzerdivision, die beide in der Schlacht in der Normandie dezimiert worden waren. Trotzdem verfügte es noch immer über erstklassige Truppen, deren Anwesenheit für die 1. Britische Luftlandedivision, die bei Arnheim niederging, eine böse Überraschung darstellte.

Die amerikanischen Fallschirmspringer der 82. und 101. Luftlandedivision konnten ihre Stellungen rasch festigen, indem sie die Stadt Eindhoven sowie die Brücke einnahmen und Nimwegen planmäßig erreichten. Doch dann trafen sie auf einen unerwartet starken deutschen Widerstand. Bei Arnheim war die Lage noch schlimmer. Aufgrund des ungünstigen Geländes – die Truppen waren 13 Kilometer von der Stadt entfernt gelandet – fanden sie sich rasch inmitten kampferprobter SS-Panzertruppen wieder. Bittrich schickte die Kampfgruppe Hohenstaufen hinterher, um die britischen Luftlandetruppen zu stoppen. Die Kampfgruppe Frundsberg wurde dagegen als Unterstützung gegen den Vormarsch des XXX. Korps nach Nimwegen verlegt. Diese beiden Kampfgruppen waren aber nicht die einzigen SS-Einheiten, die bei Arnheim kämpften – dazu kamen noch kleinere Kampfgruppen aus der SS-Unterführerschule in Wolfheze, an die 400 Soldaten des SS-Stammbataillons 16 und eine Anzahl von Angehörigen des SS-Grenadierregiments Landstorm Nederland.

Am Abend des 17. September hatte sich das 2. Fallschirmjägerbataillon unter Oberstleutnant John Frost bis auf das nördliche Ende der Brücke von Arnheim vorgekämpft und die umliegenden Häuser besetzt. Während der Nacht kamen noch einige Truppen der 1. Fallschirmjägerbrigade dazu und verstärkten Frosts

Einheit auf rund 600 Mann. Die Briten waren aber nicht stark genug, um die gesamte Brücke einzunehmen; das südliche Ende wurde von SS-Panzergrenadieren gehalten.

Interessanterweise verfügten die Deutschen über dem Schlachtfeld kurzfristig sogar über die Luftüberlegenheit und brachten so die alliierten Versorgungsflugzeuge in arge Bedrängnis. Viele von ihnen wurden abgeschossen und der Rest des abgeworfenen Nachschubs fiel häufig in die Hände des Feindes, da sich die Situation am Boden immer wieder änderte. John Frosts Truppen befanden sich in einer verzwickten Lage. Im Süden der Brücke standen die SS-Panzeraufklärungstruppen, während vom Norden die Kampfgruppe Hohenstaufen unter SS-Obersturmbannführer Walter Harzer vorrückte. Im Westen der Stadt, zwischen Arnheim und Oosterbeek, lag die SS-Kampfgruppe Spindler und weiter westlich die SS-Kampfgruppe Krafft.

Die Schlacht um Arnheim

Die Deutschen erkannten jedoch bald, dass die britischen Luftlandetruppen zwischen ihnen keine leichte Beute sein würden. Ein erbitterter Häuser- und Nahkampf folgte und man sah, dass sich Frosts Männer am Nordende der Brücke gut verschanzt hatten. Es würde also mehr als bloße Infanterieangriffe brauchen, um sie von dort zu vertreiben. Als Nächstes erschien dann die SS-Panzeraufklärungsabteilung 9 auf der Szene. Sie wurde von SS-Hauptsturmführer Viktor Eberhard Grabner geführt, der erst kürzlich für seine Tapferkeit in den Kämpfen in der Normandie das Ritterkreuz erhalten hatte. Grabner versuchte mit seiner Aufklärungseinheit einen Sturmangriff über die Brücke. Der Angriff war ein völliges Desaster. Grabner selbst wurde getötet und mehr als 20 Fahrzeuge der Einheit blieben brennend und zerstört auf der Brücke zurück. Es bedurfte offensichtlich stärkerer Truppen, um die Briten aus ihren Stellungen zu vertreiben, und tatsächlich kam auch schon Verstärkung in Form von Panzern und Artillerie aus Deutschland.

Am Morgen des 19. September wurde der Großteil der 1. Fallschirmjägerbrigade, die sich zur Brücke vorkämpfen wollte, von deutschen Einheiten – unter ihnen die SS-Kampfgruppe Spindler – zurückgeschlagen. Im Westen der Stadt landeten polnische Truppen mit Lastenseglern zwischen der 4. Luftlandebrigade und der SS-Kampfgruppe Krafft und wurden völlig aufgerieben. An der Brücke selbst war Frosts Einheit auf 250 Mann zusammengeschmolzen, die aber immer noch alle Angriffe der Deutschen abwehren konnten. Generalleutnant Horrocks XXX. Korps kämpfte sich in der Zwischenzeit gegen energischen deutschen Widerstand und schwere Luftangriffe nach Arnheim durch.

Zu Mittag des 21. September konnte sich die SS-Kampfgruppe Knaust (vom erfahrenen Panzeroffizier der Wehrmacht, Oberst Hans Peter Knaust geführt) schließlich einen Weg über die Brücke bahnen und Frosts tapferen Widerstand brechen. Knaust blieb jedoch keine Zeit, seinen Sieg zu feiern. Er musste sofort in Richtung Süden aufbrechen, um jene alliierten Truppen aufzuhalten, die sich über die Brücke bei Nimwegen vorgekämpft hatten. Nun trennten das XXX. Korps nur mehr 17 Kilometer von den Resten der britischen Streitkräfte rund um Arnheim, die bei Oosterbeek eingekesselt waren. Dies war für das XXX. Korps nahe genug, um den belagerten Luftlandetruppen unter dem Kommando von Generalmajor Robert Urquhart Artillerieunterstützung zukommen zu lassen.

Am 21. September landete Generalmajor Stanislaw Sosabowski mit seiner 1. polnischen Fallschirmjägerbrigade bei Driel. Sie stießen dort auf deutsche Einheiten, die bis jetzt die Oberhand behalten hatten. Diese hastig zusammengewürfelte Sperreinheit unter SS-Obersturmbannführer Harzer bestand aus Teilen der Marine, Luftwaffe, Wehrmacht, Küstenverteidigung sowie niederländischen SS-Männern. Beide Seiten waren erschöpft, aber die Deutschen erhielten als Erste eine beträchtliche Verstärkung in Form der schweren Panzerabteilung 506.

Diese verfügte über die gefürchteten PzKpfw VI »Tiger II«, gegen die die leichten Waffen der britischen Fallschirmjäger nichts ausrichten konnten. Die Kampfgruppe Frundsberg erhielt zwei Tiger-Panzer-Kompanien, um den Vormarsch des XXX. Korps aufzuhalten. Eine dritte Kompanie wandte sich den britischen Überlebenden bei Oosterbeek zu. Die Reste der britischen Sturmtruppe erhielten in der Nacht vom 25. auf den 26. September den Befehl zum Rückzug, und ihre übel zugerichteten Reste setzten sich bei Oosterbeek über den Niederrhein in Richtung Süden ab.

Die Verwundeten mussten mit freiwilligen Sanitätern zurückgelassen werden, obwohl man den schlechten Ruf der Waffen-SS kannte. Man sah also der Gefangenschaft mit einiger Sorge entgegen – was jedoch nur bedingt begründet war.

SS-Oberscharführer Ernst Barkmann von der Division Das Reich. Mit seinem Panther-Panzer schoss er zwischen dem 8. und 28. Juli 1944 in der Normandie 13 amerikanische Sherman-Panzer mit 65 Mann Besatzung ab. Barkmann überlebte den Krieg und starb 2009 in Deutschland.

Im gesamten Kriegsverlauf starben von den deutschen Kriegsgefangenen in den Lagern der Westalliierten weniger als ein Prozent, in denen der Sowjetunion etwa 18 Prozent. (Von den russischen Krieggefangenen starben demgegenüber in deutschen Lagern an die 60 Prozent!) Die Alliierten verloren bei der Operation »Market Garden« an die 17000 Soldaten, während die deutschen Verluste zwischen 4000 und 8000 Mann lagen.

Obwohl die von den Kämpfen in der Normandie geschwächten Deutschen den Alliierten eine schwere Niederlage zugefügt hatten, waren die Vorteile für die Heeresgruppe B nur von kurzer Dauer. So musste beispielsweise Bittrichs II. SS-Panzerkorps nach zehn Tagen alle Versuche aufgeben, den Vormarsch des XXX. Korps zu stoppen. Die Brücke von Arnheim wurde dann auch aufgrund der alliierten Bombenangriffe für den deutschen Verkehr gesperrt.

Die Ardennenoffensive

Seit September 1944 sammelte Hitler von überall her Truppen, um in einer letzten Anstrengung die militärische Initiative im Westen wieder an sich zu reißen: in der Ardennenoffensive. Bei dieser mit dem Decknamen »Wacht am Rhein« versehenen Operation sollten drei Angriffsspitzen auf Antwerpen vorstoßen. Die 6. Panzerarmee unter SS-Oberstgruppenführer Sepp Dietrich wurde dabei mit der Aufgabe des

16. Dezember 1944: Beginn der deutschen Ardennenoffensive. An der Spitze des Angriffs standen die Männer der 6. SS-Panzerarmee unter dem Kommando von SS-Oberstgruppenführer Sepp Dietrich. Der Plan war einfach und gewagt: Die deutschen Streitkräfte sollten die Ardennen durchqueren, über die Meuse übersetzen und dann auf Antwerpen vorstoßen und diesen wichtigen alliierten Nachschubhafen erobern.

Hauptangriffs betraut. Sie sollte durch die Ardennenwälder vorrücken, zwischen Liège und Huy einen Übergang über die Meuse erzwingen und dann auf Antwerpen vorstoßen.

General Hasso von Manteuffel, der Oberbefehlshaber der 5. Panzerarmee, hatte Befehl, entlang Dietrichs Südflanke nach Nordwesten vorzudringen, die Meuse zwischen Namur und Dinant zu überqueren und Brüssel zu erreichen. Die 7. Armee unter General Erich Brandenberger sollte schließlich an der südlichen Flanke zur Meuse vordringen. Für den Plan von äußerster Wichtigkeit war die Eroberung intakter Brücken über die Meuse, um dann Unterstützung durch die 15. Armee von General Student in Holland beim Vormarsch auf Antwerpen zu erhalten. Dadurch glaubte man die 1. und 9. US-Armee, die 2. Britische Armee und die 1. Kanadische Armee einschließen zu können.

Zu Sepp Dietrichs 6. Panzerarmee gehörte das I. SS-Panzerkorps, das wiederum aus der 1. SS-Panzerdivision Leibstandarte und der 12. Panzerdivision Hitlerjugend bestand. Das II. SS-Panzerkorps bildete hingegen die Reserve. Dieses setzte sich aus der 2. SS-Panzerdivision Das Reich und der 9. SS-Panzerdivision Hohenstaufen zusammen. Die Infanterieeinheiten umfassten die 12., 272., 277. und 326. Volksgrenadierdivision sowie die 3. Fallschirmdivision.

Das Massaker von Malmedy

Um die Brücken über die Meuse möglichst früh und intakt besetzen zu können, wurde eine Sondereinheit gebildet – die Panzerbrigade 150 unter SS-Obersturmbannführer Otto Skorzeny. Englisch sprechende Freiwillige, teilweise als Militärpolizisten verkleidet, erhielten amerikanische Uniformen, Waffen und Fahrzeuge. Als eine Art Vorhut sollten sie sich unter die zurückziehenden Amerikaner mischen und Verwirrung und Panik stiften, indem sie die US-Soldaten in die falsche Richtung schickten.

Das I. SS-Panzerkorps stellte die Angriffsspitze der 6. Panzerarmee und hatte die Aufgabe, die amerikanischen Linien zwischen Hollerath und Krewinkel zu durchbrechen und in den Sektor von Liège und Huy vorzustoßen. Dabei bildete die Hitlerjugend die rechte und die Leibstandarte die linke Flanke. Da das Gelände Bewegungen querfeldein nicht zuließ, musste der Vormarsch auf engen, kurvigen Straßen erfolgen. Deshalb galt es auch zuerst, das Straßennetz unter Kontrolle zu bringen.

Die Deutschen wussten natürlich, dass ihnen in einem solchen Gelände bereits eine kleine Anzahl entschlossener Verteidiger große Schwierigkeiten bereiten könnten. Deshalb übernahm eine besonders starke Angriffsgruppe die Führung beim Vorstoß des I. SS-Panzerkorps. Das Kommando lag bei einem Offizier,

Die Folgen von Arnheim. Ein StuG III der 9. SS-Panzerdivision Hohenstaufen und gefangene britische Fallschirmjäger. SS-Soldaten der Divisionen Hohenstaufen und Frundsberg nahmen an den Kämpfen teil und behandelten ihre Gefangenen nach geltendem Kriegsrecht – was für die meisten SS-Einheiten nicht immer galt.

der sich im September 1943 in dem italienischen Ort Boves einen Ruf als brutaler Soldat erworben hatte: SS-Obersturmbannführer Joachim Peiper. Damals hatte er die Entführung zweier deutscher Unteroffiziere mit der Zerstörung des Ortes und der Ermordung von 22 Zivilisten beantwortet, obwohl die beiden Geiseln vorher durch Verhandlungen freigekommen waren.

Obwohl es zu diesem Zeitpunkt des Krieges an ein schieres Wunder grenzte, eine solch große Angriffsstreitmacht aufzustellen, konnten jene deutschen Soldaten, die an der Ardennenoffensive teilnahmen, nicht mit den Männern verglichen werden, die die Alliierten in Frankreich 1940 in die Flucht geschlagen und 1941 die Sowjetunion überrollt hatten. Der typische deutsche Soldat trug nur mehr eine abgewetzte Uniform, war schlecht ausgerüstet und mangelhaft ausgebildet. Sogar die besseren Einheiten, wie die Divisionen der Waffen-SS, mussten sich Leute von der Luftwaffe und Kriegsmarine holen, die aber nicht für den Kampf mit Panzern und Infanterie ausgebildet waren.

Am Morgen des 16. Dezember 1944 eröffnete massives Artilleriefeuer Hitlers letztes Glücksspiel in Westeuropa. Die 12. Volksgrenadierdivision durchbrach die schwachen amerikanischen Verteidigungsstellungen bei Losheim und schlug eine Bresche für die Kampfgruppe Peiper. Diese bestand aus zwei Kompanien von PzKpfw-IV-Panzern an der Spitze, zwei Kompanien der hervorragenden PzKpfw-V-Panther-Panzer sowie Halbkettenfahrzeugen mit Infanteristen. Dazu kamen noch Artillerie und Kampfpioniere sowie als Nachhut die gefürchteten PzKpfw VI »Tiger II« der schweren SS-Panzerabteilung 501.

Auf den verstopften Straßen war aber ein rasches Vorankommen nicht möglich, und die Kampfgruppe Peiper wurde immer wieder von langsameren Einheiten, wie der 12. Volksgrenadierdivision und Teilen der Fallschirmjäger, aufgehalten. Am späten Abend erreichte sie Losheim, wo die 3. Fallschirmdivision südlich der Stadt eine Bresche in die feindlichen Linien geschlagen hatte.

Peiper trieb seine Einheit sofort durch diese Lücke und stürmte auf Lanzerath zu, wo er sich mit dem Fallschirmjägerregiment 9 vereinigte. Er marschierte auch die Nacht weiter, und am 17. Dezember im Morgengrauen trafen die Deutschen plötzlich bei Honsfeld auf sich zurückziehende amerikanische Truppen. Die Soldaten waren durch das Auftauchen der SS-Kampfgruppe vollkommen überrascht und ergaben sich nach nur geringem Widerstand. Peipers Einheit, die schon unter Treibstoffmangel litt, wandte sich nun Büllingen zu, wo sie ein amerikanisches Treibstofflager eroberte. Nachdem sie ihre Treibstoffvorräte aufgefüllt hatte, fielen Schoppen, Ondenval und Thirimont gegen Mitte des Tages in ihre Hände. Der Vormarsch der Kampfgruppe ging nun in Richtung Ligneuville weiter, wo amerikanische Panzer Widerstand leisteten, ehe die Stadt eingenommen werde konnte. Einige Kilometer südöstlich von Malmedy hatte Peipers Einheit einen amerikanischen Lkw-Konvoi gestellt und etwa 100 Gefangene gemacht. Während Peiper seine Angriffsspitze weiterführte, erschossen nachrückende SS-Leute seines Regiments 82 Amerikaner, zum Teil durch Schüsse aus nächster Nähe.

Peiper blieb in Ligneuville, um sich mit dem Kommandanten der Leibstandarte, SS-Oberführer Wilhelm Mohnke, zu besprechen. Die Kampfgruppe stieß inzwischen auf Trois Ponts und Beaumont vor. Ohne Führer zeigte die Kampfgruppe jedoch eine ungewohnte

SS-Obersturmbannführer Joachim Peiper, Kommandeur der Kampfgruppe Peiper der Division Leibstandarte. Das Bild stammt aus einem früheren Zeitpunkt des Krieges, als er noch den Rang eines SS-Hauptsturmführers innehatte. Für seine Beteiligung am Massaker von Malmedy verurteilten ihn die Alliierten zum Tode, die Amerikaner begnadigten ihn jedoch später.

Gegenüberliegende Seite: Ein Panther-Panzer Ende Dezember 1944 in den Ardennen. Wegen der schlechten Straßen- und Wetterverhältnisse steckten die Panzer immer wieder in Staus fest.

Vorsicht, als sie bei Stavelot auf Widerstand traf und ihre Fahrzeuge an der Spitze in amerikanisches Feuer gerieten. Die Deutschen zogen sich für die Nacht zurück, um am nächsten Morgen erneut anzugreifen.

Bei Tagesanbruch war Peiper zu seiner Einheit zurückgekehrt und nahm die Stadt nach heftigem Artilleriebeschuss ein. Die Brücke bei Stavelot fiel intakt in ihre Hände, und im Laufe des Vormittags verließ die Kampfgruppe bereits die Stadt und stürmte auf Trois Ponts vor. Dieser Ort hat seinen Namen von den drei Brücken, die hier über die Amblève und Salm führen. Die Amerikaner konnten jedoch die Brücke über die Amblève sprengen, weitere Versuche, den Fluss zu überqueren, scheiterten. Peiper musste sich nach Norden wenden, wo er bei Cheneux, in der Nähe von Stoumont, eine Brücke fand.

Trotz unvermindert fortdauernder Jagdbomberangriffe befanden sich nur mehr zwei Brücken zwischen ihm und seinem Hauptziel Huy. Eine dieser Brücken, jene bei Neuf Moulin, wurde jedoch gesprengt, als sich Peipers Truppen näherten. Es gab zwar zwei weitere Brücken in der Nähe, die aber konnten das Gewicht der schweren Fahrzeuge nicht tragen. Die Kampfgruppe selbst verfügte nicht über schweres Brückenlegegerät. So wurden einige Truppen zur Bewachung der Brücke bei Cheneux zurückgelassen, während die Kampfgruppe sich für die Nacht in die Wälder um Stoumont zurückzog.

Bei Stavelot hatte in der Zwischenzeit die amerikanische Infanterie mit Panzerunterstützung die Stadt wiedereingenommen. Peipers Truppen liefen nun Gefahr, abgeschnitten zu werden. Die Leibstandarte erhielt den Befehl, die Kampfgruppe zu unterstützen, und Stavelot war erneut Zentrum eines erfolglosen Gegenangriffes, um die Amerikaner zu vertreiben.

Am 19. Dezember erreichte Peiper Stoumont, das nach zweistündigem hin und her wogendem Kampf gegen die amerikanischen Verteidiger eingenommen werden konnte. Peipers Panzer verfolgten die sich zurückziehenden Feinde einige Kilometer weit, bis sie auf eine amerikanische Straßensperre stießen und mehrere Fahrzeuge verloren.

Die Alliierten erholten sich nun aber vom anfänglichen Schock des deutschen Angriffs und verstärkten ihren Widerstand. Am 21. Dezember entschloss sich Peiper, seine Kräfte rund um La Gleize zu konzentrieren und die Brücke bei Cheneux zu halten. In der Stadt Cheneux selbst dauerten heftige Kämpfe Mann gegen Mann mehrere Stunden lang an. Die Amerikaner verloren über 200 Mann, konnten aber die Deutschen letztendlich vertreiben.

Die Offensive kommt zum Stillstand

Am 22. Dezember testeten die Amerikaner erstmals die deutsche Verteidigung bei La Gleize. Peiper hatte nur mehr wenig Treibstoff und Munition, und der Großteil des von der Luftwaffe abgeworfenen Nachschubs war in die Hände der Alliierten gefallen. Am 23. Dezember erhielt er die Erlaubnis, in Richtung Osten auszubrechen. Nachdem sie ihre Fahrzeuge zerstört hatten, versuchten am 24. Dezember Peiper und die restlichen 1000 Mann, die deutschen Linien zu erreichen. Nur eine kleine Nachhut blieb zurück, um die amerikanischen Verfolger aufzuhalten. Der Rest der Kampfgruppe Peiper überquerte die Salm und schloss sich am Weihnachtsabend der Leibstandarte an.

Auch in den Orten Trois Ponts und Stavelot kam es zu Übergriffen von Peipers Kampfgruppe gegen die Zivilbevölkerung. Im Juli 1946 wurde Peiper in Dachau der Prozess gemacht, Peiper und 42 andere wurden zum Tod verurteilt. Sämtliche Todesurteile wurden abgemildert, aus heutiger Sicht zu Recht, da es vonseiten der ermittelnden Behörden zu erheblichen Unrechtmäßigkeiten gekommen war. Peiper wurde als Letzter 1956 entlassen und lebte später unter falschem Namen in Frankreich, wo er 1976 unter ungeklärten Umständen erschossen wurde.

Die 12. SS-Panzerdivision Hitlerjugend hatte weniger Glück bei ihrem Angriff auf die amerikanischen Stellungen bei Elsenborn. Nach drei Tagen heftiger Kämpfe waren die Dörfer Rocherath und Krinkelt noch immer nicht eingenommen. Sie wandte sich dann der südlichen Flanke der Leibstandarte zu, um am Vormarsch gegen die 7. amerikanische Panzerdivision bei Poteau am 19. Dezember teilzunehmen. Die Division Hitlerjugend, die bei diesem Feldzug nur wenige Erfolge verzeichnen konnte, wurde in Richtung Süden dirigiert, um die Straße Büllingen–Malmedy freizuhalten. Sie musste dabei schwere Verluste hinnehmen, vor allem bei den Kämpfen um Büfenbach. So wurde die Division am 23. Dezember abgezogen, um sich in der Gegend von Moderscheid/Born neu zu gruppieren.

Die Division Das Reich hatte in ihrem Sammelort bei Jünkerath auf den Befehl gewartet, die Hohenstaufen bei den Kämpfen zu unterstützen. Sie wurde jedoch vorübergehend Manteuffels 5. Panzerarmee zugeteilt und kämpfte am 22. Dezember beim Frontbogen von St-Vith.

Erbeutete 10,5-cm-Haubitzen der Amerikaner liegen zurückgelassen im Schnee.

Am 23. Dezember eroberte sie die wichtige Straßenkreuzung bei Baraque de Freiture und nahm in einem Nachtangriff Manhay. Hier konnte sie jedoch aufgrund zunehmenden Widerstandes der Amerikaner nicht mehr weiter. Am 27. Dezember ging Manhay wieder verloren.

Die Hitlerjugend, Das Reich und Hohenstaufen nahmen am 27. Dezember am Angriff im Sektor von Manhay teil, konnten aber die amerikanischen Linien nicht durchbrechen. Die gesamte Offensive kam zum Stillstand, als sich die alliierte zahlenmäßige Überlegenheit und Luftübermacht gemeinsam mit den deutschen Nachschubproblemen bemerkbar machten. Alle Hoffnung, Antwerpen zu erreichen, war dahin. Doch Hitler hatte bereits einen neuen Plan. Er wollte die alliierten Truppen von den Ardennen ablenken und so die festgefahrenen Angriffstruppen entlasten.

Diese neue Offensive, Operation »Nordwind« genannt, begann am 1. Januar 1945. Sie zielte auf die schwachen amerikanischen Truppen im Elsass. Daran nahmen auch Einheiten der Waffen-SS, wie die 17. SS-Panzergrenadierdivision Götz von Berlichingen und die 6. SS-Gebirgsdivision Nord teil, die erst vor Kurzem aus Finnland zurückgezogen worden war. Trotz anfänglicher Erfolge – mehrere Hundert amerikanische Gefangene wurden gemacht – scheiterte der Angriff schon nach wenigen Tagen. Der Vorstoß der Frundsberg auf Straßburg kam ebenfalls rasch zum Stehen und die Deutschen konnten im Elsass keine weiteren Erfolge erzielen.

In den Ardennen versuchten die Divisionen Hitlerjugend, Leibstandarte und Hohenstaufen Bastogne einzunehmen, ehe Pattons 3. Armee Entsatz bringen konnte. Bis zum 24. Januar verschlechterte sich aber die Lage in Ungarn derart, dass alle vier Divisionen der Waffen-SS, die ursprünglich an der Ardennenoffensive teilgenommen hatten, abgezogen und an die zusammenbrechende Ostfront verlegt werden mussten.

Am 10. Februar 1945 setzte die letzte deutsche Einheit über den Rhein. Die letzten, sorgfältig gesammelten Reserven der Wehrmacht waren in den Ardennen geopfert worden. Den verbleibenden SS-Einheiten blieb im Westen nichts anderes übrig, als verbissen, aber hoffnungslos als Nachhut gegen die vorrückenden Amerikaner, Briten, Kanadier und Franzosen zu kämpfen, die tief ins Reich vordrangen. An der Ostfront sammelte Hitler in der Zwischenzeit seine Streitkräfte, um den längst aussichtslos gewordenen Abwehrkampf gegen die vorrückende Rote Armee zu intensivieren.

Der Weg in den Abgrund

Mit dem Scheitern der Ardennenoffensive war alle Hoffnung auf einen Sieg im Westen vorbei. Im Osten trieb in der Zwischenzeit die Rote Armee alles vor sich her. Das Dritte Reich stand vor dem Zusammenbruch, aber die Soldaten von Wehrmacht wie Waffen-SS wollten dies nicht wahrhaben. Kämpfend zogen sie sich nach Berlin zurück. Hier verblutete die SS, indem sie das tat, wofür sie geschaffen wurde – die Nazigrößen zu schützen.

Ab August 1944, als die Rote Armee scheinbar unaufhaltbar Rumänien und Bulgarien überrannte, verließen Hitlers Verbündete in Osteuropa die Achse und verbündeten sich mit den Sowjets. Sie hatten gar keine andere Möglichkeit mehr. Zweifelsohne geschah dies auch in der Hoffnung, nach der deutschen Niederlage eine mildere Behandlung zu erfahren. Wenn dies jedoch ihre Erwartung gewesen war, so wurde sie nur bedingt erfüllt: Hier erwies sich Stalin in den folgenden Jahren genauso als Diktator, wie er dies in der Sowjetunion seit seinem Machtantritt getan hatte.

Die Heeresgruppen E und F unter Feldmarschall von Weichs zogen sich nach Jugoslawien zurück. Jetzt standen die Freiwilligendivisionen der SS, wie die Prinz Eugen, Skanderbeg und Kama, nicht nur den immer stärker werdenden Partisanen Titos gegenüber, sondern auch den Fronteinheiten der Roten Armee. Die Skanderbeg und Kama wurden während dieser Kämpfe völlig aufgerieben, während die Prinz Eugen im Januar 1945 südlich von Vukovar von der Roten Armee dezimiert wurde. Die Reste von ihr konnten sich nach Österreich zurückziehen.

In Ungarn kam die Hauptstadt Budapest unter das Kommando von General Otto Wöhlers Heeresgruppe Süd. Zu den Einheiten, die die Stadt gegen die Sowjets verteidigen sollten, gehörten auch die 8. SS-Kavalleriedivision Florian Geyer, die 22. Freiwilligen-Kavalleriedivision Maria Theresia und die 18. SS-Freiwilligen-Panzergrenadierdivision Horst Wessel.

Soldaten der Roten Armee hissen die Fahne der Sowjetunion über den brennenden Ruinen von Berlin – für sie Höhepunkt und Ende eines Verteidigungskampfes, der vier Jahre zuvor begonnen hatte.

Teile von Letztgenannter mussten jedoch abgezogen werden, um die deutsche Front in Galizien zu stärken und den Aufstand in der Slowakei niederzuwerfen (August bis Oktober 1944).

Im Oktober 1944 war es den Deutschen klar, dass Ungarns Staatsoberhaupt Admiral Horthy den Rumänen und Bulgaren folgen und mit den Sowjets verhandeln würde. Hitler reagierte umgehend und ließ in einem Staatsstreich die Regierung Horthy durch SS-Obersturmbannführer Otto Skorzeny stürzen und eine loyale Marionettenregierung einsetzen. Für kurze Zeit war die Lage wieder ruhig. Zu Beginn des Monats hatte die Rote Armee jedoch die ungarische Grenze überschritten und rückte rasch der Donau entlang vor. Südlich von Budapest errichtete sie dann am Westufer einen Brückenkopf, von dem aus weitere Operationen gestartet werden konnten.

Versuche, Budapest zu entsetzen

Südwestlich von Budapest befindet sich der Plattensee, und das Gebiet zwischen dem See und der Stadt hatten die Deutschen stark befestigt. Am 20. Dezember 1944 hatten die Sowjets die Donau überquert und das Südufer des Plattensees erreicht. Die deutsche Hauptverteidigung stellte für die Rote Armee jedoch eine schwer zu bewältigende Aufgabe dar – zu diesem Zeitpunkt des Krieges im Osten benutzten die Deutschen natürliche Verteidigungen, wie Flüsse oder »befestigte« Städte. Daneben stellten die mittlerweile stark ausgedehnten Nachschublinien die Sowjets vor große Probleme. Trotzdem kam es nur zu einer kurzen Verschnaufpause für die deutschen Truppen.

Marschall Tolbuchin führte den Hauptstoß seines Angriffs am östlichen Rand von Budapest vorbei und ließ die 6. Gardepanzerarmee von Nordosten und die 46. Armee vom Süden her angreifen. So konnte er die Stadt in einer gewaltigen Zangenbewegung schließlich einkreisen. Die Deutschen leisteten zwar hartnäckigen Widerstand, konnten aber die Sowjets nicht zurückwerfen. So wogten die Kämpfe längere Zeit hin und her.

Am 26. Dezember kam das IV. SS-Panzerkorps, bestehend aus der 3. SS-Panzerdivision Totenkopf und der 5. SS-Panzerdivision Wiking, von Warschau nach Budapest, um die Stadt zu entsetzen. Die Sowjets schlugen jedoch zwei Versuche, die Belagerung zu durchbrechen, zurück. Dann gingen sie in den Gegenangriff über und zwangen das IV. SS-Panzerkorps in die Defensive. Die belagerte Garnison kämpfte bis zum 11. Februar 1945, als die in der Stadt verbliebenen 30 000 Mann einen Ausbruch nach Westen versuchten. In harten Kämpfen schlugen die Sowjets die fliehenden Deutschen vernichtend. Die Divisionen Florian Geyer und Maria Theresia wurden völlig aufgerieben, nur rund 700 Soldaten konnten schließlich rückwärtige Stellungen der Wehrmacht erreichen.

Am Tag danach, dem 12. Februar 1945, war Budapest in der Hand der Roten Armee.

Pläne für »Frühlingserwachen«

Die wenigen Überlebenden der beiden SS-Kavalleriedivisionen bildeten den Kern einer neuen Einheit: der 37. SS-Freiwilligen-Kavalleriedivision Lützow. Diese erreichte aber nie die Sollstärke auch nur eines einzelnen Regiments und bestand nur ungefähr drei Monate lang, bis sie vom sowjetischen Vormarsch überrollt wurde.

Die Kapitulation Budapests setzte eine große Menge sowjetischer Truppen für eine neue Offensive gegen die deutsche Wehrmacht frei. Sie bedrohten nun die von den Deutschen besetzten Ölfelder bei Nagykanizsa in Ungarn. Diese lagen rund 80 Kilometer von den russischen Linien entfernt. Hitler war vom Gedanken, die wertvollen Ölquellen zu verlieren, schockiert. Er entschied sich für eine neue Offensive, die die Sowjets über die Donau zurückwerfen und die Situation in Ungarn beruhigen sollte.

Hitlers Plan sah einen Angriff durch die Heeresgruppen Süd und Südost vor. Die Heeresgruppe Süd unter General Wöhler setzte sich aus der 6. SS-Panzerarmee, der 8. Armee, der 6. Armee und der 3. ungarischen Armee zusammen und sollte südlich der am Plattensee verlaufenden Margarethe-Verteidigungslinie angreifen. Die 2. Armee der Heeresgruppe Südost hatte den Auftrag, vom Westen her gegen die sowjetischen Linien vorzugehen. Diese Zangenbewegung, so hoffte man, würde Tolbuchins 3. Ukrainische Front zerschlagen, die aus der 4. Gardearmee, der 26. Armee und der 57. Armee sowie der 1. bulgarischen Armee bestand. In der Zwischenzeit würde das IV. SS-Panzerkorps in den Margarethe-Stellungen am Plattensee bleiben.

Zu SS-Oberstgruppenführer Sepp Dietrichs 6. SS-Panzerarmee gehörten die 1. SS-Panzerdivision Leibstandarte, die 2. SS-Panzerdivision Das Reich, die 9. SS-Panzerdivision Hohenstaufen und die 12. SS-Panzerdivision Hitlerjugend. Alle Divisionen hatten kurz zuvor an der gescheiterten Ardennenoffensive teilgenommen und waren nur mehr ein Abglanz ihrer ursprünglichen Stärke. Sie konnten aber den Sowjets immer noch große Probleme bereiten.

Die Leibstandarte unter dem Kommando von SS-Brigadeführer Otto Kumm und die Hitlerjugend, kommandiert von SS-Oberführer Hugo Kraas, bildeten das I. SS-Panzerkorps. Das II. SS-Panzerkorps setzte sich aus der Division Das Reich, vorübergehend von SS-Standartenführer Rudolf Lehmann kommandiert, und der Hohenstaufen unter SS-Oberführer Sylvester Stadler zusammen.

Die übertriebene Geheimhaltung der Operation mit dem Decknamen »Frühlingserwachen« täuschte zwar den Gegner, führte aber auch auf der deutschen Seite der Front zu geradezu bizarren Situationen. Keiner der SS-Kommandanten durfte beispielsweise das Gebiet erkunden, in dem seine Einheit vorgehen sollte. Man befürchtete, dass die Sowjets dadurch vom bevorstehenden Angriff erfahren würden. Sämtliche Divisionsabzeichen wurden entfernt, die Namen der Einheiten geändert und jeder einzelne Soldat musste seine Dienstgradabzeichen entfernen, um den Feind zu verwirren.

Das Gebiet rund um den Plattensee ist vorwiegend sumpfig, aber üblicherweise ist der Boden zu diesem Zeitpunkt des Jahres gefroren und erlaubt so den Einsatz von schweren Fahrzeugen. Im Frühjahr des Jahres 1945 brach das Tauwetter jedoch wesentlich früher ein und das Gelände war ein glitschiger See aus Schlamm, in dem Sepp Dietrichs Panzer versanken, teilweise bis zu den Panzertürmen.

Ein ungarischer Soldat und ein MG-Schütze der Totenkopfdivision scherzen vor einem PzKpfw VI »Tiger II« in Budapest Anfang Dezember 1944. In Wirklichkeit gab es für die SS-Leute nur wenig Grund zu lachen: Ende des Monats hatte die Rote Armee die Stadt umzingelt, und Ungarn wechselte die Fronten. Der SS-Soldat hat Reserveläufe umgehängt. Die Totenkopfdivision war am vergeblichen Versuch beteiligt, die Stadt im Januar 1945 zu entsetzen.

Der Beginn der Offensive

Als »Ouvertüre« sozusagen hatte das I. SS-Panzerkorps den sowjetischen Brückenkopf bei Esztergom ohne große Schwierigkeiten zerstört. Doch schon rasch bemerkten die Sowjets die Anwesenheit der SS-Eliteeinheiten in diesem Gebiet. Es wurde ihnen klar, dass es sich um eine größere Offensive handeln musste. Dementsprechend verstärkten sie ihre Verteidigungsstellungen, vergrößerten die Minenfelder und bauten ihre Panzerabwehr aus. Dieses Vorspiel, auch wenn es erfolgreich war, hatte die Rote Armee jedoch vor dem gewarnt, was noch kommen sollte.

Am Tag der Operation »Frühlingserwachen« (6. März) erschwerte dichter Schneefall alle militärischen Operationen. Außerdem mussten die Soldaten rund 18 Kilometer vom Ausgangspunkt des Angriffs entfernt ihre Transportfahrzeuge verlassen, um das Überraschungsmoment noch zu vergrößern – obwohl dieses schon lange nicht mehr gegeben war. Die verbleibende Distanz zur Front musste zu Fuß zurückgelegt werden, damit die Sowjets keine Truppenbewegungen erkennen konnten. Für die Grenadiere der Waffen-SS bedeutete dies jedoch, dass sie durchnässt, durchfroren und erschöpft waren, als sie ihren Ausgangspunkt erreichten. Nur wenige befanden sich denn auch wirklich zum vorgesehenen Zeitpunkt in ihren Stellungen, als um 4.30 Uhr die Artillerie die sowjetischen Stellungen unter Beschuss nahm. Als die Einheiten mit ihrem verspäteten Angriff endlich begannen, war der Beschuss schon lange vorbei, und der gewarnte Feind erwartete sie bereits.

Das I. SS-Panzerkorps hatte es rechtzeitig in seine Ausgangsstellungen geschafft und war so für den Angriff bestens vorbereitet. Das II. SS-Panzerkorps mühte sich hingegen noch immer im Schlamm ab, da seine schweren Fahrzeuge kaum vorwärts kamen. So war es keineswegs verwunderlich, dass die deutschen Angreifer von Anfang an schwere Verluste erlitten. Trotzdem warfen sich die Männer der Waffen-SS mit gewohntem Fanatismus in den Kampf und trieben die sowjetischen Einheiten

Januar 1945: Ein Maschinengewehrschütze der Waffen-SS beschießt Stellungen der Roten Armee in Ungarn mit Leuchtspurgeschossen. Dem IV. SS-Panzerkorps mit den Divisionen Wiking und Totenkopf gelang es nicht, das eingekesselte Budapest zu entsetzen.

zunächst zurück. Das I. SS-Panzerkorps stieß an die 40 Kilometer vor, während das II. Panzerkorps nur rund acht Kilometer schaffte.

Die Sowjets konnten aber ihre Verluste relativ rasch ersetzen. Die Deutschen erhielten hingegen, wenn überhaupt, meist nur schlecht ausgebildete Verstärkungen. Diese waren vorwiegend Angehörige der Luftwaffe oder Kriegsmarine, die im Bodenkampf kaum Erfahrung hatten. Aufgrund ihrer überwiegend schlechten Ausbildung und Ausrüstung hatten sie auch nur wenig Motivation, ihr Leben in einem Krieg zu opfern, der sich jedem, der etwas unvoreingenommener hinsah, als verloren darstellte. Die Offensive kam immer langsamer voran; zudem entdeckte die deutsche Luftaufklärung Anzeichen einer massiven sowjetischen Truppenansammlung, die auf einen Gegenangriff hinwies.

Die Sowjetoffensive begann am 16. März im gesamten Sektor westlich von Budapest. Dieser russische Angriff stoppte die deutsche Offensive augenblicklich. Dietrich versuchte verzweifelt, seine Truppen umzugruppieren, um die gefährdetsten Bereiche zu verstärken. Doch jedesmal griffen die Sowjets dann massiv jenen Bereich an, aus dem er gerade Truppen abgezogen hatte. Die 6. SS-Panzerarmee drohte völlig abgeschnitten zu werden, während das IV. SS-Panzerkorps sich bemühte, die deutschen Ausgangsstellungen zu halten. Verzweifelt kämpfte Das Reich, um einen Korridor offen zu halten. »Frühlingserwachen« war vollkommen gescheitert, den Deutschen blieb keine andere Wahl mehr, als den Rückzug anzutreten. Andernfalls würden sie ihre besten noch verbliebenen Divisionen an der Ostfront verlieren. Bis zum 25. März hatten die Russen eine 100 Kilometer breite Lücke in die deutsche Verteidigung geschlagen.

Neben den vier Elitepanzerdivisionen der 6. SS-Panzerarmee und den beiden Panzerdivisionen des IV. SS-Panzerkorps war noch die 16. SS-Panzergrenadierdivision Reichsführer-SS an der Schlacht um den Plattensee beteiligt. Die Division Horst Wessel konnte der Umzingelung von Budapest entkommen und sich in die Slowakei zurückziehen. Zehn Tagen nach Beginn der Offensive »Frühlingserwachen« war sie völlig zum Stillstand gekommen. Hitler war wutentbrannt über den »Verrat« seiner SS-Elitedivisionen, die ihre Stellungen nicht halten konnten. General Guderian wurde von Hitlers Hauptquartier an die Front geschickt, um als Bestrafung für dieses Vergehen die Ärmelstreifen der SS-Soldaten einzuziehen. Guderian weigerte sich aber, indem er insistierte, dass dies nur der Reichsführer-SS selbst tun dürfte. Himmler hatte jedoch nicht den Mut, seinen Kommandanten solch einen Befehl persönlich mitzuteilen, weshalb er dies schriftlich tat.

Empört über diese »Beleidigung« seiner Soldaten berief Dietrich ein Treffen der Divisionskommandanten ein, bei dem er sie über den Befehl Hitlers informierte. Er befahl ihnen, diesen Befehl zu missachten. Nicht ein Ärmelstreifen, den die Soldaten dieser Eliteeinheiten mit großem Stolz trugen, wurde abgegeben. Anonyme

Geschichten erzählen jedoch von zahlreichen Nachttöpfen, die voll mit Orden und Ärmelstreifen an Hitler geschickt worden seien, um die Beleidigung zu erwidern. Solche Geschichten sind allerdings mit Vorsicht zu genießen, da sie entlang einer nach dem Krieg beliebten Exkulpationslinie argumentieren. Sie sollen den Eindruck erwecken, die Betroffenen seien tapfere Soldaten gewesen, die sich im Ernstfall auch gegen die bösen Nazibonzen stellten. Warum diese Männer den Ehrenmann in sich erst entdeckten, als sie sich von einem Stück Uniformstoff trennen sollten, während sie vorher an Holocaust (insgesamt wurden 400 000 Juden aus Ungarn bzw. von Ungan besetzten Gebieten ermordet) und Vernichtungskrieg, an Geiselerschießungen und Terror gegen die Zivilbevölkerung nichts Schlimmes fanden, bleibt ihr Geheimnis. Schließlich kämpften sie trotz allem für ihren Führer weiter.

Nach der Zerschlagung der deutschen Offensive am Plattensee marschierten die Sowjets in einer Zangenbewegung weiter in Richtung Westen auf Pápa und Györ zu. Am 2. April hatte die Rote Armee den Neusiedlersee an der Grenze zwischen Österreich und Ungarn erreicht, und nur zwei Tage später war der letzte deutsche Soldat aus Ungarn vertrieben. Die sowjetische 46. Armee wurde dann mit Schiffen über die Donau gesetzt, um Wien vom Norden her anzugreifen, während die 4. Gardearmee vom Südosten auf die Stadt vorstieß. Die meisten Divisionen der Waffen-SS, die in Ungarn gekämpft hatten, waren nach Österreich zurückgezogen worden, um Wien zu verteidigen.

Die Hohenstaufen war in Ungarn stark dezimiert worden, aus ihren Resten entstanden kleine Kampfgruppen, die beim Rückzug nach Wien die Nachhut bildeten. Die Totenkopf nahm ebenfalls an der Verteidigung Wiens teil, und die Hitlerjugend bezog Verteidigungsstellungen im Wienerwald im Südosten der Stadt. Doch schon nach wenigen Tagen mussten sie dem erbarmungslosen Druck der Sowjets weichen und die Stellungen räumen.

Den hartnäckigsten Widerstand leistete noch Das Reich im Süden von Wien, ehe auch diese Einheit in die Stadt zurückweichen musste und an den heftigen Kämpfen um die Floridsdorfer Brücke am 13. und 14. April beteiligt war. Trotz aller Bemühungen wurde sie vom massiven Druck der Sowjets aus der Stadt gedrängt. Teile der Division kämpften im Westen von Wien weiter, aber ihr Gros wurde in das Gebiet östlich von Dresden verlegt, um den Vormarsch der Russen ins Reichgebiet zu verhindern. Die Reichsführer-SS wurde in die Untersteiermark im Süden Österreichs verlegt, war aber ebenfalls stark mitgenommen. Überall befanden sich die Deutschen auf dem Rückzug.

In den letzten Tagen des Krieges in Osteuropa war den meisten SS-Soldaten klar geworden,

Sowjetische Infanterie greift deutsche Stellungen in Ungarn im Februar 1945 an. Budapest selbst fiel am 13. Februar in die Hände der Roten Armee. Die Offensive der Roten Armee in Ungarn hatte die Deutschen gezwungen, Truppen der Heeresgruppe A im Norden abzuziehen. Als daher die sowjetische Offensive in Polen am 12. Januar losbrach, konnten die Deutschen keine effektive Verteidigung mehr errichten. So gelang es der Roten Armee, in zwei Wochen 480 Kilometer vorzurücken.

Warschau brennt, als die Deutschen den Aufstand niederschlagen. Zu diesem Zweck setzte Himmler seine berüchtigtsten SS-Einheiten ein: die Brigade Dirlewanger, die Brigade Kaminsky, außerdem reguläre Polizeieinheiten sowie Teile der 22. SS-Freiwilligen-Kavalleriedivision Maria Theresia (auch Einheiten der Wehrmacht waren beteiligt). Zwei Monate nach seinem Ausbruch, am 2. Oktober, war der Aufstand schließlich zu Ende. An die 15000 Mann der polnischen Heimatarmee fielen, wie auch geschätzte 200000 Zivilisten, von denen viele von Himmlers SS-Soldaten ermordet wurden.

dass der Krieg unwiderruflich verloren war. Sie hatten nur mehr einen Gedanken: sich den anglo-amerikanischen Truppen und nicht den Sowjets zu ergeben. Nur wenige von ihnen hegten nämlich irgendwelche Illusionen bezüglich der Art ihrer Kriegsgefangenschaft bei den Russen. Schließlich hatte Deutschland den Krieg im Osten, und speziell den gegen Russland, von Anfang an als Vernichtungskrieg geführt – und das so »erfolgreich«, dass ihm wohl kaum vorstellbare 37 Millionen Russen zum Opfer fielen. Während die Wehrmachtssoldaten noch auf eine halbwegs faire Behandlung hoffen konnten (obwohl auch ihre Sterblichkeitsrate in russischen Lagern vergleichsweise hoch war), hatte die SS durch ihr mittlerweile bekanntes Auftreten in Einsatzgruppen und als Wachmannschaften der Vernichtungslager ihr soldatisches Image gründlichst verdorben.

Teile der Reichsführer-SS ergaben sich südlich der Drau, während sich andere nach Klagenfurt zurückzogen und sich dort den westlichen Alliierten stellten. Die Hitlerjugend legte 96 Kilometer Richtung Westen zurück, um am 8. Mai in Linz in amerikanische Gefangenschaft zu gehen. Die Reste der Hohenstaufen ergaben sich, ebenso wie die Leibstandarte, den Amerikanern in Steyr. Die Totenkopfdivision hatte sich nordwestlich von Wien zurückgezogen und sich am 9. Mai den Amerikanern ergeben. Ihre Erleichterung daüber, in amerikanische Gefangenschaft geraten zu sein, war jedoch nur kurz. Sie wurden bald darauf den Sowjets übergeben, die noch einige Rechnungen mit bestimmten Divisionen zu begleichen hatten. Nur wenige Soldaten der Totenkopfdivision überlebten die sowjetische Kriegsgefangenschaft.

Der Großteil von dem, was von der Division Das Reich übrig geblieben war, befand sich gegen Ende April östlich von Dresden. Eine Einheit kämpfte aber noch immer im südlichen Sektor. Zur gleichen Zeit wurde SS-Obersturmbannführer Otto Weidinger, der Kommandant des Regiments Der Führer, nach Prag bestellt, um dem dortigen SS-Kommandanten Bericht zu erstatten. Obwohl alles friedlich zu sein schien, erwartete man eine tschechische Revolte, nachdem die Rote Armee immer näher rückte. Weidinger erhielt die Aufgabe, die Evakuierung der deutschen Bevölkerung in Prag zu schützen, sollte sich die Lage verschlimmern. Zu diesem Zweck befahl man ihm, seine Einheit westlich von Prag zu stationieren.

Während Weidinger zu seiner Einheit zurückkehrte, um die Verlegung dorthin zu organisieren, brach der tschechische Aufstand tatsächlich los. Der Großteil der deutschen Bevölkerung in Prag war angesichts der bevorstehenden Niederlage völlig verzweifelt, und die Tschechen leisteten immer stärkeren Widerstand. Sie hatten jedoch eine so starke SS-Kampfgruppe nicht erwartet. Die SS-Männer wussten zwar, dass der Krieg verloren war, aber ihr Korpsgeist war bis zum bitteren Ende stärker als jede Vernunft.

Die Evakuierung von Prag

Als sich Weidingers Kampfgruppe danach Prag näherte, traf sie auf immer mehr Straßensperren. Schließlich erhielt sie noch die Nachricht, dass sie von ihrer Muttereinheit abgeschnitten sei. So kam sie unter den direkten Befehl von Feldmarschall Ferdinand Schörner, einem fanatischen Nazi, der den Befehl gab, die tschechische Revolte niederzuschlagen.

Am 6. Mai marschierte das Regiment Der Führer in Prag ein und stand bald einer gewaltigen Straßensperre gegenüber. Sie war zu groß, um weggesprengt zu werden. Man musste sie also händisch abtragen, wobei die Soldaten im Scheinwerferlicht ihrer Fahrzeuge bis tief in die Nacht arbeiteten. Die ganze Zeit über wurden sie dabei von Scharfschützen beschossen. Am nächsten Morgen war der Weg frei, und Weidinger, ein erfahrener Veteran und Ritterkreuzträger, hatte keine Lust, mit sich spaßen zu lassen. Schon bald traf die Einheit auf eine weitere Straßensperre an einer Brücke und wurde mit Handfeuerwaffen beschossen. Ein tschechischer Offizier erschien und bot einen Waffenstillstand an, falls sich die Deutschen zurückziehen sollten.

Weidinger lehnte rundweg ab, stimmte jedoch einer vorübergehenden Feuereinstellung zu. Es wurde jedoch schon bald klar, dass die Tschechen Zeit gewinnen wollten, und ein wütender Weidinger befahl seinen Truppen, über die Brücke anzugreifen. Man einigte sich dann doch noch auf einen Waffenstillstand, und das Regiment Der Führer zog in die Stadt.

Mehrere Nachzügler schlossen sich dieser hoch disziplinierten Einheit an, während Weidinger die Evakuierung vorbereitete. Schon bald wurde klar, dass die Deutschen viel zu wenig Transportmittel hatten. Sie mussten also sämtliche verfügbaren Fahrzeuge requirieren. Die Sache wurde noch schlimmer, als man einen Truppenzug voll deutscher Verwundeter entdeckte, der verlassen auf einem Nebengleis stand.

Weidinger war entschlossen, diese Männer nicht den Sowjets zu überlassen, sondern sie gemeinsam mit einigen Nachrichtenhelferinnen zu evakuieren. Als der Transport dann bereit zur Abfahrt war, zählte er mehr als tausend Fahrzeuge. Der Plan bestand einfach darin, sich nach Westen in Richtung Pilsen auf den Weg zu machen und sich so bald wie möglich den Amerikanern zu ergeben. Die Versuche von mehreren höheren SS-Offizieren, ihn davon abzubringen, ignorierte er.

Auf der Fahrt stieß der Konvoi auf eine weitere Straßensperre, an der man die Herausgabe aller Waffen verlangte. Weidinger gab dieser Forderung nach, ließ die Waffen jedoch zuvor funktionsunfähig machen. Der Konvoi durfte weiter und ergab sich schließlich den amerikanischen Truppen bei Rokycany. Die letzte offizielle Tat einer SS-Einheit – und noch dazu der, die für das Massaker von Oradour verantwortlich war – in diesem Sektor war also eine eher ziviler Natur.

Nach dem Krieg war Weidinger in der HIAG aktiv, deren Vorsitz er zeitweise innehatte. In mehreren Veröffentlichungen versuchte er ein Bild der Waffen-SS mit unpolitischen, ehrenhaften Soldaten zu zeichnen und das Massaker von Oradour zu relativieren. Er starb 1990.

Vormarsch auf Polen

Durch den Fall von Wien (13. April 1945) fielen mehr als 125 000 Gefangene in die Hände der Sowjets. Statt jedoch die fliehenden Deutschen

Ein Tiger einer schweren Panzerabteilung unterstützt die Division Wiking außerhalb von Warschau Ende 1944. Die Division war bis Dezember 1944 an der Weichselfront in heftige Kämpfe mit der Roten Armee verwickelt.

Soldaten der Roten Armee greifen an. Für den Endangriff auf Berlin verfügten die Sowjets über eine Streitmacht von 2 200 000 Soldaten, 33 500 Geschützen und Granatwerfern, 7000 Panzern und Sturmgeschützen sowie 5000 Flugzeugen. Die Deutschen konnten dem nur 980 000 Mann, 1800 Panzer und Sturmgeschütze und 800 Flugzeuge entgegenstellen. Trotzdem glaubte Hitler noch immer, dass seine SS-Legionen ein Wunder vollbringen und die Lage retten könnten.

zu verfolgen, ließ Stalin alle größeren Operationen in Österreich einstellen, um sich auf den endgültigen Vorstoß auf Berlin zu konzentrieren. Er fürchtete nämlich, dass ihm die westlichen Alliierten dieses begehrte Ziel vor der Nase wegschnappen würden.

Im Norden hatte die STAWKA im Frühling 1944 entschieden, dass Weißrussland das nächste Ziel der Roten Armee sei. Obwohl die Deutschen mehrere vernichtende Niederlagen erlitten hatten, befand sich noch immer ein beträchtlicher Teil des sowjetischen Territoriums in ihren Händen. Große deutsche Truppenverbände standen noch im mittleren Sektor, nicht allzu weit von Moskau entfernt. Stalin wollte mit seiner nächsten Offensive diese Bedrohung ein und für allemal ausschalten und ließ einen äußerst ehrgeizigen Plan erarbeiten.

Die Rote Armee sollte von ihrem Ausgangspunkt östlich des Peipussees auf der ganzen Linie, mit Gorki im Zentrum, den Pripjatsümpfen entlang bis nach Odessa am Schwarzen Meer vorstoßen. So wollte man die Deutschen 650 Kilometer weit bis vor die Tore Warschaus zurückdrängen. Zu diesem Zweck wurden 19 Armeen und zwei Panzerarmeen zusammengezogen, insgesamt 1 500 000 Soldaten, mehr als 30 000 Geschütze, über 5000 Panzer und 5000 Flugzeuge. Dieser Streitmacht standen 1 200 000 Deutsche mit 9500 Kanonen und 900 Panzern sowie an die 1300 Flugzeuge gegenüber.

In der Nacht auf den 22. Juni 1944 brach der Hauptsturm los, mehrere Sowjetarmeen durchbrachen die Linien der Heeresgruppe Mitte. In nur sieben Tagen war die gesamte Front auf einer Länge von 320 Kilometer von Ostrow an der Grenze Litauens bis Kovel am Rande der Pripjatsümpfe überrannt. In den folgenden Wochen wurden an die 350 000 deutsche Soldaten – die Stärke von insgesamt 28 Divisionen – getötet, verwundet oder gefangengenommen, als die Rote Armee an die Grenzen Polens und Ostpreußens vordrang.

Am 25. Juni 1944 verlegten die Deutschen die 3. SS-Panzerdivision Totenkopf in das Gebiet nördlich von Rumänien, um den Angriff der Russen westlich von Minsk abzuwehren. Die Straßen waren jedoch in einem chaotischen Zustand, und so erreichte die Totenkopf ihr Ziel erst am 7. Juli. Zu diesem Zeitpunkt stand die Rote Armee schon vor Grodno und bedrohte die südliche Flanke der 4. Armee und die nördliche Flanke der zerschlagenen Reste der 2. Armee. Die Totenkopfdivision hielt die Stellungen bei

Grodno elf Tage lang gegen eine überwältigende Übermacht, ehe sie sich in Richtung Südosten zurückziehen musste. Dort schloss sie sich dann der Masse jener deutschen Truppen an, die langsam in Richtung Warschau zurückwichen. Bei Siedlce, östlich von Warschau, trafen sie auf die Elitedivision der Luftwaffe Hermann Göring, und beide Einheiten hielten für die sich zurückziehende 2. Armee einen Korridor in Richtung Weichsel offen.

Der Warschauer Aufstand

Nachdem sich die Rote Armee rasch der polnischen Hauptstadt näherte, erhob sich am 1. August die polnische Heimatarmee unter Generalmajor Bór-Komorowski gegen die deutschen Besatzer. Sie hoffte dabei auf Hilfe durch die vorrückende Rote Armee. Die Deutschen waren von der anfänglichen Stärke des Aufstandes überrascht und verloren zu Beginn zwei Drittel der Stadt an die Polen. Durch die Nähe der Roten Armee und den offensichtlichen Rückzug der Deutschen glaubten die Polen an einen Erfolg ihres Aufstands.

Die Polen wussten jedoch nicht, dass der Vormarsch der Roten Armee gestoppt wurde. Die Truppen hatte beinahe 750 Kilometer zurückgelegt und die eigenen Versorgungslinien stark strapaziert. Die Männer waren außerdem erschöpft. Man hatte zwar die Vorstädte von Warschau erreicht, war dort jedoch auf heftigen Widerstand der Deutschen gestoßen. Außerdem erkannte Stalin sofort, dass die Deutschen für ihn das Problem mit den lästigen Polen lösen würden. Ihr Nationalstolz würde sie nach dem Krieg kaum zu willfährigen Partnern der Russen werden lassen. Stalin zog es also vor, seine Truppen ausruhen zu lassen und die Ereignisse abzuwarten. Wenn die Deutschen den polnischen Widerstand gebrochen hätten, könnte er sie aus Warschau vertreiben und die polnische Hauptstadt einnehmen.

Die westlichen Alliierten versuchten zwar, die Polen aus der Luft zu versorgen, doch als die Unterstützungsflüge begannen, befand sich der Großteil der Stadt schon wieder unter deutscher Kontrolle. So fiel ein Großteil des alliierten Nachschubs in die Hände von Wehrmacht und SS. Zudem weigerte sich Stalin, den westlichen Alliierten sowjetische Flugbasen für ihre Versorgungsflüge zur Verfügung zu stellen.

In Warschau versuchte SS-Obergruppenführer Erich von dem Bach-Zelewski den polnischen Aufstand mit allen Mitteln niederzuschlagen. Zum Leidwesen für die Polen gehörten zwei der berüchtigtsten militärischen Formationen der Geschichte zu den eingesetzten Einheiten: die 29. Waffen-Grenadierdivision der SS (russische Nr. 1) und die 36. Waffen-Grenadierdivision der SS. Beide Einheiten hatten zwar nominell den Status einer Division, wiesen aber nur die Stärke einer Brigade auf. Die 29. Waffen-Grenadierdivision unter dem Kommando von Bronislaw Kaminski bestand aus antikommunistischen Russen, die zuvor gegen sowjetische Partisanen gekämpft hatten. Die 36. Waffen-Grenadierdivision setzte sich aus übelsten kriminellen Elementen zusammen. Viele waren straffällig geworden oder disziplinarisch in SS und Wehrmacht belangt worden. Ihr Kommandant war SS-Oberführer Oskar Dirlewanger, der selbst wegen einer Reihe von Straftaten (Unterschlagung, Vergewaltigung und Landfriedensbruch)in Haft gewesen war.

Diese beiden Einheiten kannten nicht die geringsten Skrupel bei ihrem Vorgehen. Willkürliche Erschießungen, Folterungen, Plünderungen, Vergewaltigungen sind zahlreich belegt. Die Liste der Gräueltaten dieser Männer empörte sogar die deutschen Truppen, die beim Kampf um Warschau dabei waren; es kam zu immer mehr Beschwerden durch höhere deutsche Offiziere. Folgen hatte dies nicht. Im Gegenteil: Dirlewanger bekam für seine Taten in Warschau von Hans Frank am 30. Seoptember 1944 das Ritterkreuz verliehen, wie er schon für seine »außerordentlichen Verdienste« in Russland am 5. Dezember 1943 das Deutsche Kreuz in Gold erhalten hatte.

Schließlich jedoch musste Himmler reagieren. Kaminski stellte für die SS eine zu große Belastung dar und wurde umgebracht. Seinen Männern stellte man seinen Tod als Folge eines sowjetischen Partisanenangriffs dar.

Ein Panzergrenadier der Division Wiking in Ungarn.

Halten der Stellung in Ungarn: Ein SS-Soldat schaut mit seinem MG ins Niemandsland. Hitler bildete sich allen Ernstes ein, mit der letzten deutschen Offensive unter dem Codenamen »Frühlingserwachen« noch einmal die Initiative übernehmen zu können. Er sagte dazu: »Ich möchte den besten Angriff, um möglichst große Gewinne zu erzielen. Die Russen müssen von den Ölfeldern am Plattensee hinaus und zurück über die Donau geworfen werden.«

Dirlewanger hatte zunächst mehr Glück, da er über einflussreiche Freunde verfügte. Er überlebte bis kurz nach Kriegsende; dann wurde er in einem Kriegsgefangenenlager in der französischen Besatzungszone unter nicht ganz geklärten Umständen, vermutlich von ehemaligen polnischen Zwangsarbeitern, getötet.

In Warschau musste Generalmajor Bór-Komorowski schließlich am 2. Oktober kapitulieren, nachdem der Nachschub an Lebensmitteln und Munition versiegt war. Bach-Zelewski bot ihm ehrenhafte Übergabebedingungen an: Die Polen erhielten die Zusicherung, als Kriegsgefangene gemäß der Haager Landkriegsordnung behandelt zu werden. Allerdings kam diese Zusage erst zustande, nachdem die Westmächte die Aufständischen zu Alliierten erklärt und den Deutschen mit Repressalien gedroht hatten. Auch der Zivilbevölkerung sicherte Bach-Zelewski eine gute Behandlung zu. Die den Soldaten gemachten Versprechen hielt er, die gegenüber den Zivilisten nicht: 100 000 wurden als Zwangsarbeiter nach Deutschland, 60 000 in Konzentrationslager verschleppt. Der Aufstand forderte weit über 200 000 Todesopfer auf polnischer, etwa 10 000 auf deutscher Seite. Bach-Zelewski wurde am 30. September 1944 für die Niederschlagung des Warschauer Aufstandes mit dem Ritterkreuz des Eisernen Kreuzes ausgezeichnet.

Das IV. SS-Korps hält die Rote Armee auf

Die sowjetische Offensive in Polen ging dann am 14. August weiter, wobei die Rote Armee die polnische Hauptstadt zu umzingeln versuchte. Sie griff Warschau vom Norden und Westen her über die Weichsel hinweg an. Dort erwartete sie aber das IV. SS-Panzerkorps mit starken Kräften – den kampferfahrenen Divisionen Wiking und Totenkopf. Eine Woche lang rannten die russischen Truppen erfolglos gegen die deutschen Stellungen an und mussten schließlich zurückgezogen und umgruppiert werden. Am 25. August begann eine neue Offensive, die hauptsächlich gegen die Stellungen der Totenkopfdivision gerichtet war. Diese zwang die Deutschen, sich allmählich in Richtung Warschau zurückzuziehen.

Am 11. September startete die Totenkopfdivision einen Gegenangriff und konnte den Gegner erneut ein Stück zurückdrängen. Der sowjetische Vormarsch war fürs Erste gestoppt.

Trotz aller Erfolge bestand für die Totenkopfdivision weiterhin das alte Problem: sie konnte ihre Verluste nicht zeitnah ausgleichen. Die Sowjets starteten hingegen schon am 10. Oktober mit frischen Kräften ihren nächsten Angriff auf die Stadt. Diesmal gelang es ihnen, die geschwächten Deutschen in den Nordwesten Warschaus zurückzudrängen. Dort konnten diese ihre Stellungen stabilisieren und hofften, die Sowjets erneut aufzuhalten.

Ende Oktober 1944 hatten Rumänien und Bulgarien kapituliert und kämpften nun an der Seite der Sowjets. Im Norden stand Finnland ebenfalls in Friedensverhandlungen. Am 10. Oktober war Memel in Litauen von der 1. Baltischen Front der Roten Armee eingenommen worden. Jerjomenkos 2. Baltische Front hatte inzwischen Riga, die Hauptstadt Lettlands, erobert. Im Kurland waren durch die sowjetische Offensive zwei ganze deutsche

Armeen abgeschnitten, insgesamt 33 Divisionen dringend benötigter Truppen.

Die STAWKA entschloss sich nun zu einer Luft- und Seeblockade, anstatt mit einer größeren Anzahl von Truppen diese Einheiten zu vernichten. Zu diesem Zeitpunkt war die Kriegsmarine noch in der Lage, zwölf Divisionen über die Ostsee auszuschiffen.

Zu den geretteten Einheiten gehörten auch die restlichen niederländischen SS-Freiwilligen der Brigade Nederland. Ihr Schiff wurde jedoch angegriffen und versenkt. Einige der niederländischen Soldaten wurden indes gerettet und bildeten den Kern der 23. SS-Freiwilligen-Panzergrenadierdivision Nederland. Diese Einheit kam dann zurück nach Stargard in Pommern und kämpfte auch bei Stettin, ehe sie sich nach Berlin zurückziehen musste.

Im Januar 1945 versuchte die Rote Armee vor allem, die Deutschen aus Polen hinauszuwerfen. Marschall Schukow und seine 1. Weißrussische Front stieß auf Posen vor, während Marschall Konew seinen Angriff im Süden in Richtung Breslau vortrug. Jede dieser beiden Armeegruppen verfügte über eine Million Soldaten mit mehr als 30 000 Geschützen und 7000 Panzern. Ihnen gegenüber stand die Heeresgruppe Mitte mit nur mehr 400 000 Mann und etwas über 1000 Panzern. Die Deutschen verfügten jedoch immer noch über 580 000 Soldaten in Ostpreußen, die für die Sowjets ein beträchtliches Problem darstellten.

Die Rote Armee befreit Polen

Am 12. Januar begann Konew seinen Angriff mit heftigem Artilleriebeschuss, der eindreiviertel Stunden andauerte. Zwei Tage später schlossen sich Schukows Truppen dem Angriff an und nahmen gemeinsam mit der 1. polnischen Armee Warschau ein. In der zweiten Januarhälfte eroberte die Rote Armee das kohlenreiche Schlesien, eines der wichtigsten Industriegebiete Deutschlands. Anfang Februar stand sie bereits an der Oder. Jene deutschen Stellungen, die dem sowjetischen Vormarsch widerstanden hatten, wie etwa Breslau, wurden einfach umgangen und isoliert. In vielen Städten, die die Sowjets einnahmen, kam es zu Vergeltungsaktionen gegen die deutschstämmige Bevölkerung. Kriegsverbrechen wie Massenvergewaltigungen und Plünderungen waren an der Tagesordnung. Genaue Zahlen liegen hierzu nicht vor, man nimmt aber an, dass bis zu zwei Millionen Frauen vergewaltigt wurden, bis zu 100 000 Flüchtlinge aus den deutschen Ostgebieten kamen auf der Flucht um.

Bis zum Frühjahr 1945 schlug sich der Großteil der sogenannten klassischen SS-Divisionen über Ungarn nach Österreich durch. Jene SS-Einheiten, die immer noch kämpften, bestanden vorwiegend aus ost- und westeuropäischen Freiwilligen. Das Ausmaß ihrer Entschlossenheit, den Vormarsch der Sowjets zu stoppen, war außergewöhnlich, wenn auch nicht überraschend. Diese Einheiten aus den osteuropäischen Staaten hatten keine Heimat mehr, in die sie zurückkehren konnten. Ihre Vaterländer waren von den Sowjets befreit worden – oder besetzt, je nach Sichtweise – und wurden nun von Stalin mit eiserner Faust regiert. Eine Kapitulation vor den Russen würde den unweigerlichen Tod bedeuten, und so gab es für die meisten keine andere Wahl, als weiterzukämpfen. Schließlich hatten sie sich nicht nur als Kollaborateure der Besatzungsmacht schuldig gemacht; sie hatten auch in den Einheiten

Bulgarische Truppen als Alliierte der Deutschen. Bulgarien hatte im August 1944 offiziell den Krieg beendet, als hätte es nicht jahrelang an der Seite der Deutschen gekämpft. Tage später marschierte die Rote Armee ein und besetzte das Land.

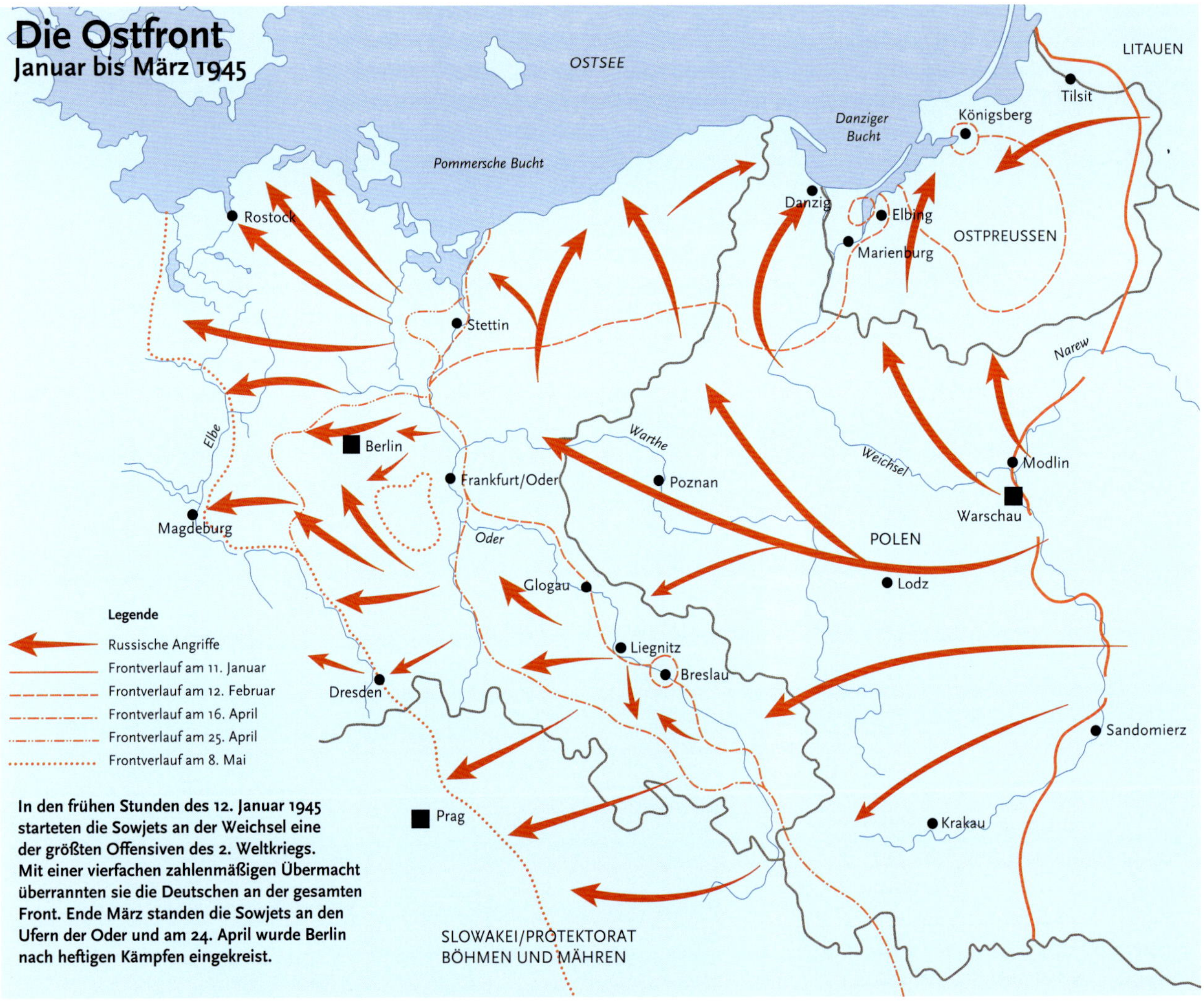

Die Ostfront
Januar bis März 1945

Legende

- Russische Angriffe
- Frontverlauf am 11. Januar
- Frontverlauf am 12. Februar
- Frontverlauf am 16. April
- Frontverlauf am 25. April
- Frontverlauf am 8. Mai

In den frühen Stunden des 12. Januar 1945 starteten die Sowjets an der Weichsel eine der größten Offensiven des 2. Weltkriegs. Mit einer vierfachen zahlenmäßigen Übermacht überrannten sie die Deutschen an der gesamten Front. Ende März standen die Sowjets an den Ufern der Oder und am 24. April wurde Berlin nach heftigen Kämpfen eingekreist.

Rechts: Erschöpfte SS-Soldaten weichen vor der Roten Armee zurück. »Frühlingserwachen« hatte sich Mitte März 1945 totgelaufen, als die 6. SS-Panzerarmee nur mehr 185 funktionstüchtige Fahrzeuge besaß.

gekämpft, die das Konzept des »Vernichtungskriegs« am brutalsten umgesetzt hatten. Wer überlebte, schaffte dies meist, indem er sich in den Westen durchschlagen und den Anglo-Amerikanern ergeben konnte. Andere wiederum kehrten nach Hause zurück und führten nach Kriegsende einen jahrelangen Partisanenkampf gegen die Sowjets. Wer sich jedoch den Sowjets ergab oder von den westlichen Alliierten ausgeliefert wurde, der wurde meist sofort erschossen.

Die Freiwilligen aus den westeuropäischen Ländern befanden sich in einer ähnlichen Zwickmühle. In den meisten Fällen hatten die Alliierten ihre Heimat überrannt und die neuen Regierungen würden sie zweifelsohne nicht mit offenen Armen aufnehmen. Statt einer ungewissen Zukunft in der Heimat entgegenzusehen, kämpften viele bis zum Tod. Man darf nicht vergessen, dass die meisten dieser Männer hochgradig fanatisiert waren; die rassistische Propaganda, nach der Europa vor dem »Unheil des Bolschewismus« zu schützen sei, hatte bei ihnen tiefe Wurzeln geschlagen.

PzKpfw III mit 3,7-cm-KwK L/45 im Osten Deutschlands 1941. Anhand der Divisionskennzeichen am ersten Panzer lassen sich diese Fahrzeuge nicht der Waffen-SS, sondern der 14. Panzerdivision des Heeres zuordnen. Dieser Panzertyp war zu Beginn des Russlandfeldzugs der wichtigste an dieser Front, war aber dem russischen T 34 unterlegen.

Zahlreiche nichtdeutsche SS-Freiwillige starben so in den letzten Kriegsmonaten auf den Schlachtfeldern Osteuropas. Die Division Wiking, die hauptsächlich aus westeuropäischen Freiwilligen bestand, wurde in den Kämpfen vor Wien dezimiert. Die Nordland wurde in der Schlacht um Berlin vernichtet. Ein Teil der 15. Waffen-Grenadierdivision der SS aus Lettland nahm an der Verteidigung Berlins teil und wurde dabei vollständig aufgerieben. Die Division Horst Wessel und ihre ungarischen Freiwilligen ergaben sich den Sowjets bei Prag; dort kapitulierten auch die estnischen Freiwilligen der 20. Waffen-Grenadierdivision der SS.

Die Division Maria Theresia, die vorwiegend aus Volksdeutschen mit ungarischer Staatsangehörigkeit bestand, wurde bei den Kämpfen um Budapest vernichtet. Die Rote Armee überrannte außerdem die überwiegend ungarische 25. und 26. Waffen-Grenadierdivision, die sich noch im Formierungsstadium befanden. Die Nederland, die zwar nominell eine Division, aber ihrer Stärke nach höchstens ein Regiment war, wurde bei der Befreiung Berlins ausgelöscht. Die zerschlagenen Reste der flämischen Division Langemarck und der wallonischen Wallonie erlitten bei den Kämpfen um die Reichshauptstadt dasselbe Schicksal. Dieses ereilte auch die französische Division Charlemagne. Die russischen Freiwilligen der 30. Waffen-Grenadierdivision kamen zur Russischen Befreiungsarmee von General Andrei Wlassow und fielen in russische Gefangenenschaft, die viele nicht überlebten.

Im Januar 1945 erhielten folgende osteuropäische Freiwillige das Ritterkreuz: Waffen-Hauptsturmführer Robert Ancans (Lette), Waffen-Hauptscharführer Zanis Ansos (Lette), Waffen-Hauptsturmführer Miervaldos Adamsons (Lette), Waffen-Obersturmführer Nikolajs Galdins (Lette) und SS-Hauptscharführer Gustav Wendrensky (Volksdeutscher). Im Februar und März wurden zwei Dänen, SS-Obersturmführer Soren Kam und SS-Hauptsturmführer Johannes Helmers, mit dem Ritterkreuz ausgezeichnet. Im April ging es an SS-Obersturmführer Jacques Leroy, einen Belgier, und Waffen-Unterscharführer Eugene Vaulot sowie Waffen-Oberscharführer François Apollot und Waffen-Hauptsturmführer Henri Fenet, französische Freiwillige der Division Charlemagne.

In den letzten Kriegswochen bekamen als eine der letzten Soldaten fünf Letten – Waffen-Unterscharführer Alfreds Rieksins, Waffen-Untersturmführer Andreys Freimanns,

Ein zerstörtes SdKfz 251 der Division Wiking. Ende März 1945 brach die Ostfront zusammen. Die Division Wiking war während Hitlers letzter Offensive dezimiert worden und musste beim Versuch, die ungarische Stadt Stuhlweißenburg zu halten, viele Tote und Verletzte in den eigenen Reihen hinnehmen.

Gegenüber: Bei dem zu wartenden Panzer handelt es sich um einen PzKpfw III mit 3,7 KwK. Der Panzer und seine Besatzung gehören zum Heer.

Waffen-Obersturmführer Roberts Gaigals und Waffen-Sturmbannführer Voldemars Reinholds – das Ritterkreuz verliehen. Dies mag einerseits daran gelegen haben, dass Soldaten, die befürchten mussten, nach der Niederlage als Kollaborateure verfolgt zu werden, verzweifelt kämpften, andererseits kann es auch dem Kalkül der SS-Führung geschuldet sein, das Deutsche Reich und seine Armee zu »europäisieren«, also durch Bindung ausländischer Soldaten an die Truppe einen territorialen Anspruch zu untermauern.

Als sich die zerschlagenen deutschen Armeen von der Ostfront tief ins Reich zurückzogen, musste einmal mehr die Waffen-SS die Nachhut bilden. Die Frundsberg, die Anfang 1945 in Pommern als Teil von SS-Obergruppenführer Felix Steiners 11. (SS-)Panzerarmee stationiert war, nahm am Angriff auf Schukows 1. Weißrussische Front teil, die sich Berlin näherte. Am 16. Februar griffen die Divisionen Frundsberg, Nordland, Nederland und Wallonien in südwestliche Richtung an und durchbrachen Schukows Nordflanke. Die geschwächten Deutschen hatten jedoch nicht die Kraft, den massiven Vormarsch der Sowjets ernsthaft zu stören und wurden innerhalb weniger Tage wieder zurückgeschlagen.

Am 1. April traf sich Stalin mit seinen obersten Kommandanten, um die Pläne für den endgültigen Vormarsch auf Berlin auszuarbeiten. Rokossowski sollte im Norden mit der 2. Weißrussischen Front, Schukow in der Mitte mit der 1. Weißrussischen Front und Konew im Süden mit der 1. Ukrainischen Front angreifen. Der Abstand zwischen den jeweiligen Fronten betrug vor Berlin nur rund 65 Kilometer. Jetzt begann ein regelrechtes Rennen, welcher sowjetischer Verband zuerst die Reichshauptstadt erreichte. Wie Hitler machte sich auch Stalin die Rivalitäten zwischen seinen obersten Kommandanten zunutze, wobei nur wenige derart entschiedene Gegner waren wie Schukow und Konew. So konnte sich Stalin sicher sein, dass keiner auch nur die geringste Möglichkeit auslassen würde, um Berlin als Erster zu erreichen.

Schukow hatte am 28. März an der Oder bei Küstrin einen Brückenkopf errichtet, von dem aus er seinen Angriff starten wollte. Ein Artilleriebeschuss noch nie dagewesenen Ausmaßes

mit über 8000 Artilleriegeschützen sollte 30 Minuten lang auf den Gegner niedergehen. Dann würde der Sturmangriff folgen. Schukow hatte auch an die 150 Scheinwerfer an seine Ausgangsstellungen bringen lassen, um ihre starken Lichtstrahlen von der niederen Wolkendecke reflektieren zu lassen und damit die deutschen Verteidiger zu demoralisieren. Konew seinerseits ging kein Risiko ein und belegte die Deutschen mit einem 145 Minuten dauernden Artilleriebeschuss. Dann griff er im Dunkel der Nacht an.

Die ersten Geplänkel begannen am 14. April, zwei Tage später startete der Hauptangriff. Die deutschen Verteidiger kannten jedoch Schukows Plan und zogen sich aus ihren Stellungen zurück, ehe das Artilleriefeuer einsetzte. Nach dessen Beendigung nahmen sie diese wieder ein und erwarteten die sowjetischen Angreifer. Die Scheinwerfer, die die Deutschen blenden sollten, beleuchteten auch die vorrückenden Sowjets und machten sie zu leichten Zielen.

Trotz Schukows massiven Angriffs gelang es nicht, die Deutschen aus ihren stark befestigten Stellungen auf den Seelowschen Höhen zu vertreiben. Statt zu einem raschen Sieg kam es zu drei Tagen harter Kämpfe, ehe die Deutschen zurückgedrängt werden konnten. Erst am 19. April überrannten die Russen endlich die gegnerischen Stellungen und nahmen die Seelowschen Höhen ein. Jetzt startete Rokossowski seinen Vormarsch aus dem Norden.

Der Vormarsch auf Berlin

Am 20. April befahl Konew seiner 3. und 4. Gardepanzerarmee in die Stadt vorzudringen. Am 23. bestimmte jedoch Stalin, dass Schukows Truppen den Hauptangriff durchführen sollten. Dementsprechend wurden auch jene Bereiche neu eingeteilt, in denen die jeweiligen Einheiten operieren sollten. Damit hatten Schukows Armeen auch die Ehre, jenen Stadtteil zu erobern, in dem der Führerbunker und der Reichstag lagen.

Am 21. April befahl Hitler, einen Entlastungsangriff für die Stadt zu starten. General Theodor Busse, der mit seiner 9. Armee die Oderlinie im Südosten Berlins verteidigte, erhielt die Order, auf Berlin zu marschieren und die Stadt feindfrei zu machen. General Walter Wenck, der die Amerikaner im Westen an der Elbe zurückhielt, erreichte derselbe Befehl. Steiners 11. Armee sollte schließlich vom Norden aus einen massiven Entlastungsangriff führen. Wie sich Hitler dies vorstellte, wurde aber nicht erklärt. Falls Busse und Wenck ihre Stellungen verließen, um Berlin zu entlasten, wären ihre wenigen Einheiten sofort besiegt worden. Was Steiner betraf, so existierte seine »Panzerarmee« nur mehr auf dem Papier, da seine besten Truppen bereits geopfert oder in die Stadt abkommandiert worden waren. Die Nordland beispielsweise befand sich bereits in Berlin, während sich die Nederland weiter südlich dem sowjetischen Angriff entgegenstellte. Die Wallonie hingegen wurde beim Versuch, den Brückenkopf bei Altdamm zu halten, total aufgerieben.

Der Kampf um den Reichstag

Am 25. April war Berlin völlig eingeschlossen, und am nächsten Tag stürmte eine halbe Million Rotarmisten die Stadt. Überall tobten Nahkämpfe, mit Messern, Gewehrkolben und Bajonetten wurde gekämpft. Und es war wieder die SS, die beim letzten, apokalyptischen Kampf um das Dritte Reich dabei war. Ironischerweise waren die meisten SS-Soldaten nichtdeutsche Freiwillige. Abgesehen von der Hitlerjugend und dem Volkssturm sowie zwei Wehrmachtsdivisionen des LVII. Korps waren die einzigen anderen regulären deutschen Truppen in Berlin die Männer der Divisionen Nordland und Charlemagne, ein Bataillon Letten der 15. Waffen-Grenadierdivision der SS sowie 600 Mann von Himmlers Leibwachebataillon.

Am 28. April durchbrachen die Sowjets den Verteidigungsring in der Innenstadt und drangen zum Reichstag vor. Das zerstörte Gebäude war in eine Festung verwandelt und schwere Maschinengewehre und Artillerie in Stellung gebracht worden. Der erste sowjetische Angriff fand am 30. April mit Unterstützung von Artillerie und Katjuscharaketen statt. Drei Infanteriebataillone stürmten trotz heftigem Abwehrfeuer nach vorne und durchbrachen die Verteidigungslinien. Im Gebäude selbst ging der Angriff rasch in einen Kampf Mann gegen Mann über. Die SS hatte den Keller zu einer Festung ausgebaut, und zwei Tage heftiger Kämpfe waren nötig, um die Verteidiger niederzuringen. An die 2500 Deutsche wurden getötet und weitere 2600 gefangen genommen.

Zu dieser Zeit war Hitler schon tot und die Schlacht um Berlin vorbei. Um 15 Uhr am 2. Mai 1945 übergab Generalleutnant Weidling die Stadt den Russen.

Obwohl ihr Führer tot und die Reichshauptstadt in russischer Hand war, gab es noch immer SS-Einheiten, die im zerfallenden Reich weiterkämpften. Sie legten ihre Waffen erst nieder, als die offiziellen Übergabeverhandlungen beendet waren. Wie bereits erwähnt,

Gegenüberliegende Seite: Sowjetische Artillerie in den Vorstädten Berlins beschießt einige Kilometer entfernte Stellungen. Hitler hatte gesagt: »Falls der Krieg verloren geht, wird die deutsche Nation ebenfalls untergehen. Es gibt keine Notwendigkeit, die grundlegenden Bedürfnisse der Menschen zu berücksichtigen. Jene, die nach dem Kampf übrig bleiben, sind jene, die unterlegen sind; die Guten werden nämlich gefallen sein.« Er war entschlossen, das Reich in einem Wirbelsturm der Vernichtung völlig untergehen zu lassen. Auf diesem Weg folgte ihm die Waffen-SS bedingungslos.

Sowjetische Streitkräfte brechen mit ihren Panzern den deutschen Widerstand in Berlin. Trotz ihrer zahlenmäßigen Übermacht an Panzern, Geschützen und Flugzeugen kam die Rote Armee in Berlin nur langsam voran. Fanatische HJ-Angehörige, SS-Männer sowie Soldaten von Wehrmacht und Volkssturm leisteten hartnäckigen Widerstand. Während dieser Tage durchstreiften SS-Männer von Himmlers Leibwachebataillon die Straßen von Berlin, um Ausschau nach Deserteuren zu halten. Jeder, der ihnen in die Hände fiel, wurde sofort gehängt.

Gegenüberliegende Seite: 3. Mai 1945 – die sowjetische Fahne auf dem Dach des Reichstagsgebäudes.

kämpften einige SS-Männer noch Jahre danach in Osteuropa. Die Männer, die in der baltischen oder ukrainischen Waffen-SS dienten, wussten nämlich, dass ihnen der Tod gewiss war, wenn sie sich ergeben würden. Für den Großteil der SS-Soldaten war der Krieg jedoch zu Ende. Viele SS-Einheiten gingen mit intaktem Stolz und Korpsgeist in die Gefangenschaft. Noch Jahrzehnte nach Kriegsende nahmen diese Männer für sich in Anspruch, sie seien Soldaten gewesen und nicht die Henker und Mörder, als die sie die Zivilbevölkerung in den besetzten Gebieten, die Gefangenen in den Lagern und die Juden in den KZs kennengelernt hatten.

Sowohl die westlichen als auch östlichen Alliierten hatten jedoch bei ihrem Vormarsch durch Europa auch die wesentlich dunklere Seite der SS kennengelernt, als sie die wenigen Überlebenden der Todeslager befreiten. Diese hart gesottenen Soldaten konnten den schrecklichen Anblick kaum ertragen, dem sie gegenüberstanden. Die Lagerwachen trugen gleiche Uniformen und Abzeichen wie die Soldaten der Waffen-SS. Dies hatte natürlich seine Auswirkungen auf die Behandlung jener SS-Soldaten der kämpfenden Truppe, die dann in Gefangenschaft gerieten.

Während das Dritte Reich auf sein wohlverdientes Ende zusteuerte, empfand Hitler immer mehr Verachtung für jene, die ihn in seinen Augen verraten hatten. Zuerst war es die Wehrmacht, die die volle Wucht seines Zorns zu spüren bekam. Aber auch den Elitetruppen der Waffen-SS waren Grenzen gesetzt. Meist in großer Unterzahl, mit wenig Munition und Verpflegung, halb erfroren ohne die nötige Winterkleidung konnte sie ihren militärischen Aufgaben nicht mehr gerecht werden. So verloren auch sie die Sympathien des Führers. Er überschüttete sie, seine eigene Leibwache, mit Beleidigungen und Hohn.

Der oberste SS-Kommandant, Reichsführer-SS Himmler, war in den Augen vieler seiner Gefolgsleute ein Feigling, der sich angesichts Hitlers Zorn nicht im Geringsten für seine Männer einsetzte. Seine eigene Inkompetenz als militärischer Führer war deutlich zu sehen gewesen, als er als Kommandant der Heeresgruppe Weichsel kläglich scheiterte. Frühere SS-Männer, welche ihre »Kameraden« der Allgemeinen SS und die KZ-Lagerwachen verachteten, da diese höchst selten ihr Leben riskierten, betrachteten ihre militärischen Erfolge dagegen mit großem Stolz.

Waffen und Ausrüstung

Die Waffen-SS kämpfte von Anfang an, um ihrem elitären Anspruch gerecht zu werden, nicht nur um Rekruten, sondern auch um eine bevorzugte Bewaffnung und Ausstattung. Sie konnte sich auf diesem Feld allerdings auch dann nicht gegen die Wehrmacht durchsetzen, als sie in ersten Kampfeinsätzen ihre militärischen Fähigkeiten bewiesen hatte.

Außer repräsentativen Dolchen und Degen gab es keine Waffen, die ausschließlich für die Waffen-SS entworfen und produziert wurden. Der Großteil des von ihr verwendeten Materials war das, das auch für die Wehrmacht hergestellt wurde. Die Wehrmacht, die über etwa 20-mal soviel Personal verfügte wie die Waffen-SS, sah keinen Grund, sich zugunsten Himmlers selbsternannter Elite mit zweitklassigem Material zufriedenzugeben. Auffällig ist aber, dass es bestimmte Waffen, vor allem Handfeuerwaffen, ausländischer Herkunft gab, die fast nur in der SS Verwendung fanden. Dieses Kapitel behandelt die gängigsten und wichtigsten Waffensysteme in der SS – von der Handfeuerwaffe bis zum Panzer.

Oft wurden zur Herstellung dieser Waffen Zwangsarbeiter eingesetzt. Häftlinge des KZ Neuengamme mussten für die Walther-Werke Gewehre herstellen, bei Rheinmetall-Borsig fertigten etwa 5000, bei Krupp – laut Anklage in den Nürnberger Prozessen – mehrere 10 000 Zwangsarbeiter u. a. Panzer und Sturmgeschütze, um nur einige Beispiele zu nennen.

Eine der berühmtesten deutschen Armeeschusswaffen aller Zeiten ist die Pistole 08, die »P 08«. Bekannt wurde sie aber auf der ganzen Welt als »die Luger«, benannt nach ihrem Erfinder Georg Luger. Die vielseitige Waffe wurde seit 1893 hergestellt, es gab sie mit Lauflängen von vier, sechs und acht Zoll. Sie konnte sogar mit einem hölzernen Schulterschaft und einem Trommelmagazin anstelle des üblichen 8-Schuss-Stangenmagazins im Griff ausgestattet werden.

Als Munition benützte man 9-mm-Parabellumpatronen. Ihre Anfangsgeschwindigkeit lag bei rund 350 m/sec und ihre

Die Totenkopfdivision im Einsatz in Frankreich im Mai 1940. Das Artilleriegeschütz ist eine 3,7-cm-Pak-35/36 Panzerabwehrkanone, wie sie in den Feldzügen in Polen und im Westen zum Einsatz kam.

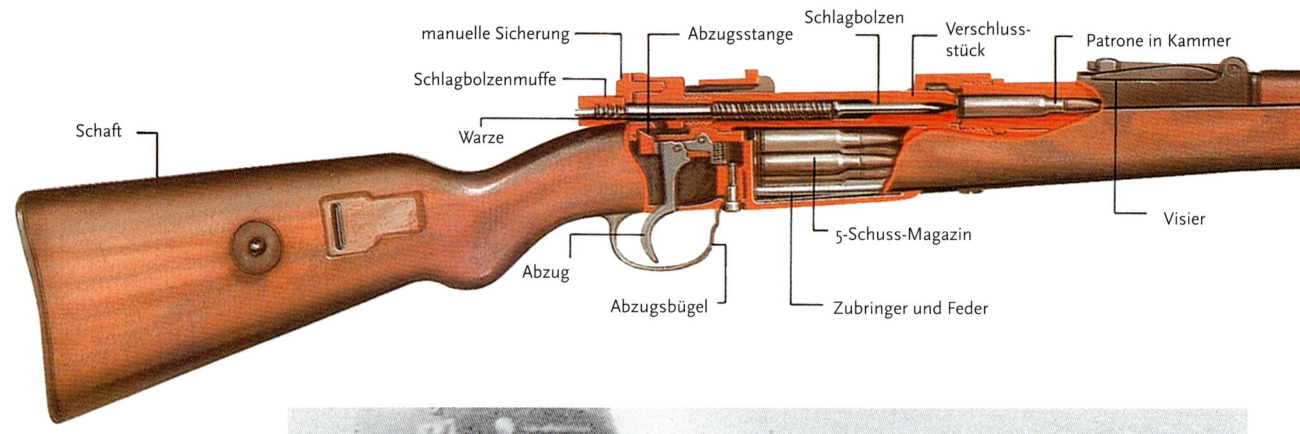

Ein Soldat der Leibstandarte mit einer Walther P 38. Diese Waffe verfügte über einen Spannabzugsmechanismus und wurde während des gesamten Krieges hergestellt. 1957 nahm Walther ihre Produktion wieder auf, nachdem sich die Bundeswehr für ihre Verwendung entschieden hatte.

effektive Einsatzschussweite, wie bei den meisten anderen Pistolen, bei rund 30 m. Die P 08 war eine qualitativ hochwertige Waffe, aber etwas übertechnisiert und folglich nicht immer ideal für den rauen Fronteinsatz: Hier neigte sie zu Ladehemmungen. Bisweilen konnte sich auch ein Schuss lösen, wenn sie fallen gelassen wurde. Obwohl sie mit Beginn des 2. Weltkrieges von anderen Produkten immer mehr verdrängt wurde, lief die Produktion bis ins Jahr 1945 hinein. Sie blieb eine äußerst beliebte Waffe, die vielfach bis zum Ende des Krieges zum Einsatz kam.

An ihrer Stelle setzte sich die Walther P 38 durch. Dies war eine robustere Handfeuerwaffe und mit 960 Gramm schwerer als die P 08. Sie verfügte ebenfalls über ein 8-Schuss-Stangenmagazin und verwendete gleichfalls 9-mm-Parabellumgeschosse. Ihre Anfangsgeschwindigkeit entsprach jener der P 08.

Die P 38 war eine sehr robuste Waffe, außerdem ließ sie sich leichter zerlegen und warten als die P 08. Die Waffen-SS verwendete eine beträchtliche Stückzahl dieser Pistole, und sie

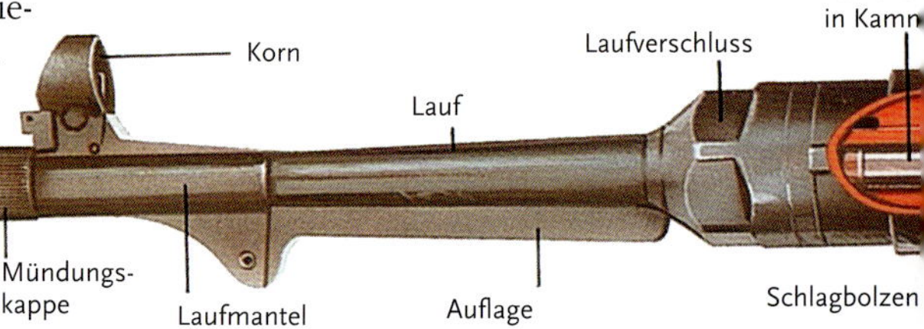

Kaliber: 9 mm
Länge (mit Schulterstütze): 83,3 cm
Gewicht (geladen): 4,7 kg
Magazin: 32-Schuss-Magazin
Feuergeschwindigkeit (zyklisch): 500 Schuss/min
Anfangsgeschwindigkeit: 381 m/sec
Max. Einsatzschussweite: 200 m

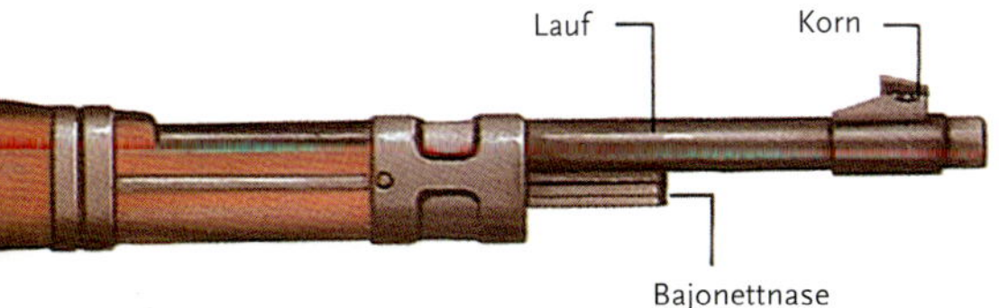

Kar 98k

Kaliber: 792 mm
Länge: 110,7 cm
Gewicht (ungeladen): 3,9 kg
Magazin: 5-Schuss-Magazin
Anfangsgeschwindigkeit: 755 m/sec

Männer der Division Das Reich feuern 1941 mit ihren Karabinern 98k während der Operation »Barbarossa«. Der Kar 98k war eine langlebige Waffe, die in Deutschland bis 1945 hergestellt wurde. In den späteren Kriegsjahren verwendeten die meisten Soldaten der Waffen-SS jedoch bereits Maschinenpistolen.

MPi 40

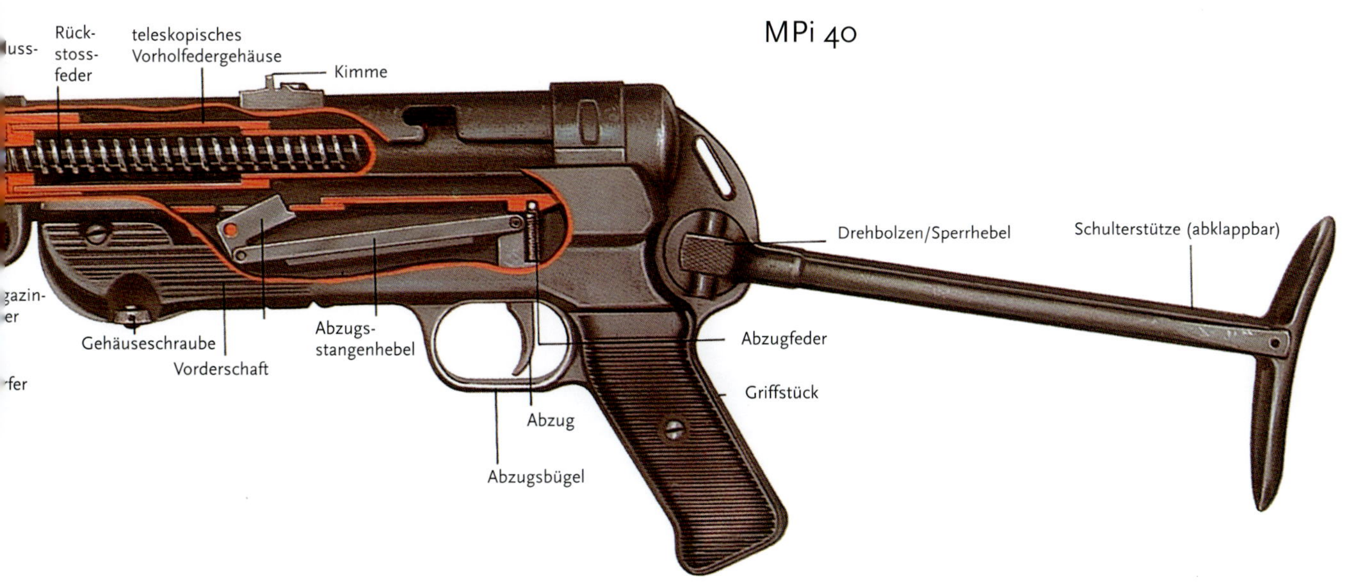

FG 42

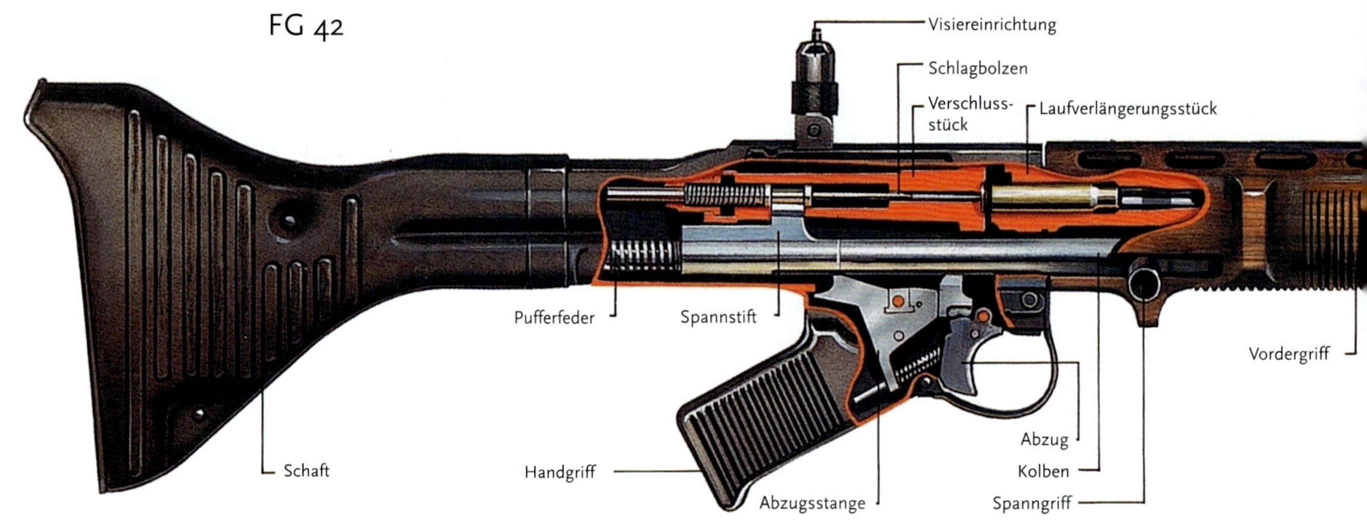

war derart erfolgreich, dass sie die Bundeswehr 1957 wieder als P 1 in den Dienst aufnahm. Viele Exemplare sind noch heute in Verwendung.

Die wahrscheinlich ungewöhnlichste Handfeuerwaffe, die bei der SS im 2. Weltkrieg zum Einsatz kam, war die Mauser C 96. Aufgrund ihres auffälligen runden Holzgriffes war sie allgemein als »Besenstiel« bekannt. Das Magazin dieser großen, schweren Handfeuerwaffe befand sich vor dem Abzugsbügel und wurde wie die meisten anderen Gewehrmagazine geladen. Die Mauser gab es in den Kalibern 7,63 und 9 mm Parabellum; eine späte Version (M712) verfügte sogar über eine Feuerautomatik. Einen besonders interessanten Aspekt stellte der hölzerne Halfter dar, der sich als Schulterstütze aufsetzen ließ. Mit dieser Schulterstütze war die C 96 in der Hand eines guten Schützen eine treffsichere Waffe. Sie war zwar etwas klobig und sperrig, aber trotzdem beliebt. Verschiedene Fotografien von Soldaten der SS-Verfügungstruppe in Frankreich zeigen diese mit der C 96.

Die vorgenannten Handfeuerwaffen waren alle sehr beliebte und effektive Waffen und wurden vor allem von Unteroffizieren und niederen Diensträngen verwendet. Die Offiziere zogen kompaktere Waffen vor, ebenso die Mannschaften von Panzern und anderen gepanzerten Fahrzeugen. Durch die räumliche Enge ließen sich solche einfach leichter bedienen. Die drei häufigsten Waffen dieser Kategorie waren die Walther PP und PPK sowie die Mauser HSc.

Die Walther PP, oder Polizeipistole, wurde sowohl in den Kalibern 7,65 mm Browning als auch 9 mm kurz gefertigt. Sie war sehr kompakt und verfügte über einen 98-mm-Lauf und ein 8-Schuss-Magazin im Griff. Ihre Anfangsgeschwindigkeit lag bei rund 289 m/sec und ihre effektive Einsatzschussweite bei rund 30 m. Aufgrund ihrer geringen Größe ließ sie sich leicht am Mann verstecken und erfreute sich folglich vor allem bei der Polizei und den Sicherheitsdiensten großer Beliebtheit. Dieselben Merkmale galten auch für die etwas

Kaliber: 7,92 mm
Länge: 122 cm
Gewicht: 12,1 kg
Munitionszufuhr: Gurt, 50-Schuss-Trommel oder 75-Schuss-Satteltrommel
Funktionsweise: kurzer Rückstoß
Feuergeschwindigkeit (zyklisch): 800 bis 900 Schuss/min
Anfangsgeschwindigkeit: 756 m/sec

MG 34

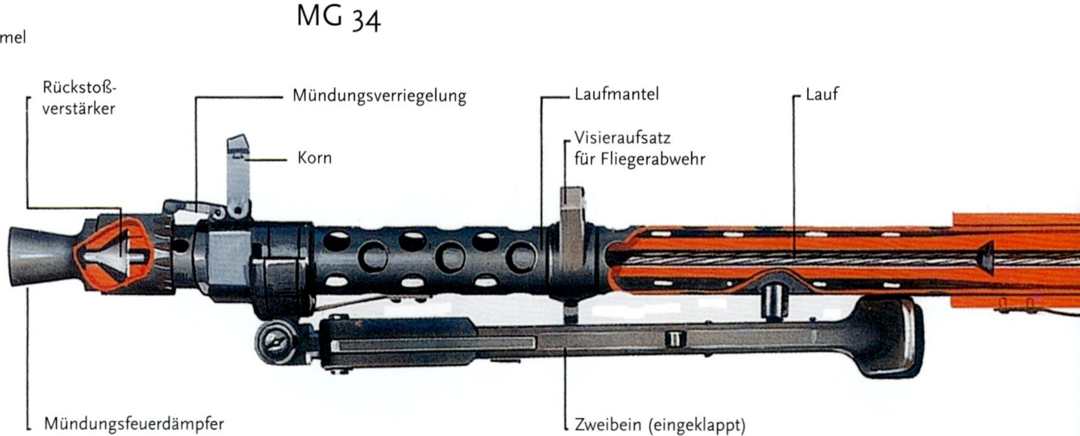

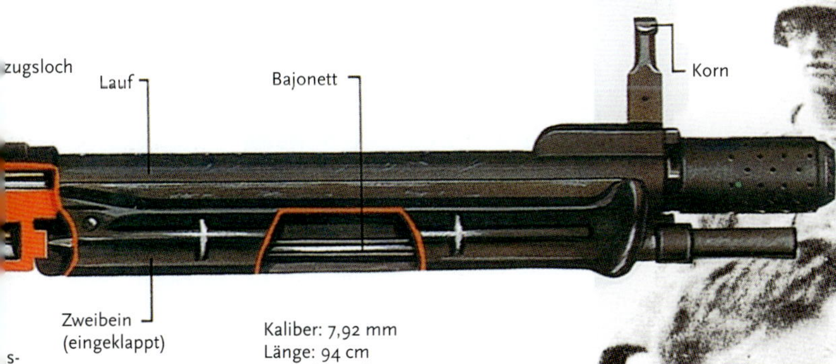

zugsloch
Lauf
Bajonett
Korn
Zweibein (eingeklappt)

Kaliber: 7,92 mm
Länge: 94 cm
Gewicht: 4,5 kg
Magazin: 20-Schuss-Magazin
Feuergeschwindigkeit (zyklisch): 750 Schuss/min
Anfangsgeschwindigkeit: 762 m/sec

kleinere Walther PPK, deren Lauf 83 mm maß und deren Magazin 7 Schuss fasste.

Die Mauser HSc verfügte über ein Kaliber von 7,65 mm, einen 86-mm-Lauf und ein 8-Schuss-Magazin im Griff. Durch ihr modernes und elegantes Aussehen war sie bei vielen Offizieren beliebter als die Walther-Modelle. Alle die genannten Pistolen ließen sich im Feld leicht zerlegen.

Neben den deutschen Handfeuerwaffen kam auch eine Anzahl von erbeuteten ausländischen Fabrikaten in der Waffen-SS zum Einsatz. Zu den beliebtesten zählte die vortreffliche Browning High Power, eine 9 mm automatische Handfeuerwaffe mit einem 13-Schuss-Magazin im Griff. Sie wurde von der »Fabrique Nationale« in Belgien hergestellt, und die Deutschen ließen die Produktion weiterlaufen, nachdem sie das Land 1940 besetzt hatten. Die Waffen-SS

Die Waffen-SS verwendete häufig, vor allen an der Ostfront, erbeutete Waffen. Dieser Unteroffizier rechts ist mit einer sowjetischen PPSh-Maschinenpistole bewaffnet. Von dieser einfachen, aber äußerst effektiven Waffe stellten die Sowjets während des Krieges mehr als fünf Millionen Stück her.

Oben links: Grenadiere der Waffen-SS mit Maschinenpistolen (MPi 40) bei der Schlacht um Kursk im Juli 1943. Diese Waffe war die erste ihrer Art, die gänzlich ohne Holzbestandteile hergestellt wurde.

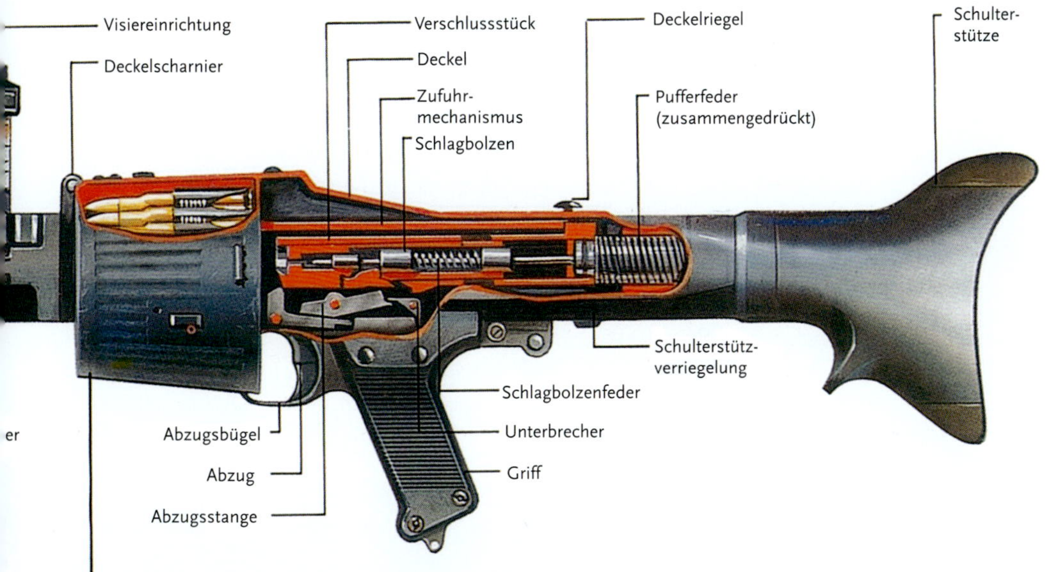

deckte sich mit zahlreichen Exemplaren ein, obwohl die belgischen Arbeiter einen guten Teil davon beschädigt hatten, ehe sie die Fabrik verlassen mussten. Die tschechische CZ 38 und die polnische Radom (eigentlich Pistolet Vis wz. 35) waren beides 9-mm-Automatikwaffen und der Browning äußerlich sehr ähnlich. Zu den beliebteren Beutewaffen zählte auch die sowjetische Tokarew TT-33, eine 7,65-mm-8-Schuss-Automatik, die sich die deutschen Truppen an der Ostfront gern als Souvenir besorgten.

Bei den Gewehren benutzten die ersten SS-Einheiten das Infanteriegewehr 98 (G 98), ein fünfschüssiges Gewehr mit Drehblockverschluss und einer Lauflänge von 740 mm. Es wog 3,8 kg und wies eine Anfangsgeschwindigkeit von 870 m/sec und eine Einsatzschussweite von rund 550 m auf.

Mit Ausbruch des Krieges ersetzte der kürzere Mauser-Karabiner 98k allmählich das G 98. Diese etwas leichtere Karabinerversion (3,66 kg) des Mausergewehrs besaß einen verkürzten Lauf und eine Anfangsgeschwindigkeit von 745 m/sec; zwischen den 1920er-Jahren und Kriegsende wurden etwa 12 Millionen Stück davon hergestellt. Seine Einsatzschussweite entsprach jener des G 98. Er war eigentlich als Kavalleriewaffe entwickelt worden; so lief der Schultergurt durch eine Öffnung in der Seite des Kolbens, damit das Gewehr von einem Reiter bequem quer über dem Rücken getragen werden konnte. Sowohl das G 98 als auch der Karabiner 98k wurden in mehreren europäischen Ländern in Lizenz gefertigt.

Deutsche Sturmgewehre

Deutsche Versuche, ein halbautomatisches Gewehr als Entsprechung zum amerikanischen M1 Garand zu bauen, führten zum Gewehr 41 oder Gew 41. Dieses verfügte über ein 10-Schuss-Magazin und verwendete dieselbe 7,92-mm-Munition wie das G 98 oder der Karabiner 98k. Eine verbesserte Version des Gew 43 wurde zwar entwickelt, konnte aber den Karabiner 98k als deutsches Standardgewehr im 2. Weltkrieg nie ablösen.

Die zweifelsohne bedeutendste Entwicklung der Deutschen auf dem Gebiet der Gewehre waren die Sturmgewehre, das MKb 42 und die MPi 43. Mit ihrem Kaliber 7,92 mm und einem 30-Schuss-Magazin entwickelten sie eine zyklische Feuergeschwindigkeit von 600 Schuss/min bzw. 500 Schuss/min. Beide waren hervorragende Waffen und ein Blick auf ihre Form zeigte ihren Einfluss auf die Entwicklung der sowjetischen Kalaschnikow-Sturmgewehre nach dem Krieg. Beide Waffen kamen überwiegend an der Ostfront zum Einsatz.

Maschinenpistolen

Hinsichtlich der Maschinenpistolen war die MPi 38/40 sicherlich jenes Modell, das im 2. Weltkrieg am bekanntesten war. Die MPi 38 besaß ein 9-mm-Kaliber sowie ein 32-Schuss-Kastenmagazin, das von unten in die Waffe eingeführt wurde. Ihr Gewicht betrug 3,97 kg und die Feuergeschwindigkeit rund 500 Schuss/min. Obwohl einige frühe Modelle über einen hölzernen Schaft verfügten, waren die meisten Exemplare mit einem einklappbaren Metallschaft versehen. Die MPi 40 stellte eine verbesserte Version der MPi 38 dar, die auch billiger zu produzieren war. Viele ihrer maschinell gefertigten Teile wurden beispielsweise durch gestanzte Metallteile ersetzt. Optisch gab es aber fast keinen Unterschied zur MPi 38, die von den faschistischen Truppen im Spanischen Bürgerkrieg erstmals zum Kampfeinsatz kam.

Die Wehrmacht versuchte anfangs zu verhindern, dass die Waffen-SS mit einer ausreichenden Anzahl an MPi 38 versorgt wird. Dies hatte jedoch ironischerweise zur Folge, dass die SS-Einheiten mit früheren deutschen Modellen sowie ausländischen Produkten ausgerüstet wurden, die häufig besser waren als die MPi 38/40. Solch eine Waffe war die Bergmann MPi 28. Diese Waffe mit Kaliber 9 mm verfügte über einen Vollholzschaft und ein perforiertes Gehäuse rund um den Lauf. Das Magazin wurde von links in die Waffe eingeführt. Dadurch konnte man auch aus einer ungünstigen liegenden Position leichter feuern. Die spätere MPi 34/35 war nahezu identisch, das Magazin musste aber von rechts angesteckt werden. Von beiden Modellen gab es zahlreiche Exemplare in der SS. Die MPi 35, von der während des Krieges 40 000 Stück gefertigt wurden, war sogar die Standard-Maschinenpistole der Waffen-SS. Von der MPi 38 wurden etwa 40 000, von der MPi 40 mehr als eine Million Stück hergestellt.

Ausländische Maschinenpistolen

Eine weitere, bei den SS-Soldaten sehr beliebte Maschinenpistole war die italienische 9 mm Beretta MAB 38A. Größere Mengen davon fielen den Deutschen nämlich nach Italiens Kapitulation vor den Alliierten im September 1943 in die Hände. Durch ihren Vollholzschaft und das perforierte Gehäuse über dem Lauf ähnelte sie der MPi 28.

Von all den erbeuteten feindlichen Waffen erfreute sich die sowjetische 6,72 mm PPSh-Maschinenpistole der weitaus größten Beliebtheit bei der SS. Sie besaß einen hölzernen Schaft, ein perforiertes Gehäuse um den Lauf und ein charakteristisches 71-Schuss-Trommelmagazin. Die Deutschen erbeuteten riesige Mengen davon an der Ostfront (sie wurden auch im Kampfeinsatz verwendet).

Mit ihrer Feuergeschwindigkeit von 900 Schuss/min stellte sie eine hoch effektive Waffe dar. Wie viele sowjetische Erzeugnisse war sie äußerst robust (sie funktionierte sogar ohne Schmieröl). Andere ausländische Waffen in der Waffen-SS waren noch die tschechische ZK 383 und die hervorragende finnische Suomi M/31.

Bei den mittleren und schweren Maschinengewehren gab es weniger Modelle. Das wichtigste davon war bei Kriegsbeginn 1939 das exzellente MG 34. Dieses vielseitige 7,92-mm-Maschinengewehr mit Gurt wog knapp über 12 kg und wies eine Feuergeschwindigkeit von 800 bis 900 Schuss/min auf. Die Anfangsgeschwindigkeit lag bei 726 m/sec. Das MG verfügte üblicherweise über ein Zweibein, konnte aber für Dauerfeuer-Einsatz auf das schwerere Dreibein aufgesetzt werden. Daneben gab es noch einen Aufsatz für die Fliegerabwehr. Wie die meisten Waffen aus der Vorkriegszeit war es besonders gut gearbeitet, deshalb auch teuer in der Produktion.

Das MG-42-Maschinengewehr

Im Verlaufe des Krieges benötigten die Deutschen ein Maschinengewehr, das problemlos in großen Mengen hergestellt werden konnte und sich für den harten Kampfeinsatz besser eignete als das MG 34. Das Ergebnis war das MG 42. Wie das MG 34 bestand es aus gestanzten Metallteilen und ließ sich im Feld leicht warten. Gewicht und Anfangsgeschwindigkeit entsprachen den Werten des MG 34, aber die Feuergeschwindigkeit konnte auf 1200 Schuss/min verbessert werden. Dies machte es zu einer gefürchteten Waffe, obwohl es bei sorglosem Umgang zu viel Munition verschoss.

Die Waffen-SS verwendete auch das tschechische ZB 30. Diese Waffe kam vor allem bei den Divisionen Polizei, Prinz Eugen sowie verschiedenen anderen zum Einsatz. Sogar die Briten benützten eine Variante dieser hervorragenden Waffe als leichtes Maschinengewehr. Es besaß ein 30-Schuss-Kastenmagazin, das von oben in die Waffe eingeführt wurde, und entwickelte eine Feuergeschwindigkeit von 500 Schuss/min. Bisweilen kamen in der Waffen-SS auch erbeutete sowjetische leichte Maschinengewehre (7,62 mm Degtjarew) mit ihren charakteristischen Magazinen zum Einsatz.

Neben diesen prinzipiellen Infanteriewaffen verfügten die SS-Männer außerdem über ein entsprechendes Sortiment an Granatwerfern und leichten Panzerabwehrwaffen. Bei den Granatwerfern gab es drei Größen: der 5 cm leichte Granatwerfer 36, der leGrW36, der eine 0,9 kg schwere Granate 520 m weit feuern konnte; der 8 cm sGrW34 (mittlere Granatwerfer), dessen 3,5 kg schweres Geschoss bis zu 2400 m weit flog; und der schwere Granatwerfer, schwGrW42, mit einem Kaliber von 12 cm und einer Reichweite der 15,9 kg schweren Granate von 6050 m.

Panzerabwehrwaffen

Die von der Waffen-SS anfänglich verwendete 7,92-mm-Panzerbüchse war gegen die meisten alliierten Panzerfahrzeuge zum Teil wirkungslos. Wesentlich bessere Erfolge lieferte bereits die Panzerfaust, die ein 3 kg schweres Hohlladungsgeschoss abfeuerte und dann einfach

Der 8 cm sGrW 34, ein recht zielgenauer Granatwerfer mit hoher Feuergeschwindigkeit, der von 1939 bis Kriegsende verwendet wurde. Durch seine einfache Konstruktion ließ sich diese gut gearbeitete und robuste Waffe leicht zum Transport zerlegen. Ein Vorteil des sGrw 34 bestand darin, dass er mit zahlreichen erbeuteten Geschossarten bedient werden konnte.

fallen gelassen wurde. Mit einer Reichweite von rund 30 m konnte sie jeden bekannten alliierten Panzer ausschalten, vorausgesetzt, dass der Schütze nahe genug herankam. Sie war vor allem gegen Panzer im Stadtgebiet äußerst wirksam, wo Panzerjägergruppen den Vorteil einer guten Deckung hatten. Weniger häufig kam ab 1944 der Panzerschreck (RpzB 54) zum Einsatz. Seine 3,25 kg schweren Geschosse durchdrangen bis zu 160 mm starke Panzerungen.

Die von der Waffen-SS eingesetzte Artillerie entsprach im Wesentlichen jener der Wehrmacht und lässt sich in drei große Gruppen einteilen: leichte, mittlere und schwere Artillerie. Ein leichtes Geschütz mit 7,5-cm-Kaliber war etwa die leFk 18, die ein 5,83 kg schweres Geschoss 9425 m weit feuern konnte. Zur mittleren Artillerie gehörte die 10,5 cm leFH 18 (leichte Feldhaubitze), deren 14,81 kg schwere Geschosse bis zu 10 675 m weit flogen. Ein typisches schweres Geschütz war die sFH 18 (schwere Feldhaubitze), die ihre 43,5 kg schweren 10,5-cm-Geschosse bis zu 13.325 m weit schoss.

Die häufigste Panzerabwehrwaffe der Waffen-SS war die 3,7-cm-Pak (Panzerabwehrkanone) 35/36, die aber nur eine 38 mm starke Panzerung durchdringen konnte (wegen ihrer geringen Durchschlagskraft wurde sie auch »Panzeranklopfgerät« genannt. Sie hatte im Spanischen Bürgerkrieg noch Angst und Schrecken verbreitet, war aber gegen die später entwickelten russischen Panzer kaum erfolgreich). Dazu kam die etwas wirkungsvollere 5-cm-Pak 38, deren 2,06 kg schwere Geschosse eine 69 mm starke Panzerung auf 100 m durchdrangen, und schließlich noch die hervorragende 7,5-cm-Pak 40, mit der sich 87 mm starke Panzerungen bis zu einer Entfernung von 1000 m durchschlagen ließen.

Die 8,8-cm-Kanonen

Die bekanntesten – und gefürchtetsten – Geschütze waren aber die 8,8-cm-Kanonen des Herstellers Krupp, die eigentlich für die Fliegerabwehr entwickelt wurden. Um das entsprechende Entwicklungsverbot des Versailler Vertrags zu umgehen, arbeiteten deutsche Ingenieure bei schwedischen und sowjetischen Rüstungsfirmen. Doch dann erwiesen sie sich als äußerst wirksam bei der Panzerabwehr: die Flak 18, Flak 36 und Flak 37. Eine verbesserte 8,8-cm-Kanone, die speziell für die Panzerabwehr entwickelt wurde, war die Pak 43. Ihre 10,16-kg-Geschosse konnten bis zu 240 mm

Gegenüberliegende Seite: Das MG 34. Die Munition (Kaliber 7,92) befand sich üblicherweise auf einem 50-Schuss Gurt, der sich mit anderen Gurten zu einem 250-Schuss-Gurt verbinden ließ. Daneben gab es noch das 75-Schuss-Trommelmagazin (wie hier abgebildet). Das MG 34 neigte bei Staub, Schmutz oder Schnee zu Ladehemmungen.

Unten: Infanterie der Division Das Reich in Kursk 1943. Der Soldat an der Spitze trägt ein MG 42.

Belgische SS-Freiwillige mit einer 5-cm-Pak 38 im Einsatz. Diese Panzerabwehrwaffe wurde bis zum Kriegsende verwendet.

Rechts: Die SS übernahm häufig erbeutete feindliche Waffen. Hier üben die Männer der Totenkopfdivision mit einer französischen 4,7-cm-Panzerabwehrkanone, die von den Deutschen die Bezeichnung »Pak 181/183« erhielt. Wie die meisten französischen Militärwaffen war sie jedoch, verglichen mit den deutschen Produkten, von geringer Qualität.

starke Panzerungen durchdringen. Ihre beste Wirkung entwickelte sie aber auf eine Distanz bis zu 2000 m (Panzerung 110 mm).

Panzerwagen

Vor der Bildung der ersten SS-Panzerregimenter befanden sich in den meisten SS-Einheiten gepanzerte Aufklärungseinheiten. Diese verwendeten vor allem zwei Kategorien von Panzerwagen: die vierrädrigen leichten Panzerwagen und die achträdrigen schweren Fahrzeuge (einige wenige sechsrädrige Panzerwagen kamen in der Waffen-SS ebenfalls zum Einsatz, wurden aber mit Beginn des Krieges ausgemustert).

Die vierrädrige Version, bekannt als SdKfz (Sonderkraftfahrzeug) 222 – es gab auch noch das SdKfz 221 und 223 –, wog 4,8 Tonnen und erreichte eine Höchstgeschwindigkeit von knapp 80 km/h. Ihre Einsatzreichweite im Gelände betrug 180 km. Üblicherweise befanden sich drei Mann Besatzung darin. Im kleinen, oben offenen Turm waren eine 2-cm-Kanone sowie ein 7,92-mm-Maschinengewehr montiert. Das SdKfz 222 bewährte sich 1940 in Frankreich. In Russland wurde es aber aufgrund seiner zu geringen Reichweite durch das SdKfz 250/9 Halbkettenfahrzeug ersetzt.

Der achträdrige schwere Panzerwagen, bekannt als das SdKfz 231 (8-Rad), wog 8,3 Tonnen und kam auf eine Höchstgeschwindigkeit von 85 km/h. Im Gelände konnte man bis zu 150 km zurücklegen. Der vierköpfigen Mannschaft stand neben einer 2-cm-Kanone auch ein 7,92-mm-Maschinengewehr im kleinen, abgeschlossenen Turm zur Verfügung.

Aus jedem Basismodell entwickelte sich eine Reihe von Varianten mit unterschiedlicher Bewaffnung und Ausrüstung, wobei jedes neue Modell die nächstfolgende Seriennummer erhielt; dem SdKfz 222 folgten so 232, 233 usw. Von der Version 234 gab es einige interessante Varianten, wie etwa den 234/2 Puma, in dessen 2-Mann-Turm eine 5-cm-Kanone montiert war. Der oben offene Kampfraum des 234/4 war wiederum mit der 7,5-cm-Pak 40 Panzerabwehrkanone bestückt.

SdKfz-Halbkettenfahrzeuge

Eines der in der Waffen-SS am häufigsten eingesetzten Fahrzeuge war der Halbketten-Mannschaftstransporter, von dem es zwei Basismodelle gab: das SdKfz 250, das fünf Tonnen wog und neben zwei Mann Besatzung noch vier Infanteristen transportieren konnte; und das

Die 8,8-cm-Flak 18 war eigentlich als Fliegerabwehrkanone konzipiert, wurde aber zur effektivsten Panzerabwehrwaffe des 2. Weltkriegs. Sie kam mit großem Erfolg in Polen, im Westfeldzug 1940 und in der Wüste Nordafrikas zum Einsatz. Vor allem dort ließ sich ihre große Reichweite in den weiten Ebenen ideal einsetzen. Im Russlandfeldzug 1941 war sie die einzige Panzerabwehrkanone der Deutschen, die den T-34 ausschalten konnte.

Ein leichter Panzerspähwagen (SdKfz 221) der Aufklärungsabteilung der SS-Division Das Reich in Russland im Sommer 1941.

Unten: Ein SdKfz 231 während des Frankreichfeldzugs im Mai 1940.

größere SdKfz 251 mit etwas über 7 Tonnen, auf dem eine zweiköpfige Besatzung und 10 Infanteristen Platz fanden. Beide waren nur leicht gepanzert und nur mit zwei 7,92-mm-Maschinengewehren bewaffnet. Die SdKfz-Fahrzeuge, vor allem das SdKfz 251, gab es in den verschiedensten Versionen. Neben Flammenwerferfahrzeugen sind Sanitäts-, Granatwerfer-, Funk- und andere Fahrzeuge zu erwähnen. Es gab 22 offizielle Varianten der SdKfz 251, über 16 000 von ihnen wurden gebaut. Dieses Modell war so erfolgreich, dass es in der Tschechoslowakei nach dem Krieg weiter hergestellt wurde.

Die Panzer

Als 1942 die ersten Panzerregimenter in der Waffen-SS aufgestellt wurden, stellten die leichtgewichtigen und nur schwach gepanzerten PzKpfw I (Panzerkampfwagen) bereits nicht mehr das Gros der deutschen Panzerformationen. Nur einige wenige Exemplare fanden noch zu Ausbildungszwecken oder in zweitklassigen Einheiten Verwendung.

Der PzKpfw II war zu dieser Zeit ebenfalls nicht mehr im Einsatz, wobei aber jedes Bataillon der SS-Panzerregimenter anfänglich mit einer Kompanie von PzKpfw IIF ausgestattet wurde. Diese besondere Version wog rund 10 Tonnen und erreichte eine Höchstgeschwindigkeit von rund 55 km/h. Der PzKpfw IIF verfügte über eine dreiköpfige Besatzung sowie eine 2-cm-Kanone und ein koaxiales Maschinengewehr.

Durch seine schwache Panzerung stellte er jedoch für die schwerer bewaffneten und gepanzerten sowjetischen Panzer, wie den T-34 oder KW-1, keine Bedrohung dar. Gegen leichter gepanzerte Fahrzeuge, wie Halbkettenfahrzeuge oder »weiche Ziele« (etwa Lastwagen), war er jedoch äußerst wirkungsvoll. Wie die meisten deutschen Panzer dieser Zeit verfügte er über schmale Ketten, die im Schnee und Schlamm nicht viel Halt gaben. Als er dann schließlich ausgemustert wurde, stellte sein Fahrgestell die Grundlage für viele Sturmpanzer, Selbstfahrlafetten und Panzerjäger dar.

Der PzKpfw III

Ein wesentlich effektiverer Panzer war der PzKpfw III, dessen J-Version das Standardmodell der ersten SS-Panzerregimenter bildete. Er wog an die 22 Tonnen und wurde durch einen 11 867-cm³-Motor angetrieben. Seine Höchstgeschwindigkeit entsprach der des PzKpfw IIF. Dieser Panzer benötigte fünf Mann Besatzung: Fahrer, Funker/MG-Schütze, Richtschütze, Ladeschütze und Kommandant. Im Gelände lag seine Reichweite bei rund 87 km. Neben einer 5-cm-Kanone befanden sich noch zwei 7,92-mm-Maschinengewehre am Fahrzeug, ein koaxiales im Turm und eines am Bug. Seine Hauptkanone war zwar der des PzKpfw II weit überlegen, stellte aber immer noch sein größtes Problem dar, wenn es gegen den russischen T-34 ging. Dessen Panzerung konnte von den deutschen Geschossen nur aus kürzester Distanz durchdrungen werden.

Die Schürzen

Um die Verwundbarkeit des PzKpfw III zu verringern, wurden dünne Stahlschürzen entlang des Fahrgestells sowie seitlich und an der Rückseite des Turms angebracht. Sie sollten gegnerische Geschosse zur Detonation bringen, ehe sie auf den Panzer selbst auftrafen. Diese Schürzen erzielten zwar bei leichteren Panzerabwehrwaffen die gewünschte Wirkung, waren ansonsten aber eher ein psychologischer Faktor. Gegen die 7,62-cm-Hauptkanone der sowjetischen T-34 boten sie keinen wirklichen Schutz.

Wie der PzKpfw II hatte auch der IIIJ eher schmale Ketten. Deshalb wurden Kettenerweiterungen angebracht, um bei Schnee und weichem Untergrund besser manövrieren zu können. Von 1936 bis 1943 wurden 5700 Exemplare des PzKpfw III hergestellt

Der PzKpfw IV

Dieser Panzer der Firma Krupp sollte dann das Standardmodell aller SS-Panzerregimenter wie auch der Wehrmacht werden. Seine Produktion lief während des ganzen Krieges (von 1937 bis

SdKfz 251-Halbkettenfahrzeug der Division Leibstandarte in Charkow im März 1943. Dieses weit verbreitete Fahrzeug fand in der Waffen-SS während des ganzen Krieges breite Anwendung, unter anderem zur Fliegerabwehr, als Raketenwerfer, Pionierpanzerwagen oder Truppentransporter.

Kriegsende wurden 8500 Stück hergestellt) und unterlag dabei ständigen Verbesserungen und Verfeinerungen. Von den verschiedenen Versionen verdienen vor allem der IVF2 und IVG Erwähnung. Mit ihren 25 Tonnen wogen sie nur etwas mehr als der PzKpfw III, dessen Motor übernommen wurde. Die Höchstgeschwindigkeiten waren ebenfalls gleich.

An Bord befanden sich auch hier fünf Mann Besatzung, wobei neben den beiden MGs vor allem seine lange 7,5-cm-Kanone hervorstach, die ab August 1942 eingebaut wurde. Die ursprüngliche kürzere Laufversion hatte sich gegen die sowjetischen Panzer als wirkungslos erwiesen. Ein drittes MG konnte auf einer speziellen Halterung außerhalb der Kommandantenkuppel angebracht werden. Mit einer Reichweite von 175 km im Gelände und einer Kanone, die den besten Sowjetpanzern ebenbürtig war, gewannen die deutschen Panzerbesatzungen rasch wieder das Vertrauen in ihre eigenen Panzer zurück.

Wie seine Vorgänger besaß auch er eine nur relativ dünne, aufgeschraubte Panzerung, wobei vor allem seine Seiten verwundbar waren. So kamen auch beim PzKpfw IV häufig die oben beschriebenen Schürzen zur Anwendung. Der PzKpfw IV wurde von der SS an allen Fronten

Ein PzKpfw III der Division Das Reich in Charkow. Vorne sieht man das Divisionsabzeichen.

mit großem Erfolg eingesetzt, sein vielseitiges Fahrgestell bildete die Grundlage für eine Anzahl von höchst erfolgreichen Sturmgeschützen und anderen Spezialfahrzeugen.

Doch erst mit dem PzKpfw V »Panther« erhielten die Deutschen 1943 endlich einen Panzer, der den besten sowjetischen Erzeugnisse mehr als ebenbürtig war. Aber er stellte auch die anderen alliierten Panzerfahrzeuge in den Schatten. Trotz seiner 45 Tonnen Gewicht erreichte er dank seines 23 880-cm^3-Motors eine Höchstgeschwindigkeit von 46 km/h. Seine starke, abgeflachte Panzerung bot der fünfköpfigen Besatzung einen hervorragenden Schutz und widerstand den meisten Panzerabwehrgeschossen. Zusätzlich verliehen ihm seine ineinander greifenden Antriebskränze und breiten Ketten eine hervorragende Beweglichkeit in nahezu jedem Gelände.

Die Hauptwaffe des Panthers war seine 7,5-cm-Hochgeschwindigkeitskanone, die jede Panzerung aller damaligen sowjetischen Panzer aus einer Entfernung durchdringen konnte, die für die sowjetischen Waffen zu groß war. Neben dem 7,92-mm-Maschinengewehr am Bug befand sich noch ein koaxiales im Turm. Ein drittes konnte bei Bedarf auf der Kommandantenkuppel angebracht werden.

Leider kam dieser hervorragende Panzer zum Einsatz, ehe seine Konstruktion wirklich ausgereift war. So verlief auch sein erster Auftritt im Juli 1943 bei der Schlacht um Kursk enttäuschend. Trotzdem sollte er einer der besten mittleren Panzer im 2. Weltkrieg werden.

Der »Tiger«

Von allen deutschen Panzern hinterließ jedoch kein anderer solch einen tiefen Eindruck auf den Feind wie der gefürchtete PzKpfw VI »Tiger« – auch wenn er mit nur 1350 produzierten Exemplaren keine strategische, geschweige denn kriegsentscheidende Rolle spielte. Mit seinen 56,9 Tonnen und seiner 8,8-cm-Kanone stellte er eine furchterregende Waffe dar. Sein Motor war der des leichteren Panthers und erlaubte so eine Höchstgeschwindigkeit von nur 38 km/h. Der Tiger wies jedoch eine massive Panzerung auf, die ihn von vorne beinahe unverwundbar machte. Um einen Tiger-Panzer auszuschalten, musste man ihm schon gefährlich nahe kommen und einen Treffer an der vergleichsweise dünneren Seiten- oder Heckpanzerung anzubringen versuchen.

Neben der 8,8-cm-Hauptwaffe befanden sich noch die üblichen 7,92-mm-Maschinengewehre

Die Besatzung eines PzKpfw III der Division Das Reich posiert während der Schlacht um Kursk für die Kamera. Die Deutschen setzten dieses Modell als Standardpanzer aller Panzerformationen während des gesamten Krieges ein.

am Rumpf und im Turm. Mit dieser Kanone konnte die Panzerung eines jeden alliierten Panzers aus einer Entfernung durchdrungen werden, aus der die alliierten Panzerkanonen nichts auszurichten vermochten.

Der »Tiger« war zwar hervorragend bewaffnet, aber schwach motorisiert, schwerfällig und störanfällig. Durch technische Defekte gingen weit mehr Panzer diese Typs verloren als durch Feindeinwirkung. Außerdem verbrauchte er, wie alle schweren deutschen Panzer, Unmengen von Treibstoff, was viele Panzer in den letzten Kriegsmonaten, als der Sprit immer knapper wurde, häufig zum Stillstand brachte.

Michael Wittmann

Es ist nicht überraschend, dass der erfolgreichste Panzerkommandant in der Geschichte, der berühmte Michael Wittmann, in einem Tiger-Bataillon diente. Das Erscheinen einer Handvoll von Tigern hat mehr als eine Schlacht entschieden, sogar gegen eine große Übermacht. Das wahrscheinlich beste Beispiel für die Wucht und das Potenzial eines Tigers fand bei Villers-Bocage während der Kämpfe in der Normandie statt.

Dort traf SS-Obersturmführer Michael Wittmann auf eine Kolonne von Panzern und Fahrzeugen der 7. britischen Panzerdivision und griff sofort an. Er fuhr mit seinem Panzer die feindliche Kolonne entlang, wobei die alliierten Geschosse von der massiven Panzerung des Tigers abprallten. Mithilfe der nach und nach eintreffenden Panzer seiner Kompanie zerstörte er an die 27 Panzer, über 20 Halbkettenfahrzeuge und andere Fahrzeuge.

Wittmanns endgültige Abschussliste umfasste über einen Zeitraum von zwei Jahren 138 zerstörte feindliche Panzer und 132 Geschütze. Diesen Rekord machte sich die NS-Propaganda weidlich zunutze – Wittmann wurde bei zahlreichen öffentlichen Auftritten gefeiert.

Der »Tiger« II

Der letzte deutsche Panzer, der in den Dienst ging, war der PzKpfw VI Tiger II, auch »Königstiger« genannt. Von seiner Konstruktion her ähnelte er tatsächlich dem Tiger I, während seine abgeflachte Front- und Seitenpanzerung eher an den Panther erinnerte. Der Königstiger wog 69 Tonnen und sein 23 880-cm^3-Motor verlieh ihm die für solch ein schweres Fahrzeug

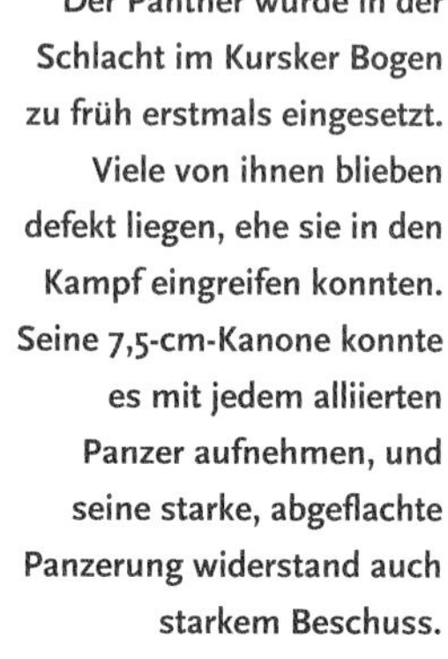

Der Panther wurde in der Schlacht im Kursker Bogen zu früh erstmals eingesetzt. Viele von ihnen blieben defekt liegen, ehe sie in den Kampf eingreifen konnten. Seine 7,5-cm-Kanone konnte es mit jedem alliierten Panzer aufnehmen, und seine starke, abgeflachte Panzerung widerstand auch starkem Beschuss.

recht beachtliche Höchstgeschwindigkeit von 38 km/h. Seine Hauptwaffe war eine 8,8-cm-Kanone, die speziell als Panzerwaffe konstruiert worden war (die 8,8-cm-Kanone des Tigers I war nur eine modifizierte Fliegerabwehrkanone). Seine extrem breiten Ketten ermöglichten trotz seines riesigen Gewichts eine gute Manövrierfähigkeit im Gelände. Einmal mehr stellte die Kombination aus massiver Panzerung und hervorragender Hochgeschwindigkeitskanone, die sämtliche alliierten Waffen ausstach, einen gefährlichen und schwer zu bekämpfenden Gegner dar. Nur wenige, falls überhaupt einer, wurden durch einen Treffer durch die vordere Panzerung zerstört. Neben seiner Hauptkanone besaß der Königstiger noch ein 7,92-mm-Maschinengewehr am Rumpf und ein koaxiales 7,92-mm-Maschinengewehr im Turm. Ein drittes MG wurde häufig zur Fliegerabwehr auf der Kommandantenkuppel angebracht.

Der Königstiger benötigte eine fünfköpfige Mannschaft und wurde den schweren Panzerabteilungen der SS-Panzerkorps zugeteilt: den schweren Panzerabteilungen 501, 502 und 503, über deren Einsatz üblicherweise auf Korps- und nicht Divisionsebene entschieden wurde. Zwischen Ende 1943 und März 1945 wurden von den Firmen Henschel und Wegmann knapp 500 Tiger II produziert.

Französische Panzer bei den Deutschen

Neben den in Deutschland hergestellten Panzern fanden sich auch eine Reihe von erbeuteten Panzern bei den SS-Formationen. Dies reichte von den schwer gepanzerten, aber veralteten französischen Renault- und Somuamodellen bis zu den großartigen sowjetischen T-34. Die französischen Beutestücke standen vor allem in zweitklassigen Einheiten im Kampf gegen Partisanen im Einsatz, etwa bei der 7. SS-Freiwilligen-Gebirgsdivision Prinz Eugen. Dort spielte ihre geringere Kampfstärke nämlich keine große Rolle.

T-34 im Dienst der SS

Eine beträchtliche Anzahl von T-34-Panzern fiel den Deutschen an der Ostfront in die Hände. Viele von diesen waren noch völlig intakt oder benötigten nur geringe Reparaturarbeiten. Aufgrund der großen Menge wurde beispielsweise im Panzerregiment der 2. SS-Panzerdivision Das Reich eine eigene T-34-Abteilung aufgestellt. Diese erbeuteten Panzer bekamen riesige deutsche Kreuze an den Turmseiten aufgemalt, damit andere deutsche Einheiten sie sofort erkennen konnten.

Trotzdem bedurfte es einer beträchtlichen Portion Mutes, um in dieser Abteilung zu dienen. Es bestand stets die Möglichkeit, in der Hitze des Gefechtes von der eigenen Seite abgeschossen zu werden, was auch mehrmals geschah. Einer der Mannschaftsmitglieder eines T-34 war SS-Hauptscharführer Emil Seibold, der den Krieg mit 69 abgeschossenen sowjetischen Panzern beendete. Dafür erhielt Seibold am 6. Mai 1945 das Ritterkreuz des Eisernen Kreuzes.

Sturmgeschütze

Ebenso wichtig wie die Panzer waren für die Waffen-SS die Sturmgeschütze und Panzerjäger. Diese Fahrzeuge bestanden fast ausnahmslos aus dem Fahrgestell eines erprobten Panzermodells, dem ein fixer, oben offener oder geschlossener Aufbau aufgesetzt wurde. Dazu kam eine Hauptkanone, die sich nur beschränkt drehen ließ. Das gesamte Fahrzeug musste in Richtung des Feindes aufgestellt und entsprechend seines Schussfeldes eingerichtet werden.

Einige dieser Fahrzeuge verwendeten Panzerfahrgestelle, die für den Fronteinsatz nicht mehr geeignet waren. Daneben wurden aber auch Fahrgestelle eigens für diesen Zweck gefertigt. Der Nutzen dieser Fahrzeuge bestand in ihren im Allgemeinen sehr flachen Silhouetten, die sie zu schwierigen Zielen machten. Außerdem waren sie billiger zu produzieren und warten als die entsprechenden Panzer und erzielten häufig dieselbe Wirkung.

Das StuG III

Das am häufigsten verwendete und sicherlich erfolgreichste Sturmgeschütz war das StuG III, dessen Fahrgestell von einem PzKpfw III stammte. Es gab davon eine Anzahl von Varianten, wobei das StuG IIIG den größten Erfolg hatte. Dieses 23 Tonnen schwere Geschütz mit seinen vier Mann Besatzung fuhr mit demselben 11 867-cm^3-Motor wie der PzKpfw III. Die Bewaffnung bestand aus einer 7,5-cm-Kanone, wobei es aber auch eine Version mit einer 10,5-cm-Haubitze gab, die eine beträchtliche Feuerwirkung entwickelte. Mehr als 8000 StuG III wurden gebaut und vor allem in Sturmgeschützabteilungen eingesetzt. Aber auch viele SS-Panzergrenadierdivisionen erhielten das StuG III anstelle von Panzern.

Als die Produktion der StuG III durch die Bombardierung der Alkett-Werke unterbrochen

Der PzKpfw VI Tiger stellte mit seiner dicken Panzerung und der gefürchteten 8,8-cm-Kanone ein hervorragendes Produkt dar. Das Foto zeigt einen Tiger der Division Das Reich während der Schlacht um Kursk im Juli 1943. Der Tiger wurde vom August 1942 bis zum August 1944 produziert, insgesamt 1350 Stück liefen vom Band.

wurde, übernahmen die Krupp-Werke für kurze Zeit deren Fertigung. Krupp verwendete eine beinahe identische Konstruktion als Aufbau, setzte aber als Fahrgestell das des PzKpfw IV ein. Dieses StuG IV war etwas schwerer als die Fahrzeuge von Alkett und mit einer Höchstgeschwindigkeit von rund 40 km/h auch langsamer.

Der Jagdpanzer IV verwendete ebenfalls das Fahrgestell des PzKpfw IV. Dieses Fahrzeug war speziell als Panzerjäger konstruiert und mit derselben 7,5-cm-Kanone bestückt worden wie die späteren Modelle des PzKpfw IV. Eine zweite Version mit der Hochgeschwindigkeitskanone des Panthers kam ebenfalls zum Einsatz, wobei die »Voigtländer Maschinenfabrik AG« rund 1800 Stück von beiden Modellen herstellte.

Verschiedene SS-Panzerdivisionen setzten auch den Panzerjäger »Nashorn« ein. Dieses Fahrzeug verwendete ein kombiniertes Fahrgestell der PzKpfw III und IV mit einem offenen Kampfraum und einer 8,8-cm-Kanone. Ein ähnliches Fahrzeug, als »Hummel« bekannt, wurde mit einer 10,5-cm-Haubitze gefertigt. Beide liefen aber im Vergleich zum StuG III nur in relativ geringen Stückzahlen vom Band.

Das vielseitige Fahrgestell des PzKpfw IV diente auch als Chassis für die 2-cm-Flakvierling. Dieses Fliegerabwehrgeschütz gab es entweder mit einer offenen Plattform mit umklappbaren Seitenwänden – als »Möbelwagen« bezeichnet – oder mit der Kanone in einem gepanzerten Drehturm, der als »Wirbelwind« bekannt war. Neben ihrem vorwiegenden Einsatz in der Fliegerabwehr – häufig auf einer SdKfz-7-Halbkettenfahrzeug-Zugmaschine oder der Wanne des Panzer IV montiert – kamen diese Waffen auch mit verheerender Wirkung gegen Infanterie zum Einsatz.

Die früheren deutschen Panzer, wie der PzKpfw II oder der PzKpfw 38(t), ein erbeuteter tschechischer Panzer, lieferten ebenfalls Fahrgestelle für Sturmgeschütze und Panzerjäger. Die Fahrgestelle des PzKpfw II wurden für den Marder II und die tschechischen Fahrgestelle für den Marder III verwendet. Beide Fahrzeuge gab es in Versionen mit der deutschen 7,5-cm-Kanone oder der erbeuteten sowjetischen 7,6-cm-Kanone. Sogar das Fahrgestell des veralteten PzKpfw I fand noch für das sIG 33 Verwendung und gab so dessen 15-cm-Infanteriegeschütz 33 ein ausreichendes Maß an Beweglichkeit. Das Chassis des PzKpfw II diente auch als Fahrgestell für die 10,5-cm-Haubitze, wobei dieses Fahrzeug als »Wespe« bezeichnet wurde.

Der »Hetzer«

Eines der erfolgreichsten mobilen Geschütze war ein Panzerjäger mit dem Fahrgestell des tschechischen PzKpfw 38(t). Dieses Fahrzeug mit dem Namen »Hetzer« war klein und leicht (14,5 t), verfügte jedoch über eine ausgezeichnete abgeflachte Panzerung. Mit seiner 7,5-cm-Hochgeschwindigkeitskanone konnte es große Verheerungen anrichten. Trotz seiner räumlichen Enge war es bei seinen Mannschaften äußerst beliebt. Nicht unerwähnt dürfen auch die stärksten aller Panzerjäger, der Jagdpanther und Jagdtiger, bleiben. Der Jagdpanther, von dem nur 400 Stück hergestellt wurden, wog 46 Tonnen und verwendete das Fahrgestell eines Panthers, aber die 8,8-cm-Kanone des Königstiger-Panzers. Aufgrund seiner hervorragenden abgeflachten Panzerung bot er keine größeren vertikalen Angriffsflächen. Zusätzlich war er mit einer »Zimmerit« genannten Beschichtung versehen, um das magnetische Anbringen von Sprengladungen zu erschweren. Zwar splitterte diese Schicht nach einiger Zeit ab, behielt aber bei kleineren Ladungen ihre Wirkung.

Obwohl die 5-Mann-Besatzung nur wenig Platz im Inneren vorfand (er beförderte 60 Schuss Kanonenmunition), blieb genügend Raum zum Arbeiten. Der Motor des Fahrzeugs war außerdem ausreichend stark, um den Jagdpanther entsprechend zu beschleunigen. Sein erster Einsatz erfolgte in den Kämpfen in der

Mannschaften eines Tiger-Panzers während einer Feier zur Ritterkreuzverleihung an Angehörige der Division Das Reich nach der Schlacht von Kursk. Obwohl die russische Seite bei dieser Panzerschlacht weitaus höhere Verluste zu beklagen hatte als die deutsche (177847 gegenüber 54182 Mann), ging mit ihr die militärische Initative endgültig an die Sowjets über. Das SdKfz-Halbkettenfahrzeug im Hintergrund trägt eine 2-cm-Flakvierling 38 zur Fliegerabwehr.

Normandie nach dem »D-Day«, aber das Blatt war da längst nicht mehr zu wenden: Allein in der Kesselschlacht von Falaise verloren die Deutschen 1500 Panzer, die, im Gegensatz zu den alliierten Verlusten, nicht ersetzt werden konnten. In der Normandie starben auf beiden Seiten jeweils mehr als 50 000 Menschen.

Der Jagdtiger verwendete das Fahrgestell des Königstigers und war mit einem massiven Plattenaufbau versehen. Darauf befand sich eine 12,8-cm-Panzerjägerkanone, die die Panzerung jedes damals bekannten Panzers durchdringen konnte. Lediglich 74 Jagdtiger wurden gebaut und auf die schweren Panzerjägerabteilungen aufgeteilt.

Obwohl das Fahrgestell des Tigers I nie für eine solche Waffe hergenommen wurde, diente der Porsche-Prototyp des Tigers, der nie gebaut wurde, als Fahrgestell für einen riesigen Panzerjäger mit dem Namen »Elefant« oder »Ferdinand» (nach Ferdinand Porsche). Dessen gewaltiger, kastenförmiger Aufbau mit nur leicht abgeflachten Seiten war mit einer 8,8-cm-Kanone versehen. Frühe Modelle verfügten aber über kein Bug-MG zur Selbstverteidigung und wurden so eine leichte Beute der sowjetischen Infanterie. Nur rund 90 Stück wurden gebaut, und nach seinem desaströsen Debüt an der Ostfront kamen die restlichen Exemplare nach Italien.

Gegenüberliegende Seite: Die frühe Version des StuG III, mit einer kurzen 7,5-cm-Kanone.

Unten: Da sich die kurze Kanone des StuG III auf nächste Distanz meist als nutzlos herausgestellt hatte, wurde es durch eine längere Version ersetzt. Im Bild ein StuG III bei der Schlacht im Kursker Bogen.

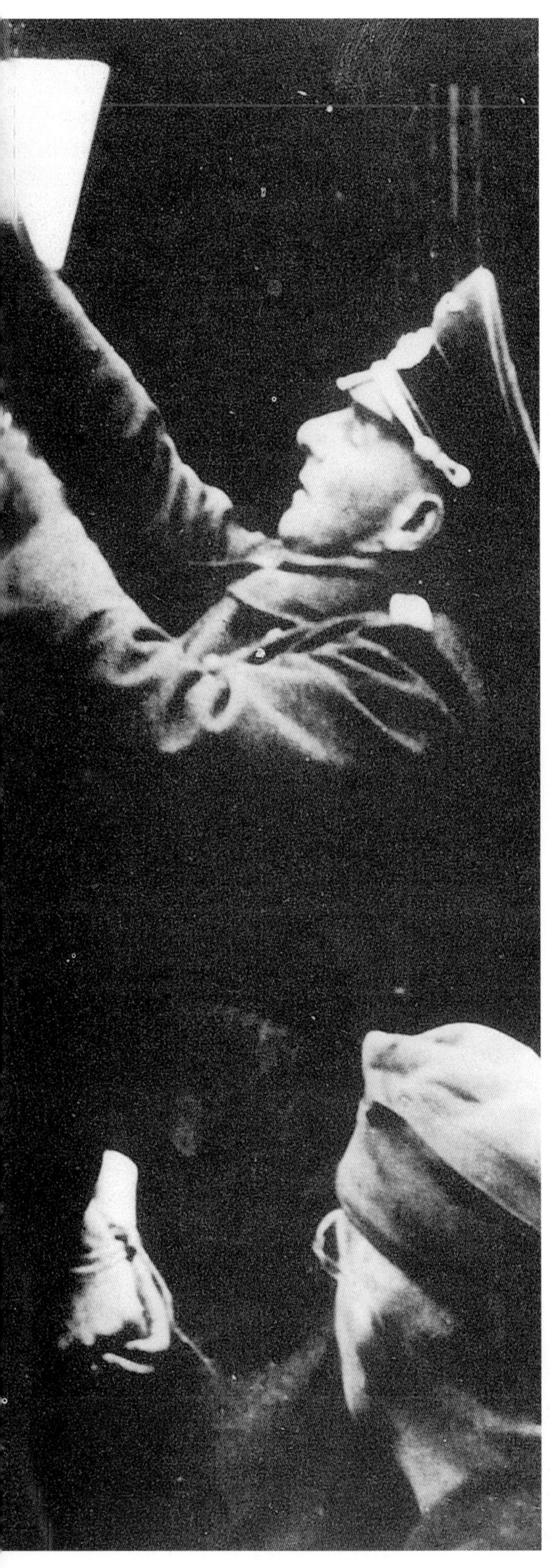

Soldaten wie alle anderen?

Die SS war einer der Eckpfeiler des Nationalsozialismus. Als Polizei- und Wachtruppe oblag ihr die Umsetzung der Rassenpolitik des Dritten Reiches, welche die Vernichtung von Millionen von Menschen zur Folge hatte. Die KZ-Wachen und Einsatzgruppen waren direkt am Massenmord beteiligt, und die Waffen-SS trug auch zu Himmlers Rassenpolitik bei.

Auf die Frage, ob die »SS-Soldaten wie alle anderen Soldaten waren«, gibt es keine einfache Antwort. Um diese so objektiv wie möglich zu beantworten, darf man die SS nicht als ein Gesamtes, sondern muss sie als eine aus vier großen Gruppierungen bestehende Organisation sehen: Zuerst einmal waren da jene, die entweder in der Heimat oder hinter den Frontlinien arbeiteten, wie etwa der SD und die Gestapo. Dann kamen die seit 1936 so genannten »Totenkopfverbände«, die die KZ-Wachmannschaften umfassten. Als dritte Gruppierung ist die Waffen-SS zu nennen, die aus der nach der Röhm-Affäre aufgestellten »Verfügungstruppe« hervorgegangen ist – in ihr gab es Einheiten mit mehrheitlich ausländischen Freiwilligen und die »klassischen« Divisionen der Waffen-SS, die größtenteils aus Reichsdeutschen bestanden. Die SS-Leute, die keiner der vorgenannten Gruppierungen angehörten, wurden ab 1934 als »Allgemeine SS« geführt.

Warum aber ließen sich die Deutschen in den 1930er-Jahren so bereitwillig auf den Pfad des Nationalismus und extremen Antisemitismus leiten?

Die Verfolgung der Juden war bei Weitem kein typisch deutsches Phänomen. Antisemitismus gab es im christlich geprägten Europa seit Jahrhunderten. Auch im 20. Jahrhundert schwelte der offene Antisemitismus bloß unter der Oberfläche und wartete nur darauf, erneut entfacht zu werden. Fast in jedem Land, das von Hitlers Truppen besetzt wurde, fanden sich genügend Einheimische, die den Deutschen ihre Unterstützung antrugen. Sie mögen in der Minderheit gewesen sein, aber sie waren nur allzu bereit, bei der Verfolgung der Juden

Exekution von Zivilisten in Russland durch Wehrmachtssoldaten im Rahmen der »Partisanenbekämpfung«. Im Osten übte das Reichssicherheitshauptamt (RSHA) eine Herrschaft des Schreckens über die Zivilbevölkerung aus.

Angehörige der Einsatzgruppen suchen 1943 in Russland hinter den Linien nach Partisanen. Jede Einsatzgruppe verfügte über ihr eigenes Hauptquartier, dessen Personal von Gestapo, Kripo und SD gestellt wurde. Deren Aufgaben sind in einer Mitteilung zusammengefasst, die Heydrich am 2. Juli 1941 an die Chefs der Sipo und des SD geschickt hatte: »Das sofortige Ziel ist die Befriedung der neu eroberten Gebiete durch die Sicherheitspolizei ... Zu exekutieren sind alle Funktionäre der Komintern ..., die höheren, mittleren und radikalen unteren Funktionäre der Partei, der Zentralkomitees, der Gau- und Gebietskomitees, sonstigen radikalen Elemente (Saboteure, Propagandeure, Heckenschützen, Attentäter, Hetzer usw.); Juden in Partei- und Staatsstellungen.«

mitzutun. Einige der schlimmsten Gräueltaten, die während dieser düstersten Zeit unserer Geschichte verübt wurden, gingen auf das Konto ausländischer Freiwilliger in den Reihen der Deutschen. Was aber machte die Deutschen zur treibenden Kraft des Terrors?

Das Vermächtnis des 1. Weltkriegs

Fast jede deutsche Familie hatte im 1. Weltkrieg schmerzliche Verluste zu erleiden gehabt. Ehemänner, Söhne und Brüder waren auf den Schlachtfeldern geblieben. In der darauffolgenden Weltwirtschaftskrise verloren Millionen durch Arbeitslosigkeit und die Hyperinflation all ihr Hab und Gut. Viele von ihnen standen über Nacht vor dem plötzlichen Ruin. Unter diesen Umständen fiel es nicht schwer, diesen Menschen einen Sündenbock für ihre Probleme zu präsentieren: die deutschen Juden oder, je nach Argumentationsbedarf, das »internationale Finanzjudentum«.

Schon wenige Jahre nach Kriegsende war die »Dolchstoßlegende«, eine Erfindung Hindenburgs und der Heeresleitung, in Deutschland fester Bestandteil des politischen Diskurses. Zahllose deutsche Familien sahen als Schuldige für die Opfer des Krieges und das wirtschaftliche Elend nicht etwa die Militärs und die monarchistischen Kreise, die den Krieg vom Zaum gebrochen hatten, sondern die Politiker, die den – unbestreitbar harten – Kapitulationsbedingungen zustimmen mussten oder sie durch Verhandlungen erträglicher zu machen versuchten. Ebert, Scheidemann, Rathenau, Erzberger und andere wurden als »jüdische Bolschewisten« denunziert, obwohl sie in der Regel weder das eine noch das andere waren. Aber Rosa Luxemburg, eine der führenden Persönlichkeiten der kommunistischen Bewegung in Deutschland, war tatsächlich Jüdin. Dadurch diente sie den Antisemiten in Deutschland gleich in zweierlei Hinsicht als Projektionsfläche, an der praktisch alle politischen und sozialen Probleme festgemacht werden konnten. Es fiel nicht schwer, das Schreckgespenst einer »jüdisch-bolschewistischen Verschwörung« in den Köpfen vieler Deutscher festzusetzen.

Der Beginn des Hasses

Statistiken zufolge waren in der chaotischen Nachkriegszeit in Deutschland 17 Prozent der Bankiers und zehn Prozent der Ärzte Juden – bei einem Gesamtbevölkerungsanteil von nur 0,9 Prozent. Etwa 25 Prozent des Einzelhandelumsatzes wurde in jüdischen Geschäften getätigt; drei Viertel der Kaufhäuser waren in jüdischem Besitz. Warum dies so war – etwa, weil man den Juden jahrhundertelang den Zugang zu den Handwerkerzünften verweigert hatte –, wurde nicht hinterfragt. Die Zahlen zeigen auch nicht, dass die deutschen Juden unter Arbeitslosigkeit und Inflation genauso litten wie die Nichtjuden. Aus dem Zusammenhang gerissen waren sie jedoch griffiges Propagandamaterial für die Nationalsozialisten. Sie sollten nicht nur beweisen, dass die Juden für Deutschlands Probleme verantwortlich waren, sondern auch am wenigsten unter der schrecklichen wirtschaftlichen Situation zu leiden hatten.

Schon 1916 hatte man eine »Judenzählung« im deutschen Heer durchgeführt, die belegen sollte, dass »die Juden« sich vor dem Dienst fürs Vaterland drückten. Die Ergebnisse zeigten dann aber, dass überproportional viele Juden als Soldaten Dienst taten (nicht natürlich als Offiziere; diese Stellungen verweigerte ihnen das Heer erfolgreich) – sie blieben deshalb unter Verschluss. Heute weiß man, dass 96 000 Juden im Ersten Weltkrieg dienten, 12 000 fielen; der »Reichsbund jüdischer Frontsoldaten« hatte in der Weimarer Zeit an die 50 000 Mitglieder.

Aber die statistischen Wahrheiten interessierten weder die Nazis noch die, die auf der Suche nach einem Sündenbock waren.

Als Hitler 1933 an die Macht kam, nahm die antijüdische Propaganda noch mehr zu, da die Nazis die deutsche Jugend von frühestem Alter an ideologisch zu beeinflussen versuchten. Lehrer, die diesem Gedankengut gegenüber kritisch eingestellt waren, verloren ihre Stelle an verlässliche Anhänger, die die Lehren des Nationalsozialismus ohne zu hinterfragen verkündeten.

Viele zukünftige SS-Männer wuchsen in einer solchen Atmosphäre von Vorurteilen, Misstrauen und Hass gegen die Juden auf. Die meisten von ihnen waren stramme Antisemiten, wenn sie die HJ hinter sich gelassen hatten und in die SS eingetreten waren. Dazu kamen dann noch die politischen und rassischen Schulungen, an denen vor allem die KZ-Wachen und Einsatzgruppen teilnehmen mussten. In diesem geistigen Umfeld rassischer Vorurteile kam es bei vielen Deutschen wenn nicht zu einem verzehrenden Judenhass, so doch oft zu einer völligen Gleichgültigkeit gegenüber dem millionenfachen Leiden und Tod, das man als Soldat oder SS-Mann herbeiführte.

Die Gestapo

Viele Mitglieder der Gestapo in Deutschland konnten auf eine berufliche Vergangenheit in der Kriminalpolizei zurückblicken. Die meisten von ihnen waren (bzw. wurden) auch begeisterte Nazis und häufig Parteimitglieder. Das eine setzte das andere nicht unbedingt voraus; zahlreiche höhere SS-Offiziere gehörten der Partei nicht an. Die Behandlung der Opfer durch die Gestapo ist in zahlreichen wissenschaftlichen Werken dargelegt worden und hing meist von der Person ab, die das Verhör durchführte.

Hätte die Gestapo nur reine Polizeiarbeit verrichtet, so wären ihre Methoden zwar als übermäßig brutal und gewalttätig in die Geschichte eingegangen; sie hätte sich aber kaum von denen anderer Sicherheitsorganisationen in totalitären Staaten (wie etwa Stalins NKWD) unterschieden.

Die Gestapo war jedoch maßgeblich an der planmäßigen Verfolgung und Vernichtung der jüdischen Bevölkerung in Deutschland und den besetzten Gebieten beteiligt. Die Bewachung der Konzentrationslager oblag zwar den berüchtigten Totenkopfverbänden, aber jedem Lager war auch ein örtlicher Gestapo-Vertreter zugeteilt. Von den zahlreichen Abteilungen der Gestapo war keine gefürchteter als das Referat IV B 4, das dem sogenannten Judenexperten Heydrichs, Adolf Eichmann, unterstand.

Trotz seines niederen Ranges – bis Kriegsende brachte er es nur zum SS-Obersturmbannführer – hatte Eichmann als Organisator der Deportation der europäischen Juden eine wichtige Stellung im Reichssicherheitshauptamt (RSHA). Er verfolgte die europäischen Juden mit einem nahezu religiösen Eifer. Bei der berüchtigten Wannsee-Konferenz 1942, als die »Endlösung der Judenfrage« beschlossen wurde, protokollierte Eichmann die Gesamtanzahl der in jedem besetzten Land getöteten Juden und die besprochenen Pläne zur fabrikmäßigen Vernichtung der noch lebenden.

Der SD

Die Kompetenzen von Gestapo und SD überschnitten sich derart oft, dass man heute – etwa anhand von Fotos – die jeweiligen Ausführenden nur schwer bestimmen kann. Eichmann beispielsweise war Gestapo-Beamter, trug aber eine SD-Uniform. Beamte der Gestapo in Deutschland waren meist in Zivil gekleidet, während es in den besetzten Ländern üblich war, SD-Uniformen zu tragen.

Der Großteil derer, die in den Einsatzgruppen ihren Dienst verrichteten, trugen die SD-Dienstuniform, ob sie nun zum SD gehörten oder nicht. Die tatsächlichen SD-Männer waren an der SD-Raute am linken Unterärmel zu erkennen. Die Gestapo und die Kriminalpolizei (Exekutive) trugen dasselbe Abzeichen, jedoch mit einer Umrandung.

Der SD war anfangs vor allem mit dem Einholen und Auswerten von Nachrichten, mit

»Ich ging rund um den Erdwall und stieß plötzlich auf ein riesiges Grab ... Die Menschen kletterten einige Stufen hinunter, die in die Grubenwand aus Lehm gehauen waren und stiegen über die Köpfe derjenigen, die hier an jener Stelle lagen, die man ihnen zugewiesen hatte. Sie legten sich vor den Toten und Verwundeten nieder. Einige liebkosten die Lebenden und sprachen mit leiser Stimme zu ihnen. Dann hörte ich eine Reihe von Schüssen. Ich blickte in die Grube und sah, dass manche Körper noch immer zuckten. Andere wiederum lagen mit ihren Köpfen regungslos auf den Körpern anderer.« (Ein Augenzeuge der Wehrmacht bei einer Exekution.)

Analysen und Gegenspionage befasst. Seine Mitglieder durften jedoch im Gegensatz zu denen der Gestapo keine Verhaftungen vornehmen. Ihr Chef, SS-Obergruppenführer Heydrich, war jedoch unbestreitbar an den Massenverhaftungen, Deportationen und Erschießungen beteiligt. Die Verantwortung der Einsatzgruppen für den Tod Hunderttausender von Zivilisten in Osteuropa bedeutet auch, dass der SD als Ganzes in eines der abscheulichsten Verbrechen der Menschheitsgeschichte verwickelt war.

Osteuropäischer Antisemitismus

Die Einsatzgruppen und anderen Sicherheitsbeamten, die ihren uniformierten Dienst in den besetzten Gebieten ableisteten, mögen sich selbst zwar als Soldaten gesehen haben, können aber keinesfalls als »Soldaten wie alle anderen« gelten. Sogar jene in den Kanzleien und Schreibstuben müssen durch die hier vorgenommenen Archivierungen und anderen Verwaltungsarbeiten gewusst haben, dass ihre Arbeit unmittelbar der geplanten Vernichtung der Juden und eines Teils der polnischen und russischen Bevölkerung diente.

Auch Osteuropa konnte auf eine lange Geschichte der Intoleranz gegen und Verfolgung von Juden zurückblicken. Zum Unglück für die Juden waren eine Anzahl der damals führenden kommunistischen Persönlichkeiten Juden. Ihre Gegner setzten dies erfolgreich dazu ein, ihre Theorie einer jüdisch-bolschewistischen Weltverschwörung zu belegen. Doch waren unter den Juden in der Sowjetunion genauso häufig konservativ bis antikommunistisch eingestellte Personen zu finden, wie überall. Wer so weit ging, die deutsche Armee Mitte 1941 als Befreier von einem wie auch immer empfundenen kommunistischen Joch zu begrüßen, sollte es bald bereuen.

Der europäische Osten war für Himmler und seine SS das Terrain, auf dem sie glaubten, ihre Rassenpolitik durch Umsiedlungs- und Vernichtungsaktionen in großem Stil konsequent durchsetzen zu können. Die Juden wurden deshalb häufig sofort nach dem Einmarsch exekutiert. Für die slawische Bevölkerung bedeutete die Herrschaft der Nazis die Unterwerfung unter die »Herrenrasse«. Deutschland forderte Lebensraum für seine Bevölkerung, den die »Untermenschen« im Osten bereitstellen sollten. Für die angestammten Einwohner dieser Gebiete gab es nach Himmlers Vorstellung nur die Alternative Versklavung oder Deportation.

Gräueltaten in Polen

Die ersten Massenhinrichtungen in Polen fanden nach der Kapitulation im September 1939 statt. Die polnische Intelligenz und Polens Juden waren das Hauptziel. Die Aufgabe war – wie es Himmler später einmal in einer Rede sagte – hart, Voraussetzung für die Überlebensfähigkeit zukünftiger deutscher Generationen: »Eine Hinrichtung muss immer die härteste Sache für unsere Männer bleiben. Trotzdem dürfen sie nie schwach werden, sondern müssen es mit zusammengepressten Lippen tun. Zu Beginn war dies nötig.«

Als Teil von Himmlers Imperium wurde die Waffen-SS ständig an ihre »rassischen Verpflichtungen« gemahnt. Im Herbst 1940 sprach Himmler zu Offizieren der Leibstandarte über die Ereignisse in Polen: »Dort mussten wir bei Temperaturen von 40 Grad unter Null tausende, zehntausende, hunderttausende wegschleppen – dort hatten wir die Härte – hört es, aber vergesst es sofort – tausende von führenden Polen zu erschießen, dort mussten wir diese Härte haben, ansonsten wäre es später auf uns zurückgefallen. In vielen Fällen ist es einfacher, mit einer Infanteriekompanie in den Kampf zu ziehen als eine widerborstige, unkultivierte Bevölkerung zu unterwerfen, Hinrichtungen durchzuführen oder Menschen wegzuschleppen.« Bis Jahresende 1939 hatten Einsatzgruppen in Polen etwa 65 000 Menschen ermordet.

Die Einsatzgruppen in Russland

Die Invasion in der Sowjetunion im Juni 1941 leitete eine Periode noch nie dagewesener Brutalität gegen die Zivilbevölkerung in den eroberten Gebieten ein. Die SS wollte ein für allemal mit dem für sie rassisch minderwertigen jüdisch-bolschewistischen Feind aufräumen. Die Einsatzgruppen begannen sofort mit dem Morden, wobei sie sich zunächst auf die Regionen Minsk und Lemberg konzentrierten. Wer immer auf Heydrichs Todeslisten stand, wurde zuerst zusammengetrieben und dann in den nächsten Wald geführt. Dort mussten sich die Opfer entkleiden, ihre Wertsachen aushändigen und in einer Reihe zu langen Gräben marschieren, wo sie schließlich erschossen wurden. Himmlers Männer, die stets gelernt hatten, die Juden als »niedere Rasse« zu verachten, fühlten keine Gewissensbisse. Ein SS-Unterscharführer, der bei Einsätzen der Einsatzgruppen dabei war, sagte: »Was können die schon denken? Ich glaube, dass sie noch immer die Hoffnung haben, nicht erschossen zu werden. Ich fühle nicht die geringste Reue. So ist es und so muss es sein.«

Die Offiziere der Einsatzgruppen kamen meist von der Gestapo, dem SD oder der Kripo. Die Hinrichtungen selbst waren schrecklich. Ein Zeuge der Wehrmacht, der bei einer Erschießung in Dubno im Oktober 1942 dabei war, berichtete Folgendes: »Wir hörten Schüsse aus der Nähe der Grube. Jene Juden, die noch lebten, mussten die Leichen in die Grube werfen. Dann mussten sie sich in der Grube hinlegen und wurden in den Nacken geschossen.«

Nicht alle wurden erschossen. In einem Bericht der Einsatzgruppen, der kurz nach der Invasion in Russland verfasst wurde, steht zu lesen: »Nur die Kinder wurden nicht erschossen. Sie wurden an den Beinen gepackt und ihre Köpfe gegen Steine geschlagen. Daraufhin wurden sie lebend begraben.«

Kommandeure der Einsatzkommandos

Die Kommandeure der Einsatzkommandos waren stolz auf ihre Arbeit. SS-Obergruppenführer Friedrich Jeckeln, der SS-Kommandeur von Riga, brüstete sich damit, die Tötungsmethode »Sardinendose« erfunden zu haben – ein zynischer Hinweis auf die Enge in den Massengräbern. Jeckeln war hauptverantwortlich für die Massaker von Kamenez-Podolsk, Babi Jar, Djepropetrowsk, im Wald von Bikernieki und Rumbula. Allein bei den genannten Massakern wurden mindestens 120 000 Menschen ermordet.

Otto Ohlendorf, Chef der Einsatzgruppe D, zog Vergasungswagen zum Ermorden der Juden vor. Um die Mordtechniken zu perfektionieren, ließ er beispielsweise zwei Schützen auf ein Opfer schießen, wodurch die psychische Belastung für die Schützen verringert werden sollte. »Andere Gruppenkommandeure verlangten, dass sich die Opfer flach auf den Boden legen, um ihnen ins Genick zu schießen. Ich konnte dieser Methode nichts abgewinnen, da es sowohl für die Opfer als auch für jene, die die Hinrichtung durchführten, eine gewaltige psychologische Belastung darstellte.« Ohlendorf war im Einsatzgruppen-Prozess der Nürnberger Prozesse der Einzige, der seine Taten offen – und schockierenderweise völlig emotionslos – eingestand.

Von Beginn an schienen Soldaten der Waffen-SS mit unterschiedlicher Begeisterung Mitglieder der Einsatzgruppen gewesen zu sein. Georg Keppler, einer der Kommandeure der Division Das Reich, erklärte, dass man aufgrund eines Vergehens zu den Einsatzgruppen versetzt werden konnte. »Sie kommen zu spät oder schlafen im Dienst. Sie werden vom Kriegsgericht verurteilt, können aber der Strafe entgehen, indem sie sich freiwillig für ein Sonderkommando melden ... Nun, diese Kommandos sind Mörderkommandos. Wenn die jungen Männer bemerken, was von ihnen verlangt wird und sich weigern, an Massenmorden teilzunehmen, wird ihnen gesagt, dass dieser Befehl eine Art der Bestrafung darstellt. Entweder sie gehorchen und nehmen die Strafe an oder sie gehorchen nicht und werden erschossen ... Durch solche Methoden macht man aus anständigen jungen Männern häufig Kriminelle.« Die angebliche Wahl zwischen Teilnahme und Todesstrafe wurde nach dem Krieg häufig als Exkulpationsargument angeführt. Demgegenüber weisen neuere Forschungen darauf

Hinrichtung von Partisanen in Russland im Januar 1943. Theodor Eicke, der spätere Kommandeur der berüchtigten Totenkopfdivision, ließ seine Männer zu Beginn des Krieges über die künftige Rolle der SS nicht im Unklaren. »Jeder Feind des Staates, jeder Kriegssaboteur muss liquidiert werden.«

Eine jüdische Mutter und ihre Kinder auf dem Weg in die Gaskammern im KZ Auschwitz. Den ganzen Krieg hindurch gab es einen ständigen Personalaustausch zwischen den Felddivisionen der Waffen-SS und den Wachmannschaften in den Konzentrationslagern. Rudolf Höss, von Mai 1940 bis Dezember 1943 Kommandant von Auschwitz, bestätigte später, dass während seiner Dienstzeit 2500 seiner Männer zu Einheiten der Waffen-SS versetzt wurden. Diese schickten ihm dafür ungefähr die gleiche Anzahl als Ersatz. Dieser personelle Austausch widerlegt auch die Behauptung, dass die Waffen-SS nichts mit den Lagern zu tun hatte und vom Genozid nichts wusste.

hin, dass Wehrmachtssoldaten wie SS-Männer bei ihren Vorgesetzten – nicht immer, aber häufig – durchaus auf Verständnis stießen, wenn sie wegen moralischer Skrupel von der Teilnahme an Erschießungen freigestellt werden wollten

Bis Anfang 1943 hatten die Einsatzkommandos in der Sowjetunion laut SS-Statistiken 633330 Juden ermordet (man schätzt, dass 1944/45 noch einmal 100000 umgebracht wurden). Beschämenderweise erhielten sie dabei häufig Unterstützung von der örtlichen Bevölkerung. Wie in allen besetzten Gebieten meldeten sich auch hier Einheimische, um beim deutschen Kreuzzug gegen den Bolschewismus mitzumachen. Der Antisemitismus war in vielen osteuropäischen Ländern, wo die die katholische oder russisch-orthodoxe Kirche das geistliche Leben bestimmte, verwurzelt. Die tief religiösen Menschen ließen sich leicht davon überzeugen, dass der »gottlose Kommunist« und der jüdische »Christusmörder« ein Feind war.

Ukrainische Freiwillige

Einige der osteuropäischen Freiwilligen, die in Kampfverbänden der Waffen-SS und Wehrmacht an der Front kämpften, taten sich durch militärische Effizienz hervor – sie waren deshalb bei ihren deutschen Kameraden durchaus angesehen. Allerdings zeichneten sich die meisten der Freiwilligen, die in den SS-Polizeieinheiten kämpften, nicht durch Mut, sondern durch Brutalität aus. Ein Großteil der ukrainischen Freiwilligen verdankte ihren schrecklichen Ruf ihrem brutalen Vorgehen gegen Zivilisten.

Häufig arbeiteten sie dabei mit den Einsatzkommandos zusammen, die jüdische Zivilisten zusammentrieben und ermordeten. Bisweilen wurden sie von den Einsatzkommandos ebenfalls umgebracht, nachdem sie ihre Schuldigkeit getan hatten. Auf diese Weise wollte man lästige Augenzeugen beseitigen.

Aber nicht nur die Einsatzgruppen waren froh, einen Teil der »Drecksarbeit« von den Hilfspolizei-Einheiten erledigen zu lassen. Die Wachmannschaften in den Konzentrationslagern ließen sich nur allzu gern bei der schmutzigsten aller Arbeiten helfen: der Bewachung der Lager. Als im Verlauf des Krieges der Bedarf an deutschen Soldaten immer weiter stieg, schickte man die SS-Totenkopfeinheiten aus den Konzentrationslagern an die Front und ersetzte sie durch ausländische SS-Hilfskräfte. Aus speziellen Ausbildungslagern, wie jene in Trawniki in der Nähe von Lublin, kamen einige der brutalsten Kriminellen in der Geschichte, deren Verhalten gegen die Lagerinsassen den wüstesten Exzessen ihrer deutschen Vorbilder gleichkam.

Die KZ-Wachen

In Auschwitz, Belzec, Sobibor, Majdanek und anderen Lagern bezeichneten die Überlebenden fast immer die Freiwilligen als ihre schlimmsten Peiniger. Diese Freiwilligen waren an einem speziellen Ausweis zu erkennen, den sie im Ausbildungslager Trawniki erhalten hatten. Außerdem trugen sie statt der feldgrauen Uniform der Waffen-SS meist die schwarze Vorkriegsuniform der Allgemeinen SS, die durch einen hellgrünen oder hellblauen Besatz an Kragen und Ärmel abgeändert worden war.

Diese Männer konnten unter gar keinen Umständen als Soldaten angesehen werden und hätten gegen eine kampferprobte Fronteinheit mit viel Glück einige Minuten überlebt. Für die Lagerinsassen wirkten sie jedoch allmächtig. Diese Freiwilligen unterstanden dem SD oder den Totenkopfverbänden.

Die SS-Totenkopfverbände hießen ursprünglich SS-Wachverbände – Einheiten, die in den ersten Konzentrationslagern in Dachau, Sachsenburg, Oranienburg usw. die Wachmannschaft stellten. Sie wurden im Februar 1941 in die Waffen-SS eingegliedert und führten – außer der SS-Division »Totenkopf« – diesen Namen und das entsprechende Abzeichen am Kragenspiegel nicht mehr. Dies blieb nun (mit vorgenannter Ausnahme) den Wachmannschaften der KZs vorbehalten.

Im ersten Konzentrationslager in Dachau unterstanden die Wachen dem sadistischen

SS-Standartenführer (damals noch Sturmhauptführer) Hilmar Wäckerle, unter dessen Schreckensherrschaft Dachau zu einem Sumpf der Korruption wurde. Himmler sah sich schließlich gezwungen, Wäckerle seines Postens zu entheben, als die Staatsanwaltschaft wegen der Ermordung von Lagerinsassen Ermittlungen einleitete. Er ersetzte Wäckerle am 26. Juni 1933 durch SS-Oberführer Theodor Eicke, der als ehemaliger Krimineller und Psychiatrieinsasse nach bürgerlichen Maßstäben eine gescheiterte Existenz war, aber großen Rückhalt bei Teilen der Nazi-Prominenz genoss. Er ging sofort daran, die Disziplin zu straffen – was bedeutete, dass er ein ausgeklügeltes System an Disziplinarstrafen wie Essensentzug, Dunkelhaft, Prügelstrafe, Pfahlhängen und Erschießungen einführte. Durch das Beispiel Wäckerles gewarnt, schottete er das Lagerleben komplett gegen die Öffentlichkeit – und damit vor allem gegen die damals noch teilweise unabhängige Justiz – ab.

Nun verfügte er über ein eigenes Imperium, in das sich niemand mehr einmischen konnte. Zunächst einmal unternahm er alles, um seine Männer gegenüber dem Befinden der Insassen und den Zuständen im Lager abzuhärten. Jeweils einer Woche Dienst im KZ standen drei Wochen ideologischer und militärischer Ausbildung gegenüber. Sein Ziel, die Mitglieder der Totenkopfverbände zu »politischen Soldaten« im Sinne Himmlers zu machen, hat Eicke, seit

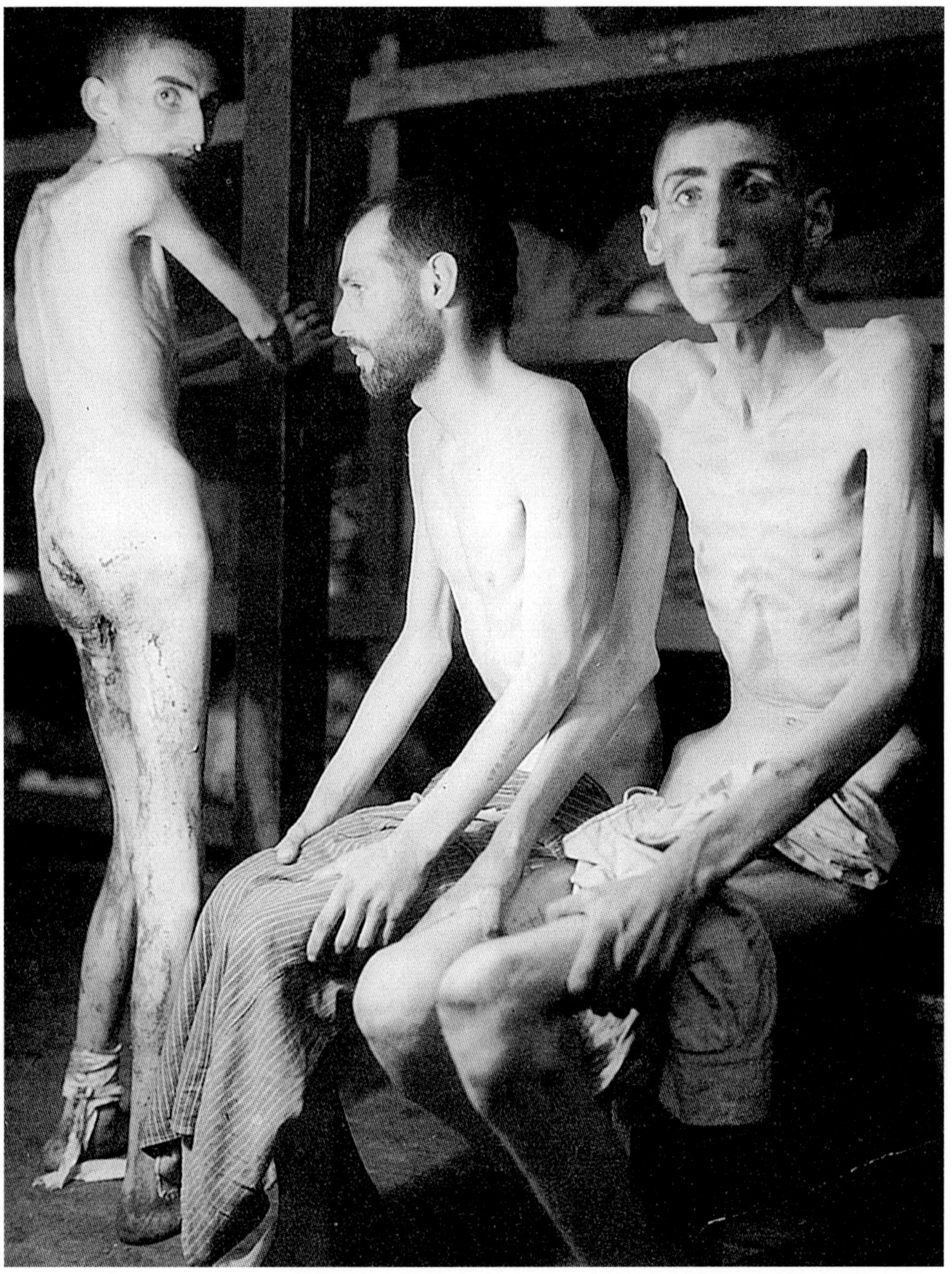

Überlebende des KZ Buchenwald, wo an die 6000 Insassen pro Tag aufgrund von Hunger, Folter, Schlägen und Krankheit starben. Dabei war Buchenwald nicht mal ein Vernichtungslager, sondern lieferte Arbeiter für die umliegenden Produktionsbetriebe. Trotzdem fanden dort brutalste Bestrafungen statt, wie einer der Überlebenden, Dr. Dupont, berichtet. »Als sie [die SS] die armen Kreaturen hängten, mussten die Häftlinge den Hitlergruß leisten. Schlimmer noch, ein Häftling wurde ausgewählt, den Stuhl, auf dem das Opfer stand, wegzuziehen.« Häufig wurden auch medizinische Experimente an Gefangenen durchgeführt. Russische Kriegsgefangene wurden beispielsweise mit Phosphor verbrannt, um Medikamente für die Behandlung von deutschen Bombenkriegsopfern zu testen. Die Leiden dieser Männer waren unbeschreiblich, da ihr Fleisch bis auf die Knochen verbrannte. Als Himmler nach seiner Gefangennahme Bilder von diesen schrecklichen Taten in Buchenwald gezeigt wurden, soll er gesagt haben: »Bin ich für die Exzesse meiner Untergebenen verantwortlich?«

»Die Juden sind die ewigen Feinde des deutschen Volkes und müssen ausgerottet werden. Alle Juden, denen wir während des Krieges habhaft werden können, sind ohne Ausnahme zu vernichten. Falls es uns nicht gelingt, die biologische Basis des Judentums zu zerstören, werden die Juden eines Tages das deutsche Volk auslöschen.« Himmler zu Rudolf Höss, dem Kommandanten von Auschwitz, im Juni 1941.

März 1935 »Inspekteur der Wachverbände«, konsequent und erfolgreich verfolgt.

Bei Kriegsausbruch wurden Teile der SS-Totenkopfverbände ins besetzte Polen abgestellt, wo sie in Zusammenarbeit mit den SS-Einsatzgruppen »Säuberungs- und Sicherheitsmaßnahmen« durchführten – im Klartext: wo sie Massaker gegen die polnische Intelligenz und Juden verübten.

Mit Fortdauer des Krieges fielen immer mehr Länder und Gebiete unter deutsche Kontrolle. Dementsprechend wuchs auch die Anzahl neuer Lager, da zahllose sogenannte Feinde des Reichs von Einsatzgruppen, Waffen-SS und Wehrmacht zusammengetrieben wurden. Eicke, der ab Oktober 1939 aus den Totenkopfverbänden die der Waffen-SS zugeteilte »Totenkopfdivision« aufgestellt hatte, versetzte Männer, die disziplinarisch auffällig geworden waren, gern zur »Bewährung« zum Dienst in den Konzentrationslagern – man kann sich unschwer vorstellen, wie das Personal, das schon an der Front unbotmäßig über die Stränge schlug, sich dort aufführte.

Neben körperlichen Misshandlungen war der Diebstahl von Wertsachen, die den Insassen bei ihrer Ankunft im Lager abgenommen wurden, in den Lagern weit verbreitet. Wer sich dabei ertappen ließ, wurde hart bestraft – wohlgemerkt nicht für ein Delikt zulasten der Häftlinge, sondern für eines zulasten der SS bzw. des Deutschen Reiches, denen der wirtschaftliche »Erlös« der Lager zustand.

Das Problem bestand bis Kriegsende fort. Viele Wachen bereicherten sich an jenen Häftlingen, die einen Teil ihrer persönlichen Wertsachen hatten verbergen können. Im Tausch gegen diese erhielten sie von den Wärtern ein verdorbenes Stück Fleisch oder schimmliges Brot. Das sadistische Verhalten der KZ-Wachen, zu denen auch Frauen gehörten, die ihren männlichen Kameraden in nichts nachstanden, ist in zahlreichen Studien nach dem Krieg ausführlich dokumentiert worden. Die folgende Beschreibung stammt von einem SS-Offizier des KZ Belzec.

»Sogar im Tod kennt man die Familien. Sie halten einander fest an den Händen, im Tode verkrampft, sodass man sie nur schwer voneinander trennen kann, um die Kammern für die nächste Lieferung zu leeren. Die Kadaver, feucht vor Schweiß und Urin, deren Beine bespritzt mit Exkrementen und Blut, werden hinausgeworfen. Die toten Körper von Kindern fliegen durch die Luft. Es gibt keine Zeit, die Peitschen der Ukrainer treiben das Arbeitskommando voran. Zwei Dutzend Zahnärzte öffnen die Kiefer mit Haken und suchen nach Gold. Mit Gold links, ohne Gold rechts. Andere Zahnärzte brechen die Goldzähne und Kronen mit Zangen und Hämmern aus den Kiefern.«

Keine der Entschuldigungen, die sie nach dem Krieg für ihr Verhalten vorbrachten, konnte die unmenschlichen Bedingungen, unter denen die Gefangenen gehalten wurden, rechtfertigen. Genauso wenig das Ausmaß des Hungers durch die armseligen Rationen, die Folter, die Schläge und die millionenfachen Massenhinrichtungen in den Lagern. Die nach dem Krieg weit verbreitete Ausrede, dass der Wachdienstleistende nur ein gewöhnlicher Soldat war, der seine Pflicht tat, ist völlig unhaltbar. Laut deutschem Militärgesetz war ein Soldat zumindest theoretisch berechtigt, einen illegalen Befehl zu verweigern. Die Behauptung vieler Wachmannschaften, dass sie bei Befehlsverweigerungen hingerichtet worden wären, ist vielfach widerlegt worden. Es gibt etliche Beispiele aus SS wie aus der Wehrmacht, dass Soldaten, die unter Hinweis auf psychische Belastungen um Freistellung von Erschießungen baten, einfach einer anderen Aufgabe zugeteilt wurden.

Auch die beliebte Ausrede, die Wachmannschaften seien personell von den »normalen« Waffen-SS-Soldaten strikt getrennt gewesen, ist nicht haltbar. Mit zunehmendem Personalbedarf an der Front wurden »kriegsverwendungsfähig«

geschriebene Wachsoldaten zur kämpfenden Truppe, erholungsbedürftige, leicht verwundete oder ältere Soldaten von dort zu den Wachmannschaften versetzt – und das in einem fortwährenden Rotationssystem. Wer als Soldat der Waffen-SS nie in einem KZ Dienst tat, musste aus Erzählungen seiner Kameraden zumindest gewusst haben, wie es dort zuging.

Gegen Ende des Krieges kam im Zuge dieser Rotation auch eine Anzahl von Angehörigen der Kriegsmarine und Luftwaffe zu den KZ-Wachen. Deshalb muss auch die Wehrmacht neben der SS und den Freiwilligen ihren Anteil an der Verantwortung für die Verbrechen in den Lagern tragen.

Das Massaker bei Le Paradis

Eickes Totenkopfdivision war während des Polenfeldzugs noch in der Aufstellungsphase, mit dem Feldzug im Westen 1940 kam für sie der erste große Auftritt auf der militärischen Bühne. Am 10. Mai begann der Angriff der Deutschen, und schon nach 17 Tagen war die Totenkopfdivision bereits an einem Massaker in dem kleinen Dorf Le Paradis in Frankreich beteiligt. Teile der Division hatten etwa 100 britische Soldaten des Royal-Norfolk-Regiments gefangen genommen. Nach deren Entwaffnung ermordete man sie mit Maschinengewehren und Handgranaten. In der Wehrmacht herrschte Empörung, als der Vorfall publik wurde, und General Hoepner, Kommandant des XVI. Panzerkorps, verlangte eine Bestrafung der Schuldigen. Allerdings wurde der Verantwortliche, SS-Obersturmbannführer Fritz Knöchlein, erst nach Kriegsende von den Alliierten angeklagt und zum Tode verurteilt. Auch lassen Tagesmeldungen der Totenkopfdivision darauf schließen, dass sie gefangene Kolonialtruppen – Marokkaner und Algerier – an Ort und Stelle erschießen ließ.

Nach dem Ende des Feldzugs im Westen kamen die Totenkopfregimenter, die bisher dem Inspektor der SS-Totenkopfstandarten unterstanden hatten, zur eigentlichen Waffen-SS. Aus diesen verschiedenen Einheiten entstanden neun Totenkopf-Infanterieregimenter, zwei SS-Kavallerieregimenter und eine Sturmtruppe (die SS-Kampfgruppe Nord). Die restlichen fünf Infanterie- und zwei Kavallerieregimenter erhielten »Spezialaufgaben« im Hinterland. All diese Einheiten führten in der Folge an der Ostfront Sicherheitsaufgaben hinter den Linien durch, wo sie sich durch ihre Brutalität hervortaten. Dabei arbeiteten sie auch häufig mit den Einsatzgruppen zusammen.

Die Totenkopfdivision in Russland

Die Totenkopfdivision führte den Krieg in Russland – im Einklang mit der allgemeinen Befehlslinie in Wehrmacht und SS – noch erheblich brutaler als im Westen. SS-Oberführer Max Simon, Kommandant des SS-Totenkopf-Infanterieregiments 1, sagte seinen Truppen, dass die Russen Banditen wären, die ohne Gnade niederzumetzeln seien. Es heißt, dass Partisanen, die in die Hände von Totenkopfeinheiten fielen, absichtlich in den Bauch geschossen wurde, damit sie langsam und qualvoll starben.

An dieser Stelle ist eine generelle Aussage zur »Partisanenbekämpfung« angebracht. Praktisch von Beginn des Russlandfeldzugs an diente sie als Vorwand, um Juden zu ermorden. Entlarvend in diesem Zusammenhang ist eine Gesprächsnotiz Himmlers nach einem Besuch bei Hitler: »Judenfrage. Als Partisanen zu erschießen«. Die »Arbeit« der Partisanenbekämpfer bestand folglich nur selten in Kampfhandlungen bzw. tatsächlichen Gefechten,

»Während der Arbeit schlugen uns die Männer und Frauen der SS-Wachen mit Knüppeln und hetzten ihre Hunde auf uns. Die Hunde zerfleischten die Beine vieler unserer Freunde. Ich sah sogar, wie eine Frau vor meinen Augen in Stücke gerissen wurde, als Tauber, ein Mitglied der SS, seinem Hund befahl, sie anzufallen. Dabei grinste er.« Aussage von Madame Vaillant-Couturier, einer Überlebenden von Auschwitz.

sondern vielmehr in Aktionen gegen die Zivilbevölkerung: Razzien, Geiselnahmen, Massenhinrichtungen, Deportationen.

Eine strategische Bedrohung stellten die Partisanen zu keinem Zeitpunkt dar. Zwar kämpften in Russland, ihrem Haupteinsatzgebiet, nach russischen Quellen bis zu 250 000 Mann hinter den deutschen Linien, ihre militärischen Erfolge blieben aber gering: Laut sowjetischer Propaganda waren sie für 600 000 getötete Deutsche verantwortlich; neueren Foschungen zufolge sollen es erheblich weniger gewesen sein (für Weißrussland, einer der Schwerpunkte der Partisanentätigkeit, geht man von 6000 bis 7000 aus). Ähnlich wird der Effekt des Partisanenkriegs auf dem Balkan und in Italien eingeordnet. Allerdings dienten die Partisanenaktivitäten zur Rechtfertigung umfangreicher Terrormaßnahmen gegen die Zivil- und hier besonders gegen die jüdische Bevölkerung – allein in der Ukraine sind im Zuge solcher Aktionen bis zu 5,5 Millionen Menschen ermordet worden.

All diese Vorfälle festigten den schrecklichen Ruf, der diesen Männern schon bald vorausging. Die Menschenverachtung, die diese abgebrühten Totenkopfsoldaten in Eickes Konzentrationslager erworben hatten, war in Russland stark gefragt. Konsequenterweise gingen die schrecklichsten Gräueltaten im 2. Weltkrieg auf das Konto jener Truppenteile der Waffen-SS, deren kommandierende Offiziere zuvor in Eickes Totenkopfdivision gedient hatten. Das »Stahlbad« von Theodor Eickes Ausbildung und der regelmäßige Personalaustausch mit den KZ-Wachen hatten den Männern der Totenkopfdivision jeden Rest Menschlichkeit ausgetrieben.

Soldaten der Zerstörung

Die Totenkopfdivision hatte viele Gesichter. In den ausweglosesten Situationen zeigten ihre Männer eine solche Kampfkraft – man kann auch sagen: Fanatismus –, dass ihnen sogar die Wehrmachtselite ihre Anerkennung aussprach. Feldmarschall von Manstein sagte etwa: »Sie standen später mehrmals unter meinem Kommando, und ich glaube, dass dies die beste Division der Waffen-SS war, mit der ich jemals zu tun hatte.« Dies waren aber dieselben Soldaten, die durch Eickes Schule des Hasses und der Brutalität gegangen waren. Ihr Feind war ein »jüdisch-bolschewistischer Untermensch, der das Reich zerstören würde, wenn man ihn nicht davon abhielte. Dies musste ohne das geringste Anzeichen von Gnade oder Mitgefühl erfolgen. Kommissare waren gemeinsam mit andern Gefangenen umzubringen«.

Derart »geschult«, gingen aus den Reihen der Totenkopfdivision Verbrecher wie etwa der vorgenannte SS-Obergruppenführer Friedrich Jeckeln hervor, der zum Höheren SS- und Polizeiführer für Südrussland und Kommandeur der Einsatzgruppe C ernannt wurde. In dieser Eigenschaft war er für die Ermordung von Zehntausenden von Juden im Ghetto von Riga verantwortlich. Jeckeln aber kommandierte nicht nur diese Truppen, sondern gab im Verhör nach dem Krieg auch zu, dass er persönlich Hinrichtungen durchgeführt habe, um seinen Männern ein »Beispiel zu geben«.

Die Männer der Totenkopfdivision mögen zwar für sich in Anspruch nehmen, dass sie im selben Krieg kämpften wie die anderen Einheiten der Waffen-SS und der Wehrmacht. Hier hört für die meisten von ihnen aber auch schon die Ähnlichkeit auf. Zu viele Soldaten der Totenkopfdivision waren brutalisierte Fanatiker, als dass sie von sich behaupten hätten können, Soldaten wie alle anderen zu sein.

Flucht aus der Verantwortung

Viele ehemalige Mitglieder der Waffen-SS behaupteten nach dem Krieg, dass sie nicht brutaler gewesen wären als alle anderen militärischen Formationen. Kurt »Panzer« Meyer schrieb 1957, dass die SS-Truppen »keine Verbrechen begangen hätten, das Massaker von Oradour ausgenommen, wobei dies die Tat eines einzelnen Mannes gewesen sei. Dafür sollte er vor ein Kriegsgericht kommen, starb aber den Heldentod, ehe er angeklagt wurde.« Meyer lehnte logischerweise auch die Theorie der Kollektivschuld ab, da seiner Meinung nach die SS-Soldaten »nichts anderes getan hätten, als für ihr Land zu kämpfen«. Die Verantwortung für Kriegsverbrechen und Verbrechen gegen die Menschlichkeit (und auch das bloße Wissen darüber) schrieb er anderen zu – die nach dem Krieg beliebteste Exkulpationsstrategie.

Heinz Guderian schrieb in seinem Vorwort zu Paul Haussers »Geschichte der Waffen-SS« Folgendes: »Nach dem Zusammenbruch [Deutschlands Kapitulation] sah sich diese Formation äußerst schwerwiegenden und ungerechten Vorwürfen ausgesetzt. Da so viele unwahre und ungerechte Dinge über sie gesagt und geschrieben wurden, begrüße ich die Initiative ihres Vorkriegslehrers und eines der hervorragendsten Kommandanten im Kriege auf das Herzlichste, der die Feder in die Hand genommen hat, um Zeugnis über die Wahrheit abzulegen.« Die Wahrheit, dass die Waffen-SS während des ganzen Krieges Gräueltaten verübt hat, sowohl an der Front als auch hinter den Linien, wird hier schlicht geleugnet (»unwahre Dinge«).

Beteiligung der Waffen-SS

Es waren aber nicht nur Gestapo, SD und SS-Wachmannschaften, die sich in großem Umfang an der Beteiligung an völkerrechtswidrigen Aktionen schuldig machten. Auch die Soldaten der »normalen« Waffen-SS waren gut funktionierender Teil des Räderwerks von Vernichtungskrieg und Holocaust. Um dies zu belegen, ist ein Blick auf die Organisation der Waffen-SS hilfreich.

Die Waffen-SS gliederte sich normalerweise in drei Kategorien:

- Deutsche Namensdivisionen (Reichsdeutsche);
- Freiwilligen-Divisionen (volksdeutsche und »germanische« Verbände);
- Waffen-Divisionen (nichtdeutsche und »nichtgermanische« Verbände).

In den Anfangstagen der Waffen-SS akzeptierte Himmler nur ausländische Freiwillige aus »rassisch genehmen«, also »germanischen« Völkern (dass diese Zuordnungen wissenschaftlich unhaltbar und selbst nach Nazi-Kriterien oft unlogisch waren, interessierte nicht). Mit dem durch die Fortdauer des Krieges steigenden Personalbedarf fiel jedoch bald jeglicher Anspruch auf eine rassische Auswahl bei der Rekrutierung von ausländischen Freiwilligen.

Die späteren ausländischen Einheiten spiegelten nur mehr Himmlers Gier nach persönlicher Macht und Anerkennung wider. Vielfach wurden nur wertvolle Zeit und Ressourcen verschwendet, um Einheiten von geringem oder keinem militärischen Wert zu schaffen.

Die osteuropäischen Divisionen

Die moslemischen Einheiten auf dem Balkan zählten beispielsweise dazu. Himmler versuchte dort, einen Vorteil aus den alten religiösen Feindschaften zu ziehen. Die Partisanen, die überwiegend dem serbisch-orthodoxen Kulturkreis angehörten, stellten die deutschen Besatzungstruppen zwar strategisch vor keine allzu großen Probleme, waren aber eine stetige Bedrohung und banden an der Front benötigte Kräfte. Himmler stellte eine Freiwilligeneinheit aus kroatischen Moslems auf – wohl wissend, dass die religiös motivierte Abneigung zwischen diesen beiden Gemeinschaften zu Exzessen führen würde. Kaum hatten moslemische Einheiten, wie die Divisionen Handschar und

Ein brennendes russisches Dorf nach einem Angriff der SS. Sowohl die Einsatzkommandos als auch die Waffen-SS zeichneten sich durch solche Aktionen aus, die in einem »ideologischen Kampf und Ringen der Rassen« wurzelten.

Skanderbeg, mit der Partisanenbekämpfung begonnen, kam es auch schon zu den ersten Gräueltaten.

Die Division Handschar hatte sich das Misstrauen der Deutschen zugezogen, als sie während ihrer Ausbildung in Frankreich meuternd gegen deutsche Ausbilder vorging. Dennoch zögerte Himmler nicht, diese Truppen auf die Bevölkerung in Jugoslawien loszulassen. Ihr grausames Vorgehen gegen die Partisanen hatte zur Folge, dass auch deren Reaktionen immer brutaler ausfielen – Hinrichtungen und Vertreibungen trüben das Bild der jugoslawischen Volksbefreiungsarmee und sind bis heute kaum Gegenstand einer öffentlichen Debatte.

Neben den moslemischen Kroaten am Balkan dienten auch zahlreiche russische und baltische Freiwillige in der Waffen-SS. Vom militärischen Standpunkt aus bildeten dabei die Balten die mit Abstand effektivsten Einheiten. Vor allem die estnischen und lettischen Milizen kämpften mit großer Entschlossenheit.

Bei den Russen und Ukrainern war dies nicht immer der Fall. Zwar meldeten sich meist so viele Freiwillige, dass neben einer vollen Division noch mehrere Polizei-Einheiten für den Einsatz im Hinterland gebildet werden konnten, ihr Beweggrund war in der Regel Hass auf die Kommunisten. Es gab aber auch zahlreiche Opportunisten, die sich dadurch besondere Vorteile erhofften, sei es in Form von besseren Rationen oder mehr Geld. Andere wiederum wollten einfach alte Rechnungen mit persönlichen Feinden begleichen.

Jene, die vergleichsweise idealistische Gründe hatten, waren schnell desillusioniert. Dies war beispielsweise bei der 30. Waffen-Grenadierdivision der SS der Fall, deren Soldaten sich gemeldet hatten, um gegen die Sowjets zu kämpfen. Stattdessen kamen sie in Frankreich gegen die dortige Widerstandsbewegung der Résistance zum Einsatz. So war es auch nicht verwunderlich, dass die Moral und Effizienz dieser Einheit nicht besonders hoch war.

Die Aufweichung der rassischen und ausbildungsmäßigen Aufnahmevoraussetzungen für die Waffen-SS im Lauf des Krieges half aber nichts mehr. Die militärische Lage war seit den Schrecken des englischen Bomberkriegs, spätenstens aber seit dem Inferno von Stalingrad alles andere als günstig für Nazideutschland. Eine Niederlage reihte sich an die andere, und unaufhaltsam rückte die Rote Armee Richtung Westen vor. Dies trug auch nicht gerade dazu bei, die Moral und Begeisterung der russischen Freiwilligen zu heben.

Zusammenfassend könnte man sagen, dass das militärische Niveau der baltischen Einheiten gut, der meisten russischen Freiwilligen unbeständig und der moslemischen Truppen am Balkan katastrophal war. Eine Freiwilligeneinheit jedoch stellte hinsichtlich ihrer beispiellosen Brutalität alle anderen in den Schatten: die 29. Waffen-Grenadierdivision der SS von Bronislaw Kaminski. Von allen Einheiten, die sich durch ihre Exzesse gegen die Zivilbevölkerung hervorgetan hatten, waren Kaminskis Truppen zweifelsohne die schlimmste. Wie ihre Erfolge gegen die Partisanen in den Wäldern Zentralrusslands zeigten, verfügten sie über ein gewisses Maß an militärischen Fähigkeiten. Als sie jedoch gegen die polnische Heimatarmee in Warschau losgelassen wurden, war das Ausmaß ihrer Brutalität sogar den Deutschen zu viel. Möglicherweise waren es auch Berichte, dass Kaminskis Männer nicht nur polnische, sondern auch zwei deutsche Frauen vergewaltigt und ermordet hatten, die ihn vor ein deutsches Standgericht brachten. Nachdem er nur sieben Monate zuvor mit dem Eisernen Kreuz dekoriert worden war, wurde er am 28. August 1944 erschossen.

So waren die meisten osteuropäischen Freiwilligeneinheiten, von den baltischen SS-Divisionen einmal abgesehen, als Kampfverband bestenfalls von mittelmäßiger Qualität. Traurige Berühmtheit erlangten sie allenfalls als Barbaren, die einige der schlimmsten Kriegsverbrechen zu verantworten hatten.

Himmler weigerte sich, diese Divisionen als richtige Waffen-SS-Einheiten anzuerkennen, was sich auch in ihren offiziellen Bezeichnungen äußert. Der offizielle Titel der Division Handschar lautete beispielsweise »13. Waffen-Gebirgsdivision der SS« und nicht SS-Gebirgsdivision. Damit sollte ausgedrückt werden, dass diese Freiwilligen zwar in der SS dienten, aber nicht zur SS gehörten. Es gab sogar Bestimmungen, die diesen Einheiten das Tragen von Kragenspiegeln mit den SS-Runen verboten, was eine erstaunliche Vielfalt an verschiedenen Kragenspiegeln zur Folge hatte. Diese Anordnung wurde jedoch häufig ignoriert und die SS-Runen trotzdem verwendet.

Abgesehen von diesem kleinen Unterschied trugen diese Einheiten die Standarduniform der SS und benützten das SS-Soldbuch. Dieses war teilweise sogar zweisprachig in lateinischen und kyrillischen Schriftzeichen verfasst. Man kann aber kaum erwarten, dass Menschen, die durch diese Truppen in Furcht und Schrecken versetzt wurden, auf diese feinen Unterschiede achteten.

Gegenüberliegende Seite: »Auf der anderen Seite steht eine Bevölkerung von 180 Millionen, eine Mischung aus Rassen, deren Namen unaussprechbar sind, und deren Statur so beschaffen ist, dass man sie ohne Reue und Mitgefühl niederschießen kann. Ihr werdet sie selbst sehen, diese Tiere, die jeden Gefangenen von uns foltern und misshandeln, jeden Verwundeten, dessen sie habhaft werden und den sie nicht so behandeln, wie es anständige Soldaten tun würden. ... Sie haben nur ein Ziel: da wir Russland, halb Asien und einen Teil Europas schon haben, überwältigen wir jetzt Deutschland und die ganze Welt.« So sprach Himmler zu Soldaten der Waffen-SS im Juli 1941. Das Bild zeigt das Ergebnis dieser Rede. Russische Zivilisten, die »ohne Reue und Mitgefühl« getötet werden.

Die westlichen Freiwilligen aus Dänemark, den Niederlanden, Belgien, Norwegen und Frankreich sahen sich sehr viel seltener mit Anschuldigungen wegen Gräueltaten konfrontiert als ihre Kameraden aus Osteuropa.

Die »klassischen« Divisionen

Was sind nun diese sogenannten klassischen Divisionen der Waffen-SS? Dieser Begriff wurde häufig für jene Divisionen verwendet, bei deren Rekrutierung eine eher strenge Auswahl getroffen wurde. Diese Einheiten bestanden dann überwiegend, wenn nicht zur Gänze, aus Reichsdeutschen, die den zeitweise strengen SS-Kriterien für eine Vollmitgliedschaft entsprachen. Diese Divisionen waren größtenteils gut ausgerüstet und ihre Angehörigen trugen üblicherweise einen Ärmelstreifen, auf dem ihr Ehrentitel stand. Daneben standen sie im Ruf, einen außergewöhnlich starken Korpsgeist zu besitzen.

Elite oder Mördertruppe?

Nicht alle dieser frühen Einheiten wiesen jedoch einen gleich hohen Standard auf. Die 4. SS-Polizeidivision erhielt beispielsweise eine schlechtere Ausrüstung als andere Divisionen, wie auch die 7. SS-Gebirgsdivision Prinz Eugen. Beide kamen hauptsächlich im Kampf gegen Partisanen zum Einsatz und mussten sich mit zum Teil veralteten oder erbeuteten Waffen begnügen.

Die wahre »Elite« der Divisionen der Waffen-SS fand sich hingegen in der ersten Hälfte der SS-Schlachtaufstellung. Divisionen wie die Leibstandarte, Das Reich, Wiking, Hohenstaufen, Frundsberg, Hitlerjugend und Götz von Berlichingen genossen einen guten Ruf in militärischen und politischen Kreisen Nazideutschlands. Die nationalsozialistische Propaganda nutzte jede Gelegenheit, die militärische Tapferkeit dieser Einheiten publik zu machen – auch wenn die »Tapferkeit« bisweilen nur in selbstmörderischer Verachtung jeglicher Gefahr bestand. Der Begriff »Fanatismus« war schließlich von Anfang an Teil des Anfeuerungsvokabulars der Nazipropaganda gewesen.

Was ihre militärische Einsatzfähigkeit angeht, können Angehörige dieser Divisionen mit einem gewissen Recht behaupten, Soldaten wie alle anderen gewesen zu sein. Diese Parallelität gilt allerdings auch in negativer Hinsicht: Spätestens seit den 1990er-Jahren weiß man ja, dass auch die Wehrmacht, also die »normalen« Soldaten, für systematische Menschenrechtsverletzungen vor allem in Russland verantwortlich waren. Insofern waren die »normalen« Soldaten oft Verbrecher wie ihre Kameraden von der Waffen-SS.

Hitlers Leibwache

Die bekannteste Division der Waffen-SS war die Leibstandarte SS Adolf Hitler. Die frühere Leibwache Hitlers sollte sich zu einer der stärksten Panzerformationen Deutschlands entwickeln. Ihre Männer bildeten eine Elite innerhalb einer Elite. Bei der Auswahl der Rekruten kamen die strengsten Maßstäbe zur Anwendung, und nur die Allerbesten wurden aufgenommen. Nur wer den harten Anforderungen in Bezug auf Fitness, Größe, rassische Reinheit und politische Loyalität entsprach, durfte sich überhaupt zu dieser Einheit melden. So soll eine einzige Zahnfüllung bereits genügt haben, damit ein Rekrut abgelehnt wurde.

Die Männer der Leibstandarte waren immens stolz auf ihren Status und trugen den Namen des Führers auf ihren Ärmelstreifen. Verglichen mit der Wehrmacht, wo die Offiziere üblicherweise aus einer anderen gesellschaftlichen Schicht kamen als die Mannschaften, gab es bei der Leibstandarte weniger soziale Unterschiede; Aufstiegschancen waren hier weniger an den sozialen Status gebunden.

Die Offiziere mussten einen Teil ihrer Ausbildung bei den Mannschaften ableisten, ehe sie an der Offiziersausbildung teilnehmen konnten. Niedere Dienstränge sprachen ihre Vorgesetzten mit deren SS-Dienstrang an, Offiziere mussten nicht wie in der Wehrmacht mit »Herr« angesprochen werden. Die Soldaten durften an ihren Spinden kein Vorhängeschloss anbringen, da dies ein Misstrauen gegenüber ihren Kameraden darstellte, in deren Hände eines Tages ihr Leben liegen könnte.

Gräueltaten in Polen und Frankreich

Fast von Beginn der Kampfhandlungen im September 1939 an taten sich die Männer der Waffen-SS gegenüber ihren Kameraden in der Wehrmacht durch ihr kompromissloses Vorgehen hervor. Dies ist aber kaum überraschend, wenn man ihre stark ideologisch geprägte Ausbildung berücksichtigt. Die Wehrmacht sah diesen Umstand jedoch mit beträchtlichem Misstrauen und erwähnte in ihren Berichten vor allem die überflüssig hohen Verlustzahlen der Waffen-SS. Wie auch immer, die Waffen-SS erwarb sich rasch den Ruf, die ihr übertragenen Aufgaben mit viel

Fanatismus, aber auch unter hohen Verlusten durchzuführen. Dieser Ruf hat sich bis in die Nachkriegszeit gehalten. Statistische Erhebungen belegen jedoch, dass die Verlustraten bei SS und Wehrmacht exakt gleich waren. Das mit den hohen Opferzahlen intonierte »Heldenlied vom Einsatz der SS« wurde vom Himmler unterstellten Inspekteur für Statistik von Kriegsbeginn an besonders laut gesungen, um den Eliteanspruch seiner Truppe zu untermauern.

Am 19. September 1939 kam es in Polen zum ersten dokumentierten Kriegsverbrechen der Waffen-SS. Ein SS-Soldat namens Ernst vom SS-Artillerieregiment sowie ein Feldpolizist der Wehrmacht trieben 50 Juden in eine Synagoge und erschossen sie dort. Der SS-Soldat kam vor das Kriegsgericht, wobei der Ankläger die Todesstrafe forderte. Ein Gericht in Deutschland hob das Todesurteil jedoch mit der Begründung auf, dass der SS-Soldat »auf Grund der zahlreichen Gräueltaten, die die Polen an den Volksdeutschen verübt hätten, in einem Zustand der Verwirrung gewesen sei. Als SS-Mann hätte er daher besonders empfindlich auf den Anblick der Juden sowie die feindliche Einstellung des Judentums gegen die Deutschen reagiert. Folglich hätte er reichlich unüberlegt im Geiste jugendlichen Überschwangs gehandelt« (man beachte den Hinweis auf die akzeptierte antijüdische Gesinnung der SS).

Die Division Leibstandarte wurde für den Feldzug im Westen 1940 verstärkt und aufgestockt. In dessen Verlauf stieß sie über die Niederlande nach Frankreich vor, wo sie an der Küste des Ärmelkanals entlang nach Dünkirchen vorrückte. Am 28. Mai 1940 fielen ihnen im Dorf Wormhoudt 80, nach anderen Quellen 97 britische Soldaten in die Hände. Sie trieben sie in eine Scheune und töteten sie durch Handgranaten und Pistolenschüsse. Als Rechtfertigung gaben die Deutschen an, dass einer der Gefangenen einen Revolver versteckt und damit auf sie geschossen hätte. Dadurch wäre es zur Schießerei gekommen. Dies scheint jedoch mehr als unwahrscheinlich zu sein. Es gibt keinen einzigen schlüssigen Beweis, der diese Darstellung untermauern könnte.

Die Leibstandarte im Osten

Im Sommer 1941 stand die Leibstandarte an den Ostgrenzen des Reiches, bereit für den Schlag gegen die Sowjetunion als Teil von

Ein Beispiel der »Neuen Ordnung« in Jugoslawien. Die 7. SS-Freiwilligen-Gebirgsdivision Prinz Eugen kämpfte zwischen 1942 und 1944 gegen Partisanen und verübte dabei zahlreiche Gräueltaten. Fotografien, die Angehörige der Division gemacht hatten, fielen später in die Hände der Russen und zeigen die Einheit bei zahlreichen Massakern und Zerstörungen von Dörfern.

Die Niederschlagung des jüdischen Aufstands im Warschauer Ghetto im April/Mai 1943, an der die Waffen-SS beteiligt war. Die Operation unterstand dem SS-Brigadeführer Jürgen Stroop (1951 in Warschau hingerichtet), nach dessen Angaben bis Ende April 37359 Juden getötet oder gefangen genommen worden waren. Als er nach dem Krieg gefragt wurde, ob er diesen Einsatz bedauerte, antwortete er: »Wer immer in diesen Tagen ein richtiger Mann sein wollte, das heißt ein starker Mann, musste so handeln wie ich.«

Hitlers Invasionsmacht im Rahmen der Operation »Barbarossa«. Der Krieg im Osten machte die jungen Grenadiere der Waffen-SS mit einer weitaus brutaleren und grausameren Art der Kriegführung bekannt, als sie es vom Westfeldzug gewohnt waren. Den SS-Männern war stets eingetrichtert worden, die Russen als kommunistische Feinde und rassisch minderwertige »Untermenschen« zu verachten, da sie den völligen Gegensatz zu den Idealen des Nationalsozialismus darstellten. Die Sowjets ihrerseits betrachteten die Deutschen als faschistische Eindringlinge – was sie ja auch waren –, verteidigten ihr Vaterland unter Aufbietung aller Kräfte und leisteten dafür einen gigantischen Blutzoll.

Die Leibstandarte war für die Ermordung von zahlreichen russischen Kriegsgefangenen im Oktober 1941 während der Kämpfe um Taganrog verantwortlich. Der Kommandeur der Leibstandarte, Sepp Dietrich, gab dabei den Befehl, als Vergeltung für sowjetische Übergriffe mehrere Tage lang keine Gefangenen mehr zu machen.

Das Massaker von Oradour

Im Westen kam es vergleichsweise selten zu einer derart brutalen Kriegführung wie im Osten. Im Allgemeinen wurden dort die Regeln der Haager Landkriegsordnung mehr oder weniger befolgt. Trotzdem gab es eine ganze Reihe von Vorfällen, die den »klassischen« Divisionen der Waffen-SS angelastet werden müssen. Zwei der schrecklichsten Zwischenfälle sind es wert, hier näher behandelt zu werden.

Einer dieser Vorfälle ereignete sich im Sommer 1944 in Frankreich. Die Division Das Reich befand sich auf dem Marsch in Richtung Norden zu den Kriegsschauplätzen in der Normandie, wo einige Tage zuvor die Alliierten gelandet waren. Auf dem Weg dorthin erhielt sie den Befehl, in der Gegend von Limoges gegen Partisanen vorzugehen. Die Stadt Tulle wurde nämlich von Partisanengruppen mehr oder weniger belagert und die dort befindlichen deutschen Garnisonstruppen, das III. Bataillon des Sicherungsregiments 95, eingekesselt. Diese Einheit verfügte über keinerlei Fronterfahrung.

Teile des Regiments Der Führer erhielten nun von der Division den Auftrag, zu ihren in der Stadt festsitzenden Kameraden vorzustoßen. Sie erledigten diese Aufgabe ohne größere Probleme, da für sie die Partisanen keine ernst zu nehmenden Gegner darstellten. Als die Deutschen in die Stadt einrückten, fanden sie an die 40 (nach anderen Quellen bis zu 120) Tote vor. Es handelte sich dabei um Angehörige der Garnisonstruppen, die bei den Partisanenangriffen umgekommen und deren Leichen zum Teil geschändet worden waren.

Zur Zeit der Vorfälle in Tulle, am 9. Juni 1944, wurden zwei Offiziere der Division, SS-Obersturmführer Gerlach und SS-Sturmbannführer Kämpfe, von den Partisanen entführt. Sie erschossen Kämpfe, dessen Leichnam erst nach dem Krieg aufgefunden wurde. Gerlach hingegen gelang die Flucht. Nach seiner Rückkehr berichtete er seinem Regimentskommandeur, SS-Standartenführer Stadler, dass er im Verlaufe seiner Entführung in ein Dorf gebracht worden sei, das er als Oradour-sur-Glane identifizierte. Stadler schickte darauf SS-Sturmbannführer Diekmann mit einer Kompanie los, um die Sache zu untersuchen. Anderen Berichten zufolge war Gerlach zu diesem Zeitpunkt noch in den Händen der Partisanen, und Diekmann hatte den Auftrag, Geiseln für einen möglichen Austausch zusammenzutreiben.

In Oradour angekommen, ließ Diekmann das Dorf abriegeln und alle Bewohner zusammentreiben. In dem folgenden Gewaltexzess wurden 642 Menschen jeden Alters und Geschlechts, unter ihnen 207 Kinder, entweder erschossen oder in Gebäude getrieben und bei lebendigem Leibe verbrannt. Als sich Diekmann bei seiner Einheit zurückmeldete, meldete Stadler den Vorfall seinem Divisionskommandeur Lammerding, damit dieser ein Kriegsgerichtsverfahren einleite. Diekmann fiel jedoch kurz darauf im Kampf und so wurde das Verfahren zumindest gegen diesen Beschuldigten gegenstandslos.

Die Empörung über das Massaker reichte bis in höchste Wehrmachtskreise, selbst innerhalb der Waffen-SS war man mit diesem Vorgehen nicht überall einverstanden, andererseits wurde

Männer der berüchtigten Brigade Dirlewanger während des Aufstands in Warschau im August 1944. Unter dem Kommando von Oskar Dirlewanger bestand diese Einheit aus Wilderern, Kriminellen, unehrenhaft entlassenen Offizieren und strafversetzten SS-Soldaten. Sie hinterließen eine Spur der Gewalt in der Stadt, während sie den Aufstand niederschlugen. Jeder, der sich ihnen in den Weg stellte, wurde umgebracht, ausgeplündert oder vergewaltigt. Sogar Krankenhäuser blieben nicht verschont, deren Personal wie auch Patienten, einschließlich der Krankenschwestern und Nonnen, beraubt und vergewaltigt wurden. Für dieses Vorgehen in Warschau erhielt Dirlewanger das Ritterkreuz.

von den meisten Beteiligten versucht, den getöteten Dieckmann als allein Verantwortlichen darzustellen und die Aktion als irrtümliche Partisanenaktion zu exkulpieren. Es war Hitler selbst, der schließlich die Einleitung eines Kriegsgerichtsverfahrens verbot. Erst nach dem Krieg wurden Überlebende der Einheit Diekmanns in einem Prozess in Bordeaux zu Haft- und in zwei Fällen zu Todesstrafen verurteilt. Die sich in Deutschland befindlichen Beschuldigten wurden weder nach Frankreich ausgeliefert noch in Deutschland strafrechtlich verfolgt. Alle Strafen wurden später reduziert; die letzten Verurteilten kamen 1959 frei. Erst im Jahr 2004 besuchte der damalige Bundeskanzler Schröder Oradour und bat die Bürger um Verzeihung. 2011 kamen neue Beweise gegen sechs, heute kaum noch vernehmungsfähige Soldaten ans Licht. In den Jahrzehnten vorher waren Ermittlungen unterblieben oder nur halbherzig geführt worden.

Das Massaker von Malmedy

Der andere Vorfall ereignete sich während der Ardennenoffensive am 17. Dezember 1944 in Malmedy, als mehrere amerikanische Kriegsgefangene umgebracht wurden. Die über 100 Gefangenen, Besatzungen eines Lkw-Konvois, wurden an einer Kreuzung bei Baugnez, in der Nähe von Malmedy, von den Angriffsspitzen der Kampfgruppe Peiper, eines der 6. SS-Panzerarmee unterstellten Verbands der Leibstandarte Adolf Hitler, überwältigt. Während Peipers Verband seinen Vormarsch fortsetzte, erschossen nachrückende SS-Truppen unter nicht vollständig geklärten Umständen mindestens 82 Amerikaner, zum Teil aus nächster Nähe.

Im Mai 1946 wurden 73 Angehörige des Panzerregiments der Leibstandarte-SS Adolf Hitler in Dachau wegen ihrer Beteiligung am Malmedy-Massaker angeklagt. 43 Soldaten wurden zum Tod, 30 zu Haftstrafen verurteilt. Nicht zuletzt, weil in den USA Kritik an der mangelnden Rechtsstaatlichkeit des Prozesses bzw. der Voruntersuchungen aufgekommen war, wurden die Todes- in Haftstrafen umgewandelt. Als letzter Verurteilte kam 1956 Joachim Peiper, Kommandant der Kampfgruppe seines Namens, frei – eine Milde, die die deutschen Truppen ihren Gegnern bei entsprechenden Vorwürfen nie angedeihen ließen.

Das SS-Vermächtnis

Als die deutsche Kriegsmaschinerie allmählich zerfiel, waren es erneut die Einheiten der Waffen-SS, die im Reich von einer Lücke in der abbröckelnden Verteidigung zur anderen eilten.

Das Massaker von Malmedy. Amerikanische Soldaten liegen tot im Schnee. Soldaten der Division Leibstandarte schossen sie nieder, nachdem sie sich ergeben hatten.

Der beinahe ständige Kampfeinsatz und die gnadenlosen Schlachten führten zu hohen Verlusten, wobei der Korpsgeist in den meisten SS-Eliteeinheiten dennoch hoch blieb.

Welche Vorzüge die Divisionen der SS als Kampfformationen auch immer hatten, es besteht kein Zweifel, dass von ihnen mehr Kriegsverbrechen als von anderen deutschen Kampfeinheiten verübt wurden. Was die sogenannten klassischen Divisionen der Waffen-SS betrifft, so seien die meisten Exzesse »in der Hitze des Gefechts« und von kleineren Truppenteilen verübt worden – eine nach dem Krieg immer wieder vorgebrachte und tief im Bewusstsein der Nachkriegsdeutschen verwurzelte Entschuldigung. Wenn »Übergriffe der gegnerischen Seite« als Rechtfertigung für eigene Gräueltaten angeführt wurden – im Fall Oradour wurde etwa eine in ihrem Fahrzeug von Partisanen bei lebendigem Leib verbrannte Sanitätseinheit erwähnt –, konnte dies in der Regel im Lauf der Zeit als Schutzbehauptung entlarvt werden. Das Argument, die SS-Truppen seien Soldaten »wie ihre Kameraden von der Wehrmacht« gewesen, hat spätestens seit den Untersuchungen über deren systematischen Terror vor allem im Russlandfeldzug einiges an exkulpatorischem Wert verloren. Ob nun individueller Fanatismus oder das unreflektierte Befolgen der Mordbefehle von Vorgesetzten der Beweggrund war: Wehrmachtssoldaten haben in Russland gemordet wie Angehörige der Waffen-SS auch. Die einen wie die anderen haben sich für den Vernichtungskrieg einsetzen lassen; die einen wie die anderen wurden im nationalsozialistischen Sinn politisiert.

Die Nürnberger Prozesse

Angesichts ihres Verhaltens vor allem auf den östlichen Kriegsschauplätzen gab es für einen Großteil der SS bei den Nürnberger Prozessen, dem Hauptverfahren gegen die Hauptkriegsverbrecher und den zwölf Nachfolgeprozessen, keine mildernden Umstände – zumindest was die Schuldzuweisung anging. Der Internationale Militärgerichtshof in Nürnberg stellte fest, dass die SS »für Zwecke eingesetzt wurde, die gemäß der Charta [des Internationalen Militärgerichtshofes] kriminell waren. Dazu gehörten die Verfolgung und Ausrottung der Juden, Brutalitäten und Morde in den Konzentrationslagern, Exzesse bei der Verwaltung der besetzten Gebiete, die Durchführung des Zwangsarbeiterprogramms und die Misshandlung und Tötung von Kriegsgefangenen«.

Außerdem war die »Waffen-SS in Theorie und Praxis ein ebensolcher Bestandteil der SS-Organisation wie jeder andere Zweig der SS« und war »direkt in die Tötung von Kriegsgefangenen und Gräueltaten in den besetzten

Ländern verwickelt. Sie stellte das Personal für die Einsatzgruppen und ihr unterstanden die Wachen der Konzentrationslager, nachdem die Totenkopfverbände in die SS eingegliedert wurden«. Als solche war sie an der Vernichtung von sechs Millionen Juden, Hunderttausenden von Zwangsarbeitern sowie der Ermordung von zahllosen Zivilisten in Osteuropa beteiligt.

Was dagegen das Strafmaß betraf, kamen die meisten SS-Angeklagten glimpflich davon. Im Prozess gegen die Einsatzgruppen wurden zwar 14 Todesurteile verhängt, vollzogen wurden aber nur vier, die anderen wurden in Haftstrafen umgewandelt. Im Prozess gegen das Wirtschafts- und Verwaltungshauptamt der SS wurde einzig sein Amtsleiter, SS-Obergruppenführer Oswald Pohl, hingerichtet, ansonsten gab es Haftstrafen. Im Prozess gegen das Rasse- und Siedlungshauptamt kam es (wie auch in dem gegen das Oberkommando der Wehrmacht) zu keinen Todesurteilen; einzig Richard Hildebrandt, Leiter des RuSHA, wurde an Polen ausgeliefert und dort wegen seiner Taten als HSSPF von Danzig verurteilt und hingerichtet. Der oberste Dienstherr, Reichsführer-SS Heinrich Himmler, hatte sich kurz nach seiner Gefangennahme durch die Briten seiner Verantwortung durch Selbstmord entzogen.

Etlichen hohen Nazi- und SS-Chargen gelang es mithilfe – ausgerechnet – der katholischen Kirche über die sogenannte Rattenlinie via Italien nach Südamerika zu entkommen. Da die Kirche eigentlich nur Katholiken half, entdeckten viele Kriegsverbrecher nach 1945 ihren Glauben und wurden quasi zeitgleich mit der Übergabe ihrer gefälschten Papiere getauft. Egal, ob sie frühzeitig entlassen wurden oder mit stillschweigender staatlicher Billigung flohen, sie alle profitierten von der neuen politischen Weltlage – der Kalte Krieg bahnte sich an, und der alte Antikommunismus wurde so neu belebt.

Niemand kann auch nur versuchen, die Aktionen der Einsatzgruppen, der Gestapo, der Totenkopfverbände und anderer SS-Teile zu entschuldigen oder zu rechtfertigen. Aber auch die Soldaten der Waffen-SS waren tief durchdrungen von den Lehren des Nationalsozialismus und dessen Glauben an die Minderwertigkeit anderer Rassen, und so kam es immer wieder zu Gräueltaten. Im Lauf der Nachkriegsjahre sind alle nach dem Krieg beliebten Exkulpationsstrategien in sich zusammengefallen. Kein Soldat, ob von Wehrmacht oder SS, kann für sich in Anspruch nehmen, von Deportationen, Exekutionen, Komissarbefehl »nichts gewusst« zu haben – zu viele Einheiten waren direkt oder indirekt an den entsprechenden Mordtaten beteiligt. Und auch der immer wieder angeführte Befehlsnotstand war wohl nicht so groß, wie häufig angeführt. Mittlerweile weiß man, dass Soldaten häufig zumindest von der direkten Teilnahme an Erschießungsaktionen freigestellt wurden, wenn sie unter Hinweis auf ihre psychische Belastung darum baten. Es muss vielmehr für Wehrmachtssoldaten und SS-Männer angenommen werden, was im zivilen Bereich für alle Deutschen galt: dass sie angehalten waren, den Willen des »Führers« zu antizipieren, ihm nicht nur zu-, sondern vorauszuarbeiten. In diesem Sinn ist eine Schuld von kleineren oder größeren Kollektiven wie Einsatzgruppen, Divisionen oder der gesamten SS durchaus zu bejahen. Wie tief der einzelne Soldat verstrickt war, ist nicht Bestandteil dieser systematischen Darstellung der SS als Machtinstrument Adolf Hitlers.

Hermann Prieß, Kommandeur der Leibstandarte, der für seinen Anteil am Massaker von Malmedy zum Tode verurteilt wurde. Das Urteil wurde später in eine Gefängnisstrafe umgewandelt und Prieß 1954 aus der Haft entlassen.

Anhang

Wer war wer in der SS?

Abkürzungen

EA	Exekution durch die Alliierten	EK I (EK II)	Eisernes Kreuz 1. (2.) Klasse
Gef.	Gefallen	WK 1	Erster Weltkrieg
V	Vermisst	HSSPF	Höherer SS- und Polizeiführer
NT	Natürlicher Tod	RSHA	Reichssicherheitshauptamt
S	Selbstmord	RuSHA	Rasse- und Siedlungshauptamt
U	Unfall	WVHA	Wirtschafts- und Verwaltungshauptamt
EN	Exekution unter den Nationalsozialisten	LSSAH	Leibstandarte SS Adolf Hitler
A	Durch Attentat getötet	HIAG	Hilfsgemeinschaft auf Gegenseitigkeit der Angehörigen der ehemaligen Waffen-SS
M	Ermordet		

A

D'Alquen, Gunter

Rang: SS-Standartenführer
Geboren: 24. Oktober 1910
Gestorben: 15. Mai 1998 (NT)
Parteimitglied Nr.: 66689
SS-Nr.: 8452
Auszeichnungen: Goldenes Parteiabzeichen; EK II; Kriegsverdienstkreuz 2. Klasse mit Schwertern; SS-Ehrenring; SS-Ehrendegen.

D'Alquen war Herausgeber der SS-Zeitschrift »Das Schwarze Korps«, die Heydrich (siehe dort) 1934 gegründet hatte. Als eines der wenigen Blätter unterstand es nicht der Zensur durch Goebbels' Propagandaministerium. Zudem verfasste d'Alquen »Die SS«, ein offizielles Pamphlet für Himmler, das auf Himmlers Rede für die Höheren SS-Führer vom 2. Juli 1936 zum 1000. Todestag von Heinrich dem Vogler basierte. Als Kriegskorrespondent der Propagandaabteilung der Wehrmacht reiste d'Alquen 1944 am Tag nach dem Gefangenenmassaker nach Le Paradis in der Normandie. Dort wurde ihm beim Anblick der Leichen die wenig plausible Geschichte erzählt, die Verletzungen stammten von Dum-Dum-Geschossen der Second Royal Norfolks. Kurz nach dem Attentat vom 20. Juli erhielt er von Himmler den Auftrag, eine Rekrutierungskampagne für russische Deserteure zu leiten. Gegen Kriegsende löste er General Wedel, einen speziellen Feind Goebbels', als Chef der Propagandaabteilung der Wehrmacht ab. Zudem half er Prützmann (siehe dort) bei der Gründung der Organisation Werwolf. Im Juli 1955 verurteilte ihn ein Berliner Entnazifizierungsgericht zu einer Geldstrafe von 60 000 DM.

Amann, Max

Rang: Reichsleiter, SS-Obergruppenführer
Geboren: 24. November 1891
Gestorben: 31. März 1957 (NT)
Parteimitglied Nr.: 3
SS-Nr.: 53143
Auszeichnungen: EK II (WK 1); Goldenes Parteiabzeichen; Coburger Ehrenzeichen, 14. Oktober 1932; Blutorden; Ehrenzeichen Pionier der Arbeit, 1. Mai 1941; SS-Ehrenring; SS-Ehrendegen.

Amann wurde in München geboren. Im Ersten Weltkrieg diente er in einem bayerischen Infanterieregiment und war Hitlers Feldwebel. Später war er eines der ersten Mitglieder der SA. Ab 1925 arbeitete er im Zentralbüro der SA, stieg zum Schatzmeister auf und übernahm die Geschäfte des Parteiorgans »Völkischer Beobachter«. Für Hitlers Buch »Viereinhalb Jahre des Kampfes gegen Lüge, Dummheit und Feigheit« fand Amann den einprägsameren Titel »Mein Kampf«. Er organisierte die Veröffentlichung, kümmerte sich um die Tantiemen – Hitlers Haupteinkommensquelle – und um die zahlreichen Auflagen des Buchs, die zu Hitlers Lebzeiten erschienen.
Im Zuge der Gleichschaltung der Presse ab der Machtübernahme der Nazis 1933 wurde Amann Vorsitzender des Reichsverbands Deutscher Zeitungsverleger und Präsident der Reichspressekammer. 1943 kaufte er Hugenbergs Medienimperium für die Partei. Durch Härte und Gier wurde er Millionär; nach Kriegsende wurde sein Vermögen im Rahmen eines Entnazifizierungsverfahrens eingezogen und wurden ihm seine Pensionsansprüche aberkannt. Amann starb verarmt in München.

B

Bach-Zelewski, Erich von dem

Rang: SS-Obergruppenführer und General der Waffen-SS und Polizei
Geboren: 1. März 1899
Gestorben: 8. März 1972 (NT)
Parteimitglied Nr.: 489101
SS-Nr.: 9831
Auszeichnungen: EK II (WK 1); EK I (WK 1); Ehrenkreuz WK 1 für Frontkämpfer; 1914 Verwundetenabzeichen in Schwarz; Kriegsverdienstkreuz 2. Klasse mit Schwertern; Kriegsverdienstkreuz 1. Klasse mit Schwertern; Ritterkreuz, 30. September 1944; Deutsches Kreuz in Gold, 23. Februar 1943; EK II Wiederholungsspange, 31. August 1941; EK I Wiederholungsspange, 20. Mai 1942; Goldenes Parteiabzeichen; Danziger Kreuz 1. Klasse; SS-Ehrenring; SS-Ehrendegen.

Bach-Zelewski wurde in Lauenburg/Pommern in eine Junker-Familie geboren, diente im Ersten Weltkrieg als Freiwilliger und wurde nach dem Krieg Berufssoldat. 1930 trat er der NSDAP bei, 1931 wurde er Mitglied der SS. Zwischen 1932 und 1934 war er Abgeordneter im Reichstag. Nach Hitlers Machtübernahme wurde er schnell befördert und stieg zum Höheren SS- und Polizeiführer (HSSPF) im SS-Oberabschnitt Süd-Ost in Breslau/Schlesien auf. 1941/42 war er SS-Obergruppenführer und General der Polizei Russland-Mitte und als »Bevollmächtigter des Reichsführers-SS für die Bandenbekämpfung« Himmler (siehe dort) direkt unterstellt. 1941 ließ er allein in einem Monat 25 000 Juden in Russland erschießen. 1942 erkrankte Bach-Zelewski und wurde in den SS-Heilanstalten Hohenlychen behandelt.
Bach-Zelewski war verantwortlich für die Verfolgung der Partisanen hinter den Linien der Ostfront und den Gebirgslagen des Balkans. Der SS übergab er die Kontrolle der Wehrmacht und der nichtdeutschen Soldaten, die sich freiwillig der Wehrmacht angeschlossen hatten.
Darüber hinaus befehligte er alle deutschen Truppen bei der brutalen Niederschlagung des Warschauer Aufstands vom August bis Oktober 1944 (und bekam dafür das Ritterkreuz), bei der rund 200 000 polnische Zivilisten ermordet wurden. Himmler wollte dies als Ehrenschlacht für die SS gewertet sehen, das dafür als Kampfabzeichen geplante Warschauschild wurde jedoch nie verliehen. Die gewaltige Zahl der Morde schlug bis in höhere Wehrmachtskreise hinein Wellen – zu offen hatten Dirlewangers und Kaminskis (siehe dort) Männer ihre Mordgier und Habsucht gegenüber den altgedienten Soldaten zur Schau gestellt. Bach-Zelewski ließ denn auch Kaminski im September 1944 wegen »Plünderungen« erschießen – und hatte sich damit bequemerweise auch einen möglicherweise gefährlichen Zeugen vom Hals geschafft. Um einer Auslieferung nach Polen zu entgehen, sagte Bach-Zelewski nach dem Zweiten Weltkrieg in den Nürnberger Prozessen als Zeuge der Anklage aus. 1951 wurde er zu zehn Jahren Arbeitslager verurteilt; tatsächlich verbüßte er die verbliebenen fünf Jahre seiner Strafe nur im Hausarrest. 1958 wurde er erneut verhaftet und 1961 wegen seines Befehls der Ermordung von Anton von Hohberg und Buchwald während der Röhm-Affäre 1934 zu lebenslanger Haft verurteilt. 1972 starb er in München. Für die Morde beim Warschauer Aufstand wurde er nie zur Rechenschaft gezogen.

Backe, Herbert

Rang: SS-Obergruppenführer
Geboren: 1. Mai 1896
Gestorben: 6. April 1947 (S)
Parteimitglied Nr.: 22766
SS-Nr.: 87882
Auszeichnungen: Goldenes Parteiabzeichen; Kriegsverdienstkreuz 2. Klasse; Kriegsverdienstkreuz 1. Klasse; SS-Ehrenring; SS-Ehrendegen.

Backe wurde in Batumi im heutigen Georgien geboren, besuchte das Gymnasium in Tiflis und studierte an der Universität Göttingen. Während des Ersten Weltkriegs war er in Russland als Zivilgefangener interniert. Der diplomierte Landwirt arbeitete von 1933 bis 1942 als Staatssekretär im Reichsministerium für Ernährung und Landwirtschaft, danach leitete er das Ministerium als Reichsminister. Backe war in Hitlers politischem Testament als Minister vorgesehen; er wurde nach dem Krieg verhaftet und erhängte sich am 6. April 1947 in seiner Gefängniszelle in Nürnberg.

Barbie, Klaus

Rang: SS-Obersturmführer
Geboren: 25. Oktober 1913
Gestorben: 23. September 1991 (NT)
Parteimitglied Nr.: – / **SS-Nr.:** –
Auszeichnung: EK II.

Der berüchtigte »Schlächter von Lyon« wurde als Sohn eines Dorflehrers in Godesberg geboren. Er trat der SS bei und wurde dem SD zugeteilt. Dort begann er seine lange Spionagekarriere, die er nach dem Zweiten Weltkrieg fortführte.
Am 2. Mai 1941 wurde Barbie als Judenreferent des Reichssicherheitshauptamts nach Den Haag gesendet, danach zum Amsterdamer Gestapo-Hauptquartier in der Euterpestraat. Er hatte den Befehl, sich auf Zionisten, jüdische Finanziers, Marxisten und insbesondere Freimaurer zu konzentrieren. Eichmann (siehe dort) war ungeduldig; geheimdienstliche Informationen konnten nur langsam und mühselig gesammelt werden und er verlangte, dass das RSHA Referat IV B4 die Insassen für die Deportationszüge lieferte. Als er im Mai 1942 nach Holland kam, war Barbie nach Frankreich gezogen, wo er im November 1942 in Lyon seine Stellung antrat. Barbies erster Befehlshaber war SS-Sturmbannführer Rolf Müller, der ihn in Lyon weitgehend unkontrolliert vorgehen ließ, abseits von beider Vorgesetzten, SS-Standartenführer Helmut Knochen (siehe dort), dem Befehlshaber der

Sicherheitspolizei und des SD in Paris. Barbies Anweisung von Knochen war eindeutig: die Résistance in Lyon unterwandern und zerschlagen. Barbie richtete im luxuriösen Hôtel Terminus sein Hauptquartier ein. In Lyon zeigte er sich als ambivalente Persönlichkeit: Er spielte den Ungezwungenen, der manchmal auch auf den geschützten Dienstwagen verzichtete, um durch die Straßen zu schlendern und Bekannte zu treffen, er liebte gutes Essen und zeigte sich gegenüber den Kellnerinnen großzügig. Seine andere Seite waren unkontrolliertes Wüten und Sadismus.
Zwei Vorfälle stechen aus Barbies erschreckender Karriere hervor. Am 2. Juni 1943 führten ihn Informationen aus unbekannter Quelle zu dem ortsansässigen Arzt Dugoujon, in dessen Haus sich prominente Mitglieder der Résistance trafen, darunter auch ein gewisser Jean Martel, angeblich ein Rheumapatient. Als die Gestapo das Haus stürmte, verhaftete sie alle Anwesenden, besonderes interessiert war sie jedoch an Martel alias Jean Moulin, Organisator und Koordinator der Widerstandszellen in der Region. Moulin, ein großer Helden der französischen Résistance, wurde von Barbie grausamst gefoltert. Ein Augenzeuge sah Moulin »bewusstlos, seine Augen tief in den Höhlen, als ob sie durch seinen Kopf gedrückt worden wären. Seinen geschwollenen Lippen entkam ein stummes Röcheln.« Schwerst verletzt, mit Schädelbruch und wahrscheinlichen Hirnschäden, wurde Moulin nach Paris transportiert, wo er, bereits im Koma, einige Tage in der Residenz des SS-Sturmbannführers Bömelburg untergebracht wurde. Er verstarb auf dem Transport nach Deutschland, laut Totenschein an Herzversagen am 8. Juli 1943 in Metz.
Barbies Terrorherrschaft kannte keine Grenzen. Er verantwortete die Deportation von 842 Menschen in Konzentrationslager, von denen mindestens 373 ermordet wurden. Darunter waren auch 52 Kinder, von denen 44 aus der Maison d'Izieu in die Gaskammern geschickt wurden. Das Heim war eine Zufluchtstätte für jüdische Kinder aus ganz Frankreich und wurde von Informanten verraten. Im April 1944 wurde es von Barbie und seinen Untergebenen gestürmt.
Laut John Loftus, ehemaliger Ankläger für das *US Office of Special Investigations*, rekrutierten sowohl die USA als auch Großbritannien ehemalige SS-Mitglieder als Spione im kommunistischen Osteuropa. 1945 ließ der britische Auslandsgeheimdienst MI6 heimlich SS-Brigadeführer Walter Schellenberg (siehe dort) nach London fliegen. Schellenberg präsentierte dort eine Liste seiner wichtigsten Agenten. Barbie kam durch SS-Untersturmführer Hans Markus, einen zentralen Mitarbeiter Schellenbergs, in Kontakt mit dem MI6. Er versorgte zunächst als »runner« neue Agenten mit Nachschub und Geld, führte jedoch später seine eigenen Geheimdienstoperationen mit zahlreichen Kontakten in einem wachsenden Netzwerk aus. Während der MI6 Barbie ohne Bedenken einsetzte, wurde er zur gleichen Zeit vom britischen Inlandsgeheimdienst MI5 und dem britischen Militärgeheimdienst als Kriegsverbrecher gesucht. Um seine Spur zu verwischen, ließ sich Barbie in Hamburg von einem Arzt seine SS-Blutgruppentätowierung entfernen.
1947 bis 1950 arbeitete Barbie für den US-Geheimdienst; er sollte die Kommunistische Partei in Deutschland unterwandern und sowjetische Agenten aufspüren. Er erhielt ein Büro in Augsburg und arbeitete mit 100 Informanten. Die Amerikaner beschrieben ihn im Nachhinein als von unschätzbarem Wert.
Barbie nutzte seine Position, um ehemaligen SS-Mitgliedern zur Flucht aus Deutschland zu verhelfen. Später prahlte er damit, wie leicht sich die Alliierten hatten täuschen lassen. Ende 1950 wurde Barbie für die Amerikaner »zu heiß«. Die Franzosen wussten, dass er sich in der amerikanischen Besatzungszone aufhielt und forderten seine Auslieferung. Barbie floh im Juni 1951 auf einem Laster der US-Armee aus Augsburg. US-Agenten gaben ihm falsche Papiere auf den Namen »Klaus Altman«. Er ging nach Bolivien, wo er über 30 Jahre lang ungestört lebte, bis er am 5. Februar 1983 an Frankreich ausgeliefert wurde.
Klaus Barbie wurde 1987 als Kriegsverbrecher vor Gericht gestellt, wo er sich die meiste Zeit weigerte, auf der Anklagebank am Prozess teilzunehmen. Überlebende Opfer bezeugten, dass er »gerne Gott spielte«, seine Lust an der Grausamkeit und seinen Sadismus. Barbie wurde wegen Verbrechen an der Menschlichkeit zu lebenslanger Haft verurteilt und starb 1991 im Gefängnis.

Baur, Hans

Rang: SS-Brigadeführer
Geboren: 19. Juni 1897
Gestorben: 17. Februar 1993 (NT)
Parteimitglied Nr.: 48113
SS-Nr.: 171865
Auszeichnungen: Flugzeugführer- und Beobachterabzeichen in Gold mit Diamanten; SS-Ehrenring; SS-Ehrendegen.

Baur war Artillerieflieger im Ersten Weltkrieg und wurde danach Pilot bei der Deutschen Lufthansa. Aufgrund seiner zahlreichen internationalen Flüge und breiten Erfahrung genoss er einen solch guten Ruf als Pilot, dass Hitler auf ihn aufmerksam wurde. Baur wurde dessen Chefpilot und Führer der Flugstaffel »Reichsregierung«.
Zu Kriegsende hielt sich Baur in Hitlers nächster Umgebung im Führerbunker auf. Er versuchte, aus Berlin zu fliehen, wurde dabei jedoch so schwer am Bein verletzt, dass es amputiert werden musste. Baur kam in sowjetische Kriegsgefangenschaft und wurde 1955 freigelassen, nachdem er den Selbstmord Hitlers bezeugt hatte.

Becher, Kurt

Rang: SS-Obersturmbannführer
Geboren: 12. September 1909
Gestorben: 5. August 1995 (NT)
Parteimitglied Nr.: 4486195
SS-Nr.: 234478
Auszeichnungen: Deutsches Kreuz in Gold; EK II; EK I; Kriegsverdienstkreuz 2. Klasse mit Schwertern.

Becher, ein gelernter Futtermittelkaufmann aus Hamburg, war ein hervorragender Verhandler und übernahm ab 1942 die Inspektion des Reit- und Fahrwesens der SS. Fegelein (siehe dort) erkannte seine Fähigkeiten bei der Übernahme des Gestüts Schlenderhan von Baron von Oppenheim für die SS. Becher wurde nach dem Einmarsch in Ungarn nach Budapest versetzt und dort, wahrscheinlich von Schellenberg (siehe dort), in Himmlers (siehe dort) engen Beraterkreis eingeführt, als er die Verhandlungen für die Übernahme des von dem Juden Manfréd Weiss gegründeten Stahlkonzerns leitete.
1944/45 entwickelte Himmler den Plan, Juden an die westlichen Alliierten zu verkaufen. Becher sollte in Istanbul das Leben von einer Million Juden gegen 10 000 Lastwagen und andere kriegswichtige Waren austauschen, die die Alliierten in die Hafenstadt Thessaloniki liefern sollten. Zusammen mit Brand reiste Becher nach Istanbul und versuchte die britische Botschaft in Ankara sowie die *Jewish Agency for Palestine* zu kontaktieren. Der britische Militärgeheimdienst verhaftete ihn an der türkisch-syrischen Grenze und internierte ihn in Kairo. Er durfte den Vertreter der *Jewish Agency*, Moshe Sharell, treffen, der das Angebot nach London weiterleitete, wo es abgelehnt wurde. In der Schweiz gelang es Becher, Juden gegen Devisen auszutauschen. In der Folge verließen 1944 zwei Züge mit befreiten jüdischen Gefangenen Bergen-Belsen, ein weiterer folgte im Februar 1945.

Becker, Hellmuth

Rang: SS-Brigadeführer und Generalmajor der Waffen-SS
Geboren: 12. August 1902
Gestorben: 28. Februar 1952 (EA)
Parteimitglied Nr.: 1592593
SS-Nr.: 113174
Auszeichnungen: EK II, 24. Mai 1940; EK I, 22. Juni 1940; Ritterkreuz, 7. September 1943; Eichenlaub, 21. September 1944; Deutsches Kreuz in Gold, 26. September 1942; Verwundetenabzeichen (1939) in Schwarz; Verwundetenabzeichen (1939) in Silber; SS-Ehrendegen.

Becker wurde in Alt Ruppin in Brandenburg geboren. Er trat in die Reichswehr und später in die SS ein, wo er zum SS-Totenkopfverband Oberbayern versetzt wurde. Er wurde Kommandeur eines Bataillons und in der Folge in Polen, Frankreich und schließlich Russland eingesetzt. In der Kesselschlacht von Demjansk kommandierte er ein Regiment. Er löste Hermann Prieß (siehe dort) ab und übernahm als Kommandeur die 3. SS-Panzergrenadierdivision Totenkopf, die an zahlreichen Kriegsverbrechen beteiligt war.
Becker war berüchtigt für seine Exzesse in Russland vor und während seiner Zeit als Kommandeur der Totenkopf-Division. Anschuldigungen wegen sexuellen und militärischen Fehlverhaltens führten dazu, dass Himmler (siehe dort) eine Untersuchung befahl. Es zeigte sich, dass Becker zu Weihnachten 1942 in Frankreich in seiner Regimentskantine eine Orgie veranstaltet hatte, bei der er u.a. ein Pferd zu Tode ritt. In seinem vorgeschobenen Befehlsstand in der Ukraine hatte er Prostituierte untergebracht. An Hitlers Geburtstag im April 1943 befahl er betrunken, ein zehnminütiges Salutschießen mit allen schweren Maschinengewehren. Dabei verschwendete er wertvolle Munition und zwang die Männer in den benachbarten Einheiten, in Deckung zu gehen. Er vergewaltigte russische Frauen in der Öffentlichkeit und befehligte seine Truppe an der Front in volltrunkenem Zustand. Himmler bestrafte Becker jedoch nicht und entzog ihm auch nicht das Kommando der Totenkopf-Division. Seine militärischen Erfolge, der Mangel an fähigen SS-Feldkommandeuren und Hitlers persönliche Bewunderung für Becker führten dazu, dass er bis Kriegsende Kommandeur blieb. Nach dem Krieg wurde Becker als russischer Kriegsgefangener zu 25 Jahren Zwangsarbeit in Russland verurteilt. Dort ließ er als Leiter einer Baubrigade einen Blindgänger in eine Mauer einzementieren. Er wurde vor ein Kriegsgericht gestellt, der Sabotage schuldig gesprochen und am 28. Februar 1952 erschossen.

Behrends, Hermann

Rang: SS-Gruppenführer
Geboren: 11. Mai 1907
Gestorben: 1946 (EA)
Parteimitglied Nr.: 981960
SS-Nr.: 35815
Auszeichnungen: EK II; Kriegsverdienstkreuz 2. Klasse mit Schwertern; Kriegsverdienstkreuz 1. Klasse mit Schwertern; Verwundetenabzeichen (1939) in Schwarz; SS-Ehrenring; SS-Ehrendegen.

Behrends war der erste Leiter des Berliner SD-Hauptamtes, das zu jener Zeit als SS-Geheimdienst noch keine Auslands- und Militärabteilung besaß. Während der Röhm-Affäre 1934 war er wahrscheinlich für die Erstellung der Todeslisten von SA-Mitgliedern verantwortlich. Am 17. Januar 1937 betonte Himmler (siehe dort) vor Wehrmachtsoffizieren, dass sich der SD nur mit weltanschaulichen Problemen, aber nicht mit Detailproblemen der Ausführung beschäftigten solle. Im Widerspruch dazu stand, dass Behrends die Fälschungsaktion kontrollierte, der der sowjetische Marschall Tuchatschewski zum Opfer fiel. Die von seinen Leuten gefälschten Dokumente bewiesen scheinbar, dass Tuchatschewski ein Agent des SD war. Heydrich (siehe dort) hatte Ende 1936 die Intrige inszeniert, ohne jedoch zu wissen, dass diese von der sowjetischen Geheimpolizei in Gang gesetzt worden war, damit Stalin seinen Rivalen aus dem Weg schaffen konnte. Tuchatschewski wurde in einem der berüchtigten geheimen Militärprozesse zum Tode verurteilt und zusammen mit Generälen wie I. P. Uborewitsch, P. P. Eideman und W. K. Putna am 12. Juni 1937 hingerichtet. Heydrich dachte bis zum Schluss, dass er mit dieser Aktion den Führungsstab der sowjetischen Armee zerstört hätte.
Behrends wurde HSSPF für Serbien, Montenegro und den Sandschak mit dem Hauptquartier in Belgrad und war stellvertretender Leiter der Volksdeutschen Mittelstelle (VoMi),

einer Spezialorganisation zur Durchsetzung und Realisierung »völkischer« Ziele in Ost- und Südosteuropa. Als SS-Gruppenführer und Generalleutnant der Polizei beging er in seinem Vorgehen gegen den jugoslawischen Widerstand insbesondere in Slowenien zahlreiche Kriegsverbrechen. 1945 wurde er vor Gericht gestellt und 1946 in Belgrad gehängt.

Berger, Gottlob

Rang: SS-Obergruppenführer
Geboren: 16. Juli 1896
Gestorben: 5. Januar 1975 (NT)
Parteimitglied Nr.: 426875
SS-Nr.: 275991
Auszeichnungen: EK II (WK 1); EK I (WK 1); Ehrenkreuz WK 1 für Frontkämpfer; Verwundetenabzeichen (1914) in Silber; Kriegsverdienstkreuz 2. Klasse mit Schwertern; Kriegsverdienstkreuz 1. Klasse mit Schwertern; Ritterkreuz des Kriegsverdienstkreuzes mit Schwertern, 15. November 1944; Deutsches Kreuz in Silber, 1. Juli 1943; EK I Wiederholungsspange; Goldenes Parteiabzeichen; SS-Ehrenring; SS-Ehrendegen.

Berger wurde im württembergischen Gerstetten als Sohn eines Sägewerksbesitzers geboren. Im Ersten Weltkrieg wurde er als Offizier schwer verwundet, nach dem Krieg schloss er sich den Freikorps an. Berger arbeitete als Lehrer in Gerstetten und Rektor der Württembergischen Landesturnanstalt in Stuttgart. Er gewann das Vertrauen Himmlers (siehe dort) und wurde dessen Chefberater sowie Berater des antisemitischen Autors Rosenberg. Berger trat früh der SA bei, nach der Ermordung Röhms stieß er zur SS. 1938 stieg er zum Leiter des Ergänzungsamtes im SS-Hauptamt, des Erfassungsamtes und des Amtes für Leibesübungen auf. Ab dem 1. April 1940 leitete er das SS-Hauptamt und beschäftigte sich dort mit der – auch gewaltsamen – Rekrutierung von sogenannten Volksdeutschen und ausländischen Freiwilligen für die Waffen-SS. Er war zudem Himmlers Verbindung in Rosenbergs Reichsministerium für die besetzten Ostgebiete.
Während des Slowakischen Nationalaufstands war Berger 1944 bis zu seiner Ablösung durch General Höfle »Deutscher Befehlshaber in der Slowakei« und ab 20. Juli 1944 für alle Angelegenheiten der Kriegsgefangenen und Internierten zuständig. Bei den Nürnberger Prozessen wurde er 1949 u. a. wegen Verbrechen gegen die Menschlichkeit zu 25 Jahren Haft verurteilt. 1951 wurde er aus der Haft entlassen und starb 1975 in Gerstetten.

Best, Werner

Rang: SS-Obergruppenführer
Geboren: 10. Juli 1903
Gestorben: 5. Juli 1976 (NT)
Parteimitglied Nr.: 341338
SS-Nr.: 23377
Auszeichnungen: Goldenes Parteiabzeichen; Kriegsverdienstkreuz 2. Klasse mit Schwertern; Kriegsverdienstkreuz 1. Klasse mit Schwertern; SS-Ehrenring; SS-Ehrendegen.

Der Jurist Best gehörte bereits als Student der nationalen Rechten an und wurde während der französischen Besatzung an Rhein und Ruhr nach dem Ersten Weltkrieg für seine Tätigkeit im »Abwehrkampf« 1924 inhaftiert. Er arbeitete als Rechtsberater für die NSDAP und verfasste 1931 die »Boxheimer Dokumente«, Pläne für einen Putsch der NSDAP. 1933 wurde er Polizeichef und Regierungsrat in Hessen und machte steile Karriere als Stellvertreter Heydrichs (siehe dort). Als erster Rechtsberater des SD und der Gestapo legte er ein festes Fundament für beide Organisationen. Best war ein Anhänger des Schriftstellers Ernst Jünger und ein leidenschaftlicher Bewunderer Hitlers. 1939/40 leitete er das Amt I (Organisation, Verwaltung, Recht) im Reichssicherheitshauptamt. Von 1940 bis 1942 organisierte er als Generalleutnant der Wehrmacht Verwaltung und Polizei im besetzten Frankreich. Anschließend wurde er zum Bevollmächtigten des Deutschen Reiches in Dänemark befördert und trat sein neues Amt am 5. November 1942 in Kopenhagen an. Am 30. Dezember 1943 wurde er in Hitlers Hauptquartier bestellt, der darauf bestand, dass auf »Terror« seitens des dänischen Widerstandes mit größerem Terror zu reagieren sei. In der Folge wurde 1944 eines der blutigsten Jahre in der dänischen Geschichte.
1946 wurde Best von einem dänischen Gericht des Mordes schuldig befunden und zum Tode verurteilt. Die Strafe wurde in lebenslängliche Haft abgeändert. Am 29. August 1951 wurde er aus seinem Kopenhagener Gefängnis freigelassen, kehrte nach Deutschland zurück und wurde dort 1958 als Massenmörder verurteilt. Schwer krank, kam er 1972 schließlich aus dem Gefängnis frei.

Bittrich, Wilhelm

Rang: SS-Obergruppenführer und General der Waffen-SS
Geboren: 26. Februar 1894
Gestorben: 19. April 1979 (NT)
Parteimitglied Nr.: 829700
SS-Nr.: 39177
Auszeichnungen: EK II (WK 1); EK I (WK 1); Ehrenkreuz WK 1 für Frontkämpfer; 1914 Verwundetenabzeichen in Schwarz; EK II Wiederholungsspange, 25. September 1939; EK I Wiederholungsspange, 7. Juni 1940; Ritterkreuz, 14. Dezember 1941; Eichenlaub, 23. August 1944;

Eichenlaub mit Schwertern, 6. Mai 1945; SS-Ehrenring; SS-Ehrendegen.

Bittrich wurde in Wernigerode im Harz geboren. Er nahm am Ersten Weltkrieg als Offizier und Flugzeugführer teil, nach dem Krieg schloss er sich dem Grenzschutz Ost und anschließend der Reichswehr an. In Russland war es ihm dank eines Abkommens mit der Sowjetunion möglich, als Fluglehrer zu arbeiten. Er umging so das im Versailler Vertrag festgehaltene Flugverbot für Deutschland und konnte neben sowjetischen auch deutsche Militärflieger ausbilden. 1934 trat er der SS-Verfügungstruppe bei, 1939 wurde er zur Leibstandarte SS Adolf Hitler versetzt.
Am Überfall auf Polen nahm Bittrich 1939 als Offizier der Leibstandarte teil. Ab 1940 kommandierte er die SS-Standarte Deutschland auch auf dem Feldzug gegen die Sowjetunion, wo er im Oktober 1941 die SS-Division Das Reich übernahm. Ab 1943 kommandierte er die 9. SS-Panzergrenadier-Division Hohenstaufen in Belgien, Frankreich und an der Ostfront. Zurück in Frankreich, stieg Bittrich zum Kommandierenden General des II. SS-Panzerkorps auf. Sein bekanntester militärischer Erfolg war die Verteidigung der Brücke von Arnheim. Nach Kriegsende wurde Bittrich in Frankreich als Kriegsverbrecher angeklagt, 1954 aber von der direkten Beteiligung an Kriegsverbrechen freigesprochen. 1979 starb er im bayerischen Wolfratshausen.

Bormann, Martin

Rang: Reichsleiter und SS-Obergruppenführer
Geboren: 17. Juni 1900
Gestorben: 2. Mai 1945 (S)
Parteimitglied Nr.: 60508
SS-Nr.: 555
Auszeichnungen: Blutorden, 17. Februar 1939; Frontbannabzeichen; SS-Ehrenring; SS-Ehrendegen.

Bormann wurde in Wegeleben bei Halberstadt in Sachsen-Anhalt geboren. Der spätere enge Vertraute Hitlers wurde Ende des Ersten Weltkriegs als Artillerieschütze eingezogen, nahm jedoch an keinen Kampfhandlungen teil. Nach dem Krieg absolvierte er eine landwirtschaftliche Ausbildung auf einem Gut. Er trat dem Freikorps Roßbach und später dem Frontbann bei – die paramilitärische Organisation wurde von Röhm nach dem Verbot der SA 1924 gegründet.
Bormann wurde zusammen mit Höß für den Fememord an dem Lehrer Walter Kadow verurteilt, den er verdächtigt hatte, als Informant für die französischen Besatzer an der Ruhr zu arbeiten. Bereits 1925 wurde er jedoch wieder aus der Haft entlassen. 1927 trat Bormann der NSDAP bei und arbeitete in Weimar für den damaligen Gauleiter in Thüringen, doch schon 1928 stieg er in den Führungsstab der NSDAP auf. In seiner weiteren Tätigkeit baute er die Hilfskasse der NSDAP auf, die er ab 1930 leitete. Bormann erwarb sich schnell einen hervorragenden Ruf als Beschaffer von Geldmitteln. Er war maßgeblich beteiligt an der 1933 eingeführten Adolf-Hitler-Spende der deutschen Wirtschaft, einer Art von Zwangsabgabe der Wirtschaft an die NSDAP, deren Gelder jedoch Hitler persönlich zur Disposition standen. Bormann sorgte mit diesen Mitteln u.a. dafür, dass der Skandal des unklaren Selbstmordes von Hitlers Nichte Geli Raubal vertuscht wurde, indem er den Gestapo-Chef Heinrich Müller (siehe dort) mit Geldern aus dem Fonds bestach.
Im September 1929 heiratete Bormann Gerda Buch, die, wenn dies überhaupt möglich war, noch fanatischer an den Nationalsozialismus glaubte als ihr Ehemann. Sie war die Tochter des Obersten Parteirichters Walter Buch. Bormann mochte Buch nicht, beneidete ihn jedoch um seinen Blutorden, den Buch als Veteran des Hitlerputsches verliehen bekommen hatte. Zum Ärger der Alten Kämpfer lockerte Bormann am 30. Mai 1938 die Voraussetzungen für die Verleihung des Blutordens so weit, dass er ihn selbst erhalten konnte. Eine Beteiligung am Hitlerputsch war nun für die Ehrung nicht mehr nötig.
Hitler vertraute Bormann die Verwaltung seines Vermögens an und beauftragte ihn mit dem Ausbau des »Führersperrgebiets« auf dem Obersalzberg. 1933 stieg Bormann zum Stabsleiter der Dienststelle »Stellvertreter des Führers« (Heß, siehe dort) auf, kurze Zeit später zum Hitler direkt unterstellten NSDAP-Reichsleiter. Nach dem Flug von Heß nach Schottland 1941 wurde die Dienststelle in »Parteikanzlei« umbenannt. Bormann wurde zum Leiter der Parteikanzlei mit Ministerbefugnissen befördert und stieg de facto zu Hitlers Stellvertreter auf. Am 12. April 1943 wurde er zum »Sekretär des Führers«. ernannt.
Bormann war skrupellos und gerissen; während des Krieges besaß er als eine Art graue Eminenz enorme Macht. Als Sekretär des »Führers« kontrollierte er, wer Zugang zu Hitler erhielt, und konnte damit auch den höchsten Nazi-Größen ein Treffen mit Hitler unterbinden.
Bormann blieb bis fast zuletzt bei Hitler im Führerbunker und war Trauzeuge bei Hitlers Heirat mit Eva Braun. In seinem politischen Testament ernannte ihn Hitler zum Parteiminister. Bormanns weiteres Schicksal nach seinem Aufenthalt im Führerbunker blieb vorerst unbekannt, bis 1972 sein Skelett in Berlin entdeckt wurde. Die Untersuchung seiner sterblichen Überreste bewies, dass sich Bormann mit Blausäure selbst getötet hatte. Bei den Nürnberger Prozessen war Bormanns Aufenthalt oder Tod noch ungeklärt. 1946 wurde er deshalb in Abwesenheit u.a. als ein Protagonist der Judenvernichtung und -verfolgung zum Tode verurteilt.

Bouhler, Philipp

Rang: SS-Obergruppenführer
Geboren: 2. September 1899
Gestorben: 10. Mai 1945 (S)
Parteimitglied Nr.: 12
SS-Nr.: 54932
Auszeichnungen: EK II (WK 1); Goldenes Parteiabzeichen; Blutorden Nr. 29; SS-Ehrenring; SS-Ehrendegen.

Bouhler, in München geboren, nahm am Ersten Weltkrieg teil und wurde schwer verwundet. Nach Ende des Krieges arbeitete er im Verlagswesen. In die NSDAP trat Bouhler 1921 ein, bereits 1922 übernahm er in der Partei das Amt des stellvertretenden Geschäftsführers. Als, wenn auch nur am Rande, Teilnehmer des Hitlerputsches 1923 konnte er sich zu den »Alten Kämpfern« zählen. Von 1925 bis 1934 arbeitete er in führender Position für den »Völkischen Beobachter«. stieg zum NSDAP-Reichsleiter auf und sollte Himmler (siehe dort) 1934 als Polizeipräsident in München ablösen. Wenige Tage nach dieser Beförderung wurde er jedoch zum Chef der Kanzlei des Führers der NSDAP ernannt. Durch diesen wichtigen Karriereschritt gehörte Bouhler Hitlers Sekretariat an. Der ehrgeizige Bormann (siehe dort) trug jedoch dazu bei, dass diese Privatkanzlei Hitlers in der Parteikanzlei aufging und Bouhler ab 1944 kaltgestellt wurde.
Bouhler hatte darüber hinaus verschiedene Posten und Ämter inne, die mit der Verlagsindustrie in Verbindung standen. Er leitete auch die »Parteiamtliche Prüfungskommission zum Schutze des nationalsozialistischen Schrifttums« (PPK). Sie überwachte Veröffentlichungen, die »als nationalsozialistisch ausgegeben« wurden, und achtete allem voran auf die richtige Wiedergabe von Hitler-Zitaten.
Hitler übertrug 1939 Bouhler und Dr. Karl Brandt (siehe dort) die Verantwortung für das »Euthanasieprogramm«. Bouhler war damit verantwortlich für den Massenmord an Zehntausenden psychisch Kranken und Behinderten. 1945 beging er in amerikanischer Kriegsgefangenschaft Selbstmord.

Brandt, Karl
Rang: SS-Gruppenführer
Geboren: 8. Januar 1904
Gestorben: 2. Juni 1948 (EA)
Parteimitglied Nr.: 1009617
SS-Nr.: 260353
Auszeichnungen: SS-Ehrenring; SS-Ehrendegen.

Brandt behandelte 1933 Hitlers Chef-Adjutanten, SA-Obergruppenführer Wilhelm Brückner, nach einem Autounfall. Daraufhin wurde Brandt auf Brückners Empfehlung hin als Hitlers chirurgischer Begleitarzt berufen. Im September 1939 wurden ihm und Bouhler (siehe dort) die Leitung des »Euthanasieprogramms« übertragen. Ab 1942 war er als Bevollmächtigter für das Sanitäts- und Gesundheitswesen zuständig für die Koordination des zivilen und militärischen Gesundheitswesens, aber auch für die Forschung und die medizinischen Menschenversuche.
Zwischen Brandt und Hitlers Leibarzt Theodor Morell bestand eine unversöhnliche Rivalität. Morell hatte nach dem Studium als Schiffsarzt gearbeitet und eine Praxis für Urologie und Elektrotherapie in Berlin eröffnet. Als Hitlers »Leibfotograf« Heinrich Hoffmann 1936 eine gefährliche Infektion erlitt, behandelte ihn Morell mit einem neuen Wundermittel, das er aus Ungarn importierte: Sulfonamide. Auf Empfehlung Hoffmanns ernannte Hitler Morell zu seinem Leibarzt. Brandt griff Morell wegen der vielen Mittel und Drogen an, die er Hitler injizierte. Hitler, der alle Kritik an Morell zurückwies, entließ Brandt im Oktober 1944 und ersetzte ihn durch Ludwig Stumpfegger.
Während Brandts Amtszeit wurde das »Euthanasieprogramm« von dem Bischof von Münster, Clemens von Galen, offen kritisiert. Von Galen meldete in seinen Predigten Zweifel an, dass die Opfer zum Schutz vor Fliegerangriffen verlegt worden und eines natürlichen Todes gestorben seien. Auch griff er die Verantwortlichen scharf an. Himmler wollte den Bischof 1941 verhaften lassen, fürchtete aber die Reaktionen auf eine solche Aktion in Westfalen. Unterstützung für sein Vorgehen gegen den Bischof hätte er sowohl bei Hitler als auch bei Heydrich (siehe dort) gefunden, die beide die »schwarzen Krähen« der christlichen Kirchen verachteten. Hitler sah den Nationalsozialismus zwar als Religion an, die ganze religiöse Debatte langweilte ihn jedoch. Beeindruckt war er hingegen von den religiösen Apparaten, insbesondere dem Katholizismus. Selbstverständlich wurden religiöse Gruppierungen, die mit dem Nationalsozialismus in Konflikt gerieten, unbarmherzig unterdrückt – so etwa die Zeugen Jehovas, die den Militärdienst verweigerten.
Zwei Wochen vor seinem Tod erfuhr Hitler, dass Brandt seine Familie an einem Ort versteckt hatte, wo sie sich bei Kriegsende dem amerikanischen und nicht dem sowjetischen Militär ergeben konnte. Außer sich vor Zorn ließ Hitler Brandt als Verräter verhaften und verurteilte ihn persönlich zum Tode. Himmler (siehe dort) und Speer konnten die Hinrichtung jedoch hinauszögern, indem sie neue Zeugen aufriefen. Brandt entging zwar so seinem Todesurteil durch Hitlers Gericht, wurde jedoch 1947 im Nürnberger Ärzteprozess erneut zum Tode verurteilt, auch wegen seiner Befürwortung der grausamen Menschenversuche in den Konzentrationslagern. Zu seiner Verteidigung gab er an, dass jede individuelle Ethik hinter dem totalen Charakter des Krieges zurückstehen müsse. Uneinsichtig bis zum Schluss, sah er sein Todesurteil als einen Akt politischer Rache an. 1948 wurde er im bayerischen Landsberg am Lech hingerichtet.

Braun, Wernher von
Rang: SS-Sturmbannführer
Geboren: 23. März 1912
Gestorben: 16. Juni 1977 (NT)
Parteimitglied Nr.: 5738692
SS-Nr.: 185068
Auszeichnungen: Kriegsverdienstkreuz 2. Klasse mit Schwertern; Kriegsverdienstkreuz 1. Klasse mit Schwertern; Ritterkreuz des Kriegsverdienstkreuzes mit Schwertern, 28. Oktober 1944.

Wernher von Braun war der berühmteste Rakteningenieur des Dritten Reichs. 1937 trat er der NSDAP, 1940 der SS bei. Von Braun wurde in Wirsitz in Westpreußen geboren, das heute zu Polen gehört. Bereits als 18-jähriger Schüler experimentierte er im Verein für Raumschifffahrt, 1930 arbeitete er als Assistent für Rudolf Nebel und Klaus Riedel an der Konstruktion von Raketen mit Flüssigkeitstriebwerken. Ab 1. Oktober 1932 nahm er als Zivilangestellter am Raketenprogramm des Heereswaffenamtes teil und führte seine Experimente auf dem Gelände der Heeresversuchsanstalt in Kummersdorf durch.

Ab 1937 leitete von Braun als technischer Direktor der 1936 neu gegründeten Heeresversuchsanstalt Peenemünde die Entwicklung der »Aggregat 4« oder einfach »A4« genannten Großrakete mit Flüssigkeitstreibstoff, die unter ihrem Propagandanamen »V2« (Vergeltungswaffe 2) berühmt werden sollte. Im Juli 1943 wurde auf Betreiben Albert Speers, der als Minister für die Rüstung zuständig war, Hitler ein Farbfilm über den erfolgreichen Startflug einer V2 vorgeführt. Hitler, der bis dato gegen das Projekt gewesen war, bedankte sich nach der Vorführung bei von Braun u. a. mit folgenden Worten: »Jetzt und in aller Zukunft ist Europa und die Welt für einen Krieg zu klein. Mit diesen Waffen wird ein Krieg für die Menschheit untragbar werden.« Für seine Arbeit in der Raketenforschung wurde von Braun am 21. Juli 1943 von Hitler der Professorentitel verliehen.

Für den Bau der A4-Raketen bestand auf dem Gelände in Peenemünde seit 1943 ein KZ-Außenlager, die Arbeit verrichteten unter unmenschlichen Bedingungen neben den KZ-Inhaftierten Kriegsgefangene sowie Zwangsarbeiter aus verschiedenen Ländern. Ab Herbst 1943 wurde die Produktion der Raketen in ein unterirdisches Stollensystem der »Wirtschaftlichen Forschungsgesellschaft« (Wifo) im Kohnstein bei Nordhausen in Thüringen verlegt. Dorthin wurden rund 60 000 Häftlinge aus dem Konzentrationslager Buchenwald verbracht, die sowohl die neue Raketenfabrik als auch die Raketen bauen mussten. Die Arbeits- und Lebensbedingungen in diesem unterirdischen Konzentrationslager namens »Mittelbau-Dora« waren so schrecklich, dass bis 1945 schätzungsweise 20 000 Häftlinge vor allem an Erschöpfung und Hunger starben.

Von Braun ergab sich zusammen mit all seinen Mitarbeitern und einer ganzen Zugladung technischer Unterlagen am 2. Mai 1945 den Amerikanern. Die USA interessierten sich denn auch weniger für von Brauns Verwicklung in die Verbrechen gegen die KZ-Häftlinge und Zwangsarbeiter als für seine Raketenforschungen. Statt auf die Anklagebank in den Nürnberger Prozessen wanderte er deshalb in die USA aus. Dort arbeitete er für die »Army Ballistic Missile Agency« (ABMA), die die erste ballistische Rakete für das US-Militär entwickeln sollte. 1955 nahm von Braun die amerikanische Staatsbürgerschaft an. Dies ermöglichte ein Erlass Präsident Trumans zur Beschäftigung gefangener deutscher und österreichischer Wissenschaftler in den USA. Der Erlass sah vor, dass sie aufgrund ihrer wissenschaftlichen Kompetenz eine Sonderbehandlung im Vergleich zu ranghohen Nazis erhielten, die keine diesbezüglichen Fertigkeiten vorweisen konnten.

Als ein Reporter von Braun fragte, warum er eine neue Staatsbürgerschaft annehme, antwortete dieser: »Mein Land hat zwei Weltkriege verloren. Diesmal möchte ich auf der Seite der Sieger stehen.« Als Leiter des Entwicklungsteams startete er den ersten US-amerikanischen Satelliten, »Explorer 1«, ins All. Anfang 1970 wurde von Braun zum Deputy Director der NASA sowie zum Leiter des Planungsbüros ernannt. Er starb 1977 in Alexandria (Virginia).

Buch, Walter

Rang: SS-Obergruppenführer
Geboren: 24. Oktober 1883
Gestorben: 15. September 1949 (S)
Parteimitglied Nr.: 7733
SS-Nr.: 81353
Auszeichnungen: Goldenes Parteiabzeichen; Coburger Ehrenzeichen, 14. Oktober 1932; Blutorden; Dienstauszeichnung der NSDAP in Gold; Dienstauszeichnung der NSDAP in Silber; Dienstauszeichnung der NSDAP in Bronze; SS-Ehrenring; SS-Ehrendegen.

Buch wurde als Sohn eines prominenten Juristen im badischen Bruchsal geboren. Im Ersten Weltkrieg erreichte er den Rang eines Majors – diesen Titel sollte er während seiner ganzen folgenden Karriere tragen. Nach dem Krieg trat er verschiedenen deutschnationalen Organisationen bei, 1922 schließlich der NSDAP und 1923 der SA. Dort stieg er noch im selben Jahr zum SA-Führer Franken (Nürnberg) auf und nahm am Hitlerputsch teil.

Buch leitete den »Untersuchungs- und Schlichtungsausschuss« (Uschla) der NSDAP, ab 1934 das »Oberste Parteigericht der NSDAP« (OPG). Als Oberster Parteirichter war er ab 1927 für Säuberungen innerhalb der Partei zuständig. Niemand war sicher vor dem rachgierigen Mann. 1934 begleitete er Hitler bei der Verhaftung Röhms in Bad Wiessee und war zuständig für die Exekutionen im Gefängnis Stadelheim. Augenzeugen zufolge gefiel es ihm, seinen Opfern beim Sterben zuzusehen – manche von ihnen waren alte Weggefährten, die er mit eigener Hand ermordete. Als Oberster Richter des Parteigerichts überprüfte Buch bei den verhandelten Fällen, ob sie mit Hitlers Weltsicht übereinstimmten.

»Der Jude ist kein Mensch. Er ist eine Fäulniserscheinung. Wie sich der Spaltpilz erst im faulenden Holz einnistet und sein Gewebe zerstört, so konnte sich der Jude erst im deutschen Volk einschleichen und Unheil anrichten, als es geschwächt durch den Blutverlust des 30jährigen Krieges innerlich zu faulen begann …« Mit diesen Worten in einem Artikel in der Zeitschrift »Deutsche Justiz« vom 21. Oktober 1938 legte er eine Zündschnur für die Ausschreitungen und Morde in der Reichspogromnacht am 9. November 1938. Buch verfügte auch, dass Nazis, die jüdische Frauen vergewaltigten, aus der NSDAP auszuschließen und vor Gericht zu stellen seien. Über Mörder wären geringere Strafen zu verhängen: Parteimitglieder, die Juden töteten, würden ja nur Befehle ausführen.

Buch wurde gehasst, verachtet und von seinem Schwiegersohn Martin Bormann ignoriert. Er stieg dennoch kurzzeitig zum Reichsleiter auf, bis seine Aufgaben vom SD übernommen und er selbst bedeutungslos wurde. Nach dem Krieg wurde er zu fünf Jahren Arbeitslager verurteilt.

1949 stürzte er sich in Bayern mit aufgeschnittenen Pulsadern in den Ammersee und ertrank.

C

Clauberg, Carl

Rang: SS-Oberführer
Geboren: 28. September 1898
Gestorben: 9. August 1957 (NT)
Parteimitglied Nr.: – / **SS-Nr.:** –
Auszeichnung: Goldenes Parteiabzeichen (ehrenhalber).

Clauberg war der älteste Sohn eines Handwerkers aus Wupperhof im Bergischen Land, der in Bremen ein Waffengeschäft besaß. Im Ersten Weltkrieg wurde er 1916 zur Westfront nach Frankreich eingezogen, 1917 kam er in britische Kriegsgefangenschaft. Nach dem Krieg studierte er Medizin, wurde Gynäkologe und forschte in den 1920er- und frühen 1930er-Jahren über weibliche Sexualhormone. Dabei entwickelte er ein Verfahren, durch Injektionen des synthetischen Hormons Progynon A weibliche Unfruchtbarkeit aufgrund von Eileiterverschluss zu behandeln. 1933 trat er der NSDAP bei und wurde Mitglied des SD. Nachdem er 1940 Himmler (siehe dort) vorgestellt worden war, konzentrierte er seine Forschung auf Methoden der Massensterilisation. Himmler ermöglichte Clauberg, ab Juli 1942 Experimente zur Massensterilisation im Konzentrationslager Auschwitz, später auch in Ravensbrück, an jüdischen Frauen auszuführen: die berüchtigten »Sterilisationsversuche« von Auschwitz. Gegen Ende 1944 wurde Clauberg zum Leiter eines neuen Projekts zur Förderung der Fruchtbarkeit berufen. Die Institution sollte als »Stadt der Mütter« bekannt werden.
Clauberg kam am 8. Juni 1945 in sowjetische Gefangenschaft und wurde nach drei Jahren in der Sowjetunion als Kriegsverbrecher zu 25 Jahren Haft verurteilt. Im Oktober 1955 wurde er als »Nichtamnestierter« aus der Kriegsgefangeschaft entlassen und nach Deutschland zurückgeschickt. Im November 1955 wurde er von der Kieler Justiz angeklagt, er starb jedoch vor der Verhandlung am 9. August 1957 in seiner Zelle in Untersuchungshaft.

Conti, Leonardo

Rang: SS-Obergruppenführer
Geboren: 24. August 1900
Gestorben: 6. Oktober 1945 (S)
Parteimitglied Nr.: 72225
SS-Nr.: 3982
Auszeichnungen: Goldenes Parteiabzeichen; Kriegsverdienstkreuz 2. Klasse; Kriegsverdienstkreuz 1. Klasse; SS-Ehrenring; SS-Ehrendegen.

Conti wurde im Schweizer Lugano geboren, studierte Medizin und zog anschließend nach Berlin. Dort wurde er 1923 der erste SA-Arzt und trat 1927 der NSDAP bei. Hitler ernannte ihn 1939 zum Reichsgesundheitsführer und Reichsärzteführer. Conti war an der Entwicklung des »Euthanasieprogramm« beteiligt, dem Zehntausende psychisch Kranke und Behinderte aus »rassenhygienischen« Gründen zum Opfer fielen. 1945 wurde er von den Alliierten verhaftet. Er beging in seiner Zelle in Nürnberg Selbstmord, bevor er vor Gericht für seine Taten zur Verantwortung gezogen werden konnte.

Cooper, Thomas Haller

Rang: SS-Unterscharführer
Geboren: 29. August 1919
Gestorben: 1987
Parteimitglied Nr.: – / **SS-Nr.:** –
Auszeichnung: Verwundetenabzeichen (1939) in Silber.

Cooper wurde im Londoner Stadtteil Chiswick als Sohn eines britischen Soldaten und Fotografen geboren, seine Mutter stammte aus Deutschland. Als einziger Engländer erhielt er eine deutsche Kampfauszeichnung im Zweiten Weltkrieg. Nach dem Ersten Weltkrieg zogen seine Eltern nach Großbritannien, wo er geboren wurde. Cooper durfte aufgrund seiner deutschen Mutter nicht zur Polizei gehen, schloss sich verbittert der »British Union of Fascists« (BUF) an und suchte in Deutschland Arbeit. 1939 wurde er über den Deutschen Akademischen Austauschdienst in London nach Stuttgart geschickt.
Am 20. August 1939 trat er eine Stelle als Schullehrer im Taunus an, die er mit Ausbruch des Krieges als feindlicher Ausländer aufgeben musste. Danach arbeitete er als Privatlehrer. Nachdem ihm vorgeschlagen worden war, der Wehrmacht beizutreten, wurde Cooper Gottlob Berger (siehe dort) vorgestellt, der ihn in die SS aufnahm. Am 1. Februar 1940 meldete sich Cooper bei der Leibstandarte-SS Adolf Hitler zur Grundausbildung. Dort geriet er in Streit und wurde daraufhin zum SS-Totenkopf-Infanterie-Ersatz-Bataillon I versetzt, wo er die Grundausbildung wiederholte. Im Juli 1940 kam er zur 8. Kompanie des SS-Totenkopf-Infanterie-Regiments 5, wo er zum Unteroffizier und Ausbilder befördert wurde. Cooper blieb bei dem Regiment bis 1941 und stieg zum Rottenführer auf.
1943 erlitt Cooper bei Kampfhandlungen an den Beinen Verletzungen durch Granatsplitter. Als einziger Engländer erhielt er deshalb mit dem Kriegsverdienstkreuz eine deutsche Auszeichnung für Verdienste während des Krieges. Danach teilte man Cooper dem Britischen Freikorps als Rekruteur zu. 1945 wurde er im Old Bailey wegen Hochverrats zum Tode verurteilt; die Strafe wandelte man später in lebenslange Haft um. 1953 wurde Cooper aus dem Gefängnis entlassen.

D

Daluege, Kurt

Rang: SS-Oberstgruppenführer und Generaloberst der Polizei, Chef der Ordnungspolizei
Geboren: 15. September 1897
Gestorben: 23. Oktober 1946 (EA)
Parteimitglied Nr.: 31981
SS-Nr.: 1119
Auszeichnungen: EK II (WK 1); Ehrenkreuz WK 1 für Frontkämpfer; 1914 Verwundetenabzeichen in Silber; Gau-Traditionsabzeichen Berlin in Gold; Frontbannabzeichen; Deutsches Kreuz in Silber, 10. September 1942; Ritterkreuz des Kriegsverdienstkreuzes mit Schwertern, 1. September 1943 (6. September 1943); SS-Ehrenring; SS-Ehrendegen.

Daluege, im oberschlesischen Kreuzberg geboren, wurde im Ersten Weltkrieg mehrmals verwundet. Nach dem Krieg studierte er an der Technischen Hochschule Berlin Bauingenieurswesen und bestand dort 1923 die Prüfungen zum Diplom-Ingenieur. Danach war er als Bauleiter auf Kanal- und Trambahnbaustellen tätig und war technischer Assistent im preußischen Landwirtschaftsministerium. Von 1927 bis 1933 arbeitete er als Ingenieur bei der Berliner Müllabfuhr.
Ab Kriegsende war Daluege Mitglied bei rechtsradikalen Gruppen und nahm schließlich bei den Nationalsozialisten eine führende Position ein. 1922 trat er dem Freikorps Roßbach bei, 1923 der NSDAP nach dem Verbot der Großdeutschen Arbeiterpartei. Nach der Neugründung der NSDAP 1926 stieg er zum stellvertretenden Gauleiter auf und gründete die erste SA-Gruppe Berlins. Bis 1930 war er SA-Gruppenführer für Berlin-Brandenburg und SA-Gausturmführer im Gau Berlin-Brandenburg. 1930 trat er der SS bei, wurde am 25. Juli 1930 zum SS-Oberführer und am 1. Juli 1932 zum SS-Gruppenführer ernannt. Von 1932 bis zu dessen Auflösung 1933 gehörte Daluege für die NSDAP dem Preußischen Landtag an, von November 1933 bis 1945 dem Reichstag. Ab Juli 1933 trug er den Titel »Preußischer Staatsrat«.
Nach der Machtübernahme am 30. Januar 1933 wurde Daluege unter Reichskanzler Hitler zum Kommissar z.b.V. (zur besonderen Verwendung) und Leiter der Sonderabteilung Daluege im Preußischen Innenministerium ernannt, am 11. Mai 1933 zum Ministerialdirektor und Leiter der Polizeiabteilung im Preußischen Innenministerium und am 15. September 1933 zum General der preußischen Landespolizei. 1934 wurde er zum Leiter der Polizei-Abteilung im Innenmisnisterium befördert und erhielt den Rang eines SS-Obergruppenführers.
Ab Juni 1936 amtierte er als Stellvertreter Himmlers als Chef der Deutschen Polizei im Innenministerium sowie der Deutschen Ordnungspolizei (Orpo) im Hauptamt der Sicherheitspolizei. Am 20. April 1942 stieg er zum Generaloberst der Polizei und – als einziger Polizist – zum SS-Oberstgruppenführer auf.
Heydrich (siehe dort) verabscheute Daluege und verpasste ihm den Spitznamen »Dummi-Dummi«. Ironischerweise sollte jedoch gerade Daluege Heydrich am 30. Mai 1942 als Reichsprotektor von Böhmen und Mähren nachfolgen. In seiner Amtszeit bis zum 14. Oktober 1943 verantwortete Daluege die brutalen Vergeltungsmaßnahmen, Morde und Verhaftungen nach dem erfolgreichen Attentat auf Heydrich. Ab Ende 1943 war er aus gesundheitlichen Gründen beurlaubt.
Nach dem Krieg wurde Daluege in der Tschechoslowakei vom Prager Volksgericht am 23. Oktober 1946 als Kriegsverbrecher zum Tode verurteilt und noch am selben Tag in Prag gehängt.

Darges, Fritz

Rang: SS-Obersturmbannführer
Geboren: 8. Februar 1913
Gestorben: 25. Oktober 2009 (NT)
Parteimitglied Nr.: – / **SS-Nr.:** –
Auszeichnungen: EK II, 15. Juli 1940; EK I, 19. August 1942; Ritterkreuz, 5. April 1945.

Darges wurde in Dülseberg bei Salzwedel in der Altmark geboren. Von 1936 bis 1939 war er Martin Bormanns (siehe dort) Adjutant, ab Oktober 1940 Ordonnanzoffizier bei Hitler, unterbrochen von Kriegseinsätzen, bis er verwundet wurde. Vom 1. März 1943 bis zum 18. Juli 1944 diente Darges als persönlicher Adjutant bei Hitler. Anschließend wurde er an die Ostfront strafversetzt, wo er als Regimentsführer der 5. SS-Panzerdivision Wiking angehörte. 1945 wurde Darges von der US-Armee verhaftet und 1948 wieder entlassen. Danach lebte er in Celle, wo er 2009 verstarb.

Degrelle, Léon

Rang: SS-Standartenführer der Reserve
Geboren: 15. Juni 1906
Gestorben: 31. März 1994 (NT)
Parteimitglied Nr.: –
SS-Nr.: –
Auszeichnungen: EK II, 2.–13. März 1942; EK I, 18.–21. Mai 1942; Ritterkreuz, 20. Februar 1944; Eichenlaub, 27. August 1944; Nahkampfspange in Gold, 14. September 1944; Infanterie-Sturmabzeichen in Silber, 30. August 1942.

Léon Degrelle, 1906 im belgischen Bouillon geboren, war der berühmteste ausländische Freiwillige in der Waffen-SS. Mit seiner wallonisch-faschistischen Bewegung »Mouvement National Rexiste« – die Bezeichnung »Partei« lehnte er ab – betrat er im Mai 1935 Belgiens politische Bühne. Bei den Wahlen im Mai 1936 verzeichneten die Rexisten einen sensationellen Sieg: Sie gewannen 21 Sitze in der

Abgeordnetenkammer und acht im Senat. Degrelle wurde vom belgischen König ein Posten im Kabinett angeboten, den er ablehnte. Er wollte mehr als nur ein Ministeramt für sich selbst und einige kleinere Posten für seine Partei.
So kometenhaft wie ihr Aufstieg, so rasant war auch der Niedergang von Degrelles Bewegung. Bei den Wahlen im April 1939 verloren die Rexisten alle bis auf vier Sitze in der Abgeordnetenkammer und Degrelle selbst sein Mandat für den Wahlkreis Brüssel an den vormaligen Premierminister Paul van Zeeland. Degrelle verschwand bis zur deutschen Besetzung Belgiens im Mai 1940 in der politischen Versenkung. Unter der deutschen Besetzung waren die Rexisten die Hauptkollaborateure in Wallonien. Es wurde ihnen zwar keine politische Macht, doch einige Posten in der Zivilverwaltung übertragen.
Degrelle erlebte den Krieg zusammen mit anderen wallonischen Freiwilligen der sogenannten Wallonischen Legion vorwiegend an der russischen Front. Am 1. Juni 1943 wurde die Wallonische Legion auf einen Befehl Himmlers (siehe dort) vom Mai 1943 als 5. SS-Freiwilligen-Sturmbrigade Wallonie in die Waffen-SS eingegliedert. Dort wurde sie jedoch nicht mit der Flämischen Legion zusammengeschlossen, einem Verband flämischer Freiwilliger in der Waffen-SS. Die SS-Sturmbrigade Wallonie stieß im November in der südlichen Ukraine zur SS-Division Wiking. Während ihres Rückzugs aus der Sowjetunion erlitt die Division im sogenannten Tscherkassy-Kessel große Verluste. Allein am 14. Februar 1944 wurden 200 Mitglieder der Wallonischen Brigade getötet, darunter auch ihr Kommandeur Lucien Lippert, an dessen Stelle Degrelle trat. Die wallonische Sturmbrigade wurde nach ihrem Rückzug nach Estland verlegt, wo sie im Juli 1944 zusammen mit anderen europäischen Freiwilligen der Waffen-SS die Wehrmacht in der Schlacht um den Brückenkopf von Narva unterstützte. Im Januar 1945 wurde die Brigade, mittlerweile zur 28. SS-Freiwilligen-Panzergrenadierdivision Wallonien umgegliedert, unter dem Befehl des XXXIX.Panzerkorps sowie später des III. SS-Panzerkorps im heutigen Polen bei Stargard und Stettin eingesetzt. Nach dem Zusammenbruch der Verteidigungslinie kamen Mitte April 1945 Teile der Division nach Schleswig-Holstein, andere ergaben sich in Ostdeutschland oder wurden nach Dänemark evakuiert. Degrelle floh nach Norwegen und weiter mit Albert Speers Flugzeug nach Spanien. In Belgien wurde Degrelle bereits kurz nach dem Krieg in Abwesenheit zum Tode verurteilt. Als er 1994 in Spanien starb, verhinderte die belgische Regierung, dass ehemalige belgische SS-Freiwillige an seinem Begräbnis teilnehmen konnten.

Diebitsch, Karl

Rang: SS-Oberführer
Geboren: 3. Januar 1899
Gestorben: 6. August 1985 (NT)
Parteimitglied Nr.: 4690956
SS-Nr.: 141990
Auszeichnungen: SS-Ehrenring; SS-Ehrendegen.

Diebitsch wurde in Hannover geboren und nahm als Freiwilliger am Ersten Weltkrieg teil. Von 1923 bis 1925 studierte er an der Kunstakademie in München Malerei. Bereits seit 1920 Mitglied der NSDAP, schloss er sich 1934 der SS an. 1944 stieg er zum SS-Oberführer auf und wurde im selben Jahr in den Persönlichen Stab RFSS, Chef Amt München berufen. Zu seinen Aufgaben gehörte die Beratung des Reichsführers-SS Himmler (siehe dort) in allen die Kunst und Architektur betreffenden Fragen. Diebitsch gestaltete u.a. den SS-Degen, 1936 den SS-Kettendolch und die verschlungenen Runen des »SS-Kulturzeichens«. Zu sehen war es beispielsweise auch auf einigen Keramiken der SS-Junkerschule in Bad Tölz. Darüber hinaus entwarf er die SS-Uniformen, Wappen für hohe SS-Führer und verschiedene Embleme, so die Abzeichen für eine lange Parteizugehörigkeit, aber auch Briefmarken und Inneneinrichtungen.
1939 wurde Diebitsch Direktor der SS-eigenen Porzellanmanufaktur Allach in München. Die Porzellanmarke, die am Boden all seiner Allacher Entwürfe zu sehen war, entsprach dem »SS-Kulturzeichen«. Die SS hatte die Manufaktur, die 1935 als kleines Privatunternehmen von Diebitsch mitgegründet worden war, bereits 1937 übernommen – Himmler betrachtete sie als großen Erfolg. Ab 1940 wurde der erweiterte Betrieb auf das SS-Gelände beim Konzentrationslager Dachau verlegt. Zivilangestellte und Häftlinge produzierten dort Gebrauchsporzellan und Porzellanplastiken, die als offizielle Geschenke der SS dienten. Dazu gehörten auch die pseudogermanischen »Julleuchter«.
Nach dem Krieg arbeitete Diebitsch als Maler und Dekorgestalter für deutsche Porzellanmanufakturen. Er lebte am bayerischen Tegernsee zunächst in Rottach-Egern und später in Kreuth, wo er 1985 verstarb.

Diels, Rudolf

Rang: SS-Oberführer
Geboren: 16. Dezember 1900
Gestorben: 18. November 1957 (U)
Parteimitglied Nr.: 3955308
SS-Nr.: 187116
Auszeichnungen: Ehrenkreuz WK 1 für Frontkämpfer; SS-Ehrenring; SS-Ehrendegen.

Diels war der erste Leiter jener Organisation, aus der die Gestapo hervorgehen sollte, und ein Überlebenskünstler, der es nach dem Attentat auf Hitler am 20. Juli 1944 verstand, seine ehemaligen Erfüllungsgehilfen auszutricksen. Diels wurde in Berghausen im Taunus als Sohn eines Gutsbesitzers geboren. Er studierte zunächst Medizin, später Jura in Gießen und Marburg, wo er der Studentenverbindung »Rhenania Straßburg zu Marburg« angehörte. 1919 schloss er sich zwei Monate einem studentischen Freikorps an.
1930 gelang Diels der Karrieresprung als Regierungsrat in das preußische Innenministerium. Dort wurde er der »Politischen Gruppe« der Polizeiabteilung zugeteilt und war als Dezernent zur Bekämpfung der kommunistischen Bewegung für den »Linksradikalismus« zuständig. 1932 gab

er ein Gespräch zwischen dem linksliberalen Staatssekretär Dr. Wilhelm Abegg, der ihn protegiert hatte, und zwei führenden Politikern der KPD an das Innenministerium weiter und bezichtigte Abegg gegenüber der Regierung fälschlicherweise der Konspiration mit den Kommunisten. Damit lieferte er einen weiteren Vorwand für die Notverordnung des Reichspräsidenten von Papen und verschaffte sich eine Beförderung zum Oberregierungsrat.
Diels, ab 1932 Mitglied der SA und ab 1933 der SS, arbeitete eng mit Göring zusammen, trat der NSDAP jedoch erst 1937 bei. Kurz nach der Machtübernahme der Nationalsozialisten gründete Göring als preußischer Innenminister am 26. April das Geheime Staatspolizeiamt (Gestapa). Die Göring direkt unterstellte Behörde wurde später in Geheime Staatspolizei (Gestapo) umbenannt. Diels leitete die Gestapo, bis er 1934 in den Machtkampf zwischen Göring und dem aufstrebenden Himmler (siehe dort) geriet, der die Gestapo unter seine Kontrolle bringen wollte.
Am Abend des Reichstagsbrands am 27. Februar 1933 berichtete Diels Hitler, dass dies der Anschlag des Einzeltäters Marinus van der Lubbe gewesen sei, der sich bereits in Haft befände. Diels zufolge schrie Hitler jedoch »flammend rot vor Erregung«: »Es gibt jetzt kein Erbarmen; wer sich uns in den Weg stellt, wird niedergemacht. Das deutsche Volk wird für Milde kein Verständnis haben. Jeder kommunistische Funktionär wird erschossen, wo er angetroffen wird. Die kommunistischen Abgeordneten müssen noch in dieser Nacht aufgehängt werden. Alles ist festzusetzen, was mit den Kommunisten im Bunde steht. Auch gegen Sozialdemokraten und Reichsbanner gibt es jetzt keine Schonung mehr.«
In der Folge verlor Diels seinen Posten. Er war aber u. a. wohl geschützt durch belastende Informationen, die er über führende Nationalsozialisten gesammelt hatte. Von Göring weiter protegiert, wurde er mit dessen Hilfe 1934 Regierungspräsident in Köln, 1940 in Hannover. 1943 heiratete er die Witwe von Görings 1932 verstorbenem Bruder. Nach dem Attentat auf Hitler am 20. Juli 1944 wurde Diels von der Gestapo verhaftet und von Göring wieder aus dem Gefängnis befreit. In der Nachkriegszeit stilisierte sich Diels als Widerstandskämpfer und Beteiligter des Attentats vom 20. Juli, konnte dies aber nie belegen. Der geschickte Opportunist wurde bis 1948 von den Alliierten interniert und lebte anschließend auf seinem Hof in Niedersachsen. 1957 kam er bei einem Jagdunfall ums Leben.

Dietrich, Josef (›Sepp‹)

Rang: SS-Oberstgruppenführer, Generaloberst der Panzertruppen, Oberbefehlshaber über die 6. SS-Panzerarmee
Geboren: 28. Mai 1892
Gestorben: 21. April 1966 (NT)
Parteimitglied Nr.: 89015
SS-Nr.: 1177
Auszeichnungen: Goldenes Parteiabzeichen; EK II (WK 1); EK I (WK 1); Ehrenkreuz WK 1 für Frontkämpfer; Panzerkampfabzeichen WK 1; EK II Wiederholungsspange, 25. September 1939; EK I Wiederholungsspange, 27. Oktober 1939; Ritterkreuz, 4. Juli 1940; Eichenlaub, 31. Dezember 1941; Eichenlaub mit Schwertern, 16. März 1943; Diamanten, 6. August 1944; Flugzeugführer- und Beobachterabzeichen in Gold mit Diamanten 1943; Blutorden Nr. 10; SS-Ehrenring; SS-Ehrendegen.

Dietrich wurde in Hawangen bei Memmingen geboren. 1911 trat er als Freiwilliger beim 4. Bayerischen Artillerieregiment in Augsburg ein. Im Ersten Weltkrieg wurde er zuerst zur Artillerie eingezogen und zum Schluss zu einer der damals neuartigen Panzertruppen versetzt. Nachdem er aus der Armee im Rang eine Viezefeldwebels entlassen worden war, trat er als Wachtmeister in die Bayerische Landespolizei ein.
Dietrich schloss sich dem Freikorps Oberland an und nahm 1923 am Hitlerputsch teil. 1928 trat er in die NSDAP und die SS ein. Ab Juni 1932 war er als Chef des SS-Begleitkommandos Der Führer, ab 1933 der SS-Leibstandarte Adolf Hitler für Hitlers Sicherheit verantwortlich. Eine herausragende Rolle spielte er 1934 bei der Röhm-Affäre, als er die Exekutionen führender SA-Männer im Münchner Gefängnis Stadelheim ausführen ließ.
Als Kommandeur der Leibstandarte – zuletzt ab September 1944 als SS-Oberstgruppenführer der Waffen-SS und Generaloberst der Panzertruppen – nahm Dietrich u. a. am Überfall auf Polen sowie an Kampfhandlungen in Frankreich, Jugoslawien und Griechenland teil. Dort wie auch in der Ukraine und 1944 bei der Ardennenoffensive beging die Leibstandarte Kriegsverbrechen, darunter das Malmedy-Massaker an über 80 US-amerikanischen Kriegsgefangenen. Nach dem Krieg wurde Dietrich im Malmedy-Prozess in Dachau zu lebenslanger Haft verurteilt, jedoch schon 1956 wieder aus dem Kriegsverbrechergefängnis Landsberg entlassen. 1957 wurde er wegen seiner Beteiligung an den Morden an SA-Führern im Zuge der Röhm-Affäre zu 18 Monaten Haft verurteilt. Dietrich starb 1966 in Ludwigsburg.

Dietrich, Otto

Rang: SS-Obergruppenführer
Geboren: 31. August 1897
Gestorben: 22. November 1952 (NT)
Parteimitglied Nr.: 126727
SS-Nr.: 101349
Auszeichnungen: EK II (WK 1); EK I (WK 1); Ehrenkreuz WK 1 für Frontkämpfer; Goldenes Parteiabzeichen; SS-Ehrenring; SS-Ehrendegen.

Otto Dietrich nahm als Freiwilliger am Ersten Weltkrieg teil und promovierte 1921 in Staatswissenschaften zum Dr. rer. pol. Ab 1928 arbeitete er in München bei der »München-Augsburger Abendzeitung« und als Korrespondent der »Leipziger Neuesten Nachrichten«. 1929 trat er der NSDAP, 1932 der SS bei. 1931 stieg er zum Reichspressechef der NSDAP auf, ab 1938 fungierte er als Pressechef der

Reichsregierung und war Staatssekretär in Goebbels' Propagandaministerium.
Dietrich formulierte das ab 1934 gültige Schriftleitergesetz, das für die Gleichschaltung der Presse von entscheidender Bedeutung war. Zuständig für die Sprachregelung in und die Kontrolle der Presse, arbeitete er auch mit gezielter Propaganda. So beschrieb er nach dem angeblichen »Röhm-Putsch« wortstark Hitlers Schock über die moralische Verkommenheit der liquidierten Kameraden. Als Heß (siehe dort) nach Schottland flog, ließ Dietrich seinen Unfalltod über feindlichem Territorium melden. Im Oktober 1941 verkündete er den bevorstehenden Sieg der Wehrmacht in der Sowjetunion. Im März 1945 wurde er von Hitler als Reichspressechef entlassen.
Nach dem Krieg wurde Dietrich 1949 im Wilhelmstraßen-Prozess zu sieben Jahren Haft verurteilt, jedoch vorzeitig aus dem Kriegsverbrechergefängnis Landsberg entlassen. 1952 starb er in Düsseldorf.

Ding-Schuler, Erwin

Rang: SS-Sturmbannführer
Geboren: 19. September 1912
Gestorben: 11. August 1945 (S)
Parteimitglied Nr.: 1318211
SS-Nr.: 280163
Auszeichnungen: EK II; SS-Ehrenring; SS-Ehrendegen.

Ding-Schuler war 1938/39 Lagerarzt im Konzentrationslager Buchenwald und von Oktober 1939 bis August 1940 Adjutant des Divisonsarztes der SS-Division Totenkopf. 1940 war er an der SS-Ärztlichen Akademie in Graz tätig, ab 1941 am Hygiene-Institut der Waffen-SS in Berlin. Als Leiter der Abteilung für Fleckfieber- und Virusforschung des Hygiene-Instituts in Buchenwald führte Ding-Schuler von 1942 bis 1945 an hunderten Häftlingen – im häufigsten Fall tödliche – Menschenversuche aus. 1945 wurde er vom US-Militär interniert und beging Selbstmord.

Dirlewanger, Oskar

Rang: SS-Oberführer
Geboren: 26. September 1895
Gestorben: 7. Juni 1945 (A)
Parteimitglied Nr.: 1098716
SS-Nr.: 357267
Auszeichnungen: EK II (WK 1); EK I (WK 1); EK II Wiederholungsspange, 24. Mai 1942; EK I Wiederholungsspange, 16. September 1942; Deutsches Kreuz in Gold, 5. Dezember 1943; Ritterkreuz, 30. September 1944; Nahkampfspange in Bronze.

Dirlewanger, in Würzburg geboren, gehörte nach dem Ersten Weltkrieg verschiedenen Freikorps an. 1922 promovierte er zum Dr. rer. pol. Nach einer zweijährigen Haftstrafe wegen Vergewaltigung nahm er ab 1936 u. a. als Freiwilliger der »Legion Condor« am Spanischen Bürgerkrieg teil. Zurück in Deutschland, kam er über Gottlob Berger (siehe dort) 1940 zur Waffen-SS. Das von ihm aufgebaute Sonderkommando Dirlewanger bestand aus verurteilten Kriminellen und wurde u. a. zur »Partisanenbekämpfung« in Osteuropa eingesetzt. Es war für seine zahllosen Morde an Zivilisten und weitere Kriegsverbrechen berüchtigt. Die schlimmsten Massaker, Folterungen und Verbrechen übte es 1944 während des Warschauer Aufstandes aus, ein Einsatz, für den er das Ritterkreuz bekam. Dirlewanger geriet zu Kriegsende wohl im schwäbischen Altshausen in französische Kriegsgefangenschaft, wo er offenbar von ehemaligen polnischen Zwangsarbeiten erkannt und getötet wurde.

Dijck, Antoon (›Toni‹) van

Rang: SS-Untersturmführer
Geboren: 1922
Gestorben: 19. Dezember 2009 (NT)
Parteimitglied Nr.: –
SS-Nr.: –
Auszeichnungen: EK II; Kriegsverdienstkreuz 2. Klasse mit Schwertern, 4. April 1942.

Van Dijck wurde in Belgien als Sohn eines glühenden flämischen Nationalisten geboren. In der Allgemeinen SS in Flandern, die im September 1940 gegründet wurde, war er Adjutant der flämischen SS-Führer Jef van de Wiele und Jef François. Vom 9. November 1943 bis zum 15. September 1944 führte van Dijck die Germanische SS Flandern. Nach dem Krieg wurde er als Kriegsverbrecher in Belgien zum Tode verurteilt, das Urteil wurde in eine Haftstrafe umgewandelt.

E

Eberstein, (Friedrich) Karl von

Rang: SS-Obergruppenführer
Geboren: 14. Januar 1894
Gestorben: 10. Februar 1979 (NT)
Parteimitglied Nr.: 15067
SS-Nr.: 1386
Auszeichnungen: EK II (WK 1); EK I (WK 1); Ehrenkreuz WK 1 für Frontkämpfer; Kriegsverdienstkreuz 2. Klasse mit Schwertern; Kriegsverdienstkreuz 1. Klasse mit Schwertern; Goldenes Parteiabzeichen; SS-Ehrenring; SS-Ehrendegen.

Eberstein trat bereits 1928 der SS bei. 1934 bis 1936 führte er den SS-Oberabschnitt »Mitte« in Dresden. Als SS-Obergruppenführer amtierte Eberstein von 1936 bis 1942 als Polizeipräsident in München. Ab 1938 war er Höherer SS- und Polizeiführer (HSSPF) in München und Nürnberg, ab 1944 Höherer Kommandeur der Kriegsgefangenen im Wehrkreis VII. Nach dem Krieg wurde Eberstein interniert und sagte als Zeuge im Nürnberger Prozess gegen die Hauptkriegsverbrecher aus. Er selbst wurde nach mehreren Verfahren als »Mitläufer« eingeordnet.

Eichmann, Adolf

Rang: SS-Obersturmbannführer
Geboren: 19. März 1906
Gestorben: 31. Mai 1962 (EA)
Parteimitglied Nr.: 899895
SS-Nr.: 45326
Auszeichnungen: Kriegsverdienstkreuz 2. Klasse mit Schwertern; SS-Ehrenring.

Der fanatische Antisemit Eichmann wurde in Solingen geboren, wuchs in Linz auf und arbeitete bis 1933 als Vertreter. 1932 trat er der österreichischen NSDAP bei, zog jedoch nach deren Verbot nach Deutschland. Dort leitete er das »Zionismus-Referat« des SD in Berlin. Nach dem Anschluss Österreichs baute er die Zentralstelle für jüdische Auswanderung in Wien auf, ab 1939 die Auswanderungsbehörde in Prag. Ziel der Institutionen war die Vertreibung und Ausplünderung von Juden. 1939 wurde Eichmann Geschäftsführer der Reichszentrale für jüdische Auswanderung in Berlin, 1940 Leiter des späteren Referats IV B 4 (Juden) im Reichssicherheitshauptamt – ab 1941 die zentrale Leitstelle für die Deportationen der Juden in die Ghettos und Konzentrationslager. Auf der Wannsee-Konferenz am 20. Januar 1942 zur Organisierung der »Endlösung der Judenfrage« war Eichmann Protokollführer. Er organisierte die Deportationen und ließ als effizienteste Methode der Vernichtungsmaschinerie die Gaskammern installieren. 1944 leitete er perönlich ein Sonderkommando zur Deportation von knapp 440 000 ungarischen Juden nach Auschwitz, von denen nur wenige überlebten.
Im Frühjahr 1945 kam Eichmann in Österreich in amerikanische Gefangenschaft und wurde in Franken interniert. 1946 gelang ihm mithilfe ehemaliger Mitglieder von SS und NSDAP die Flucht aus dem Gefangenenlager und mit Unterstützung hochrangiger Katholiken 1950 unter dem Namen »Ricardo Klement« die Auswanderung nach Argentinien. 1960 wurde er von israelischen Agenten in Buenos Aires nach Israel entführt. Dort legte er ein 3500 Seiten starkes, minuziöses Geständnis ab – bis zuletzt ein Bürokrat, der sich im juristischen Sinne als unschuldig sah, weil er nur Befehle ausgeführt hätte. Eichmann wurde 1961 zum Tode verurteilt und 1962 in Ramla gehängt.

Eicke, Theodor

Rang: SS-Obergruppenführer und General der Waffen-SS
Geboren: 17. Oktober 1892
Gestorben: 26. Februar 1943 (Gef.)
Parteimitglied Nr.: 114901
SS-Nr.: 2921
Auszeichnungen: EK II (WK 1); Ehrenkreuz WK 1 für Frontkämpfer; EK II Wiederholungsspange, 26. Mai 1940; EK I, 31. Mai 1940; Ritterkreuz, 26. Dezember 1941; Eichenlaub, 20. April 1942; SS-Ehrenring; SS-Ehrendegen.

Eicke, einer der berüchtigsten SS-Kommandeure, wurde in Hampont in Elsass-Lothringen geboren. Im Ersten Weltkrieg diente er als Zahlmeister, danach ging er in den Polizeidienst, aus dem er jedoch mehrere Male entlassen wurde. Schließlich wechselte er in den Werkschutz der IG Farben in Ludwigshafen. 1928 trat er der NSDAP und der SA bei, 1929 wechselte er zur SS. In der Folgezeit baute er SS-Einheiten in der Rheinpfalz auf und stieg zum Führer der 10. SS-Standarte auf. 1932 wurde Eicke, bei dem rund 80 Bomben gefunden wurden, wegen eines Verbrechens gegen das Sprengstoffgesetz zu zwei Jahren Haft verurteilt. Er konnte jedoch bei einem Hafturlaub in das faschistische Italien fliehen. Nach Hitlers Machtübernahme 1933 kehrte er nach Deutschland zurück. Dort wurde er in Schutzhaft genommen und in die Würzburger Psychiatrie eingeliefert, wo er von Heyde (siehe dort) untersucht und für geistig gesund erklärt wurde. Am 26. Juni 1933 bestimmte Himmler Eicke zum Kommandanten des kurz zuvor eingerichteten Konzentrationslagers Dachau. Dort entwickelte er das »Dachauer Modell«: das System der Lagerverwaltung, Dienstvorschriften für das Personal sowie einen Strafkatalog für die Gefangenen. Das auf Terror basierende Regelwerk wurde zum Muster des KZ-Systems.
Während der Röhm-Affäre 1934 erschoss Eicke Röhm in dessen Zelle im Münchner Gefängnis Stadelheim. Im selben Jahr führte er sein »Dachauer Modell« in mehreren Konzentrationslagern ein und wurde von Himmler zum Inspekteur der Konzentrationslager und Führer der SS-Wachverbände ernannt. Eicke baute die SS-Totenkopfverbände als KZ-Wachen auf und stieg im Zweiten Weltkrieg zum Kommandeur der SS-Totenkopfdivision auf, die zahlreiche Kriegsverbrechen beging. 1943 wurde er bei einem Aufklärungsflug in der Ukraine abgeschossen.

F

Fegelein, Hermann Otto

Rang: SS-Gruppenführer und Generalleutnant der Waffen-SS
Geboren: 30. Oktober 1906
Gestorben: 29. April 1945 (EN)
Parteimitglied Nr.: 1200158
SS-Nr.: 66680
Auszeichnungen: EK II, 15. Dezember 1940; EK I, 28. Juni 1941; Ritterkreuz, 2. März 1942; Eichenlaub, 25. Dezember 1942; Eichenlaub mit Schwertern, 30. Juli 1944; Verwundetenabzeichen (1939) in Schwarz; Verwundetenabzeichen (1939) in Silber; Verwundetenabzeichen ›20. Juli 1944‹ in Silber; Deutsches Kreuz in Gold, 1. November 1943; Nahkampfspange in Silber, 5. Dezember 1943; Kriegsverdienstkreuz II. Klasse in Bronze mit Schwertern; Medaille Winterschlacht im Osten 1941–42, 1. April 1942; Deutsches Reiterabzeichen in Gold; SS-Ehrenring; SS-Ehrendegen.

Fegelein trat 1925 dem 17. Bayerischen Reiterregiment bei und ging 1928 in den Polizeidienst. 1931 stieß er zur berittenen SS-Abteilung, 1932 wurde er Mitglied der NSDAP.
Nach Kriegsbeginn baute Fegelein 1939 im besetzten Warschau eine Reiterstandarte der SS-Totenkopfverbände auf, die diverse Kriegsverbrechen beging.
1940 wurde Fegelein zum Inspekteur für Reit- und Fahrwesen im SS-Fürhungshauptamt ernannt. Ab 1941 kommandierte er die SS-Kavalleriebrigade, die innerhalb weniger Monate in Ostpolen und der Sowjetunion, teilweise unter dem Deckmantel der »Partisanenbekämpfung«, rund 40 000 Juden ermordete.
Fegelein, der ab 1942 der Waffen-SS angehörte, war ab Anfang 1944 Himmlers (siehe dort) Verbindungsofffizier im Führerhauptquartier und heiratete im Juni desselben Jahres Eva Brauns Schwester Margarete. Beim Attentat vom 20. Juli wurde der »Schwager des Führers« leicht verletzt. Zu Kriegsende hielt er sich mit Hitlers engstem Kreis im Führerbunker auf. Nachdem er offensichtlich versucht hatte, aus Berlin zu fliehen, wurde er in die Reichskanzlei zurückgebracht, auf Geheiß Hitlers vor einem Kriegsgericht im Schnellverfahren wegen Fahnenflucht zum Tode verurteilt und im Garten der Reichskanzlei erschossen.

Feldmeijer, Johannes Hendrik (›Henk‹)

Rang: SS-Standartenführer
Geboren: 30. November 1910
Gestorben: 22. Februar 1945 (Gef.)
Parteimitglied Nr.: –
SS-Nr.: 440001
Auszeichnungen: EK II; Verwundetenabzeichen (1939) in Schwarz; SS-Ehrenring.

Der Niederländer Feldmeijer trat 1932 der von Anton Mussert gegründeten »Nationaal-Socialistische Beweging in Nederland« (NSB) bei und wurde 1936 deren Propagandaleiter. 1939 baute er mit der »Mussert-Garde« die Vorläuferin der 1941 gegründeten Niederländischen SS auf, die 1942 in »Germanische SS in den Niederlanden« umbenannt wurde. Feldmeijer kommandierte die SS als sogenannter Voorman unter der Führung von Himmler (siehe dort), 1943 wurde er zum Standartenführer ernannt und legte den Titel ab.
Zusammen mit Rauter (siehe dort) versuchte Feldmeijer Mussert's Position als Führer der niederländischen Nationalsozialisten zu schwächen. Er führte das Prinzip der »Fördermitglieder« ein – Zivilisten, die monatlich mindestens 1 Florin spendeten und im Gegenzug ein SS-Abzeichen tragen durften – und war an Kriegsverbrechen in den Niederlanden beteiligt. Als Mitglied der Waffen-SS war er u.a. an der Ostfront eingesetzt.

Frank, Karl Hermann

Rang: SS-Obergruppenführer
Geboren: 24. Januar 1898
Gestorben: 22. Mai 1946 (EA)
Parteimitglied Nr.: 6600002
SS-Nr.: 310466
Auszeichnungen: Goldenes Parteiabzeichen; Kriegsverdienstkreuz 2. Klasse mit Schwertern; Kriegsverdienstkreuz 1. Klasse mit Schwertern; SS-Ehrenring; SS-Ehrendegen.

Frank, in Karlsbad geboren und gelernter Buchhändler, war ab 1935 Abgeordneter der Sudetendeutschen Partei im tschechoslowakischen Parlament und ab 1936 Henleins (siehe dort) Stellvertreter. Während der Sudetenkrise 1938 war Frank Kommandeur des Sudetendeutschen Freikorps. Nach der Annexion des Sudetenlands 1938 wurde er zum stellvertretenden Gauleiter des Sudetengaus, zum Staatssekretär beim Reichsprotektor für Böhmen und Mähren sowie zum Höheren SS- und Polizeiführer von Böhmen und Mähren ernannt und war Himmler (siehe dort) direkt unterstellt. Nach dem Attentat auf Heydrich (siehe dort) 1942 war Frank unter Daluege (siehe dort) verantwortlich für die brutalen Vergeltungsmaßnahmen: Tausende Verhaftungen und rund 2000 Ermordungen sowie die Massaker von Lidice und Lezaky. 1943 zum Staatsminister für Böhmen und Mähren ernannt, regierte er faktisch das »Protektorat« bis Kriegsende. Nach Kriegsende wurde er in der Tschechoslowakei zum Tode verurteilt und 1946 hingerichtet.

Freeman, Benson Railton Metcalf

Rang: SS-Untersturmführer
Geboren: 6. Oktober 1903
Gestorben: unbekannt
Parteimitglied Nr.: – / **SS-Nr.:** –

Freeman, ein Engländer, trat 1924 dem »Kings Own Royal Regiment« als Leutnant bei und später als Kampfpilot der RAF. 1931 schied er aus dem Militär aus und wurde Landwirt. 1937 bis 1939 war er Mitglied der »British Union of Fascists« (BUF). Dennoch kehrte er zu Kriegsbeginn zur RAF zurück. Am 22. Mai 1940 wurde sein Flugzeug bei einem Flug in das französische Merville zerstört; Freeman kam in deutsche Gefangenschaft und wurde, als sein faschistischer Hintergrund entdeckt wurde, nach Berlin gebracht. Dort traf er Rudolf Heß (siehe dort).
Freeman arbeitete ab Juni 1942 als Propaganda-Offzier. Im Oktober 1944 trat Freeman in die Waffen-SS ein und überprüfte Propagandamateril in der SS-Standarte Kurt Eggers, der Kriegsberichter-Kompanie der SS. Ende April 1945 flog er zusammen mit d'Alquen und dessen Restpersonal in das bayerische Lenggries. Dort ergab sich Freeman am 9. Mai den US-Truppen. Ein Militärgericht verurteilte ihn zu zehn Jahren Haft.

G

Globocnik, Odilo

Rang: SS-Gruppenführer
Geboren: 21. April 1904
Gestorben: 31. Mai 1945 (S)
Parteimitglied Nr.: 442939
SS-Nr.: 292776
Auszeichnungen: Goldenes Parteiabzeichen; EK II; EK I; Kriegsverdienstkreuz 2. Klasse mit Schwertern; Kriegsverdienstkreuz 1. Klasse mit Schwertern; SS-Ehrenring; SS-Ehrendegen.

Globocnik wurde in Triest geboren und emigrierte 1918 nach Österreich. Ab 1931 war er Mitglied der NSDAP und hielt mehrere Parteiämter inne. 1933 stieg er zum Propagandaleiter der Nationalsozialistischen Betriebszellenorganisation und stellvertretenden NSDAP-Gauleiter in Kärnten auf. 1934 trat er in die SS ein. Nach dem Anschluss Österreichs im März 1938 wurde Globocnik zum Staatssekretär und am 24. Mai zum Gauleiter von Wien befördert. In dieser Funktion wurde er 1939 u. a. wegen Unterschlagung abgesetzt. Globocniks Karriere in der SS war damit jedoch nicht beendet: Im November 1939 wurde er zum SS- und Polizeiführer des Distrikts Lublin ernannt. Himmler (siehe dort) beauftragte ihn mit der »Endlösung« in Polen und der Ukraine unter dem Tarnnamen »Aktion Reinhardt«. Als Leiter der »Aktion Reinhardt« baute er das Konzentrationslager Majdanek sowie die Vernichtungslager Belzec, Sobibor und Treblinka auf und war für die Ermordung von über zwei Millionen Juden, Sinti und Roma verantwortlich.
1943 ernannte Himmler Globocnik zum Höheren SS- und Polizeiführer (HSSPF) »Operationszone Adriatisches Küstenland« mit Sitz in Triest. 1945 wurde Globocnik von Briten am Weißensee in Kärnten verhaftet und nahm sich mit Zyankali das Leben.

Glücks, Richard

Rang: SS-Gruppenführer
Geboren: 22. April 1889
Gestorben: 10. Mai 1945 (S)
Parteimitglied Nr.: 214805
SS-Nr.: 58706
Auszeichnungen: EK II (WK 1); EK I (WK 1); Ehrenkreuz WK 1 für Frontkämpfer; Kriegsverdienstkreuz 2. Klasse mit Schwertern; Kriegsverdienstkreuz 1. Klasse mit Schwertern; SS-Ehrenring; SS-Ehrendegen.

Glücks war ab 1936 Eickes (siehe dort) Stabsführer im SS-Führungs-Hauptamt. Ab 1939 bis 1945 war er als Inspekteur der Konzentrationslager verantwortlich für die dort begangenen Verbrechen und die Ermordung von Millionen Menschen. Als bei Kriegsende seine Flucht nach Dänemark scheiterte, beging er im Lazarett Flensburg-Mürwik Selbstmord.

Graf, Ulrich

Rang: SS-Brigadeführer
Geboren: 6. Juli 1878
Gestorben: 3. März 1950 (NT)
Parteimitglied Nr.: 8
SS-Nr.: 26
Auszeichnungen: Goldenes Parteiabzeichen; Coburger Ehrenzeichen; Blutorden Nr. 21; SS-Ehrenring; SS-Ehrendegen.

Graf, ein Bauernsohn aus Pachhagel bei Dillingen an der Donau, diente von 1896 bis 1904 in der Armee, war ein gelernter Metzger, Raufbold und Amateurringer. Das Gründungsmitglied der SA war ab 1921 Hitlers Leibwächter und rettete diesem während des Hitlerputsches 1923 das Leben. Ab 1. Januar 1925 gehörte Graf dem Münchner Stadtrat an, im selben Jahr trat er der NSDAP und der SS bei. Ab 1935 Münchner Ratsherr, ließ er sich 1936 in den Reichstag wählen. 1948 wurde er zu fünf Jahren Arbeitslager verurteilt.

Grawitz, Ernst-Robert

Rang: SS-Obergruppenführer
Geboren: 8. Juni 1899
Gestorben: 24. April 1945 (S)
Parteimitglied Nr.: 1102844
SS-Nr.: 27483
Auszeichnungen: EK II (WK 1); Ehrenkreuz WK 1 für Frontkämpfer; EK II Wiederholungsspange; Kriegsverdienstkreuz 2. Klasse mit Schwertern; Kriegsverdienstkreuz 1. Klasse mit Schwertern; SS-Ehrenring; SS-Ehrendegen.

Grawitz, seit 1931 in der SS und 1932 in der NSDAP, wurde 1935 zum Chef des SS-Sanitätsamtes und 1937 zum Reichsarzt der SS sowie zum Geschäftsführenden Präsidenten des Deutschen Roten Kreuzes ernannt. Zusammen mit Herbert Linden vom Gesundheitsministerium erarbeitete er unter Brandt (siehe dort) und Bouhler (siehe dort) Kriterien für die Auswahl von Ärzten in Führungsrollen: Regimetreue, hohe fachliche Anerkennung, wohlwollende oder radikale Einstellung gegenüber Euthanasie.
Grawitz war ein enger Berater Himmlers. Als effizienzeste Methode des Massenmordes empfahl er den Einsatz von Gaskammern. Grawitz erstellte zudem die Kriterien für die Selektion der KZ-Insassen. Ihm zufolge sollten alle Schwachen, Alten und nur relativ Widerstandsfähigen getötet werden, da an sie sonst medizinische Hilfen zu verschwenden seien. Grawitz nahm sich im April 1945 das Leben.

Greiser, Arthur

Rang: SS-Obergruppenführer, Gauleiter Warthegau 1939–1945
Geboren: 22. Januar 1897
Gestorben: 21. Juli 1946 (EA)
Parteimitglied Nr.: 166635
SS-Nr.: 10795
Auszeichnungen: EK II (WK 1); EK I (WK 1); Ehrenkreuz WK 1 für Frontkämpfer; 1914 Verwundetenabzeichen in Schwarz; Goldenes Parteiabzeichen; SS-Ehrenring; SS-Ehrendegen.

Greiser, Jagdflieger im Ersten Weltkrieg und Mitbegründer des »Stahlhelms« in Danzig, trat 1929 der SA und NSDAP bei, 1934 der SS. Nach dem Einmarsch in Polen 1938 war er bis Kriegsende Reichsstatthalter für den Reichsgau Posen (Wartheland). Dort war er u. a. für die Deportationen sowie die Ermordung von rund 150 000 Juden im Vernichtungslager Chelmno verantwortlich. Nach Kriegsende ergab sich Greiser am 25. Mai 1945 in Österreich US-Truppen. Er wurde jedoch nach Polen ausgeliefert, dort zum Tode verurteilt und in Posen gehängt.

Grese, Irma

Rang: SS-Helferin
Geboren: 7. Oktober 1923
Gestorben: 13. Dezember 1945 (EA)

Die berüchtigte »Hyäne von Auschwitz« gehörte seit 1942 dem Hilfspersonal der SS an und wurde im selben Jahr Aufseherin im KZ Ravensbrück. Im März 1943 wurde sie dem KZ Auschwitz-Birkenau II (Birkenau) zugeteilt, wo sie ab 1944 im Frauenlager Auschwitz-Birkenau als Blockführerin eingesetzt wurde. 1945 leitete sie Evakuierungstransporte von Häftlingen vom KZ Auschwitz nach Ravensbrück sowie von dort in das KZ Bergen-Belsen. Nach der Befreiung von Bergen-Belsen wurde sie im Bergen-Belsen-Prozess von einem britischen Militärgericht mit 44 weiteren Mitgliedern der Lager angeklagt. Grese wurde zum Tode verurteilt und am 13. Dezember 1945 gehängt.

Grimminger, Jakob

Rang: SS-Standartenführer
Geboren: 25. April 1892
Gestorben: 28. Januar 1969 (NT)
Parteimitglied Nr.: 759
SS-Nr.: 135
Auszeichnungen: EK II (WK 1); Ehrenkreuz WK 1 für Frontkämpfer; Goldenes Parteiabzeichen; Coburger Ehrenzeichen; Blutorden Nr. 714, 9. November 1923; SS-Ehrenring; SS-Ehrendegen.

Grimminger, ein Veteran des Ersten Weltkriegs, trat bereits 1922 der NSDAP und der SA sowie 1926 der SS bei. Als Mitglied des Stoßtrupps Adolf Hitler nahm er 1923 am Hitlerputsch teil. Zweifelhafte Berühmtheit erlangte Grimminger als Träger der »Blutfahne« – einer Hakenkreuzflagge, die angeblich vom Blut getöteter Putschisten getränkt war. Sie spielte eine wichtige Rolle bei der Inszenierung verschiedener Parteirituale: So wurden z. B. Parteifahnen und SS-Standarten durch Berührung mit der Blutfahne »geweiht«. Nach dem Krieg wurde Grimmingers Vermögen von den Alliierten eingezogen. Er war für eine Amtszeit Stadtrat in München, wo er 1969 verstarb.

Grothmann, Werner

Rang: SS Obersturmbannführer
Geboren: 23. August 1915
Gestorben: 2003 (NT)
Parteimitglied Nr.: –
SS-Nr.: 181334
Auszeichnungen: EK II; EK I; SS-Ehrenring; SS-Ehrendegen.

Grothmann, gelernter Bankkaufmann und ein »alter Hase« im persönlichen Stab Himmlers (siehe dort), löste 1943 Karl Wolff (siehe dort) als Himmlers Chefadjutant ab. Er war im Gefolge Himmlers, als dieser schlecht verkleidet zu fliehen versuchte, und wurde am 21. Mai 1945 zusammen mit Himmler von britischen Einheiten in Bremervörde verhaftet. Bei den Nürnberger Prozessen sagte Grothmann als Zeuge aus. Nach seiner Entlassung aus britischer Kriegsgefangenschaft wurde er 1949 entnazifiziert und arbeitete danach als Geschäftsmann.

Grünewald, Adam

Rang: SS-Sturmbannführer
Geboren: 20. Oktober 1902
Gestorben: 22. Januar 1945 (Gef.)
Parteimitglied Nr.: 536404
SS-Nr.: 253631
Auszeichnungen: SS-Ehrenring; SS-Ehrendegen.

Vor dem Zweiten Weltkrieg war Grünewald, ein Verwaltungsoffizier der Totenkopfverbände, in mehreren Konzentrationslagern eingesetzt und Schutzhaftlagerführer im KZ Dachau. Zu Beginn des Krieges wurde er als Führer der Bäckereikompanie der SS-Totenkopfverbände eingesetzt und später zum Leiter der Beschaffung befördert. Als Schutzhaftlagerführer des KZ Sachsenhausen wurde er im Oktober 1943 zum Kommandanten des KZ Herzogenbusch bei Vught im besetzten Holland.

Grünewald leitete das Lager mit großer Brutalität und verlor seinen Posten durch das soganannte Bunkerdrama. Nach einem Vorfall ließ er als »Bestrafung« 74 Frauen in eine so kleine Zelle pressen, dass zehn der Opfer qualvoll erstickten. Grünewald wurde als Kommandant entlassen und im März 1944 von einem SS-Gericht zu dreieinhalb Jahren Haft verurteilt. Himmler kassierte das Urteil jedoch ein, anstatt dessen erhielt Grünewald »Frontbewährung« und wurde zur SS-Totenkopfdivision versetzt, wo er 1945 im ungarischen Veszprem umkam.

Günsche, Otto

Rang: SS-Sturmbannführer
Geboren: 24. September 1917
Gestorben: 2. Oktober 2003 (NT)
Parteimitglied Nr.: –
SS-Nr.: 257773
Auszeichnungen: EK II; EK I; Kriegsverdienstkreuz 2. Klasse mit Schwertern; Verwundetenabzeichen ›20. Juli 1944‹ in Schwarz; Dienstauszeichnung der Wehrmacht für 4-jährige Dienstzeit; Goldenes Ehrenzeichen der HJ; Medaille z. Erinn. a. d. 13. März 1938; Medaille z. Erinn. a. d. 1. Okt. 1938; Spange »Prager Burg«; Medaille z. Erinn. a. d. Heimkehr des Memellandes; Infanterie-Sturmabzeichen.

Günsche wurde am 1. Mai 1936 in Hitlers Leibgarde »Führerbegleitkommando« aufgenommen. Nach seiner Zeit 1940/41 als SS-Ordonnanzoffizier erhielt er eine Ausbildung an der SS-Junkerschule in Bad Tölz und wurde an der Front eingesetzt. Ab Januar bis August 1943 diente er teilweise zusammen mit Fritz Darges (siehe dort) als persönlicher Adjutant Hitlers, danach wurde er nach weiterem Fronteinsatz im März 1944 erneut zu Hitlers persönlichem Adjutanten ernannt. Beim Attentat vom 20. Juli 1944 half er mit Schnittwunden am Kopf und versengten Augenbrauen Hitler aus der zerstörten Baracke heraus.
Günsche blieb bis Kriegsende Hitlers persönlicher Adjutant. Zu seinen letzten, vom »Führer« befohlenen Aufgaben gehörte, die Leichname Hitlers und Eva Brauns nach deren angekündigtem Selbstmord zu verbrennen, damit sie nicht in sowjetische Hände fielen. Danach versuchte er aus Berlin zu fliehen, wurde jedoch verhaftet und blieb zehn Jahre in sowjetischer Kriegsgefangenschaft. 2003 starb er an Herzversagen in Lohmar bei Bonn.

H

Hanke, Karl

Rang: SS-Obergruppenführer, Gauleiter von Niederschlesien 1940–45
Geboren: 24. August 1903
Gestorben: Juni 1945
Parteimitglied Nr.: 102606
SS-Nr.: 203013
Auszeichnungen: Deutscher Orden, 12. April 1945; SS-Ehrenring; SS-Ehrendegen.

Hankes erste hohe Position in der NSDAP war die eines persönlichen Referenten und Adjutanten von Goebbels im Propagandaministerium, wo er 1938 zum Staatssekretär befördert wurde. Als Goebbels eine Affäre mit dem tschechischen Filmstar Lida Baarová unterhielt, ging er eine Beziehung mit Goebbels' Ehefrau Magda ein – beide Verhältnisse mussten auf Befehl Hitlers 1939 abgebrochen werden.
Hanke, der sich kurz vor Kriegsbeginn freiwillig bei der Wehrmacht gemeldet hatte, nahm am Überfall auf Polen teil und war beim Einmarsch in Frankreich 1940 Rommels Ordonnanzoffizier. Als er Ende 1940 aus der Wehrmacht entlassen wurde, war er in Berlin noch immer nicht ganz rehabilitiert. 1941 wurde er zum Gauleiter von Niederschlesien mit Sitz in Breslau ernannt. Aufgrund der zahlreichen Hinrichtungen während seiner Amtszeit wurde er der »Henker von Breslau« genannt. Zu Kriegsende führte Hanke mit glühenden Durchhalteparolen den Verteidigungskampf des 1944 von Hitler zur »Festung« erklärten Breslau. Er verantwortete damit den Tod Zehntausender Zivilisten und die Zerstörung der Stadt. Hierfür wurde er mit dem Deutschen Orden ausgezeichnet und am 29. April 1945 in Hitlers politischem Testament anstelle von Himmler (siehe dort) zum Reichsführer-SS und Chef der Deutschen Polizei bestimmt. Kurz darauf floh er aus dem belagerten Breslau, angeblich um sich mit Dönitz in Flensburg zu treffen, tatsächlich aber wohl, um im Hauptquartier von Generalfeldmarschall Schörner in Bad Welchow (Velichovky) Schutz zu finden und von dort aus unterzutauchen. Über sein Ende sind drei Versionen im Umlauf: Er wurde von Tschechen erschossen, als er kurz nach der Kapitulation im Mai 1945 von einem Gefangenentransport floh; er wurde von diesen Tschechen erschlagen; er wurde von Polen hingerichtet.

Hartjenstein, Friedrich (›Fritz‹)

Rang: SS-Sturmbannführer
Geboren: 3. Juli 1905
Gestorben: 20. Oktober 1954 (NT)
Parteimitglied Nr.: –
SS-Nr.: 327350
Auszeichnungen: EK II; EK I; SS-Ehrenring; SS-Ehrendegen.

Hartjenstein war Ausbilder bei der SS-Verfügungstruppe und gehörte ab 1939 zu den SS-Totenkopfverbänden. Nach seinem Wechsel 1941 zur SS-Division Totenkopf übertrug ihm Eicke (siehe dort) das Kommando über das 1. Bataillon des Infantrie-Regiments 3 – mit katastrophalem Ergebnis. Hartjensteins Unfähigkeit führte zu schweren Verlusten seiner Einheit im Frühjahr 1942. Eicke blieb nichts anderes übrig, als Hartjenstein Ende August zu entlassen und zu den Lagerwachmannschaften zu versetzen.
Hartjenstein wurde im September 1942 zum Führer des SS-Wachsturmbanns des Konzentrationslagers Auschwitz und im November 1943 Lagerkommandant des Vernichtungslagers Auschwitz-Birkenau, das 1941 als Arbeitslager für 100 000 russische Kriegsgefangene entstanden war. Im Mai 1944 versetzte Himmler (siehe dort) Hartjenstein in Anerkennung seiner Dienste als Kommandant in das Konzentrationslager Natzweiler-Struthof, ein Straf- und Arbeitslager bei Natzweiler im besetzten Elsass. 1945 kam er in französische Gefangenschaft und wurde von einem französischen Militärgericht wegen des Massenmords an Gefangenen in Natzweiler 1947 und im Berufungsverfahren 1954 zum Tode verurteilt. Hartjenstein verstarb 1954 im Gefängnis in Metz an einem Herzanfall.

Hausser, Paul

Rang: SS-Oberstgruppenführer und Generaloberst der Waffen-SS
Geboren: 7. Oktober 1880
Gestorben: 21. Dezember 1972 (NT)
Parteimitglied Nr.: 4158779
SS-Nr.: 239795
Auszeichnungen: EK II (WK 1); EK I (WK 1); Ehrenkreuz WK 1 für Frontkämpfer; EK II Wiederholungsspange, September 1939; EK I Wiederholungsspange, 17. Mai 1940; Ritterkreuz, 8. August 1941; Eichenlaub, 28. Juli 1943; Eichenlaub mit Schwertern, 26. August 1944; 1939 Verwundetenabzeichen in Silber; SS-Ehrenring; SS-Ehrendegen.

Nach seiner Ausbildung an der Preußischen Kadettenanstalt Köslin trat Hausser in das 7. Westpreußische Infanterie-Regiment ein. Im Ersten Weltkrieg diente er als Stabsoffizier und bei Fronteinsätzen. 1932 wurde er als Generalmajor im Rang eines Generalleutnants in den Ruhestand versetzt. 1934 trat er der Allgemeinen SS bei und leitete ab 1936 als Inspekteur der SS-Verfügungstruppe die militärische Ausbildung der bewaffneten SS-Einheiten mit Ausnahme der Totenkopfverbände. Die SS-Verfügungstruppe bildete ab 1939 eine Kerneinheit der Waffen-SS.
Im Zweiten Weltkrieg stellte Hausser bereits 1939 den ersten selbstständigen SS-Kampfverband auf: die »SS-Verfügungsdivision«, aus der die SS-Division Reich und die 2. SS-Panzer-Division Das Reich hervorgingen. Hausser, im Laufe des Krieges zum SS-Oberstgruppenführer und Generaloberst der Waffen-SS befördert, nahm am Überfall auf Polen teil, war in Frankreich, auf dem Balkan, in der Sowjetunion und in Italien eingesetzt.
Bei Kriegsende floh Hausser nach Österreich, wo er von US-Truppen inhaftiert und in deutsche Internierungslager überstellt wurde. 1946 sagte er als Zeuge bei den Nürnberger Prozessen aus. Hausser, der 1949 aus der Haft entlassen wurde – nachdem keinerlei Anklage gegen ihn erhoben wurde –, leugnete bis zu seinem Ende die zahlreichen Kriegsverbrechen seiner Einheiten, verharmloste die Rolle der Waffen-SS, organisierte sich mit SS-Veteranen und politisch aktiven Altnazis, u. a. in der HIAG. Er starb in Ludwigsburg im Dezember 1972.

Henlein, Konrad

Rang: SS-Obergruppenführer
Geboren: 6. Mai 1898
Gestorben: 10. Mai 1945 (S)
Parteimitglied Nr.: 6600001
SS-Nr.: 310307
Auszeichnungen: Goldenes Parteiabzeichen; Ehrenkreuz WK 1 für Frontkämpfer; Verwundetenabzeichen (1914) in Schwarz; Kriegsverdienstkreuz 2. Klasse; Kriegsverdienstkreuz 1. Klasse; SS-Ehrenring; SS-Ehrendegen.

Henlein wurde in Böhmen geboren, absolvierte eine Bankausbildung und diente im Ersten Weltkrieg in der österreich-ungarischen Armee. Ab 1919 engagierte er sich in der Tschechoslowakei in der deutschnationalen Turnbewegung des Sudetenlandes und wurde 1926 Gauturnwart im Egerland. Ab 1931 war es als Verbandsturnwart sein Ziel, den Sudetendeutschen Turnerbund als deutschnationale Bewegung auszubauen. Nach dem Verbot der »Deutschen Nationalsozialistischen Arbeiterpartei« (DNSAP) 1933 in der Tschechoslowakei gründete Henlein im selben Jahr die »Sudetendeutsche Heimatfront« (SHF), die 1935 in »Sudetendeutsche Partei« (SdP) umbenannt wurde. Finanziell wurde sie von der NSDAP unterstützt und zur Fünften Kolonne in der Tschechoslowakei ausgebaut. Im Verlauf der sogenannten Sudetenkrise war Henlein zwischen März und September 1938 mehrmals in Deutschland, um sich über das Vorgehen und die Strategie der Partei instruieren zu lassen. Ab Juli 1938 organisierte die deutsche Wehrmacht in Neuhammer jede Woche fünftägige Militärkurse für Angehörige des »Freiwilligen deutschen Schutzdienstes« (FS), der SA-ähnlichen Kampfguppe der Sudetendeutschen Partei. Die jeweils fünfzig Teilnehmer reisten als Urlauber oder Geschäftsleute verkleidet nach Deutschland ein. Zu Ende der Ausbildung schworen sie einen Treueeid auf Hitler.
Am 24. April forderte Henlein im Karlsbader Programm u. a. den Aufbau einer deutschen Selbstverwaltung in einem anerkannten deutschen Siedlungsgebiet der Tschechoslowakei. Nachdem der tschechoslowakische Präsident Edvard Benes die Forderungen abgelehnt hatte, machte die Tschechoslowakei mobil. Angeheizt durch eine Rede Hitlers auf dem Parteitag im September 1938, brach im Sudetenland ein Aufstand aus und wurde das Kriegsrecht verhängt. Henlein, mittlerweile nach Deutschland geflohen, stellte auf Anweisung Hitlers das Sudetendeutsche Freikorps auf, das von Deutschland aus Überfälle im Sudetenland unternahm, um die Lage weiter zu destabilisieren. Es besetzte zudem die grenznahen Städte Eger und Asch. Wenige Tage später schlossen die Regierungschefs von Frankreich, Großbritannien, Italien und Deutschland das Münchner Abkommen. Um einen europäischen Krieg zu verhindern, wurde damit der Tschechoslowakei diktiert, dem Anschluss des Sudetenlandes an das Deutsche Reich zuzustimmen. Im Oktober 1938 wurde Henlein zum Reichskommissar (Chef der Zivilverwaltung) und 1939 zum NSDAP-Gauleiter des Reichsgaus Sudetenland ernannt. Zu Kriegsende wurde Henlein Anfang Mai 1945 von der 7. US-Armee verhaftet. Kurz darauf beging er im US-Internierungslager Pilsen Selbstmord, indem er sich die Pulsadern mit einer Rasierklinge aufschnitt.

Heß, Rudolf

Rang: SS-Obergruppenführer (ab September 1933 nur noch »Stellvertreter des Führers«)
Geboren: 26. April 1894
Gestorben: 17. August 1987 (S)
Parteimitglied Nr.: 16
Auszeichnungen: EK II (WK 1); Ehrenkreuz WK 1 für Frontkämpfer; Verwundetenabzeichen (1914) in Schwarz, 12. Juni 1916; Blutorden Nr. 29, November 1923; SS-Ehrenring.

Der »Stellvertreter des Führers« wurde im ägyptischen Alexandria als Sohn eines deutschen Kaufmanns geboren. Nach dem Internat in Bad Godesberg und der Schweiz begann er eine kaufmännische Lehre in Hamburg, die er mit Ausbruch des Ersten Weltkriegs abbrach. Heß diente als Freiwilliger und schied 1918 als Leutnant aus der Armee aus.
Nach dem Krieg studierte Heß in München u.a. bei Karl Haushofer. Der Professor für Geopolitik sollte ein Freund werden und großen Einfluss auf Heß ausüben. In München schloss sich Heß rechtsextremen Organisationen und u.a. dem Freikorps Epp an, das 1919 die Münchener Räterepublik blutig niederschlug. Auf Hitler traf Heß erstmals im Mai 1920 bei einer Versammlung der NSDAP, der er noch im selben Jahr beitrat. 1924 wurde er wegen seiner Beteiligung am Hitlerputsch 1923 zu 18 Monaten Festungshaft in Landsberg am Lech verurteilt. Dort war auch Hitler inhaftiert und verfasste das Manuskript für »Mein Kampf«, das Heß angeblich tippte und redigierte.
Nach seiner Freilassung spielte Heß eine führende Rolle in der Umgestaltung der NSDAP. Er wurde 1925 Hitlers Privatsekretär sowie 1932 Vorsitzender der Politischen Zentralkommission der NSDAP und damit nach Hitler der mächtigste Mann der Partei. Nach der Machtübernahme 1933 ernannte Hitler Heß, den treuesten Anhänger des Führerkults, zu seinem Stellvertreter in der NSDAP und Reichsminister ohne Geschäftsbereich. Ab 1935 war Heß zudem für die Überprüfung und Auswahl der Beamtenanwärter zuständig, im selben Jahr formulierte er die Nürnberger Rassengesetze mit aus.
Der kometenhafte Aufstieg des intellektuell eher durchschnittlichen Mannes stockte 1939, als ihn die Generäle und Admiräle auf der einen, Göring und Himmler auf der anderen Seite an Bedeutung überflügelten. Heß fühlte sich von Hitler entfremdet und aus dem Zentrum der Macht gedrängt. Um seine vormalige Sonderstellung bei Hitler zurückzuerhalten, flog er, dem »Führer« noch immer treu ergeben, am 10. Mai 1941 nach Großbritannien. Heß glaubte an die Möglichkeit eines diplomatischen Coups, falls er George VI überreden könnte, Churchill zu entlassen. In der Folge könnten Deutschland und Großbritannien im Frieden vereint gegen ihren gemeinsamen Feind antreten: die Sowjetunion. Bei seiner Landung in Großbritannien gab sich Heß als »Hauptmann Horn« aus und bat um ein Treffen mit dem Duke of Hamilton, den er irrtümlich für einen Gegner Churchills hielt. Er wurde bis 1945 in Großbritannien interniert. Beim Nürnberger Prozess gegen die Hauptkriegsverbrecher wurde Heß zu lebenslanger Haft verurteilt und in das Kriegsverbrechergefängnis Spandau überführt. Dort verblieb er bis zu seinem Selbstmord 1987.

Hewel, Walther

Rang: SS-Brigadeführer
Geboren: 25. März 1904
Gestorben: 2. Mai 1945 (S)
Parteimitglied Nr.: 3280789
SS-Nr.: 283985
Auszeichnungen: Goldenes Parteiabzeichen; Blutorden Nr. 90; Verwundetenabzeichen ›20. Juli 1944‹ in Schwarz; SS-Ehrenring; SS-Ehrendegen.

Hewel, in Köln geboren, war Sohn eines Fabrikanten, der sein Unternehmen durch den Währungszusammenbruch nach dem Ersten Weltkrieg verlor. Hewel studierte Wirtschaftswissenschaften an der TU München und trat schon sehr früh in die NSDAP ein. 1923 war er als Mitglied des Stoßtrupps Adolf Hitler am Hitlerputsch beteiligt. Seine dafür erhaltene Haftstrafe wurde zur Bewährung ausgesetzt; Ende 1924 wurde Hewel begnadigt. Nach langem Aufenthalt für ein britisches Plantagenunternehmen im heutigen Indonesien arbeitete er ab 1936 als Dezernent in der Auslandsorganisation der NSDAP. 1938 stieg er zum ständigen Beauftragten von Reichsaußenminister Ribbentrop (siehe dort) im Führerhauptquartier auf. 1943 wurde er zum Botschafter z.b.V. (zur besonderen Verfügung) ernannt.
Hewel war ein enger Vertrauter Hitlers, besaß jedoch nicht den Ehrgeiz, ein zweiter Bormann (siehe dort) zu werden. Er scheute sich aber nicht, Hitler ohne Ribbentrops Genehmigung zu beraten – eine für Ribbentrop unerfreuliche Situation, die er hinnehmen musste. So befand Hewel u.a., dass Himmlers (siehe dort) Abwehrberater besser über die Lage in Osteuropa informiert waren als das Auswärtige Amt. Hitler lehnte jedoch Hewels Vorschlag ab, den baltischen Staaten Autonomie zu gewähren, wie es auch Himmler befürwortete.
Hewel blieb bis zum 1. Mai 1945 als Mitglied des engsten Stabs im Führerbunker. Bei seinem Versuch, am 2. Mai 1945 aus Berlin zu fliehen, starb er wohl durch Selbstmord.

Heyde, Werner

Rang: SS-Obersturmbannführer
Geboren: 25. April 1902
Gestorben: 13. Februar 1964 (S)
Parteimitglied Nr.: 3068165
SS-Nr.: 276656
Auszeichnung: SS-Ehrenring.

Heyde wurde in Forst in der Lausitz als Sohn eines Textilfabrikanten geboren. In den letzten Monaten des Ersten Weltkriegs meldete er sich als Freiwilliger zur Armee und schloss sich nach Kriegsende einem Freikorps in Estland an. 1920 nahm er am Kapp-Putsch aufseiten der rechten Putschisten teil.

Im selben Jahr begann er Medizin zu studieren. Nach der Promotion 1925 in Würzburg und der Approbation 1926 wurde er 1932 Privatdozent an der Würzburger Universität und 1934 Oberarzt der Universitätsnervenklinik in Würzburg. Heydes Karriere in der SS begann mit der Behandlung Eickes (siehe dort). Auf dessen Rat trat er am 1. Mai 1933 in die NSDAP und 1936 in die SS ein. 1935 stieg er zum Kreisamtsleiter des Rassenpolitischen Amtes auf, 1939 wurde er Ordinarius in Würzburg.

Als »Leiter der psychiatrischen Abteilung beim Führer der SS-Totenkopfverbände/Konzentrationslager« baute Heyde ab 1936 den »Psychiatrisch-neurologischen Dienst« zur Überprüfung der »Erbgesundheit« von KZ-Insassen auf. Darüber hinaus fungierte er als Obergutachter für die kasernierten SS-Truppen und war als Gutachter für die Gestapo wahrscheinlich auch bei der Entwicklung von Foltermethoden beteiligt.

Von 1939 bis 1941 war Heyde als Medizinischer Leiter der »Reichsarbeitsgemeinschaft für Heil- und Pflegeanstalten« (RAG) eine zentrale Figur des »Euthanasieprogramms« der Nationalsozialisten. Er entwickelte u.a. die Kriterien für die Ermordung der psychisch Kranken und Behinderten sowie auch die Tötungsart – Erstickung mit Kohlenmonoxid. Ab 1942 leitete er das psychiatrisch-neurologische SS-Lazarett Würzburg. Nach dem Krieg konnte Heyde aus britischer Kriegsgefangenschaft entfliehen. Mit gefälschten Papieren und unter Mitwissen von Ärztekollegen und Juristen baute er sich in Flensburg unter dem Namen »Dr. Fritz Sawade« eine neue Identität als Sportarzt und Gutachter auf. 1959 wurde er schließlich verhaftet. Vor Prozessbeginn nahm er sich im Februar 1964 in seiner Zelle das Leben.

Heydrich, Reinhard

Rang: SS-Obergruppenführer
Geboren: 7. März 1904
Gestorben: 4. Juni 1942 (A)
Parteimitglied Nr.: 544916
SS-Nr.: 10120
Auszeichnungen: Deutscher Orden (postum), 9. Juni 1942; Blutorden Nr. ? (postum), 4. Juni 1942; Goldenes Parteiabzeichen; Deutsches Olympia-Ehrenzeichen 1. Klasse; Ehrenzeichen für deutsche Volkspflege 1. Stufe; EK II; EK I; Danziger Kreuz 1. Klasse; Flugzeugführerabzeichen; Frontflugspange in Silber; Dienstauszeichnung der Polizei 2. Stufe für 18 Jahre; Dienstauszeichnung der NSDAP in Bronze; Medaille z. Erinn. a. d. 13. März 1938; Medaille z. Erinn. a. d. 1. Okt. 1938; Spange »Prager Burg«; Medaille z. Erinn. a. d. Heimkehr des Memellandes; Deutsches Schutzwall-Ehrenzeichen; Verwundetenabzeichen; SS-Ehrenring; SS-Ehrendegen.

Heydrich wurde in Halle/Saale als Sohn von Bruno Heydrich geboren, einem Opernsänger, Komponisten und Gründer des Konservatoriums in Halle. Auch Heydrich war musikalisch begabt und spielte hervorragend Violine. Er war zudem sportlich und ein exzellenter Fechter. Nach dem Ersten Weltkrieg schloss er sich einem Freikorps und deutschnationalen Organisationen an. 1922 trat er als Seekadett in die Reichsmarine ein, wo er den späteren deutschen Abwehrchef Wilhelm Canaris kennenlernte. 1931 wurde er aufgrund eines gebrochenen Heiratsversprechens wegen »Unwürdigkeit« aus der Marine entlassen. Im selben Jahr heiratete er Lina von Osten, eine überzeugte Nationalsozialistin, trat in die NSDAP und in die SS ein. Ebenfalls 1931 kam er über die Vermittlung von Friedrich Karl von Eberstein (siehe dort) mit Himmler (siehe dort) in Kontakt. Dieser beauftragte Heydrich mit dem Aufbau eines Geheimdienstes der SS: dem Sicherheitsdienst (SD).

Heydrich war ein hoch intelligenter Organisator, absolut skrupellos und ein fanatischer Antisemit. Aufgrund seiner Erscheinung und seiner Sportlichkeit eher ein »Vorzeige-Arier«, wurden dennoch immer wieder Gerüchte über seine angebliche jüdische Abstammung laut. Gregor Strasser, 1934 im Rahmen der Röhm-Affäre ermordet, damals als Reichsorganisationsleiter jedoch der zweite Mann innerhalb der NSDAP und auf dem Höhepunkt seiner Macht, ordnete deshalb eine Untersuchung an. Sie ergab, dass Heydrichs Stiefgroßvater väterlicherseits zwar den gängigen jüdischen Nachnamen »Süß« getragen hatte, jedoch kein Jude gewesen war. Die, wie man heute weiß falschen Gerüchte verstummten jedoch nicht.

Heydrich leitete den SD ab 1932, nach der Machtübernahme der Nationalsozialisten verlegte er die Zentrale des Sicherheitsdienstes von München nach Berlin. Seine Karriere nahm nun einen steilen Aufschwung. 1933 wurde er Chef des SD-Hauptamts als fünftes Hauptamt der SS, 1936 Chef der Sicherheitspolizei (Sipo) und damit der Gestapo (Geheime Staatspolizei) und der Kriminalpolizei. Zu Beginn des Zweiten Weltkrieges wurden im September 1939 der SD und die Sipo zum Reichssicherheitshauptamt (RSHA) zusammengeschlossen, an dessen Spitze Heydrich stand. Zu jener Zeit hatte er u.a. bereits eine aktive Rolle bei der Entmachtung der SA im »Röhm-Putsch« 1934 gespielt und mit der Sicherheitspolizei eine wirksame Waffe gegen »Staatsfeinde« geschmiedet. Als Chef des RSHA unterstanden ihm die SS-Einsatzgruppen, die in den besetzten Gebieten im Vernichtungskrieg gezielt Massaker an der Zivilbevölkerung ausführten. Auf Heydrichs Befehl wurden Ghettos eingerichtet und Deportationen ausgeführt.

Nachdem er 1940 an der Ausarbeitung des geheimen Euthanasiegesetzes beteiligt gewesen war, wurde Heydrich im Juli 1941 von Göring aufgefordert, eine »Gesamtlösung der Judenfrage« vorzubereiten. Im Zuge dessen organisierte Heydrich am 20. Januar 1942 die sogenannte Wannseekonferenz zur »Endlösung der Judenfrage«. Bereits wenige Monate zuvor hatte er im September 1941 die Aufgaben des entmachteten ehemaligen Außenministers Konstantin von Neurath als Stellvertretender Reichsprotektor von Böhmen und Mähren übernommen. Heydrich, der »Henker von Prag«, führte im besetzten Tschechien ein Terrorregime. Zahllose Menschen wurden verhaftet, hingerichtet, in das KZ Mauthausen oder das auf seinen Befehl errichtete KZ Theresienstadt deportiert. Mit der von ihm befürworteten Erhöhung der

Lebensmittelrationen für tschechische Arbeiter verfolgte er nur vordergründig eine Politik von »Zuckerbrot und Peitsche«: Die Arbeiter wurden nicht aus humanen Überlegungen versorgt, vielmehr wollte Heydrich auf keinen Fall die kriegswichtige tschechische Rüstungsindustrie schwächen.
In London entwickelte zur gleichen Zeit die tschechische Exilregierung unter dem ehemaligen Präsidenten Edvard Benes den Plan für ein Attentat auf Heydrich. Dieser wurde von der britischen Regierung trotz der vorauszusehenden Vergeltungsmaßnahmen unterstützt, sollte doch der tschechische Widerstand gestärkt werden. Die »Operation Anthropoid« begann am 29. Dezember 1941 mit dem Fallschirmabsprung der Agenten Jozef Gabcik und Jan Kubis aus einem britischen Bomber in der Nähe von Pilsen. Mithilfe des Prager Widerstands tüftelten sie einen Anschlag aus, der am 27. Mai 1942 ausgeführt wurde. Heydrich, im offenen Dienstwagen auf dem Weg von seiner Residenz zum Hradschin, wurde in einer Prager Vorstadt in einer engen Kurve, die nur langsam durchfahren werden konnte, abgepasst. Als Gabciks Maschinenpistole wegen einer Ladehemmung versagte, warf Kubis eine Handgranate. Davon nicht tödlich verletzt, starb Heydrick dennoch eine Woche nach dem Anschlag an einer Sepsis in einem Prager Krankenhaus.
Heydrichs Sarg wurde im Hradschin aufgebahrt und anschließend nach Berlin überführt, wo ein pompöses Staatsbegräbnis inszeniert wurde. Die Vergeltungsmaßnahmen der Nationalsozialisten für das Attentat wurden mit beispielloser Grausamkeit ausgeführt und umfassten u.a. die Massaker von Lidice und Lezaky.

Himmler, Heinrich

Rang: Reichsführer-SS und Chef der Deutschen Polizei
Geboren: 7. Oktober 1900
Gestorben: 23. Mai 1945 (S)
Parteimitglied Nr.: 14303
SS-Nr.: 168
Auszeichnungen: Flugzeugführer- und Beobachterabzeichen in Gold mit Diamanten, Juli 1942; Blutorden Nr. 3, 9. November 1923; Goldenes Parteiabzeichen; Goldenes Ehrenzeichen der Hitlerjugend mit Eichenlaub; Deutsches Olympia-Ehrenzeichen 1. Klasse; Gau-Ehrenzeichen 1923 oder 1925; Nürnberger Parteitags-Abzeichen 1929, 15. August 1929; SS-Dienstauszeichnung 2. Stufe; Dienstauszeichnung der NSDAP in Silber; Dienstauszeichnung der NSDAP in Bronze; Medaille z. Erinn. a. d. 13. März 1938; Medaille z. Erinn. a. d. 1. Okt. 1938; Spange »Prager Burg«; Medaille z. Erinn. a. d. Heimkehr des Memellandes; Deutsches Schutzwall-Ehrenzeichen; SS-Ehrenring; SS-Ehrendegen.

Himmler wurde in München in eine streng katholische, erzkonservativ-bürgerliche Familie geboren. Sein Vater, ein Schuldirektor, war ein strammer Monarchist und als Erzieher für den bayerischen Prinzen Heinrich tätig gewesen. Prinz Heinrich war deshalb der Pate von Himmler, der nach ihm benannt wurde. Gegen Ende des Ersten Weltkriegs rückte Himmler in das 11. Bayerische Infanterie-Regiment ein, wurde jedoch nicht an der Front eingesetzt.
Nach seiner Entlassung am 17. Dezember 1918 studierte er Landwirtschaft an der TH München, schloss sich dem Freikorps Lauterbach und einer schlagenden Studentenverbindung an. 1923 trat er in die NSDAP ein und nahm in Röhms Freikorps Reichskriegsflagge am Hitlerputsch teil, der in einem Fiasko endete: Das Fußvolk übergab die Waffen und identifizierte sich vor der Polizei, die Anführer wurden verhaftet. Als gescheiterter Putschist kehrte Himmler nach Landshut zurück, wo er Anzeigen für den »Völkischen Beobachter« verkaufte. Ab 1925 arbeitete er als Schriftführer für Gregor Strasser, den ersten NSDAP-Gauleiter Niederbayern und Oberpfalz. Als Strasser 1926 zum Reichspropagandaleiter aufstieg, wurde er dessen Stellvertreter. 1928 heiratete er Margarete Boden, eine Anhängerin der Homöopathie und Kräuterkunde, mit der er zusammen außerhalb Münchens nebenbei einen Hühnerhof betrieb.
Im Januar 1929 stieg Himmler zum Reichsführer-SS auf. Die Wehrmacht, die Röhm und seine SA als Rivalen ansah, stand der SS positiver gegenüber, sah sie sie doch noch immer als eine Art Leibwache.
Tatsächlich zählte die SS 1934 bereit 200 000 Mitglieder, und Himmler versuchte den Rekrutierungsprozess weiter zu verfeinern. So führte er u.a. »biologische« und »rassische« Kriteren auf, um unter der langen Liste der Bewerber, deren Bandbreite von ehemaligen Freikorps-Kämpfern bis zu bürgerlichen Arbeitslosen reichte, die »besten« auszusuchen.
Nach Hitlers Machtübernahme wurde Himmler Polizeipräsident in München. Auf diesem Posten gelang es ihm, die Kontrolle über die gesamte deutsche Polizei zu erlangen – außer in Preußen, wo Göring Innenminister war. Dies sollte er erst 1936 erreichen.
Himmler baute die SS als militärische Macht jenseits der Wehrmacht aus. Als Anhänger einer kruden »Germanenideologie« organisierte er Finanzmittel für die Forschungsgemeinschaft Deutsches Ahnenerbe e. V., die darauf abzielte, die »Überlegenheit der arischen Rasse« wissenschaftlich zu untermauen – auch mithilfe von Menschenversuchen in den Konzentrationslagern. Unter seiner Ägide wurde die Wewelsburg zu einer SS-Burg umgebaut, die Porzellanmanufaktur Allach in München betrieben sowie die Reichslehrschmiede in Dachau eingerichtet. Darüber hinaus gründete er den Lebensborn e. V. Der Verein zielte entsprechend der nationalsozialistischen Rassenideologie darauf ab, durch die Steigerung der Geburtenrate »rein arischer« Kinder die Elite einer »Herrenrasse« zu züchten.
Die Gestapo baute Himmler ab 1934 als deren Chef zu einer europaweiten Organisation aus. Mit Heydrichs Sicherheitsdienst (SD) verfügte er über einen schlagkräftigen Nachrichtendienst. An der Ausschaltung der SA während der Röhm-Affäre spielte er eine führende Rolle. 1936 übernahm er in Personalunion das Amt des Reichsführers-SS sowie des deutschen Polizeichefs, ab 1943 unterstand ihm der gesamte Polizeiapparat als Innenminister. Ab 1939 war

er zudem als »Reichskommissar für die Festigung Deutschen Volkstums« (RKF) für die »Germanisierung« und »Umvolkung« im besetzten Osteuropa zuständig – durch Vertreibung, Umsiedlung, Ermordung der Bevölkerung. Als Reichsführer-SS und Chef der Deutschen Polizei war er verantwortlich für die Verbrechen beider Organisationen, als Hauptorganisator des Holocaust, der Verfolgung der Sinti und Roma, der Homosexuellen sowie des politischen Widerstands zuständig für die Deportationen und die Vernichtungsmaschinerie in den Konzentrationslagern. Bei Inspektionen war er u.a. unmittelbarer Augenzeuge und Befehlshaber von Vergasungen.
Nach dem Attentat auf Hitler vom 20. Juli 1944 wurde Himmler Oberbefehlshaber des Ersatzheeres und Chef der Heeresrüstung sowie Oberbefehlshaber der Heeresgruppe Oberrhein. Angesichts der zunehmend sicheren Kriegsniederlage Deutschlands sondierte er ab 1943 auch die Möglichkeit eines separaten Friedens mit den Westalliierten und damit einer Allianz gegen die Sowjetunion. Als Hitler eine Woche vor seinem Selbstmord von Himmlers Geheimverhandlungen wegen eines Waffenstillstands mit den Westmächten erfuhr, entließ er ihn aus allen Ämtern und ordnete seine Verhaftung an. Auch in der Regierung Dönitz war er nicht mehr vertreten. Am 21. Mai 1945 wurde er, schlecht verkleidet und mit Papieren auf den Namen »Heinrich Hitzinger« ausgestattet, von britischen Truppen bei Bremervörde verhaftet. In der Nacht vom 23. auf den 24. Mai tötete er sich in britischer Haft mit Zyankali. Himmlers Tochter, Gudrun Burwitz, unterstützte nach dem Krieg im »Verein Stille Hilfe für Kriegsgefangene und Internierte« ehemalige SS-Angehörige.

Hirt, August

Rang: SS-Sturmbannführer
Geboren: 29. April 1898
Gestorben: 2. Juni 1945 (S)
Parteimitglied Nr.: 4012784
SS-Nr.: 100414
Auszeichnungen: EK II (WK 1); Ehrenkreuz WK 1 für Frontkämpfer; Verwundetenabzeichen (1914) in Silber.

Hirt war Direktor des Anatomischen Instituts der Reichsuniversität Straßburg, die 1941 als »NS-Kampfuniversität« und Eliteschmiede gegründet worden war. Hirt war Mitglied im 1935 gegründeten Deutschen Ahnenerbe e.V., der der NS-Rassenideologie eine wissenschaftliche Grundlage liefern sollte. Unter den Wissenschaftlern des Ahnenerbe tat er sich mit besonderer Grausamkeit hervor. Als Leiter des dortigen Instituts für wehrwissenschaftliche Zweckforschung »H« (Hirt) vollzog er tödliche Menschenversuche mit Kampfgas im Konzentrationslager Natzweiler-Struthof. Mit Himmlers Unterstützung stellte er im Konzentrationslager Auschwitz eine Sammlung von Schädeln zusammen, um sie anthropometrisch zu vermessen. Hirt schrieb dazu: »Nahezu von allen Rassen und Völkern sind umfangreiche Schädelsammlungen vorhanden. Nur von den Juden stehen der Wissenschaft so wenig Schädel zur Verfügung, dass ihre Bearbeitung keine gesicherten Ergebnisse zuläßt. Der Krieg im Osten bietet uns jetzt die Gelegenheit, diesem Mangel abzuhelfen. In den jüdisch-bolschewistischen Kommissaren, die ein widerliches, aber charakteristisches Untermenschentum verkörpern, haben wir die Möglichkeit, ein greifbares wissenschaftliches Dokument zu erwerben, indem wir ihre Schädel sichern ... Der zur Sicherstellung des Materials Beauftragte ... hat eine vorher festgelegte Reihe photographischer Aufnahmen und anthropologischer Messungen zu machen ... Nach dem danach herbeigeführten Tode des Juden, dessen Kopf nicht verletzt werden darf, trennt er den Kopf vom Rumpf und sendet ihn in eine Konservierungsflüssigkeit gebettet in eigens zu diesem Zwecke geschaffenen und gut verschließbaren Blechbehältern zum Bestimmungsort.«
Für eine geplante Skelettsammlung, die in Straßburg zur Verdeutlichung des »widerlichen Untermenschentums« präsentiert werden sollte, ließ Hirt im August 1943 86 Häftlinge aus dem Konzentrationslager Auschwitz in Natzweiler-Struthof ermorden. Die dazu verwendete Blausäure lieferte er persönlich. Als Straßburg im November 1944 befreit wurde, verblieb Hirt keine Zeit, um die Beweise für sein Vorgehen zu vernichten. Hirt, der kurz zuvor aus der Stadt geflohen war, beging im Juni 1945 Selbstmord. Im August 2004, fast 60 Jahre später, konnten die Namen aller 86 zum Teil zerstückelten Menschen rekonstruiert und veröffentlicht werden, um eine Erinnerung an die Opfer überhaupt erst möglich zu machen.

Huber, Franz Josef

Rang: SS-Brigadeführer
Geboren: 22. Januar 1902
Gestorben: 30. Januar 1975 (NT)
Parteimitglied Nr.: 4583151
SS-Nr.: 107099
Auszeichnungen: Kriegsverdienstkreuz 2. Klasse mit Schwertern; Kriegsverdienstkreuz 1. Klasse mit Schwertern; SS-Ehrenring; SS-Ehrendegen.

Huber, in München geboren, wurde 1938 nach dem Anschluss Österreichs Leiter der Gestapo sowie Inspekteur der Sicherheitspolizei und des SD in den Reichsgauen Wien, Niederdonau und Oberdonau. Dort war er auch für die Deportationen der Juden verantwortlich. Huber zählte zum obersten Sicherheitskreis um Himmler (siehe dort) und leitete u.a. die Ermittlungen nach Georg Elsers gescheitertem Attentat auf Hitler am 8. November 1939 im Münchener Bürgerbräukeller. Huber wurde nie strafrechtlich für seine Taten bestraft.

Huppenkothen, Walter

Rang: SS-Standartenführer
Geboren: 31. Dezember 1907
Gestorben: 1979 (NT)
Parteimitglied Nr.: 1950150
SS-Nr.: 126785
Auszeichnungen: EK II; Kriegsverdienstkreuz 2. Klasse; SS-Ehrenring; SS-Ehrendegen.

Huppenkothen, ein Jurist aus dem Rheinland, war ab September 1939 stellvertretender Führer der Einsatzgruppe I in Polen und 1940 Kommandeur der Sipo und des SD in Krakau und Lublin. 1941 wurde er zum Gruppenleiter bei der Gestapo im Reichssicherheitshauptamt befördert. Nach dem Attentat auf Hitler 1944 gehörte er zur »Sonderkommission 20. Juli« und untersuchte auf Himmlers (siehe dort) Befehl, ob Göring Verbindungen mit dem Kreis der Verschwörer unterhielt. Die Ermittlung ergab keinerlei geheime Absprachen seitens Görings. Für seine Verdienste in der Sonderkommission wurde Huppenkothen zum Regierungsdirektor befördert.
1945 erhielt Huppenkothen den Auftrag, in SS-Standgerichtsverfahren gegen Widerstandskämpfer vom 20. Juli 1944 als Ankläger aufzutreten. Als Vorsitzender fungierte der SS-Richter Otto Thorbeck. Am 6. April 1945 beantragte er in einem solchen Verfahren gegen Hans von Dohnany im KZ Sachsenhausen die Todesstrafe, die am 9. April vollstreckt wurde. Am 8. April führten Huppenkothen und Thorbeck ein weiteres Verfahren im KZ Flossenbürg gegen Generalmajor Hans Oster, Generaladmiral Wilhelm Canaris, Generalstabsrichter Karl Sack, Hauptmann Ludwig Gehre und Pastor Dietrich Bonhoeffer aus, das ebenfalls mit Todesurteilen für die Angeklagten endete. Sie wurden am 9. April 1945 gehängt.
Nach Kriegsende blieb Huppenkothen bis 1949 in amerikanischer Kriegsgefangenschaft. Anschließend hatte er sich wie Thorbeck auch wegen der Ermordung der von ihnen zum Tode verurteilten Häftlinge des 20. Juli wegen Beihilfe zum Mord vor Gericht zu verantworten und wurde zu sechs Jahren Haft verurteilt. 1959 wurde er aus dem Gefängnis entlassen. In mehreren Verfahren vor dem BGH wurde sein Fall hinsichtlich der Frage, ob die Standgerichtsurteile Recht oder Unrecht waren, unterschiedlich bewertet. 1979 starb Huppenkothen in Lübeck.

J

Jeckeln, Friedrich

Rang: SS-Obergruppenführer und General der Polizei
Geboren: 2. Februar 1895
Gestorben: 3. Februar 1946 (EA)
Parteimitglied Nr.: 163348
SS-Nr.: 4367
Auszeichnungen: EK II (WK 1); EK II Wiederholungsspange, Oktober 1941; Deutsches Kreuz in Gold, 19. Dezember 1943; Ritterkreuz, 27. August 1944; Eichenlaub, 8. März 1945; SS-Ehrenring; SS-Ehrendegen.

Jeckeln, in Hornberg im Schwarzwald geboren, diente im Ersten Weltkrieg im Artillerie-Regiment 76 und in der Luftwaffe sowie nach dem Krieg im Grenzschutz Ost. In den 1920er-Jahren war er Mitglied im Jungdeutschen Orden und in Freikorps, ab 1929 der NSDAP und ab 1930 der SS. In den folgenden Jahren war er an Verfolgungen und Morden sowie an den Übergriffen auf Juden in der Reichspogromnacht 1938 beteiligt. In diesem Jahr stieg er zum Höheren SS- und Polizeiführer (HSSPF) Mitte in Braunschweig auf, 1940 zum HSSPF West in Düsseldorf.
1941 wurde Jeckeln als HSSPF Russland-Süd in die Ukraine versetzt, wo unter seiner Führung grauenhafte Verbrechen begangen wurden – in die Weltgeschichte eingegangen sind die unvorstellbaren Massenmorde an 23 600 Juden in Kamenenz-Podolsk im August und an 33 771 Juden in der Schlucht von Babi Jar bei Kiew im September 1941. Anschließend wütete Jeckeln als HSSPF Russland-Nord und Ostland in Riga. Dort ließ er auf Befehl Himmlers (siehe dort) im November 1941 das jüdische Ghetto räumen und fast 30 000 lettische Juden ermorden; das gleiche Schicksal ereilte die deutschen Juden, die wenige Tage später in Deportationszügen in Riga ankamen. Im Sommer 1942 verantwortete er in Weißrussland im Rahmen der »Aktion Sumpffieber« weitere Massenmorde.
Zu Ende des Krieges wurde Jeckel nvon sowjetischen Einheiten gefasst und in Riga vor ein Kriegsgericht gestellt. Am 3. Febuar 1946 wurde er zum Tode verurteilt und noch am selben Tag öffentlich gehängt.

Jost, Heinz

Rang: SS-Brigadeführer
Geboren: 9. Juli 1904
Gestorben: 12. November 1964 (NT)
Parteimitglied Nr.: 75946
SS-Nr.: 36243
Auszeichnungen: Goldenes Parteiabzeichen; SS-Ehrenring; SS-Ehrendegen.

Jost trat kurz nach seinem Jurastudium 1928 in die NSDAP ein. Nachdem er 1933 jeweils nur wenige Monate Polizeipräsident von Worms und Gießen gewesen war, wurde er ab 1934 zum SD versetzt, wo er eine steile Karriere machte und zum Amtschef der Abwehr aufstieg. Von 1939 bis 1941 leitete er im Reichssicherheitshauptamt das Amt VI (SD Ausland), bis er 1942 von Schellenberg (siehe dort) abgelöst wurde. Amt VI, zu dem auch Heydrichs (siehe dort) militärischer Geheimdienst gehörte, war für den Auslandsnachrichtendienst zuständig.
Jost hatte bereits 1938 die Einsatzgruppe Dresden in der besetzten Tschechoslowakei befehligt, 1939 trug er logistisch zum inszenierten polnischen Überfall auf den Sender Gleiwitz am 31. August bei, der als Vorwand für die deutsche Invasion in Polen dienen sollte. Jost erhielt die Aufgabe, den deutschen Abwehrchef Canaris über Hitlers Befehl für die Abwehr zu informieren, den SD zu unterstützen. Jost überreichte ihm eine Liste mit benötigter Ausrüstung, darunter 150 polnische Armeeuniformen, Seitenwaffen und Soldbücher. Zudem sollten 364 Männer vorübergehend zum SD abgestellt werden.
Heydrich wollte Jost loswerden und versetzte ihn im März 1942 als Befehlshaber der Sicherheitspolizei und des SD (BdS) Ostland nach Riga, wo er zudem die Einsatzgruppe A

im Baltikum kommandierte. Sie war eines jener »Sonderkommandos«, die die Massenmorde an der Zivilbevölkerung – Juden, Sinti und Roma, Behinderte, (angebliche) Widerständler – ausführten. Jost traute sich nicht, Heydrichs Wunsch abzulehnen, fand jedoch eine Hintertür, durch die er aus seinem Auftrag in Riga bereits im September 1942 in eine andere Stellung schlüpfen konnte: als Verbindungsoffizier von Rosenbergs Ministerium für die besetzten Ostgebiet im Hauptquartier von Ewald von Kleists Armeegruppe in Südrussland. Himmler (siehe dort) versetzte ihn im Mai 1944 als einfacher SS-Untersturmführer zur Waffen-SS. Bei Kriegsende wurde Jost verhaftet und 1948 im Nürnberger Einsatzgruppen-Prozess zu lebenslanger Haft verurteilt. Die Strafe wurde 1951 reduziert und Jost bereits 1952 wieder aus dem Gefängnis entlassen.

Jury, Hugo

Rang: SS-Obergruppenführer, Gauleiter Niederdonau 1938–45, Reichsstatthalter Niederdonau 1940–45, Reichsverteidigungskommissar Niederdonau 1942–45
Geboren: 13. Juli 1887
Gestorben: 8. Mai 1945 (S)
Parteimitglied Nr.: 410338
SS-Nr.: 292777
Auszeichnungen: Goldenes Parteiabzeichen; SS-Ehrenring; SS-Ehrendegen.

Der Lungenfacharzt Hugo Jury trat 1931 in die österreichische NSDAP ein und stieg zu einer Schlüsselfigur des österreichischen Nationalsozialismus auf. Nach dem gescheiterten Juliputsch der Nationalsozialisten 1934, der mit der Ermordung des austrofaschistischen Bundeskanzlers Engelbert Dollfuß endete, war Jury 1936 bis 1938 stellvertretender Landesvorsitzende der verbotenen NSDAP. 1938 gehörte er beim Anschluss Österreichs zu den treibenden Kräften und wurde in der extrem kurzen Regierung von Seyß-Inquart (siehe dort) zum Sozialminister, 1938 zum Gauleiter, 1940 zum Reichsstatthalter und 1942 zum Reichsverteidigungskommissar Niederdonau ernannt. Jury beging am Tag der Kapitulation Deutschlands, am 8. Mai 1945, Selbstmord.

K

Kaindl, Anton

Rang: SS-Standartenführer
Geboren: 14. Juli 1902
Gestorben: 1951 (NT)
Parteimitglied Nr.: 4390500
SS-Nr.: 241248
Auszeichnungen: EK II; Kriegsverdienstkreuz 2. Klasse mit Schwertern; Kriegsverdienstkreuz 1. Klasse mit Schwertern; SS-Ehrenring; SS-Ehrendegen.

Der Verwaltungsoffizier Kaindl war unter Eicke (siehe dort) ab November 1939 Leiter der Truppenverwaltung bei der SS-Division Totenkopf. Ab September 1941 unterstand ihm die Verwaltungsabteilung in der Inspektion der Konzentrationslager (IKL), das spätere Amt D IV (KZ-Verwaltung) im SS-Wirtschafts-Verwaltungshauptamt. Vom 1. September 1942 bis zur Räumung des Lagers in den sogenannten Todesmärschen der Häftlinge ab dem 21. April 1945 war Kaindl der Kommandant des KZ Sachsenhausen. Kaindl wurde bei Kriegsende von den Alliierten verhaftet und sagte als Zeuge bei den Nürnberger Prozessen aus. 1947 wurde er von einem sowjetischen Militärgericht im Sachsenhausen-Prozess zu lebenslanger Haft verurteilt. Kaindl, der laut eigener Aussage die »Einrichtung von Gaskammern für die Massenvernichtung für zweckmäßig und humaner« hielt, starb 1951 im sowjetischen Arbeitslager Workuta.

Kaltenbrunner, Ernst

Rang: SS-Obergruppenführer und General der Polizei
Geboren: 4. Oktober 1903
Gestorben: 16. Oktober 1946 (EA)
Parteimitglied Nr.: 300179
SS-Nr.: 13039
Auszeichnungen: Goldenes Parteiabzeichen; Blutorden, 6. Mai 1942; Ritterkreuz des Kriegsverdienstkreuzes mit Schwertern, 15. November 1944; Kriegsverdienstkreuz 2. Klasse mit Schwertern; Kriegsverdienstkreuz 1. Klasse mit Schwertern; SS-Ehrenring; SS-Ehrendegen.

Kaltenbrunner wurde im österreichischen Ried am Inn unweit von Hitlers Geburtsort Braunau als Sohn eines Rechtsanwalts geboren. Bereits während seiner Schulzeit in Linz lernte er Eichmann (siehe dort) kennen. Kaltenbrunner studierte Jura und ließ sich 1929 als Anwalt in Linz nieder.
In den 1920er-Jahren war Kaltenbrunner in der paramilitärischen österreichischen Heimwehr organisiert. 1930 trat er in die NSDAP, 1931 in die SS ein. Nach dem gescheiterten Juliputsch der NSDAP 1934 war er wegen Hochverrats bis 1935 in Haft. Danach wurde er Führer der österreichischen SS.
Beim Anschluss Österreichs im März 1938 stieg Kaltenbrunner unter der nur wenige Tage dauernden Regierung von Seyß-Inquart (siehe dort) zum Staatssekretär für das Sicherheitswesen im Lande Österreich auf. Am 11. September 1938 ernannte ihn Himmler (siehe dort) zum Höheren SS- und Polizeiführer Donau in Wien und damit zum SS- und Polizeichef des österreichischen »Anschlussgebiets«.
1943 ging Kaltenbrunner nach Berlin, wo er nach dem Attentat auf Heydrich (siehe dort) Himmler als Leiter des Reichssicherheitshauptamtes (RSHA) zum Chef der Sicherheitspolizei und des SD ablöste. In dieser Funktion war Kaltenbrunner, mittlerweile SS-Obergruppenführer und General der Polizei und Waffen-SS, verantwortlich für die Verbrechen der SS-Einsatzgruppen, Inhaftierung von Menschen in Konzentrationslagern, Hinrichtungen in Konzentrationslagern und die von Eichmann im Referat IV D 4

bzw. IV A 4 bürokratisch organisierte »Endlösung der Judenfrage«. Nach dem Attentat auf Hitler vom 20. Juli fielen seinem Amt die Ermittlungen, die Verfolgung und die Verhöre der Verdächtigen zu.
Bei Kriegsende wurde Kaltenbrunner in Österreich vom US-Militär verhaftet und im Nürnberger Prozess gegen die Hauptkriegsverbrecher am 1. Oktober 1946 zum Tode verurteilt. Die Hinrichtung erfolgte am 16. Oktober.

Kaminski, Bronislaw Wladislawowitsch

Rang: SS-Brigadeführer
Geboren: 16. Juni 1899
Gestorben: September 1944 (EN)
Parteimitglied Nr.: – / **SS-Nr.:** –
Auszeichnungen: EK II; EK I.

Kaminski wurde im weißrussischen Witebsk als Sohn eines polnischen Vaters und einer deutschen Mutter geboren. In St. Petersburg absolvierte er ein Studium zum Chemie-Ingenieur. 1935 wurde er als »ausländischer bürgerlicher Intellektueller« und potenzieller Dissident zu zehn Jahren Verbannung in einem sibirischen Arbeitslager verurteilt. Nach seiner Amnestierung 1941 wurde er wie viele andere ehemalige politische Gefangene im Raum Brjansk angesiedelt.
Als das Gebiet 1941 von der 2. Panzerarmee der Wehrmacht besetzt wurde, organisierte Kaminski, von den Deutschen gebilligt, in dem Städtchen Lokot eine Miliz zur aktiven Unterstützung des deutschen Militärs bei der »Befriedgung« des Gebiets. Aus dieser wenige hundert Mann starken Miliz sollte später die Waffen-Sturm-Brigade RONA (»Russkaja Osvoboditelnaja Narodnaja Armija«, Russische Volksbefreiungsarmee) bzw. die 29. Waffen-Grenadierdivision der SS RONA mit mehreren tausend Soldaten hervorgehen. Als Kaminski 1942 zum Bürgermeister von Lokot ernannt wurde, bezeichnete er das von Deutschland besetzte und an die deutschen Besatzer tributpflichtige Gebiet als »Republik Lokot«.
Mit dem Rückzug der deutschen Armee im Herbst 1943 wurden mehrere Zehntausend Zivilisten aus Lokot nach Lepel in Weißrussland evakuiert – aber auch Kaminskis Brigade, die unter dem Vorwand der Partisanenbekämpfung die Bevölkerung terrorisierte und bestahl. Für seine »Leistungen« bei der Partisanenbekämpfung bekam er am 27. Januar 1944 das Eiserne Kreuz I. und II. Klasse. 1944 flohen sie vor der Roten Armee nach Polen, wo im August 1700 Mann der Brigade zur Niederschlagung des Warschauer Aufstands abkommandiert wurden. Die Truppe unter Major Jurij Frolow erreichte am 5. August Warschau, wo sie sich an Plünderungen, Folterungen und Massakern – u. a. dem Massaker von Wola – beteiligte. Drei Wochen später wurde sie auf Befehl Bach-Zelewskis (siehe dort) wegen mangelnder Disziplin abgezogen. Kaminski selbst hielt sich nur rund zehn Tage in Warschau auf. Er wurde von der SS in Lodz verhaftet und von einem Standgericht wegen Plünderei zum Tode verurteilt und erschossen; die wahren Hintergründe der Anklage liegen jedoch bis heute im Unklaren. Offiziell kam er in einem »polnischen Partisanenüberfall« an der Straße nach Lodz ums Leben.

Kammler, Hans

Rang: SS-Gruppenführer, Generalmajor der Waffen-SS
Geboren: 26. August 1901
Gestorben: 9. Mai 1945 (S)
Parteimitglied Nr.: 1011855
SS-Nr.: 113619
Auszeichnungen: EK II; EK I; Kriegsverdienstkreuz 2. Klasse mit Schwertern; Kriegsverdienstkreuz 1. Klasse mit Schwertern; Ritterkreuz des Kriegsverdienstkreuzes mit Schwertern 1945; SS-Ehrenring; SS-Ehrendegen.

Kammler trat nach dem Ersten Weltkrieg in das Freikorps Roßbach ein. Ab 1919 studierte er Architektur und schloss als Diplomingenieur ab. In den 1920er-Jahren arbeitete er im preußischen Staatsdienst, ab 1931 im Reichsarbeitsministerium. Mit dem Eintritt in die NSDAP 1932 und die SS 1933 beschleunigte sich seine Karriere. 1933 erhielt er eine Stelle als Referent im »Reichsministerium für Ernährung und Landwirtschaft« (RMEL), 1936 stieß er zum »Reichsluftfahrtministerium« (RLM) und wurde 1939 zum Gruppenleiter Hochbau befördert.
Nach seinem Eintritt in die Waffen-SS 1941 leitete er das SS-Hauptamt Haushalt und Bauten, ab 1942 bis Kriegsende die Amtsgruppe C (Bauwesen) des SS-Wirtschafts- und Verwaltungshauptamtes (WVHA). In dieser Position kontrollierte er das Bauwesen sowohl des Staates als auch der SS. Unter seiner Leitung wurde die SS-Baustäbe gegründet, in denen tausende sogenannte Bauhäftlinge aus den Konzentrationslagern zur Zwangsarbeit herangezogen wurden, sei es für militärische Projekte wie den Atlantikwall oder für Aufräumarbeiten in bombardierten deutschen Städten. Darüber hinaus war er oberster Verantwortlicher für alle Bauvorhaben in den Konzentrationslagern und überprüfte in dieser Position auch die Planungen der Gaskammern und Krematorien.
Kammlers Aufstieg in der Verwaltungshierarchie des NS-Reichs begann am 26. August 1943 mit dem Beschluss zum Bau der »Wunderwaffe« Aggregat 4 (A4), besser bekannt unter ihrem Propagandanamen »V2« (Vergeltungswaffe 2). In einer Vereinbarung beschlossen Kammler, Rüstungsminister Speer und Generalmajor Dornberger, den Bau und Betrieb einer unterirdischen Fabrik für die Produktion der von Wernher von Braun (siehe dort) entwickelten Großrakete in die Hände der SS zu geben. Sie sollte in einem unterirdischen Stollensystem der »Wirtschaftlichen Forschungsgesellschaft« (Wifo) im Kohnstein bei Nordhausen in Thüringen in Serie gefertigt werden.
Schon zwei Tage später wurden die ersten von insgesamt rund 60 000 Häftlingen aus dem KZ Buchenwald in das unterirdische KZ Mittelbau-Dora verlegt, um in den Stollen eine rund acht Quadratkilometer große Fläche zu räumen, die Fabrik selbst wie auch die Raketen V2, die V1

(Vergeltungswaffe 1) genannten Flugbomben sowie weitere Waffen zu bauen. Im Januar 1944 war die erste A4 im Krohnstein fertiggestellt, ab August des Jahres wurden rund 600 Raketen pro Monat produziert. Von den etwa 6000 Raketen, die in 15 Monaten in verschiedenen Produktionsstätten in Deutschland und Österreich gebaut wurden, wurden 3500 abgeschossen.

»Kümmern Sie sich nicht um die menschlichen Opfer. Die Arbeiten müssen vorankommen, und das in möglichst kurzer Zeit«, wies Kammler seine Untergebenen während der Aufbauphase im Krohnstein an. Der Ausspruch spiegelt die Situation im KZ Mittelbau-Dora wider: Bis 1945 sollten die Arbeits- und Lebensbedingungen schätzungsweise 20 000 Häftlingen das Leben kosten.

Der »Sonderstab Kammler« war jedoch nicht nur für den Bau von Mittelbau-Dora, sondern den von sämtlichen anderen KZ-Außenlagern zuständig, die zur Bereitstellung von Arbeitskräften dienten. Darüber hinaus wurde der Sonderstab für Spezialwaffenprojekte herangezogen. Auf Himmlers (siehe dort) Anweisung arbeitete Kammler eng mit dem sogenannten Jägerstab zusammen, der 1944 die Aufgabe übernahm, die Produktion von Jagdflugzeugen erheblich zu steigern und angesichts der zunehmenden Luftangriffe in den Untergrund zu verlegen. Im Zuge dessen leitete Kammler 15 verschiedene Projekte und startete die Produktion des »Volksjäger« genannten düsengetriebenen Jagdflugzeugs Heinkel He 162 kurz vor dem »Endsieg«. Ab Mai 1944 war er zudem am Geilenberg-Programm beteiligt, das den Bau unterirdischer Produktionsstätten für synthetisches Benzin vorsah.

Im August 1944 bestimmte Hitler Kammler zum Generalbevollmächtigten des V2-Projekts; damit war er nun auch für den Abschuss der Raketen verantwortlich. Ab September 1944 kommandierte Kammler hierfür die SS-Division z.V. (zur Vergeltung) und deren Werferbatterien. Ab 31. Januar 1945 unterstanden alle Abteilungen, die mit dem Abschuss der V1 und V2 in Verbindung standen, alles dazugehörige Personal und Material der Waffen-SS und Kammlers Befehl. Zu Kriegsende befand sich Kammler in Prag. Als dort am 9. Mai die Rote Armee einrückte, beging er Zeugenaussagen zufolge Selbstmord.

Kämpfe, Helmut

Rang: SS-Obersturmbannführer der Reserve
Geboren: 31. Juli 1909
Gestorben: 9. oder 10. Juni 1944 (A)
Parteimitglied Nr.: –
SS-Nr.: –
Auszeichnungen: EK II, 26. August 1941; EK I, 7. November 1941; Deutsches Kreuz in Gold, 11. März 1943; Ritterkreuz, 10. Dezember 1943; Medaille Winterschlacht im Osten 1941–42; Medaille z. Erinn. a. d. 13. März 1938; Spange »Prager Burg«; Nahkampfspange in Silber; Sturmabzeichen; 1939 Verwundetenabzeichen in Silber.

Kämpfe, Kommandeur des III. Bataillons des 4. SS-Panzergrenadierregiments Der Führer, wurde am 9. Juni 1944 von der französischen Widerstandsgruppe »Francs-tireurs et partisans« (FTP) gefangen genommen und vermutlich am 10. Juni getötet. Als Reaktion befahl SS-Sturmbannführer Adolf Diekmann die »Niederbrennung und Vernichtung« der Ortschaft Oradour-sur-Glane bei Limoges. 150 SS-Männer plünderten und brannten das ganze Dorf nieder und löschten bis auf sechs Überlebende die gesamte Bevölkerung aus: 642 Menschen, darunter 207 Kinder.

Kappler, Herbert

Rang: SS-Obersturmbannführer
Geboren: 29. September 1907
Gestorben: 9. Februar 1978 (NT)
Parteimitglied Nr.: 594899
SS-Nr.: 55211
Auszeichnungen: SS-Ehrenring; SS-Ehrendegen.

Es war Heydrich (siehe dort), der dem Gestapo-Mann Kappler das Kommando über die Sicherheitspolizei und den SD in Rom übertrug. Der österreichische SS-Offizier Wilhelm Höttl, der nach dem Zweiten Weltkrieg für alliierte Geheimdienste arbeitete, beschrieb Kappler als »fleißigen Schwaben«. Während seiner römischen Herrschaft von 1941 bis 1944 erwartete man von Kappler, sowohl als Spion als auch als Schlächter zu agieren – die übliche Kombination von Talenten, die Heydrich von seinen Leuten erwartete. Tatsächlich widersprach dies jedoch Hitlers Erlassen, die den Einsatz von Geheimagenten im befreundeten Italien untersagten.

Während seiner Amtszeit konfiszierte Kappler jüdisches Eigentum und begann mit der Organisation der Judendeportationen. Den italienischen Widerstand bekämpfte er mit brutalen Mitteln. Als im März 1944 33 Angehörige einer Südtiroler Polizeieinheit in Rom einem Bombenanschlag der Resistanza zum Opfer fielen, ließ Kappler als Rachemaßnahme 335 italienische Zivilisten in den »Fosse Ardeatine« genannten Höhlen erschießen. Nach dem Krieg wurde er wegen seiner Verbrechen während seiner Amtszeit von einem römischen Militärgericht 1947 zu lebenslänglicher Haft verurteilt.

1977 wurde Kappler wegen einer schweren Krebserkrankung in ein römisches Militärkrankenhaus verlegt, aus dem er mithilfe seiner Frau auffällig leicht entfliehen konnte. Wenige Monate später starb er im Alter von 70 Jahren in Soltau.

Kempka, Erich

Rang: SS-Sturmbannführer
Geboren: 16. Oktober 1910
Gestorben: 24. Januar 1975 (NT)
Parteimitglied Nr.: 225639
SS-Nr.: 2803
Auszeichnungen: Goldenes Parteiabzeichen; SS-Ehrenring; SS-Ehrendegen.

Hitlers Fahrer Kempka chauffierte erst den Essener Gauleiter Josef Terboven, bevor er am 1. März 1932 als Leibwächter zu Hitlers SS-Begleitkommando wechselte. Nach dem Tod von Julius Schreck (siehe dort) stieg er zu Hitlers erstem Fahrer auf.
Kempka erlebte aufgrund seiner Stellung Hitlers engstes Umfeld hautnah. Eva Braun beschrieb er als »die unglücklichste Frau Deutschlands«. In den letzten Kriegstagen ließ Hitler Otto Günsche (siehe dort) wissen, dass er zusammen mit Eva Selbstmord begehen werde und sicher sein musste, dass Günsche ihre Leichname verbrenne, damit sie nicht in die Hände der Russen fielen. Günsche befahl Kempka, das für die Verbrennung notwendige Benzin zu besorgen. Da er nur 160 Liter Treibstoff in der Garage der Reichskanzlei auftreiben konnte, »borgte« er sich vom Chefmechaniker Hentschel weitere zwanzig Liter. Kempka trug zwar den Leichnam Eva Brauns in den Garten der Reichskanzlei, es war jedoch Bormann (siehe dort), der die Toten in Brand steckte.

Keppler, Wilhelm

Rang: SS-Obergruppenführer
Geboren: 14. Dezember 1882
Gestorben: 13. Juni 1960 (NT)
Parteimitglied Nr.: 62424
SS-Nr.: 50816
Auszeichnungen: Goldenes Parteiabzeichen; Kriegsverdienstkreuz 2. Klasse; Kriegsverdienstkreuz 1. Klasse; SS-Ehrenring; SS-Ehrendegen.

Keppler trat 1927 in die NSDAP ein. Der Techniker und Unternehmer agierte als nützlicher Vermittler zwischen den Bankiers und den gegen Reichskanzler Kurt von Schleicher eingestellten Konservativen. 1931 gründete er einen »Keppler-Kreis« von Unternehmern und Männern aus der Wirtschaft, der die NSDAP fördern und finanziell unterstützen sollte. 1933 wurde er in den Reichstag gewählt und zum Kommissar für Wirtschaftsfragen ernannt. Von 1932 bis 1936 war er Hitlers Wirtschaftsberater, danach wurde er als Berater für Görings Vierjahresplan berufen. Besonderes Augenmerk legte er dabei auf die Erzeugung synthetischer Rohstoffe, damit die deutsche Wirtschaft von Importen unabhängig würde.
Als Staatssekretär für besondere Aufgaben des Auswärtigen Amtes war Keppler u.a. 1938 in Wien mit der Organisation des Anschlusses von Österreich betraut und war von März bis Juni als Reichskommissar in Österreich für die Gleichschaltung der Wirtschaft verantwortlich. Während des Zweiten Weltkriegs verwaltete er zahlreiche Betriebe in besetzten Gebieten, die von der SS enteignet worden waren und deren Personal großteils aus Zwangsarbeitern bestand. Als Aufsichtsratsvorsitzender der »Deutschen Umsiedlungs-Treuhand-Gesellschaft mbH« verantwortete er Vertreibungen und Enteignungen in den von deutschen besetzten Gebieten sowie die Deportationen von Zwangsarbeitern.
Nach dem Krieg wurde er 1949 im Nürnberger Wilhelmstraßen-Prozess zu zehn Jahren Haft verurteilt, jedoch schon im Januar 1951 aus dem Kriegsverbrechergefängnis Landsberg entlassen.

Klingenberg, Fritz

Rang: SS-Obersturmbannführer
Geboren: 17. Dezember 1912
Gestorben: 22. März 1945 (Gef.)
Parteimitglied Nr.: 851328
SS-Nr.: 51487
Auszeichnungen: EK II, 23. Juni 1940; EK I, 24. Juni 1940; Deutsches Kreuz in Gold, 28. April 1944; Ritterkreuz, 14. Mai 1941; SS-Ehrendegen; SS-Ehrenring.

Klingenberg schloss sich 1934 freiweillig der SS-Verfügungstruppe an und besuchte 1935 die SS-Junkerschule in Bad Tölz. Er war Kompanieführer in der SS-Standarte Germania und gehörte anschließend der Inspektion der SS-Verfügungstruppe an. Nach der militärischen Niederlage Frankreichs erhielt er das Kommando über eine Aufklärungseinheit der Kradschützen-Abteilung SS-Division Reich, die am 11. April 1941 Belgrad eroberte. Ab 1942 unterrichtete er an der SS-Junkerschule in Bad Tölz nichtdeutsche Offiziersanwärter. Im Januar 1945 kommandierte er die 17. SS-Panzergrenadierdivision Götz von Berlichingen. Im März 1945 fiel er in der Pfalz.

Knochen, Helmut

Rang: SS-Standartenführer
Geboren: 14. März 1910
Gestorben: 2003 (NT)
Parteimitglied Nr.: 1430331
SS-Nr.: 280350
Auszeichnungen: EK II (WK 1); EK I (WK 1); Ehrenkreuz WK 1 für Frontkämpfer; SS-Ehrenring; SS-Ehrendegen.

Knochen war von 1940 bis 1944 Befehlshaber der Sicherheitspolizei (Sipo) und des Sicherheitsdienstes (SD) in Paris, ab 1942 für das besetzte Frankreich. Auf diesen Posten war er zusammen mit dem HSSPF Oberg (siehe dort) entscheidend verantwortlich für die Deportationen der Juden in die Vernichtungslager und die Ermordung tausender Zivilisten.
Nach dem Zweiten Weltkrieg wurde Knochen im Juni 1946 wegen der Ermordung gefangener britischer Fallschirmjäger

im August 1944 zum Tode verurteilt. Das Urteil wurde jedoch nicht vollstreckt, da er 1947 an Frankreich ausgeliefert wurde. Dort wurde er 1954 von einem Militärgericht erneut zum Tode verurteilt. Doch auch dieses Urteil wurde nicht vollstreckt, sondern in eine lebenslange Haftstrafe umgewandelt, aus der Knochen 1962 entlassen wurde. Knochen lebte dann in Offenbach und war Mitglied im Verein »Stille Hilfe für Kriegsgefangene und Internierte«.

Knöchlein, Fritz

Rang: SS-Obersturmbannführer
Geboren: 27. Mai 1911
Gestorben: 21. Januar 1949 (EA)
Parteimitglied Nr.: 157016
SS-Nr.: 87881
Auszeichnungen: EK II, 31. Mai 1940; EK I, 15. Juni 1940; Deutsches Kreuz in Gold, 12. November 1941; Ritterkreuz, 16. November 1944; SS-Ehrenring; SS-Ehrendegen.

Knöchlein, seit 1934 Mitglied der SS, kommandierte ab 1939 eine Kompanie der SS-Totenkopfstandarte I Oberbayern und anschließend die 3. Kompanie im 2. SS-Totenkopf-Regiment (mot.) der SS-Division Totenkopf. Beim Vormarsch seiner Truppe Richtung Dünkirchen ließ er am 27. Mai 1940 in der Nähe des Dorfes Le Paradis 99 britische Kriegsgefangene des *Second Royal Norfolk Regiment* niedermetzeln Das Massaker überlebten nur die Soldaten Albert Pooley and William O'Callaghan. Als der Kriegskorrespondent der Propagandaabteilung der Wehrmacht, d'Alquen (siehe dort), 1944 einen Tag nach dem Massaker in Le Paradis ankam, wurde ihm von außergewöhnlich heftigen Kämpfen berichtet und »Beweise« vorgelegt, dass die *Second Royal Norfolks* entgegen dem Kriegsrecht Dum-Dum-Geschosse verwendet hätten.
Nach dem Krieg wurden die Gräber der britischen Soldaten gefunden; eine Autopsie der Leichen und die Aussagen von französischen Zeugen bewiesen das Massaker. Knöchlein wurde von einem britischen Gericht 1948 zum Tode verurteilt und 1949 im Zuchthaus Hameln, damals Hinrichtungsstätte der britischen Besatzungsmacht, gehängt.

Koch, Ilse

Rang: SS-Helferin
Geboren: 22. September 1906
Gestorben: 2. September 1967 (S)

Nach ihrer Heirat 1936 mit dem KZ-Kommandanten Koch (siehe dort), den sie »Karli« nannte, zog Ilse Koch, geborene Köhler, auf das Gelände des KZ Buchenwald. Dort lebte sie luxuriös in der Villa Buchenwald der SS-Führersiedlung auf dem Ettersberg bei Weimar. Die »Kommandeuse«, wie die Häftlinge sie nannten, wurde nach dem Krieg in den Medien zur »Hexe von Buchenwald«. Sie hatte zwar keine offizielle Funktion im Lager, hatte jedoch von den dortigen Gräueln gewusst, aus Habgier und Sadismus die Lage der Häftlinge verschlimmert und diese bewusst der Folter und dem möglichen Tod ausgeliefert. Die Lampenschirme aus Menschenhaut, die Koch angeblich in ihrem Haus besaß, wurden jedoch nie gefunden – der Lampenschirm, der als Beweisstück diente, war, wie sich später herausstellte, aus Kunststoff. Wahr ist jedoch, dass im KZ Buchenwald tätowierte Hautteile systematisch gesammelt und konserviert wurden. 1947 wurde Ilse Koch im Buchenwald-Hauptprozess von einem US-Militärgericht zu lebenslänglicher Haft verurteilt, die später zu einer vierjährigen Strafe umgewandelt wurde. Am 17. Oktober 1949 aus der Haft entlassen, stand sie ab Ende 1949 vor einem Augsburger Schwurgericht. 1951 wurde sie u. a. wegen Anstiftung zum Mord erneut zu einer lebenslangen Haftstrafe verurteilt. 1967 erhängte sich Ilse Koch in ihrer Zelle im Aichacher Frauengefängnis.

Koch, Karl-Otto

Rang: SS-Standartenführer
Geboren: 2. August 1897
Gestorben: 5. April 1945 (EN)
Parteimitglied Nr.: 475586
SS-Nr.: 14830
Auszeichnungen: EK II (WK 1); Ehrenkreuz WK 1 für Frontkämpfer; 1914 Verwundetenabzeichen in Schwarz; Abzeichen des SA-Treffens Braunschweig 1931; SS-Ehrendegen.

Koch, ab 1931 Mitglied der NSDAP und der SS, war ab 1934 in Folge Kommandant der Konzentrationslager Hohnstein und Sachsenburg, Leiter der Wachtruppe im KZ Esterwegen, Schutzhaftlagerführer im KZ Lichtenburg, Adjutant im KZ Dachau, Kommandant der Konzentrationslager Columbia-Haus, Esterwegen und Sachsenhausen. Kurz nach seiner Heirat mit Ilse Koch (siehe dort) trat er seinen Posten als 1. Kommandant des KZ Buchenwald an, den er bis 1941 innehatte.
Im November 1941 wurde Koch wegen des Verdachts auf Korruption verhaftet. Auf Intervention Himmlers (siehe dort) wurde er zwar freigelassen, jedoch als Kommandant von Januar bis August 1942 in das KZ Majdanek versetzt. Nach Untersuchungen des SS-Richters Morgen (siehe dort) wurde Koch im August 1943 erneut wegen Korruption verhaftet. Zudem stand er im Verdacht, Zeugen seiner Straftaten ermordet zu haben, darunter die Buchenwaldhäftlinge Walter Krämer und Karl Peix. Im Dezember 1944 wurde Koch durch das SS- und Polizeigericht Kassel zum Tode verurteilt und 1945 in Buchenwald hingerichtet.

Kramer, Josef
Rang: SS-Hauptsturmführer
Geboren: 10. November 1906
Gestorben: 13. Dezember 1945 (EA)
Parteimitglied Nr.: 32217
SS-Nr.: 733597
Auszeichnungen: Kriegsverdienstkreuz 2. Klasse, Frühjahr 1943; Kriegsverdienstkreuz 1. Klasse, Januar 1945.

Kramer, seit 1932 in der SS, arbeitete ab 1934 beim SS-Hilfswerk im KZ Dachau, danach ab 1936 in Folge in den Konzentrationslagern Esterwegen, Sachsenhausen, Mauthausen und 1940 als Adjutant von Höß in Auschwitz. 1941 wurde er in das KZ Natzweiler-Struthof versetzt, das er ab 1942 als Lagerkommandant führte. Dort leitete er die Mordaktion an 86 Juden für August Hirts (siehe dort) Skelettsammlung. Ab Mai 1944 war er Lagerkommandant des KZ Auschwitz-Birkenau, nur wenige Monate später wurde er im November 1944 in das KZ Bergen-Belsen versetzt.
Bergen-Belsen war ursprünglich ein Lager für Kriegsgefangene. Ab 1943 okkupierte die SS einen Teil des Geländes als Lager für jüdische »Austauschhäftlinge«, denen die Freilassung im Austausch gegen internierte Deutsche im Ausland, gegen Devisen oder kriegswichtige Güter in Aussicht gestellt wurde. Dies betraf insbesondere Juden, die offizielle Einwanderungspapiere für Palästina besaßen, Staatsangehörige westlicher Feindstaaten oder ehemals hohe Amtsträger in jüdischen Organisationen. Insgesamt wurden jedoch von den knapp 15000 Häftlingen, die zwischen Sommer 1943 und Winter 1944 im Austauschlager interniert waren, nur etwa 2500 in die Freiheit entlassen. 1944 wurden ein Männerlager für – im wahrsten Sinne des Wortes – zu Tode erschöpfte arbeitsunfähige Häftlinge aus anderen Konzentrationslagern und ein Frauenlager eingerichtet, dessen Insassen zur Zwangsarbeit in Außenlagern verteilt wurden. Hinzu kamen Zehntausende Häftlinge, die von der SS auf mörderischen Todesmärschen und in Transporten in Viehwaggons aus Lagern in frontnahen Gebieten verlegt wurden. In dem völlig überfüllten Lager starben rund 50000 Häftlinge an Typhus, Fleckfieber und anderen Krankheiten, an Hunger, Erschöpfung und fehlender medizinischer Versorgung.
Nach dem Krieg zeigten die Wochenschauen verstörende Bilder der »Bestie von Belsen«: Kramer, der sich stämmig und wohlgenährt zwischen sterbenden, zu Skeletten abgemagerten Häftlingen bewegt, ein gewissenloser, ungerührter Befehlsempfänger. Am 17. November 1945 wurde er im Bergen-Belsen-Prozess von einem britischen Militärgericht zum Tode verurteilt und wenige Wochen später hingerichtet.

Krause, Karl Wilhelm
Rang: SS-Hauptsturmführer
Geboren: 5. März 1911
Gestorben: 6. Mai 2001 (NT)
Parteimitglied Nr.: –
SS-Nr.: –
Auszeichnungen: Deutsches Kreuz in Gold; EK II; EK I; Medaille z. Erinn. a. d. 13. März 1938; Medaille z. Erinn. a. d. 1. Okt. 1938; Spange »Prager Burg«; Medaille z. Erinn. a. d. Heimkehr des Memellandes; Zerstörerkriegsabzeichen; Narvikschild in Gold; DRL-Sportabzeichen.

Krause, in Michelau bei Danzig geboren, lernte Kunsttischlerei und studierte Architektur, bevor er 1931 zur Marine ging. 1934 wurde er wegen seiner »nordischen« Erscheinung von Hitler zum Kammerdiener ernannt. In dieser Position war er auch für den Schutz Hitlers vor Anschlägen verantwortlich. In der Öffentlichkeit folgte er deshalb Hitler wie ein Schatten und ging direkt hinter ihm. Im September 1939 entließ Hitler, der sich vor Giftanschlägen fürchtete, Krause, weil er ihm in Polen polnisches Mineralwasser servierte und dieses als deutsches ausgab. Danach ging Krause zur Marine, als Adjutant in die Reichskanzlei und schließlich zur Waffen-SS. Nach dem Krieg war er ab 1945 in US-Haft und wurde 1946 gegen ein Bußgeld von sieben Mark freigelassen.

Kryssing, Christian Peder (P.C.)
Rang: Legions-Obersturmbannführer
Parteimitglied Nr.: – / **SS-Nr.:** –

Kryssing, Oberstleutnant des 5. Artillerieregiments der dänischen Armee, übernahm am 3. Juli 1941 das Kommando des Frikorps Danmark – die dänische SS-Einheit der Ausländischen Freiwilligenverbände der Waffen-SS. Himmler (siehe dort) missfiel jedoch der langsame Fortschritt der Dänen in ihrer Ausbildung und machte dafür deren ineffiziente Führung und schlechte Koordination mit den deutschen Ausbildern verantwortlich. Kryssing ärgerte sich hingegen über die deutsche Einmischung und ließ die dänischen Einheiten absichtlich den Trainingsplan nicht einhalten. Himmler entließ ihn deshalb am 8. Februar 1942. Kryssing wurde danach auf einen Verwaltungsposten versetzt.

Kube, Richard Paul Wilhelm
Rang: SS-Gruppenführer; Gauleiter der Ostmark 1928–1933; Gauleiter der Kurmark 1933–1936
Geboren: 13. November 1887
Gestorben: 22. September 1943 (A)
Parteimitglied Nr.: 71682
SS-Nr.: 114771
Auszeichnungen: Kriegsverdienstkreuz 2. Klasse mit Schwertern; Kriegsverdienstkreuz 1. Klasse mit Schwertern; Ritterkreuz

des Kriegsverdienstkreuzes mit Schwertern (postum), 27. September 1943.

Kube, im schlesischen Glogau geboren, trat 1928 der NSDAP bei und wurde deren Fraktionsführer im preußischen Landtag. Zuerst Gauleiter der brandenburgischen Ostmark (der späteren Kurmark), wurde er 1933 Oberpräsident von Brandenburg-Berlin und von Posen-Westpreußen. 1936 wurde er wegen Korruption und Verleumdung aus dem Amt entlassen. Er hatte u. a. das Gerücht gestreut, dass die Ehefrau des Obersten Parteirichters Buch (siehe dort) jüdische Vorfahren hätte.
Nichtsdestotrotz wurde er am 16. Juli 1941 zum Generalkommissar für den Generalbezirk Weißruthenien im weißrussischen Minsk ernannt. In seiner Amtszeit wurden mehrere Zehntausend Juden ermordet, allein im Frühsommer 1943 55000 unter dem Kommando des SD-Kommandeurs Eduard Strauch. Kube wurde am 22. September 1943 von einer Bombe getötet, Sie wurde von einer russischen Partisanin, die als Dienstmädchen bei ihm arbeitete, unter sein Bett gelegt.

L

Lammerding, Heinz

Rang: SS-Gruppenführer und Generalleutnant der Waffen-SS
Geboren: 27. August 1905
Gestorben: 13. Januar 1971 (NT)
Parteimitglied Nr.: 722395
SS-Nr.: 247062
Auszeichnungen: EK II, 23. Mai 1940; EK I, 22. Juni 1940; Deutsches Kreuz in Gold, 25. April 1943; Ritterkreuz, 11. April 1943; Ärmelschild Demjansk; Sturmabzeichen, Abzeichen des SA-Treffens Braunschweig 1931; SS-Ehrenring; SS-Ehrendegen.

Lammerding, ein Ingenieur, war Leiter der SA-Pionierschule, bevor er 1935 in die SS eintrat. Er kam als Pionier zur SS-Verfügungstruppe und im Frankreichfeldzug 1940 zu einem Pionierbataillon der SS-Division Totenkopf. Ab Sommer 1941 wurde er mit der Division nach Russland verlegt, wo er im Rahmen der »Partisanenbekämpfung« und als Vergeltungsmaßnahme Ortschaften zerstörte. Ab 1942 kommandierte er das Kraftradschützenregiment Thule, ab 1943 eine Kampfgruppe der 2. SS-Panzerdivision Das Reich, ab Januar 1944 die gesamte Division.
Im März 1944 wurde ein Großteil der Division nach Frankreich verlegt, wo SS-Obersturmbannführer Kämpfe (siehe dort) am 9. Juni von der Résistance getötet wurde. Als Vergeltungsmaßname ermordete eine Einheit der Division Das Reich im Massaker von Oradour-sur-Glane die 642 Bewohner des Dorfes, plünderten und brannten es nieder. Die Ruinen wurden bis heute als Denkmal erhalten. Von Januar bis März 1945 stieg Lammerding noch zu Himmlers (siehe dort) Stabschef der Heeresgruppe Weichsel auf. Nach Kriegesende wurde er in Bordeaux wegen des Massakers von Oradour-sur-Glane und eines weiteren in Tulle in Abwesenheit zum Tode verurteilt. Lammerding wurde trotz wiederholter Aufforderung nicht von Deutschland an Frankreich ausgeliefert, weil dies damals gegen das Grundgesetz verstieß. In Deutschland wurde er für seine Verbrechen nie zur Rechenschaft gezogen. 1971 starb er in Bad Tölz.

Lammers, Hans

Rang: SS-Obergruppenführer
Geboren: 27. Mai 1879
Gestorben: 4. Januar 1962 (NT)
Parteimitglied Nr.: 1010255
SS-Nr.: 118404
Auszeichnungen: Goldenes Parteiabzeichen; EK II (WK 1); EK I (WK 1); Ehrenkreuz WK 1 für Frontkämpfer; SS-Ehrenring; SS-Ehrendegen.

Lammers, im oberschlesischen Lublinitz (Lubliniec) geboren, war ein brillanter Jurist und das juristische Gehirn der NSDAP-Regierung. Seit 1932 Mitglied der NSDAP, seit 1933 der SS, wurde er von Hitler 1933 zum Staatssekretär und Chef der Reichskanzlei ernannt. Dort formulierte er aus Hitlers Ideen Gesetze um und koordinierte die Regierungsgeschäfte. 1937 berief ihn Hitler zum Reichsminister und Chef der Reichskanzlei. 1940/41 war er in das »Euthanasieprogramm« der Aktion T4 involviert. Am 23. April 1945 wurde Lammers als Hochverräter verhaftet und sollte erschossen werden. Vor der Exekution durch die SS wurde er von US-Soldaten gefangen genommen.
Nach dem Krieg wurde Lammers im Wilhelmstraßen-Prozess gegen Mitarbeiter der NS-Ministerien am 11. April 1949 zu 20 Jahren Haft verurteilt. In seiner Verteidigung führte er an, nichts von der »Endlösung des jüdischen Problems« gewusst zu haben. 1951 wurde er begnadigt und am 15. Dezember aus dem Kriegsverbrechergefängnis in Landsberg entlassen. Lammers starb 1962 in Düsseldorf.

Leister, John

Rang: SS-Schütze
Geboren: 19. Juni 1922
Parteimitglied Nr.: – / **SS-Nr.:** –

Leister wurde in London als Sohn eines Bäckers deutscher Herkunft geboren, der im Ersten Weltkrieg im Middlesex-Regiment gedient hatte. Zwischen den Weltkriegen besuchte Leister häufig seine Verwandten in Deutschland. Sie waren Mitglied in der NSDAP und zogen mit Vergnügen ihrem kleinen Engländer eine Parteiuniform an. 1935/36 lebte er bei seiner Großtante in Deutschland, ging dort zur Schule und lernte fließend Deutsch. Der Ausbruch des Krieges 1939 stürzte Leister in einen Loyalitätskonflikt. Er schloss sich deshalb der pazifistischen *Peace Pledge Union* an, die Landarbeiter auf die Kanalinseln schickte. Die Invasion der Kanalinseln im Juli 1940 versetzte ihn in eine schwierige Lage.

Er arbeitete als Dolmetscher für die Deutschen, während sein Freund Pleasants (siehe dort) sich mit dem berüchtigten Dreifachspion Eddie Chapman zusammentat. Leister und Pleasants wurden bei einem Fluchtversuch aus England gefangen genommen und zu sechs Monaten Haft verurteilt. Danach schickte man sie nach Frankreich und Leister anschließend in ein Internierungslager für Zivilisten, aus dem er ebenfalls zu fliehen versuchte. Er wurde jedoch verhaftet und saß weitere sechs Wochen in einem Gestapo-Gefängnis. Schließlich wurden Leister und Pleasants im Kriegsgefangenenlager Marlag-Milag bei Bremen interniert, wo sie sich dem britischen Freikorps anschlossen. Leister arbeitete auch für den Rundfunk und stieß danach zu Kurt Eggers Regiment. Mit einem falschen Pass, den ihm seine Freundin Lena Jürgens beschaffte, floh er zu deren Kompanie nach Italien. Dort ergaben sie sich den Amerikanern, die ihn nach England zurückschickten. In Londons Old Bailey wurde er anschließend zu drei Jahren Haft verurteilt.

Leroy, Jacques

Rang: SS-Untersturmführer
Geboren: 10. September 1924
Gestorben: 5. August 1996 (NT)
Parteimitglied Nr.: – / **SS-Nr.:** –
Auszeichnungen: EK II, 11. November 1943; EK I, 8. Juli 1944; Ritterkreuz, 20. April 1945; Nahkampfspange in Silber.

Leroy wurde in Binche in Belgien geboren. Nachdem er sich der Waffen-SS als ausländischer Freiwilliger angeschlossen hatte, diente er als Unteroffizier in der 1. Kompanie des SS-Panzergrenadier-Regiments 69 in der 28. SS-Freiwilligen-Panzergrenadierdivision Wallonien. Das ihm verliehene Ritterkreuz wurde ihm niemals übergeben, auch wurde er nicht in die Liste der Träger aufgenommen. Am 20. Mai 1957 wurde Leroys Berechtigung für das Ritterkreuz von Divisionsadjutant Roger Wastian bestätigt und noch einmal am 8. Dezember 1973 von Leroys Kommandant Léon Degrelle (siehe dort).

Lie, Jonas

Rang: SS-Oberführer
Geboren: 31. Dezember 1899
Gestorben: 11. Mai 1945 (NT)
Parteimitglied Nr.: –
SS-Nr.: 401276
Auszeichnungen: EK II; EK I; SS-Ehrenring.

Der norwegische Polizeioffizier Lie arbeitete auch als Krimiautor unter dem Pseudonym Max Mauser. 1934 wurde der extreme Antikommunist vom Völkerbund als Führer der Friedenstruppe bestimmt, die die Volksabstimmung über die Zukunft des Saargebiets überwachte. Lie befreundete sich dort mit Josef Terboven, dem Gauleiter von Essen und späteren Reichskommissar für die besetzten norwegischen Gebiete. Terboven machte später kein Geheimnis daraus, dass er lieber Lie als Vidkung Quisling als Führer von Norwegens faschistischer Partei »Nasjonal Samling« (Nationale Einheit) gesehen hätte.
Nach der deutschen Besetzung Norwegens 1940 ernannte Terboven Lie am 1941 zum kommissarischen Polizeichef des Landes. 1942 wurde er im Kabinett des norwegischen Ministerpräsidenten Quisling zum Polizeiminister ernannt.
Nicht zuletzt dank seiner guten Kontakte zu Himmler (siehe dort) wurde Lie zudem Chef der 1941 gegründeten norwegischen SS. In dieser Funktion wurde er bis April 1943 vor allem für Patrouillen und Erkundungen an der Ostfront vor Leningrad eingesetzt. Als mit der Kapitulation der Wehrmacht am 8. Mai 1945 auch die deutsche Besetzung Norwegens endete, wurde Lie verhaftet. Kurz darauf starb er wahrscheinlich an einem Herzinfarkt.

Linge, Heinz

Rang: SS-Sturmbannführer
Geboren: 22. März 1913
Gestorben: 9. März 1981 (NT)
Parteimitglied Nr.: –
SS-Nr.: –

Der Maurer Heinz Linge trat 1933 in die SS ein und wurde kurz darauf in das SS-Begleitkommando versetzt, das für Hitlers Personenschutz zuständig war. Im 1935 stieg er zu Hitlers Ordonnanzoffizier auf. Im September 1939 löster er Karl Krause (siehe dort) als Hitlers Kammerdiener ab. Nach Hitlers Selbstmord half Linge, die Leiche in eine Armeedecke zu wickeln und in den Garten der Reichskanzlei zu tragen, wo sie neben Eva Brauns Leiche verbrannt wurde. Danach half er, die verbrannten Leichen in einem Bombenloch zu vergraben. Linge wurde bei der Flucht aus dem Führerbunker vom sowjetischen Militär verhaftet und blieb bis 1955 in sowjetischer Kriegsgefangenenschaft. Im Nachkriegsdeutschland machte er als Geschäftsmann Karriere. Heinz Linge starb 1981.

Lorenz, Werner

Rang: SS-Obergruppenführer
Geboren: 2. Oktober 1891
Gestorben: 13. Mai 1974 (NT)
Parteimitglied Nr.: 397994
SS-Nr.: 6636
Auszeichnungen: SS-Ehrenring; SS-Ehrendegen.

Lorenz wurde in Grünhof in Pommern geboren, war im Ersten Weltkrieg beim Fliegerkorps und diente als Stabsoffizier. Nach dem Krieg kämpfte er im Grenzschutz Ost, arbeitete dann als Landwirt und besaß Land in Danzig. 1929 trat er in die NSDAP und 1930 in die SS ein, die er in Danzig und Königsberg entscheidend mit aufbaute. 1936 wurde Lorenz zum Obergruppenführer und General der Polizei befördert. Ab Januar 1937 war er als Reichsführer für das Deutschtum

im Ausland Chef der »Volksdeutschen Mittelstelle« (VoMi). Diese war ab 1941 als SS-Hauptamt Himmler (siehe dort) direkt unterstellt und Lorenz zum Reichskommissar für die Festigung Deutschen Volkstum aufgestiegen.
Im VoMi war Lorenz verantwortlich für die Umsiedlungen der sogenannten Volksdeutschen und damit auch für die Vertreibungen und teilweise Ermordung der in den Gebieten ansässigen Bevölkerung, in die »Volksdeutsche« umgesiedelt wurden.
Nach dem Krieg wurde Lorenz am 10. Mai 1945 in Flensburg verhaftet und am 10. März 1948 im Nürnberger Rasse- und Siedlungshauptamt-Prozess zu zwanzig Jahren Haft verurteilt. 1955 wurde er vorzeitig aus dem Gefängnis entlassen.

Loritz, Hans
Rang: SS-Oberführer
Geboren: 21. Dezember 1895
Gestorben: 31. Januar 1946 (S)
Parteimitglied Nr.: 298668
SS-Nr.: 4165
Auszeichnungen: EK II (WK 1); Ehrenkreuz WK 1 für Frontkämpfer; 1914 Verwundetenabzeichen in Silber; Kriegsverdienstkreuz 2. Klasse mit Schwertern; Kriegsverdienstkreuz 1. Klasse mit Schwertern; SS-Ehrenring; SS-Ehrendegen.

Loritz, der Sohn eines Augsburger Kriminalsekretärs, diente im Ersten Weltkrieg und arbeitete danach in Augsburg als Polizist und in der Stadtverwaltung. 1930 trat er der NSDAP und der SS bei. 1934 wurde er Kommandant des KZ Esterwegen, 1936 zum für seine Grausamkeit berüchtigten Kommandanten des KZ Dachau. Mit dem Einverständnis der politischen Abteilung führte er dort als Folter- und Hinrichtungsmethode das sogenannte Baum- oder Pfahlhängen ein.
1940 bis 1942 war Loritz Kommandant des KZ Sachsenhausen, wo er eine Genickschussanlage für sowjetische Kriegsgefangene bauen ließ. Unter seiner Führung wurden mindestens 12 000 sowjetische Gefangene ermordet.
Wegen Korruption wurde Loritz 1942 als Inspekteur z.b.V. (zur besonderen Verwendung) nach Norwegen zum Höheren SS- und Polizeiführer Nord strafversetzt, wo er die Aufsicht über norwegische Lager innehatte. Nach dem Krieg kam er in das Internierungslager Neumünster-Gadeland, wo er identifiziert wurde und 1946 Selbstmord beging.

M

Macher, Heinz
Rang: SS-Sturmbannführer
Geboren: 31. Dezember 1919
Gestorben: 21. Dezember 2001 (NT)
Parteimitglied Nr.: – / **SS-Nr.:** –
Auszeichnungen: EK II, 24. September 1941; EK I, 15. März 1942; Deutsches Kreuz in Gold, 7. August 1944; Ritterkreuz, 3. April 1943; Eichenlaub, 19. August 1944; Nahkampfspange in Gold, 23. Oktober 1944; Panzervernichtungsabzeichen in Silber; Medaille Winterschlacht im Osten 1941–42; Verwundetenabzeichen in Gold, Juli 1943.

Macher schloss sich am 3. April 1939 der Waffen-SS an. Mit der 2. Kompanie des SS-Pionier-Bataillons nahm er am Überfall auf Polen teil. Von 1939 bis 1941 besuchte er die SS-Junkerschulen in Bad Tölz und Braunschweig, danach wurde er wieder zur Pionier-Bataillon der 2. Panzerdivision Das Reich versetzt. Am 30. März 1945 erhielt er in Himmlers (siehe dort) Hauptquartier den Befehl, die Wewelsburg zu sprengen, damit die dort gelagerten Akten und »Schätze« – u.a. SS-Totenkopfringe – nicht in die Hände der Alliierten fielen. Da nur mehr wenig Sprengstoff vorhanden war, gelang dies nur teilweise. Bei Kriegsende begleitete er zusammen mit Grothmann (siehe dort) Himmler auf dessen Flucht und wurde von britischen Truppen gefangen genommen.

Martinsen, Knud Børge
Rang: Legions-Obersturmbannführer
Geboren: 30. November 1905
Gestorben: 25. Juni 1949 (EA)
Parteimitglied Nr.: – / **SS-Nr.:** –
Auszeichnungen: EK II; EK I.

Martinsen trat nur wenige Tage nach der deutschen Invasion in Dänemark am 9. April 1940 der »Danmarks National Socialistiske Arbejderparti« (DNSAP) bei. Kurz darauf schloss er sich der Waffen-SS und dem Frikorps Danmark an, das er zweimal kurzzeitig kommandierte. Nach der Auflösung des Frikorps 1943 baute Martinsen mit Billigung der Deutschen eine dänische Rekrutierungseinheit für die Waffen-SS auf: das »Germansk Korpset«, das er in Gedenken an den früheren Kommandanten des Frikorps, Christian Frederik von Schalburg (siehe dort), bald in »Schalburgkorpset« umbenannte.
Nach dem dänischen Generalstreik im Juni und Juli 1944 wurde das Korps von Kopenhagen nach Ringstad abgezogen und in die SS übernommen. Im Oktober 1944 wurde Martinsen wegen kritischer Äußerungen über die Deutschen das Kommando des Korps entzogen. Nach dem Krieg wurde Martinsen wegen seiner Rolle im Schalburgkorpset

und zwei Morden, die er in jener Zeit begangen hatte, zum Tode verurteilt und 1949 hingerichtet.

Maurice, Emil

Rang: SS-Oberführer
Geboren: 19. Januar 1897
Gestorben: 6. Februar 1972 (NT)
Parteimitglied Nr.: 39
SS-Nr.: 2
Auszeichnungen: Goldenes Parteiabzeichen; Coburger Ehrenzeichen, 14. Oktober 1932; Blutorden Nr. 495; Kriegsverdienstkreuz 2. Klasse; SS-Ehrenring; SS-Ehrendegen.

Maurice wurde in Westermoor bei Itzehoe geboren und war Uhrmacher. 1919 trat er als einer der ersten der Deutschen Arbeiterpartei (DAP) bei, der Vorläuferpartei der NSDAP, und wurde Hitlers Leibwächter und Chauffeur. Bei Gründung der SA 1920 agierte er bis 1921 als erster Oberster SA-Führer. 1923 beteiligte er sich am Hitlerputsch und wurde während seiner Haft in Landsberg ein enger Vertrauter Hitlers.

Nach seiner Freilassung arbeitete Maurice ab 1925 erneut als Leibwächter und Chauffeur für Hitler. Seine enge Verbindung zu Hitler brach auch nicht ab, als ihm nach dem Selbstmord von Geli Raubal 1931 eine Liebesbeziehung zu Hitlers Nichte nachgesagt wurde. Als ihn Himmler (siehe dort) wegen seines jüdischen Urgroßvaters Chéri Maurice, Gründer des Hamburger Thalia-Theaters, aus der NSDAP und der SS ausschließen wollte, ernannte Hitler ihn und seine Brüder 1935 zu »Ehren-Ariern«.

1933 wurde Maurice zu einem Ratsherrn in München ernannt, 1936 zum Ministerialdirektor und 1937 zum Präsidenten der Münchner Handwerkskammer.

1948 wurde Maurice in seinem Entnazifizierungsprozess von einer Spruchkammer zu vier Jahren Arbeitslager verurteilt, er musste jedoch nur einen Teil der Strafe abbüßen. Maurice starb 1972 in München.

Meissner, Otto

Geboren: 1880
Gestorben: 27. Mai 1953 (NT)

Meissner war ab 1919 lückenlos Leiter des Büros der verschiedenen Reichspräsidenten der Weimarer Republik und anschließend bis 1945 Leiter der Präsidialkanzlei des Führers und Reichskanzlers. 1937 wurde er zum Staatsminister im Rang eines Reichsministers ernannt, seine Kompetenzen lagen jedoch vor allem im repräsentativen Bereich.

1945 wurde Meissner wenige Tage nach Kriegsende von den Alliierten verhaftet. Im Wilhelmstraßen-Prozess gegen führende Angehörige der Ministerien des NS-Regimes wurde er 1949 freigesprochen, danach in einem Entnazifizierungsprozess als Belasteter eingestuft. Er starb 1953 in München.

Meyer, Kurt

Rang: SS-Brigadeführer und Generalmajor der Waffen-SS
Geboren: 23. Dezember 1910
Gestorben: 23. Dezember 1961 (NT)
Parteimitglied Nr.: 316714
SS-Nr.: 17559
Auszeichnungen: EK II, 20. September 1939; EK I, 8. Juni 1940; Deutsches Kreuz in Gold, 8. Februar 1942; Ritterkreuz, 18. Mai 1941; Eichenlaub, 23. Mai 1943; Eichenlaub mit Schwertern, 27. August 1944; Verwundetenabzeichen in Schwarz; SS-Ehrenring; SS-Ehrendegen; (Bulgarien: Militärorden für Tapferkeit).

Meyer, im niedersächsischen Jerxheim geboren, zählte zu den jüngsten Generälen der Waffen-SS. Er trat bereits 1928 in die SA ein und arbeitete ab 1929 für die Landespolizei Mecklenburg. 1930 schloss er sich der NSDAP, 1931 der SS an. 1934 verließ er die Polizei und stieß zur Leibstandarte Adolf Hitler. 1936 wurde er zum Chef der 14. Panzerabwehrkompanie der SS-Standarte befördert. Als Hauptsturmführer der Kompanie nahm er beim Überfall auf Polen teil; am 20. September erhielt er das Eiserne Kreuz 2. Klasse. 50 Juden sollen nach einem alliierten Untersuchungsbericht von Meyer bei Modlin erschossen worden sein.

Im weiteren Verlauf des Krieges wurde Meyer bei den Kraftradschützen und den Aufklärern der Leibstandarte u.a. in Frankreich, Griechenland und der Sowjetunion eingesetzt. 1943 stieg er zum Kommandeur des SS-Panzergrenadier-Regiments 25 der 12. SS-Panzerdivision Hitlerjugend auf. »Panzermeyer«, der später rückwirkend zum 1. September 1944 zum Generalmajor ernannt wurde, wurde im September 1944 in Amiens bei Lüttich von belgischen Partisanen gefangen genommen und ab November im Kriegsgefangenenlager Trent Park in Großbritannien interniert.

Nach dem Zweiten Weltkrieg wurde Meyer, unter dessen Kommando u.a. Massenmorde an Juden in Polen und andere Kriegsverbrechen begangen wurden, in Aurich vor ein kanadisches Militärgericht gestellt. Wegen der Erschießung von alliierten Kriegsgefangenen wurde er im Dezember 1945 zum Tode verurteilt. 1946 wurde die Strafe in lebenslange Haft umgewandelt. Nach neun Jahren Gefängnis in Kanada und Deutschland kam er 1954 vorzeitig aus der Haft. Bis zu seinem Tod 1961 engagierte sich Meyer in der rechtsextremen »Hilfsgemeinschaft auf Gegenseitigkeit der Angehörigen der ehemaligen Waffen-SS« (HIAG).

Moder, Paul

Rang: SS-Gruppenführer
Geboren: 1. Oktober 1896
Gestorben: 8. Februar 1942 (Gef.)
Parteimitglied Nr.: 9425
SS-Nr.: 11716

Moder baute ab 1922 in Altona die NSDAP, ab 1925 die SA und ab 1931 die SS auf. Nach dem Überfall auf Polen war er von Oktober 1939 bis Juli 1941 SS- und Polizeiführer in Warschau und für die Bewachung des jüdischen Ghettos verantwortlich. 1942 kam er in der SS-Division Totenkopf bei Demjansk ums Leben.

Mohnke, Wilhelm

Rang: SS-Oberführer
Geboren: 15. März 1911
Gestorben: 6. August 2001 (NT)
Parteimitglied Nr.: 649684
SS-Nr.: 15541
Auszeichnungen: EK II, 21. September 1939; EK I, 8. November 1939; Deutsches Kreuz in Gold, 26. Dezember 1941; Ritterkreuz, 11. Juli 1944; SS-Ehrenring; SS-Ehrendegen.

Mohnke, in Lübeck geboren, trat 1931 der NSDAP und der SS bei. 1933 wurde er zur SS-Stabswache Berlin versetzt, im September 1939 nahm er als Chef der 5. Kompanie der Leibstandarte-SS Adolf Hitler (LSSAH) am Überfall auf Polen teil. Im Mai 1940 war er als Kommandant des II. Sturmbanns der LSSAH für das Massaker im französischen Wormhoudt verantwortlich, bei dem fast hundert britische und französische Kriegsgefangene ermordet wurden.
Nach seinem Kriegseinsatz auf dem Balkan 1941 stieg Mohnke zum ersten Kommandeur des 2. SS-Panzergrenadierregiments Hitlerjugend (später SS-Panzergrenadierregiment 26) der SS-Panzergrenadier-Division Hitlerjugend (später 12. SS-Panzerdivision) auf. Im Juni 1944 erschossen Einheiten des Regiments zahlreiche kanadische Kriegsgefangene. An 30. August 1944 kommandierte er die 1. SS-Panzerdivision Leibstandarte Adolf Hitler, die u.a. beim Malmedy-Massaker über 80 US-amerikanische Kriegsgefangene ermordete.
Ende April 1945 wurde Mohnke Befehlshaber der Hitler direkt unterstellten Kampfgruppe Mohnke, die das Regierungsviertel verteidigen sollte. Nach dem Selbstmord Hitlers setzte Mohnke den Führerbunker in Brand und versuchte am 1. Mai 1945 aus Berlin zu fliehen. Am 2. Mai 1945 kam er in sowjetische Kriegsgefangenschaft, aus der er 1955 entlassen wurde. Mohnke starb 2001 in Hamburg.

Mooyman, Gerardus

Rang: SS-Untersturmführer
Geboren: 23. September 1923
Gestorben: 21. Juni 1987 (U)
Parteimitglied Nr.: – / **SS-Nr.:** –
Auszeichnungen: EK II, 4. Februar 1943; EK I, 10. Februar 1943; Ritterkreuz, 20. Februar 1943; Medaille Winterschlacht im Osten 1941–42.

Mooyman wurde im niederländischen Apeldoorn geboren. Er war Mitglied der faschistischen »Nationaal-Socialistische Beweging in Nederland« (NSB) und trat 1942 als einer der ersten »germanischen" Freiwilligen der Waffen-SS der SS-Freiwilligen-Legion Nederland bei. Nachdem er mit dem Eisernen Kreuz und als erster nichtdeutscher SS-Freiwilliger für seinen Fronteinsatz am Ladogasee mit dem Ritterkreuz ausgezeichnet worden war, stieg er zum Vorzeigefreiwilligen der nationalsozialistischen Propaganda auf. Propagandareisen brachten ihn nach Berlin, wo er mit niederländischen Journalisten zusammentraf, und führten ihn durch die Niederlande und Belgien. 1943 wurde er an der SS-Junkerschule Bad Tölz ausgebildet.
Mooyman kam 1945 in US-Kriegsgefangenschaft und wurde 1946 als Kollaborateur von einem niederländischen Gericht zu sechs Jahren Haft verurteilt. 1949 wurde er vorzeitig aus dem Gefängnis entlassen. Mooyman, der später die Verbrechen des Nationalsozialismus verabscheute und seine Mitgliedschaft in der SS bereute, starb 1987 bei einem Autounfall.

Morgen, Konrad

Rang: SS-Obersturmbannführer
Geboren: 8. Juni 1909
Gestorben: 4. Februar 1982 (NT)
Parteimitglied Nr.: – / **SS-Nr.:** –

Der promovierte Jurist Morgen, in Frankfurt am Main geboren, trat 1933 in die NSDAP und die SS ein. 1939 wurde er Richter am Landgericht Stettin, ab 1940 arbeitete er als Richter am Hauptamt SS-Gericht in München. Ab 1. Januar 1941 war Morgen am SS- und Polizeigericht in Krakau.
Als SS-Richter erhielt Morgen im Reichskriminalamt in Berlin von Himmler (siehe dort) 1943 den Auftrag, gegen die Korruption in der Verwaltung der Konzentrationslager vorzugehen. Dabei sollte er auch Morde aufdecken, die von den Lagerverwaltungen eigenmächtig begangen worden waren – ein merkwürdig anmutender Auftrag angesichts der unvorstellbaren Zahl der Massenmorde, doch ging es darum, die Kontrolle über das KZ-System zu behalten. Bei der Bekämpfung der »Konzentrationslagerverbrechen«, die Morgen aufzudecken hatte, handelte es sich aber in allererster Linie um die »illegale Bereicherung« des Lagerpersonals, das das konfiszierte Eigentum der Häftlinge in die eigene Tasche steckte. Im Rahmen dieser Tätigkeit erhielt Morgen tiefen Einblick in die Vernichtungsmaschinerie der Konzentrationslager.
Morgen begann seine Ermittlung im KZ Buchenwald, wo seine Untersuchungsergebnisse u.a. zur Hinrichtung von Karl Koch (siehe dort) führten. Weitere Ermittlungen u.a. in den Vernichtungslagern Belzec, Majdanek, Sobibor und Treblinka ergaben nicht weniger als 800 Korruptions- und Mordfälle. Als er im Herbst 1944 zum SS-Chefrichter in Krakau befördert wurde, fiel das Vernichtungslager Auschwitz-Birkenau in Morgens Zuständigkeitsbereich.
1945 arbeitete Morgen bis Kriegsende als SS-Richter in Breslau. Nach Kriegsende wurde er vom militärischen Nachrichtendienst der US-Armee interniert und sagte als Zeuge in den Nürnberger Prozessen aus. 1948 wurde er in seinem Entnazifizierungsprozess als »Entlasteter« eingestuft und konnte in Frankfurt am Main wieder als Rechtsanwalt arbeiten.

Mrugowsky, Joachim

Rang: SS-Oberführer
Geboren: 15. August 1905
Gestorben: 2. Juni 1948 (EA)
Parteimitglied Nr.: 210049
SS-Nr.: 25811
Auszeichnungen: EK II; Kriegsverdienstkreuz 2. Klasse mit Schwertern; Kriegsverdienstkreuz 1. Klasse mit Schwertern; SS-Ehrenring; SS-Ehrendegen.

Mrugowsky trat 1930 in die NSDAP und 1931 in die SS ein. Ab 1933 war er Assistent am Hygiene-Institut der Universität Halle und arbeitet für den Sicherheitsdienst der SS (SD). Ab 1938 baute er im Stab des Sanitätsamts der Waffen-SS das Hygiene-Institut der Verfügungstruppe der SS auf und wurde Standartenarzt der Leibstandarte Adolf Hitler. 1937 in Halle habilitiert, wurde er 1940 als Dozent für Hygiene und Bakteriologie an der Universität Berlin berufen.
Im August 1942 beauftragte Himmler (siehe dort) Mrugowsky, den für die technische Seite der Vernichtungsmorde verantwortlichen Wirth (siehe dort) in Polen das neue Gas Zyklon B vorführen zu lassen. In der Folge wurde die Verteilung von Zyklon B innerhalb der SS vom Hygiene-Institut der Waffen-SS in Berlin organisiert. Mrugowsky, ab 1943 Oberster Hygieniker und Amtschef III beim Reichsarzt-SS, war zudem für Menschenversuche in den Konzentrationslagern verantwortlich. Unter seiner Leitung wurden u. a. die Menschenversuche mit Phenol im KZ Buchenwald und die Versuche an Häftlingen im KZ Sachsenhausen ausgeführt, die mit Akonitinnitrat vergifteter Munition beschossen wurden und qualvoll starben.
Nach dem Zweiten Weltkrieg wurde Mrugowsky im Nürnberger Ärzte-Prozess zum Tode verurteilt und am 2. Juni 1948 im Kriegsverbrechergefängnis Landsberg gehängt.

Müller, Heinrich

Rang: SS-Gruppenführer und Generalleutnant der Polizei
Geboren: 28. April 1900
Gestorben: 29. April 1945 (V)
Parteimitglied Nr.: 4583199
SS-Nr.: 107043
Auszeichnungen: EK II (WK 1); EK I (WK 1); Ehrenkreuz WK 1 für Frontkämpfer; EK II Wiederholungsspange, 29. Oktober 1940; EK I Wiederholungsspange, 29. Oktober 1940; Kriegsverdienstkreuz 2. Klasse mit Schwertern; Kriegsverdienstkreuz 1. Klasse mit Schwertern; Ritterkreuz, 5. Oktober 1944; SS-Ehrenring; SS-Ehrendegen.

Müller wurde in München als Sohn eines Gendarmeriebeamten geboren. Im Ersten Weltkrieg diente er in der Fliegerabteilung 287A an der Westfront und wurde als Unteroffizier aus der Armee entlassen. Von 1919 bis 1934 arbeitete er bei der bayerischen Polizei, ab 1929 war er als Polizeisekretär in der Münchner Politischen Polizei für die Überwachung kommunistischer Organisationen zuständig. Als Hitlers Nichte Geli Raubal 1931 Selbstmord beging, wurde er als ermittelnder Beamter von Bormann (siehe dort) mit Geldern aus der Adolf-Hitler-Spende der deutschen Wirtschaft bestochen, um den Skandal zu vertuschen. Als sich Müller in dieser Angelegenheit als zuverlässig erwies, rekrutierte ihn Bormann für die NSDAP. Heydrich (siehe dort) wählte ihn aus, um die Gestapo des Göring-Mannes Diels (siehe dort) zu übernehmen.
Ab 1934 leitete Müller, mittlerweile Mitglied der SS, im Geheimen Staatspolizeiamt (Gestapa) die Abteilungen zur Überwachung der »Kommunistischen Bewegung« sowie der »Konfessionellen Verbände, Juden, Freimaurer und Emigranten«. 1936 stieg er zum Chef des Amtes Politische Polizei im Hauptamt Sicherheitspolizei auf. Ab 1939 bis Kriegsende war er als Chef der Gestapo Leiter des Amtes IV des Reichssicherheitshauptamts verantwortlich für die Einweisungen in die Konzentrationlager, die Organisation der Judenvernichtung, die Ermordung politischer Gegner und andere Verbrechen des RSHA. An der »Endlösung der Judenfrage« war er als Teilnehmer der Wansee-Konferenz am 20. Januar 1942 direkt beteiligt. 1944 leitete er die Ermittlungen nach dem Attentat auf Hitler am 20. Juli.
»Gestapo-Müller«, einer der größten Verbrecher des NS-Regimes, scheute die Öffentlichkeit. Möglicherweise plante er seine Flucht aus der Hauptstadt lange vor der vorhersehbaren Niederlage Deutschlands, und wahrscheinlich starb er in den letzten Kriegstagen in Berlin. Gerüchte, denen zufolge er nach dem Zweiten Weltkrieg im Ausland gelebt hätte, stellten sich als unbegründet heraus.

N

Naujocks, Alfred

Rang: SS-Sturmbannführer
Geboren: 20. September 1911
Gestorben: 4. April 1966 (NT)
Parteimitglied Nr.: 26240
SS-Nr.: 624279

Naujocks wurde in Kiel geboren und absolvierte eine Feinmechanikerlehre. 1931 trat er der NSDAP und der SS bei, 1934 wurde er zum Sicherheitsdienst der SS (SD) versetzt. Heydrich (siehe dort) betraute ihn mit einer Reihe von Spezialaufträgen. Hierzu zählten die Intrige um den sowjetischen Marschall Michail Tuchatschewski und Bombenanschläge in der Slowakei, die slowakischen Nationalisten angehängt wurden. Am 31. August 1939 beauftragte ihn Heydrich mit dem fingierten »Überfall« auf den Sender Gleiwitz, der als Vorwand für den Einmarsch in Polen am 1. September 1939 diente – der Beginn des Zweiten Weltkriegs. Eine wichtige Rolle spielte Naujocks auch beim sogenannten Venlo-Zwischenfall am 9. November 1939. Unter seiner Leitung entführte die SS einen Tag nach dem Bürgerbräu-Attentat von Georg Elser in Venlo Captain S. Payne-Best und Major R. H. Stephens. In der nationalsozialistischen

Propagana wurden sie als die Verantwortlichen des Attentats dargestellt. Der Venlo-Zwischenfall lieferte den willkommenen Vorwand für die deutsche Invasion in die Niederlande 1940.
Naujocks war zudem an der »Operation Bernhard« beteiligt, die er möglicherweise sogar Heydrich selbst vorgeschlagen hatte. In einer streng geheimen Abteilung des KZ Sachsenhausen mussten Häftlinge ausländische Banknoten fälschen, um die Währungen der Alliierten zu destabilisieren. Gedruckt wurden fast ausschließlich britische Pfundnoten in Millionenhöhe.
1944 führte Naujocks die sogenannte Peter-Gruppe an, die durch Morde und Sprengstoffanschläge den Widerstand gegen die Besatzungsmacht brechen sollte. Im November des Jahres lief er zu den Amerikanern über und wurde zu Verhören nach Großbritannien verbracht. In den Nürnberger Prozessen sagte er als Zeuge aus. 1947 wurde er an Dänemark ausgeliefert und dort zu einer hohen Gefängnisstrafe verurteilt, jedoch bereits 1950 wieder aus der Haft entlassen. Danach lebte er als Geschäftsmann in Hamburg.

Nebe, Artur

Rang: SS-Gruppenführer
Geboren: 13. November 1894
Gestorben: März 1945 (EN)
Parteimitglied Nr.: 280152
SS-Nr.: 574307
Auszeichnungen: EK II (WK 1); EK I (WK 1); Ehrenkreuz WK 1 für Frontkämpfer; EK II Wiederholungsspange; Kriegsverdienstkreuz 2. Klasse mit Schwertern; Polizei-Dienstauszeichnung 2. Stufe; Wehrmacht-Dienstauszeichnung, Dienstauszeichnung der NSDAP, 10 Jahre; Medaille z. Erinn. a. d. 13. März 1938; Medaille z. Erinn. a. d. 1. Okt. 1938; Spange »Prager Burg«.

Nebe, in Berlin geboren, diente im Ersten Weltkrieg und arbeitete ab 1920 bei der Berliner Kriminalpolizei. Bereits in den 1920er-Jahren war er in deutschnationalen und völkischen Organisationen tätig, 1931 schloss er sich der NSDAP und der SA an. 1933 stieß Nebe zur Gestapo, 1936 zur SS. Seine steile Karriere in der Polizei führte ihn schließlich 1937 auf den Posten des Reichskriminaldirektors; damit war er der Chef des Reichskriminalpolizeiamtes (RPKA) im Reichssicherheitshauptamt (RSHA). Nebe führte eine Art Doppelleben: Er war ein Überlebenskünstler, der seinem Instinkt folgte und rechtzeitig die Seiten zu wechseln wusste. Im Februar 1934 wurde er zusammen mit dem Gestapobeamten und späteren Widerständler Hans Bernd Gisevius von Sepp Dietrich (siehe dort) nach Lichterfelde gerufen. Dort erhielten sie den Auftrag, für Himmler (siehe dort) und Heydrich (siehe dort) einen Bericht über alle bekannten Exzesse der Gestapo und SA zu erstellen. 1933/34 unterstützte er Himmler gegen Göring im Konflikt um die Kontrolle über die Gestapo. Später wurde er ein sehr zwiespältiges Mitglied im Dunstkreis der Widerstandsgruppe um die Attentäter vom 20. Juli 1944.

Nebe leitete u.a. 1939 die Sonderkommission zur Ermittlung des Hitler-Attentäters Georg Elser. In den folgenden Jahren war er an zahlreichen Verbrechen des NS-Regimes beteiligt. 1940/41 beriet er die Ausführenden der »Euthanasiemorde« an Behinderten und psychisch Kranken im Rahmen der Aktion T4 über Mordmethoden und belieferte wohl auch die T4-Mordanstalten mit Gasflaschen. Nach dem Überfall Deutschlands auf die Sowjetunion war er als Leiter der Einsatzgruppe B ab Juni 1941 für die Ermordung von rund 45 000 meist jüdischen Zivilisten verantwortlich. Im Zuge dessen experimentierte er mit Sprengstoff und Auspuffgasen in Gaswagen als effiziente Mordmittel. Im September 1941 testete er diese auf Befehl in »Probemorden« an Kranken in Minsk. 1944 war er an der Ermordung von 50 britischen Kriegsgefangenen als Vorgesetzter beteiligt.
Nebe stand mit Widerständlern aus der Gruppe um die Attentäter vom 20. Juli 1944 in Kontakt; es war geplant, dass einige seiner Untergebenen mit dem Ersatzheer zusammenarbeiten sollten, um nach dem geglückten Staatsstreich führende Politiker zu verhaften. Nebes Rolle in den Vorgängen am 20. Juli ist umstritten; überzeugter Antisemit, für Massenmorde und Kriegsverbrechen verantwortlich, ehrgeizig und schlau, kannte er über seine Kontakte das Potenzial des deutschen Widerstandes und wollte wohl nach einem Umsturz erneut »auf der richtigen Seite« stehen.
Nebe tauchte am 24. Juli 1944 unter, wurde jedoch im Januar 1945 verhaftet und wenige Wochen später vom Volksgerichtshof zum Tode verurteilt. Er wurde im März 1945 hingerichtet.

Neumann, Eggert

Rang: SS-Sturmbannführer
Geboren: 30. Dezember 1912
Gestorben: 28. Mai 1970 (NT)
Parteimitglied Nr.: 1162622
SS-Nr.: 45654
Auszeichnungen: EK II; EK I; Ritterkreuz; SS-Ehrenring.

Neumann war Kommandeur der SS-Freiwilligen-Gebirgs-Aufklärungs-Abteilung 7 der 7. SS-Freiwilligen-Gebirgsdivision Prinz Eugen. Die Division bestand aus sogenannten Volksdeutschen aus dem im heutigen Serbien, Rumänien und Ungarn gelegenen Banat. Die Division wurde zur »Partisanenbekämpfung« eingesetzt, wobei sie zahlreiche Kriegsverbrechen und Massaker an der Zivilbevölkerung beging.

O

Oberg, Carl-Albrecht

Rang: SS-Obergruppenführer
Geboren: 27. Januar 1897
Gestorben: 3. Juni 1965 (NT)
Parteimitglied Nr.: 575205
SS-Nr.: 36075
Auszeichnungen: EK II (WK 1); EK I (WK 1); Ehrenkreuz WK 1 für Frontkämpfer; Kriegsverdienstkreuz 2. Klasse mit Schwertern; Kriegsverdienstkreuz 1. Klasse mit Schwertern; SS-Ehrenring; SS-Ehrendegen.

Oberg, in Hamburg geboren, nahm am Ersten Weltkrieg teil und schloss sich 1919 dem Freikorps Großhamburg an. 1931 trat er der NSDAP, 1932 der SS bei. Nach seiner Beteiligung am Kapp-Putsch 1920 lebte er in den 1920er-Jahren als Kaufmann in Hamburg. 1932 ging Oberg nach München, wo er Heydrichs (siehe dort) Adjutant wurde. Nachdem er eine führende Rolle bei den »Säuberungen« im Rahmen der Röhm-Affäre gespielt hatte, machte er eine steile Karriere in der SS. 1939 wurde er Polizeipräsident in Zwickau, 1941 in Bremen.
Vom Herbst 1941 bis Frühjahr 1942 war Oberg als SS- und Polizeiführer im Distrikt Radom im besetzten Polen verantwortlich für die Verhaftung von Juden und die Rekrutierung von Zwangsarbeitern. Im Mai 1942 wurde er als Höherer SS- und Polizeiführer nach Paris in das besetzte Frankreich versetzt, wo ihn Heydrich (siehe dort) in seine Aufgaben einführte: die Neuorganisierung der SS und Gestapo in Frankreich, um die Résistance zerschlagen zu können. Für die »Lösung der Judenfrage« stand Oberg bis August 1942 der »Judenberater« Theodor Dannecker vom »Eichmannreferat« zur Verfügung. Die Deportationen wurden über das Sammellager Drancy organisiert, wo die Gefangenen ab August 1942 vor allem in das KZ Auschwitz verbracht wurden. Insgesamt war Oberg, der »Schlächter von Paris«, für die Deportation von rund 75 000 französischen Juden in die Vernichtungslager verantwortlich sowie im Kampf gegen die Résistance für Geiselerschießungen, Folter und Mord.
Nach der Befreiung Frankreichs 1944 durch die Alliierten übernahm Oberg ein Kommando in der Heeresgruppe Weichsel. Nach Kriegsende versteckte er sich in Kirchberg bei Kitzbühel in Tirol, wo er im August 1945 entdeckt und den französischen Behörden im bayerischen Wildbad übergeben wurde.
Oberg wurde 1946 von einem britischen Militärgericht in Wuppertal im Rahmen der Fliegerprozesse wegen der Ermordung alliierter Flugzeugbesatzungen zum Tode verurteilt. Das Urteil wurde jedoch nicht vollstreckt, da Oberg im Oktober 1946 an Frankreich ausgeliefert wurde. Dort wurde er am 9. Oktober 1954 in Paris wegen Kriegsverbrechen erneut zum Tode verurteilt und im Militärgefängnis Prison du Cherche-midi inhaftiert. 1958 wurde sein Todesurteil in lebenslange Haft umgewandelt. 1962 wurde Oberg aus dem Gefängnis freigelassen; er ließ sich anschließend in Flensburg nieder, das damals eine »Fluchtburg« für viele alte NS-Kameraden war.

Ohlendorf, Otto

Rang: SS-Gruppenführer
Geboren: 4. Februar 1907
Gestorben: 8. Juni 1951 (EA)
Parteimitglied Nr.: 6531
SS-Nr.: 880
Auszeichnungen: Goldenes Parteiabzeichen; Kriegsverdienstkreuz 2. Klasse mit Schwertern; Kriegsverdienstkreuz 1. Klasse mit Schwertern; SS-Ehrenring; SS-Ehrendegen.

Ohlendorf, in der Nähe von Hildesheim geboren, trat bereits 1925 in die NSDAP, kurz darauf in die SA und die SS ein. Nach seinem Studium der Rechts- und Staatswissenschaften arbeitete er 1933/34 am Kieler Institut für Weltwirtschaft und anschließend an der Universität Berlin. 1936 wechselte er als Wirtschaftsreferent zu Himmlers (siehe dort) Sicherheitsdienst der SS (SD), den er mit aufbaute. Im September 1939 stieg er zum Leiter des Amtes III (Deutsche Lebensgebiete/SD-Inland) des Reichssicherheitshauptamtes (RSHA) auf.
Nach dem Überfall auf die Sowjetunion war Ohlendorf von Juni 1941 bis Juni 1942 zusätzlich Führer der Einsatzgruppe D. Diese war in der Süd-Ukraine und im Kaukasus zuständig für die Ermordung der Juden, Sinti und Roma und führender Kader der Kommunistischen Partei der Sowjetunion. Unter seiner Leitung liquidierte Ohlendorfs eigener Aussage zufolge die Einsatzgruppe D »ungefähr 90 000 Männer, Frauen und Kinder«.
Nach Hitlers Selbstmord am 30. April 1945 war Ohlendorf, seit Ende 1942 Ministerialdirektor im Reichswirtschaftsministerium, als Wirtschaftsminister der Regierung Dönitz in Flensburg vorgesehen. Von dort floh er zusammen mit Himmler (siehe dort) und wurde schließlich von britischen Einheiten verhaftet. Ohlendorf war einer der Hauptzeugen der Anklage im Nürnberger Hauptkriegsverbrecherprozess. Danach wurde er am 10. April 1948 im Einsatzgruppen-Prozess zum Tode verurteilt. Ohlendorf wurde 1951 im Kriegsverbrechergefängnis Landsberg hingerichtet. Die Bundesregierung unter Adenauer hatte im November 1950 die Alliierten auf »Gewährung der größtmöglichen Gnade für die zum Tode verurteilten Personen« gebeten.

P

Peiper, Joachim

Rang: SS-Standartenführer
Geboren: 30. Januar 1915
Gestorben: 14. Juli 1976 (M)
Parteimitglied Nr.: 5508134
SS-Nr.: 132496
Auszeichnungen: EK II, 31. Mai 1940; EK I, 1. Juli 1940; Ritterkreuz, 9. März 1943; Eichenlaub, 27. Januar 1944; Schwerter, 11. Januar 1945; Nahkampfspange in Silber; SS-Ehrenring; SS-Ehrendegen.

Peiper, in Berlin geboren, trat 1933 18-jährig der SS bei. Ab 1934 auf der SS-Junkerschule ausgebildet, kam er 1936 zur Leibstandarte-SS Adolf Hitler. 1938/39 diente er im persönlichen Stab, ab 1939 als Adjutant Himmlers (siehe dort). 1939 nahm Peiper mit der Leibstandarte-SS Adolf Hitler am Überfall auf Polen teil, danach wurde er als Kompaniechef in die Sowjetunion und 1943 als Kommandeur eines Bataillons nach Italien in das Piemont versetzt. Dort brannte Peipers Einheit am 19. September beim Massaker von Boves die Ortschaft Boves nahe der Stadt Cuneo nieder und erschoss zahlreiche Zivilisten. Ähnliche Ereignisse wiederholten sich 1944, als Peiper das 1. Panzerregiment der 1. SS-Panzerdivision Leibstandarte Adolf Hitler – die »Kampfgruppe Peiper« – kommandierte. Anfang Dezember 1944 ermordeten Angehörige seiner Einheiten in Belgien u. a. in Stavelot Zivilisten und am 17. Dezember im Massaker von Malmedy über 80 amerikanische Kriegsgefangene.
1946 wurde Peiper im Malmedy-Prozess in Dachau von einem US-Militärgericht zum Tode verurteilt. Das Urteil wurde 1951 in eine Haftstrafe umgewandelt, und bereits am 22. Dezember 1956 kam er aus dem Gefängnis frei. 1976 wurde Peiper bei einer Schießerei in seinem Haus im französischen Traves unter ungeklärten Umständen erschossen.

Pister, Hermann

Rang: SS-Standartenführer
Geboren: 21. Februar 1885
Gestorben: 11. April 1947 (NT)
Parteimitglied Nr.: 918391
SS-Nr.: 29892
Auszeichnungen: EK II (WK 1); Ehrenkreuz WK 1 für Frontkämpfer; Kriegsverdienstkreuz 2. Klasse mit Schwertern; Kriegsverdienstkreuz 1. Klasse mit Schwertern; SS-Ehrenring; SS-Ehrendegen.

Pister, seit 1932 Mitglied der NSDAP und der SS, gründete und leitete ab 1939 die Polizei- und Sonderlager für die zwangsverpflichteten Westwallarbeiter der »Organisation Todt«. Der militärisch organisierte Bautrupp, dem auch Zwangsarbeiter und KZ-Häftlinge angehörten, wurde vorwiegend für Rüstungs- und Verteidigungsprojekte eingesetzt. Pister war für die Unterbringung und »Disziplinierung« von »Arbeitsscheuen« zuständig. Zu den zu diesem Zweck eingerichteten Lagern gehörte u. a. das SS-Sonderlager Hinzert. Im Dezember 1941 löste Pister Karl Otto Koch (siehe dort) als Kommandant des KZ Buchenwald ab. Gegen Kriegsende 1945 ließ er das Lager in Todesmärschen evakuieren, bei denen Tausende ums Leben kamen.
Pister wurde am 13. Juni 1945 bei München verhaftet und 1947 im Buchenwald-Hauptprozess in Dachau von einem US-Militärgericht zum Tode verurteilt. Er starb vor der Hinrichtung im Kriegsverbrechergefängnis Landsberg an einem Herzinfarkt.

Pleasants, Eric

Rang: SS-Schütze
Geboren: 1911
Gestorben: 1998 (NT)
Parteimitglied Nr.: – / **SS-Nr.:** –

Pleasants wurde in Norfolk als Sohn eines Wildhüters geboren. Als junger Mann begeisterte er sich für Sport, u. a. für Boxen und Ringen. Durch die »Peace Pledge Union« kam er im Mai 1940 als Landarbeitet nach Jersey. Als ein paar Wochen später die Deutschen die Kanalinseln besetzten, versuchte Pleasants zuammen mit Leister (siehe dort) und Keith Barnes zu fliehen. Als das Trio gefangen genommen wurde, kamen Pleasants und Leister sechs Monate in Dijon in Haft. Pleasants schloss sich danach als Freiwilliger dem Britischen Freikorps an und heiratete eine Deutsche. 1945 flohen sie zusammen aus Berlin nach Dresden, wo Pleasants Anfang 1946 wegen Spionage von einem sowjetischen Schnellgericht zu Lagerhaft in der russischen Arktis verurteilt wurde. Sieben Jahre später wurde er wieder freigelassen.

Pohl, Oswald

Rang: SS-Obergruppenführer und General der Waffen-SS und Polizei
Geboren: 30. Juni 1892
Gestorben: 8. Juni 1951 (EA)
Parteimitglied Nr.: 30842
SS-Nr.: 147614
Auszeichnungen: EK II (WK 1); EK I (WK 1); Ehrenkreuz WK 1 für Frontkämpfer; 1914 Verwundetenabzeichen in Silber; Kriegsverdienstkreuz 2. Klasse mit Schwertern; Kriegsverdienstkreuz 1. Klasse mit Schwertern; Ritterkreuz des Kriegsverdienstkreuzes mit Schwertern, 10. Oktober 1944 (16. November 1944); Deutsches Kreuz in Silber; Goldenes Sportabzeichen; SS-Ehrenring; SS-Ehrendegen.

Pohl war ab 1912 in der Verwaltung der Kaiserlichen bzw. Reichsmarine tätig, die er 1933 als Zahlmeister verließ. 1926 trat er der NSDAP und der SA bei, 1929 stieg er zum Ortsgruppenleiter und SA-Führer in Swinemünde auf. Ab 1933 war er Stadtverordneter in Kiel.

Im Mai 1933 ließ er sich von Himmler (siehe dort) für den Stab des Reichsführer-SS anwerben; 1934 trat er der SS im Rang eines Standartenführers bei und stieg zum Verwaltungschef des SS-Hauptamtes auf.
In den folgenden Jahren machte Pohl eine steile Karriere. 1938 wurde er Leiter der SS-Betriebe und Vorsitzender des Verwaltungsrates des Deutschen Roten Kreuzes, hinzu kam 1939 die Leitung des Hauptamts Haushalt und Bauten. Pohl knüpfte über den »Freundeskreis Reichsführer-SS« Kontakt mit Industriellen und verwaltete den Lebensborn e.V.
Ab 1942 unterstand Pohl, nunmehr Chef des SS-Wirtschafts- und Verwaltungshauptamtes (WVHA), auch die Generalinspektion Konzentrationslagerwesen. In dieser Position drängte er u.a. auf die wirtschaftliche Ausbeutung der Häftlinge als Zwangsarbeiter und ebnete der »Vernichtung durch Arbeit« den Weg. Zudem verwaltete er geraubte jüdische Vermögen und die in den Konzentrationslagern von den Häftlingen und Ermordeten eingesammelten Wertgegenstände. Dabei veranlasste er u.a., dass das abgeschnittene Haar der Häftlinge »der Verwertung zugeführt wird«.
Pohl war mit allen Winkelzügen der Verwaltung vertraut und baute für die SS über 40 Wirtschaftsunternehmen mit rund 150 Betrieben und Fabriken in den verschiedensten Bereichen auf. Die Bandbreite reichte von Textil- und landwirtschaftlicher bis zur Lebensmittel- und Getränkeproduktion (Apollinaris).
Nach dem Krieg versteckte sich Pohl als Landarbeiter, wurde jedoch 1946 bei Verden an der Aller entdeckt. Im Nürnberger Prozess gegen das Wirtschafts- und Verwaltungshauptamt der SS wurde Pohl von einem US-Militärgericht zum Tode verurteilt. 1951 wurde er im Kriegsverbrechergefängnis Landsberg gehängt.

Prieß, Hermann

Rang: SS-Gruppenführer
Geboren: 24. Mai 1901
Gestorben: 2. Februar 1985 (NT)
Parteimitglied Nr.: 1472296
SS-Nr.: 113258
Auszeichnungen: EK II, 22. September 1939; EK I, 15. Oktober 1939; Deutsches Kreuz in Gold, 6. Januar 1942; Ritterkreuz, 28. April 1943; Eichenlaub, 9. September 1943; Eichenlaub mit Schwertern, 29. April 1944; SS-Ehrenring; SS-Ehrendegen.

Prieß (Priess) diente zwölf Jahre in der Reichswehr, bevor er 1934 der SS beitrat. Dort gehörte er zuerst zur SS-Verfügungstruppe, ab 1939 zur SS-Standarte Germania. Im Westfeldzug und beim Überfall auf die Sowjetunion kommandierte er ein SS-Artillerie-Regiment. Nach Eickes (siehe dort) Tod übernahm Prieß das Kommando der SS-Panzergrenadierdivision Totenkopf, ab Oktober 1944 des I. SS-Panzerkorps Leibstandarte in der Ardennenoffensive, Ungarn und Österreich. Nach dem Krieg wurde er 1946 in Dachau im Malmedy-Prozess wegen seiner Beteiligung am Massaker von Malmedy zu 20 Jahren Haft verurteilt. Bereits 1954 wurde er wieder aus dem Kriegsverbrechergefängnis Landsberg entlassen. 1985 starb er in Ahrensburg.

Prützmann, Hans Adolf

Rang: SS-Obergruppenführer und General der Waffen-SS und der Polizei
Geboren: 31. August 1901
Gestorben: 21. Mai 1945 (S)
Parteimitglied Nr.: 142290
SS-Nr.: 3002
Auszeichnungen: Goldenes Parteiabzeichen; Deutsches Kreuz in Gold; EK II; EK I; Kriegsverdienstkreuz 2. Klasse mit Schwertern; Kriegsverdienstkreuz 1. Klasse mit Schwertern; SS-Ehrenring; SS-Ehrendegen.

Prützmann, im polnischen Tolkmicko geboren, studierte in Göttingen Landwirtschaft und schloss sich ab 1918 verschiedenen Freikorps an. 1929 trat er in die SA ein, wechselte aber schon 1930 zur SS und wurde Mitglied der NSDAP. Von 1932 bis 1945 gehörte er dem Reichstag an.
Zwischen 1937 und 1941 war Prützmann nacheinander Höherer SS- und Polizeiführer (HSSPF) Nordwest in Hamburg und Nordost in Königsberg. 1941 als HSSPF Russland-Nord in Riga und von 1941 bis 1944 als Höherer bzw. Höchster SS- und Polizeiführer in Kiew war er in führender Stellung an der systematischen Ermordung der jüdischen Bevölkerung sowie dem Terror auch gegenüber der übrigen Zivilbevölkerung im Baltikum und in der Ukraine beteiligt.
1944 wurde Pützmann als Bevollmächtigter General in Kroatien eingesetzt und von Himmler (siehe dort) als »Experte in der Partisanenbekämpfung« zum Generalinspekteur für Spezialabwehr ernannt. Prützmann hatte in dieser Position den Auftrag, die Werwolf-Verbände aufzubauen und auszubilden. Wenige Tage nach Kriegsende beging er in britischer Haft Selbstmord.

Q

Qvist, Arthur

Rang: SS-Sturmbannführer
Parteimitglied Nr.: – /**SS-Nr.:** –
Auszeichnungen: EK II; EK I.

Qvist befehligte ab 1. Februar 1942 die SS-Freiwilligen-Legion Norwegen. Die Aufrufe des faschistischen norwegischen Ministerpräsidenten Vidkun Quisling 1941 an seine norwegischen Brüder, sich im Kampf gegen den »englischen Despotismus« der SS-Standarte Nordland anzuschließen, stieß auf ziemlich taube Ohren. Ein bisschen mehr hörten sie auf Hitlers Propagandaparole des »Kreuzzugs gegen den Bolschewismus«. Nach der gescheiterten Invasion der Sowjetunion in Finnland, die den Winterkrieg 1939/40 zwischen beiden Staaten auslöste, schien vielen besorgten Norwegern die »Rote Gefahr« durchaus präsent. Dennoch schlossen sich nur rund 1200 Freiwillige der SS-Legion Den Norske Legion an, die unter Qvist zur Ostfront nach Leningrad versetzt und 1943 aufgelöst wurde. Nach dem Krieg wurde Qvist wegen Verrats zu zehn Jahren Haft verurteilt.

R

Rascher, Sigmund

Rang: SS-Sturmbannführer
Geboren: 12. Februar 1909
Gestorben: 26. April 1945 (EN)
Parteimitglied Nr.: – / **SS-Nr.:** –

Rascher, als Sohn eines Arztes in München geboren, studierte in Freiburg Medizin und trat dort 1933 der NSDAP bei. 1939 wechselte er von der SA zur SS und wurde in die SS-Forschungsgemeinschaft Deutsches Ahnenerbe e.V. aufgenommen. Über seine Ehefrau Karoline Diehl kam Rascher in Kontakt mit Himmler (siehe dort). Über dessen Vermittlung finanzierte das Ahnenerbe Raschers Krebsforschung, die ihn 1940 mit dem Lagerarzt des KZ Dachau, Enno Lolling, in Verbindung brachte. Von Lolling erbat er sich schriftlich Blutproben von den Häftlingen.
1941 bat Rascher die SS, Berufsverbrecher für Höhen- oder Unterdruckversuche zur Verfügung zu stellen, bei denen »selbstverständlich die Versuchspersonen sterben können«. Bei diesen Versuchen sollten die Belastungen der Piloten in großen Höhen bei Flugzeugabstürzen oder Fallschirmabsprüngen untersucht werden. Himmler erteilte Rascher die Genehmigung, die Versuche 1942 im KZ Dachau an 200 Häftlingen in extra konstruierten Unterdruckkammern durchzuführen. Mindestens 70 Häftlinge kamen dabei ums Leben oder wurden für Obduktionen getötet, teilweise wurden die Obduktionen an noch lebenden Opfern ausgeführt. Knapp 90 Häftlinge starben zudem 1942/43 an den Unterkühlungsversuchen, für die Rascher sie stundenlang in Eiswasser liegen ließ. 1943 tötete Rascher zudem Häftlinge durch seine Menschenversuche mit dem Blutgerinnungsmittel »Polygal«. Raschers Onkel Fritz Rascher sollte 1946 bezeugen, dass für diese Versuche Menschen absichtlich durch Schusswunden so schwer verletzt wurden, dass sie starben.
1944 wurden Rascher und seine Frau u.a. wegen des Verdachts der Korruption sowie der Kindesentführung verhaftet. Karoline Rascher wurde im KZ Ravensbrück gehängt, Sigmund Rascher, auf den andere beteiligte Mediziner alle Schuld geschoben hatten, im KZ Dachau erschossen.

Rattenhuber, Hans

Rang: SS-Brigadeführer
Geboren: 30. April 1897
Gestorben: 30. Juni 1957 (NT)
Parteimitglied Nr.: 3212449
SS-Nr.: 52877
Auszeichnungen: Goldenes Parteiabzeichen; EK II (WK 1); EK I (WK 1); Ehrenkreuz WK 1 für Frontkämpfer; SS-Ehrenring; SS-Ehrendegen.

Rattenhuber, in Oberhaching bei München geboren, verließ nach dem Ersten Weltkrieg das Militär als Leutnant und arbeitete ab 1920 bei der Bayerischen Polizei. 1933 wurde er Adjutant des damaligen Münchner Polizeipräsidenten Himmler (siehe dort). Rattenhuber stellte in München das sogenannte Kommando z.b.V. für den Personenschutz Hitlers in Bayern auf, das er 1934 in Berlin zum Reichssicherheitsdienst (RSD) für den Schutz des »Führers« im ganzen Reich ausbaute. 1935 wurde der RSD in die SS übernommen.
Rattenhuber erlebte im Führerbunker den Selbstmord Hitlers. Er versuchte aus Berlin zu fliehen, wurde jedoch verhaftet und kam in sowjetische Kriegsgefangenschaft. 1956 wurde er in der Sowjetunion aus dem Gefängnis entlassen, 1957 starb er in München.

Rauter, Hanns Albin

Rang: SS-Obergruppenführer
Geboren: 4. Februar 1895
Gestorben: 25. März 1949 (EA)
Parteimitglied Nr.: –
SS-Nr.: 262958
Auszeichnungen: Ehrenkreuz WK 1 für Frontkämpfer; 1914 Verwundetenabzeichen in Schwarz; EK II; EK I; Kriegsverdienstkreuz 2. Klasse mit Schwertern; Kriegsverdienstkreuz 1. Klasse mit Schwertern; SS-Ehrenring; SS-Ehrendegen.

Rauter, im österreichischen Klagenfurt geboren, schloss sich nach dem Ersten Weltkrieg dem Freikorps Oberland an. 1921 war er Mitbegründer des antisemitischen Heimatschutzverbands Steiermark. In den folgenden Jahren agitierte er für die NSDAP in Österreich. 1933 floh er nach Deutschland, wo er erst in die SA, 1935 in die SS eintrat. Nach dem Anschluss Österreichs 1938 wurde er Mitglied des Reichstags.
Nach Ausbruch des Krieges wurde Rauter 1940 zum Generalkommissar für das Sicherheitswesen Höheren SS- und Polizeiführer (HSSPF) Nordwest ernannt. In dieser Position war er für die Deportationen von rund 110000 Juden und 300000 Zwangsarbeitern sowie die brutale Unterdrückung des niederländischen Widerstands verantwortlich. Im April 1944 meldete er Hitler, dass die Niederlande »judenfrei« seien. Im März 1945 überlebte er einen Anschlag von niederländischen Widerstandskämpfern, der mit der Ermordung von 263 gefangenen Niederländern »gerächt« wurde. Nach dem Zweiten Weltkrieg wurde Rauter 1948 in Den Haag zum Tode verurteilt und 1949 bei Scheveningen erschossen.

Rebane, Alfons

Rang: Standartenführer der Waffen-SS
Geboren: 24. Juni 1908
Gestorben: 3. März 1976 (NT)
Parteimitglied Nr.: –
SS-Nr.: –
Auszeichnungen: EK II; EK I; Ritterkreuz, 23. Februar 1944, Eichenlaub, 9. Mai 1945; Nahkampfspange in Bronze, Infanterie-Sturmabzeichen in Silber.

Rebane wurde in Walk in Estland geboren und trat 1929 als Offizier in die estnische Armee ein. Nachdem Estland 1940 von der Sowjetunion annektiert und 1941 von Deutschland besetzt worden war, schloss er sich der 15. Ski-Kompanie des Polizei-Bataillons 184 der Wehrmacht an. 1942 kommandierte er an der Front in der Sowjetunion ein Freiwilligen-Bataillon der Estnischen Legion, der späteren 20. Waffen-Grenadierdivision der SS (estnische Nr. 1). Zu Kriegsende war er zeitweise stellvertretender Kommandeur der 20. SS-Waffen-Grenadierdivision in Schlesien.
Nach dem Zweiten Weltkrieg arbeitete Rebane beim britischen und westdeutschen Geheimdienst. Er starb 1976 in Augsburg.

Ribbentrop, Joachim von

Rang: SS-Obergruppenführer, Außenminister
Geboren: 30. April 1893
Gestorben: 16. Oktober 1946 (EA)
Parteimitglied Nr.: 1199927
SS-Nr.: 63083
Auszeichnungen: Goldenes Parteiabzeichen; Goldenes Großkreuz des Deutschen Adlerordens; 1939 Ehrenzeichen des Deutschen Roten Kreuzes 1934; SS-Ehrenring; SS-Ehrendegen; Japan – Orden der Aufgehenden Sonne mit Paulownienblüte.

1893 wurde Ribbentrop als Offizierssohn in Wesel geboren und wuchs in Metz, Arosa, England und Kanada auf. Im Ersten Weltkrieg meldete er sich freiwillig zum Militär, danach arbeitete er als Vertreter für französische Weine und Liköre. 1920 heiratete er Annelies Henkell, die Tochter des Sektfabrikanten Otto Henkell.
»Ribbensnob«, wie er hinter seinem Rücken genannt wurde, war gut aussehend, humorlos und arrogant. Er machte in den folgenden Jahren ein Vermögen mit seiner Getränkefirma und erwarb durch Adoption den Adelstitel »von« von einer Verwandten. 1932 wurde er Mitglied der NSDAP und nutzte seine gesellschaftlichen Verbindungen, um die Parteiführung mit Persönlichkeiten aus Industrie und Politik in Kontakt zu bringen. 1933 fanden in seiner Villa die Koalitionsverhandlungen für Hitlers Regierung statt. Hierbei half ihm, dass er Franz von Papen bereits im Ersten Weltkrieg persönlich kennengelernt hatte.
Ribbentrop, seit 1933 Mitglied der SS, wurde 1934 zum Beauftragten für außenpolitische Fragen im Stab von Heß (siehe dort) ernannt. 1935 schloss er als Außerordentlicher Botschafter in London das deutsch-britische Flottenabkommen mit Großbritannien ab, 1936 fädelt er den Antikominternpakt mit Japan ein. Im selben Jahr wurde er zum deutschen Botschafter in Großbritannien berufen. Im Februar 1938 hatte Ribbentrop sein großes Ziel erreicht: Hitler entließ den bisherigen Außenminister Konstantin von Neurath und setzte den SS-Mann Ribbentrop auf dessen Posten, was Himmler (siehe dort) mit Befriedigung erfüllte.
Als Außenminister formulierte Ribbentrop nach monatelangen Verhandlungen im August 1939 zusammen mit dem sowjetischen Außenminister Wjatscheslaw Molotow den Hitler-Stalin-Pakt. Damit war der Weg frei für den deutschen Überfall auf Polen 1939: Die Sowjetunion billigte den Einmarsch, da Deutschland ihr in einem geheimen Zusatzabkommen Ostpolen zugesagt hatte. 1940 arbeitete Ribbentrop mit Japan und Italien den Drei-Mächte-Pakt aus.
Unter Ribbentrop war das Außenministerium im weiteren Kriegsverlauf in Verbrechen des Nazi-Regimes involviert, dies gilt etwa für die Deportationen von Juden und Zwangsarbeitern. Nach dem Zweiten Weltkrieg wurde Ribbentrop in Hamburg verhaftet und im Nürnberger Prozess gegen die Hauptkriegsverbrecher 1946 zum Tode verurteilt. Wenige Woche nach dem Urteil wurde er in Nürnberg gehängt.

Rühle von Lilienstern, Hans-Joachim

Rang: SS-Hauptsturmführer der Reserve
Geboren: 9. Januar 1915
Gestorben: 26. November 2000 (NT)
Parteimitglied Nr.: 3287913
SS-Nr.: 151372
Auszeichnungen: EK II, 9. November 1940; EK I, 22. Januar 1944; Ritterkreuz, 12. Februar 1944.

Rühle von Lilienstern, im hessischen Fritzlar als Arztsohn geboren, trat 1933 der NSDAP und der SS bei. 1940 wurde er in der SS-Freiwilligen-Panzergrenadierbrigade Nederland an der russischen Front eingesetzt. 1942 gehörte er der Arisierungs-Dienststelle des Reichskommissars in den Niederlanden an.
Nach dem Zweiten Weltkrieg wurde Rühle zum Honorarprofessor an der Technischen Hochschule Stuttgart ernannt und war Wirtschaftsberater. Er starb 2000 in Frankfurt am Main.

S

Sauckel, Fritz

Rang: SS-Obergruppenführer, Gauleiter in Thüringen 1927–45
Geboren: 27. Oktober 1894
Gestorben: 16. Oktober 1946 (EA)
Parteimitglied Nr.: 1395
SS-Nr.: 254890
Auszeichnungen: Goldenes Parteiabzeichen; Coburger Ehrenzeichen, 14. Oktober 1932; Ehrenzeichen Thüringen; SS-Ehrenring; SS-Ehrendegen.

Sauckel, im unterfränkischen Haßfurt geboren, ging nach der Schulzeit zur kaiserlichen Marine. Nach dem Ersten Weltkrieg schloss sich der überzeugte Antisemit dem Deutschvölkischen Schutz- und Trutzbund an sowie 1922 der SA und 1923 der NSDAP. Von 1927 bis 1945 war Sauckel NSDAP-Gauleiter in Thüringen. Ab 1929 gehörte er dem thüringischen Landtag an und wurde 1932 thüringischer Mininsterpräsident und Innenminister. Ab 1933 war er Mitglied des Reichstags und wurde zum Reichsstatthalter Thüringen ernannt.
1942 wurde Sauckel von Hitler zum »Generalbevollmächtigten für den Arbeitseinsatz« (GBA) berufen – faktisch war er damit verantwortlich für die Deportation, Organisation und in zahllosen Fällen tödliche Ausbeutung von Millionen Zwangsarbeitern, die als Zivilpersonen aus den besetzten europäischen Ländern kamen, aus Kriegsgefangenen- und Gestapolagern sowie Konzentrationslagern herangezogen wurden. Sauckel war damit auch Mitwisser und Mitorganisator der »Vernichtung durch Arbeit« von KZ-Häftlingen und anderen Zwangsarbeitern, die aufgrund mangelnder Versorgung und extremer Schwerarbeit elend starben – von seiner »Villa Sauckel« in Weimar hatte er direkten Blick auf den Ettersberg, Standort des KZ Buchenwald und der angeschlossenen Betriebe, in denen die Häftlinge zur Zwangsarbeit herangezogen wurden.
Im Nürnberger Prozess gegen die Hauptkriegsverbrecher wurde Sauckel als »grausamster Sklavenhalter seit den ägyptischen Pharaonen« 1946 zum Tode verurteilt. Sauckel wurde in Nürnberg gehängt.

Schalburg, Christian Frederik von

Rang: SS-Obersturmbannführer
Geboren: 15. April 1906
Gestorben: 2. Juni 1942 (Gef.)
Parteimitglied Nr.: – / **SS-Nr.:** –
Auszeichnungen: EK II; EK I; Ärmelschild Demjansk.

Schalburg wurde im sibirischen Zmeinogorsk als Sohn eines dänischen Vaters und einer russischen Mutter geboren. Nach der Oktoberrevolution lebte die Familie in Dänemark, wo er der Königlichen Leibgarde der dänischen Armee beitrat und sich der »Danmarks National Socialistiske Arbejderparti« (DNSAP) anschloss.
Nachdem er am sowjetisch-finnischen Winterkrieg 1939/1940 als Freiwilliger gegen die Sowjetunion teilgenommen hatte, trat Schalburg 1940 der Waffen-SS bei. Dort wurde er erst in der 5. SS-Panzerdivision Wiking eingesetzt, bis er im März 1942 das Kommando des Frikorps Danmark übernahm. Wenige Wochen darauf wurde er von einer Landmine getötet. 1943 benannte Martinsen (siehe dort) sein »germanisches« Korps nach Schalburg.

Schaub, Julius

Rang: SS-Obergruppenführer
Geboren: 20. August 1898
Gestorben: 27. Dezember 1967 (NT)
Parteimitglied Nr.: 81
SS-Nr.: 7
Auszeichnungen: Goldenes Parteiabzeichen; Coburger Ehrenzeichen; Blutorden Nr. 296; SS-Ehrenring; SS-Ehrendegen.

Der geborene Münchner Schaub trat bereits 1920 als einer der ersten Anhänger Hitlers in die NSDAP ein. Als Mitglied des von Schreck (siehe dort) kommandierten Stoßtrupps nahm er 1923 am Hitlerputsch teil und wurde in der Folge zusammen mit Hitler inhaftiert. 1925 zählte Schaub zu den ersten Mitgliedern der neu gegründeten Schutzstaffel (SS). Von 1925 bis 1945 war Schaub persönlicher, ab 1940 Chefadjutant Hitlers. Bei Kriegsende erhielt er den Auftrag, alle persönlichen Unterlagen Hitlers aus der Reichskanzlei und dem Führerbunker sowie aus Hitlers Privatwohnung in München und dem Berghof am Obersalzberg zu vernichten. Nach Kriegsende war Schaub von 1945 bis 1949 von den Alliierten interniert. In seinem Entnazifizierungsprozess wurde er von der Spruchkammer als »Mitläufer« eingestuft. Danach lebte er als Drogist in München.

Schellenberg, Walter

Rang: SS-Brigadeführer
Geboren: 16. Januar 1910
Gestorben: 31. März 1952 (NT)
Parteimitglied Nr.: 3504508
SS-Nr.: 124817
Auszeichnungen: EK II; EK I; Kriegsverdienstkreuz 2. Klasse mit Schwertern; Kriegsverdienstkreuz 1. Klasse mit Schwertern; SS-Ehrenring; SS-Ehrendegen.

Schellenberg wurde 1944 Leiter der vereinigten Geheimdienste des Sicherheitsdiensts des Reichsführers-SS (SD) und der Abwehr im Reichssicherheitshauptamt (RSHA). Er hatte in Marburg und Bonn Rechts- und Staatswissenschaften studiert und beherrschte mehrere Sprachen. 1934 trat

er der SS bei und arbeitete dort eng mit dem Leiter des SD, Heydrich (siehe dort), zusammen.
Schellenberg war an einer Reihe von Operationen beteiligt. So gab er sich gegenüber zwei Agenten des britischen »Secret Intelligence Service« (SIS) im neutralen Holland als Widerständler aus, um sich deren Vertrauen zu erschleichen. Er konnte sie nach Venlo locken, von wo sie im November 1939 von der SS nach Deutschland verschleppt wurden. Schellenberg wirkte auch an der versuchten Entführung des Herzogs von Windsor im gleichen Jahr mit. Er genoss das Vertrauen von Heydrich und Himmler (siehe dort) und wurde deshalb immer wieder mit Sonderaufgaben betraut. So musste er u.a. den Schutz Hitlers bei dessen Besuchen nach dem Anschluss Österreichs 1938 in Wien sowie in Warschau 1939 organisieren. Nach der Verhaftung von Wilhelm Canaris und der Zusammenlegung von Abwehr und SD wurde Schellenberg Leiter der vereinten Geheimdienste. Im Mai 1945 sollte Schellenberg in Schweden den Abzug der deutschen Besatzungstruppen in Norwegen und ihre Internierung in Schweden organisieren, was jedoch durch die Kapitulation des Deutschen Reiches am 8. Mai hinfällig wurde. Im Nürnberger Wilhelmstraßen-Prozess gegen Angehörige der NS-Ministerien wurde Schellenberg am 11. April 1949 zu sechs Jahren Haft verurteilt. Er wurde jedoch bereits im Dezember 1950 aus gesundheitlichen Gründen aus der Haft entlassen. In dieser Zeit schrieb er seine Memoiren, in denen er sich als an den nationalsozialistischen Verbrechen unbeteiligten Informationsbeschaffer darstellte.

Schreck, Julius

Rang: SS-Brigadeführer
Geboren: 13. Juli 1898
Gestorben: 16. Mai 1936 (NT)
Parteimitglied Nr.: 53
SS-Nr.: 5
Auszeichnungen: Goldenes Parteiabzeichen; Blutorden Nr. 349; Coburger Ehrenzeichen.

Der in München geborene Schreck trat bereits 1923 der NSDAP bei, baute die Münchner SA-Einheiten auf und gründete auf Wunsch Hitlers den sogenannten Stoßtrupp. 1923 nahm er am Hitlerputsch teil und wurde wie Hitler in Landsberg inhaftiert. Nach der Wiederzulassung der NSDAP 1925 baute er den Stoßtrupp erneut auf. 1925 wurde diese Keimzelle der SS in »Schutzstaffel« umbenannt. Ab dieser Zeit gehörte Schreck zu Hitlers engster Umgebung und löste Emil Maurice (siehe dort) als dessen persönlicher Fahrer ab. Als Schreck 1936 an einer Hirnhautentzündung starb, bekam er auf Geheiß Hitlers ein Staatsbegräbnis und wurde posthum zum SS-Brigadeführer ernannt.

Schulze(-Kossens), Richard

Rang: SS-Obersturmbannführer
Geboren: 2. Oktober 1914
Gestorben: 3. Juli 1988 (NT)
Parteimitglied Nr.: –
SS-Nr.: 264059
Auszeichnungen: Deutsches Kreuz in Gold; EK II; EK I; 1939 Verwundetenabzeichen in Schwarz; SS-Ehrenring; SS-Ehrendegen.

Von April 1939 bis Januar 1941 diente Schulze als Adjutant von Joachim von Ribbentrop (siehe dort). Am 3. Oktober 1941 ersetzte er seinen jüngeren Bruder Hans-Georg Schulze als Ordonnanzoffizier im Stab Hitlers. Von dieser Position, die er bis Dezember 1944 innehatte, wurde er mehrfach zu kurzen Kampfeinsätzen abkommandiert. Von Oktober 1942 bis Oktober 1943 diente Schulze Hitler als persönlicher Adjutant und war zudem für die Auswahl der SS-Männer des Führerbegleitkommandos, der persönlichen Leibgarde Hitlers, zuständig. Im Dezember 1944 wurde er letzter Kommandant der SS-Junkerschule in Bad Tölz. Nach dem Krieg änderte er seinen Nachnamen in Schulze-Kossens.

Seyß-Inquart, Arthur

Rang: SS-Obergruppenführer
Geboren: 22. Juli 1892
Gestorben: 16. Oktober 1946 (EA)
Parteimitglied Nr.: 6270392
SS-Nr.: 292771
Auszeichnungen: Goldenes Parteiabzeichen; Ehrenkreuz WK 1 für Frontkämpfer; 1914 Verwundetenabzeichen in Schwarz; Kriegsverdienstkreuz 2. Klasse; Kriegsverdienstkreuz 1. Klasse; SS-Ehrenring; SS-Ehrendegen.

Seyß-Inquart war ein österreichischer Nationalsozialist und bereitete den Anschluss Österreichs mit vor. Er wurde 1892 in Stannern bei Iglau (heute: Stonarov, Tschechien) geboren und studierte Jura an der Universität Wien. Im Ersten Weltkrieg diente er in einem Regiment der Tiroler Kaiserjäger. 1921 gründete er eine Rechtsanwaltskanzlei in Wien und engagierte sich ab 1931 im Deutsch-Österreichischen Volksbund und dem Steirischen Heimatschutz für den Anschluss Österreichs an das Deutsche Reich.
Bereits 1930 führte die SS Frauenfeld die schwarzen Uniformen in Österreich ein, stellte Schlägertruppen auf und rüstete sie aus. In den Folgejahren infiltrierte der SD die österreichische Polizei und mit der Österreichischen Legion, die aus geflüchteten österreichischen Nationalsozialisten im Deutschen Reich ab 1933 aufgebaut wurde, wurde ein permanentes Drohpotenzial geschaffen. Trotz des Betätigungsverbots der NSDAP in Österreich ab Juni 1933 und der Schließung der Parteizentrale in Wien wurden Organisationen der österreichischen Nationalsozialisten nie zerschlagen. Ihre Speerspitze war die geheime SS-Standarte 89, die sich unter dem

Deckmantel eines Sportvereins organisierte und am Anschlag vom 25. Juli 1934 auf Kanzler Dollfuß beteiligt war. Dessen Nachfolger Kurt Schuschnigg schloss mit Hitler ein Abkommen, das in geheimen Klauseln die Gründung nationalsozialistischer Organisationen in Österreich erlaubte.
In dieser Zeit wurde Seyß-Inquart zum geheimen Vertreter der NSDAP in Österreich und im Februar 1938 auf Druck Hitlers zum Innen- und Sicherheitsminister ernannt. Hitler drohte mit dem Einmarsch, wenn die NSDAP in Österreich nicht zugelassen werde. In der neuen Funktion erhielt Seyß-Inquart seine Anweisungen direkt aus Berlin. Nach dem Rücktritt Schuschniggs am 11. März wurde er Kanzler und übernahm nach dem Rücktritt von Bundespräsident Wilhelm Miklas am 13. März verfassungsgemäß auch dessen Amt. Als Bundespräsident unterzeichnete er das Gesetz zum Anschluss Österreichs an das Deutsche Reich. Bis Ende April 1939 stand er als Reichsstatthalter der österreichischen Landesregierung vor.
Im Oktober 1939 wurde Seyß-Inquart Stellvertreter von Generalgouverneur Hans Frank im besetzten Polen, im Mai 1940 als Reichskommissar Verwalter der besetzten Niederlande. Dort unterdrückte er mit Terror jeglichen Widerstand und plünderte die materiellen und menschlichen Ressourcen des Landes für die deutsche Kriegswirtschaft. Er hatte die Deportation von 117 000 holländischen Juden in die Vernichtungslager sowie die Rekrutierung von 500 000 Zwangsarbeitern und ihre Versendung in das Deutsche Reich zu verantworten. Anfang 1945 war er sich mit Albert Speer jedoch einig, dass die von Hitler verkündete Politik der verbrannten Erde verhindert werden müsste.
Im Mai 1945 wurde Seyß-Inquart von kanadischen Truppen verhaftet. Im Nürnberger Prozess gegen die Hauptkriegsverbrecher wurde er 1946 zum Tode verurteilt. Er wurde in Nürnberg gehängt.

Siebken, Bernhard

Rang: SS-Obersturmbannführer
Geboren: 5. April 1910
Gestorben: 20. Januar 1949 (EA)
Parteimitglied Nr.: 558752
SS-Nr.: 44894
Auszeichnungen: EK II; EK I; Kriegsverdienstkreuz 2. Klasse; Kriegsverdienstkreuz 1. Klasse; Ritterkreuz, 17. April 1945; Medaille Winterschlacht im Osten 1941–42; SS-Ehrenring,; SS-Ehrendegen.

Siebken kommandierte während der Invasion in der Normandie das 2. Bataillon des SS-Panzergrenadierregiments 26 (Hitlerjugend). Da in seinem Frontabschnitt zwei als Gefangene erschossene alliierte Soldaten gefunden wurden, wurde er als potenzieller Kriegsverbrecher auf eine britische Fahndungsliste gesetzt. Nach dem Krieg wurde er deswegen vom britischen Militärgericht in Hamburg zum Tode verurteilt und im Januar 1949 hingerichtet. Das Urteil war allerdings umstritten, da zu dieser Zeit auf beiden Seiten der Front zahlreiche Kriegsverbrechen begangen wurden und zudem nicht bewiesen werden konnte, dass nicht sein Vorgesetzter Wilhelm Mohnke (siehe dort) in Siebkens Abwesenheit den Befehl zur Erschießung erteilte.

Simon, Max

Rang: SS-Gruppenführer
Geboren: 6. Januar 1899
Gestorben: 1. Februar 1961 (NT)
Parteimitglied Nr.: 1359576
SS-Nr.: 83086
Auszeichnungen: EK II (WK 1); EK I (WK 1); Ehrenkreuz WK 1 für Frontkämpfer; EK II Wiederholungsspange, 13. September 1939; EK I Wiederholungsspange, 2. Oktober 1939; Ritterkreuz, 20. Oktober 1941; Eichenlaub, 28. Oktober 1944; Deutsches Kreuz in Gold, 9. Oktober 1944; Verwundetenabzeichen in Schwarz; Medaille Winterschlacht im Osten 1941–42; Ärmelschild Demjansk, 31. Dezember 1943; Danziger Kreuz 1. Klasse, 24. Oktober 1939; Offizierskreuz des Ordens der Krone von Italien, 19. Dezember 1941; SS-Ehrenring; SS-Ehrendegen.

Der in Breslau geborene Simon diente im Ersten Weltkrieg als Sanitätssoldat und schied erst 1929 aus der Reichswehr aus. 1933 trat er in die SS ein. Er wurde zu einem der engsten Mitarbeiter Eickes (siehe dort) und stellte die SS-Totenkopfstandarte Oberbayern auf, die als Regiment Teil der Totenkopfdivision wurde.
Simon nahm an den Feldzügen in Polen und Frankreich sowie als Kommandant des 1. SS-Totenkopf-Infanterieregiments am Überfall auf die Sowjetunion teil. Wegen seiner engen Verbundenheit mit Eicke und seiner erfolgreichen Kampfbilanz erhielt er von Himmler (siehe dort) das Kommando über die SS-Panzergrenadierdivision Totenkopf. Vom 16. Oktober 1943 bis zum 24. Oktober 1944 kommandierte er die 16. SS-Panzergrenadierdivision Reichsführer SS, anschließend das XIII. SS-Armeekorps in West- und Südwestdeutschland.
Nach dem Zweiten Weltkrieg wurde Simon wegen Kriegsverbrechen von britischen und russischen Kriegsgerichten jeweils zum Tode verurteilt. Die russische Anklage erfolgte wegen Gräueltaten während des Rückzugs aus Charkow. Simon soll seinen Untergebenen ein erbarmungloses Vorgehen befohlen haben, da die Russen »Banditen seien, die man ohne Erbarmen abschlachten muss«. Das britische Kriegsgericht verurteilte ihn wegen Massakern an 2700 italienischen Zivilisten im Apennin. Er wurde schließlich zu lebenslanger Haft begnadigt und 1954 aus der Haft entlassen. Nach seiner Freilassung wurde er zweimal vor deutschen Gerichten wegen Kriegsverbrechen in den letzten Kriegstagen in Deutschland angeklagt, jedoch freigesprochen. Da der Bundesgerichtshof die Urteile aufhob, wurde erneut ein Verfahren eingeleitet, das Simon aber nicht mehr erlebte, da er kurz zuvor, im Jahr 1961, starb.

Six, Franz

Rang: SS-Oberführer
Geboren: 12. August 1909
Gestorben: 9. Juli 1975 (NT)
Parteimitglied Nr.: 245670
SS-Nr.: 107480
Auszeichnungen: Kriegsverdienstkreuz 2. Klasse mit Schwertern; Kriegsverdienstkreuz 1. Klasse mit Schwertern; SS-Ehrenring; SS-Ehrendegen.

Six trat 1930 in die NSDAP ein und war ab 1935 Chef des Presseamtes im SD-Hauptamt in Berlin. Von 1939 bis 1941 leitete er im Reichssicherheitshauptamt das Amt II, »Gegnererforschung«, und 1941/42 das Amt VII, »Weltanschauliche Forschung«. 1941 war Six zudem Leiter des Vorkommandos Moskau der Einsatzgruppe B und an Morden im Gebiet von Smolensk beteiligt. Im September 1942 holte ihn Ribbentrop (siehe dort), auch auf Empfehlung Himmlers (siehe dort), als Spezialist für jüdische Angelegenheiten in das Auswärtige Amt. Ab 1943 leitete er dort die kulturpolitische Abteilung. Nach dem Krieg wurde Franz zu lebenslanger Haft verurteilt, begnadigt und am 30. September 1952 aus der Haft entlassen. Six lehrte nach dem Krieg u. a. als Dozent an der Akademie der Führungskräfte der Wirtschaft in Bad Harzburg.

Skorzeny, Otto

Rang: SS-Sturmbannführer
Geboren: 12. Juni 1908
Gestorben: 5. Juli 1975 (NT)
Parteimitglied Nr.: 1083671
SS-Nr.: 295979
Auszeichnungen: EK II, 27. Juli 1941; EK I; Deutsches Kreuz in Gold, 16. Januar 1945; Ritterkreuz, 13. September 1943; Eichenlaub, 8. März 1945; Flugzeugführer- und Beobachterabzeichen in Gold mit Diamanten; SS-Ehrenring.

Der geborene Wiener Skorzeny trat 1932 der NSDAP bei und gehörte ab 1940 als KFZ-Mechaniker zur SS-Leibstandarte Adolf Hitler. 1943 beauftragte ihn Kaltenbrunner (siehe dort) mit dem Aufbau des SS-Sonderverbands zur besonderen Verwendung (z.b.V.) Friedental. Mit diesem Kommando nahm er am 12. September 1943 an der Befreiung Mussolinis aus dem Gran-Sasso-Hotel teil. 1944 war Skorzeny in Berlin an der Festnahme der Attentäter vom 20. Juli beteiligt und im Oktober an der Gefangennahme des ungarischen Machthabers Miklós Horthy, der im Begriff war, sich von Deutschland abzuwenden. Während der Ardennenoffensive im Winter 1944/45 sollte ein von Skorzeny aufgestellter Kommandoverband in US-Uniformen hinter den amerikanischen Linien kämpfen. Die Einheit kam nie zum Einsatz. Trotzdem wurde Skorzeny nach dem Krieg vor einem amerikanischen Militärgericht u. a. wegen der missbräuchlichen Benutzung alliierter Uniformen angeklagt. Er wurde allerdings freigesprochen und lebte bis zu seinem Tod 1975 als Geschäftsmann und Fluchthelfer für Nationalsozialisten in Madrid.

Stahlecker, Franz Walter

Rang: SS-Gruppenführer
Geboren: 10. Oktober 1900
Gestorben: 23. März 1942 (A)
Parteimitglied Nr.: 1069130
SS-Nr.: 73041

Stahlecker kam 1938 von der Polizei zum SD und wurde nach dem Anschluss Österreichs Inspekteur der Sicherheitspolizei und des SD in Österreich. Weitere Stationen seiner Laufbahn waren 1939 das Protektorat Böhmen und Mähren und 1940 Norwegen, wo er jeweils Sicherheitspolizei und SD leitete. Ab 1941 unterstand ihm die Einsatzgruppe A, die für Massenmorde an über 200 000 Zivilisten im Baltikum und in Russland westlich von Leningrad verantwortlich war. Im November 1941 wurde er Leiter der Sicherheitspolizei und des SD im Reichskommissariat Ostland. 1942 starb Stahlecker infolge eines Partisanenangriffs.

Stangl, Franz

Rang: Kommandant des Vernichtungslagers Treblinka
Geboren: 26. März 1908
Gestorben: 28. Juni 1971 (NT)

Stangl wurde 1908 in Altmünster in Österreich geboren. Der Kriminalbeamte trat 1938 in die NSDAP und die SS ein und arbeitete nach dem Anschluss Österreichs als Gestapo-Agent in Linz. 1940 wechselte er zur Gemeinnützigen Gesellschaft für Anstaltspflege in Berlin und wurde Polizeichef des Sonderinstituts T4, das für das nationalsozialistische »Euthanasie«-Programm und die Erprobung industrieller Tötungsverfahren zuständig war. 1942 wurde er im Zuge der »Aktion Reinhardt« von Odilo Globocnik mit dem Aufbau des Vernichtungslagers Sobibor betraut, in dem bis Stangls Versetzung nach Treblinka im September 1942 etwa 100 000 Juden ermordet wurden. Bis zu seiner Abberufung aus Treblinka am 21. August 1943 organisierte er dort die Ermordung von über 700 000 Juden und füllte die Konten der SS mit 2 800 000 Dollar, 400 000 Pfund, 12 000 000 Rubel, 145 Kilogramm Zahngold und 4000 Karat Diamanten.

1945 kehrte Stangl nach Österreich zurück. Da Treblinka zerstört worden war und Stangl stets die Öffentlichkeit gemieden hatte, wurde er lange nicht mit der NS-Tötungsmaschinerie in Verbindung gebracht, sondern nur wegen seiner SS-Mitgliedschaft vom US-Militär verhaftet. 1948 klagte man ihn in Linz an. Stangl konnte aus dem Gefängnis fliehen und sich mithilfe von Skorzeny (siehe dort) mit seiner Familie und vatikanischer Stellen nach Brasilien absetzen.

Simon Wiesenthal erreichte 1967 seine Auslieferung nach Deutschland. Am 13. Mai 1970 begann in Düsseldorf Stangls Prozess wegen seiner Verbrechen in Treblinka, die er mit den Worten rechtfertigte: »Mein Gewissen ist rein, ich habe einfach nur meine Pflicht getan.« Er wurde 1970 wegen gemeinschaftlichen Mordes an mindestens

400 000 Juden zu lebenslanger Haft verurteilt und starb 1971 im Gefängnis.

Steiner, Felix

Rang: SS Obergruppenführer und General der Waffen-SS
Geboren: 23. Mai 1896
Gestorben: 12. Mai 1966 (NT)
Parteimitglied Nr.: 4264295
SS-Nr.: 253351
Auszeichnungen: EK II (WK 1); EK I (WK 1); Ehrenkreuz WK 1 für Frontkämpfer; 1914 Verwundetenabzeichen in Schwarz; EK II Wiederholungsspange, 17. September 1939; EK I Wiederholungsspange, 26. September 1939; Deutsches Kreuz in Gold, 22. April 1942; Ritterkreuz, 15. August 1940; Eichenlaub, 23. Dezember 1942; Eichenlaub mit Schwertern, 10. August 1944; SS-Ehrenring und Degen; Finnischer Orden des Freiheitskreuzes mit Schwertern.

Der Berufssoldat Steiner trat nach dem Ersten Weltkrieg dem Ostpreußischen Freikorps bei und wurde im Herbst 1919 in die Reichswehr übernommen. 1933 quittierte er im Rang eines Majors den Dienst und arbeitete als Ausbildungsleiter der Landespolizei-Inspektion. 1935 wechselte er zur SS-Verfügungstruppe. Steiner leitete das 3. Bataillon der SS-Standarte Deutschland, die in München und im SS-Trainingslager in Dachau stationiert war.
Beim Überfall auf die Sowjetunion leitete er die SS-Division Wiking der Heeresgruppe Süd. Als erste SS-Division bestand sie zum Teil aus ausländischen Freiwilligen – aus Skandinavien, den Niederlanden und dem Baltikum. Während seiner Kommandatur wurden von Divisionsangehörigen am 11. Juli 1941 mehrere Hundert Juden grausam ermordet. Ab März 1943 kommandierte Steiner das III. SS-Panzerkorps in Russland. Zu Kriegsende ergab er sich am 3. Mai 1945 den Amerikanern. In den Nürnberger Prozessen wurden sämtliche Vorwürfe gegen ihn fallengelassen. Steiner engagierte sich in der Nachkriegszeit in der »Hilfsgemeinschaft auf Gegenseitigkeit der Angehörigen der ehemaligen Waffen-SS« (HIAG). Er starb 1966 in München.

Streckenbach, Bruno

Rang: SS-Gruppenführer und Generalleutnant der Polizei und Waffen-SS
Geboren: 7. Februar 1902
Gestorben: 28. Oktober 1977 (NT)
Parteimitglied Nr.: 489972
SS-Nr.: 14713
Auszeichnungen: EK II (Polenfeldzug); EK I, 15. Juli 1943; Deutsches Kreuz in Gold, 15. Dezember 1943; Ritterkreuz, 27. August 1944; Eichenlaub, 21. Januar 1945; Nahkampfspange in Silber; SS-Ehrenring; SS-Ehrendegen.

Streckenbach wurde in Hamburg als Sohn eines Zollbeamten geboren. Er trat 1930 der NSDAP bei und 1931 der SS. Von 1933 bis 1938 leitete er die politische Polizei in Hamburg. Anschließend war er Inspekteur der Sicherheitspolizei und des SD im Wehrkreis X. Im besetzten Polen leitete er ab Ende 1939 die Einsatzgruppe 1, die Massaker an polnischen Juden und Intellektuellen verübte. Mit Errichtung des Generalgouvernements stieg er zum Chef der Sicherheitspolizei in Polen auf. Im Mai 1940 verantwortete er als einer der beiden Leiter der sogenannten AB-Aktion die Verhaftung und Ermordung mehrere Tausend Menschen, die angeblich zur Führungsschicht des polnischen Widerstands gehörten. Ab 1940 leitete er im Reichssicherheitshauptamt das Amt I, »Organisation, Verwaltung und Recht«. In dieser Funktion wählte er persönlich die Mitglieder der Einsatzgruppen der Sicherheitspolizei und des SD aus, die für den Überfall auf die Sowjetunion zusammengestellt wurden.
Nach dem Tod Heydrichs (siehe dort) stieß Streckenbach 1943 zur Waffen-SS. Er kommandierte erst die 8. SS-Kavalleriedivision Florian Geyer und ab April 1944 die 19. Waffen-Grenadierdivision der SS (lettische Nr. 2) im Baltikum. Im Mai 1945 geriet er im Kurland in sowjetische Gefangenschaft, aus der er am 10. Oktober 1955 entlassen wurde. Streckenbach, der sich im Gegensatz zu Ohlendorf (siehe dort) weder im Einsatzgruppen-Prozess noch vor einem Gericht in der UdSSR verantworten musste, wurde 1973 des Mordes an mindestens einer Millionen Menschen angeklagt. 1974 wurde das Verfahren jedoch wegen seiner Kreislaufschwäche eingestellt. Streckenbacher lebte bis zu seinem Tod 1977 in Hamburg.

Stroop, Jürgen

Rang: SS-Gruppenführer
Geboren: 26. September 1895
Gestorben: 6. März 1952 (EA)
Parteimitglied Nr.: 1292297
SS-Nr.: 44611
Auszeichnungen: EK II (WK 1); Ehrenkreuz WK 1 für Frontkämpfer; 1914 Verwundetenabzeichen in Schwarz; EK II; EK I; EK II Wiederholungsspange; Kriegsverdienstkreuz 2. Klasse mit Schwertern; Infanterie-Sturmabzeichen, 21. Januar 1943; SS-Ehrenring; SS-Ehrendegen.

Stroop war als SS- und Polizeichef von Warschau für die Niederschlagung des Aufstands im Warschauer Ghetto im Frühjahr 1943 verantwortlich, bei dem rund 17 000 Juden ermordet wurden. Stroop sandte täglich Berichte über die Lage und die Anzahl der Getöteten an Himmler (siehe dort). Nach dem Ende des Aufstandes ergänzte er diese Berichte mit Fotografien und bündelte sie zum sogenannten Stroop-Bericht mit dem Titel »Es gibt keinen jüdischen Wohnbezirk in Warschau mehr«. Stroop überwachte die Deportation der etwa 49 000 Überlebenden in die Vernichtungslager Treblinka und Majdanek und sprengte persönlich die Tlomacki-Synagoge.
Als Belohnung wurde er zum Höheren SS- und Polizeiführer (HSSPF) für Warschau ernannt und im September

1943 nach Griechenland versetzt, als dort nach der Kapitulation der italienischen Regierung unter Marschall Badoglio die Lage kritisch wurde. Stroop schlug sein Hauptquartier in Athen auf und organisierte in den folgenden beiden Monaten die Deportation der griechischen Juden nach Auschwitz. Nach dem Zweiten Weltkrieg wurde Stroop in Dachau wegen der Ermordung gefangen genommener US-Piloten von einem US-Militärgericht am 22. März 1947 zum Tode verurteilt. Das Urteil wurde nicht vollstreckt, sondern Stroop nach Polen ausgeliefert und dort vor Gericht gestellt. Im Prozess war der von ihm selbst verfasste »Stroop-Bericht« ein wichtiger Beweis für seine Verbrechen. Am 23. Juli 1951 wurde Stroop zum Tode verurteilt. 1952 wurde er im Zentralgefängnis Mokotow in Warschau hingerichtet.

Stuckart, Wilhelm

Rang: SS-Obergruppenführer
Geboren: 16. November 1902
Gestorben: 15. November 1953 (U)
Parteimitglied Nr.: 378144
SS-Nr.: 280042
Auszeichnungen: Goldenes Parteiabzeichen; Kriegsverdienstkreuz 2. Klasse; Kriegsverdienstkreuz 1. Klasse; SS-Ehrenring; SS-Ehrendegen.

Der Jurist Stuckart, in Wiesbaden geboren, trat 1922 in die NSDAP ein und war ab 1926 als ihr Rechtsberater tätig. Ab März 1935 arbeitete er als Staatssektretär im Reichsinnenministerium und galt dort als ein Vertrauter Himmlers (siehe dort). Stuckart war an der Verfassung und Kommentierung der Nürnberger Gesetze beteiligt, die 1935 in Kraft traten.
Nach dem Tod des Reichsjustizministers Franz Gürtner am 22. Januar 1941 verlagerte Himmler die Zuständigkeit für das Zivilrecht in das Reichsinnenministerium und teilte es Stuckart zu. Als Himmler 1943 Reichsinnenminister wurde, führte Stuckart im Wesentlichen die Geschäfte des Ministeriums. Stuckart lehnte die »Endlösung« in dieser Form ab und überzeugte Himmler, die Nachkommen gemischter Ehen, etwa 28 000 Menschen, davon auszunehmen. Nach dem Attentat vom 20. Juli 1944 setzte sich Stuckart für Paul Kanstein ein, der zum weiteren Kreis der Verschwörer zählte, und rettete ihm so das Leben.
Nach dem Zweiten Weltkrieg wurde Stuckart im Wilhelmstraßen-Prozess aufgrund seines schlechten Gesundheitszustandes lediglich zu drei Jahren und zehn Monaten Haft verurteilt, die er bis zur Urteilsverkündung bereits abgesessen hatte.
Stuckart wurde bald darauf Stadtkämmerer von Helmstedt, Geschäftsführer des Instituts zur Förderung der niedersächsischen Wirtschaft und Mitglied der vom Bundesverfassungsgericht verbotenen faschistischen Sozialistischen Reichspartei. Stuckart starb 1953 bei einem Autounfall.

T

Thomas, Max

Rang: SS-Gruppenführer
Geboren: 4. August 1891
Gestorben: 6. Dezember 1945 (S)
Parteimitglied Nr.: 1848453
SS-Nr.: 141341
Auszeichnungen: EK II (WK 1); EK I (WK 1); Ehrenkreuz WK 1 für Frontkämpfer; EK I Wiederholungsspange; Kriegsverdienstkreuz 2. Klasse mit Schwertern; Kriegsverdienstkreuz 1. Klasse mit Schwertern; 1939 Verwundetenabzeichen in Schwarz; SS-Ehrenring; SS-Ehrendegen.

Thomas, in Düsseldorf geboren, war Facharzt für Psychiatrie. 1933 trat er in die NSDAP und die SS ein. 1940 wurde er Befehlshaber von Sicherheitspolizei und SD in Belgien und Nordfrankreich. Hinter dem Rücken der Wehrmacht versorgte er zusammen mit Knochen (siehe dort) 1941 französische Antisemiten mit Sprengstoff für Anschläge gegen Synagogen in Paris.

Thomas wurde im Oktober 1941 an die Ostfront versetzt. Als Leiter der Einsatzgruppe C verantwortete er hinter der Front in der Ukraine die Ermordung von etwa 26 000 Menschen. 1942 wurde er zum Befehlshaber von Sicherheitspolizei und SD in Kiew ernannt – in dieser Position war er für die »Auflösung« der Ghettos in der Ukraine verantwortlich, einer Reihe von Aktionen, der mindestens 300 000 Juden zum Opfer fielen. Im August 1943 stieg er zum Höheren SS- und Polizeiführer (HSSPF) Schwarzes Meer auf. Nach Kriegsende tauchte er unter und beging schließlich in Würzburg Selbstmord.

V

Veesenmayer, Edmund

Rang: SS-Brigadeführer
Geboren: 12. November 1904
Gestorben: 24. Dezember 1977 (NT)
Parteimitglied Nr.: 873780
SS-Nr.: 202122
Auszeichnungen: Kriegsverdienstkreuz 2. Klasse mit Schwertern; Kriegsverdienstkreuz 1. Klasse mit Schwertern; Ritterkreuz des Kriegsverdienstkreuzes mit Schwertern, 29. Oktober 1944; SS-Ehrenring; SS-Ehrendegen.

Veesenmayer, ein promovierter Staatswissenschaftler, trat 1932 der NSDAP und 1934 der SS bei. Ab April 1934 arbeitete er als Referent unter Wilhelm Keppler (siehe dort), dem er in das Auswärtige Amt folgte. Bei Keppler arbeitete er an der Zerschlagung der Tschechoslowakei sowie der Eingliederung Österreichs und Danzigs mit. Bei Kriegsbeginn war Veesenmayer Gesandter in Irland, wo er 1940 zusammen mit Admiral Canaris irische Nationalisten zu Anschlägen in England bewegen wollte.

Bei Missionen für das Auswärtige Amt nach Jugoslawien 1941 und 1942 drängte der fanatische Antisemit auf die Deportation der dortigen Juden, im Mai 1943 schrieb er lange Berichte an Ribbentrop über die mangelnde Zusammenarbeit Ungarns in dieser Frage und versuchte im Dezember 1943 vergeblich, eine Wiederaufnahme der Deportationen in der Slowakei zu erreichen. Als Ungarn Anfang 1944 besetzt wurde, ernannte Hitler Veesenmayer zum Gesandten I. Klasse – der sofort die Deportation von über 400 000 Juden aus dem Karpatenraum, Siebenbürgen und dem heutigen Ungarn in das Vernichtungslager Auschwitz zu organisieren begann. Nach dem Krieg wurde Veesenmayer im Nürnberger Wilhelmstraßen-Prozess zu 20 Jahren Haft verurteilt. Er kam jedoch nach einer Amnestie von US-Hochkommissar John McCloy bereits im Dezember 1951 wieder frei. Der britische Geheimdienst meldete 1953, dass Veesenmayer an der nationalsozialistischen Unterwanderung der FDP beteiligt gewesen sein soll. Bis 1977 lebte er in Darmstadt.

Veiss, Voldemars

Rang: Waffen-Standartenführer der SS
Geboren: 7. November 1899
Gestorben: 16. April 1944 (Gef.)
Parteimitglied Nr.: – / **SS-Nr.:** –
Auszeichnungen: EK II; EK I; Ritterkreuz, 9. Februar 1944.

Der in Riga geborene Lette Veiss trat als Student 1918 in die antisowjetischen Truppen unter Oberst Kalpak ein und stieg zum Offizier auf. Später hatte er mehrere Kommandos in der regulären lettischen Armee und war 1939 Militärattaché in Finnland und Estland.

Als die drei baltischen Staaten 1940 im Zuge des Hitler-Stalin-Pakts von der Sowjetunion besetzt wurden, ging Veiss bis zur deutschen Invasion 1941 in den Untergrund. Danach half er den deutschen Besatzern beim Aufbau paramilitärischer Verbände mit lettischen Freiwilligen. 1943 befahl Hitler den Ausbau der lettischen Truppen, was zur Aufstellung zweier SS-Waffen-Grenadierdivisionen führte. Veiss unterstand als Kommandant das 40. Freiwilligenregiment der SS gegen die Sowjetarmee im Wolchow-Gebiet. Im April 1944 wurde er von einer Granate getötet. An seinem Begräbnis nahmen hochrangige deutsche Offiziere teil, darunter der kommandierende General Georg Lindemann.

W

Wächter, Otto

Rang: SS-Gruppenführer
Geboren: 8. Juli 1901
Gestorben: 14. August oder 10. September 1949 (NT)
Parteimitglied Nr.: 301093
SS-Nr.: 235368
Auszeichnungen: Medaille z. Erinn. a. d. 13. März 1938; Medaille z. Erinn. a. d. 1. Okt. 1938; Spange »Prager Burg«; SS-Ehrenring; SS-Ehrendegen.

Wächter, in Wien geboren und promovierter Jurist, trat 1923 in die NSDAP und 1935 in die SS ein. 1934 war er beim erfolglosen Juliputsch österreichischer Nationalsozialisten in die Ermordung des österreichischen Kanzlers Engelbert Dollfuß verwickelt. Nach dem Anschluss Österreichs 1938 hielt er unter Seyß-Inquart (siehe dort) den Posten eines Reichskommissars inne.

Nach dem deutschen Überfall auf Polen 1939 wurde Wächter zum Gouverneur des Distrikts Krakau ernannt. Gemäß den Klauseln des Hitler-Stalin-Pakts vom August 1939 fiel das zur Republik Polen gehörige Galizien an die Sowjetunion. Dies änderte sich 1941 mit dem deutschen Angriff auf die Sowjetunion. Galizien wurde von der Wehrmacht besetzt und im August 1941 zum vierten Distrikt des Generalgouvernements erklärt. Gouverneur des Distrikts war von 1942 bis 1944 Wächter, der zugleich zum SS-Führer im Stab des SS-Oberabschnitts Ost ernannt wurde. 1943 konnte er Himmler (siehe dort) für die Idee gewinnen, ein »Polizeiregiment Galizien« aufzustellen. Aus diesem wurde später die 14. Waffen-Grenadierdivision der SS (galizische Nr. 1). Ab September 1944 war Wächter Chef der Militärverwaltung in Italien. Nach dem Zweiten Weltkrieg konnte er mithilfe des österreichischen Bischofs Alois Hudal in Rom untertauchen, wo er 1949 verstarb.

Wagner, Jürgen

Rang: SS-Gruppenführer und Generalleutnant der Waffen-SS
Geboren: 9. September 1901
Gestorben: 5. April oder 27. Juni oder August 1947 (EA)
Parteimitglied Nr.: 707279
SS-Nr.: 23692
Auszeichnungen: EK II, 16. Mai 1940; EK I, 7. Juli 1940; Deutsches Kreuz in Gold, 14. Dezember 1942; Ritterkreuz, 24. Juli 1943; Eichenlaub, 29. Dezember 1944; 1939 Verwundetenabzeichen in Schwarz; SS-Ehrenring; SS-Ehrendegen.

Wagner wurde in Straßburg-Neudorf im Elsass geboren. Er trat im Juni 1931 in die SS ein, wurde im Juli 1933 Kommandeur des II. Bataillons der SS-Leibstandarte und gehörte ab 1939 zum Stab der SS-Standarte Deutschland. 1941 übernahm er die Führung des SS-Regiments Der Führer der SS-Division Reich und 1942 im Kaukasus-Feldzug das SS-Panzergrenadierregiment 9 Germania, das zur SS-Panzerdivision Wiking gehörte. Als Himmler (siehe dort) alle »nordischen« Freiwilligen in einer Division zusammenfassen wollte, stellte Wagner die 4. SS-Freiwilligen-Panzergrenadierbrigade Nederland auf. Sie wurde ab Oktober 1943 in Kroatien gegen Partisanen eingesetzt, wo sie zahlreiche Kriegsverbrechen beging, und Ende 1943 an die Nordostfront verlegt.

Nach dem Krieg wurde Wagner von den alliierten Truppen an Jugoslawien ausgeliefert. Dort wurde er von einem Militärgericht als Kriegsverbrecher zum Tode verurteilt und 1947 in Belgrad hingerichtet.

Waldeck und Pyrmont, Josias Erbprinz zu

Rang: SS-Obergruppenführer
Geboren: 13. Mai 1896
Gestorben: 30. November 1967 (NT)
Parteimitglied Nr.: 160025
SS-Nr.: 2139
Auszeichnungen: Goldenes Parteiabzeichen; EK II (WK 1); EK I (WK 1); Frontkämpferehrenkreuz (WK 1); 1914 Verwundetenabzeichen in Schwarz; EK II Wiederholungsspange; EK I Wiederholungsspange; SS-Ehrenring; SS-Ehrendegen.

Waldeck trat 1929 als erstes »blaublütiges« Mitglied der SS bei. 1934 war er als Assistent von Himmler (siehe dort) an der Ermordung von Ernst Röhm und der SA-Führung beteiligt. Von 1939 bis Mai 1945 war er Höherer SS- und Polizeiführer (HSSPF) des Wehrkreises IX, Hessen und West-Thüringen.

Da in seinen Zuständigkeitsbereich auch das Konzentrationslager Buchenwald fiel, wurde Waldeck bei Kriegsende verhaftet und im Buchenwald-Prozess am 11. April 1947 vor dem amerkanischen Militärgericht in Dachau angeklagt. Waldeck war einer der Hauptbeschuldigten. Ihm wurde zur Last gelegt, für die Evakuierung des Lagers und die auf den folgenden Todesmärschen einhergehenden Todesfälle verantwortlich zu sein. Seine lebenslange Freiheitsstrafe wurde 1948 auf 20 Jahre reduziert, 1950 wurde er aus gesundheitlichen Gründen aus der Haft entlassen. Er starb 1967 in Schaumburg.

Weber, Christian

Rang: SS-Brigadeführer
Geboren: 25. August 1883
Gestorben: 11. Mai 1945 (U)
Parteimitglied Nr.: 15
SS-Nr.: 265902
Auszeichnungen: Traditions-Ärmelband »Stoßtrupp Adolf Hitler 1923«; Blutorden Nr. 84; Coburger Ehrenzeichen, 14. Oktober 1932; SS-Ehrenring; SS-Ehrendegen.

Weber entstammte einer armen Familie aus dem fränkischen Polsingen und arbeitete als Pferdeknecht und später Pferdehändler. Er trat 1921 in die NSDAP ein und war 1921/22 Hitlers Sicherheitsbegleiter. 1923 kam er zum Stoßtrupp Adolf Hitler, der Keimzelle der späteren SS. Weber gehörte dem engen Umfeld Hitlers an und beteiligte sich 1934 am »Röhm-Putsch«. Später war er für die Sicherheit der alljährlichen Münchner Treffen der »alten Garde« am 8. November zuständig. Weber hatte eine ausgeprägte Leidenschaft für Pferde und den Rennsport. Er wurde 1933 Präsident des Wirtschaftsbundes Deutscher Rennstallbesitzer und Vollblutzüchter und 1937 Inspekteur der SS-Reitschulen. Zudem förderte er die bayerische Pferdezucht und schuf 1934 den hoch dotierten Preis »Das Braune Band«, um die internationale Elite des Pferdesports auf die Münchner Galopprennbahn zu locken. Um seine illustren Gäste zu unterhalten, veranstaltete er im Park des Nymphenburger Schlosses jedes Jahr »Die Nacht der Amazonen«, mit bis zu 2000 leichtbekleideten jungen Frauen in Rokoko-Kostumen.

Weber wurde am 1. Mai 1945 von der US-Armee verhaftet und zum Verhör nach Heilbronn überstellt. Er starb bei einem Verkehrsunfall auf dem Weg dorthin.

Weidinger, Otto

Rang: SS-Obersturmbannführer
Geboren: 24. Mai 1914
Gestorben: 10. Januar 1990 (NT)
Auszeichnungen: EK II, 15. Juli 1939; EK I, 25. Juli 1940; Deutsches Kreuz in Gold, 26. November 1943; Ritterkreuz, 21. April 1944; Eichenlaub, 26. Dezember 1944; Schwerter, 6. Mai 1945; Kriegsverdienstkreuz 2. Klasse mit Schwertern; Medaille z. Erinn. a. d. 13. März 1938; Medaille z. Erinn. a. d. 1. Okt. 1938; Nahkampfspange in Bronze; 1939; Verwundetenabzeichen in Schwarz; SS-Ehrenring; SS-Ehrendegen.

Der geborene Würzburger Weidinger trat 1934 in die SS-Verfügungstruppe ein. 1935 schloss er die SS-Junkerschule in Braunschweig ab und diente anschließend im SS-Regiment Deutschland. 1939 wurde er Adjutant in der SS-Aufklärungs-Abteilung, deren Leitung er 1940 übernahm. Nach Einsätzen in Polen, Frankreich, Jugoslawien und Russland kehrte er 1941 an die SS-Junkerschule in Braunschweig zurück, um dort Taktik zu unterrichten. 1943 übernahm er in Russland nacheinander das Kommando des 1. Bataillons des SS-Panzergrenadierregiments 3 Deutschland, der SS-Panzer-Aufklärungsabteilung 2 und des Panzergrendierregiments 4 der 2. SS-Panzerdivision Das Reich. 1944 führte er in der Normandie das 4. SS-Panzergrenadierregiment Der Führer, das am Massaker von Oradour-sur-Glane beteiligt war. Die letzten Kriegstage 1945 sicherte sein Regiment in Ungarn und Österreich den Rückzug der deutschen Truppen.

Nach dem Zweiten Weltkrieg wurde Weidinger in Frankreich wegen Kriegsverbrechen angeklagt, aber freigesprochen. Er war Führungsmitglied in der »Hilfsgemeinschaft auf Gegenseitigkeit der Angehörigen der ehemaligen Waffen-SS« (HIAG) und publizierte eine Reihe von beschönigenden Büchern über die Waffen-SS. Er starb 1990 in Aalen.

Winkelmann, Otto

Rang: SS-Obergruppenführer und General der Polizei
Geboren: 4. September 1894
Gestorben: 24. September 1977 (NT)
Parteimitglied Nr.: 1373131
SS-Nr.: 308238
Auszeichnungen: Kriegsverdienstkreuz 2. Klasse mit Schwertern, 20. April 1941; Kriegsverdienstkreuz 1. Klasse mit Schwertern, 30. Januar 1942; Deutsches Kreuz in Silber, 5. November 1943; Ritterkreuz des Kriegsverdienstkreuzes mit Schwertern, 21. Dezember 1944; Schlesisches Bewährungsabzeichen I. Stufe; Verwundetenabzeichen; SS-Ehrenring; SS-Ehrendegen.

Winkelmann wurde 1894 in Otterndorf bei Bordesholm geboren und trat 1912 in die preußische Armee ein. Nach dem Ersten Weltkrieg ging er 1919 zur preußischen Schutzpolizei und war von 1933 bis 1937 Direktor der Stadtpolizei in Görlitz. 1938 wurde er in das Hauptamt der Ordnungspolizei versetzt. Der Verwaltungsbeamte war im Hauptamt als Stabschef der wichtigste Mann nach Daluege (siehe dort).

Nach der deutschen Besetzung Ungarns 1944 ernannte Hitler per Führererlass Veesenmayer (siehe dort) zum »Bevollmächtigten des Großdeutschen Reichs« und Winkelmann zum Höheren SS- und Polizeiführer (HSSPF) in Ungarn. Winkelmann unterstand das Sondereinsatzkommando Eichmann, das nur für die Deportation und Vernichtung der ungarischen Juden aufgestellt worden war. Hitler hatte ihn angewiesen, alles dazu beizutragen, das »Judenproblem« in Ungarn zu lösen. Ihre Weisungen erhielt die Einheit allerdings direkt aus dem Reichssicherheitshauptamt.

Winkelmann kam im Mai 1945 in US-Kriegsgefangenschaft und wurde als Zeuge für Prozesse gegen ungarische Faschisten nach Budapest überstellt. Als er in Ungarn 1946 wegen seiner Kriegsverbrechen vor Gericht gestellt werden sollte, lehnten die US-Militärbehörden dies ab und ließen ihn 1948 frei. Winkelmann ging nach Kiel, wo er für die CDU von 1955 bis 1958 als Abgeordneter in die Ratsversammlung gewählt wurde. Im Mai 1961 musste er nochmals im Eichmann-Prozess aussagen. Er starb 1977 in Bordesholm.

Wirth, Christian

Rang: SS-Oberführer
Geboren: 24. November 1885
Gestorben: 26. Mai 1944 (A)
Parteimitglied Nr.: – / **SS-Nr.:** –

Der ehemalige Stuttgarter Polizist Wirth kam 1940 durch Nebe (siehe dort) zum »Euthanasie-Programm« (Aktion T4) der Nationalsozialisten. Als Himmler (siehe dort) eine schnellere Ermordung der polnischen Juden forderte, empfahl Grawitz (siehe dort) Wirth als Fachmann. Wirth wurde 1941 nach Polen zu Globocnik (siehe dort) geschickt, um für die »Aktion Reinhardt« effizientere Mordmethoden als Gaslastwagen und Erschießungen zu entwickeln. An der Bahnlinie Lublin–Lwiw baute er das erste Versuchslager, Belzec, auf. 1942 wurde er als Inspekteur der Vernichtungslager Herr über Belzec, Sobibor und Treblinka.

Wirth ließ in Belzec Gaskammern bauen, in denen die Häftlinge anfangs noch mit reinem Kohlenmonoxid oder Motorabgasen ermordet wurden. Sie waren als drei Duschräume getarnt und an der Vorder- und Rückseite mit breiten Türen versehen, um die Opfer schnell entfernen zu können. Wirth war mit den Gaskammern so zufrieden, dass er noch drei weitere bauen ließ und die Zahl der Ermordeten auf 1500 Personen pro Tag steigern konnte. Über dem Tor zum Lager ließ er in unfassbarem Zynismus ein Schild mit der Aufschrift »Eingang zum jüdischen Staat« und über der Tür zu den Gaskammern ein Spruchband mit dem Psalm 118:20 aus dem Alten Testament anbringen: »Dies ist das Tor Jehovas: Die Gerechten werden durch dasselbe eingehen.«

Wirth hatte einen Ruf als gewissenloser Sadist. Ein Augenzeuge beschrieb eine Szene, in der er eine Frau mit fünf Gertenhieben ins Gesicht in die Gaskammer trieb. Als der Abgasmotor ausfiel, ließ Wirth die Opfer in der Gaskammer fast drei Stunden ausharren. Als der Motor wieder lief, dauerte es weitere 35 Minuten, bis alle gestorben waren. Häftlinge mussten anschließend den Toten das Zahngold aus den Gebissen brechen und ihre Körperöffnungen nach versteckten Wertsachen durchsuchen.

In der zweiten Jahreshälfte 1943 wurde Wirth zusammen mit Globocnik und anderen Mitgliedern der »Aktion Reinhardt« nach Triest versetzt, um dort ein Konzentrationslager aufzubauen. Er wurde 1944 in Istrien von Partisanen getötet.

Wisliceny, Dieter

Rang: SS-Sturmbannführer
Geboren: 13. Januar 1911
Gestorben: 27. Februar 1948 (EA)
Parteimitglied Nr.: – / **SS-Nr.:** –

Wisliceny, in Ostpreußen geboren, trat 1931 in die NSDAP und SA, 1934 in die SS ein. Ab 1937 war er im SD-Hauptamt Leiter der Hauptabteilung II/11 »Weltanschauliche Gegner«, wechselte jedoch noch im selben Jahr zum SD nach Danzig. 1940 holte ihn Eichmann (siehe dort) in sein Referat IV B 4 »Judenangelegenheiten« des Reichssicherheitshauptamtes (RSHA). Dort war er dafür zuständig, der jüdischen Bevölkerung in Ungarn, Griechenland und der Slowakei Geld abzupressen. 1942 übermittelte er Himmler (siehe dort) vom Zionistischen Unterstützungskomitee in Bratislava das Angebot, zwei Millionen US-Dollar in Fremdwährungen für jüdische Leben zu bezahlen. Der Handel kam zwar nicht zustande, zeigte jedoch, welche Summen von internationalen Geldgebern zu erpressen wären.

Von März bis August 1943 organisierte Wisliceny die Deportation von knapp 44000 Juden aus Saloniki in die Vernichtungslager, 1944 im besetzten Ungarn als Angehöriger des Sondereinsatzkommandos Eichmann in Budapest die

Deportation von etwa 400000 ungarischen Juden in das Vernichtungslager Auschwitz. Zuvor wurde Joel Brand vom zionistischen Hilfs- und Rettungskomitee am 5. Mai 1944 nach Istanbul geschickt, um dort den Alliierten den Vorschlag zu unterbreiten, mit der Lieferung von 10000 Lastwagen die Ausreise von 700000 Juden zu erkaufen. Eichmann versprach, die bereits nach Deutschland deportierten Juden für zwei Wochen zu verschonen. Wenn er bis dahin keine Nachricht hätte, würde er sie nach Auschwitz bringen lassen. Die Alliierten hielten das Angebot allerdings nicht für echt und lehnten ab. Am 14. Juni unterbreitete Eichmann den Budapester Juden einen neuen Vorschlag: 20 Millionen Schweizer Franken gegen das Leben von 30000 Juden, die aus altungarischen Gemeinden westlich des Flusses Theiß deportiert werden sollten. Jüdische Gemeinden aus aller Welt brachten die 20 Millionen Franken tatsächlich auf, allerdings wurden nur etwa 2800 Juden per Zug in die Schweiz gebracht, für die die SS fünf Millionen Franken erpressen konnte.
Wisliceny wurde im Mai 1945 verhaftet und war ein Hauptzeuge in den Nürnberger Prozessen. Anschließend wurde er an die Tschechoslowakei ausgeliefert, dort zum Tode verurteilt und in Bratislava gehängt.

Wittmann, Michael

Rang: SS-Hauptsturmführer
Geboren: 22. April 1914
Gestorben: 8. August 1944 (Gef.)
Parteimitglied Nr.: – / **SS-Nr.:** –
Auszeichnungen: EK II, 12. Juli 1941; EK I, 8. September 1941; Ritterkreuz, 14. Januar 1944; Eichenlaub, 30. Januar 1944; Schwerter, 22. Juni 1944.

Wittmann gilt als der erfolgreichste Panzerkommandant des Zweiten Weltkriegs. Er ging 1936 zur SS und gehörte von 1938 bis 1944 zur 1. SS-Panzerdivision Leibstandarte Adolf Hitler. Er war an den Feldzügen in Polen, Holland, Frankreich, Griechenland und Russland beteiligt. Nach einer Weiterbildung auf der SS-Junkerschule Bad Tölz 1942 wurde er Kommandant eines Tiger-Kampfpanzers. Für seine vielen Zerstörungen gegnerischer Panzer bekam er zahlreiche Auszeichnungen und wurde von der NS-Propaganda als Nationalheld verklärt.

Wolff, Karl

Rang: SS-Obergruppenführer
Geboren: 13. Mai 1900
Gestorben: 15. Juli 1984 (NT)
Parteimitglied Nr.: 695131
SS-Nr.: 14235
Auszeichnungen: EK II (WK 1); EK I (WK 1); Ehrenkreuz WK 1 für Frontkämpfer; 1914 Verwundetenabzeichen in Schwarz; Deutsches Olympia-Ehrenzeichen First Class, 29. Oktober 1936; EK II Wiederholungsspange; EK I Wiederholungsspange; Dienstauszeichnung der NSDAP in Bronze, 30. Januar 1941; Medaille z. Erinn. a. d. 13. März 1938; Medaille z. Erinn. a. d. 1. Okt. 1938; Spange »Prager Burg«, 19. Dezember 1939; Medaille z. Erinn. a. d. Heimkehr des Memellandes, 19. Dezember 1939; SS-Ehrenring; SS-Ehrendegen; Großkreuz des Ordens der Krone von Italien.

Wolf diente als Freiwilliger im Ersten Weltkrieg und schloss sich 1920 einem hessischen Freikorps an. Zur NSDAP und SS kam er 1931. 1933 wurde er Himmlers (siehe dort) Adjutant, von 1935 bis 1943 war er Chef des Persönlichen Stabs Reichsführer-SS. In dieser Zeit war er Himmlers engster Vertrauter. Schellenberg (siehe dort) behauptete angeblich, dass Himmler nichts tat, ohne sich zuvor mit Wolff zu beraten.
Als er sich gegen den Wunsch Himmlers von seiner ersten Frau scheiden ließ, wurde er als Höchster SS- und Polizeiführer nach Italien abgeschoben. Dort sollte er den von der Badoglio-Regierung verhafteten Mussolini befreien und dessen Regime unter deutscher Kontrolle erneut installieren. Als Wolff im Februar 1945 von der kommenden deutschen Niederlage überzeugt war, nahm er Kontakt mit Allen. W. Dulles vom amerikanischen Office of Strategic Services (OSS) auf, um einen vorzeitigen Waffenstillstand für Italien zu erreichen. Auch wenn Hitler diese Verhandlungen untersagte, führte sie Wolff weiter, was schließlich sechs Tage vor der deutschen Gesamtkapitulation zu einem separaten Waffenstillstand in Italien führte.
Nach dem Krieg wurde Wolff in Bozen von US-Truppen inhaftiert. Er wurde jedoch nicht in den Nürnberger Prozessen angeklagt, sondern sagte dort nur als Zeuge aus. Im November 1948 wurde er im Rahmen der Entnazifizierung lediglich wegen Mitgliedschaft in einer verbrecherischen Organisation zu vier Jahren Haft verurteilt, die er zum Zeitpunkt der Urteilsverkündung bereits verbüßt hatte. Danach lebte er als erfolgreicher Anzeigenverkäufer in einer Ufervilla am Starnberger See. Während des Prozesses gegen Eichmann (siehe dort) 1961 behauptete er in einem Zeitschriftenartikel über Himmler, dass er erst 1945 von den Massenmorden an den Juden erfahren hätte. Erst 1964 wurde er wegen Beihilfe zum Mord in mindestens 300000 Fällen zu 15 Jahren Zuchthaus verurteilt, aber schon 1969 krankheitsbedingt wieder freigelassen. Er starb im Juli 1984 in Rosenheim.

Woyrsch, Udo von

Rang: SS-Obergruppenführer
Geboren: 24. Juli 1895
Gestorben: 14. Januar 1983 (NT)
Parteimitglied Nr.: 162349
SS-Nr.: 3689
Auszeichnungen: Goldenes Parteiabzeichen; EK II (WK 1); EK I (WK 1); Ehrenkreuz WK 1 für Frontkämpfer; Kriegsverdienstkreuz 2. Klasse mit Schwertern; Kriegsverdienstkreuz 1. Klasse mit Schwertern; SS-Ehrenring; SS-Ehrendegen.

Von Woyrsch diente im Ersten Weltkrieg als Oberleutnant, ging nach dem Krieg zum Grenzschutz und baute in Schlesien die SS auf. Während des »Röhm-Putsches« 1934 war der »Bluthund«, so sein Spitzname, entscheidend an der »Säuberung« der SA in Schlesien beteiligt.
1939 führte von Woyrsch die Einsatzgruppe, die in den ersten Monaten der Besetzung Polens etwa 7000 Juden und weitere polnische Zivilisten ermordete. Vom 20. April 1940 bis Februar 1944 war er Höherer SS- und Polizeiführer (HSSPF) des Wehrkreises IV mit Sitz in Dresden.
Nach dem Zweiten Weltkrieg wurde von Woyrsch 1948 wegen seiner Verbrechen in der SS zu 20 Jahren Haft verurteilt, kam aber bereits 1952 wieder frei. Wegen seiner Mitwirkung an der Ermordung der SA-Führung 1934 wurde er 1957 zu zehn Jahren Haft verurteilt, von denen er nur drei Jahre absaß. Er starb 1983 in Biberach an der Riss.

Z

Ziegler, Joachim

Rang: SS-Brigadeführer und Generalmajor der Waffen-SS
Geboren: 18. Oktober 1904
Gestorben: 2. Mai 1945 (Gef.)
Parteimitglied Nr.: – / **SS-Nr.:** 491403
Auszeichnungen: EK II, 23. September 1939; EK I, 28. Juni 1940; Deutsches Kreuz in Gold, 15. März 1943; Ritterkreuz, 5. September 1944; Eichenlaub, 28. April 1945.

Ziegler wurde in Hanau geboren, ging 1923 zur Reichswehr und nahm 1937 in der »Legion Condor« am Spanischen Bürgerkrieg teil. 1938 wurde er Adjutant der 3. Panzerbrigade und wurde mit dieser in den Feldzügen in Polen, Belgien, den Niederlanden und Frankreich eingesetzt. 1943 wurde er von der Wehrmacht zur Waffen-SS abkommandiert, um dort als Chef den Generalstab des III. (germanischen) SS-Panzer-Korps zu leiten. Am 28. Juli 1944 übernahm er das Kommando der 11. SS-Freiwilligen-Panzergrenadierdivision Nordland an der russischen Front, die er bis zuletzt in der Schlacht um Berlin führte. Wegen Widerspruchs gegen einen Befehl Hitlers wurde er am 25. April 1945 als Kommandeur abgesetzt. Er starb am 2. Mai 1945 beim Versuch, aus dem eingekesselten Berlin auszubrechen.

Ziereis, Franz

Rang: SS-Standartenführer
Geboren: 13. August 1905
Gestorben: 25. Mai 1945 (Gef.)
Parteimitglied Nr.: 5716146
SS-Nr.: 276998
Auszeichnungen: Kriegsverdienstkreuz 2. Klasse mit Schwertern; Kriegsverdienstkreuz 1. Klasse mit Schwertern; Deutsches Reitabzeichen in Bronze; SS-Ehrenring; SS-Ehrendegen.

Ziereis war Kommandant des KZ Mauthausen. Als im April 1945 befohlen wurde, die Insassen der Konzentrationslager nicht in die Hände der Alliierten zu übergeben, sondern zu evakuieren oder zu töten, plante er, alle Häftlinge von Mauthausen in einem unterirdischen Flugzeugwerk im Außenlager Gusen durch Sprengung der Stollen zu ermorden. Dies konnte jedoch Louis Häfliger, ein Delegierter des »Internationalen Komitees des Roten Kreuzes« (IKRK), verhindern.
Ziereis floh am 3. Mai 1945 aus Mauthausen in seine Jagdhütte in den Alpen, wo er von US-Soldaten bei der Festnahme am 22. Mai angeschossen wurde. Bei der anschließenden Befragung gestand Ziereis einen Teil seiner Gräueltaten. Am 25. Mai 1945 starb er an den Folgen seiner Verwundung.

Dienstränge der SS und ihre Entsprechung in der Wehrmacht

SS	Wehrmacht
Reichsführer-SS	Generalfeldmarschall
SS-Oberstgruppenführer	Generaloberst
SS-Obergruppenführer	General
SS-Gruppenführer	Generalleutnant
SS-Brigadeführer	Generalmajor
SS-Oberführer	Oberst
SS-Standartenführer	Oberst
SS-Obersturmbannführer	Oberstleutnant
SS-Sturmbannführer	Major
SS-Hauptsturmführer	Hauptmann
SS-Obersturmführer	Oberleutnant
SS-Untersturmführer	Leutnant
SS-Sturmscharführer	Stabsfeldwebel
SS-Hauptscharführer	Oberfeldwebel
SS-Oberscharführer	Feldwebel
SS-Scharführer	Unterfeldwebel
SS-Unterscharführer	Unteroffizier
SS-Rottenführer	Obergefreiter
SS-Sturmmann	Gefreiter
SS-Oberschütze	Oberschütze
SS-Schütze	Schütze

Schlachtordnung der Waffen-SS

Die nachstehende Liste zeigt die endgültige Schlachtordnung der 38 Divisionen der Waffen-SS, wobei auch die einzelnen Einheiten der Divisionen angeführt sind (die nummerische Stärke einer Waffen-SS-Division lag bei rund 19 000 Mann, obwohl spätere Divisionen diese nie erreicht haben):

1. SS-Panzerdivision Leibstandarte SS Adolf Hitler

SS-Panzergrenadierregiment 1
SS-Panzergrenadierregiment 2
SS-Panzerregiment 1
SS-Panzerartillerieregiment 1

2. SS-Panzerdivision Das Reich

SS-Panzergrenadierregiment 3 Deutschland
SS-Panzergrenadierregiment 4 Der Führer
SS-Panzerregiment 2
SS-Panzerartillerieregiment 2

3. SS-Panzerdivision Totenkopf

SS-Panzergrenadierregiment 5 Thule
SS-Panzergrenadierregiment 6 Theodor Eicke
SS-Panzerregiment 3
SS-Panzerartillerieregiment 3

4. SS-Polizei-Panzergrenadierdivision

SS-Panzergrenadierregiment 7
SS-Panzergrenadierregiment 8
SS-Artillerieregiment 4
SS-Panzerabteilung 4

5. SS-Panzerdivision Wiking

SS-Panzergrenadierregiment 9 Germania
SS-Panzergrenadierregiment 10 Westland
SS-Panzerregiment 5
SS-Panzerartillerieregiment 5

6. SS-Gebirgsdivision Nord

SS-Gebirgsjägerregiment 11 Reinhard Heydrich
SS-Gebirgsjägerregiment 12 Michael Gaißmair
SS-Gebirgsartillerieregiment 6
SS-Sturmgeschützbatterie 6

7. SS-Freiwilligen-Gebirgsdivision Prinz Eugen

SS-Freiwilligen-Gebirgsjägerregiment 13 Artur Phleps
SS-Freiwilligen-Gebirgsjägerregiment 14 Skanderbeg
SS-Freiwilligen-Gebirgsartillerieregiment 7
SS-Sturmgeschützabteilung 7
SS-Panzerabteilung 7

8. SS-Kavalleriedivision Florian Geyer

SS-Kavallerieregiment 15
SS-Kavallerieregiment 16
SS-Kavallerieregiment 18
SS-Artillerieregiment (mot.) 8
SS-Panzerjägerabteilung 8
SS-Sturmgeschützabteilung 8

9. SS-Panzerdivision Hohenstaufen

SS-Panzergrenadierregiment 19
SS-Panzergrenadierregiment 20
SS-Panzerregiment 9
SS-Panzerartillerieregiment 9

10. SS-Panzerdivision Frundsberg

SS-Panzergrenadierregiment 21
SS-Panzergrenadierregiment 22
SS-Panzerregiment 10
SS-Panzerartillerieregiment 10

11. SS-Freiwilligen-Panzergrenadierdivision Nordland

SS-Panzergrenadierregiment 23 Norge
SS-Panzergrenadierregiment 24 Danmark
SS-Panzerabteilung 11 Hermann von Salza
SS-Panzerartillerieregiment 11

12. SS-Panzerdivision Hitlerjugend

SS-Panzergrenadierregiment 25
SS-Panzergrenadierregiment 26
SS-Panzerregiment 12
SS-Panzerartillerieregiment 12

13. Waffen-Gebirgsdivision der SS Handschar (kroatische Nr. 1)

SS-Waffen-Gebirgsjägerregiment 27
SS-Waffen-Gebirgsjägerregiment 28
SS-Waffen-Artillerieregiment 13
SS-Panzerjägerabteilung 13

14. Waffen-Grenadierdivision der SS (ukrainische Nr. 1)

Waffen-Grenadierregiment der SS 29
Waffen-Grenadierregiment der SS 30
Waffen-Grenadierregiment der SS 31
Waffen-Artillerieregiment der SS 14

15. Waffen-Grenadierdivision der SS (lettische Nr. 1)

Waffen-Grenadierregiment der SS 32
Waffen-Grenadierregiment der SS 33
Waffen-Grenadierregiment der SS 34
Waffen Artillerieregiment der SS 15

16. SS-Panzergrenadierdivision Reichsführer-SS

SS-Panzergrenadierregiment 35
SS-Panzergrenadierregiment 36
SS-Artillerieregiment 16
SS-Panzerabteilung 16
SS-Sturmgeschützabteilung 16

17. SS-Panzergrenadierdivision Götz von Berlichingen

SS-Panzergrenadierregiment 37
SS-Panzergrenadierregiment 38
SS-Panzerartillerieregiment 17
SS-Panzerjägerabteilung 17
SS-Panzerabteilung 17

18. SS-Freiwilligen-Panzergrenadierdivision Horst Wessel
SS-Panzergrenadierregiment 39
SS-Panzergrenadierregiment 40
SS-Artillerieregiment 18
SS-Panzerjägerabteilung 18
SS-Panzerabteilung 18

19. Waffen-Grenadierdivision der SS (lettische Nr. 2)
Waffen-Grenadierregiment der SS 42 Voldemars Veiss
Waffen-Grenadierregiment der SS 43 Heinrich Schuldt
Waffen-Grenadierregiment der SS 44
Waffen-Artillerieregiment der SS 19

20. Waffen-Grenadierdivision der SS (estnische Nr. 1)
Waffen-Grenadierregiment der SS 45
Waffen-Grenadierregiment der SS 46
Waffen-Grenadierregiment der SS 47
Waffen-Artillerieregiment der SS 20

21. SS-Waffen-Gebirgsdivision der SS Skanderbeg (alban. Nr. 1)
Waffen-Gebirgsregiment der SS 50
Waffen-Gebirgsregiment der SS 51
Waffen-Gebirgsartillerieregiment 21
SS-Sturmgeschützabteilung Skanderbeg

22. SS-Freiwilligen-Kavalleriedivision Maria Theresia
SS-Freiwilligen-Kavallerieregiment 52
SS-Freiwilligen-Kavallerieregiment 53
SS-Freiwilligen-Kavallerieregiment 54
SS-Freiwilligen-Artillerieregiment 22
SS-Sturmgeschützabteilung 22

23. Waffen-Gebirgsdivision der SS Kama (kroatische Nr. 2)
Waffen-Gebirgsjägerregiment der SS 55
Waffen-Gebirgsjägerregiment der SS 56
Waffen-Gebirgsartillerieregiment der SS 23

Diese Division wurde am 24. September 1944 aufgelöst. Die Kroaten wurden zur Handschar überführt; der Rest kam zur 31. Freiwilligen-Grenadierdivision.

23. Freiwilligen-Panzergrenadierdivision Nederland
Die 23. Freiwilligen-Panzergrenadierdivision Nederland hatte nur Brigadestärke. Die Nederland bestand aus den SS-Freiwilligen-Panzergrenadierregimentern 48 (General Seyffardt) und 49 (De Ruiter) sowie dem SS-Freiwilligen-Artillerieregiment 54.

24. Waffen-Gebirgsdivision der SS Karstjäger
Waffen-Gebirgsjägerregiment der SS 59
Waffen-Gebirgsjägerregiment der SS 60
Waffen-Gebirgsartillerieregiment der SS 24

25. Waffen-Grenadierdivision der SS Hunyadi (ungarische Nr. 1)
Waffen-Grenadierregiment der SS 61
Waffen-Grenadierregiment der SS 62
Waffen-Grenadierregiment der SS 63
Waffen-Artillerieregiment der SS 25

26. Waffen-Grenadierdivision der SS Hungaria (ungar. Nr. 2)
Waffen-Grenadierregiment der SS 64
Waffen-Grenadierregiment der SS 65
Waffen-Grenadierregiment der SS 66
Waffen-Artillerieregiment 26
Diese Division erreichte nie den vollen Status einer Division.

27. SS-Freiwilligen-Grenadierdivision Langemarck (fläm. Nr. 1)
SS-Freiwilligen-Grenadierregiment 66
SS-Freiwilligen-Grenadierregiment 67
SS-Freiwilligen-Grenadierregiment 68
SS-Freiwilligen-Artillerieregiment 27

Diese Division kam nie über Brigadestärke hinaus.

28. SS-Freiwilligen-Grenadierdivision Wallonien (wallon. Nr. 1)
SS-Freiwilligen-Grenadierregiment 69
SS-Freiwilligen-Grenadierregiment 70
SS-Freiwilligen-Artillerieregiment 28

Diese Division kam nie über Brigadestärke hinaus.

29. Waffen-Grenadierdivision der SS »RONA« (russ. Nr. 1)
Die Division wurde Ende 1944 aufgelöst. Die Mannschaften (ca. 3000) wurden an die 600. Infanteriedivision (1. Division der »Russischen Befreiungsarmee«) abgegeben.

29. Waffen-Grenadierdivision der SS (italienische Nr. 1)
Waffen-Grenadierregiment der SS 81
Waffen-Grenadierregiment der SS 82
Waffen-Artillerieregiment der SS 29

Diese Einheit scheint über Brigadestärke nicht hinausgekommen zu sein. Sie erhielt ihre Nummer, als die andere 29. Division an die »Russische Befreiungsarmee« abgegeben wurde.

30. Waffen-Grenadierdivision der SS (weißruthenische Nr. 1)
Waffen-Grenadierregiment 75
SS-Artillerieabteilung 30 (?)
(Waffen-Grenadierregiment der SS 76)
(Waffen-Grenadierregiment der SS 77)

Nr. 76 und 77 gehörten der ursprünglichen 30. Waffen-Grenadierdivision der SS (russische Nr. 2) an.

31. SS-Freiwilligen-Grenadierdivision
SS-Freiwilligen-Grenadierregiment 78
SS-Freiwilligen-Grenadierregiment 79
SS-Freiwilligen-Grenadierregiment 80
SS-Freiwilligen-Artillerieregiment 31

32. SS-Freiwilligen-Grenadierdivision 30. Januar

SS-Freiwilligen-Grenadierregiment 86
SS-Freiwilligen-Grenadierregiment 87
SS-Freiwilligen-Grenadierregiment 88
SS-Freiwilligen-Artillerieregiment 32

Diese Division wurde erst sehr spät im Krieg aufgestellt und erreichte nie ihre volle Stärke.

33. Waffen-Kavalleriedivision der SS (ungarische Nr. 3)

Diese Division wurde nie voll aufgestellt und von den Russen überrannt, als Ungarn 1945 fiel.

33. Waffen-Grenadierdivision der SS Charlemagne (franz. Nr. 1)

Waffen-Grenadierregiment 57
Waffen-Grenadierregiment 58
SS-Artillerieabteilung 57

Diese Einheit wurde aus einer SS-Freiwilligenbrigade gebildet, die ihrerseits aus Freiwilligen der Legion des Volontaires Française, der 7. (franz.) SS-Freiwilligen-Sturmbrigade, ca. 2000 Mann Vichy-Miliz, franz. Angehörigen der Kriegsmarine, der Org. Todt, des NSKK und des RAD bestand. Sie erreichte nie die volle Stärke einer Division.

34. SS-Freiwilligen-Grenadierdivision Landstorm Nederland

SS-Freiwilligen-Grenadierregiment 83
SS-Freiwilligen-Grenadierregiment 84
SS-Freiwilligen-Artillerieregiment 34

Diese Einheit bildete sich aus der Landwacht Nederland, die 1943 zur SS kam. Zwischen November 1944 und März 1945 wurde sie zu einer Division umgebildet, kam aber nur wenig zum Einsatz.

35. SS-Polizei-Grenadierdivision

SS-Polizei-Grenadierregiment 89
SS-Polizei-Grenadierregiment 90
SS-Polizei-Grenadierregiment 91
SS-Polizei-Artillerieregiment 35

Setzte sich in den letzten Kriegsmonaten aus Polizisten zusammen, erlangte aber nie die Stärke einer Division. Sie war von einem eher zweifelhaften militärischen Wert.

36. Waffen-Grenadierdivision der SS

Waffen-Grenadierregiment 72
Waffen-Grenadierregiment 73
Waffen-Artillerieregiment 36

Die berüchtigte Brigade Dirlewanger erreichte nie die Stärke einer Division.

37. SS-Freiwilligen-Kavalleriedivision Lützow

SS-Freiwilligen-Kavallerieregiment 92
SS-Freiwilligen-Kavallerieregiment 93
SS-Freiwilligen-Kavallerieregiment 94
SS-Freiwilligen-Artillerieabteilung 37

Es ist nur sehr wenig über die Zusammenstellung dieser Einheit bekannt, die während der letzten Kriegstage gebildet wurde und um Wien zum Einsatz kam.

38. SS-Grenadierdivision Nibelungen

SS-Grenadierregiment 95
SS-Grenadierregiment 96
SS-Artillerieregiment 38

Diese Einheit entstand aus dem Stab und den Kadetten der Junkerschule Bad Tölz und erreichte bloß die Stärke eines Regiments.

Gegen Kriegsende waren die meisten Freiwilligeneinheiten der Waffen-SS aufgelöst oder in andere neu gebildete Divisionen übernommen worden.
Jene, die sich nicht in dieser Schlachtordnung der Waffen-SS befinden, aber 1945 noch bestanden, waren solche Raritäten wie die Indische Freiwilligenlegion der Waffen-SS mit ihren indischen Freiwilligen; der Kaukasische Waffenverband der SS, der aus Aserbaidschanern, Armeniern, Georgiern und Freiwilligen aus dem Kaukasus bestand; sowie der vorwiegend moslemische Osttürkische Waffenverband der SS.

Organisation einer SS-Panzerdivision

Divisionsstab
Divisionskommandeur
Generalstabsoffiziere
Kartographieeinheit
Fernmeldeeinheit
Divisionsbegleitschutz
Feldgendarmeriekompanie

Quartiermeister
Waffenzug
Mechaniker
Stabsarzt
Stabszahnarzt

Panzerregiment

I. Abteilung	4 Kompanien (1–4) Werkstattkompanie
II. Abteilung	5 Kompanien (5–9) Werkstattzug

Panzerjägerabteilung
Drei Kompanien von Sturmgeschützen

Panzergrenadierregiment

I. Bataillon	4 Kompanien (1–4)
II. Bataillon	4 Kompanien (5–8)
III. Bataillon	4 Kompanien (9–12) s.Infanteriegeschütz-kompanie (13) Flakkompanie (14) Aufklärungs-kompanie (15) Pionierkompanie (16)

Panzergrenadierregiment (wie oben)
(SS-Panzerdivisionen verfügten über zwei Panzergrenadierregimenter)

Panzeraufklärungsabteilung
2 Panzerspähkompanien
2 Aufklärungskompanien
1 schwere Kompanie

Panzerartillerieregiment

I. Abteilung	3 Batterien
II. Abteilung	3 Batterien
III. Abteilung	4 Batterien

Werferabteilung
4 Batterien

Flakabteilung
5 Batterien

Panzerpionierabteilung
1 (gep.) Kompanie (auf SPw)
3 Pionierkompanien
Brückenkolonne B

Panzernachrichtenabteilung
1 Fernmeldekompanie
1 Funkerkompanie

Divisions-Nachschubtruppe
6 Kraftfahrkompanien
1 Nachschubkompanie

Panzer-Instandsetzungsabteilung
3 Werkstattkompanien
1 (Waffen-)Werkstattkompanie
1 Ersatzteilkompanie

Wirtschaftsbataillon
Bäckerkompanie
Schlächtereikompanie
Divisions-Verpflegungsamt
Feldpostamt

Sanitätsabteilung
2 Sanitätskompanien
1 Krankenkraftwagenkompanie
1 Versorgungskompanie

Feldersatzbataillon

Als die effektivsten SS-Einheiten galten die Elite-Panzerdivisionen. Die Aufstellung zeigt die Hauptbestandteile einer typischen SS-Panzerdivision während der Kämpfe in der Normandie 1944.

Keine zwei SS-Panzerdivisionen waren in ihrer Zusammensetzung absolut gleich. Das hier angeführte Beispiel, das der 12. SS-Panzerdivision Hitlerjugend, ist aber typisch.

Bildnachweis

Christopher Ailsby Historical Archives: 109, 112, 118, 212 oben, 244–292
Amber Books: 126, 127
Josef Charita: 19, 21, 50 unten, 95, 108, 110, 111, 129 beide, 133, 135, 137, 172, 173
Robert Hunt Picture Library: 29, 31, 45, 46/47, 48, 50 oben, 52, 56, 57, 72 unten, 82/83, 85, 87, 88, 89, 91, 92, 96/97, 99, 103, 107, 166, 168, 178, 182/183, 194, 198, 200, 201, 209, 224/225, 227, 229, 230, 231, 232, 233, 236, 239, 242,
Imperial War Museum: 187, 190, 235
Peter Newark's Pictures: 2/3, 6/7, 11, 49, 53 oben links, 53 oben Mitte, 59 oben, 62, 63 beide, 72 oben, 74, 76 unten, 156 Bildausschnitt, 158 beide, 161
Private Collection: 114, 115, 125
Bruce Quarrie Collection: 8, 9, 12, 13, 14, 15, 16, 22/23, 25, 26/27, 28, 30, 34, 37, 38, 39, 40, 41, 42, 43, 44, 54, 55, 58, 59 unten, 60 beide, 61 beide, 64/65, 67, 68, 70, 71 oben, 73 beide, 76 oben, 77, 79 beide, 80, 81 beide, 84, 101, 116, 117, 118, 120, 121, 122, 123, 130, 136, 138/139, 140/141, 142, 143, 144, 145, 146, 147, 148, 149, 150, 151, 152 beide, 154, 156, 157, 159, 160/161, 162/163, 164, 165, 169, 171, 174, 177, 179, 180, 181, 185, 188, 189, 197, 202/203, 204, 205, 207 beide, 210, 211, 212 unten, 213, 214 beide, 215, 216, 217, 218, 220, 221, 222, 222/223, 226, 240, 241, 243
Heinrich Springer: 66, 75
T. R. H.: 71 unten, 186, 192 beide, 193, 195, 196
John White: 32, 33, 35, 105, 134
Gordon Williamson: 24, 175

Grafiken

Graham Bingham: 194
Orbis Publishing Ltd.: Alle anderen Grafiken in diesem Buch

Register